《中华人民共和国民法典释义与案例评注丛书》编委会

本书系教育部人文社会科学重点研究基地重大项目
“中华人民共和国民法典评注”（18JJD820001）的研究成果

杨立新 / 主 编
王毅纯 / 副主编

中华人民共和国 民法典 释义与案例评注

7 侵权责任编

撰稿人
（以撰写章节为序）
杨立新 王毅纯 李怡雯

中国法制出版社
CHINA LEGAL PUBLISHING HOUSE

前　言

《中华人民共和国民法典》的诞生，标志着我国进入民事立法法典化的历史时期。从1949年开始，我国的民事立法经历了非法典化时期和类法典化时期，开启了法典化的进程。2020年5月28日，第十三届全国人民代表大会第三次会议审议通过了《中华人民共和国民法典》，标志着我国正式进入民法的法典化时代。

《中华人民共和国民法典》（以下简称《民法典》）作为新中国成立以来第一部以“法典”命名的法律，是法治思想和法治观念不断发展的结果。改革开放以来，民事主体和民事权利的地位提升，民法之于国家、民族、个体的重要作用也为众人所认识，立法机关也提高了对民事立法的重视程度。尤其是近年来，伴随着依法治国理念的不断深入，民法法典化才得以成为现实。

《民法典》是我们中国自己的民法典，是新时代“中国特色”的法治表达。不论是立法体例还是具体内容，都具有中国自己的鲜明特色。可以看到，我国《民法典》包含了我国民事法律关系调整的全部范围和基本规则，是一本具有中国特色的百科全书。

《民法典》的颁布标志着中国民事立法已经展开全新的一页。在这样一个新时期，民法学研究的重大任务是如何准确理解和适用民法典，让民法典在社会生活中发挥更为充分的调整作用。但是，《民法典》的内容博大精深，规则极其复杂，没有经过系统良好的研究和训练，难以掌握其精髓，无法准确适用其规则，以保护民事主体的民事权利、人的尊严，维护正常的民事生活秩序。

本人研究民法已有四十年，有幸参加了民法典编纂的全过程，对民法典各编条文的内涵有比较透彻的理解，在学习和理解上，算是先行了一步。在《民法典》颁布之际，我和我的研究团队对《民法典》开展深入研究，编撰了这套《中华人民共和国民法典释义与案例评注丛书》，通过条文释义和案例评注的方式，阐释民法典各个条文的深刻含义，有助于读者理解民法典的条文，掌握适用的要求，全面掌握民法典的要点。

本套丛书按照《民法典》的编纂体例分为七册，分别是总则编、物权编、合同编、人格权编、婚姻家庭编、继承编及侵权责任编。在内容方面，本套丛书对《民法典》的每一个条文进行阐释。每一条的阐释分为两部分：一是条文解读，通过理论上的探讨，揭示条文的深刻内涵；二是案例评注，通过选取与特定条文直接相关的案例，解读民法典条文的精神。应当说明的是，《民法典》刚刚通过，很多新规则并无直接适用的典型案例，只能援引已经发生的、适用原来的民法单行法裁判的案例，即用旧案阐释新法，因而恳请热心读者理解。

《民法典》博大精深，作者对民法典的理解也在深入之中。同时，编纂这样一部庞大的丛书，主编、副主编以及作者都有经验欠缺、理论准备不足、对条文理解不深等不尽人意之处。如在阐释和说明中存在不当之处，盼读者批评指正，提出宝贵意见。

中国人民大学民商事法律科学研究中心研究员
中国人民大学法学院教授、博士生导师
杨立新
2020年6月26日

凡　例

为行文方便，本书中法律法规和部分规范性文件使用简称，具体如下：

1. 本书中的法律法规使用简称，例如，《中华人民共和侵权责任法》简称为《侵权责任法》，《中华人民共和国民法通则》简称为《民法通则》，《中华人民共和国未成年人保护法》简称为《未成年人保护法》，等等。

2. 本书中多次出现的法律文件简称如下：

文件名简称	发文号	文件名全称
《草原法》	中华人民共和国主席令第5号	《中华人民共和国草原法》
《产品质量法》	中华人民共和国主席令第22号	《中华人民共和国产品质量法》
《大气污染防治法》	中华人民共和国主席令第16号	《中华人民共和国大气污染防治法》
《担保法》	中华人民共和国主席令第50号	《中华人民共和国担保法》
《道路交通安全法》	中华人民共和国主席令第47号	《中华人民共和国道路交通安全法》
《电子商务法》	中华人民共和国主席令第7号	《中华人民共和国电子商务法》
《防治海岸工程建设项目污染损害海洋环境管理条例》	中华人民共和国国务院令第698号	《中华人民共和国防治海岸工程建设项目污染损害海洋环境管理条例》
《防治陆源污染物污染损害海洋环境管理条例》	中华人民共和国国务院令第61号	《中华人民共和国防治陆源污染物污染损害海洋环境管理条例》
《放射性污染防治法》	中华人民共和国主席令第6号	《中华人民共和国放射性污染防治法》
《港口间海上旅客运输赔偿责任限额规定》	中华人民共和国交通部令第6号	《中华人民共和国港口间海上旅客运输赔偿责任限额规定》
《固体废物污染环境防治法》	中华人民共和国主席令第43号	《中华人民共和国固体废物污染环境防治法》

文件名简称	发文号	文件名全称
《国家赔偿法》	中华人民共和国主席令第 68 号	《中华人民共和国国家赔偿法》
《海洋环境保护法》	中华人民共和国主席令第 81 号	《中华人民共和国海洋环境保护法》
《海洋倾废管理条例》	中华人民共和国国务院令第 676 号	《中华人民共和国海洋倾废管理条例》
《海洋石油勘探开发环境保护管理条例》	国发［1983］202 号	《中华人民共和国海洋石油勘探开发环境保护管理条例》
《合同法》	中华人民共和国主席令第 15 号	《中华人民共和国合同法》
《核安全法》	中华人民共和国主席令第 73 号	《中华人民共和国核安全法》
《核材料管理条例》	1987 年 6 月 15 日国务院发布	《中华人民共和国核材料管理条例》
《环境保护法》	中华人民共和国主席令第 9 号	《中华人民共和国环境保护法》
《环境噪声污染防治法》	中华人民共和国主席令第 24 号	《中华人民共和国环境噪声污染防治法》
《婚姻法》	中华人民共和国主席令第 51 号	《中华人民共和国婚姻法》
《继承法》	中华人民共和国主席令第 24 号	《中华人民共和国继承法》
《建筑法》	中华人民共和国主席令第 29 号	《中华人民共和国建筑法》
《教育法》	中华人民共和国主席令第 39 号	《中华人民共和国教育法》
《民法通则》	中华人民共和国主席令第 18 号	《中华人民共和国民法通则》
《民法总则》	中华人民共和国主席令第 66 号	《中华人民共和国民法总则》
《民事诉讼法》	中华人民共和国主席令第 71 号	《中华人民共和国民事诉讼法》
《民用航空法》	中华人民共和国主席令第 24 号	《中华人民共和国民用航空法》
《侵权责任法》	中华人民共和国主席令第 21 号	《中华人民共和国侵权责任法》

文件名简称	发文号	文件名全称
《森林法》	中华人民共和国主席令第 39 号	《中华人民共和国森林法》
《商标法》	中华人民共和国主席令第 29 号	《中华人民共和国商标法》
《食品安全法》	中华人民共和国主席令第 22 号	《中华人民共和国食品安全法》
《收养法》	中华人民共和国主席令第 10 号	《中华人民共和国收养法》
《水污染防治法》	中华人民共和国主席令第 70 号	《中华人民共和国水污染防治法》
《铁路法》	中华人民共和国主席令第 25 号	《中华人民共和国铁路法》
《未成年人保护法》	中华人民共和国主席令第 65 号	《中华人民共和国未成年人保护法》
《物权法》	中华人民共和国主席令第 62 号	《中华人民共和国物权法》
《消防法》	中华人民共和国主席令第 29 号	《中华人民共和国消防法》
《消费者权益保护法》	中华人民共和国主席令第 7 号	《中华人民共和国消费者权益保护法》
《刑法》	中华人民共和国主席令第 80 号	《中华人民共和国刑法》
《执业医师法》	中华人民共和国主席令第 18 号	《中华人民共和国执业医师法》
《著作权法》	中华人民共和国主席令第 26 号	《中华人民共和国著作权法》
《专利法》	中华人民共和国主席令第 8 号	《中华人民共和国专利法》

目　录

附 则

第一章　一般规定

第一千一百六十四条　本编调整因侵害民事权益产生的民事关系。

【条文释义】

本条是对侵权责任编调整范围的规定。

民法典侵权责任编是专门调整侵权责任法律关系的规范。侵权行为发生后，在侵权人和被侵权人之间发生侵权责任法律关系，被侵权人是侵权责任法律关系的请求权人，是权利主体，侵权人是责任主体，负担满足被侵权人侵权责任请求权的责任。民法典侵权责任编就是调整这种法律关系的专门法。

1. 采用概括立法模式规定了侵权责任编的调整范围

采取何种立法模式规定民法典侵权责任编的调整范围是民法典侵权责任编在编纂过程中需要回答的第一个问题。本条以民法典总则编民事权利一章规定为蓝本，梳理了原《侵权责任法》第 2 条以“列举 + 概括”的立法模式规定的侵权责任保护客体，在明确侵害民事权益应作为侵权责任构成要件考量因素的基础上，规定侵权责任编的调整范围为“因侵害民事权益产生的民事关系”。侵权责任编对于调整范围的规定，明确了侵权责任的保护范围。根据本条，侵权责任的保护范围是所有的民事权益。从这个意义上看，本条规定实际上替代了原《侵权责任法》第 2 条规定的内容。原《侵权责任法》第 2 条有关民事权益的列举，其分类标准极不统一，既有权利类型的列举，又有具体权利的列举，导致条文规定比较繁琐，且有遗漏。为避免现行法的弊端，本条采用概括式的立法方式，将所有的民事权益都包括在侵权责任编的保护范围之内，既避免具体列举立法模式难免产生的挂一漏万，也避免了分别列举自然人和法人、非法人组织具体民事权利类型所带来的条文在语言表达上的繁复。

根据本条规定，侵权责任的保护范围是：

（1）所有的民事权利都受侵权责任编保护。民法典总则编第五章规定的民事权利，即人格权、身份权、物权、债权、知识产权、继承权和股权及其他投资性权利，都在侵权责任的保护之中。

（2）法律保护的民事利益即法益。包括一般人格权保护的其他人格利益、胎儿的人格利益、死者的人格利益、其他身份利益和其他财产利益。这些都由侵权责任予以保护。

这些民事权益受到侵害，产生侵权责任法律关系，被侵权人可以行使请求权，侵权人应当承担侵权责任，救济损害。

2. 确立了民事权益作为侵权责任构成要件之一的模式

论及侵权责任的保护范围，必须比较分析大陆法系的两大典型模式——法国法模式与德国法模式。

从立法例对比层面来看，法国法采取了一体式的保护，没有区分权利与利益。而德国法采用分层结构，对于权利尤其是绝对权采取了最为全面的保护，在具有过错的情况下，就应承担责任；对于其他权利或法益，则或者采取强调法律之保护他人的目的性，或者将行为方式限定于故意违背善良风俗的方法，区别民事权益的不同层次，给予不同程度的保护。亦即，“法国模式和德国模式的差别并不在于保护范围有何区别，而在于对不同的利益的保护程度有所区别”。[①] 正是在此意义上，国内学术界多数观点认为我国原《侵权责任法》第 6 条第 1 款所代表的侵权责任一般条款，在立法层面上可归于法国法模式。[②] 但须注意的是，在司法实务层面，立法之漏洞或不足已由司法实践所部分弥补，其区分实质上并没有想象中的那么巨大。正如有学者指出的，“事实上，一般条款模式和限制受保护利益的模式之间的差异远没有表象呈现出来的那么大，因为，各个法律制度的表象与实质内容之间存在相当大的差异。虽然那些实行限制性制度的国家（如德国、英国和美国）已经发展出各种制度去调整纯粹经济损失和人格尊严损害，但法国一般条款的解释活动也呈现出如下特点：一方面，要反映人身伤害和财产损害之间的差异；另一方面，要反映经济损害和人格利益损害之间的差异”。[③] 因侵

---

① 葛云松：《〈侵权责任法〉保护的民事权益》，载《中国法学》2010 年第 3 期。

② 这种观点可谓国内通说，具体参见王利明、周友军、高圣平：《侵权责任法疑难问题研究》，中国法制出版社 2012 年版，第 190 页；张新宝：《侵权责任一般条款的理解与适用》，载《法律适用》2012 年第 10 期；葛云松：《〈侵权责任法〉保护的民事权益》，载《中国法学》2010 年第 3 期；梅夏英：《侵权法一般条款与纯粹经济损失的责任限制》，载《中州学刊》2009 年第 4 期；李承亮：《侵权行为违法性的判断标准》，载《法学评论》2011 年第 2 期；陈鑫：《侵权法的法益保护》，载《华东政法大学学报》2010 年第 3 期；于飞：《权利与利益区分保护的侵权法体系之研究》，法律出版社 2012 年版，第 2 页；方新军：《权益区分保护的合理性证明——〈侵权责任法〉第 6 条第一款的解释论前提》，载《清华法学》2013 年第 1 期；程啸：《侵权责任法》，法律出版社 2011 年版，第 60 页。

③ ［德］格哈特·瓦格纳：《当代侵权法比较研究》，高圣平、熊丙万译，载《法学家》2010 年第 2 期。

害权益的不同而对损害进行的区分并适用不同的规则，也部分地得到了学说与法国法院司法实践的支持。[①] 从损害这一层面区分权益并予以不同程度保护，与从权益本身角度区分保护，在做法上截然不同，但在结果上却大致殊途同归。部分边缘类型案例的处理差异，只大体表明了两国立法规定与司法实务互动关系的不同处理模式而已。[②] 在法国法中，“行为”直接指向了“损害”，侵权法适用范围的调控由“损害”这一要件完成；[③] 而在德国法中，是“行为—权益—损害”模式，侵权责任成立与侵权责任承担相对区分，侵权法适用范围的调控主要由“权益”要件来完成。[④]

我国民法典总则编确立了以民事权利为中心的逻辑架构。从其内容组成上来看，包括了民事权利主体、民事权利内容及客体、民事权利变动的原因、侵害民事权利的后果及诉讼时效等事项。同时，从“民事权益”在我国侵权法立法上的定位来看，虽然原《侵权责任法》第 6 条与第 7 条明文规定“民事权益”，其主要意旨并非在于强调“民事权益”在侵权构成模式中的地位与作用，[⑤] 但经由立法的固定，其便获得了相对独立的可获解释的空间，“不管法律的起草者是何意，立法一经颁布，法律的规定就构成客观解释的对象，尽管应考虑立法者的意思，但法律的客观含义已不完全受立法者意思的约束。”[⑥] 同时，结合原《侵权责任法》第 2 条的规定，可以看出，原《侵权责任法》特殊强调了“民事权益”属于侵权责任成立判断上的必备要素。“第 2 条采取‘侵害民事权益—承担侵权责任’的立法模式，其基本逻辑是：侵害权益—造成损害—承担责任”，[⑦] 也就是说，原《侵权责任法》第 2 条、第 6 条及第 7 条的规定，明确了民事权益属于侵权责任构成要件之一，区分了民事权益与损害，其模式完全符合德国法上关于侵权责任

---

① ［德］格哈特·瓦格纳：《当代侵权法比较研究》，高圣平、熊丙万译，载《法学家》2010 年第 2 期。

② 基于对待纯粹经济损失的不同态度，有学者将法国法模式概括为“立法开放、实务节制”，德国法模式则为“立法保守、实务扩大”。参见王泽鉴：《侵权行为》，北京大学出版社 2009 年版，第 302 页。

③ 例如，王利明教授认为，《法国民法典》是“从规定损害概念的角度界定侵权法的保护范围”。参见王利明：《侵权法一般条款的保护范围》，载《法学家》2009 年第 3 期。

④ 我国部分学者已经注意到了两者的这种区别，但都没有将这种区别与两国法侵权构成模式区分联系起来。参见梅夏英：《侵权法一般条款与纯粹经济损失的责任限制》，载《中州学刊》2009 年第 4 期；李承亮：《侵权责任的违法性要件及其类型化———以过错侵权责任一般条款的兴起与演变为背景》，载《清华法学》2010 年第 5 期。

⑤ 我国原《侵权责任法》第 6 条与第 7 条明文规定“民事权益”，其主要意图在于照顾原《侵权责任法》第 15 条的适用，即为归责原则适用于停止侵害、消除危险等侵权责任承担方式做协调。正如有学者指出的，“立法者作出这样的规定，是想照顾侵权责任的多样性。由于停止侵害、排除妨害或消除危险是不需要有损害后果的，所以这条法律未对‘损害’加以规定”。参见张新宝：《侵权责任一般条款的理解与适用》，载《法律适用》2012 年第 10 期。

⑥ 刘士国：《〈侵权责任法〉第二条规定之解析》，载《暨南学报》（哲学社会科学版）2010 年第 3 期。

⑦ 温世扬：《略论侵权法保护的民事法益》，载《河南省政法管理干部学院学报》2011 年第 1 期。

成立与侵权责任承担的区分，而与法国法上“损害”的双重角色定位完全不同。因此，从立法论角度而言，较为现实的选择就是继续强化这一思路与逻辑——将民事权益作为侵权责任构成的判断要素之一，民法典侵权责任编第1164条、第1165条及第1166条即作出了如此选择。

同时，在立法模式上，本条虽然与原《侵权责任法》第2条采取的“列举+概括”的方式不同，采用了“概括”的方式，但该“概括”采用“民事权益”的表述实质上仍然延续了我国民事立法自《民法通则》以来的立法传统，即通过对客体（尤其是对法益）列举的抽象性与兜底性来继续保持侵权法保护客体的开放性。在原《民法通则》第106条第2款中，是以“他人财产、人身的”来维持其开放性的；在原《侵权责任法》第2条中，是以“等人身、财产权益”来维持其开放性的；在民法典总则编第120条和民法典侵权责任编第1164条中，则是以“民事权益”来维持其开放性的。

3. 为确立民事权利与法益区分保护的模式预留了理论解释的空间

民法典侵权责任编旨在规范不法侵害他人民事权益所生损害的赔偿问题，其涉及两个基本利益：一是受害人民事权益的保护，另一是加害人行为自由的维护。两者处于一种紧张关系中：从加害人角度视之，自是所有的损害都不予赔偿，方符合其利益，但如此不仅不符合公平、正义之观念，且此案件中的加害人又有可能成为他案件中的受害人，所以也难谓对所有损害都不予赔偿真正符合加害人的利益；若从受害人角度视之，自是无论加害人“有无过失”，对侵害其“一切权益”的“所有损害”皆应赔偿，最属有利。但若如此，则必将使人无法对自己的行为产生合理的预期，从而阻碍行为人的行动自由，行为自由的缺失，将会使个人的积极性、主动性与创造性丧失殆尽，以此为原动力的社会活力将不再现，以此为基石的社会进步历程也必将停滞不前。所以整个侵权行为法的历史就在于如何平衡“行动自由”和“权益保护”。[①] 对于侵权客体的深入分析，正是要提供一条如何平衡“行动自由”与“权益保护”的合理路径。

在一般情况下，“行动自由”与“权益保护”之间的均衡，在侵权客体角度最佳体现者为绝对权。因为绝对权利是公开的、公示的，所以它才能对权利人之外的一切人确立一种不得侵害他人权利的义务，从而能够起到行为规则的作用。“不论侵权、背俗或违法，要让行为人对其行为负起民事上的责任，都须以该行为涉及某种对世规范的违反为前提，其目的就在于建立此制度最起码的期待可能

① 王泽鉴：《侵权行为法》（第一册），中国政法大学出版社2001年版，第67页。

性，以保留合理的行为空间”。[①] 但对于合同债权而言，其作为一种相对权，不具有公开性，因此不易为他人所知；他人并不知道某人是否享有合同债权，如果因其行为使得债务人不能履行债务，使债权人的债权不能实现，只能使债务人承担违约责任。由其承担侵权责任，将不适当地限制人们的行为自由。当然，如果是故意以悖于善良风俗的方法侵害他人债权的，行为结果在行为人预期范围之内，故可例外地成为侵权行为的客体。就法益的保护而言，面临着与相对权同样的问题。相对权不能成为侵权行为法保护的客体一般是因为其具有隐秘性，如动辄使行为人承担侵权责任，会破坏其合理预期，损及行为自由。法益同样如此，其常具有不确定性，如美国著名法官卡多佐（Cardozo）论及纯粹经济上损失时曾言，其是“对不确定的人，于不确定期间，而负不确定数额的责任”。[②] 所以在将法益纳入侵权行为法保护视野时，既要考虑到保护的必要性，又要考虑适当的限制，以避免干涉人们的行为自由。总体言之，将侵权法的保护对象规定为权利与法益，一方面，表现为立法上对法官自由裁量权的限制，表明了立法者对行动自由与权益保护所做的界限；另一方面，法益的相对不确定性又提供给司法实践以一定的自由裁量权，有效地保障了侵权法能与社会生活实际保持同步性。

在将民事权益作为侵权责任成立的判断要素的基础上，鉴于法益不具有权利的归属效能、排除效能及社会典型公开性等特点，[③] 故有必要对权利与法益进行区分保护，[④] 以达到妥当确定侵权法适用范围、兼顾行动自由与权益保障的目的。民法典侵权责任编第 1164 条在将民事权益作为侵权责任构成要素的基础上，虽然概括性地使用了“民事权益”这一语词，不再像原《侵权责任法》第 2 条第 2 款那样进一步明确区分“人身权利、财产权利”与“其他合法权益”。但放弃这种

---

① 苏永钦：《走入新世纪的私法自治》，中国政法大学出版社 2002 年版，第 306 页。

② 王泽鉴：《侵权行为法》（第一册），中国政法大学出版社 2001 年版，第 99 页。

③ 于飞：《权利与利益区分保护的侵权法体系之研究》，法律出版社 2012 年版，第 55 页以下。

④ 该观点为实务界的通行做法（参见葛云松：《纯粹经济损失的赔偿与一般侵权行为条款》，载《中外法学》2009 年第 5 期），并为我国学术界通说（参见王利明、周友军、高圣平：《侵权责任法疑难问题研究》，中国法制出版社 2012 年版，第 190 页；葛云松：《〈侵权责任法〉保护的民事权益》，载《中国法学》2010 年第 3 期；梅夏英：《侵权法一般条款与纯粹经济损失的责任限制》，载《中州学刊》2009 年第 4 期；张谷：《作为救济法的侵权法，也是自由保障法》，载《暨南学报》（哲学社会科学版）2009 年第 2 期；叶金强：《侵权构成中违法性要件的定位》，载《法律科学》2007 年第 1 期；陈现杰：《〈侵权责任法〉一般条款中的违法性判断要件》，载《法律适用》2010 年第 7 期；最高人民法院侵权责任法研究小组编著：《侵权责任法条文理解与适用》，人民法院出版社 2010 年版，第 20 页以下；李承亮：《侵权行为违法性的判断标准》，载《法学评论》2011 年第 2 期；陈鑫：《侵权法的法益保护》，载《华东政法大学学报》2010 年第 3 期；于飞：《权利与利益区分保护的侵权法体系之研究》，法律出版社 2012 年版，第 2 页；程啸：《侵权责任法》，法律出版社 2011 年版，第 60 页；王成：《侵权之“权”的认定与民事主体利益的规范途径——兼论〈侵权责任法〉的一般条款》，载《清华法学》2011 年第 2 期；张新宝：《侵权责任一般条款的理解与适用》，载《法律适用》2012 年第 10 期）。

有意识的区分，并不意味着同时放弃了对权利与法益进行区分保护的法理基础。换言之，本条为确立民事权利与法益区分保护的模式预留了理论解释的空间。

因此，基于“行为自由”与“权益保护”之间合理平衡的考量，一般说来，因权利尤其是绝对权利具有公示性，所以无论是故意还是过失一般皆可构成侵权；而就其他合法利益的保护而言，需要进一步的利益衡量，并予以较权利更为严格的构成要件检验。

4. 一定程度上消弭了债权作为侵权法保护客体的争议

债权作为相对权，不具有典型的社会公开性，第三人往往无从知悉，而且，同一债务人的债权人有时很多，如规定过失侵害债权即应负损害赔偿责任，加害人责任将无限扩大，不符合社会生活上损害合理分配原则，有损债务人意思自由及社会经济生活的竞争。① 另外，“关于合同之债等相对权，除了当事人可以事前作出利益安排外，合同法也通过大量任意性规范对当事人之间的利害关系作出了规定。如果允许侵权法大量介入合同债权等相对权的调整，则可能破坏当事人的自由安排和合同法的利益取舍，不足可取”。② 因此，侵权法原则上不予保护债权。可能正是基于上述顾虑，原《侵权责任法》第 2 条第 2 款并未明确规定债权可以成为侵权法的保护客体。

与此相对，学说上普遍认为，债权作为民事权利的一种，当上述顾虑不成为顾虑时，亦应得到侵权法的保护，只不过相较于绝对权更应具有严格的条件限制——一般要求侵害债权的行为人主观上具有故意。作为纯粹经济损失之一的债权受侵害场合，往往可以得到赔偿，其理由不仅是加害行为出于故意，更是其侵害的对象及范围得为预见。③ 这就是说，侵权行为人不仅明知他人债权的存在，而且具有直接加害于他人债权的故意。④ 但应予以注意的是，债权不是作为“民事权益”中的“权”而是作为其中的“益”获得侵权法保护的。⑤ 债权原则上不能获得侵权法的保护，主要在于债权不具有社会公开性的特性，与相对权或绝对权概念的区别是没有关系的。⑥ 也就是说，不能因为权利可以分为绝对权与相对

① 王泽鉴：《侵权行为》，北京大学出版社 2009 年版，第 313 页。

② 王利明：《论我国〈侵权责任法〉保护范围的特色》，载《中国人民大学学报》2010 年第 4 期。

③ 王泽鉴：《侵权行为》，北京大学出版社 2009 年版，第 298 页。

④ 孙森焱：《民法债编总论》（上册），法律出版社 2007 年版，第 164 页。

⑤ 对此，有学者曾指出，从原《侵权责任法》第 2 条所规定的“民事权益”这一概念的文义上看，可以认为其中也包括了债权利益。应该指出的是，由于侵权法保护的权益都具有绝对性，把债权作为利益加以保护，只是一种例外的现象。参见王利明：《论我国〈侵权责任法〉保护范围的特色》，载《中国人民大学学报》2010 年第 4 期。

⑥ Esser/Schmidt，Schuldrecht Bd. Ⅱ，Besonderer Teil，S. 550. 转引自王泽鉴：《侵权行为》，北京大学出版社 2009 年版，第 313 页。

权，就先验地认为债权属于“民事权益”中的“权利”。从原《侵权责任法》第2条第2款的明文列举可知，“民事权益”中的“权利”是以绝对权为典型的，[①]作为同类项的“等人身、财产权益”也应作大体相同的解释。而作为相对于债务人的债权人所享有的相对权，其权利内容是无法指向第三人的。第三人行为侵害的不是债权人对债务人的相对权，而是债权人依法所享有的债权利益，其实为纯粹经济损失问题。[②] 在德国法与我国台湾地区“民法”中，对于纯粹经济损失一般皆以“故意背俗致损”条款规范，但在原《侵权责任法》作为立法模型的背景下，无法解释出“违背善良风俗”的条件限制，因此，可以从故意的指向性（即强调行为人对他人债权予以损害的目的性）上予以限制，从而达到与“故意背俗致损”条款相同的规范目的。毕竟“故意背俗致损”不是规范故意导致他人纯粹经济损失的唯一路径，“从比较法的角度来看，有意义的是，要求具有更大程度的可归责性，是所有体系施加责任的充分依据”。[③]

对于其他法益保护的范围，也要考虑这一原则。民法典侵权责任编所保护的权利主要是绝对权，对于其他利益，并不能与权利同等保护，而是应考虑该利益是否被一些特别的保护性法规所保护，考虑侵权人的主观状态，考虑双方是否有紧密的关系，并避免过多限制行为自由。因此，民法典侵权责任编第1164条规定的“民事权益”的范围，应以民法典总则编第五章“民事权利”的范畴为蓝本，该章第118条规定了债权，因此可结合学理解释将债权在一定条件下纳入侵权责任的保护范围。

5. 明确了侵权请求权的规范基础

考虑到与民法典其他各编的协调，民法典侵权责任编第1164条通过对于本编调整范围的规定，将侵权请求权的规范基础限制于本编。当然，基于本编规则而生之特别法，亦有适用余地。

---

① 我国原《侵权责任法》此点规定，从解释论上而言，相对优于我国台湾地区“民法”第184条规定。因为其第184条第1项前段规定：“因故意或过失，不法侵害他人之权利者，负损害赔偿责任。”此条没有类如原《侵权责任法》第2条第2款明文列举的绝对权，没有对“权利”的“列举式”的限制，导致产生了债权是否为第184条第1项前段所称权利的争论。参见王泽鉴：《侵权行为》，北京大学出版社2009年版，第172～175页。

② 葛云松：《纯粹经济损失的赔偿与一般侵权行为条款》，载《中外法学》2009年第5期；王泽鉴：《侵权行为》，北京大学出版社2009年版，第312～313页。

③ ［意］毛罗·布萨尼、［美］弗农·瓦伦丁·帕尔默主编：《欧洲法中的纯粹经济损失》，张小义、钟洪明译，林嘉审校，法律出版社2005年版，第399页。

【案例评注】

普鑫公司诉中银国际财产损害赔偿纠纷案①

基本案情

2004年5月11日，唯美特公司向中银国际上海广元西路证券营业部出具声明书，申请将其开设的资金账号户名更改为唐静，并声明该账户下的资产属其所有。当月20日，上海市第一中级人民法院（以下简称一中院）对普鑫公司诉嘉恒公司、唯美特公司、腾武公司一案出具裁定书，冻结唯美特公司原在中银国际所属各证券营业部开立的151个股东账号项下的证券、资金。当月21日，一中院执行法官到唯美特公司指定证券交易的中银国际上海广元西路证券营业部，要求查询、冻结相关股票及资金账户余额，并向中银国际上海广元西路证券营业部提供了5个股东账号作为查询线索。执行法官在向中银国际出具查询介绍信的同时，还向其送达了查封、冻结嘉恒公司、唯美特公司、腾武公司6220万元财产的民事裁定书。但中银国际告知执行法官如需打印账户资料，须到中银国际总部办理相关查询转批手续。该日，中银国际遂未同一中院办理冻结措施。当月24日上午，中银国际未经唯美特公司同意，擅自陆续将唐静名下146个股东账户中的5491089股"中房股份"的指定交易由中银国际上海广元西路营业部转移到中银国际下属在牡丹江、天津、武汉和重庆的四处营业部，仅留下一中院在当月21日提供的5个股东账户名下235242股"中房股份"。当月24日下午，一中院向中银国际送达了冻结唐静在中银国际上海广元西路营业部开设的资金账户名下全部股票、其他证券和资金余额（股票：572万股"中房股份"）的协助执行通知书和民事裁定书。中银国际遂协助一中院冻结了上述5个留在广元西路营业部的股东账户中的235242股"中房股份"股票。同月26日上午，一中院再次至中银国际总部办理唐静名下剩余146个股东账户的股票冻结手续，并再次向中银国际送达了相关协助执行通知书及民事裁定书。中银国际又要求一中院到中银国际下属在牡丹江、天津、武汉和重庆的四处营业部去办理手续，并称唯美特公司的股票已质押给中银国际，且法院若要冻结股票，应到营业部去办理。一中院则要求中

---

① 《最高人民法院公报》2014年第10期。一审法院为上海市徐汇区人民法院，案号：（2011）徐民二（商）初字第1631号；二审法院为上海市第一中级人民法院，案号：（2013）沪一中民六（商）再终字第1号；再审法院为上海市高级人民法院，案号：（2014）沪高民五（商）再提字第1号。

银国际对此备案，今后若有其他法院冻结此151个股东账号项下股票，中银国际应告知已被一中院冻结。同日，中银国际再次在未经唯美特公司同意的情况下，擅自将唐静名下的143个股东账户（注：账户内股票合计5380719股“中房股份”）的指定交易从牡丹江、天津、武汉和重庆四处营业部转移到中银国际上海欧阳路营业部，仅在天津和武汉留下3个股东账户（注：该3个账户项下股票合计110370股“中房股份”）。此时，上海市第二中级人民法院（以下简称二中院）亦已于当日对中银国际起诉嘉恒公司、唯美特公司委托合同纠纷一案作出裁定书，冻结嘉恒公司和唯美特公司银行存款54559050元或查封等值财产及权益。中银国际则立即为二中院办妥了诉争5380719股“中房股份”的冻结手续。次日，一中院分赴天津和武汉，将中银国际留下的3个股东账户内的110370股“中房股份”予以了冻结。

2004年6月3日，一中院就普鑫公司诉嘉恒公司、唯美特公司、腾武公司委托合同纠纷一案出具（2004）沪一中民三（商）初字第144号民事调解书，确认嘉恒公司于同月7日向普鑫公司支付6000万元及利息220万元，受理费合计621530元亦由嘉恒公司承担，唯美特公司、腾武公司对嘉恒公司的上述债务承担连带担保责任。同月21日，一中院根据上述民事调解书作出（2004）沪一中执字第417号民事裁定书，冻结、扣划被执行人嘉恒公司、唯美特公司、腾武公司银行存款62886332元及相应利息。同年8月16日，一中院对中银国际上海广元西路营业部发出公函，要求其纠正有关错误行为，并对唯美特公司持有的股票实施查封。当月17日，中银国际复函一中院，称其不存在未按规定协助法院办理查封手续的问题。同年9月9日，东方证券提交变更执行人申请书，称普鑫公司已将上述民事调解书项下的债权整体转让给东方证券，据此申请将执行申请人变更为东方证券。但该申请未获一中院准许。

2005年4月，二中院就中银国际起诉嘉恒公司、唯美特公司等委托合同纠纷一案作出判决，判决唯美特公司不对中银国际承担责任。该案后经二审判决，唯美特公司仍不向中银国际承担责任。同年10月28日，兰州铁路公安局到中银国际上海欧阳路证券营业部办理了诉争股票的轮候冻结手续。同年11月，一中院出具裁定书，裁定（2004）沪一中民三（商）初字第144号民事调解书中止执行。至此，普鑫公司在该案共计收到执行回款40181666.41元，余款22639863.59元始终未获清偿。2007年5月，诉争股票被之前实施轮候冻结的兰州铁路公安局转至兰州铁路运输中级法院予以处理。2011年6月13日，东方证券向普鑫公司出具函件，解除双方的《债权转让协议》，并明确剩余22639930元应由普鑫公司自行通过法律手段收回，普鑫公司回函同意。同年10月20日，普鑫公司提起本案诉讼。

本案的争议焦点是：中银国际转移证券、妨害法院进行财产保全的行为，是否侵害财产保全申请人即普鑫公司对被申请人享有的债权。普鑫公司就其债权受损，可否依照《侵权责任法》请求中银国际承担侵权赔偿责任。

法院判决

一审法院认为：中银国际在明知普鑫公司已通过一中院对唯美特公司实施财产保全的情况下，未经唯美特公司同意，擅自以变更指定交易的方式违法转移唯美特公司财产，使法院针对普鑫公司债权所采取的保全措施因此大部分落空，并最终导致普鑫公司在该案的诉讼债权未获全额清偿。中银国际上述转移财产的行为主观恶意明显，该行为同普鑫公司因债权未获清偿所产生损失的因果关系也相当明确，故中银国际对普鑫公司侵权的事实成立。鉴于普鑫公司对诉争损失的造成不负任何过错，故中银国际应赔偿普鑫公司因侵权引起的全部损失。现普鑫公司主张由中银国际按照诉争股票在生效民事调解书确定的给付之日的市值计付赔偿数额以及据此计算利息损失的起算日期，予以支持。虽然法院查明的被转移股票数略大于普鑫公司主张数额，但根据不告不理原则，本案对该部分超额股票不予处理。据此，一审法院判决：中银国际应于判决生效后十日内赔偿普鑫公司19045200元，并按中国人民银行同期公布的一年期流动资金贷款基准利率赔偿普鑫公司上述款项自2004年6月7日起至判决生效之日止的利息损失。

二审法院认为：普鑫公司诉请中银国际承担侵权行为损害赔偿责任，此以普鑫公司存在受《侵权责任法》保护的权利为前提。该法第二条第二款规定“本法所称民事权益，包括生命权、健康权、姓名权、名誉权、荣誉权、肖像权、隐私权、婚姻自主权、监护权、所有权、用益物权、担保物权、著作权、专利权、商标专用权、发现权、股权、继承权等人身、财产权益”。本案中，普鑫公司因对唯美特公司执行无着而提起诉讼，其受损害者，实质是普鑫公司对唯美特公司所享有的债权。债权在前述法律条款中并未特别列举，至于其是否属于该条款所称“财产权益”，换言之，债权是否在侵权法保护之列有待论证。二审法院认为，侵权法旨在调和、平衡被害人损失填补与社会公众行为自由两种利益，实现被害人保护、维持社会一般行为自由以及吓阻违法行为的有机统一。因其要求行为人对社会上所有他人的权利负有一般性的注意义务，不以行为人与该他人间有何种法律关系为前提，因此，该他人受法律保护的权利原则上须为绝对权（如所有权、人格权），即可以让社会公众知晓该权利的存在。而债权系债权人与债务人间相对性的权利，不易为外部获知，如要求外部的行为人对债权保护负有注意义务，则行为人难免遭受不测之损害，社会公众亦将因对其自身行为所可能产生的后果无法预见而致其行为自由受到过度约束，在被害人保护与社会一般行为自由的法益衡量上有失均衡，故债权不应与绝对权受同等程度之法律保护。但是债权并非被完全排除在侵权法的保护范围之外，如果行为人明知他人存在或有可能存在的债权，而恶意加以侵害的，即无上述遭受不测损害之虞，此种情形下，使行为人对其积极追求的损害后果承担侵权赔偿责任，始能实现侵权法平衡法益的制度功能，保护合法权益、吓阻违法行为。

本案中，中银国际在收到一中院的保全通知和相关民事裁定书之后，对于普鑫公司对唯美特公司可能享有的债权即已处于明知状态，但其不仅拒不协助办理保全手续，反而未经唯美特公司同意，将证券从上海广元西路营业部转移至全国四地，又要求执行法官自行前往各该地办理保全手续，明显存在转移财产、妨害法院采取保全措施的故意。再结合中银国际在二中院起诉唯美特公司的案件，中银国际在二中院依其申请准许保全之后，立即将绝大部分证券又从上述四地转回上海欧阳路营业部，并于当日即与二中院办妥保全手续，足以认定中银国际明显系出于其自身利益考虑，恶意阻挠普鑫公司申请在先的保全，以此非法手段争夺财产保全的次序，其侵害普鑫公司合法权益的恶意至为明显。综合上述分析，中银国际存在恶意侵害普鑫公司债权的行为，普鑫公司有权就其债权受损依照《侵权责任法》请求保护。

中银国际另称，其行为与普鑫公司债权受损之间不存在因果关系。对此，二审法院认为，侵权法意义上的因果关系的成立，应同时具备以下两项要件：其一，若无此行为，即不会产生损害；其二，依社会通念判断，若有此行为，则通常均会产生此种损害后果。就本案观察，一方面，若中银国际能协助一中院进行保全，则普鑫公司的债权不至于执行无着；另一方面，中银国际妨害保全的行为，依社会通念判断，足可造成债务人转移隐匿财产，或者该财产被其他权利人保全等各种危及债权人实现权利的情况，本案中唯美特公司的证券也正是在普鑫公司保全不成后，遭他人轮候查封，最终导致普鑫公司遭受损害。综上，中银国际的行为与普鑫公司受到损害之间，存在侵权法意义上的因果关系。故对中银国际的该项意见，不予采信。

综据上述，原审判决中银国际向普鑫公司承担侵权行为损害赔偿责任，并无不当，中银国际的上诉理由不能成立。对于普鑫公司的上诉理由，二审法院认为，原审法院按中国人民银行同期公布的一年期贷款基准利率支持普鑫公司要求赔偿利息的诉请，并无不当，普鑫公司上诉请求变更利息计算方式，缺乏法律和合同依据，二审不予采信。二审法院判决驳回上诉，维持原判。

再审法院认为，本案的争议焦点为：（1）中银国际是否存在侵权行为？如果存在侵权行为，该侵权行为是否与普鑫公司的财产损失具有因果关系？（2）普鑫公司未申请轮候查封是否具有过错？是否应对其财产损失承担相应的责任？

对于第一个争议焦点，再审法院认为，2004年5月19日，普鑫公司就其诉唯美特公司等委托合同纠纷一案向一中院提出财产保全申请，要求查封或冻结唯美特公司财产。一中院依法作出诉讼保全裁定后，中银国际有义务协助一中院采取保全措施，但中银国际在未经系争股票账户资产权利人唯美特公司委托的情况下，违规多次反复撤销指定交易以及办理指定交易，拒不协助一中院采取财产保全措施。在此期间，中银国际上海广元西路证券营业部因其诉唯美特公司等委托合同纠纷一案向二中院提出财产保全申请，并在二中院依其申请准许财产保全后，立即将绝大部分系争股票违规指定交易至便于采取财产保全措施的中银国际上海欧阳路证券营业部，致使系争股票被二中院采取诉讼保全措施，后又被兰州铁路公安局轮候查封。对此，最高人民法院执行局于2009年5月向再审法院出具的函中亦认为中银国际的行为构成拒不协助法院执行的行为。中银国际拒不协助一中院采取保全措施的行为，导致普鑫公司与唯美特公司等委托合同纠纷一案的生效民事调解书无法执行，普鑫公司的债权未获全额清偿，财产权益受到损害。中银国际拒不协助法院执行的行为与普鑫公司债权无法全部实现的损害结果之间存在因果关系，故中银国际应对普鑫公司承担侵权损害赔偿责任。

对于第二个争议焦点，再审法院认为，普鑫公司早在轮候查封制度出台前就已向一中院提出财产保全申请，当时系争股票并未被任何机关查封或冻结。法律及司法解释也没有规定在有义务协助法院采取保全措施的第三人拒不协助财产保全，致使相关财产被其他机关查封或冻结的情况下，财产保全申请人还需向法院提出轮候查封申请。更何况当时一中院及再审法院还作出民事裁定追加中银国际及其上海广元西路证券营业部为被执行人，普鑫公司在主观上不可能亦无必要再提出轮候查封的申请。因此，中银国际关于普鑫公司未对系争股票申请轮候查封，致使兰州铁路公安局先行轮候查封，普鑫公司对其损失负有过错责任的主张，无事实和法律依据。

综上所述，再审法院判决维持二审判决。

专家点评

第三人侵害债权中的“第三人”，是指处于债务关系之外的人，该人既非债务人也非债权人。第三人侵害债权的行为能否构成侵权行为，有不同的看法。德国民法通说认为，债权属于相对权，并未向外显露其属性，无法为他人所知悉。

因此，债权不属于《德国民法典》第 823 条第 1 款中的“其他权利”，不受侵权法之保护。[①] 但是，一些德国法学家如拉伦茨（Larenz）、埃塞尔（Esser）则认为，在某些情况下侵害债权也构成侵权行为。因为债权也是一种财产，其归属于债权人，这也是一种绝对的法律地位（eine absolute Rechtsposition），[②] 应当受到侵权法的保护。我国多数学者认为，债权可以成为侵权法保护的客体，但是鉴于债权不具有社会典型公开性，故此对于第三人侵害债权之构成要件须严格界定，即仅限于第三人明知债权之存在而故意加以侵害的情形。[③] 本案即为第三人侵害债权的典型情形。

第一千一百六十五条 行为人因过错侵害他人民事权益造成损害的，应当承担侵权责任。

依照法律规定推定行为人有过错，其不能证明自己没有过错的，应当承担侵权责任。

【条文释义】

本条是对过错责任原则、过错推定原则及一般侵权行为构成要件的规定。

1. 确立了过错责任原则作为一般侵权行为的归责原则

过错责任原则是侵权责任的一般归责原则。它有三个功能：第一，确定对一般侵权行为适用过错责任原则调整，以行为人存在过错为基本要求，无过错者无责任。第二，过错责任原则的适用范围是一般侵权行为，即本编第三章至第十章没有具体规定的侵权行为，都适用过错责任原则确定侵权责任。第三，过错责任原则的规定包含请求权，请求权人可以直接依照本条第 1 款规定直接起诉，法官依此作出判决。正是在这个意义上，民法典侵权责任编第 1165 条第 1 款实际上将原《侵权责任法》第 6 条第 1 款改造成为完全性法条。详言之，原《侵权责任法》第 6 条第 1 款，由于必须顾及“消除危险”责任方式的适用，故没有明确损害要件，导致其本身实为非完全性法条，不能作为独立的请求权规范基础。民法典侵权责任编第 1165 条通过规定“造成”与“损害”，明确了因果关系的存在与

---

① Medicus, Bürgerliches Recht, Rn 610; Brox/Walker, Besonderes Schuldrecht, S. 500.

② Larenz/Canaris, Lehrbuch des Schuldrechts, zweiter Band Besonderer Teil, 2. Halbband, S. 397; Esser/Weyers, Schuldrecht Ⅱ, Besonderer Teil, Teilband2, §55 I2b.

③ 王利明：《侵权责任法研究》（上卷），中国人民大学出版社 2010 年版，第 79 页。

损害事实的具备；通过“行为人”的规定，间接明确了“行为”要件，再附以过错、民事权益等要件要求，使本条构成了一个能自我独立运行的一般条款。

（1）过错责任原则的概念

过错责任原则，是以过错作为价值判断标准，判断行为人对其造成的损害应否承担侵权责任的归责原则。民法典侵权责任编第1165条第1款规定的正是这样的含义：“行为人因过错侵害他人民事权益造成损害的，应当承担侵权责任。”

一般侵权行为引起的损害赔偿案件，应当由主观上有过错的一方承担赔偿责任。主观上的过错是损害赔偿责任构成的必备要件之一，缺少这一要件，即使侵权人的行为造成了损害事实，并且侵权人的行为与损害结果之间有因果关系，也不承担赔偿责任。

（2）过错责任原则的历史沿革

早期的成文法采取加害责任原则，也叫作结果责任原则，即行为人致他人损害，无论其有无过错，只要有损害结果的存在，均应负赔偿责任。这一原则的不合理性，就在于对造成的损害不加区分，使正当行使权利造成他人损害的人也须承担民事责任。

过错责任原则的萌芽产生于罗马法时期。在《十二铜表法》有关私犯的条文中，就有多处使用了过失的概念。到12世纪，罗马法学者正式提出了应把过失作为赔偿责任的标准，使过错责任原则逐步发展。

过错责任原则作为一般的归责原则，最早出现在1804年资产阶级的第一部民法典——《法国民法典》中。90多年后的《德国民法典》也接受并采用了过错责任原则。在以后的时间里，各国资产阶级民法都陆续确认了这一归责原则。在英美侵权行为法，初期采取程序诉讼制度，具体侵权行为的赔偿要进行具体的诉讼程序，没有过失的概念。直至晚近，英美法才在法院的判例中创设出过失的概念，接受了过错责任原则。①

（3）侵权责任编确定过错责任原则的意义

传统民法采用过错责任原则的原因在于，在资本主义自由竞争时期，民事主体需要保持行使权利的绝对性，不能受到任何限制；而行使权利就不可避免地会损害他人的利益，所以要用过错这个价值判断标准作为侵权损害责任构成的必要条件。实行过错责任原则，能够保证行为自由，只要行为人尽到“注意”义务，即使造成损害也可不必负责，因而鼓励资产阶级大胆改革创新，有利于生产力和社会的发展。

---

① 王泽鉴：《侵权行为法》（第一册），我国台湾地区三民书局1999年版，第13页。

王泽鉴先生在总结过错责任原则的历史意义时指出：第一，过错责任原则在道德观念上，确认个人就自己的过失行为所肇致的损害，应负赔偿责任，乃正义的要求；反之，如果行为非出于过失，行为人已尽注意之能事时，在道德上无可非难，应不负侵权责任。第二，过错责任原则在社会价值上，任何法律必须调和"个人自由"与"社会安全"两个基本价值，过错责任被认为最能达成此项任务，因为个人如果已尽其注意，即得免负侵权责任，则自由不受束缚，聪明才智可得发挥。人人尽其注意，一般损害亦可避免，社会安全亦足维护。第三，过错责任体现人的尊严，肯定人的自由，承认个人抉择、区别是非的能力，个人基于自由意思决定，从事某种行为造成损害，因其具有过失，法律予以制裁，使其负赔偿责任，最足表现对个人尊严的尊重。①

民法典侵权责任编也把过错责任原则作为侵权行为法最基本的归责原则，其根本目的就是保护民事主体的人身权利和财产权利不受侵犯，保护民事主体的权利能够平等、自由地行使。把过错责任原则作为侵权行为法基本归责原则，是通过对因自己的过错而致自然人或者法人的民事权益以损害的不法行为人，强加包括赔偿损失在内的民事责任，以保护自然人和法人的人身权利和财产权利，教育公民遵纪守法，预防和减少侵权行为的发生，促进精神文明建设和物质文明建设。

（4）过错责任原则的含义

第一，过错责任原则的性质是主观归责原则。过错责任原则要求在确定侵权人的责任时，要依行为人的主观意思状态来确定，而不是依行为的客观方面来确定，以此将过错责任原则与加害责任原则以及其他客观责任原则区别开来。加害责任原则是以被侵权人所受损害作为归责的价值判断标准，已经被历史淘汰。在现代侵权行为法中，无过错责任原则仍然是依客观损害事实与违法行为之间的因果关系作为归责的价值判断标准。过错责任原则与它们都不相同，是以行为人在主观上有无过错作为归责的绝对标准。行为人在主观上没有可非难性，就不应承担赔偿责任，除此没有其他标准。

第二，以过错作为侵权责任的必备构成要件。构成法律上的责任，必须具备法律所规定的一切要件。在侵权行为法中适用过错责任原则的场合，行为人的主观过错是必备要件之一。如果行为人在主观上没有过错，就缺少必备的构成要件，就不能构成侵权责任。在侵权行为法的归责原则体系中，只有过错责任原则才有这样的要求。

---

① 王泽鉴：《侵权行为法》（第一册），我国台湾地区三民书局1999年版，第14页。

第三，以过错为责任构成的最终要件。德国学者耶林（Jhering）指出：“使人负损害赔偿的，不是因为有损害，而是因为有过失，其道理就如同化学上之原则，使蜡烛燃烧的，不是光，而是氧气，一般的浅显明白。”① 这一论述精彩地描绘了过错要件在侵权责任构成中的最终决定地位。过错责任原则以过错作为法律价值判断标准，就不仅仅要求将过错作为侵权责任构成的一般要件，而且要求将过错作为决定侵权责任构成的最终的、决定的要件。只有这样，才能彻底贯彻“无过失即无责任”的精神，将过错作为最后的和最基本的构成要件加以考察，最终确定侵权责任应当由谁来承担。

（5）过错责任原则的适用规则

在实践中适用过错责任原则的规则是：

第一，适用范围。过错责任原则适用于一般侵权行为。确定的标准是，只有在法律有特别规定的情况下，才不适用过错责任原则，即特殊侵权行为不适用过错责任原则。

第二，责任构成要件。适用过错责任原则确定赔偿责任，其构成要件是四个，即违法行为、损害事实、违法行为与损害事实之间的因果关系和主观过错。这四个要件缺一不可。

第三，举证责任。适用过错责任原则，在举证责任上按照民事诉讼的基本规则进行，即原告举证。原告要对自己的主张承担全部的举证责任，举证不足或者举证不能，应当承担败诉的结果。

第四，责任形态。适用过错责任原则的侵权行为是一般侵权行为，因此，其责任形态都是自己的责任，行为人对自己的行为承担责任，不实行替代责任。

（6）过错责任原则作为侵权责任一般条款

民法典侵权责任编第 1165 条第 1 款是规定过错责任原则的条文，同时也是一般侵权责任法律适用的侵权责任一般条款。在民法典侵权责任编第 1165 条第 1 款作为侵权责任一般条款的基础上，本编后续第四章至第十章规定了侵权责任的类型化，即规定了大部分侵权责任的类型，但对于一般侵权责任，并没有特别规定，仅仅在第三章中规定了几种适用过错责任原则的一般侵权责任。因此，大部分一般侵权责任就没有明确规定，在法律适用上就缺少请求权的法律基础。基于此，民法典侵权责任编第 1165 条第 1 款就必须作为一般侵权责任的请求权法律基础，否则法律是残缺的，一般侵权责任没有法律适用根据。据此，民法典侵权责任编第 1165 条第 1 款的功能是为一般侵权责任提供请求权法律基础，解决一般侵

---

① 转引自王泽鉴：《民法学说与判例研究》（第二册），中国政法大学出版社 1998 年版，第 144～145 页。

权责任的法律适用问题。因此，当一般侵权责任在法律适用中，直接适用本条即可，无需寻找特别规定。

2. 确立了过错推定原则作为侵权责任一般规定的立法例

从本质上说，过错推定原则仍然是过错责任原则，只是过错的要件实行推定而不是认定，因而在其他构成要件证明成立的情况下，法官可以直接推定行为人有过错，行为人认为自己没有过错的，应当自己举证证明，能够证明者免除责任，不能证明或者证明不足者，责任成立。本条第 2 款并非独立的请求权基础，须适用过错推定原则的具体规定作为请求权基础。

（1）过错推定原则的概念

过错推定原则，是指在法律有特别规定的场合，从损害事实的本身推定侵权人有过错，并据此确定造成他人损害的行为人赔偿责任的归责原则。民法典侵权责任编第 1165 条第 2 款规定："依照法律规定推定行为人有过错，行为人不能证明自己没有过错的，应当承担侵权责任。"比较法上没有规定过错推定原则作为一般规定的立法例，这是我国在原《民法通则》第 106 条第 2 款基础上，增加了过错推定责任，作为原《侵权责任法》第 6 条第 2 款，自此以来形成明确将过错推定原则作为一般规定这一立法模式，从而成为立法例上的独创。

所谓推定，是指法律或法官从已知的事实推论未知事实而得出的结果，实际上就是根据已知的事实对未知的事实进行推断和认定。[①] 过错推定，也叫过失推定，在侵权行为法上，就是被侵权人在诉讼中，能够举证证明损害事实、违法行为和因果关系三个要件的情况下，如果侵权人不能证明对于损害的发生自己没有过错，那么就从损害事实的本身推定侵权人在致人损害的行为中有过错，并就此承担赔偿责任。

（2）过错推定原则的历史沿革

过错推定原则的发展历史可以追溯到罗马法时期。早在古罗马法的根本训条"对偶然事件谁也不负责任""偶然事件应落在被击中者的身上"当中，就已经包含着过错推定的萌芽。[②]

17 世纪，法国法官多马特（Domat）创造了过错推定理论。他在《自然秩序中的民主》一书中详细论述了代理人责任、动物致害责任和建筑物致害责任，提出对这些责任都应当采取推定的方式来确定侵权责任。在他的理论影响下，《法国民法典》首先在第 1384 条确认过错推定原则。20 世纪初期，过错推定原则有

① 参见《法国民法典》第 1349 条规定的内容。

② 王卫国：《试论民事责任的过错推定》，载《法学研究》1982 年第 5 期。

了新的发展。在1925年让德尔诉卡勒里·拜尔福戴斯案的判决中，法国最高法院明确指出，民法典第1384条第1款确定了过错推定制度。① 在德国的普通法时代，德国法院在实务上就采取过错推定原则。在制定民法典时，立法者反对将无过错责任原则写进条文之中，将雇用人责任、动物致人损害、地上工作物致害等责任都规定为适用过错推定原则。在同一时期，英国的判例法也已经形成了比较系统的过错推定制度，如事故损害，只需证明事故发生的原因是处于被告操纵之下，便足以推定被告的过失责任。

在当代，过错推定原则已被各国立法所确认。有的国家立法将过错推定原则称为过错责任与严格责任之间的中间责任。

（3）过错推定原则的意义

适用过错推定原则的意义，在于在坚持过错责任原则的情形下，从损害事实中推定行为人有过错，使被侵权人免除了举证责任而处于有利的地位，而行为人则因担负举证责任而加重了责任，有利于切实保护被侵权人的合法权益，有效地制裁民事违法行为，促进社会和谐。

正因为过错推定原则具有这些优越性，它才随着侵权行为法理论的发展而发展，经久不衰，日臻完善，成为侵权法的归责原则之一。

（4）适用过错推定原则的规则

第一，适用范围。过错推定原则的适用范围是一部分特殊侵权行为。按照民法典侵权责任编的规定，下述情形适用过错推定原则：在关于责任主体的特殊规定中，监护人责任、一时性丧失心智致人损害、无民事行为能力人在教育机构受到损害的责任，适用过错推定原则；在机动车交通事故责任中，机动车造成非机动车驾驶人或者行人人身损害的，适用过错推定原则；在医疗损害责任中，医疗伦理损害责任适用过错推定原则；在动物损害责任中，违反管理规定未对动物采取安全措施造成损害，以及动物园的动物造成损害的，适用过错推定原则；在物件损害责任中，建筑物以及建筑物上的搁置物悬挂物致人损害、堆放物致人损害、林木致人损害、在公共场所危险施工等，都适用过错推定原则。其他侵权责任不适用过错推定原则。

第二，责任构成要件。在适用过错推定原则确定侵权责任的时候，其侵权责任的构成与适用过错责任原则没有原则的变化，仍须具备损害事实、违法行为、因果关系和主观过错这四个要件。

第三，主观过错。在过错推定原则适用的场合，举证责任有特殊规则：原告

① 转引自王利明：《侵权行为法归责原则研究》，中国政法大学出版社1991年版，第60～61页。

起诉应当举证证明三个要件，一是违法行为，二是损害事实，三是因果关系。原告承担这三个要件的证明责任。这三个要件的举证责任完成之后，法官直接推定被告具有主观过错，不要求原告再举证证明行为人在主观上存在过错，而是从损害事实的客观要件以及它与违法行为之间的因果关系中，推定行为人主观上有过错。在主观过错的要件上，实行举证责任倒置。如果被告认为自己在主观上没有过错，则须自己举证，证明自己没有过错。证明成立者，推翻过错推定，否认行为人的侵权责任；证明不足或者不能证明者，则推定过错成立，行为人应当承担侵权民事责任。

第四，侵权责任形态在适用过错推定原则的侵权行为中，行为人承担的责任形态基本上是替代责任，包括对人的替代责任和对物的替代责任，一般不适用直接责任的侵权责任形态。

【案例评注】

于某与孟某生命权、健康权、身体权纠纷案[①]

基本案情

2017 年 6 月 11 日下午 3 时 40 分许，孟某在回家途中步行至自家小区 10 号楼和 11 号楼之间的道路上，此时于某正在弯腰拽自家小狗，在回身时不慎将在其身后的孟某刮倒。于某将孟某送至辽源市中心医院，后转入辽源矿业集团总医院住院治疗，于某垫付医疗费 3000 元。辽源矿业集团总医院门诊诊断孟某为右股骨颈骨折、头部外伤等，住院治疗 20 天，住院期间护理等级均为二级护理，孟某于 2017 年 7 月 1 日出院，出院诊断为右股骨颈骨折、头部外伤等。经孟某申请，法院委托吉林正义司法鉴定所鉴定，出具司法鉴定意见书，鉴定意见为：(1) 被鉴定人孟某右髋关节假体置换术后为九级伤残。(2) 被鉴定人孟某无护理依赖，护理期 150 日，护理人数在住院期间遵医嘱，出院后 1 人护理。孟某向一审法院提出诉讼请求：于某赔偿孟某医疗费 11353.96 元、护理费 150 天 ×125.66 元/天 = 18849 元、住院伙食补助费 20 天 ×100 元/天 =2000 元、交通费 360 元、伤残补助金 26530.42 元/年 ×5 年 ×20% =26530.42 元、精神抚慰金 10000 元、司法鉴定费 2100 元、诉讼邮寄费 60 元，上述各项费用总计 71253.38 元。

---

① 一审法院为吉林省辽源市龙山区人民法院，案号：(2017) 吉 0402 民初 1792 号；二审法院为吉林省辽源市中级人民法院，案号：(2018) 吉 04 民终 88 号。

法院判决

一审法院认为：行为人因过错侵害他人民事权益，应当承担侵权责任。本案中，于某不慎将孟某刮倒致其受伤，虽不是故意但存在过失，于某对孟某所受伤害有过错，应当承担侵权责任。孟某作为完全民事行为能力人，应当对自身的安全具有一定的注意义务，酌情减轻于某的侵权责任，减轻10%为宜，于某对孟某的损失承担90%的赔偿责任。综合本案案情并结合孟某的诉讼请求，根据《吉林省高级人民法院关于二〇一七年度人身损害赔偿执行标准的通知》，确定孟某的合理损失如下：（1）医疗费10403.96元，外购药及气垫床由于无医嘱，所支出的费用不予支持；（2）护理费：根据鉴定意见及医嘱，护理费计算如下150天×125.66元/天/人×1人=18849元；（3）住院伙食补助费：20天×100元/天=2000元；（4）交通费：结合孟某伤情，酌定支持300元；（5）残疾赔偿金：经鉴定机构鉴定孟某构成九级伤残，故孟某主张残疾赔偿金法院予以支持：26530.42元/年×5年×20%=26530.42元；（6）精神抚慰金：孟某因伤致残，精神遭受巨大痛苦，孟某主张精神抚慰金10000元予以支持；（7）鉴定费：因司法鉴定支出2100元予以支持。上述各项费用总计70183.38元。于某应承担90%，即70183.38元×90%=63165.04元，扣除于某垫付3000元，于某应赔偿孟某63165.04元-3000元=60165.04元。综上所述，依照《侵权责任法》第六条、第十六条、第二十二条、第二十六条、《最高人民法院关于民事诉讼证据的若干规定》第二条规定，判决如下：一、于某于判决生效后三日内给付孟某60165.04元。二、驳回孟某其他诉讼请求。案件受理费250元，邮寄费60元，共计310元，由孟某负担31元，由于某负担279元。

于某不服，提起上诉。上诉请求：（1）撤销（2017）吉0402民初1792号民事判决；（2）对于某与孟某的赔偿责任比例重新认定；（3）对孟某诉求的精神损害抚慰金、交通费、诉讼费等重新认定及护理期限应保护20天；（4）本案诉讼费由孟某承担。事实和理由：（1）一审法院认定事实不清，承担责任比例认定不当，孟某是87岁老年人，出门必须有监护人陪同，在没有他人陪同的情况下，被于某过失刮倒，造成孟某受伤，其应承担30%责任。且于某与孟某不是对面相撞，而是于某偶然回身引发相撞。（2）一审判决精神抚慰金、交通费过高。

二审法院认为：本案具体事实为于某不慎将孟某刮倒，导致孟某受伤入医院进行治疗，于某虽为过失，但亦应承担对孟某所受伤害发生的合理经济损失予以赔偿的侵权责任。此案中，孟某作为完全民事行为能力人，在于某弯腰拽自家小狗情形下，应对周边可能存在的危险进行注意，以尽到对自身安全合理的防范义务。对于于某主张“孟某为 87 岁老人，外出必须有监护人陪同，在没有陪同的情况下，被于某刮倒，孟某应承担 30% 责任”的上诉理由，因老年人外出应有相应人员陪同并无法律上的强制性规定，亦不可作为在本案中增加孟某承担责任比例的法定事由。于某此上诉理由于法无据，不予支持。法院鉴于涉案事故发生的客观事实情况，认为一审法院酌定判决于某承担 90% 责任比例，孟某承担 10% 责任比例并无不当。因本案一审过程中经孟某申请，法院委托吉林正义司法鉴定所鉴定，出具司法鉴定意见书，鉴定意见为：（1）被鉴定人孟某右髋关节假体置换术后为九级伤残；（2）被鉴定人孟某无护理依赖，护理期 150 日，护理人数在住院期间遵医嘱，出院后 1 人护理。虽于某在一审审理过程中对鉴定意见书质证意见为“有异议”，但其未申请重新鉴定，亦未提供证据对鉴定意见书存在瑕疵予以证明，故法院对涉案司法鉴定意见书有效性予以确认。鉴于孟某构成九级伤残、护理期 150 天的鉴定意见，一审判决酌定支持精神抚慰金 10000 元及护理天数按 150 天计算并无不当，故对于某要求精神损害抚慰金改判 5000 元以下、护理期限应保护 20 天的上诉请求法院不予支持。针对于某认为交通费保护 300 元过高的上诉请求，法院结合孟某伤情及护理天数实际情况，认为一审判决酌定保护交通费 300 元合理，并无不当之处，故对此上诉请求，法院不予支持。二审判决驳回上诉，维持原判。

专家点评

过错责任原则（Verschuldensprinzip /principle of fault liability）是几乎所有国家的侵权法中最基本的归责原则，如《法国民法典》第 1382 条、第 1383 条，《德国民法典》第 823 条、第 826 条，《瑞士债务法》第 41 条，《日本民法典》第 709 条等，都是对过错责任原则的规定。我国原《民法通则》第 106 条第 2 款、原《侵权责任法》第 6 条以及民法典侵权责任编第 1165 条皆明文规定了过错责任原则在侵权法中的基本地位。近代民法以个人主义作为哲学基础，过错责任原则就是建立个人主义哲学之上的。依据过错责任原则，人们只要按照法律的规定做到了他应当且能够做的事情，就没有过错，不需要为由此产生的任何后果负责。如此一来，过错责任原则在侵权法中发挥了重要的功能：首先，充分保障了个人自由，扩张了人类活动的空间。其次，激发了人们的创造力，促进了社会进步。最后，扩大了侵权行为法的适用范围，有利于保护受害人。

过错责任原则以一般原则的形式，确认了任何因他人的过错而遭受侵害的人都有权获得法律的救济。因此，侵权行为法的适用范围大大扩张，受害人的权益也得到了充分的保障。现代侵权法中，不仅物权、人格权等绝对权受到侵权法的保护，而且相对权以及一些人身利益、财产利益也受到侵权法的保护。这不能不说是过错责任原则的功劳。本案即为人格权侵权的典型案例，受到侵害的民事权益为健康权，而且同时造成了被侵权人的精神痛苦，因此侵权人依据过错责任原则应对被侵权人承担损害赔偿责任。

第一千一百六十六条 行为人造成他人民事权益损害，不论行为人有无过错，法律规定应当承担侵权责任的，依照其规定。

【条文释义】

本条是对无过错责任原则的规定。

无过错责任原则，是在法律有特别规定的情况下，不问行为人致人损害时是否有过错，都要承担侵权赔偿责任的归责原则。通常情况下，侵权法认为有过错才有责任，无过错则无责任。但是，在工业革命之后，由于高度危险活动的广泛发展，在很多情况下强调无过错则无责任，将会使很多受害人无法得到侵权赔偿的救济，因而创设无过错责任原则这一归责原则，使在法律有特别规定的情况下，行为人没有过错而造成损害的被侵权人能够得到赔偿救济。

适用无过错责任原则救济被侵权人，需要有法律特别规定，没有法律特别规定的，就不能适用无过错责任原则。在侵权责任编，规定了产品责任、生态环境损害责任、高度危险责任、饲养动物损害责任适用无过错责任原则。这些具体规定是无过错责任原则调整的侵权法律关系的请求权基础，本条规定不是无过错责任原则适用的请求权基础。

1. 无过错责任原则的真实含义

民法典侵权责任编第 1166 条规定："行为人侵害他人民事权益造成损害，不论行为人有无过错，法律规定应当承担侵权责任的，依照其规定。"这一规定与原《侵权责任法》第 7 条表述基本一致，但与原《民法通则》第 106 条第 3 款关于"没有过错，但法律规定应当承担民事责任的，应当承担民事责任"的规定相比较，区别非常明显，最主要的差异在于，原《民法通则》第 106 条第 3 款首先强调的是"没有过错"，此乃对无过错责任原则的误解。事实上，无过错责任仅仅是不考虑过错的责任，而不是没有过错的责任。至于责任人是否有过错，是不一定的。而这个条文的写法则是宣称行为人"没有过错的时候才承担责任"的原则，[①] 对其批评意见是中肯的。自原《侵权责任法》第 7 条规定“无论行为人有无过错”以来，只要法律规定适用无过错责任原则，就依照其规定。这样的规定是正确的。无过错责任原则还称为严格责任、危险责任或者风险责任。其真实含义就是，只要是法律规定的场合，行为人的行为造成了被侵权人的损害，具备了法律规定的要件，不论行为人是否有过错，都应当承担侵权责任。

事实上，无过错责任原则就是严格责任。严格责任的“严格”，就是不考虑行为人过错的因素，而是就行为的后果论责任。那种将严格责任和无过错责任原则对立起来的观点，既无法律依据，也无客观基础。

因此，无过错责任原则是指在法律有特别规定的情况下，以已经发生的损害结果为价值判断标准，与该损害结果有因果关系的行为人，不问其有无过错，都要承担侵权赔偿责任的归责原则。

2. 无过错责任原则的发展历史

无过错责任原则是伴随着社会化大生产的迅速发展，尤其是大型危险性工业的兴起而产生和发展起来的。

在资本主义初期，实行过错责任原则，行为人对造成的损害结果，只有在自己主观上有过错的情况下，才负侵权赔偿责任。因此，在自由资本主义时期，具有高度危险性的工业企业大规模兴建，在事故造成的损害面前，被侵权人必须证明事故的责任者即工厂主在主观上有过错后才能获得赔偿。而拘泥于过错责任原则的后果是在事实上剥夺了工人的一切保护，不仅被侵权人无法证明工厂主造成工业事故的“过错”，而且工厂主也会利用过错责任原则，借口“无过错”而拒绝赔偿被侵权人的损失，使工厂主几乎不可能败诉。在这种情况下，侵权行为法一方面坚持过错责任原则，另一方面例外地就特殊损害事故承认无过错责任，在立法上出现了无过错责任或者严格责任的规定，即在特定的情况下，即使致人损害的一方没有过错，也应承担赔偿责任。

首先确认无过错责任原则的是普鲁士王国。它在 1838 年制定的《铁路企业法》中承认了这一原则；翌年，又制定《矿业法》，把这一原则从铁路企业扩大到矿业方面。在德国，1872 年曾制定《国家责任法》，规定经营矿山、采石场及工厂者，对其所雇佣的监督者和工头的过失致劳工损害者，不管雇主有无过失，在一定范围内负损害赔偿责任。严格地说，这种无过失责任并不彻底，因为还要被侵权人证明监督者和工头的过失。1884 年，德国制定了《劳工伤害赔偿法》，规定了工业事故社会保险制度，真正确立了事故责任的无过失责任制度。法国在

① 杨立新：《民法判解研究与适用》（第七集），人民法院出版社 2004 年版，第 181 页。

1898 年制定了《劳工赔偿法》，规定了工业事故的无过失责任。英国政府在 1880 年制定了《雇主责任法》，多次修改《工厂法》，逐渐加重了雇主的责任。1897 年制定《劳工补偿法》，规定在即使存在“共同过失”的情况下，即受害的雇员及其同伴或者第三人对损害的发生有过失，而雇主无过失，雇主仍应对雇员在受雇期间所受的损害承担赔偿责任。在美国，也先后采用特别立法或者判例等方式，确认了这一原则，使之成为一个通行的归责原则。

民法典侵权责任编第 1166 条规定无过错责任原则的根本目的，在于切实地保护人民群众人身、财产的安全，更好地保护民事主体的合法权益，促使从事高度危险活动和管理高度危险物的人、产品生产者和销售者、环境污染的污染者以及动物的饲养人、管理人等行为人，对自己的工作或事务予以高度负责，谨慎小心从事，不断改进技术安全措施，提高工作质量，尽力保障周围人员、环境的安全；一旦造成损害，能迅速、及时查清事实，尽快赔偿人们的人身损害和财产损失。适用这一原则的基本思想，在于使无辜的损害尽快由行为人合理负担，切实保护被侵权人的民事权益。

3. 无过错责任原则的意义

适用无过错责任原则的意义，在于加重行为人的责任，使被侵权人的损害赔偿请求权更容易实现，受到损害的权利及时得到救济。在这一点上，可以在无过错责任原则与过错推定原则的比较中得到证实。

在适用过错推定原则的情况下，被侵权人可以不必举证证明侵权人的主观过错，而是在已经证明的损害事实中，推定侵权人的过错。这样，被侵权人就免除了证明侵权人过错的举证责任，转而由侵权人承担举证证明自己无过错的责任，对被侵权人的保护因此而较过错责任原则为优。在适用无过错责任原则的情况下，被侵权人当然更不用证明侵权人的过错，在这一点上，无过错责任原则与过错推定原则相比，并没有不同；但是，在举证责任倒置的内容上，情况却大不相同：实行过错推定原则，举证责任在侵权人，证明的内容是侵权人自己没有过错；实行无过错责任原则，举证责任在侵权人，证明的内容是损害系由被侵权人的故意或者重大过失所引起。侵权人证明自己无过错，在实践中尚属可能；侵权人证明损害是由被侵权人的故意或者重大过失所引起的，实属不易。这样相比，无过错责任原则对于被侵权人的保护，当然要比过错推定原则更为有利。应当注意的是，在实行无过错责任原则时，并不是所有的行为人都没有过错。在很多情况下，被侵权人都能够证明或者从损害事实中推定出行为人的故意或者过失。法律确认无过错责任原则，旨在强调主观过错不是责任构成要件，行为人无论有无过错，都应当承担赔偿责任。这样，就将行为人置于严格的侵权责任的监督之下，把被侵权人置于更为妥善的保护之中。

4. 适用无过错责任原则的规则

（1）适用范围

无过错责任原则适用于一部分特殊侵权行为。具体的范围是：产品责任、高度危险责任、环境污染责任、动物损害责任中的部分责任。应当注意的是，确定无过错责任原则的范围，应当特别注意“法律特别规定”。民法典侵权责任编第1166条规定，只有在“法律规定”的时候，才能适用无过错责任原则。其含义是，无过错责任原则中的以损害事实为根据，必须是在有法律规定的情况下适用，没有法律的特别规定，不得以损害事实作为侵权责任归责的标准。

（2）责任构成要件

适用无过错责任原则的侵权责任构成要件有三个，即违法行为、损害事实和因果关系。在适用无过错责任原则的情况下，一方面由于决定责任构成的基本要件是谁造成了损害结果，另一方面由于主观过错不再是侵权责任的构成要件，因而决定责任构成的基本要件是因果关系。当损害结果和违法行为之间具有因果关系时，即构成侵权责任。

（3）举证责任

无过错责任原则的举证责任，实行举证责任倒置规则，由被告承担。具体的规则是：第一，被侵权人即原告应当举证证明违法行为、损害事实和因果关系三个要件。对此，侵权人不承担举证责任。第二，在被侵权人完成上述证明责任以后，如果侵权人即被告主张不构成侵权责任或者免责，自己应当承担举证责任，实行举证责任倒置。被告所要证明的不是自己无过错，而是被侵权人的故意或者重大过失是致害的原因，这也是无过错责任原则与过错推定原则的一个重要区别。第三，行为人能够证明损害是由被侵权人的故意或者重大过失所引起的，即免除赔偿责任。第四，侵权人对上述举证责任举证不足或者举证不能，侵权责任即告成立，被告应承担侵权责任。

（4）侵权责任形态

适用无过错责任原则的侵权行为，其责任形态一般来说是替代责任，包括对人的替代责任和对物的替代责任。

（5）侵权人过错的问题

在适用无过错责任原则的侵权行为中，法律只是不问侵权人的过错。在现实中，大多数无过错责任的侵权行为人在行为时是有过错的，被侵权人可以提供证据加以证明。对此，可以实行以下规则：第一，侵权人的过错对于侵权责任的构成没有意义。因为凡是在无过错责任原则适用的场合，在研究构成侵权责任时都是不问过错的。即使被侵权人已经证明侵权人有过错，在这一环节也不加考虑。第二，侵权人的过错对于侵权责任的赔偿范围具有较大的决定作用。如果侵权人确实没有过错，或者没有证明侵权人的过错，那么，侵权人的赔偿责任按照法律的一般规定确定，承担法律所要其承担的限额赔偿责任。第三，如果侵权人对于损害的发生或者扩大具有过错，那么，对于损害赔偿责任范围的确定，应当按照过错责任原则的要求进行，凡是与其过错行为有因果关系的损害结果，都应当予以赔偿。例如高度危险责任，法律规定为无过错责任，并且为限额赔偿，应当依照其规定。但是，如果被侵权人能够证明侵权人对损害的发生具有过错的，则应当全额赔偿。对此，民法典侵权责任编第 1244 条作出了相应的规定。

【案例评注】

李某与陈某等义务帮工人受害责任纠纷案[①]

基本案情

原告李某系原 A 号汽车的车主兼驾驶员，常年从事运输业务。A 号汽车的车厢挡板上缘、护栏下缘距地面高度达 2.1 米。被告陈某、黄某夫妻二人常年在张店区良乡物流园专线三区经营淄博至徐州专线的物流配货业务。原告自 2014 年 8 月开始经常驾驶自己的半挂车为被告运送货物，运费由被告负责向原告现金支付。2016 年 10 月 11 日，原告又驾驶 A 号汽车为被告运送货物。上午，原告先开车到淄博远航建陶有限公司装了 10 吨左右的地砖，地砖装在车厢的前面，上面与车厢 60 厘米高的挡板持平。下午 4 时左右，原告按照被告陈某的安排在张店区良乡物流园专线三区装零担货。零担货需要放置在地砖上面，原告将车厢上面的护栏打开（前面第一节护栏是开门式的，因车厢内有地砖没打开车厢挡板），被告陈某先安排人在地砖上面铺了一层垫板，然后亲自指挥叉车司机郝某（被告黄某的妹夫）开着叉车装货。原告当时也在车上帮着铺设垫板、安置货物、验货及清点货物。在装完第一节护栏的货时，原告便想在车上将朝车头方向的右侧护栏关到挡板桩子上。由于车厢上货物已满，无法在车上正常关护栏，原告便左手扶着挡板桩子、右手抓着刚装上的紧挨着车厢挡板的一坨重约 700 千克、90 厘米左右高的打包铁件，脚踩着地砖和挡板往前挪，当两只手抓着那坨打包铁件时，由于

① 一审法院为山东省淄博市张店区人民法院，案号：（2017）鲁 0303 民初 2913 号；二审法院为山东省淄博市中级人民法院，案号：（2018）鲁 03 民终 114 号。

打包铁件的底部并不稳固，受力向外倾倒，原告没处躲，只能向外斜跳，落地后面朝上躺在地上，这时那坨打包铁件也落下来砸在原告的小腿上，原告大声喊叫，被告陈某从车上下来和其他人把压在原告腿上的那坨打包铁件抬起，原告的妻子托出原告被压的小腿，被告陈某拨打120急救电话，120救护车将原告送往淄博市中心医院抢救治疗。经诊断，原告的伤情为右胫骨开放性粉碎骨折（Π度）、右距骨骨折、左跟骨粉碎性骨折、左第5距骨粉碎性骨折。原告为此住院治疗73天，花费医疗费共69132.1元。后经法院委托淄博骨科医院法医司法鉴定所进行司法鉴定，结论为：原告所受伤害构成三处十级伤残；护理时间需80日，住院期间需2人护理20日，剩余时间1人护理；误工时间为150日；后续治疗费24000元。庭审中，被告对原告的伤情构成三处十级伤残的司法鉴定结论虽有异议，但未申请重新鉴定。

法院判决

一审法院认为，由于本案两被告作为金苏润物流公司负责人，并没有提交该公司与原告建立运输合同关系，并由该公司向原告支付运费的证据，对其抗辩个人作为本案的被告主体不适格的主张，不予支持。由于在被告负责向原告车辆配装货物过程中，原告需听命于被告的指挥到各处配货站点配载去目的地的货物，并协助将货物装到车上。而原告的上述行为，通常是不要任何报酬的义务帮工行为。帮工人因帮工活动遭受人身损害的，被帮工人按法律规定应当承担民事赔偿责任。而原告正是在协助被告装车时，从车厢挡板上行走去关护栏途中受伤，故被告作为被帮工人对无偿帮工的原告应负有赔偿责任。由于原告不是从地面上去关护栏，而是行走在距地面高达2.1米且狭窄的车厢挡板上去关护栏。在不能确保紧挨着车厢挡板的货物是否可以借力保持身体平衡的情况下，拽拉打包铁件，导致并不稳固的打包铁件倾倒后跌落，砸伤先落地的自己的后果。对该后果的发生，两被告及其他在场人员并没有过错，反而原告自身负有重大过失，虽不至于免除两被告的赔偿责任，但应减轻两被告的赔偿责任。加之在货运物流业，开、关车厢挡板及护栏的工作，通常由货运司机负责予以完成。原告作为货运司机为完成自身义务而受伤的获偿比例，更应低于正常的义务帮工人受伤获偿比例。综合分析认为两被告应对原告人身伤害所产生的合理费用损失承担10%的赔偿责任。

一审法院判决，依照《侵权责任法》第七条、第十六条、第二十六条，《最高人民法院关于审理人身损害赔偿案件适用法律若干问题的解释》第二条第二款、第十四条第一款、第十七条、第十九条至第二十三条、第二十五条之规定，判决：一、被告陈某、黄某于本判决生效之日起十日内，赔偿原告李某人身伤害各项费用损失共计23100.57元。二、驳回原告李某的其他诉讼请求。

李某不服，提起上诉。上诉请求：撤销一审判决，依法改判或发回重审，一、二审诉讼费用由被上诉人负担。事实和理由：（1）一审判决认定事实错误，本案中上诉人无过错，不应承担任何责任，被上诉人及叉车司机郝某具有重大过错，应承担全部赔偿责任；（2）本案应当是提供劳务者致害责任纠纷，一审法院依据义务帮工人受害责任的法律规定作出判决系适用法律错误。二审中，当事人没有提交新证据。二审查明的事实与一审查明的一致。

二审法院认为，关于上诉人李某与被上诉人陈某、黄某之间是何种法律关系的问题。本案中，李某驾驶车辆为陈某配送货物，根据双方以往的交易习惯，货物配装工作应由陈某负责，李某为赶时间协助陈某配装货物的行为，符合帮工行为的构成要件，一审判决认定双方之间构成帮工关系并无不当。李某在协助陈某配装货物过程中，未确保自身安全从车厢上摔下致伤，陈某、黄某及其他在场人员对该损害后果的发生均无过错，一审判决据此认定由陈某、黄某承担本案10%的赔偿责任并无不当。李某虽主张陈某指挥叉车司机违章操作是造成其受伤的直接原因，但未能举证予以证实，故其关于本案应为提供劳务者致害责任纠纷的上诉理由不能成立，法院不予支持。最终，二审法院判决驳回上诉，维持原判。

专家点评

侵权法以过错责任为基本归责原则，故行为人只有因过错造成他人损害时，才需要承担侵权赔偿责任。但是，基于特殊的考虑，立法者又规定，有些时候即便行为人没有过错，只要造成了他人的损害，也要承担侵权赔偿责任。此种侵权损害赔偿责任不以过错为要件，故称“无过错责任”（liability without fault）。民法典侵权责任编第1166条与原《民法通则》第106条第3款、原《侵权责任法》第7条对于无过错责任的规定一样，都是宣示性规定，并非独立的请求权基础，无法单独适用，需要以民法典侵权责任编后续各章规定的特殊侵权行为中承担无过错责任的法律规范作为请求权基础。

本案处理的是帮工关系中帮工人受到损害时用工人承担侵权责任的问题，即用人者责任。无论用人者是单位还是个人，就用人者责任的归责原则与构成要件而言，并无本质的不同，即适用无过错责任原则。用人者对于被使用者在执行工作任务中遭受的损害承担无过错责任，其理论基础主要基于报偿理论、控制力理论和深口袋理论。在民法典侵权责任编之前，《最高人民法院关于审理人身损害赔偿案件适用法律若干问题的解释》第9条、原《侵权责任法》第35条就已经规定用人者责任的归责原则为无过错责任，这一制度的合理性与必要性在于：首先，有利于保护受害人，符合现代侵权法保护弱者、补偿损害的理念。在比较法上，有一些国家对用人者责任适用过错推定，如德国、瑞士、日本等。但是，因过错推定对受害人非常不利，故而这些国家法院在实践中只能通过不断减少雇主的免责事由或缩小抗辩事由的范围，来消除这一弊端，结果使法律条文上的过错推定责任实际中上已演变为无过错责任。① 其次，对用人者责任采取过错推定责任，令雇主就其过错负责，表面上似乎符合过错责任原则的基本精神，但就现代社会中的大公司、大企业而言，这种规定实属具文。因为大公司、大企业的规模大、管理层级众多，企业的所有者不可能对最底层员工尽到所谓的选任监督义务。最后，雇主责任采取无过错责任不会对雇主造成过重的经济负担，因为雇主可以通过责任保险制度以及产品、服务的定价将由此增加的成本予以社会化分散。②

第一千一百六十七条 侵权行为危及他人人身、财产安全的，被侵权人有权请求侵权人承担停止侵害、排除妨碍、消除危险等侵权责任。

【条文释义】

本条是对侵权责任禁令，即侵权责任的防御性请求权的规定。

侵权责任禁令，是指侵权行为危及人身、财产安全时，被侵权人对侵权人享有停止侵害、排除妨碍、消除危险等的请求权。这几种侵权责任都适用的是侵权行为危及他人人身、财产安全，尚未造成实际损害的情形。事实上，即使侵权行为已经造成了受害人的损害，除了损害赔偿之外，被侵权人也可以采取这些救济方法。不过，本条侧重强调的是前者。

1. 明确规定了防御性请求权的内容

关于防御性请求权的实质内容，原《物权法》与原《民法通则》、原《侵权责任法》，以及民法典总则编的规定并不一致。原《物权法》规定了“排除妨害”与“消除危险”，民法典总则编未采纳原《物权法》的相关规定，遵循原

---

① ［荷］J. 施皮尔主编：《侵权法的统一：对他人造成的损害的责任》，梅夏英、高圣平译，法律出版社 2009 年版，第 401 页；［日］圆谷峻：《判例形成的日本新侵权行为法》，赵莉译，法律出版社 2008 年版，第 303 页。

② Guido Calabresi, Some Thoughts on Risk of Distribution and the Law of Torts, 70 Yale. L. J 503 – 504 (1961).

《民法通则》与原《侵权责任法》的立法传统，将防御性请求权规定为“停止侵害、排除妨碍和消除危险”，并在民法典物权编第236条中对此予以进一步确认。鉴于此立法趋势，本条继续确认了民法典总则编的做法，将防御性请求权表达为“停止侵害、排除妨碍和消除危险”。

侵权行为危及人身、财产安全，停止侵害就是禁令。在遭受侵害时，向法院请求停止侵害，法院裁判停止侵害，就是禁止行为人继续实施侵权行为。排除妨碍、消除危险也是禁令的具体措施，是在侵权行为实施中，虽然没有造成损害，但是造成了妨碍，或者存在权利损害的危险，要在停止侵害的基础上，排除对权利构成妨碍的行为，消除权利受到损害的危险。由此可见，防御性请求权的适用场域和适用条件实际上是不统一的。

本条没有规定请求侵权人承担上述责任的具体程序，按照法理，应当适用诉讼程序解决。按照禁令的要求，应当准许被侵权人在诉前采取禁令，防止侵权行为继续实施而造成损害。在一般侵权责任案件中，准许诉前禁令是可以探索的，不过须由请求禁令的当事人提供担保，一旦请求错误，应当承担赔偿责任。

2. 停止侵害的适用场域与适用条件

停止侵害，强调的是侵害行为已经造成妨害并且侵害行为正在持续。其着眼点在于侵害“行为”的“停止”，不同于“妨害”存在或将发生的“后果”样态。[①] 也就是说，造成“妨害”或“损害”这一过程性概念就是“侵害”。因此，不仅妨害正在持续中的情形存在可以被“停止”的侵害“行为”；所有物被侵夺或扣留中亦存在可以被“停止”的侵害“行为”；甚至在“将来的妨害”要产生的情形下，也存在可以被“停止”的侵害“行为”。无论是“排除妨碍”，还是“消除危险”，指向的都是“妨碍”或“危险”结果的存在，但“停止侵害”指向的却是“行为”，“侵害”的结果可能是“妨碍”或“危险”。一个未造成任何法律后果（包括已发生的妨害、妨害的危险、损害或不当利益等）的“侵害行为”，在民法上是不具有评价意义的。只有将行为与结果结合起来，方具有分析意义。换言之，由于侵害（行为）可能导致妨碍（妨害）、危险（将来的妨害）、损害，同时也正因为侵害（行为）导致了这个（些）后果，所以救济的第一步就是要停止其侵害（行为），[②] 有些情况下则要实施积极作为行为加以妨碍（害）

---

① 茅少伟：《防御性请求权相关语词使用辨析》，载《法学》2016年第4期。

② 妨害防止请求权的行使就是要求行为人不再从事威胁他人的特定行为，故德国法上的妨害防止请求权（Unterlassungsanspruch）有时亦被翻译为停止侵害请求权、不作为请求权。因此，“停止侵害”与“消除危险”效果相同，但一是针对“行为”，二是“效果”，即通过停止“侵害”（行为），达成了“危险”“消除”的效果。

排除，或回复原状。换言之，“停止侵害”与“排除妨碍”“消除危险”“恢复原状”或“金钱赔偿”皆有并存空间。

3. 排除妨碍、消除危险的适用场域与适用条件

如上文所述，原《物权法》使用了“排除妨害”，原《民法通则》、原《侵权责任法》与民法典总则编使用了“排除妨碍”。经过审慎考虑，民法典一律按照“排除妨碍”进行表述。一方面，从词语本身意义上看，“妨碍”是指“使事情不能顺利进行，阻碍”；妨害同样是指“有害于”“阻碍”。[①] 两者差别细微。另一方面，从现行立法的趋势来看，采纳“排除妨碍”的表述似乎更为现实。

由于“停止侵害”这一防御性请求权定位于针对“正在持续的侵权行为”，其适用方式为“停止”造成妨害或正在侵害的“行为”，即应“不作为”。与此对应，为避免规范交叉，排除妨碍的适用范围为，当妨碍仅凭侵害人的不作为（停止侵害）仍不能消除时，排除妨碍就体现为侵害人以积极作为方式对妨碍予以排除。

消除危险对应德国法上的妨害防止请求权，不以存在重复发生之危险为要件，对于第一次发生妨害威胁时亦可适用。

4. 防御性请求权在民法典中的体系定位

从抽象意义上而言，当法律上所分配的对物支配和事实上的对物支配之间不一致时，法秩序就会作出反应。不论此不一致的原因究竟为何，无需考察行为人是否具有违反义务的行为，更无需要求具备过错，当权利人受法律保护的领域（法益）受到威胁（从而可能适用消除危险），或该领域不仅遭受威胁且其本应受到法律保护的状态已经受到他人的侵害（法益已经遭受他人不当干涉）时（从而可能适用停止侵害或排除妨碍），物权请求权就存在和可被行使。因此，从实质而言，停止侵害、排除妨碍与消除危险的适用与侵权损害赔偿责任的适用条件并不相同。即使用无过错责任原则解释其适用规则，也存在着不妥当之处。排除妨碍、停止侵害、消除危险在民法典物权编、民法典人格权编和民法典侵权责任编都进行了规定。侵权责任法一直认为侵权行为的效力包括排除妨碍、停止侵害等责任形式，实际上是一种误解，这些内容是绝对权请求权救济绝对权妨害的内容。当人格权（物权亦然）受到妨害尚未构成侵权行为时，权利人就具备了行使人格权请求权的条件。如果人格权受到侵害已经构成侵权行为，当事人仍然可以行使人格权请求权，发生人格权请求权和侵权请求权的聚合。如果将排除妨害、

---

① 中国社会科学院语言研究所词典编辑室编：《现代汉语词典》（第五版），商务印书馆2005年版，第386页。

停止侵害的人格权请求权纳入侵权法体系，不利于侵权法的内部协调，会造成制度体系的混乱。凡是非法妨害，尽管没有造成损害，应当认为是人格权请求权的行使要件。因此，从最为彻底的立法论而言，应将停止侵害、排除妨碍、消除危险归属于绝对权请求权，侵权请求权仅指侵权损害赔偿责任。

但基于我国既有的立法传统所形成的立法现实选择角度而言，该种立法例被采纳的可能性很小。因此，民法典侵权责任编第1167条将停止侵害、排除妨碍与消除危险作为侵权责任的防御性请求权进行规定，意味着这三者虽然属于侵权责任承担方式，但其适用应依照绝对权请求权的行使规则。

将返还原物、停止侵害、排除妨碍及消除危险，定位于物权请求权，与定位于侵权责任承担方式相比，具有比较大的优势：

首先，物权请求权具有独特的价值功能。物权请求权是物权自身所具有的效力，其功能在于防止对权利的损害以及制止对权利的侵害，换言之，它是权利的自我防御，或主要是一种事前救济，与之相应的则是侵害人之民事义务。正如曾世雄先生所言，“排除侵害，依法律规定之设计，几乎局限于绝对权被侵害之情形。绝对权之权利人，面对一切之人得主张权利，并不须任何他人之协助即可享有权利所表彰之利益”。[①] 而侵权责任则主要是一种事后救济，是以民事责任为强制手段的对权利的一种外部救济，而非权利自身的自我救济。

其次，在涉及返还原物、停止侵害等情况下，物权请求权的运行机制较侵权责任承担方式为优。物权请求权有利于消除危险的适用。危险态势的发生，意味着权利人行使权利遭受了一种潜在的威胁，蔓延下去必然意味着对权利的侵害。基于权利保护的需要，有必要在权利的真实侵害尚未实际发生时予以制止，因为对损害的事后救济终归不如没有损害。换言之，由于物权请求权的行使不囿于损害事实的实际发生，因此就更多地体现了对权利的关怀。另外，物权请求权制度中停止侵害和排除妨碍措施的适用，有利于保护受害人的合法权益。物权请求权制度与侵权责任制度相比，在举证责任方面的要求相对要低得多，从而也就为权利人的权利提供了更深切的保护。一般而言，物权请求权的行使只要求两点：一是由受害人证明其享有权利（甚或有时受害人仅需证明先前占有事实的存在，此时行使的为占有保护请求权）；二是由受害人证明谁实施了侵害行为（包括危险行为、正在进行的侵害行为或已经发生的侵害行为）。至于过错问题，受害人无需举证，侵害人也不能以无过错而免责，[②] 物权请求权尽管以受有侵害时方能发

---

① 曾世雄：《损害赔偿法原理》，中国政法大学出版社2001年版，第7页。

② 王利明：《物权法论》，中国政法大学出版社1998年版，第148页及第145页之后关于物权请求权之论述。

动，但却不以惩罚制裁侵害人为目的，而以回复物权支配力之完满状态为追求，其责任承担（请求内容）也不以填补物权人所受实际损害为计算，而以排除影响物权人权利行使之妨害事实为已足。正是基于此，物权请求权的发生以妨害物权行使的圆满状态的事实存在为已足，而无需侵害人主观过错之证明。“排除侵害，其依据原则上系法律之直接规定。因之，只问侵害是否存在，别无其他之构成要件。侵害一旦存在，不问行为人有无过失或可否归责，亦不问被害人有无损害，均可排除之。”① 物权请求权的行使除对过错不予要求外，对因果关系的证明也无需似侵权责任成立要件中的因果关系那般严格，一般说来，只需物权人能证明自己权利受损与加害人的行为有事实上的因果关系即可，不要求有法律上的相当性和政策性等判断因素。此外，除符合善意取得或取得时效要件等情形外，加害人不能凭借其对前手的对抗事由对抗物权人，否则将有违物权追及力原则。这些规定都有效地维护了权利人的合法权益，举证责任之简便也是侵权责任制度所无法比拟的。

最后，物权请求权的适用，一般没有时效的限制，加害人不能因时间的经过而获不当利益，受害人权益因之也能得到有效保护。民法典总则编第 196 条正式在立法上肯定了这一点。

同时，笔者认为，不仅应将上述承担方式并入物权请求权，我国立法也应承认人格权保护请求权和知识产权保护请求权。就法理基础而言，物上请求权是与支配权相联系而存在的，从这个意义上说，知识产权、人格权与所有权同为支配权，因此可以产生并使用类似物权意义上的请求权，并以此作为绝对权利自我保护的手段。对此，有学者曾深刻指出，物上请求权本为物权所独有，但对于以支配为内容的其他权利也可以准用。② 在德国民法中，排除妨害、消除危险的效力除及于所有权外，姓名权、占有权、商号权、商标权、特许权、著作权、渔业权、矿业所有权等权利亦被认为有此效力。③ 对于这一点，史尚宽先生也曾经指出：“人格权因其为绝对权，其有被侵害之虞者，亦得参照‘民法’第 767 条请求防止之。”④ 在日本，对于这种人格权的保护也赋予物上请求权一样的权利。有学者指出：“考虑到这些规定和法益尤其重要，所以，所有权、地上权等的物权，基于具有对抗力的不动产租赁权的停止行为请求权一直得到承认。在这一见解的

---

① 曾世雄：《损害赔偿法原理》，中国政法大学出版社 2001 年版，第 5 页。

② 王利明：《物权法》，中国政法大学出版社 1998 年版，第 152 页。

③ 陈华彬：《德国相邻关系制度研究》，载梁慧星主编：《民商法论丛》（第四卷），法律出版社 1996 年版，第 320 页。

④ 史尚宽：《民法总论》，中国政法大学出版社 2000 年版，第 124 页。

延长上，主张应该包含为保护身体的自由、精神的自由的人格利益的是人格说和环境权说。”[①] 日本法上“北方杂志社案”与“大阪空港案”[②] 就肯定了这种做法，并表明了建立绝对权请求权的必要性。除与承认物权请求权所列理由大体一致外，承认“绝对权请求权”理由中至关重要的一点是：在人格权、知识产权领域，权利一经受到现实的侵害，就很难弥补或根本不能完全弥补，“就其性质而言，人格利益是难以事后救济的。与财产利益的侵害不同，人格利益一旦遭受侵害就覆水难收，事实上无法再通过金钱对损害予以填补。生命、身体、名誉、隐私等人格利益被侵害后的治愈是极端困难甚至不可能的。正因如此，针对盖然性较高的侵害事先防患于未然就显得极为必要”。[③] 防止知识产权受侵害的防患于未然亦是如此。[④] 因此，有必要承认人格权保护请求权和知识产权保护请求权，与物权请求权共同构成“绝对权请求权”。同时按其性质应承认它们具有两项权能：排除妨害保护请求权和妨害防止请求权。

【案例评注】

贺某、张某诉尤某、李某排除妨害纠纷案[⑤]

基本案情

2011年6月，贺某向宜昌市夷陵区樟村坪镇犁耳坪村民委员会提交申请，要求将位于“王某门前公路下靠河边”的一块土地批准其用作宅基地建房。同年8月，宜昌市夷陵区樟村坪镇犁耳坪村民委员会同意贺某将该地填整好后建房。随后，贺某对该地进行了填整。2014年12月，宜昌市夷陵区樟村坪镇犁耳坪村民委员会将该宗土地（地块名称为“公路边”）发包给贺某，并颁发农村土地承包经营权证。后因村民反映村委会违规发包该宗土地，相关部门以程序违法为由撤销颁发给贺某的农村土地承包经营权证。此后，经党员、村民代表讨论同意，宜

---

① 于敏：《日本侵权行为法》，法律出版社1998年版，第334～335页。

② 关于这两个案例的详情，参见姚辉：《关于人格权的两个日本判例》，来源网址：http://old.civillaw.com.cn/article/default.asp?id=7794，最后访问日期：2018年12月1日。

③ 关于这两个案例的详情，参见姚辉：《关于人格权的两个日本判例》，来源网址：http://old.civillaw.com.cn/article/default.asp?id=7794，最后访问日期：2018年12月1日。

④ 吴汉东：《试论知识产权的“物上请求权”与侵权赔偿请求权——兼论〈知识产权协议〉第45条规定之实质精神》，载《法商研究》2001年第5期。

⑤ 一审法院为湖北省宜昌市夷陵区人民法院，案号：（2017）鄂0506民初2335号；二审法院为湖北省宜昌市中级人民法院，案号：（2018）鄂05民终237号。

昌市夷陵区樟村坪镇犁耳坪村民委员会决定将“公路边”土地交由贺某管理使用。2015 年 11 月 30 日，宜昌市夷陵区樟村坪镇犁耳坪村民委员会向贺某颁发《非承包地使用权确认书》，确认贺某对地名为“公路边”的 1.21 亩非承包地享有使用权。因尤某、李某占有使用该宗土地，贺某数次协商未果，遂诉至一审法院，要求判令尤某、李某停止侵权行为，将该宗土地上杂物清除后返还贺某，并赔偿经济损失 16300 元。

贺某、张某向一审法院起诉请求：(1) 判令尤某、李某停止侵权行为，返还被侵占承包地，并清除被侵占承包地上的所有杂物；(2) 判令尤某、李某赔偿贺某、张某经济损失 16300 元；(3) 诉讼费由尤某、李某负担。

法院判决

一审法院认为，权利人的物权受法律保护，任何单位和个人不得侵犯。贺某、张某通过向宜昌市夷陵区樟村坪镇犁耳坪村民委员会申请，合法取得名为“公路边”土地的使用权，贺某、张某对该土地依法享有占有、使用和收益等权利，任何人不得妨害其使用。尤某、李某未经贺某、张某允许，擅自占用贺某、张某享有使用权的土地，已构成侵权。根据《侵权责任法》第十五条的规定，尤某、李某应承担排除妨害、返还土地的侵权责任。贺某、张某请求尤某、李某停止侵权、排除妨害的诉讼请求成立，应当予以支持。对贺某、张某要求尤某、李某赔偿损失 16300 元的诉讼请求，因其不能提供充分的证据予以证明，故对该请求不予支持。尤某、李某既不能提供证据证明其对该宗土地享有合法使用权，也不能提供证据证明宜昌市夷陵区樟村坪镇犁耳坪村民委员会将“公路边”土地交由贺某、张某使用存在违法行为，故其辩称贺某、张某对“公路边”土地不享有使用权的理由不能成立，该院不予支持。综上所述，尤某、李某应将占用的地名为“公路边”的土地返还给贺某、张某，贺某、张某关于排除妨害的诉讼请求成立，应予支持。基于前述理由，一审法院遂依照《物权法》第三十五条，《侵权责任法》第三条、第十五条、第二十一条、《民事诉讼法》第一百四十二条之规定，判决：一、限尤某、李某在判决生效后五日内将地名为“公路边”土地上的杂物清除，并将该宗土地返还给贺某、张某使用；二、驳回贺某、张某要求尤某、李某赔偿损失 16300 元的诉讼请求。

尤某不服提起上诉。上诉请求：撤销原审判决，改判驳回贺某、张某的全部诉讼请求。其理由为：(1) 涉案土地尤某已经耕种 20 余年，犁耳坪村委会书记望某利用个人权力，向贺某颁发《非承包地使用权确认书》，属于违法行为，应认定为无效。(2) 2015 年 6 月 27 日，贺某与张某用刀砍掉尤某种的苞谷，2017

年7月又用农药打死尤某种的苞谷1300多根，砍掉苞谷秆78根，并强行占有尤某开发的土地，该土地为尤某所有，贺某应当予以返还。综上，请求二审人民法院确认1.21亩土地归尤某所有。

二审法院认为，贺某、张某通过向宜昌市夷陵区樟村坪镇犁耳坪村民委员会申请，取得了名为“公路边”的土地使用权，并由犁耳坪村委会向其颁发了《非承包地使用权确认书》，故贺某、张某对该土地依法享有占有、使用和收益等权利，任何人不得妨害其使用。尤某、李某未经贺某、张某允许，擅自占用贺某、张某享有使用权的土地，已构成侵权，尤某、李某理应承担排除妨害、返还土地的侵权责任。现尤某上诉认为涉案土地的合法使用人实为尤某，因其未提供充足证据予以证实，法院对该上诉主张不予支持。综上所述，尤某的上诉请求不能成立，应予驳回。最终，二审法院判决驳回上诉，维持原判。

专家点评

防御型侵权责任承担方式，也称为预防型侵权责任承担方式，包括停止侵害、排除妨碍与消除危险。此类侵权责任的承担方式，为被侵权人提供的是“事先的”（vortatlich）保护。主要用于侵权行为尚未给被侵权人的人身权益、财产权益造成损害，但已构成侵害、妨碍或危险的情形。[①] 此外，即便损害已经发生，如果侵害或妨碍仍然存在，被侵权人也可以通过此类侵权责任承担方式排除之。故此，防御型侵权责任承担方式既具有“防患于未然”的功效，还可以“亡羊补牢”。其中，排除妨碍是指侵权人实施的侵权行为使被侵权人已无法行使或无法正常行使其绝对权时，被侵权人有权要求其将此种妨碍加以排除的侵权责任承担方式。在德国法中，排除妨碍的请求权被称为“妨害排除请求权”（Beseitigungsanpruch）。起初，它只适用于那些以侵夺或扣留占有之外的方式产生的对物权的妨害，如《德国民法典》第1004条第1款第1句规定。现在，凡是《德国民法典》第823条第1款中的绝对权以及同条第2款中保护性法律所保护的法益被侵害的，皆可适用妨害排除请求权。

在我国，在原《物权法》第35条规定物权人的排除妨害请求权之前，原《民法通则》第134条就已将排除妨碍作为一种可以广泛适用的民事责任承担方式。原《侵权责任法》更是明确地将排除妨碍规定为侵权责任的承担方式。民法典总则编和侵权责任编延续了此种做法。排除妨碍的适用条件要求妨碍必须是对

① 基于此，《最高人民法院关于贯彻执行〈中华人民共和国民法通则〉若干问题的意见（试行）》第162条第1款规定：“在诉讼中遇有需要停止侵害、排除妨碍、消除危险的情况时，人民法院可以根据当事人的申请或者依职权先行作出裁定。”

被侵权人绝对权的圆满状态构成了持续性的干涉，且妨碍必须是以违法的方式进行的。这是因为，排除妨碍是一种绝对权请求权，不以侵权人有无过错为要件。任何人只要对他人绝对权的干涉行为没有约定的或法定的权利作为基础，此种干涉就构成了妨碍，被妨碍者就有权要求排除之。在本案中，贺某、张某依法对该土地享有占有、使用和收益等权利，任何人不得妨害其使用。尤某、李某未经权利人允许，擅自占用权利人享有使用权的土地，已构成侵权，侵权人应承担排除妨害、返还土地的侵权责任。

第一千一百六十八条　二人以上共同实施侵权行为，造成他人损害的，应当承担连带责任。

【条文释义】

本条是对共同侵权行为及责任的规定。

共同侵权行为，是指二人以上基于主观的或者客观的意思联络，共同实施侵权行为造成他人损害，应当承担连带赔偿责任的多数人侵权行为。构成共同侵权行为，应当承担连带赔偿责任。

1. 共同侵权行为的本质属性

共同侵权行为的本质属性究竟是什么，是规定共同侵权责任中争论最大的问题。关于共同侵权行为的本质特征，学说有意思联络说、共同过错说、共同行为说、关连共同说等多种立场。意思联络说认为，共同侵权人之间必须有意思联络始能构成。意思联络即共同故意，它使主体的意志统一为共同意志，使主体的行为统一为共同行为。反之，如无主体间的意思联络，则各人的行为无法统一起来，因而也不构成共同侵权行为。[①] 共同过错说认为，共同侵权行为的本质特征在于数个行为人对损害结果具有共同故意或者共同过失，因而共同侵权人应当共同承担责任。[②] 共同行为说认为，共同行为是共同侵权人承担连带责任的基础，共同损害结果的发生，总是同共同加害行为紧密联系，不可分割。[③] 关连共同说认为，共同侵权行为以各个侵权行为所引起的结果，有客观的关连共同为已足，各行为人间不必有意思联络。数人为侵权行为的时间或地点，虽无需统一，但损

---

① 伍再阳：《意思联络是共同侵权人的必备要件》，载《法学季刊》1984 年第 2 期。

② 王利明、杨立新等：《民法·侵权行为法》，中国人民大学出版社 1993 年版，第 354 页；杨立新：《侵权损害赔偿》，吉林人民出版社 1990 年版，第 135～137 页。

③ 邓大榜：《共同侵权人的民事责任初探》，载《法学季刊》1982 年第 3 期。

害则必须不可分离，始成立关连共同。[①]

上述各种主张可分为两种基本观点：前两种认为共同侵权行为的本质在于主观方面，后两种认为共同侵权行为的本质为客观方面。因此，认定共同侵权行为总体上可以概括为主观说和客观说的区别。主观说要求共同侵权行为人在主观上有共同故意或者共同过失，客观说认为共同侵权行为人没有主观上的意思联络，但具有客观的关连共同也能构成共同侵权。我国侵权法司法实践和理论研究中，一直采纳共同过错说，但《最高人民法院关于审理人身损害赔偿案件适用法律若干问题的解释》在承认主观主义立场的同时，也承认了客观主义立场，将二人以上既没有共同故意也没有共同过失，但行为直接结合造成同一个损害结果的，也认为是共同侵权行为，应当承担连带责任。[②]

原《侵权责任法》仍然采取原《民法通则》第130条规定的内容，规定“二人以上共同实施侵权行为，造成他人损害的，应当承担连带责任”。立法机关的意见是，上述条文的内容，包括主观的共同侵权和客观的共同侵权，并不是只有共同过错的共同侵权。共同的行为造成一个结果，原因行为和损害结果不可分的，同样可以认定为共同侵权行为，承担连带责任。[③] 以王利明教授为代表的学者反对此规定，认为共同侵权的本质特征应当是主观标准，只有具备共同过错要件才能构成共同侵权行为。多数学者的意见认为，将共同侵权行为的范围适当扩大，对保护被侵权人的利益是有益的，因此，共同侵权行为的本质特征可以适当向客观标准扩大，采用这样的条文内容，并加以适当的解释。

从侵权法的历史发展观察，共同侵权责任是不断发展的。在罗马法的私犯制度中，存在共同侵权行为的简略规定，甚至对一些教唆、帮助行为也有规定。《法学总论——法学阶梯》规定：“不仅可以对实施侵害的人，如殴打者提起侵害之诉，而且可对恶意怂恿或唆使打人嘴巴的人提起侵害之诉。”[④] 在一些特殊场合，如由家畜造成的损害，如果由数个家畜致害，则数个家畜的所有主负连带责任。[⑤]《法国民法典》对于共同侵权行为没有作具体规定。在实践中，法国法院采用共同责任人或者共同债务人的概念，确定共同侵权行为的整体债务，并规定共同债务人之间的求偿权。[⑥]《德国民法典》第830条规定了共同侵权行为以及共同危险行为，第840条规定了共同侵权行为的连带责任。德国法的这种立法模式对

---

① 欧阳宇经：《民法债编通则实用》，我国台湾地区汉林出版社1978年版，第78页。

② 见《最高人民法院关于审理人身损害赔偿案件适用法律若干问题的解释》第3条规定。

③ 上述意见是全国人大常委会法律工作委员会副主任王胜明的发言。

④ ［古罗马］查士丁尼：《法学总论——法学阶梯》，张企泰译，商务印书馆1989年版，第203页。

⑤ ［意］彼德罗·彭梵得：《罗马法教科书》，黄风译，中国政法大学出版社1993年版，第407页。

⑥ 《法国民法典》（下册），罗结珍译，法律出版社2005年版，第1091页。

于后世的侵权法立法具有极大的影响。英美法系国家侵权行为法认为，各自独立的行为结合在一起而造成他人损害，从而对被侵权人负有连带责任的人，是共同侵权人。共同侵权人中的每一个人都有义务向被害人支付赔偿金；已支付赔偿金的共同侵权人有权向其他未支付赔偿金的共同侵权人索取补偿。[①] 美国《侵权法重述・第二次》第 875 条规定："两人或多人之每一人的侵权行为系受侵害人之单一且不可分之法律原因者，每一人均须对被侵权人就全部伤害负责任。"[②] 此外，"就他人之侵权行为致第三人受伤害，如符合下列规定情形之一者，行为人亦应负责任：(1) 行为人与该他人共同作侵权行为或与该他人为达成共同计划而作侵权行为；或 (2) 行为人知悉该他人之行为构成责任之违反，而给予重大之协助或鼓励该他人之作如此行为；或 (3) 行为人于该他人之达成侵权行为结果，给予重大协助，且行为人之行为单独考虑时，构成对第三人责任之违反，均为共同行为之人"。[③] 在上述共同侵权行为中，原告得选择侵权人中之一人或全体对其提起损害赔偿之诉，亦得分别起诉。[④] 不仅如此，英美法也承认共同危险行为，美国加利福尼亚州上诉法院 1980 年审理的"辛德尔诉阿伯特制药厂案"（Sindell V. Abbort Laboratories），由于不能确认当时生产乙烯雌粉的 5 家主要制药厂中是谁制造的药品致辛德尔患乳腺癌，故判决该 5 家制药厂共同承担连带赔偿责任。[⑤]

在我国大陆学者的著作中，对于共同侵权行为本质特征的表述，始终坚持的是共同过错的立场。在最早的民法教科书即《中华人民共和国民法基本问题》对此就采取共同过错的立场，认为共同侵权行为的构成需要数人具有共同的意思联络。[⑥] 一般认为，决定共同侵权行为的本质特征是主观原因。把共同侵权行为的本质特征归结为客观行为或因果关系或结果，注重的是共同侵权行为的外在形式，而没有抓住其内在的实质。共同行为说强调行为上的联系，忽视了共同侵权人主观上的联系；关连共同说强调的是各个侵权人的行为与损害结果之间的因果关系的联系，强调结果的共同等，都不能准确反映共同侵权行为的本质。将各个共同侵权人联结在一起，使各个侵权人的行为构成一个整体的，只能是各侵权人的主观因素。只有抓住这一点，才能准确揭示共同侵权行为的本质。[⑦] 在改革开

---

① 《牛津法律大辞典》（中文版），光明日报出版社 1988 年版，第 481 页。

② 《美国法律整编・侵权行为法》，刘兴善译，我国台湾地区司法周刊杂志社 1986 年版，第 709 页。

③ 《美国法律整编・侵权行为法》，刘兴善译，我国台湾地区司法周刊杂志社 1986 年版，第 709 页。

④ 耿云卿：《侵权行为之研究》，我国台湾地区商务印书馆 1972 年版，第 40 页。

⑤ 该案参见潘维大：《英美侵权行为法案例解析》（上），我国台湾地区瑞兴图书股份有限公司 2002 年版，第 270 页。

⑥ 中央政法干部学校民法教研室编著：《中华人民共和国民法基本问题》，法律出版社 1958 年版，第 330 页。

⑦ 杨立新：《侵权法论》（第三版），人民法院出版社 2005 年版，第 596 页。

放之后最早的民法教科书《民法原理》中，认为几个行为人之间在主观上有共同致害的意思联络，或者有共同过失，即具有共同过错。[①] 近年来，有些学者采取扩大连带责任适用范围的立场，把共同侵权行为分为意思联络的共同侵权行为和非意思联络的共同侵权行为。构成共同侵权，数个侵权人均需要有过错，或者为故意或者为过失，但是无需共同的故意或者意思上的联络；各个侵权人过错的具体内容是相同的或者相似即可。[②]

从立法和司法的历史和现实分析，共同侵权行为及连带责任的立法基础主要在于以下几点：第一，置民事权益受损害之人以更为优越的法律地位。数人共同侵害他人权利，无论是从侵权人的数量上还是侵权行为的危害上，社会危险因素显然超过单独侵权行为，给被侵权人造成的损害更为严重。法律确定所有参加共同侵权行为的侵权人均须对被侵权人承担连带责任，使被侵权人处于十分优越的地位，能够最大限度地避免损害赔偿请求权不能完全实现的可能。第二，加重共同侵权人的责任，惩戒民事违法行为，减少社会危险因素。在共同侵权行为中，让共同侵权人承担连带责任，使某一个共同侵权人的行为无论与结果发生多大的原因力，都不能只承担自己应承担的那一份责任，而是要承担全部责任。这些规则都是为了加重共同侵权人的责任，不仅起到被侵权人一般权利的保障目的，而且更从一般预防的角度，惩戒民事违法行为，警诫社会，教育群众，最大限度地减少社会危险因素，预防侵权行为，使民事权利在普遍意义上得到保障。因此，争论共同侵权行为本质特征的焦点，实质上就是立法者应当如何界定连带责任范围大小的问题。采取客观标准界定共同侵权行为的本质特征，其后果无非是使连带责任范围有所扩大，使被侵权人得到更好的保护，更有利于预防共同侵权行为，并不会产生不良的社会效果。

正因如此，共同侵权行为的本质特征应当从主观标准向客观标准适当过渡，可以借鉴我国台湾地区“民法”关于共同侵权行为的本质特征为关连共同的立场，将共同侵权行为分为主观的关连共同和客观的关连共同。我国台湾地区“民法”第185条规定共同侵权行为的立法理由认为：“查民律草案第950条理由谓数人共同为侵害行为，致加损害于他人时（即意思及结果均共同），各有赔偿其损害全部之责任。至造意人及帮助人，应视为共同侵权人，始足以保护被害人之利益。其因数人之侵权行为，生共同之损害时（即结果共同）亦然。”其采纳的立场主要是意思联络说，但作为特殊情况，结果共同者也认为是共同侵权行为。

---

① 佟柔主编：《民法原理》，法律出版社1983年版，第227页。

② 张新宝：《侵权责任法原理》，中国人民大学出版社2005年版，第81页。

可见，立法采取了两个标准，在实务上也是如此，前者为意思联络，后者为关连共同。各行为既无意思联络，又无关连共同者，非共同侵权行为。[①] 我国台湾地区司法解释认为，民法上之共同侵权行为，与刑事上之共同正犯，其构成要件并不完全相同，共同侵权人间不以有意思联络为必要，数人因过失不法侵害他人之权利，苟各行为人之过失行为均为其所生损害之共同原因，即所谓行为关连共同，亦足成立共同侵权行为。[②] “1978 年台上字第 1737 号判决书”重申这一立场。[③]

参考上述立场，可以认为，数人共同不法侵害他人权利，对于被害人所受损害，之所以应负连带责任，系因数人的侵权行为具有共同关连性。所谓共同关连性即数人的行为共同构成违法行为的原因或条件，因而发生同一损害。关连性分为主观的共同关连性与客观的共同关连性。主观的共同关连性是指数人对于违法行为有通谋或共同认识，对于各行为所致损害均应负连带责任。客观的共同关连性，为数人所为违法行为致生同一损害者，纵然行为人相互间无意思联络，仍应构成共同侵权行为。这种类型的共同加害行为，其共同关连性乃在于数人所为不法侵害他人权利的行为，在客观上为被害人因此所生损害的共同原因。[④]

应当看到的是，关于共同侵权行为的本质特征问题，并不是一定要在民法典侵权责任编的立法中解决的，而是一个需要由学理和司法实践解决的问题。因此，民法典侵权责任编第 1168 条没有表述共同侵权行为的本质特征无可非议，只要规定共同侵权行为应当承担连带责任即可。在学理上和实践中，应当以关连共同说作为解释共同侵权行为本质特征的基本立场，放弃现行司法实践中以行为直接结合和间接结合作为判断共同侵权行为的基本标准，采用数人行为具有主观的关连共同和客观的关连共同，即数人的行为对于同一个损害结果具有共同原因者，构成共同侵权行为。不具有关连共同的，不构成共同侵权行为，不承担连带责任。

2. 共同侵权行为的构成要件

广义而言，共同侵权行为包括：共同加害行为（也称狭义的共同侵权行为）、拟制的共同加害行为（即教唆和帮助行为）和共同危险行为。本条是就狭义的共同侵权行为即共同加害行为所作的规定。所谓共同加害行为，是指数人共同不法侵害他人的情形。理论上一般认为，共同加害行为的构成要件包括：

第一，行为人有数人。行为人必须是两人或者两人以上，他们被称为“共同

---

① 刘清景主编：《民法实务全览》（上），我国台湾地区学知出版事业公司 2000 年版，第 370 页。

② 参见我国台湾地区“司法院”1977 年 6 月 1 日“（66）院台参字第 0578 号令例变字第 1 号”。

③ 刘清景主编：《民法实务全览》（上），我国台湾地区学知出版事业公司 2000 年版，第 372 页。

④ 孙森焱：《新版民法债编总论》（上册），我国台湾地区三民书局 2004 年版，第 276、277、278 页。

行为人”。共同行为人可以是自然人，但其是否可以是法人，则存在争议。笔者认为，这一争议涉及法人是否有侵权责任能力的问题。法人是否具备侵权责任能力，这取决于不同的法人理论，在法人实在说之下，其具有侵权责任能力。民法典总则编明确采法人实在说，因此，法人具有侵权责任能力似无问题。

共同行为人的认定，并不要求其一定亲自实施了加害行为。只要行为人有意思地利用他人行为作为自己的行为，他就可以被认定为共同行为人。[①] 这具体体现在数人有共谋的情形。此时，参与共谋的人都是共同行为人，无论其是否亲自实施了加害行为。[②] 例如，甲乙二人共谋杀害丙，具体由乙来实施，甲虽然没有具体参与实施，也是共同行为人。再如，甲乙二人共谋杀害丙和丁，甲具体负责杀害丙，乙负责杀害丁。无论在丙被杀害的案件中，还是在丁被杀害的案件中，甲乙二人都是共同行为人。

第二，数人都具备了侵权责任的构成要件。原则上说，共同加害行为可以是作为，也可以是不作为，不过通常表现为作为。此处探讨的共同加害行为是在过错侵权之下的概念，因此，数人的行为必须符合侵权责任的构成要件，包括行为的违法性、损害、过错等。[③] 例如，在共同加害人之中，有一人是无责任能力人，因此，他的过错就不能被认定，也不能被认定为共同行为人。再比如，倘若其中一人具有违法阻却事由，则只于其余的数人之间成立共同加害行为。[④]

但是，在共同加害行为中，因果关系的认定存在特殊性。受害人不必证明每个共同行为人的行为与损害之间都存在因果关系。侵权法上坚持所谓的因果关系原则（Verursachungsprinzip），即受害人要求他人承担侵权责任，就必须证明因果关系的存在，包括责任成立上的因果关系和责任范围上的因果关系。但是，在共同加害行为的情况下，这个原则被突破了。此时，受害人不必证明每个共同行为人的行为与损害之间存在因果关系，只需证明共同行为与损害之间存在因果关系。[⑤] 换言之，在共同加害的情况下，因果关系的缺乏，通过共同的意志而得到弥补。因为共同行为人实际上是将他人的行为作为自己的行为，从而实现其致害的目的。[⑥]

第三，数人的行为构成共同加害行为。共同加害行为的核心就在于，其存在“共同”的加害行为。学界就该问题形成了不同的看法，主要有如下观点：(1) 共

---

① 邱聪智：《新订民法债编通则》（上），中国人民大学出版社2003年版，第122页。

② BGHZ 63，124ff.

③ 在我国侵权立法中，过错与违法性两个要件是否应当分离，学界存在不同的看法，笔者认为，应当坚持违法性和过错的分离。详见周友军：《论我国过错侵权的一般条款》，载《法学》2007年第1期。

④ 郑玉波：《民法债编总论》，中国政法大学出版社2003年版，第142页。

⑤ Staudinger /W. Belling/Christina Eberl – Borges（2002），§ 830，Rn. 1f.

⑥ Staudinger /W. Belling/Christina Eberl – Borges（2002），§ 830，Rn. 13.

同故意说，即共同加害行为必须以行为人具有故意，且以存在意思联络为要件。[①]（2）共同过错说，即共同加害行为中的共同过错既包括共同故意，也包括共同过失。共同过失，是指各个行为人对损害的后果都具有共同的可预见性，但是因疏忽等原因造成了同一损害后果。[②]（3）共同过错兼同一损害说，即共同加害行为的构成，不仅要求行为人之间的共同故意或共同过失，而且要求造成同一损害。[③]（4）共同故意或行为关联说，即共同加害行为的构成，或者因加害人有意思上联络，或者因行为上的关联。[④]

在我国民法典编纂之时，共同加害行为中的"共同"如何认定，是学界关注的焦点。从我国民事立法的历史来看，《最高人民法院关于审理人身损害赔偿案件适用法律若干问题的解释》第3条曾采"共同过错＋直接结合"标准，依据该条第1款的规定，"二人以上共同故意或者共同过失致人损害，或者虽无共同故意、共同过失，但其侵害行为直接结合发生同一损害后果的，构成共同侵权"。而原《侵权责任法》第8条则采比较模糊的"共同实施侵权行为"的表述，将如何认定"共同"的问题留给了司法和学说。民法典侵权责任编第1168条继续采取与原《侵权责任法》相同的立场，即规定"二人以上共同实施侵权行为，造成他人损害的，应当承担连带责任"。

从表面上看，民法典侵权责任编第1168条没有明确共同加害行为中"共同"的具体含义，从而保持法的开放性，将具体的认定留给司法和法教义学处理。但就现实而言，目前来看，立法者的意见是有限的客观说，即共同故意构成共同侵权，共同过失也构成共同侵权，没有共同故意也没有共同过失也可以构成共同侵权。采用关连共同说更为客观和准确，即共同行为人具有主观上的关连共同即共同故意，或者客观上的关连共同即行为人的行为指向特定对象、每一个人的行为都是损害发生的共同原因、造成同一个损害结果，且该损害为不可分的，都构成共同侵权责任。

综上所述，共同侵权行为的构成要件是：第一，行为人为二人以上；第二，行为人之间存在关连共同，或者是主观的关连共同即意思联络，或者是客观的关连共同；第三，造成了被侵权人的损害，且该损害不可分割；第四，每一个行为人的行为对损害的发生都有因果关系。

---

① 程啸：《论意思联络作为共同侵权行为构成要件的意义》，载《法学家》2003年第4期。

② 王利明：《共同侵权行为的概念和本质》，载《判解研究》2004年第3期。

③ 杨立新：《侵权责任法原理与案例教程》，中国人民大学出版社2008年版，第304页。

④ 梁慧星主编：《中国民法典草案建议稿附理由·侵权行为编·继承编》，法律出版社2004年版，第15页。

3. 共同侵权行为的侵权责任形态

在共同加害行为案件中，共同行为人的责任如何承担？理论上有不同的观点：一是连带责任说，即在共同加害行为中，共同行为人应承担连带责任。德国、日本等都采取此种做法。[1] 二是不真正连带责任说，即在共同加害行为中，共同行为人应承担不真正连带责任。[2] 从我国民事立法来看，从原《民法通则》第130条到原《侵权责任法》第8条，都采“连带责任说”。考虑到法的连续性，民法典侵权责任编第1168条也采相同的立场。因此，构成共同侵权行为的，共同侵权行为人应当承担连带责任，适用民法典总则编第178条规定的规则：（1）被侵权人可以向任何一个行为人请求承担中间性的全部赔偿责任。（2）最终责任由每一个共同行为人依据过错程度和行为的原因力，按比例分担责任份额。（3）承担超过自己责任份额的行为人，有权向没有承担或者承担责任不足份额要求的行为人行使追偿权，实现最终责任。

此外，在具体认定共同行为人的连带责任时，要注意如下几点：（1）共同行为人不必已经预见到所有具体的侵害行为，只要是为了共同目的而需要的侵害行为，他们都应当负责。[3]（2）如果侵权人事先共谋实施侵害行为，但后来其中部分人违反了事先的约定，或者拒绝实施侵害行为。此时，该部分人仍然要被认定为共同行为人，从而承担连带责任。[4]（3）对于过度行为，共同行为人不承担连带责任。[5] 例如，甲乙二人共谋盗窃丙的保险柜，但是，甲在实行过程中又强奸了丙。对于强奸行为，乙不必负责。

【案例评注】

李某与高甲等身体权纠纷案[6]

基本案情

2017年8月4日，被告高甲在未经得允许的情况下，在原告李某经营的银州

---

① 参见《德国民法典》第830条第1款、《日本民法典》第719条第1款、我国台湾地区“民法”第185条第1款。

② 这是我妻荣教授的见解。参见于敏：《日本侵权行为法》，法律出版社1998年版，第281页。

③ Staudinger /W. Belling/Christina Eberl – Borges（2002），§ 830，Rn. 12.

④ Staudinger /W. Belling/Christina Eberl – Borges（2002），§ 830，Rn. 62.

⑤ Kurt Schellhammer，*Schuldrecht nach Anspruchsgrundlagen*，4Aufl.，Heidelberg 2002，S. 434.

⑥ 一审法院为辽宁省铁岭市银州区人民法院，案号：（2017）辽1202民初2621号；二审法院为辽宁省铁岭市中级人民法院，案号：（2018）辽12民终291号。

区宠物市场内放羊，原告李某与被告高甲发生口角，原告李某先动手打了被告高甲，后被告高甲打电话找来其父母高乙和刘某，高甲、高乙、刘某即三被告与原告李某厮打在一起，三被告将原告李某打伤。原告李某伤后在铁岭市中心医院住院治疗 38 天，住院期间二级护理 29 天，支付医药费 11960 元。2017 年 8 月 28 日，铁岭市公安局铜钟分局对被告高乙、高甲、刘某作出拘留 15 日、罚款 500 元的行政处罚。李某向一审法院起诉请求：要求三被告赔偿医药费 11960.73 元、护理费 4104 元、住院伙食补助费 2900 元、误工费 4104 元、交通费 400 元、复印费 28 元，合计 23496.73 元。

法院判决

一审法院认为，本案起因系被告高甲在未经得允许的情况下，在原告李某经营的银州区宠物市场内放羊，后双方发生口角，三被告又将原告打伤，因此三被告应承担主要责任。原告李某在本事件中先动手打了被告高甲，应承担次要责任。三被告系共同侵权，应承担连带赔偿责任，法院认为三被告应连带赔偿原告 80% 的损失为宜。依据《侵权责任法》第六条第一款、第八条、第十六条、第二十六条之规定，判决如下：被告高甲、高乙、刘某于本判决生效后三日内连带赔偿原告李某 16245 元［（医药费 10910 元、住院伙食补助费 1900 元、护理费 3103 元、误工费 4066 元、交通费 300 元、复印费 28 元）×80%］。

二审法院认为：被上诉人李某因琐事与上诉人高甲发生口角后先动手打了高甲，后三上诉人与被上诉人发生厮打，造成被上诉人受伤住院治疗的后果，对于被上诉人合理的经济损失，三上诉人应承担主要赔偿责任。本案起因虽是高甲在未经得允许的情况下在被上诉人经营的宠物市场内放羊，但被上诉人先动手打了高甲的行为是引起本案后果的主要原因，一审判决三上诉人承担被上诉人损失的 80% 不当，二审予以调整，三上诉人应承担 60% 较为适当。三上诉人主张被上诉人有过度治疗的费用，但未能提供合法有效的证据证明。对于三上诉人身体受伤损失的诉求，三上诉人可另行主张权利。综上所述，上诉人的上诉请求部分成立。

专家点评

共同加害行为是最为典型的共同侵权行为，也称“狭义的共同侵权行为”，是指二人以上共同故意实施侵权行为造成他人损害，从而承担连带责任的情形。共同加害行为中，数个加害人之间往往存在分工，并非都是直接从事加害行为的人，所以每个加害人的行为对损害的作用方式以及作用范围是不同的。受害人要逐一证明每个人的行为与其权益受侵害之间存在因果关系显然是难以做到的。故此，侵权法上特别设立以“意思联络”（即共同故意）为构成要件的共同加害行为制度，将那些具有共同故意的数个加害人实施的行为评价为一个侵权行为，使各个加害人承担连带责任，从而有效地实现减轻受害人因果关系证明责任的规范目的。据此，受害人没有必要逐一证明每个加害人的行为与损害之间责任成立的因果关系，只需证明多个加害人之间具有意思联络（即他们知道并且愿意协力导致所追求的后果），且他们中任何一人的行为与其损害存在责任成立的因果关系即可。此时，具有意思联络的全部加害人的行为与权益被侵害之间的责任成立因果关系就已经成立。

本案中三上诉人作为侵权行为人，其侵权行为形态即为典型的共同加害行为，对于被侵权人的损害后果应当承担连带责任。依据民法典总则编第 178 条的规定，二人以上依法承担连带责任的，权利人有权请求部分或者全部连带责任人承担责任。因此，作为债权人的赔偿权利人有自由选择权，其有权要求任何一个赔偿义务人承担全部的赔偿责任，也有权要求赔偿义务人中的一人或多人承担全部或部分的赔偿责任。连带责任人对外承担责任后，连带责任人内部应当对责任进行分摊。确定各连带责任人的赔偿份额，主要有两种方法：其一为平均分摊法，即除非法律另有规定或当事人另有约定，否则连带责任人内部份额均等；其二为比较分摊法，即根据各侵权人的过错和原因力大小确定各自的赔偿份额。本案中三上诉人作为共同侵权行为人，因共同与被侵权人厮打在一起，最终将其打伤，故对于被侵权人的损害结果的过错和原因力大致是相同的，应按照平均分摊法来确定各自的责任份额。

第一千一百六十九条 教唆、帮助他人实施侵权行为的，应当与行为人承担连带责任。

教唆、帮助无民事行为能力人、限制民事行为能力人实施侵权行为的，应当承担侵权责任；该无民事行为能力人、限制民事行为能力人的监护人未尽到监护职责的，应当承担相应的责任。

【条文释义】

本条是对教唆人、帮助人责任的规定。

教唆人、帮助人是共同故意侵权责任的责任人，包括实行人、教唆人和帮助人。本条是对共同侵权的教唆人、帮助人规定的责任承担规则，分为教唆、帮助他人，教唆、帮助无民事行为能力人，以及教唆、帮助限制民事行为能力人实施侵权行为的不同规则。

1. 教唆人和帮助人责任的一般规则

帮助和教唆侵权是拟制的共同加害行为，也被称为“视为共同侵权行为”。其中，实施教唆行为者，称为教唆人；[①] 实施帮助行为者，称为帮助人。

教唆人，是指故意使他人产生实施侵权行为决意的人。[②] 教唆人的认定必须注意如下几点：（1）教唆人是基于故意而实施的教唆行为，被教唆人也只能是基于故意而实施故意侵权。[③]（2）教唆人必须是教唆他人实施特定的侵权行为。教唆的本质是就特定目的的实现对他人的意志产生影响。[④] 因此，教唆人与传播腐朽思想的人之间的区别就在于，前者是教唆他人实施特定的侵权行为，而后者是教唆他人实施不特定的侵权行为。（3）教唆的手段很多，凡是可以使他人产生实施侵权行为的决意的，都可以认定为教唆。具体来说，教唆的方法包括赠与、允诺、威胁、滥用尊敬等。例如，妻子与丈夫关系破裂，妻子唆使其已成年的女儿毒死自己的丈夫，这就是滥用尊敬。（4）教唆人与被教唆人之间不必存在共谋。对于教唆人和被教唆人之间是否必须有共谋，理论上存在三种不同的观点：一种观点认为，只要行为人使得他人处于此种情境即可，即激励其实施违法行为；另一种观点认为，教唆人和被教唆人之间必须有精神上的接触；还有一种观点认为，教唆人和被教唆人之间必须有共谋行为。[⑤] 笔者赞同第一种观点，后两种观点似乎要求过于苛刻，不仅使教唆难以认定，而且不符合社会常情。（5）教唆是使没有侵权意愿的人产生了实施侵权行为的决意。如果被教唆人已经有了实施侵权行为的意愿，只是其意愿不够坚定，此时促使其坚定意愿的人，并不是教唆人，而是帮助人。[⑥]

帮助人，是指基于故意而为他人实施的故意侵害行为提供帮助的人。[⑦] 帮助人的认定应当注意如下几点：（1）帮助人必须是基于故意而实施帮助行为。被帮助人所实施的侵害行为也必须是基于故意。故意帮助了过失侵权人，或过失帮助

---

① 我国台湾地区“民法典”第185条第2款使用“造意人”的表述，其含义与“教唆人”相同。

② 郑玉波：《民法债编总论》，中国政法大学出版社2003年版，第144页；张新宝、李玲：《共同侵权的法理探讨》，载《人民法院报》2001年11月9日。

③ BGHZ 42，118，122；70，277，285；RGZ 129，330，332；133，326，329.

④ Staudinger /W. Belling/Christina Eberl－Borges（2002），§ 830，Rn. 30.

⑤ Staudinger /W. Belling/Christina Eberl－Borges（2002），§ 830，Rn. 29.

⑥ Staudinger /W. Belling/Christina Eberl－Borges（2002），§ 830，Rn. 49.

⑦ BGHZ 63，124，126.

了故意侵权人，都不构成帮助行为。[①]（2）帮助的方式很多，可以是为侵害行为提供物质上或精神上的支持，甚至包括在侵害行为的准备阶段提供帮助。[②] 例如，为侵权行为人提供工具或者指导方法，都属于帮助。（3）包庇人、窝赃人、销赃人等是否属于帮助人要考虑其行为。如果他们使得共同行为人决意实施侵害行为，应认定为教唆人；如果他们只是进一步坚定了共同行为人实施侵害行为的决心，则应认定为帮助人。[③]

侵权法上共同行为人、教唆人和帮助人的区分，可以对应于刑法上正犯、教唆犯和帮助犯的区分。在比较法上，各国几乎都规定，教唆人和帮助人视为共同行为人。[④] 这里实际上是运用了法律拟制的技术。因为教唆人和帮助人，毕竟不同于共同行为人。法律拟制不同于推定，即使教唆人和帮助人举证，也不能推翻该拟制。[⑤] 与此相应，教唆人和帮助人责任的一般规则就是，他们与实施侵权行为的人一起，对受害人承担连带责任。因为教唆人和帮助人是被视为"共同行为人"的。

《最高人民法院关于贯彻执行〈中华人民共和国民法通则〉若干问题的意见(试行)》第148条和原《侵权责任法》第9条第1款都采取与比较法上相同的立场，即教唆人和帮助人与行为人一起对受害人承担连带责任。从法的连续性考虑，民法典侵权责任编第1169条也采取这一立场，即第1款明确规定了"教唆、帮助他人实施侵权行为的，应当与行为人承担连带责任"。

2. 教唆、帮助无民事行为能力人或限制民事行为能力人实施侵权行为的责任规则

被教唆人、被帮助人是未成年人或精神病人等时，教唆人和帮助人如何承担侵权责任？对此，大陆法系国家的侵权法理论一般认为，应当区分被教唆人、被帮助人是否具有责任能力，如果被教唆人和被帮助人是无责任能力人，则被教唆人或被帮助人的行为被看作机械行为，教唆人和帮助人的行为构成间接侵权行为，他们直接承担责任，不与被教唆人或被帮助人构成共同侵权。[⑥] 此时，教唆人和帮助人类似于刑法上的间接正犯。

我国民事立法采取了与上述理论不同的立场。《最高人民法院关于贯彻执行

---

① BGHZ 42，118，122；70，277，285 f.

② Staudinger /W. Belling/Christina Eberl – Borges（2002），§ 830，Rn. 39.

③ Staudinger /W. Belling/Christina Eberl – Borges（2002），§ 830，Rn. 49.

④ 参见《德国民法典》第830条第2款、《日本民法典》第719条第2款。

⑤ 林诚二：《民法债编总论》，中国人民大学出版社2003年版，第166页。

⑥ MünchKomm/Stein，§ 830，Rn. 18. 另参见林诚二：《民法债编总论》，中国人民大学出版社2003年版，第164页。

〈中华人民共和国民法通则〉若干问题的意见（试行)》第 148 条第 2、3 款区分被教唆人是否具有民事行为能力而确定其法律后果。该司法解释第 148 条第 2 款规定："教唆、帮助无民事行为能力人实施侵权行为的人，为侵权人，应当承担民事责任。"同条第 3 款规定："教唆、帮助限制民事行为能力人实施侵权行为的人，为共同侵权人，应当承担主要民事责任。"

不过，《最高人民法院关于贯彻执行〈中华人民共和国民法通则〉若干问题的意见（试行)》第 148 条并没有明确无民事行为能力人或限制民事行为能力人的监护人的责任。因此，原《侵权责任法》第 9 条在《最高人民法院关于贯彻执行〈中华人民共和国民法通则〉若干问题的意见（试行)》的基础上予以完善，依据该条第 2 款的规定："教唆、帮助无民事行为能力人、限制民事行为能力人实施侵权行为的，应当承担侵权责任；该无民事行为能力人、限制民事行为能力人的监护人未尽到监护责任的，应当承担相应的责任。"民法典侵权责任编第 1169 条第 2 款完全沿袭了原《侵权责任法》第 9 条第 2 款的规定。

然而，笔者认为，法律应当区分教唆和帮助，从而确定不同的法律后果，毕竟教唆和帮助的主观可责难性存在差异。同时，法律还应当区分教唆或帮助的对象究竟是无民事行为能力人还是限制民事行为能力人，毕竟无民事行为能力人和限制民事行为能力人在对其行为后果的认识能力和控制能力方面存在差异。

综上所述，对教唆人、帮助人承担侵权连带责任的规则如下：

第一，教唆、帮助完全民事行为能力人：教唆人是造意者，是提出实施侵权行为主张的人，教唆人与实行人承担相同的责任；帮助人是明知侵权行为而对实行人提供帮助的人，也是共同侵权行为人，应当根据其过错程度和帮助行为的原因力承担责任份额。承担责任的规则与共同侵权行为一致，都是连带责任。

第二，教唆、帮助无民事行为能力人：教唆无民事行为能力人实施侵权行为，教唆人是侵权人，无民事行为能力人的监护人无过失，不承担责任；帮助无民事行为能力人实施侵权行为，帮助人为共同侵权行为人，监护人有过失，帮助人应当承担主要的侵权责任。

第三，教唆、帮助限制民事行为能力人：教唆限制民事行为能力人实施侵权行为，教唆人为共同侵权行为人，监护人有过失，教唆人应当承担主要的侵权责任；帮助限制民事行为能力人实施侵权行为，帮助人为共同侵权行为人，监护人有过失，双方承担同等责任。

在第一种情形下，教唆人、帮助人承担连带责任。在第二种情形下，教唆无民事行为能力人实施侵权行为的，是教唆人的单独责任。帮助无民事行为能力人或者教唆、帮助限制民事行为能力人实施侵权行为的，承担的责任为单向连带责任，美国法称之为混合责任，即教唆人和帮助人承担连带责任，监护人只承担按份责任。被侵权人可以向教唆人或者帮助人请求承担全部责任，教唆人或者帮助人而后向监护人追偿；被侵权人主张监护人承担责任的，监护人只承担按份责任，不承担连带责任。

【案例评注】

王某与季某财产损害赔偿纠纷案[①]

基本案情

2014 年 11 月左右，季某与案外人陈某合伙经营“永久彩钢厂”，在经营过程中，因陈某原先欠季某数十万元货款未付，季某未及时分红给陈某。陈某为了家庭日常生活所需以及偿还其他一些外债，便经常以需要资金进货为由从季某处要款用于个人额外经营业务之用。2015 年 8 月以后，因陈某多次从季某处所要款项未能及时偿还，于是季某便不再信任陈某，也不再同意继续拨款给陈某进货使用。2015 年 9 月，陈某为了达到其个人目的，与王某（王某系陈某的生意伙伴，又系陈某债权人和同乡，且与季某比较熟悉）电话联系，并陈述季某对其已不信任，其本人已无法从季某处再拿到资金使用，请求王某帮助，并教唆王某向季某虚构订货事实，以便其能套取季某资金使用。后王某按照陈某的要求与季某电话联系，谎称其需要订购数万元彩钢材料等，陈某以此为由从季某处套取了部分资金使用。几天后，陈某又请求王某以同样理由再次帮助其向季某套取资金，王某便又与季某电话联系，谎称其还需要订购数万元彩钢材料等。陈某通过王某两次协助共从季某处套取资金 19 万元。同期，陈某还请求案外其他人帮助其从季某处套取相关资金。后季某知晓内幕后于 2015 年 10 月 16 日向盱眙县公安局报警，称陈某诈骗其钱财，后公安机关对陈某立案侦查，法院审理时此案仍在公安机关处理之中，但王某未被公安机关立案侦查。对于该 19 万元款项，王某与陈某至今未付。后季某认为王某与陈某系合伙骗取其钱财，向王某索款未果，遂诉至法院。

法院判决

一审法院认为，本案系财产损害赔偿纠纷案件，《侵权责任法》第六条第一

---

① 一审法院为江苏省淮安市盱眙县人民法院，案号：（2017）苏 0830 民初 2359 号；二审法院为江苏省淮安市中级人民法院，案号：（2017）苏 08 民终 3417 号。

款规定，行为人因过错侵害他人民事权益，应当承担侵权责任。该法第三条规定，被侵权人有权请求侵权人承担侵权责任。结合本案而言，案外人陈某在与季某合伙经营彩钢厂期间，因季某对其不信任，其无法从季某处要款经营个人业务后，便故意教唆王某先后两次向季某虚构订货事实，以便陈某从季某处套取资金19万元。在此期间，王某明知陈某对季某存在欺骗行为，却碍于情面，仍然帮助陈某虚构订货事实，两次套取季某资金，致使季某财产损失19万元。《侵权责任法》第九条第一款规定，教唆、帮助他人实施侵权行为的，应当与行为人承担连带责任；第十三条规定，法律规定承担连带责任的，被侵权人有权请求部分或者全部连带责任人承担责任。因而，可以认定王某与陈某上述行为系共同侵权行为，根据上述法律规定，王某帮助他人实施侵权行为的，应当与行为人陈某承担连带责任。依照《侵权责任法》第六条第一款、第九条第一款、第十三条的规定，作出判决：王某于判决生效后30日内赔偿季某财产损失19万元。案件受理费4100元，由王某负担。

二审法院认为，上诉人王某明知陈某有骗取季某资金的故意，仍配合陈某完成骗取行为，导致季某19万元的损失至今未能弥补，上诉人对该损失具有过错，其过错与损害后果具有因果关系，故陈某对损失负有直接偿还责任，上诉人应负连带偿还责任。《侵权责任法》第十三条规定："法律规定承担连带责任的，被侵权人有权请求部分或者全部连带责任人承担责任。"现季某要求王某先行承担偿还责任，符合法律规定。最终判决驳回上诉，维持原判。

专家点评

在教唆、帮助他人实施侵权行为的案件中，教唆人和帮助人并非直接实施加害行为的人。受害人要证明直接实施侵害行为者的行为与损害之间的因果关系，并不太困难。但是，其要证明并未直接实施加害行为的教唆人、帮助人的行为与损害之间的因果关系和原因力的大小，则比较困难。毕竟，教唆人或帮助人并未直接参与实施侵权行为。为消除这种困难，民法典侵权责任编第1169条规定教唆人、帮助人也被视作共同加害行为人，要与直接加害人一起就受害人的全部损害承担赔偿责任。此一规定使受害人无需证明教唆人、帮助人的行为与损害之间的因果关系，而只要证明存在教唆行为或帮助行为，即可使得教唆人或帮助人与直接侵权人承担连带责任，有利于保护受害人的合法权益。

所谓帮助行为，是指给予他人帮助（如提供工具或者指导方法），以使该人易于实行侵权行为。由此可见，帮助行为并不要求帮助人的行为是加害行为的原因，即只要帮助行为客观上使加害行为易于实施即可。在本案中，陈某故意教唆王某先后两次向季某虚构订货事实，以便陈某从季某处套取资金19万元。在此期间，王某明知陈某对季某存在欺骗行为，却碍于情面，仍然帮助陈某虚构订货事实，两次套取季某资金。其中，王某的行为构成对陈某套取资金侵害季某财产权的帮助行为，王某与陈某作为共同侵权人应对季某的财产损害承担连带责任。而根据民法典总则编第178条，权利人有权请求部分或者全部连带责任人承担责任，因此王某作为连带责任人应在向季某承担全部赔偿责任之后，对于超过自己责任份额的部分再向连带责任的其他责任人追偿。

第一千一百七十条 二人以上实施危及他人人身、财产安全的行为，其中一人或者数人的行为造成他人损害，能够确定具体侵权人的，由侵权人承担责任；不能确定具体侵权人的，行为人承担连带责任。

【条文释义】

本条是对共同危险行为及责任的规定。

1. 共同危险行为的概念和特征

共同危险行为也叫准共同侵权行为，是指二人或者二人以上共同实施有侵害他人危险的行为，造成损害结果，不能确定其中谁为加害人的多数人侵权行为。能够确定具体加害人的，不属于共同危险行为，由具体加害人承担责任。例如，数人均有加害行为而致损害，如果这一损害的发生是由于全体行为人的行为所致，就是共同侵权行为；如果这一损害的发生是由其中一人或一部分人的行为所致，而且已经判明谁是真正的侵权人，则是一般侵权行为或共同侵权行为，已经判明与损害没有因果关系的行为人不负赔偿责任；如果损害事实确已发生，并且可以判明损害确系数人的危险行为所致，造成损害的侵权人只有一个人，但不能判明谁是真正的侵权人，这种行为就是共同危险行为。

共同危险行为的特征有以下四点：

第一，行为是由数人实施的，这是共同危险行为的数量特征，也是共同危险行为成立的前提。一个人实施的行为即使造成损害，不能叫作共同危险行为。

第二，数人实施的行为具有致害他人的危险性，这是共同危险行为的质量特征。这种危险性指的是侵害他人合法民事权利（包括人身权和财产权）的可能性，表现为“虽无意、有可能、无定向”。其一，从主观上看，行为人没有致人损害的故意，在数人中，既没有共同的故意，也没有单独的故意，只存在疏于注意义务的共同过失。其二，从客观上看，数人实施的行为有致人损害的可能性。没有致人损害可能性的行为就不是危险行为。例如，数人在一起游览，这种行为没有致他人损害的可能性。数人在一起燃放烟花、爆竹，就有致害他人的可能性。前者不是具有危险性的行为，后者则是具有危险性的行为。对这种可能性的分析，可以从行为本身、周围环境以及行为人对致害可能性的控制条件上加以判断。其三，行为没有特定的指向，即没有人为的侵害方向，不针对特定的被侵权人，只是无意中造成了被侵权人的权利损害。

第三，这种具有危险性的共同行为是致人损害的原因。就具有危险性的共同行为本身看，它的危险性虽然是一种可能性，但就共同危险行为的构成看，这种危险性已经转化为现实的、客观的损害，具有危险性的共同行为与损害事实之间具有必然的因果关系。缺乏这种客观的必然因果关系的特征，就不构成共同危险行为。

第四，损害结果不是共同危险行为人全体所致，只是其中一人造成损害，但不能判明其中谁是侵权人。

例如，上海市静安区人民法院审理的马某 1 等诉付某某、曹某某、吴某人身损害赔偿纠纷案，三被告均系无民事行为能力人，某日在15 层楼上共同向楼下投掷酒瓶，砸中地面原告二岁的儿子马某 2 头部，致其死亡，由于不能判明是谁的行为所致，故判决三被告的法定代理人连带赔偿原告的损失。[①] 这一判决正是应用了共同危险行为的基本原理，三名被告的行为完全符合共同危险行为的特征，判决结果值得肯定。

2. 共同危险行为的历史发展及确立共同危险行为规则的必要性

(1) 共同危险行为的历史发展

共同危险行为理论与共同侵权行为理论有着基本相同的历史，它们都是在一般侵权行为民事责任的基础上发展起来的。在古代早期的成文法中，有关侵权行为法的规范大都是对具体侵权行为的规定，归结起来，都属于一般的侵权行为。在古罗马法中，关于在建筑物中投掷固体或者倾泼流体物所致损害的“倾泼或者投掷责任之诉”，蕴含着共同危险行为的萌芽。其中规定：“如果从建筑物中落下或者投出的任何物品在公共场所造成损害，住户无论是否具有过错，均可受到

---

① 中国高级法官培训中心、中国人民大学法学院编：《中国审判案例要览》（1993 年综合本），中国人民公安大学出版社 1994 年版，第 607 页。

‘落下物或投掷物致害之诉’的追究……同一房间的数名房客将负连带责任。”[①]一幢房屋分由数人居住的，则被侵权人仅能向被确定为发生落下或者投出行为的房间的居住人起诉。[②] 后世民法规定共同危险行为，正是从这个制度中衍生发展起来的。[③] 1804 年公布的具有划时代意义的《法国民法典》创造了侵权行为法的过错责任原则，但没有共同侵权行为和共同危险行为的规定，后世为了解决共同危险行为的责任问题，创造出了“集团的过错”等团体责任理论。[④]《法国民法典》问世后，经过近 100 年的演化和法学家的不断探索，创造出了共同侵权行为与共同危险行为的理论和规则。1900 年颁布的《德国民法典》中，第一次规定了共同侵权行为和共同危险行为的条文。该法第 830 条第 1 款规定：“二人以上共同实施的侵权行为引起损害的，每一个人对损害负责任。不能查明两个以上参与人中孰以其行为引起损害的，亦同。”[⑤]《德国民法典》的这一规定，开创了侵权行为法一个新的时期，为以后的民事立法奠定了基础。及至近代制定《中华民国民法典》，在第 185 条第 1 款规定：“数人共同不法侵害他人之权利者，连带负损害赔偿责任；不能知其中孰为加害人者亦同。”[⑥] 这些条文中的前一句规定的是共同侵权行为，后一句规定的就是共同危险行为。这种立法例是大陆法系国家民事立法的通常模式。1960 年颁布实施的《埃塞俄比亚民法典》第 2142 条规定的是“未查明加害人”：“（1）如果损害是由数人中的某个人造成的，并且不能查明所涉及的哪个人是加害人，法院在衡平需要时，可命令由可能造成损害，并且在其中确定可找到加害人的那一群人共同赔偿损害。（2）在此等情形，法院可命令依法无疑要对损害的不确定加害人承担责任的人赔偿损害。”[⑦]

普通法系国家虽无成文法对共同危险行为作出规定，但在它们的判例中可以看到对共同危险行为学说的确认。仅举一个美国的著名判例“辛德尔诉阿伯特制药厂案”即可见一斑。辛德尔是个乳腺癌患者，在她出生前，其母亲服用了当时广为采用的防止流产的乙烯雌粉。后来研究证明，服用乙烯雌粉与患乳腺癌有很大关系，辛德尔就是此药的受害者。当时生产此药的共有 11 家制药厂，她没有办法证明她的母亲究竟服用了哪家制药厂生产的药品。辛德尔提出损害赔偿之诉

---

① ［意］彼德罗·彭梵得：《罗马法教科书》，黄风译，中国政法大学出版社 1992 年版，第 405～406 页。

② 周枏：《罗马法原论》（下册），商务印书馆 2002 年版，第 867 页。

③ 张铁薇：《共同侵权制度研究》，法律出版社 2007 年版，第 206 页。

④ 李木贵：《共同危险行为之要件》，载《民法研究》（第三辑），我国台湾地区学林文化事业有限公司 1999 年版，第 2 页。

⑤《德国民法典》（第四版），陈卫佐译注，法律出版社 2015 年版，第 318 页。

⑥ 杨立新主编：《中国百年民法典汇编》，中国法制出版社 2011 年版，第 408 页。

⑦《埃塞俄比亚民法典》，薛军译，厦门大学出版社 2013 年版，第 300 页。

后，初审法院不予受理，1982 年加利福尼亚州上诉法院改判当时生产此种药品的 11 家制药厂对原告的损害负连带赔偿责任。[①] 这虽然是一个产品责任的判例，但它确定赔偿责任的理论依据之一，就是共同危险行为学说。该判例极其典型且具有说服力。

（2）我国侵权法确立共同危险行为规则的必要性

在理论上，有人认为，既然损害不是共同危险行为人全体所致，却让全体共同危险行为人承担连带责任，这不仅有悖于过错责任原则，而且也有悖于公平原则，因而不应确立共同危险行为学说。这种看法值得商榷。诚然，损害非全体共同危险行为人所致，对于未致害他人的行为人来说，确定他负赔偿责任确有有失公平之处。但是，如果不让全体共同危险行为人承担赔偿责任，又因为不能查明谁是侵权人而不能确定具体赔偿义务主体，那么，被侵权人的损害就不可能得到补偿。从这个层面上说，如果对共同危险行为要求“公平”地确定责任，就会对被侵权人显失公平。公平责任原则的适用，正是为了保护被侵权人的权利，使他的损失得到合理的、适当的补偿。另外，共同危险行为人在实施共同危险行为时，在主观上均有疏于注意的共同过失，据此而确定其连带赔偿义务，也正是贯彻了过错责任原则。因此，确立共同危险行为学说并在审判实践中应用，完全符合侵权损害赔偿归责原则的要求，与确立侵权损害赔偿制度的宗旨相一致。

新中国成立以来，在长期的司法实践中没有实行共同危险行为制度，在原《民法通则》中也只规定了共同侵权行为，没有规定共同危险行为，因而使一些共同危险行为的被侵权人的损害得不到法律救济。例如，数人将一人殴打致耳膜穿孔，判明此伤只系一人击中耳部所致，但不能证明系谁的行为所致。对于这种情况，依照《刑法》规定，不能追究刑事责任。但是，在民法上依据共同危险行为理论，在共同危险行为中，侵权人实际只是共同危险行为人中的一个，若不能判明其中谁为侵权人，则责令全体共同危险行为人承担连带的赔偿责任。这种规则在刑法领域中是不可想象的，但在侵权行为法中却得到了普遍的认同。如果因为不能确认致伤害的真正行为人，从而也不能责令各共同危险行为人连带承担赔偿责任，是有失公平的。

原《侵权责任法》第 10 条明确规定共同危险行为及其连带责任，民法典侵权责任编第 1170 条沿袭了这一规定，其必要性主要表现在：

第一，可以使被侵权人处于优越的地位，使其合法权利得到更好的保护。共

---

① 该案参见潘维大：《英美侵权行为法案例解析》（上），我国台湾地区瑞兴图书股份有限公司 2002 年版，第 270 页。

同危险行为适用过错推定原则，而过错推定原则的适用正是为了使被侵权人处于有利地位。

第二，可以更有效地制裁民事违法行为。侵权行为的构成须有损害事实、违法行为、因果关系和主观过错四个要件。在一般的侵权行为中，只要行为人否定其中一个要件，就可以免除其责任。在共同危险行为致人损害的场合，其中的一个或一部分行为人否定自己赔偿责任的可能性非常大。在民事审判工作中，常常碰到这样的情况，数人将一人殴打致耳膜穿孔，判明此伤只系一人所为，但不能证明系谁的行为所致；数人均互相推脱，致使赔偿责任无法确定，造成制裁不力。共同危险行为理论把共同危险行为人视为一个有机的整体，赋予他们一个共同侵权人的身份，以此最大限度地实现对侵权行为的民事法律制裁。

第三，有利于消除纷争促进安定团结。在实践中，因共同危险行为而生的损害是较为常见的。由于没有确立共同危险行为学说，出现这类纠纷，往往使被侵权人投诉无门，司法机关互相推诿，致使纠纷久拖不决，当事人上访告状，影响社会安定。确定共同危险行为学说，可以使人民法院有理有据地对共同危险行为加以制裁，尽早消除纷争，避免对社会的安定团结造成影响。

（3）我国侵权法关于共同危险行为规则的对策

根据以上分析，在我国确立共同危险行为学说，不仅具有必要性，而且具有现实的可能性，目前只是缺少必要的法律根据。笔者曾提出有以下四种办法可供选择：一是补充立法，在将来制定的有关单行民事法规中，规定共同危险行为，以补充原《民法通则》第 130 条的规定。二是立法解释，即由立法机关对原《民法通则》第 130 条作出扩张解释，说明本条文可以适用于共同危险行为。三是司法解释，最高人民法院在解释原《民法通则》的司法解释性文件中对共同危险行为的处理作出规定。四是在审判实践中试行。既然共同危险行为的责任基础是共同过错，在实践中，可以依照原《民法通则》第 106 条第 2 款的规定作出判决。以上办法，在目前情况下似以第三种为佳，第四种次之。在经过若干时间的实践取得经验以后，当考虑采用第一种或第二种办法。①

在司法实践中的实际情况是，首先，我国司法实务界对于共同危险行为理论已经普遍采用。《中国审判案例要览》（1993 年综合本）中，选用了两个典型的共同危险行为案例：一是姚某诉鲁某、李某、刘小某侵权损害赔偿案。三名被告均系未成年人，于 1992 年 12 月 21 日下午在某医院楼顶平台玩砖头，随手将砖头往楼下扔，其中一块击中姚某之妻赵某头部致其死亡，不能确认是谁扔砖头所

---

① 杨立新：《试论共同危险行为》，载《法学研究》1987 年第 5 期。

致。二是前述马某某等诉付某某、曹某、吴某侵权损害赔偿案。审理这两个案子的法院均依据共同危险行为理论，判决由被告的法定代理人共同承担连带赔偿责任，效果是令人满意的。①

其次，最高人民法院司法解释对共同危险行为作出了具体规定，即《最高人民法院关于审理人身损害赔偿案件适用法律若干问题的解释》第 4 条规定："二人以上共同实施危及他人人身安全的行为并造成损害后果，不能确定实际侵害行为人的，应当依照民法通则第一百三十条规定承担连带责任。共同危险行为人能够证明损害后果不是由其行为造成的，不承担赔偿责任。"这个规定在司法实践中实行效果甚佳，但仍存在一些细节问题需要进一步解决。目前，民法典侵权责任编第 1170 条承袭原《侵权责任法》第 10 条的规定，确立了共同危险行为的规则。

3. 共同危险行为的责任承担

实施共同危险行为致人损害，共同危险行为人应当承担连带赔偿责任。这种连带赔偿责任与共同侵权行为的连带赔偿责任有很多不同之处。在处理这类案件时，应当把握好这些连带责任的不同，正确处理共同危险行为的连带责任。共同危险行为与共同侵权行为的连带责任具有以下区别：

第一，共同危险行为的责任基础是共同过失；确定赔偿责任的归责原则是过错责任原则。这与共同侵权行为是一致的。在确定共同侵权行为责任时，各家学说不一，诸如"意思联络说""共同行为说""关连共同说""共同过错说"，学说通常采用最为普遍的"共同过错说"，近年来司法实践开始转向"关连共同说"。有人认为，共同危险行为人在实施共同危险行为时，不存在共同的意思联络，也不存在共同过失。② 这种观点值得商榷。

可以确定，共同危险行为人在实施共同危险行为时，主观上确实没有故意（即意思联络），假如存在共同故意，情节严重的构成共同犯罪，情节较轻的构成共同侵权行为。在共同危险行为中，行为人不仅不存在共同故意，也不存在单独的故意；假如存在单独的故意，就可以追究单独故意行为人的责任而不构成共同危险行为。共同危险行为人的主观过错只能表现为共同过失的形式，即共同疏于注意义务。它表现为，共同危险行为人共同实施具有危险性的行为时，应当注意避免致人损害，但由于疏忽大意，或者由于过于自信，致使违反了这种注意义务，这种过失存在于每一个共同危险行为人的思想中。他们参与这种具有危险性

---

① 有关这两个案件的详细情况，参见中国高级法官培训中心、中国人民大学法学院编：《中国审判案例要览》（1993 年综合本），中国人民公安大学出版社 1994 年出版，第 599 页以下和第 608 页以下。

② 孔祥俊：《试论共同危险行为》，载《法学研究》1991 年第 4 期。

行为本身，就证明他们具有这种疏于注意的共同过失。因此，共同危险行为适用过错责任原则。

但是，共同危险行为不能适用一般的过错责任原则，而是适用过错推定责任原则，这是与共同侵权行为的显著差别之一。过错推定原则是过错责任原则的一种特殊表现形式，它是在适用过错责任原则的前提下，在特殊的情形时，可以由损害事实本身推定侵权人的过错，而无需被侵权人加以证明的归责原则。在共同危险行为致人损害的情形下，被侵权人连谁是侵权人都不能搞清，怎么能去证明侵权人的过错呢？实行过错推定原则，就可以实行举证责任倒置，即从被侵权人的损害事实中推定共同危险行为人的共同过失。如果共同危险行为人认为他们没有共同过失，可以举证证明，否则不能免责。

第二，共同危险行为的责任与共同侵权行为的责任一样，是一个完整的整体，但它的表现形式更为紧密，不可分割。共同侵权行为的责任对一个损害结果来说，只有一个整体的责任。“但是必须明确，我们这里所说的一个责任，指的是一个总责任，它一定要由若干份责任组成”。[①] 共同危险行为责任也只有一个责任，但却不是由若干份责任组成，是不可分割的完整责任。这个完整责任表现为：其一，对于损害结果来说，这个责任只有一个；其二，责任的主体是一个，即对于共同危险行为人来说，他们是一个整体，分开这个整体，这个责任就不复存在；其三，这个责任的内容不能分离。因此，共同危险行为人中的一个人或一部分人只能证明自己没有过错，或者证明自己的行为与损害结果之间没有因果关系，还不能免除这个人或这些人的赔偿责任；只有证明谁是侵权人时，才能免除非侵权人的赔偿责任，不过这已经不是共同危险行为了。

第三，共同危险行为与共同侵权行为一样，均须承担连带责任，但是，在责任份额的确定上却有所不同。共同侵权人的个人责任，可以按照各自过错的程度确定，因而共同侵权人所实际分担的责任份额可能并不平均。但是，由于共同危险行为人在实施共同危险行为中，致人损害的概率相等，过失相当，而且由于共同危险行为责任的不可分割性，所以在共同危险行为人的责任划分上，一般是平均分担的，各人以相等的份额对损害结果负责，在等额的基础上实行连带责任。

应当注意的是，在共同危险行为的责任承担上，还有以下几点不同：

一是市场份额规则。正如前述“辛德尔诉阿伯特制药厂案”的判决，作为被告的制药厂的赔偿责任，不能按照过错程度和原因力规则确定，故法官以各个制药厂生产的药品在市场上占有的份额作为标准，确定责任的份额。这一方法值得

---

① 邓大榜：《共同侵权行为的民事责任初探》，载《法学季刊》1982 年第 3 期。

借鉴。

二是泛行业责任。美国佛罗里达州 1972 年的“霍尔诉内莫士股份有限公司案”，由于被告按照泛行业安全标准生产的雷管欠缺安全性而致人损害，法官认定雷管制造商的联合同业公会负有共同的安全职责和协作关系，判决整个雷管制造行业承担责任。[①] 这一规则亦具有借鉴意义，即如果我国某种行业的生产标准是统一的，恰好因为这种行业标准的欠缺而造成消费者的损害，可以适用泛行业规则，确定整个行业承担侵权责任，并以市场份额规则确定各自的责任份额。

4. 共同危险行为的免责事由

在制定原《侵权责任法》时，关于共同危险行为规定的争论，集中于共同危险行为人之一免除责任的规则问题。对此，立法上有两种不同的规则：第一种规则是现行司法解释的规定，即共同危险行为人之一能够证明自己的行为与损害后果之间没有因果关系的，不承担赔偿责任。第二种规则则相反，共同危险行为人之一能够证明自己的行为与损害后果没有因果关系的，不能免除责任，只有能够证明谁是真正的侵权人，才能够免除责任。究竟应当采用哪种规则，学者也有两种意见，相持不下。

为什么会采用后一种规则？理由是，在民事诉讼当中，证据证明的标准是法律真实，不是客观真实，如果共同危险行为人之一有足够的证据证明自己的行为和损害结果没有因果关系，使法官产生确信并形成心证，其证明即若完成，法律事实亦可得以认定。依此证明标准，则可能所有参与实施共同危险行为的人都能证明自己的行为和损害结果没有因果关系，如果每一个人都能作此证明，按照这样的规则，每个人都可以免除责任。那么就会出现一个结果，即损害是客观存在的，也确确实实是共同危险行为人中间某一个人造成的，但由于每一个人都证明了自己不是真正的侵权人，被侵权人就无法获得赔偿。所以能够证明自己的行为和损害结果没有因果关系并不能免除责任，只有证明谁是真正的侵权人才可以适用免除责任的规则。

对此，民法典侵权责任编第 1170 条延续原《侵权责任法》第 10 条的规定，选择了第二种立场，即“不能确定具体加害人的，行为人承担连带责任”。共同危险行为人只要不能证明谁是具体的加害人，就不能免除证明自己不是加害人的侵权责任。笔者赞成这样的选择。在司法实践中，笔者建议应当改变最高人民法院司法解释的规则，严格适用本条规定。

---

① 王卫国：《过错责任原则》，中国法制出版社 2000 年版，第 306 页。

【案例评注】

尚某诉刘乙等共同侵权赔偿纠纷案[①]

基本案情

1994年3月10中午，尚某与刘甲（7岁）二人在本村韩某某家大门外打纸三角玩耍，刘乙、张某、刘丙三人各从大门前向日葵秆堆上抽了一根向日葵秆互相乱打，两伙玩耍儿童相距3米左右。当尚某扭身看刘乙等三人拼打时，被迎面飞来的向日葵秆碎刺刺入其右眼，此时刘乙手中的向日葵秆半截掉在地上，半截还拿在手中。尚某把碎刺拔掉，双手捂住眼睛边哭边骂刘乙。在场的五个孩子不久各自回家。当晚8时许，尚某父母回家，发现其子捂眼爬在炕上，才知孩子右眼被扎伤，但没有引起重视。第二天向刘乙家要了点儿眼药点上。3月12日，原告到县医院检查治疗，被确诊为右眼角膜穿通伤，伴视物不见，为外伤性白内障，建议到上级医院诊治。3月21日，原告赴临汾地区露德眼科医院诊治，仍被确诊为外伤性白内障，并进行了手术。后经该院同意转至山西省眼科医院继续治疗，仍未治愈，该院又建议到北京医院作植入人工晶体手术和斜视等手术。至1994年8月10日，原告父母共花去医疗费2206.33元，交通费450.10元。地区两位眼科专家认为，如到北京做斜视手术和植入人工晶体，还需6000余元。因被告方监护人均否认原告眼睛损伤是自己孩子所为，原告及其监护人遂向隰县人民法院提起诉讼，要求三被告承担致伤原告的民事责任。三被告均辩称原告的眼睛受伤与自己无关。一审判决后，三被告监护人均不服，提起上诉。

法院判决

一审法院认为：原、被告均系未成年人，在没有受到外界影响的情况下，陈述案情的真实性、准确性比较可靠，在现场的五个孩子陈述基本一致。原告右眼被飞刺刺伤，是因三被告拿向日葵秆乱打乱拼所致，三被告相互作用共同侵害了原告，损害结果与行为人的过失行为有直接关系，应承担民事责任。双方当事人均为未成年人，其监护人都应承担未尽到监护人责任的相应赔偿责任，且责任均等。依据《民法通则》第一百一十九条和第一百三十三条之规定，一审法院于

---

① 最高人民法院中国应用法学研究所编：《人民法院案例选：民事、经济、知识产权、海事、民事诉讼程序卷》（1992年~1996年合订本），人民法院出版社1997年版，第757页以下。

1994年8月24日判决：一、从1994年3月10日原告右眼损伤之日至1994年8月10日止，先后开支的医疗费、交通费和住宿费，共计2909.43元，由三被告监护人各承担936.48元；二、原告先后住院58天，其监护人误工补助费580元，由原告监护人承担；三、原告外出植入人工晶体手术和斜视等手术费用6000元，由被告监护人刘某甲承担1500元，张某某承担1500元，刘某乙承担1500元，原告监护人尚某甲承担1500元；四、一次性给原告补偿损伤费、营养费和其他费用3000元，由三被告各承担1000元。上列第一、三、四项所列被告监护人向原告监护人给付款项，应在本判决生效后10日内给付。

二审法院认为：被上诉人尚某右眼受伤，确是因为刘乙等三上诉人相互用向日葵秆乱拼，造成向日葵秆断裂飞出碎刺刺入眼内引起的，三上诉人负有混合过错责任，其监护人应当承担相应的赔偿责任。原判认定事实清楚，适用法律正确。判决驳回上诉，维持原判。

专家点评

共同危险行为是指二人以上实施危及他人人身、财产安全的行为，其中一人或者数人的行为实际造成他人损害，但不能确定该人是谁，故而由全体行为人承担连带责任的情形。共同危险行为的特殊之处在于：受害人仅仅知道哪些人参与实施了对自己人身、财产具有危险的活动，但根本不知道具体引发损害的是参与人中的哪一个或哪一些人。由于参与实施危险活动的人的行为都是各自的独立行为，他们相互之间并不知道也并非意欲对损害的产生共同发挥作用，故此没有意思联络，不构成共同加害行为。参与人从事的危险活动与损害之间只是存在潜在的、可能的因果关系。为了消除受害人难以确定具体的加害人是谁的困难，侵权法上才特别设立了共同危险行为制度。

本案中，五个孩子一起玩耍，其中一名小孩右眼被飞刺刺伤，是因为其他三名孩子拿向日葵秆乱打乱拼所致，但无法确认具体是由三名乱扔向日葵秆的小孩之中谁的行为最终造成了损害结果。这一情形符合共同危险行为的构成要件：（1）行为是由数人实施的。（2）数人实施的行为具有致害他人的危险性，这种危险性指的是侵害他人合法民事权利（包括人身权和财产权）的可能性。从主观上看，行为人没有致人损害的故意。在数人中，既没有共同的故意，也没有单独的故意，只存在疏于注意义务的共同过失。从客观上看，数人实施的行为有致人损害的可能性。行为没有特定的指向，即没有人为的侵害方向，不针对特定的被侵权人，只是无意中造成了被侵权人的权利损害。（3）具有危险性的共同行为是致人损害的原因。（4）损害结果不是共同危险行为人全体所致，只是其中一人造成损害，但不能判明其中谁是侵权人。在共同危险行为中，由于具体加害人不明，因此实施了因果关系举证责任的倒置，即除非参与危险活动之人能够证明其行为与损害之间不存在因果关系，否则他们都应当向受害人负担连带赔偿。据此，三名小孩应当对共同危险行为造成的损害结果承担连带责任。

第一千一百七十一条 二人以上分别实施侵权行为造成同一损害，每个人的侵权行为都足以造成全部损害的，行为人承担连带责任。

【条文释义】

本条是对叠加的分别侵权行为及责任的规定。

1. 将原因累积作为客观共同侵权行为的类型予以明确规定

民法典侵权责任编第1171条的规定延续了原《侵权责任法》第11条的规定，而该条文的内容实质上来源于2003年《最高人民法院关于审理人身损害赔偿案件适用法律若干问题的解释》第3条对无意思联络数人侵权行为的规定。之所以作出这样的规定，是因为侵权法中连带责任的适用范围实际上已经通过"共同关系"理论扩展到了主观共同侵权行为形态之外。[①] 所谓"共同关系"理论，即认为只要数个侵权行为成立共同关系，就能够免除个别因果关系的证明而适用连带责任，这一理论来源于《德国民法典》第830条。[②] 我国的侵权法理论也长期存在主观说和客观说的争论，直到《最高人民法院关于审理人身损害赔偿案件适用法律若干问题的解释》提出"直接—间接结合说"，使用"直接结合"与"间接结合"的区分来界定主观共同侵权行为之外应该承担连带责任的数人侵权行为范围，才将这一领域的探讨引入至新的阶段。所谓"直接结合"，是指数个行为人结合程度非常紧密，对加害后果而言，各自的原因力和加害部分无法区分。虽然这种结合具有偶然因素，但其紧密程度使数个行为凝结为一个共同的加害行为共同对受害人产生了损害。[③] 而所谓"间接结合"，是指"多因一果"中的多个原因行为的结合具有偶然性，但这些行为对损害结果而言并非全部都是直

① 王竹：《论客观关联共同侵权行为理论在中国侵权法上的确立》，载《南京大学法律评论》2010年春季卷。

② ［德］马克西米利安·福克斯：《侵权行为法》，齐晓琨译，法律出版社2006年版，第233页。

③ 最高人民法院民事审判第一庭编著：《最高人民法院人身损害赔偿司法解释的理解与适用》，人民法院出版社2004年版，第63页。

接或者必然地导致损害结果发生的行为。其中某些行为或者原因只是为另一个行为或者原因直接或者必然导致损害结果发生创造了条件，其本身并不会也不可能直接或者必然引发损害结果。[①] 该司法解释的规定之后被原《侵权责任法》第 11 条和第 12 条采纳，成为我国立法对客观共同侵权行为形态的专门规定。本条即为在原《侵权责任法》第 11 条和第 12 条的基础上，借鉴欧洲侵权法对“充足原因”（sufficient cause）和“非充足原因”（insufficient cause）的区分，[②] 对数个充足原因偶然竞合导致不可分损害的连带责任的规定。

由此可见，民法典侵权责任编第 1171 条是对叠加的分别侵权行为及责任的规定。分别侵权行为是二人以上分别实施侵权行为，不存在关连共同，却造成了同一个损害结果，不构成共同侵权行为的多数人侵权行为。叠加的分别侵权行为，是每一个侵权人单独实施侵权行为，造成同一个损害结果时，每一个行为人的行为原因力都为 100%，即每一个行为都是造成损害的全部原因。每一个分别侵权行为人实施的侵权行为，在原因力上叠加在一起，都是损害发生的全部原因。因此形成了“100% +100% =100%”的情形。

2. 对充足原因偶然竞合的因果关系的准确界定

从条文表述来看，只有当分别实施侵权行为的数人中“每个人的侵权行为都足以造成全部损害”，才能适用本条，使数个侵权人承担连带责任。如何理解本条规定的因果关系的真正内涵，理论界与实务界始终存在分歧。[③] 王利明教授认为，所谓每个人的侵权行为都足以造成全部损害，是指每个行为都构成损害的充足原因。而所谓充足原因，是指按照社会一般经验或者科学理论，认为可以单独造成全部损害后果发生的侵权行为。正因如此，要求数个侵权人承担连带责任才是合理的。[④] 杨立新教授将此种情形界定为叠加的分别侵权行为，是指每一个行为人对于损害的发生都具有全部的原因力，因此每个人都应当承担全部的赔偿责任。但是由于受害人只能得到一份赔偿，因而数个侵权人承担连带责任。[⑤] 全国人大法工委有关人士编写的释义书认为，所谓“足以”并不是指每个侵权行为都实际上造成了全部损害，而是指即便没有其他的侵权行为的共同作用，独立的单

---

① 最高人民法院民事审判第一庭编著：《最高人民法院人身损害赔偿司法解释的理解与适用》，人民法院出版社 2004 年版，第 65 页。

② See Jaap Spier, C. H. W. M. Sterk, *Rope - dancing Dutch Tort Law*, Facultéde droit de l'Universitéde Genéve, 1993, p29.

③ 最高人民法院侵权责任法研究小组编著：《〈中华人民共和国侵权责任法〉条文理解与适用》，人民法院出版社 2010 年版，第 91 页；王利明、周友军、高圣平：《中国侵权责任法教程》，人民法院出版社 2010 年版，第 397 页。

④ 王利明：《侵权责任法研究》（上卷），中国人民大学出版社 2016 年版，第 586 页。

⑤ 杨立新：《中国侵权责任法研究》（第一卷），中国人民大学出版社 2018 年版，第 412 页。

个侵权行为也有可能造成全部损害。[①] 最高人民法院编写的针对原《侵权责任法》的释义书认为，从因果关系的角度来考察，是指：（1）各侵权人的行为均为发生损害后果的直接原因；（2）每一个独立的侵权行为均具有造成全部损害后果的原因力；（3）各原因力可以互相替代，而损害结果的同一性不因此发生改变。[②] 正是因为对该条规定的因果关系有不同的理解，司法实践中对同类案件的处理结果可能大相径庭。

笔者认为，应当从充足原因与非充足原因区分的角度对本条中的因果关系进行准确界定，"每个人的侵权行为都足以造成全部损害"是指每个侵权行为均构成全部损害的充足原因，即每个侵权行为都与全部损害具有相当因果关系且原因力是相同的。但这并不意味着每个侵权行为都实际造成了全部损害，因为侵权行为的出现可能有先后顺序之分，在此种情形下，损害结果在第一个侵权行为发生时就已经造成了，此后的侵权行为只是具有造成同样的损害的可能性而已，已经无法现实化地造成损害了。[③] 之所以对因果关系作如此严格的限制，原因在于数个侵权人承担的是连带责任，必须防止滥科连带责任，若仅以受害人的赔偿更有保障作为理由要求数个侵权人承担连带责任，则论证并不足够充分且正当。

3. 对充足原因偶然竞合的因果关系的类型区分

以两个及以上充足原因与损害的相对发生时间作为类型化的标准，可以将充足原因偶然竞合的因果关系区分为三种具体的情形：

其一是"并发型因果关系"，即数个侵权行为偶然同时发生并造成同一损害，且每个侵权行为都足以造成全部损害。典型案例是环境污染案，[④] 比较法上各国几乎无一例外适用连带责任。[⑤] 我国司法实践中并发侵权行为的例子并不多见，最具代表性的当属"镇平水产公司等诉华荣公司等分别产生的污染物因暴雨冲击汇集污染水质致养殖的鱼死亡赔偿案"。[⑥] 该案中，23 名被告在无污染防治措施或者污染防治设施不健全的情况下排放污染物，后因暴雨致使油类、废水、尾矿砂等污染物流入原告养殖的水库中，造成原告所养的鱼苗中毒而死。虽然法院认定成立共同危险行为而判令被告承担连带责任，然而实质上，该案的具体侵权人

---

① 王胜明主编：《侵权责任法解读》，中国法制出版社 2010 年版，第 54 页。

② 最高人民法院侵权责任法研究小组编著：《〈中华人民共和国侵权责任法〉条文理解与适用》，人民法院出版社 2010 年版，第 92 页。

③ 程啸：《侵权责任法》（第二版），法律出版社 2015 年版，第 383 页。

④ Spier（ed.）. *Unification of Tort Law*：*Causation*，Kluwer Law International，2000，p. 6，Case 18.

⑤ Spier（ed.）. *Unification of Tort Law*：*Causation*，Kluwer Law International，2000，p. 146.

⑥ 最高人民法院中国应用法学研究所编：《人民法院案例选》（1999 年第 2 辑 总第 28 辑），时事出版社 1999 年版，第 80 页以下。

是确定的，仅是各侵权人的加害部分不明，故不应适用共同危险行为。若能够查明23名被告中任何一人的污染物被冲到水库都会导致原告的鱼苗全部死亡，则意味着任何一人的侵权行为均足以导致全部损害，则每个侵权人都应对全部损害承担责任，由此形成连带责任。

其二是“连续型因果关系”。[①] 一般情况下是两个作为的侵权行为之间的竞合，两个侵权人承担不真正连带责任。传统民法学者常举的例子是，B偷盗A的物品，而C将该物品损害，一般认为B、C二人对A承担不真正连带责任。实践中通常发生的一类案件是交通事故侵权案件，例如在“曾某甲诉彭某、平安财保蜀都支公司成都市蜀都支公司机动车交通事故责任纠纷案”中，[②] 受害人先后遭受两次甚至多次交通事故，多个肇事人之间是否承担连带责任的问题。

其三是“先发型因果关系”。两个侵权行为可能是同类侵权行为，如针对同一对象的两个纵火行为均可单独造成财产的毁损灭失，但因火势蔓延速度不同，其中一个纵火行为先导致了该损害后果的发生。[③] 也可能是非同类侵权行为，如针对同一对象的故意杀害行为，一个采取下毒的方法，另一个采取枪杀的方法，两个故意杀害行为均可单独造成对象的死亡，但下毒行为在前，枪杀行为在后，在受害人毒发身亡之前恰好被枪杀。无论是否为同类侵权行为，两者的争议点均在于后一原因是否应该与前一原因承担连带责任。此类案件在司法实践中也是真实存在的。例如，李某与张某系同村村民，一次李某在给自家的玉米喷药时，因风力作用，药水挥发、扩散至张某的西瓜地，致使张某种植的西瓜全部死亡。而在张某将李某诉至法院要求赔偿时，突发洪水使得张某的西瓜被冲得无影无踪。[④] 对于这种“充足原因”偶然竞合的侵权行为，理论困境在于“but－for”规则既已无法适用，此时的因果关系该如何认定。[⑤] 对此，《欧洲侵权法原则》第3：102条关于“并发原因”的规定值得借鉴，即对于数个侵权行为均可单独造成同一损害，但却偶然同时发生造成该损害的情形，每一侵权行为与损害后果之间都存在同样的因果关系。

4. 理论解释上可将比较“风险贡献度”作为连带责任的内部分摊规则

本条仅规定数个侵权人承担连带责任，但对于连带责任的内部分摊规则并不明确。杨立新教授认为，叠加的分别侵权行为的责任规则是：第一，既然每一个

---

① See Richard A. Epstein, *Torts*, Aspen Publishers, 1999, pp. 223－224.

② 最高人民法院公布典型案例，载《人民法院报》2014年7月25日。

③ See Dan B. Dobbs, *The Law of Torts*, West Group, 2001, p. 416.

④ 袁文报：《李某该承担什么责任》，载《人民法院报》2006年8月21日。

⑤ See European Group on Tort Law, *Principles of European Tort Law: Text and Commentary*, Springer, 2005, p. 44.

分别侵权行为人的行为都是损害发生的100%的原因力，赔偿责任又是一个，侵权行为人只能承担连带责任，每一个人都应当对被侵权人的损害承担责任。第二，具体的份额，按照行为人的人数确定平均比例，如是二人，则为每人50%。第三，承担责任超出自己份额的分别侵权行为人，有权向未承担或者承担不足的分别侵权行为人追偿。

众所周知，连带责任是责任人向赔偿权利人承担的责任，而不是向其他连带债务人负的责任，[①] 数个侵权人之间必须通过内部责任分摊实现最终的责任分担，即所谓"对外连带、对内按份"。对此，在理论解释上，可以尝试借鉴普通法上的"风险贡献度"（risk contribution）理论，通过比较数个侵权行为对损害后果的"风险贡献度"进行数个侵权人之间最终的责任分担。[②] 责任分担是普通法上侵权法的基本原则，即责任并非以"全有或者全无"的方式，而是能够以一种精细的方式进行分担，这一理念是20世纪侵权法领域最具影响力的变革之一。[③] 而责任分担基本上是通过比较过错和原因力来实现的。然而，在数个充足原因偶然竞合造成不可分损害的情形，每一侵权行为均为造成全部损害的原因，即每个侵权人对损害的过错程度相同，每个侵权行为对损害的原因力大小相同，因而无法通过比较过错和原因力来完成承担连带责任的数个侵权人之间的内部责任分摊。此时，比较过错和原因力失灵，而比较"风险贡献度"则可被用来在对损害后果的引起具有原因作用的数个侵权人之间分配法律责任。换言之，虽然数个侵权人的过错和数个侵权行为的原因力无法比较，但其"风险贡献度"是可比较的。例如，此类侵权行为在普通法中最为典型的是石棉诉讼案件，当一个被告使用的石棉纤维类型引发间皮瘤的可能性是其他被告的两倍时，就可以作为责任分担的基础。[④] 采用这种方法，可将每个侵权人基于其"风险贡献度"的按份责任进行区分。

---

① 王竹：《论客观关联共同侵权行为理论在中国侵权法上的确立》，载《南京大学法律评论》2010年春季卷。

② ［美］Michael D. Green：《石棉诉讼中责任分担的再思考》，王竹、周奥杰译，载《中德私法研究》（第十二卷），北京大学出版社2015年版，第105页。

③ Guido Calabresi & Jeffrey O. Cooper, *New Directions in Tort Law*, 30 VAL. U. L. REV. 859, 868 (1996)，此文中将责任分担称为自20世纪早期责任保险出现以来侵权法最重要的发展；Robert L. Rabin, *Past as Prelude: The Legacy of Five Landmarks of Twentieth Century Injury Law for the Future of Tort Law*, *in* EXPLORING TORT LAW 52, pp. 70 – 72 (Stuart Madden ed. 2005)，此文中将比较过错作为20世纪侵权法最重要的五大发展之一。

④ ［美］Michael D. Green：《石棉诉讼中责任分担的再思考》，王竹、周奥杰译，载《中德私法研究》（第十二卷），北京大学出版社2015年版，第113页。

【案例评注】

曾某甲诉彭某、平安财保蜀都支公司动车交通事故责任纠纷案[①]

基本案情

2011年10月10日19时左右，未知名驾驶人驾驶未知号牌货车与横穿马路的曾某相撞后逃逸；后有未知名驾驶人驾驶未知号牌机动车碾压倒地的曾某后亦逃逸。19时5分许，彭某驾驶自有的A号小型轿车（该车在平安财保蜀都支公司投保了交强险和不计免赔限额为20万元的商业三者险）途经事发路段时，由于刹车不及，从已倒在道路中间的曾某身上碾压过去（其自述碾压部位为曾某胸部），随即停车报警。19时21分，医护人员到场，经现场抢救，确定曾某已无生命体征，出具了死亡证明书，载明曾某死亡时间为19时34分。交警部门亦对现场进行了勘验、拍照，并制作了现场图，上述材料显示：道路基本情况为城市道路，双向八车道，道路中心由双实线分隔，事故现场附近无人行横道，路上血迹、曾某倒地位置、A号车辆均位于靠近双实线的车道内，周围无拖拉痕迹。同月19日，四川基因格司法鉴定所出具《DNA鉴定报告》，鉴定意见为：A号小型轿车前保险杠下部和轮胎上提取的血痕样本属于曾某。同月26日，成都市公安局物证鉴定所出具《尸检报告》，载明检验意见为："推断曾某的死因为颅脑、胸腹部复合性损伤致死亡，建议进行尸体解剖明确致死方式。"但经彭某与曾某亲属协商，未进行尸体解剖。2011年11月14日，交警部门出具《道路交通事故认定书》，以未知名驾驶人肇事后逃逸为由，确定未知名驾驶人均承担事故的全部责任。该《道路交通事故认定书》还载明：彭某驾车未确保安全，违反了《道路交通安全法》第二十二条第一款的规定；因无法证实曾某死亡是否因与A号车相撞所致，故不能根据当事人的行为对发生交通事故所起的作用及过错的严重程度确定当事人的责任。由于未找到逃逸车辆，曾某之父曾某甲（系曾某的唯一继承人）向法院起诉，请求判令彭某、平安财保蜀都支公司赔偿因曾某死亡造成的各项损失合计424576.5元。

---

① 最高人民法院公布典型案例，载《人民法院报》2014年7月25日。

法院判决

一审法院认为，综合证人证言、尸体检验报告、现场勘查笔录等证据，能够确认本案不止一辆车对曾某进行了侵权。根据《侵权责任法》第十一条的规定，“二人以上分别实施侵权行为造成同一损害，每个人的侵权行为都足以造成全部损害的，行为人承担连带责任”。本案肇事逃逸车辆的侵权人与被告彭某分别对曾某实施侵权行为，每个人的侵权行为都足以造成曾某死亡，故肇事逃逸侵权人与被告彭某应承担连带赔偿责任。原告在其他侵权人逃逸的情况下要求被告彭某承担赔偿责任符合法律规定，故对原告要求被告彭某承担赔偿责任的主张，本院予以支持。被告彭某承担赔偿责任后可以向其他侵权人追偿。

被告彭某驾驶车辆未尽到谨慎驾驶义务，应当承担主要民事赔偿责任。根据事故现场图、照片，曾某位于靠近道路中心双实线的车道位置，其道路中也无拖拉曾某的痕迹，可以排除曾某系被其他车辆撞入或拖入靠近道路中心双实线的车道内，且事发现场附近道路无人行横道，对于本次交通事故的发生曾某有相应的过错，应相应减轻侵权人的责任。综合考虑本次交通事故的起因、经过及后果，确定由侵权人承担80%的赔偿责任。被告彭某为A号车辆在被告平安财保蜀都支公司处投保了交强险和不计免赔限额为20万元的商业第三者责任险，事故发生在保险期限内，被告平安财保蜀都支公司对原告的损失应当依法律规定及保险合同约定承担相应的赔偿责任。

二审法院认为，在彭某驾车碾压曾某之前，有未知名驾驶人先后驾车与曾某相撞并逃逸。未知名驾驶人与彭某虽无共同故意或共同过失，但每个人分别实施的加害行为都独立构成了对曾某的侵权，最终造成了曾某死亡的损害后果，该损害后果具有不可分性，且每个人的加害行为均是发生损害后果的直接原因，即每个人的行为都足以造成曾某死亡。因此，原判根据《侵权责任法》第十一条“二人以上分别实施侵权行为造成同一损害，每个人的侵权行为都足以造成全部损害的，行为人承担连带责任”之规定，确定彭某与肇事逃逸者承担连带赔偿责任并无不当。连带责任对外是一个整体责任，连带责任中的每个人都有义务对被侵权人承担全部责任。被请求承担全部责任的连带责任人，不得以自己的过错程度等为由主张只承担自己内部责任份额内的责任。在其他肇事者逃逸的情况下，曾某请求彭某承担所有侵权人应当承担的全部责任，符合法律规定。故判决：一、平安财保蜀都支公司于判决生效后10日内赔偿原告曾某310212元；二、彭某于判决生效后10日内赔偿原告曾某8099.6元。

专家点评

对于民法典侵权责任编第 1171 条中“每个人的侵权行为都足以造成全部损害的”应当作如下理解：首先，每个人的侵权行为“足以”造成全部损害意味着各个侵权行为都与损害具有相当因果关系且原因力是相同的。它们中的任何一个单独出现的话，在法律上都与全部的损害有相当因果关系。之所以要作如此严格的限制，就是因为侵权人承担的是连带责任，为了防止滥科连带责任，必须从因果关系的角度上加以限制。否则，在各个侵权人没有意思联络的情况下，仅仅是为了受害人的赔偿更有保障而使各侵权人承担连带责任，理由并不充分。其次，“足以”并不意味着每个侵权行为都实际造成了损害，毕竟侵权行为的出现总有一个先后顺序，损害结果往往在第一个侵权行为发生时就已经造成了，此后的侵权行为只是具有造成同样的损害的可能性而已，已经无法现实化地造成损害了。

在本案中，第一辆车从受害人身上碾轧过去后，司机并未停车而是肇事后逃逸。接着，第二、三辆车也依次碾轧了受害人。第二辆车的司机也肇事逃逸，第三辆车的司机停车后报警，受害人经抢救无效死亡。在这个案件中受害人可能在第一次碾轧后已经死亡，而第二、三辆车碾轧的只是尸体而已；受害人也可能是因为两次或三次碾轧后形成的复合伤而死亡。但从侵权责任法的角度而言，受害人的死亡时间并不重要，因为民法典侵权责任编第 1171 条（即原《侵权责任法》第 11 条）要求的是“足以”并非“必然”。纵使第三辆车碾压之时受害人并未死亡，究竟哪一辆车的行为致受害人死亡无法确定，但根据尸检报告、勘验笔录等证据，可以确认每一辆车的碾压行为均足以造成受害人死亡的后果。因此，从原因力角度分析，第一、二辆车碾轧受害人，即便受害人没有死亡，也因碾轧而受伤，足以导致死亡的后果。即便没有第一、二辆车的在先碾轧行为，第三辆车单独对受害人的碾轧也具有造成受害人死亡的足够可能性。所以，第一、二、三辆车的司机应当承担连带责任。不过在连带责任人的内部责任分摊上，第三辆车的司机在内部分摊的份额上应当是最小的。

第一千一百七十二条　二人以上分别实施侵权行为造成同一损害，能够确定责任大小的，各自承担相应的责任；难以确定责任大小的，平均承担责任。

【条文释义】

本条是对典型分别侵权行为及其责任的规定。

1. 典型分别侵权行为的侵权责任规则

典型的分别侵权行为称为“无过错联系的共同加害行为”，也是行为人分别实施的侵权行为，造成了同一个损害结果，所不同的是，每一个行为人实施的行为的原因力相加，才造成同一个损害结果。即“50% +50% =100%”。如果每一个行为人的行为的原因力相加，不是这样的形式，则不属于典型的分别侵权行为。

本条的主旨来源于原《侵权责任法》第 12 条的内容，实质上是对数个非充足原因偶然聚合造成可分损害的按份责任的规定，也有学者将其称为部分因果关系型的无意思联络数人侵权。[①] 在原《侵权责任法》起草过程中，就已经有学者质疑此种规定的必要性，认为该问题没有必要在立法中加以规定，完全可以通过学理解释予以解决。而且，比较法上没有规定按份责任适用情形的立法例，在一般数人侵权责任分担的适用规则上，不符合法律规定适用连带责任的情形，就应当适用按份责任。但是，原《侵权责任法》的立法者考虑到在立法中对无意思联络的数人侵权作出规定，有助于建立完善的数人侵权责任制度，因此仍然进行了规定。[②] 然而，鉴于原《侵权责任法》第 12 条形成的立法传统，且考虑到民法典总则编第 177 条已经就按份责任的承担方式作出了明确规定，因此民法典侵权责任编第 1172 条仍然对于典型的分别侵权行为予以明确规定。由此确立的典型的分别侵权行为的责任分担规则，不是连带责任，而是按份责任，即每一个行为人只对自己实施的行为造成的损害部分承担赔偿责任，而不是对整个损害承担全部责任，典型的特点是“各负其责”。

2. 按份责任的最终责任份额的确定规则

典型的分别侵权行为的侵权责任形态为按份责任。既然是按份责任，就必须确定每一个分别侵权行为人责任份额的大小。本条规定了两个办法：第一，能够确定责任大小的，各自承担相应的责任。能够确定责任大小，就是按照每一个人的过错程度和行为的原因力，确定应当承担的份额。第二，难以确定责任大小的，平均承担赔偿责任，即按照人数比例承担平均份额的赔偿责任。本条实质上

---

① 王利明、周友军、高圣平：《中国侵权责任法教程》，人民法院出版社 2010 年版，第 400 页。

② 王胜明主编：《侵权责任法解读》，中国法制出版社 2010 年版，第 55 页。

采纳了原《侵权责任法》第12条确定按份责任的最终责任份额的表述。

从立法脉络上来看，民法典总则编第177条与原《侵权责任法》第12条的内容本质上是一致的，可以作为按份责任的最终责任份额确定条款，这一规则实际上采纳了最早由《意大利民法典》第2055条确立的“比例分担为原则，平均分担为补充”的规则，也符合比较法上最新的立法趋势。① 确定最终责任份额的意义在于，按份责任的每个部分都是独立的，每个侵权行为人都只按照一定的份额向受害人承担侵权责任，承担完自己份额的责任后就可以从数人侵权责任中脱身，既不需要担心受害人不能获得完全赔偿，也不能就自己应当承担的部分向其他侵权行为人追偿。② 对于超过其应当承担的责任份额的赔偿请求，按份责任人有权拒绝。若按份责任人承担了超过其应当承担的责任份额的部分，则有权向其他按份责任人追偿。由此产生了区分“最终责任”（Ultimate Liability）与“风险责任”（Vicarious Liability）的理论空间，前者是指赔偿义务人应该向赔偿权利人承担的与最终赔偿责任相等的责任部分；后者是指超过最终责任而实质上是承担了受偿不能风险的责任部分。③ 进而以此作为确立数个侵权人之间分摊请求权与追偿请求权的理论基础。④

对于作为第一层次的“比例分担”，则需要通过确定每一侵权人的责任大小来完成，而对于数人侵权责任分担中过错和原因力的考量权重，学术界长期存在争议。以杨立新教授为代表的持“过错为主说”的学者认为，过错程度大小对于共同责任的分担起主要作用。⑤ 而以张新宝教授为代表的持“原因力为主说”的学者则认为，应该以原因力作为主要标准，适当考虑第三人与被告的过错类别和过程程度。⑥ 王利明教授的观点相对折中，他认为应当根据数个侵权行为人的过错程度和原因力程度确定分担比例。⑦ 从比较法上看，最终责任份额的确定是法官自由裁量权的范围，清晰说明侵权责任份额决定的运算法则是不可能的，⑧ 也

---

① 王竹：《侵权责任分担论》，中国人民大学出版社2009年版，第218页。

② 杨会：《数人侵权责任研究》，北京大学出版社2014年版，第243～244页。

③ 王竹：《论风险责任概念的确立》，载《北方法学》2011年第2期。

④ 王竹：《论风险责任概念的确立》，载《北方法学》2011年第2期。

⑤ 杨立新：《侵权法论》（第五版），人民法院出版社2012年版，第267页；杨立新、梁清：《原因力的因果关系理论基础及其具体应用》，载《法学家》2006年第6期。

⑥ 张新宝：《侵权责任法原理》，中国人民大学出版社2005年版，第142页；张新宝：《侵权责任构成要件研究》，法律出版社2007年版，第378～380页。

⑦ 王利明：《侵权责任法研究》（上卷），中国人民大学出版社2016年版，第604页。

⑧ See ALI, *Restatement of the Law*, *Third*, *Torts*: *Apportionment of Liability*, 2000, §8 Reporters Notes: Comment c.

不存在详细或者严格的规则，[①] 但这并不意味着无章可循。笔者认为，最终责任所体现的是侵权法的补偿价值，是与侵权责任构成理论直接对应的侵权责任分担理论，体现责任自负原则，因此应该以客观作用，即原因力标准为主，由此明确其分担标准是“以原因力比例为主、可责难性比例为辅”。[②]

对于作为第二层次的“平均分担”，本质是一种等额推定，但并不意味着单纯按照侵权人的数量对损害赔偿的最终责任进行平均分担。[③] 而是要求：第一，在综合考虑原因力和过错的侵权责任分担机制中，应该尽量单独适用原因力和过错推定。如果过错比例可以确定而原因力比例不明，那么仅推定原因力相等，因而在责任比例确定中主要考虑过错；同理，在原因力比例可以确定而过错比例不明时，仅推定过错程度相等，而主要考虑原因力比例。在过错推定责任和严格责任中，则主要考虑原因力比例。第二，如果有证据证明数个责任人之间的责任比例区间，如 A 的责任至少是 B 的 2 倍，那么应该按照更接近比例分担的方式，即按照 2:1 的比例进行分担。不过，因为这并非最终确定了责任比例分担基础，所以仍然是一种平均分担的变形。第三，对于部分责任份额比例能够大致确定分担比例的情形，可以借鉴《欧洲侵权法原则》第 3：105 条“不确定部分的因果关系”规定的思路，“在有多个行为的情形，能够确定其中没有任一行为引起全部或任何可确定部分损害的情况下，则那些（至少）可能引起损害的行为应被推定为引起了相同比例的损害”，应该对该部分适用比例分担，对剩余部分适用平均分担。[④]

3. 未规定半叠加的分别侵权行为

在叠加的分别侵权行为和典型的分别侵权行为之间，还存在半叠加的分别侵权行为。半叠加的分别侵权行为是指二人以上分别实施侵权行为造成同一损害，部分行为人的行为足以造成全部损害，部分行为人的行为只造成部分损害的，足以造成全部损害的行为人承担连带责任，其他行为人承担相应的按份责任的分别侵权行为，即“100% +50% =100%”的情形。

2015 年 6 月颁布实施的《最高人民法院关于审理环境侵权责任纠纷案件适用法律若干问题的解释》（以下简称《环境侵权司法解释》）第 3 条关于复数污染者分别实施污染行为造成同一损害的环境分别侵权行为作出三款规定，分别对应了

---

① See European Group on Tort Law, *Principles of European Tort Law: Text and Commentary*, Springer, 2005, p. 145.

② 王竹：《论数人侵权责任分担中最终责任份额的确定方式》，载《法商研究》2010 年第 6 期。

③ 王竹：《论数人侵权责任分担中最终责任份额的确定方式》，载《法商研究》2010 年第 6 期。

④ 王竹：《论数人侵权责任分担中最终责任份额的确定方式》，载《法商研究》2010 年第 6 期。

分别侵权行为的三种类型，即全叠加的分别侵权行为（民法典侵权责任编第1171条规定的侵权行为形态）、典型的分别侵权行为（民法典侵权责任编第1172条规定的侵权行为形态）与半叠加的分别侵权行为（介于上述两条之间的侵权行为形态）。

其中，《环境侵权司法解释》第3条第3款中关于“两个以上污染者分别实施污染行为造成同一损害，部分污染者的污染行为足以造成全部损害，部分污染者的污染行为只造成部分损害”的表述，即是半叠加的分别侵权行为在环境污染责任中的实际表现；而关于“被侵权人根据侵权责任法第十一条规定请求足以造成全部损害的污染者与其他污染者就共同造成的损害部分承担连带责任，并对全部损害承担责任的，人民法院应予支持”的规定，则将半叠加的分别侵权行为承担责任的规则规定得非常清楚、具体、准确。[①] 这样，依照该司法解释的规定，半叠加的分别侵权行为及其责任，就不再是一般的学理解释，而成为具有实际适用价值的有效司法解释。

尽管该司法解释是在解释环境污染责任的法律适用问题，但其理论价值和司法实践意义，绝不局限在环境侵权领域之中，而是对整个侵权责任法都具有重要的价值和意义。该司法解释将隐藏在原《侵权责任法》第11条和第12条规定之间（即民法典侵权责任编第1171条和第1172条规定之间）的半叠加的分别侵权行为挖掘出来，并且以司法解释的形式固定下来，就使其具有了实际司法操作的法律依据，法官不仅在司法实践中对于环境污染责任这类侵权行为有了裁判的依据，而且可以推而广之，在其他侵权责任领域，对于所有的半叠加的分别侵权行为，都可以比照这一司法解释，在司法判决中予以引用和参照。

对于半叠加的分别侵权行为，应当按照单向连带责任规则即混合责任规则承担责任。对此，民法典侵权责任编没有规定具体规则，可以适用对原因力比例重合的部分承担连带责任，不重合的部分，由行为人自己承担责任的规则。如在原因力为“100% + 50% = 100%”的情形中，对重合的50%，由双方承担连带责任；对不重合的50%，由具有100%原因力的行为人自己承担。

---

① 杨立新：《环境侵权司法解释对分别侵权行为规则的创造性发挥——〈最高人民法院关于审理环境侵权责任纠纷案件适用法律若干问题的解释〉第3条解读》，载《法律适用》2015年第10期。

【案例评注】

邵某等诉范某等生命权、健康权、身体权纠纷案[①]

基本案情

2016年4月21日16时许，被告杨某受春峰合作社指派驾驶旋耕机为被告范某旋地，当旋至原告邵某家院外时，原告认为可能影响到自家利益，遂到旋耕机前阻拦，被告范某下车与原告邵某交涉并指示被告杨某向右侧自家地里靠拢继续旋地，被告杨某驾驶旋耕机向右靠拢继续旋地时因瞭望不周，旋刀将从旋耕机左侧向后行走的原告邵某左腿旋伤，经吉林衡德司法鉴定所鉴定，原告邵某因外伤致左下肢膝以下缺失，评定其损伤的后遗症为五级伤残。经铁岭鹿城法医司法鉴定所鉴定，原告邵某创伤性神经瘤切除手术费用评估为7665元。原告的各项经济损失为：住院费74650元、门诊费1387.22元、假肢费及硅胶套352500元、误工费7834.38元（35.29元×222天）、护理费23878.32元（107.56元×222天）、伙食补助费11100元（50元×222天）、残疾赔偿金154572元、后续治疗费7665元、伤残等级鉴定费780元、后续治疗鉴定费730元、交通费3000元、精神损害抚慰金23185.8元、律师费10000元，以上合计671282.72元。

法院判决

一审法院认为：公民享有生命健康权。侵害公民身体造成伤害的，应赔偿因侵权行为造成公民身体损害所导致的直接经济损失。用人单位被告春峰合作社与司机杨某之间系雇佣关系，杨某因执行工作任务造成原告损害，用人单位春峰合作社承担雇主责任。被告范某与被告春峰合作社之间属于承揽关系，定作人范某在承揽现场对承揽人的工作人员杨某指示不当对原告造成损害后果，也应当承担相应的赔偿责任。被告杨某作为春峰合作社的工作人员，其侵权责任由春峰合作社替代承担。被告春峰合作社与范某的侵权行为结合在一起，造成原告的损害后果，在此次事件中被告春峰合作社应承担70%责任，被告范某承担30%责任。依据《侵权责任法》第十二条、第十五条、第十六条、第二十二条、《最高人民法院关于审理人身损害赔偿案件适用法律若干问题的解释》第十条、《民事诉讼法》

---

① 一审法院为辽宁省昌图县人民法院，案号：（2017）辽1224民初793号；二审法院为辽宁省铁岭市中级人民法院，案号：（2018）辽12民终290号。

第六十四条、第一百四十四条的规定，判决如下：一、被告春峰合作社于本判决生效后赔偿原告邵某的各项经济损失 671282.72 元的 70%，即 469897.9 元。二、被告范某于本判决生效后赔偿原告邵某的各项经济损失 671282.72 元的 30%，即 201384.82 元。三、驳回原告邵某要求被告杨某承担赔偿责任的诉讼请求。

二审法院认为：公民的生命健康权受法律保护，侵害他人生命健康的，应依法承担侵权责任。被侵权人对损害的发生也有过错的，可以减轻侵权人的责任。本案中，原审被告杨某受雇于春峰合作社为上诉人范某旋耕土地时，被上诉人邵某到旋耕机前阻拦，杨某操作旋耕机时瞭望不周，造成邵某重伤二级、伤残五级的损害后果，杨某在该起事故中有较大过错，应承担主要责任，原审认定其 70% 的责任并无不当。该责任应由雇用杨某的用人单位春峰合作社承担。春峰合作社给范某旋耕土地，范某向春峰合作社给付报酬，春峰合作社向范某提供旋耕土地的工作成果，双方之间属于承揽关系。在杨某旋耕土地的过程中，范某只负责向杨某指示耕地边界，并未对杨某具体如何操作机器进行指示，且范某让杨某向右靠拢继续耕地时，邵某在旋耕机的左侧，原审法院认定范某指示不当依据不足。但范某未等邵某离开现场再告知杨某继续工作，对邵某的人身安全未尽到合理的注意义务，宜酌情承担 10% 的赔偿责任。邵某作为完全民事行为能力人，对近距离靠近旋耕机存在的危险应该能够预知，但其对自身安全未尽到注意义务，自身存在过错，应承担 20% 的责任。因此，对范某认为其不应承担责任的上诉请求，不予支持；对春峰合作社认为邵某未尽到注意义务应承担一定责任的上诉请求，予以支持。

专家点评

民法典侵权责任编第 1172 条未要求每个人的侵权行为都足以造成全部损害。这意味着，每个侵权人的行为均不足以导致损害后果的发生，而必须相互结合才能导致损害后果的发生。在本案中，造成邵某重伤二级、伤残五级这一损害后果的主要原因当然是杨某操作旋耕机时瞭望不周，但若作为定作人的范某在承揽现场对作为承揽人的工作人员杨某操作旋耕机时及时进行提示，告知其邵某所在的位置，那么杨某在操作旋耕机的过程中则不至于旋伤邵某。由此可见，作为定作人的范某存在指示不当，且该指示不当与邵某的损害之间有因果关系，范某应当承担相应的侵权责任。换言之，范某的指示不当与杨某的操作不当相结合，共同造成了邵某伤残的结果。对此，两名侵权人应当承担按份责任，且其分别承担的份额应当与其过错对于损害结果的原因力相符合，本案中杨某的操作不当是主要原因，范某的指示不当是次要原因，分别根据原因力大小确定最终的责任份额。

第一千一百七十三条 被侵权人对同一损害的发生或者扩大有过错的，可以减轻侵权人的责任。

【条文释义】

本条是对与有过失及过失相抵规则的规定。

与有过失，我国侵权法曾将其称为混合过错，因其表述不准确而被废弃。与有过失是指对于同一损害的发生或者扩大，不仅侵权人有过失及原因力，而且被侵权人也有过失及原因力，是双方当事人的过失行为造成了同一个损害结果的情形。与有过失的后果是过失相抵。所谓相抵，是行为人各自对自己的行为造成的后果负责。其中主要进行比较的是各自的过失程度，其次是比较原因力的大小；如果在无过错责任原则下，无法比较过失，则直接比较行为原因力的大小。根据过失程度和原因力大小的比较确定侵权人应当承担的责任比例之后，其他因被侵权人自己的原因造成的损害部分，须自己负担。

1. 将被侵权人过错纳入统一侵权责任分担制度

与美国法律协会《侵权法重述·第三次·责任分担编》将数人侵权行为与被侵权人过错统一纳入侵权责任分担制度，并对多数侵权人和被侵权人之间的过错或责任采用“纯粹的比较责任模式”的理论构想[①]不同，传统大陆法系国家仍然坚守侵权责任构成与侵权责任分担两大制度之间的界限，将被侵权人过错定位为侵权责任构成制度中的抗辩事由类型。在具体案件适用中，先将当事人区分为侵权人与被侵权人，原则上由侵权人承担完全赔偿责任，被侵权人过错的法律后果只能是减轻侵权人承担的损害赔偿责任的数额。侵权人一方为数人的，损害赔偿责任再在侵权人一方进行分配。这样的立法模式在绝大多数案件中与统一的侵权责任分担模式没有差别，但在被侵权人过错大于数个侵权人的案件中，则可能导致比较过错较小的侵权人仍然要承担连带责任。对这种立法模式的解释只能是被侵权人过错并非真正的过错，而是被侵权人对保护自身的不真正义务的违反，在侵权法的利益衡量上表现出对被侵权人权益的倾斜。原《侵权责任法》立法时，

---

① 若原告的过错（或应由原告负责的其他人的过错）构成原告遭受的不可分损害的一项法律原因，则原告的所获得的赔偿额将依据原告所应承担的（或应由原告负责的其他人的）责任份额的相应比例减少。只有在原告的过错（或应由原告负责的其他人的过错）达到不可分损害的100%时，侵权人才可免责。See *Restatement of the Law, Third, Torts: Apportionment of Liability*, Copyright (c) 2000, The American Law Institute, § 7 and Comment a.

将被侵权人过错规定在“不承担责任和减轻责任的情形”中，可谓承袭了传统大陆法系国家将被侵权人过错作为侵权责任构成中的抗辩事由类型的理论传统，且法官在侵权案件的司法实践中也始终贯彻这样的思路。而民法典侵权责任编第1173条毅然摒弃既定的立法体例，将数人侵权行为与被侵权人过错一并作为“一般规定”予以明确，这一体例设计打破了传统大陆法系对被侵权人过错在侵权法理论体系定位上的固守，实现了将被侵权人过错纳入侵权责任分担规则的理论转型，从而为构建统一的侵权责任分担理论提供了规范基础。[①]

2. 对被侵权人过错制度一般规则的明确规定

对于被侵权人过错制度，民法典侵权责任编采“总则 + 特别列举式”的立法体例，即在作为侵权责任编总则的“一般规定”中规定被侵权人过错的一般规则，在作为侵权责任编分则的各类特殊侵权行为中规定被侵权人过错的具体适用，这种立法模式符合现代大陆法系侵权法的发展趋势。[②] 本条即是对过失相抵形态的一般规定，即被侵权人对同一损害的发生或者扩大有过错的，可以减轻侵权人的责任。该句以原《侵权责任法》第26条为蓝本，且与原《民法通则》第131条的规定并无本质差别，但与原《侵权责任法》第26条和原《民法通则》第131条仅规定了对“损害的发生”有过错的情况不同，增加规定了对损害扩大的适用，从而改变了过去对于被侵权人的过错发生在损害扩大阶段的情形，因法律没有明确规定而只能类推适用的做法。从理论上来说，导致损害扩大的原因包括自然原因和人为原因两大类。而在被侵权人过错领域讨论的损害扩大的原因，仅包括自然原因情况下的不作为过错，因人为原因导致的损害扩大应该视为新的损害而非损害的扩大。[③]

而且，本条表述中的“同一损害”，表明本条仅适用于侵权人有过错的过错责任和过错推定责任，进而由于双方均有过错，因此其法律效果仅为减轻责任而未包括免除责任。[④] 然而，本条尚未明确规定被侵权人过错规则的适用是职权主义抑或当事人主义。有学者认为，被侵权人过错的规定是职权主义规定，[⑤] 但也有学者认为，因为被侵权人过错不能实行过错推定，所以应该由侵权人承担举证

---

① 王毅纯：《民法典编纂视野下数人侵权行为的体系定位与类型构造》，载《中国应用法学》2018年第6期。

② 王竹：《侵权责任法侵权责任分担立法体例与规则评析》，载《法学杂志》2010年第3期。

③ 杨立新、王竹：《论侵权法上的受害人过错制度》，载《私法研究》（第七卷），法律出版社2009年版，第16页。

④ 杨立新：《侵权法论》（第三版），人民法院出版社2005年版，第574页。

⑤ 杨立新：《侵权法论》（第三版），人民法院出版社2005年版，第573页。

责任。[①] 对此，笔者认为，被侵权人过错是对侵权人一方有利的主张，应该由侵权人一方举证，建议未来司法解释予以明确。[②]

3. 被侵权人过错的法律效果是减轻而非免除侵权人的责任

被侵权人过错只能导致损害发生或扩大阶段侵权人的责任减轻，而不能全部免除侵权人的责任。就损害扩大阶段而言，损害发生后，如果受害人能够通过自己的行为减轻损害的发生，则负有及时减轻损害的义务，这是一种不真正义务。需要探讨的是，这种不真正义务的不履行，是否会导致扩大之后的整体损害由受害人负担？笔者认为，既然损害的扩大是由于已经造成的损害与自然原因的结合，因此被侵权人即使及时履行了该减轻损害义务，也可能无法完全避免损害的进一步发生。而且，被侵权人放任损害扩大的不作为，是与侵权人此前的损害行为以及自然力共同形成的原因力。因此，即使该义务不履行，也只能减轻部分损害赔偿，而不能全部免除。[③] 基于此，被侵权人在实施损害减轻行为时产生的费用，有权向侵权人求偿，其理由在于，是侵权人首先导致了损害，才迫使被侵权人实施该减损行为，这与民法典合同编第 591 条规定的减损规则是类似的。[④] 就损害发生阶段而言，如果初始的损害就是由被侵权人和侵权人共同造成的，那么应该按照初始损害的责任比例分担该损害减轻费用。确定损害减轻行为的费用，应该区别损害的类型。对于财产损害，除非该财产具有特别的重大意义，如具有重大人格意义（如尸体）或者社会价值（如文物），一般不应该超过受损财产的剩余价值，超过部分侵权人不予赔偿，由被侵权人承担；对于人身伤害，没有损害赔偿的数额限制。[⑤] 需要特别指出的是，随着世界各国对动物保护程度的不断提高，应该借鉴《德国民法典》第 251 条第 2 款第 2 句的规定：“因医治受伤动物而发生的费用不仅仅因为他们显著超过动物的价值而为过巨。”[⑥] 不以其市场价格作为责任的限额。

最终，根据过失相抵的比较结果，承担责任的后果是：（1）过失程度和原因力相同者，承担同等责任（50%）；（2）侵权人的过失程度和行为原因力大于被侵权人的，侵权人承担主要责任（51% 以上）；（3）侵权人的过失程度和行为原

---

① 王利明：《侵权责任法研究》（上卷），中国人民大学出版社 2016 年版，第 486 ~ 487 页。

② 王竹：《侵权责任法侵权责任分担立法体例与规则评析》，载《法学杂志》2010 年第 3 期。

③ 杨立新、王竹：《论侵权法上的受害人过错制度》，载《私法研究》（第七卷），法律出版社 2009 年版，第 16 ~ 17 页。

④ 杨立新、王竹：《论侵权法上的受害人过错制度》，载《私法研究》（第七卷），法律出版社 2009 年版，第 17 页。

⑤ 杨立新、王竹：《论侵权法上的受害人过错制度》，载《私法研究》（第七卷），法律出版社 2009 年版，第 17 页。

⑥ 《德国民法典》（第四版），陈卫佐译注，法律出版社 2015 年版，第 88 页。

因力小于被侵权人的，承担次要责任（49%以下）。

【案例评注】

朱某诉世平公司人身损害赔偿纠纷案①

基本案情

2002年6月6日，原告朱某以被告世平公司下属富邦换气点从业人员的身份参加了池州市消防支队在东至县举办的液化气从业人员消防培训班。2002年底，富邦换气点因未参加年检、变更负责人亦未向主管部门申请批准等原因而停止经营。此后，原告一直从事为客户接送液化气罐等业务而获取报酬。2003年8月5日，原告在被告下属土地局换气点等候业务时，被告的客户钱某来到该换气点，称其家液化气打不着火，要求派人维修。原告得知后便称该客户家的液化气瓶是他检测的，该换气点负责人沈某当即表示："是你检测的，那你就去。"原告故前往该客户家进行维修。在维修中不慎发生燃烧事故，原告及钱某均被烧伤。经鉴定原告伤情为9级伤残，原告因此花去医药费5952.9元。

原告受被告雇请，在工作中受伤，遂诉至法院请求判令被告赔偿原告的医疗费、误工费、护理费、交通费、住宿费、住院伙食补助费、营养费共计9717.9元，并赔偿原告伤残补助费17250.84元。被告世平公司辩称：原告朱某不是被告的职工，也不是被告的雇员。另外，原告的医疗费未经审核，误工、赔偿标准计算不准确。

法院判决

本案的争议焦点是：原告朱某与被告世平公司之间是雇佣关系还是帮工关系；被告应否对原告遭受的人身损害承担赔偿责任。

审理法院认为：关于原告朱某与被告世平公司之间是雇佣关系还是帮工关系的问题。首先，帮工关系是指帮工人无偿为他人处理事务从而与他人形成的法律关系。雇佣关系则是指根据当事人的约定，一方定期或不定期为对方提供劳务，由对方给付报酬的法律关系。由此可见，帮工关系与雇佣关系存在明显不同。一方面，雇佣关系具有有偿性，帮工关系具有无偿性；另一方面，在雇佣关系中，被雇用人是在特定的工作时间内、在雇用人的监督和控制下进行劳务活动，而在

① 《最高人民法院公报》2007年第5期。

帮工关系中，帮工人进行劳务活动时具有自主性。本案中，无任何证据证明原告系被告的职工。原告主要依靠为液化气客户接送气瓶获取劳动收入。案发前，原告在被告下属的土地局换气点等候个人业务，不是为被告提供劳务，被告既不向其支付报酬，也不对其进行控制、指挥和监督。原告称其与被告之间构成雇佣关系，但没有提供充分有力的证据予以证明，故不予认定。其次，原告与被告之间构成帮工关系。成立帮工关系是构成帮工风险责任的基础。本案原告与被告之间的帮工关系是基于特殊的要约承诺方式形成的。被告下属的土地局换气点设有维修业务，当有客户提出维修要求时，该换气点的负责人沈某有权决定是否上门维修、由谁去维修。当时该换气点的维修人员不在现场，等候业务的原告听说后表示客户钱某家的液化气瓶是他检测的，沈某当即表示“是你检测的，那你就去”。原告遂前去钱某家维修。原告提出客户钱某家的液化气瓶是他检测的，这句话本身只是对客观事实的叙述，并没有明确表示原告要求负责上门维修，不属于具有帮工意愿的要约。但沈某随后作出的让原告上门负责维修的表示，则是以请求原告为其处理事务为内容的要约。原告并非被告雇员，沈某让原告去维修，实际上是请求原告帮工。原告随后前往客户家维修的行为，可以认定是以实际行动对该要约作出的承诺，且沈某对于原告的承诺行为没有作出明确的拒绝。因此，原告与被告之间形成了帮工关系。

关于被告世平公司应否对原告朱某因帮工遭受的人身损害承担赔偿责任的问题。根据《最高人民法院关于审理人身损害赔偿案件适用法律若干问题的解释》第十四条的规定，帮工人因帮工活动遭受人身损害的，被帮工人应当承担赔偿责任。被帮工人明确拒绝帮工的，不承担赔偿责任；但可以在受益范围内予以适当补偿。根据本案事实，原告确实是在为被告的客户进行维修的过程中，因发生液化气燃烧事故而受伤，即原告遭受人身损害与为被告帮工具有因果关系。因此，被告应当对原告因帮工遭受的人身损害承担赔偿责任。

关于被告世平公司承担赔偿责任的数额问题。根据《最高人民法院关于审理人身损害赔偿案件适用法律若干问题的解释》第二条的规定，受害人对同一损害的发生或者扩大有故意、过失的，可以减轻或者免除赔偿义务人的赔偿责任。原告朱某在维修过程中，因操作不当而引发了液化气燃烧事故，自身具有过失，可以减轻被告的赔偿责任。根据本案的案情，被告应承担的赔偿责任酌定为原告全部损失的50%，原告要求被告对其全部损失承担赔偿责任的请求不予支持。

专家点评

与有过失或者过失相抵，是指当受害人对于损害的发生或者损害结果的扩大具有过错时，依法减轻或者免除赔偿义务人责任的制度。申言之，受害人所遭受的损害是由于加害人的过错与受害人的过错相互结合而共同造成的，或者受害人在遭受损害后因其过错导致该损害被进一步扩大。而受害人的过失，是指受害人没有采取合理的注意或者可以获得的预防措施来保护其身体、财产以及其他权益免受损害，以致遭受了他人的损害或者在遭受他人损害后进一步导致了损害结果的扩大。在本案中，原告是在为被告的客户进行维修的过程中，因发生液化气燃烧事故而受伤，即原告遭受人身损害与为被告帮工具有因果关系。因此，被告应当对原告因帮工遭受的人身损害承担赔偿责任。但是，原告在进行帮工行为的过程中，因维修液化气时操作不当，从而引发了液化气燃烧事故，最终导致其遭受人身损害。由此可见，原告自身的操作不当即构成过失，可以减轻被告的侵权责任。

第一千一百七十四条 损害是因受害人故意造成的，行为人不承担责任。

【条文释义】

本条是对受害人故意造成损害为免责事由的规定。

1. 受害人故意并非普遍适用的免责事由

原《侵权责任法》第27条规定了一般化的“受害人故意”作为侵权人的抗辩事由：“损害是因受害人故意造成的，行为人不承担责任。”民法典侵权责任编第1174条即是对上述规定的沿袭。就上述规定，原《侵权责任法》草案起草机关的权威解读认为：“本条规定对行为人免责，是指损害完全是因为受害人的故意造成的，即受害人故意的行为是其损害发生的唯一原因。”[①] 这一解读一方面强调受害人的主观故意，另一方面同时强调“唯一原因”。按照这一逻辑，似乎“受害人过失+唯一原因”就不能免责。应当指出，在一般侵权责任中，如果受害人的行为是损害发生的唯一原因，无论其主观上是否有过错或者过错程度如何，均因侵权人的行为与损害的发生没有因果关系而免除责任。由此可见，受害人故意本质上属于侵权责任要件不足的责任不构成问题，即阻却侵权责任构成的事由（阻却了因果关系），而非侵权人的抗辩事由，不属于严格意义上的侵权责任分担规则。而且，应当指出的是，这一规定其实是有问题的，因为受害人故意

① 王胜明主编：《侵权责任法解读》，中国法制出版社2010年版，第129页。

并不是普遍适用的免责事由，只是无过错责任原则适用领域的免责事由。也就是说，受害人故意作为抗辩事由，仅限于危险责任领域，受害人故意利用危险作业本身固有的危险性导致自身损害的情形，也不是一般侵权责任的抗辩事由。

2. 本条应理解为无过错责任中受害人故意的一般化条款

如前所述，本条作为对受害人故意造成损害为免责事由的规定，实际上是对无过错责任中受害人故意免责条款的一般化，对应的，还应当将无过错责任中重大过失作为减轻规则一并纳入进来统一规定。换言之，本条的实际内涵是，在法律规定即使行为人没有过错也应当依法承担侵权赔偿责任的情形中，损害是因受害人的故意造成的，行为人不承担责任；损害是因受害人重大过失造成的，可以减轻侵权人的责任。这样一来，在民法典侵权责任编中，对受害人故意制度实际上就形成了“一般规定+特别规定”的立法体例，即在作为总则的一般规定中对受害人责任形态进行一般性规定，在作为分则的特殊侵权行为类型中，尤其是在无过错责任领域中对受害人故意和重大过失进行列举式规定，从而延续了原《侵权责任法》和原《民法通则》采纳的大陆法系 20 世纪中叶以来借鉴美国法学会《侵权法重述·第二次》的立法模式。

这一规定的真实目的，是指受害人的故意或者重大过失是损害发生的全部原因的，行为人不承担责任。理解这一规则，应当与前条规定的过失相抵规则相比较。前条规定的是，侵权人的行为是造成受害人损害的原因的，应当承担侵权责任，但是受害人对损害的发生也有过失、行为也有原因力的，双方当事人要分担损失而形成过失相抵。本条规定的是，虽然行为人的行为是造成受害人损害的原因，但却是因受害人的故意或者重大过失引起，且为损害发生的全部原因的，行为人免除责任。例如，受害人在地铁轨道卧轨自杀，虽然是地铁公司的列车将其损害，但却是受害人故意所为，地铁公司不承担责任。这是无过错责任原则适用的领域。《道路交通安全法》第 76 条规定故意碰撞机动车造成损害的，机动车一方不承担责任，则是过错推定责任适用领域的免责情形。

3. 特殊侵权行为中受害人故意和重大过失的特别规定

在原《侵权责任法》的基础上，民法典侵权责任编分则特殊侵权行为各章对受害人故意和重大过失的规定可以分为两种情况：第一类是对受害人故意和重大过失明确进行了规定，包括第三章“责任主体的特别规定”、第五章“机动车交通事故责任”、第七章“环境污染和生态破坏责任”、第八章“高度危险责任”、第九章“饲养动物损害责任”和第十章“建筑物和物件损害责任”中分别对受害人故意和重大过失作出的特别规定；第二类是没有对受害人故意和重大过失作出特别规定，包括第四章“产品责任”和第六章“医疗损害责任”。

【案例评注】

李甲、宋某诉××中学人身损害赔偿纠纷案[①]

基本案情

原告李甲、宋某诉称：原告之子李乙系被告××中学高二（6）班学生。2005年11月8日下午，李乙参加××中学组织的政治课考试，监考老师在没有充分事实根据的情况下，认定李乙作弊。次日上午，××中学相关部门违反法定程序，未经调查核实，即作出对李乙记过处分的决定，并将处分决定张贴于校园公示栏内。同日李乙在家中自缢身亡。××中学的错误处理决定给李乙造成了巨大的精神压力和严重的心理伤害，并导致李乙自杀身亡。故请求法院判令××中学赔偿死亡赔偿金146393.4元、丧葬费8614.5元、交通费10000元、精神损失费100000元。被告××中学辩称：原告李甲、宋某之子李乙违反学校纪律，在考试中作弊的行为经查属实，被告学校针对李乙的违纪行为，按照有关规定给予其相应的处分并无不当。请求法院驳回原告的诉讼请求。

西宁市城西区人民法院一审查明：原告李甲、宋某之子李乙系被告××中学高二（6）班学生。2005年11月8日下午，李乙在参加××中学组织的政治课考试中，因夹带纸条被监考老师以作弊处理，随后监考老师将纸条交校政教处。次日上午，××中学校政教处依照《青海××中学关于考试纪律的规定》给予李乙记过处分，并张榜公布。同日下午李乙未到校参加考试，并于当晚7时许在家中自缢身亡。以上事实，有《青海××中学关于考试纪律的规定》《青海××中学解除学生处分的办法》《××中学关于对李乙同学考试违纪的处理决定》、西宁市公安局城北分局（2005）宁公北尸检字第42号《尸表检验报告书》、××中学会议记录、李乙用于作弊的纸条及原、被告陈述等证据在案证实，足以认定。本案的争议焦点是：被告××中学是否应对原告李甲、宋某之子李乙自杀身亡的后果承担赔偿责任。

西宁市中级人民法院二审查明：2005年11月8日下午，李乙在参加××中学组织的期中政治课考试中夹带纸条，在考试结束前20分钟被监考老师发现，监考老师当即没收纸条并令其交卷，后监考老师将纸条及试卷交于校教务处，校教务处经与政教处的领导研究，认定李乙作弊的事实成立，于当日下午决定给予李

---

① 《最高人民法院公报》2009年第4期。

乙记过处分。11月9日上午9时许，××中学将李乙的处分决定张贴于校园的公示栏内，李乙于当日上午10点多看到了张贴的处分决定，当时其班主任亦在场。随后，李乙找到监考老师及政教处主任，要求取消处分决定，未获同意。当日中午12时许李乙回到家中，没有再去学校参加下午2时开考的英语考试。李乙的母亲宋某于当日下午5时50分到家，发现门被反锁，撬门进去时已近晚7时，进门后即发现李乙用皮带系在脖子上，吊在卧室门的把手上，家人即将其送至医院抢救，到医院时李乙已无呼吸、一切反射消失，医院确定李乙已死亡。另查明，青海省科技司法鉴定中心经尸检，作出法医司法鉴定书，确定李乙的死亡时间为11月9日12时30分至15时30分之间。本案二审的争议焦点，仍然是被上诉人××中学是否应对上诉人李甲、宋某之子李乙自杀身亡的后果承担赔偿责任。

法院判决

一审法院认为：被告××中学按照学校有关规定，针对原告李甲、宋某之子李乙的作弊行为作出处分决定，其行为并无不当。该处分决定虽有瑕疵，但与李乙自缢身亡无直接因果关系，故××中学不应对李乙自杀身亡的后果承担赔偿责任。李甲、宋某的诉讼请求没有法律依据，依法不予支持。判决驳回原告李甲、宋某的诉讼请求。

二审法院认为：第一，被上诉人××中学对上诉人李甲、宋某之子李乙在考试中夹带纸条的行为以作弊处理并无不当。第二，被上诉人××中学给予李乙记过处分，并在校园范围内张贴处分决定的行为不具有违法性。第三，被上诉人××中学并未剥夺李乙对于处分决定的申辩权。第四，李乙在受到处分的当日下午没有到校参加考试，被上诉人××中学对此不存在未尽合理注意义务的过错。第五，被上诉人××中学在处分李乙的过程中违反工作要求，未遵循相关规定，存在一定的过错。根据教育部制定的《学生伤害事故处理办法》第九条的规定，学校教师或者其他工作人员在履行职责过程中违反工作要求、操作规程、职业道德或者其他有关规定的，学校应当依法承担相应的赔偿责任。鉴于本案发生的主要原因是李乙不能正确对待问题、对挫折的承受力有限，从而导致了损害结果的发生，故上诉人李甲、宋某要求被上诉人××中学承担全部赔偿责任的理由不能成立。基于××中学在工作方法和操作规程上存在一定的过错，应判令其承担20%的赔偿责任。

专家点评

受害人故意，是指受害人故意给自己造成损害的情形，行为人不承担侵权责任。这是因为，行为人虽有在先的行为，但是该行为并没有给受害人造成损害。也就是说，行为人在先的行为与受害人的损害之间不存在因果关系，损害完全是受害人自己故意的行为所致的。该故意使行为与损害之间具有全部的因果关系，受害人的故意行为是导致损害发生的唯一原因。实践中，最为常见的受害人故意就是受害人自杀或自残。本案中，受害人李甲、宋某之子李乙因在参加××中学组织的期中政治课考试中存在作弊行为，受到学校的相应处分，最后自杀身亡。虽然学校作出该处分决定时在工作方法和操作规程上存在一定瑕疵，但与李乙自缢身亡无直接因果关系，对此，学校不应承担责任。因为管理教育学生本为学校之职责，学生的自杀行为完全是自身原因（如心理承受力弱等）所致，与学校的行为无关。即使学校的管理行为存在某些瑕疵，但这与学生自杀没有因果关系。概言之，如果行为人的在先行为本身都不构成侵权行为，或者行为人在先行为虽然构成侵权行为，但与受害人自杀没有相当因果关系时，受害人的自杀行为将中断行为人在先行为与受害人所受损害的因果关系。此时，应当认为损害是因受害人故意造成的，行为人无需承担侵权责任。因此，本案××中学不应对李乙自杀身亡的后果承担侵权赔偿责任。

第一千一百七十五条　损害是因第三人造成的，第三人应当承担侵权责任。

【条文释义】

本条是对第三人原因造成损害免责事由的规定。

第三人原因也叫作第三人过错，是指受害人和加害人对于损害的发生没有过错，受害人的损害完全是第三人的过错行为造成的，应当由第三人承担侵权责任的免责事由。如果第三人的原因对于损害的发生具有部分原因力，则是减责事由。

1. 第三人原因作为免责事由的一般性条款

民法典侵权责任编第1175条完全承袭了原《侵权责任法》第28条的规定，该条规定："损害是因第三人造成的，第三人应当承担侵权责任。"。从体系解释来看，原《侵权责任法》第28条规定处于该法第三章"不承担责任和减轻责任的情形"当中，属于侵权法的"总则部分"，第28条规定于此理当属于一般性条款，具有普遍适用性。由此，我国侵权法正式确立了第三人行为作为一般性免责事由的地位。对此，最高人民法院侵权责任法研究小组认为，将第三人行为作为一般性的免责事由加以规定，具有非常重大的意义，既符合民法责任自负的理念，也符合因果关系的一般规则。既然损害是因为第三人的行为造成，那么，第三人的行为与损害之间存在法律上的因果关系，理当就损害承担全部的赔偿责任，如此才能彰显侵权法的正义价值。[①] 杨立新教授也认为，将第三人行为作为一般性免责事由加以规定，是侵权法现代化发展的重要标志，体现的是一个社会的文明和进步，是侵权法矫正正义的体现，充分保护了行为人的行为自由。[②] 本条在体系位置上也处于本编的"一般规定"中，因而当然也应理解为作为免责事由的一般条款，具有普遍适用性。

然而，关于第三人侵权行为是否应作为一般性免责事由进行规定，存在反对观点，主要理由包括：一方面，第三人侵权行为作为一般性免责事由没有意义。具体而言，侵权法中的第三人十分复杂，难以进行一般化的设定，只能依据个案来具体判断，原《侵权责任法》第 28 条将第三人行为上升为一般性条款，非但不能解决实际问题，相反，还会造成额外的负面适用效果。[③] 另一方面，根据民事诉讼证据的一般规则，原告负有证明被告与损害之间存在因果关系这一要件的诉讼义务，在损害是由于第三人的行为造成时，原告本身就无法证成这一因果关系要件，理当免除赔偿责任。只有在某些特殊的侵权责任领域，原告才无需证明因果关系要件。因此，作为一般条款规定没有太多实际意义，更多地只是表述了一个"不言自明"的常识。[④] 程啸教授同样反对将第三人行为规定为一般性免责事由：其一，从因果关系要件来看，原告负担证明被告与损害之间因果关系的诉讼义务，无需再将第三人行为独立于侵权责任构成要件来特意规定；[⑤] 其二，第三人行为不具有免责事由应有的特征；其三，德国、法国、奥地利等域外法国家都未将第三人行为作为一般性免责事由加以规定，而是放在不可抗力之下；[⑥] 其四，原《侵权责任法》中存在大量第三人行为造成损害而无法免除被告赔偿责任的情形。[⑦] 此外，还有学者认为，无论从法条规则出发抑或理论上分析，民法典侵权责任编中皆无规定第三人行为免责的必要，第三人行为免责的一般条款也无

---

① 最高人民法院侵权责任法研究小组编著：《〈中华人民共和国侵权责任法〉条文理解与适用》，人民法院出版社 2010 年版，第 213～214 页。

② 杨立新：《侵权责任法》，北京大学出版社 2014 年版，第 173 页。

③ 聂卫锋：《侵权法中的"第三人"：一般化还是情景化？——以〈侵权责任法〉第 28 条为中心》，载陈小君主编：《私法研究》（第十六卷），法律出版社 2014 年版，第 70～74 页。

④ 聂卫锋：《侵权法中的"第三人"：一般化还是情景化？——以〈侵权责任法〉第 28 条为中心》，载陈小君主编：《私法研究》（第十六卷），法律出版社 2014 年版，第 70～74 页。

⑤ 程啸：《论侵权法上的第三人行为》，载《法学评论》2015 年第 3 期。

⑥ 程啸：《论侵权法上的第三人行为》，载《法学评论》2015 年第 3 期。

⑦ 程啸：《论侵权法上的第三人行为》，载《法学评论》2015 年第 3 期。

法作为具体条款的原则性规定。[①] 有学者更是直接指出，原《侵权责任法》第 28 条并没有起到预期的立法目的。[②]

最终，为了体现立法的延续性，民法典侵权责任编第 1175 条以原《侵权责任法》第 28 条为基础，对第三人侵权行为作为一般条款进行规定。第三人原因的特征包括：（1）过错的主体是第三人；（2）第三人与当事人特别是行为人之间没有过错联系；（3）第三人的过错是损害发生的全部原因；（4）是免责事由，行为人不承担责任。确定第三人对损害的发生或者扩大有过错并具全部原因力的，后果是免除加害人的责任。第三人原因作为免责事由，是一般性的免责事由，但是法律有特别规定的，应当适用特别规定。例如，民法典侵权责任编第 1198 条第 2 款、第 1204 条、第 1233 条、第 1250 条等都规定了第三人原因的特别规则，因而不适用本条规定。

2. 第三人侵权行为的适用情形

对于第三人侵权行为的适用情形究竟只包括责任免除的情形，还是同时包括减轻责任的情形，理论界存在争议。其一，免责和减责同时包括说。这种观点认为，第三人行为不仅仅是被告免除责任的抗辩事由，还可以作为被告减轻责任的事由加以主张。该观点获得主流学者的赞同，支持者十分之多。如全国人大法工委民法室就认为，第三人行为的效力问题，区分第三人是损害发生唯一原因和部分原因两种情形，而具体法律效果包括减轻责任和免除责任两种。[③] 最高人民法院高级法官陈现杰先生也认为，第三人行为的效果包括减轻和免除两种。[④] 此外，王利明教授认为，第三人行为的具体类型包括，一种是第三人行为造成全部损害的情形，另一种是第三人行为是造成损害部分原因的情形，具体的效果包括既可能导致被告责任的减轻，也可能导致责任的免除。[⑤] 其二，仅包括免除责任说。该种观点认为，第三人行为的适用效果只包括免除被告的全部责任，不包括减轻责任的情形。如最高人民法院侵权责任法研究小组就持这种态度，认为原《侵权责任法》第 28 条关于第三人行为的规定，仅包括免除名义侵权人责任的效果，不包括减轻责任的效果。[⑥] 杨立新教授也认为，原《侵权责任法》第 28 条规定仅

---

① 龚佳崴：《侵权责任法第三人原因免责规定之虚构》，载《学理论》2013 年第 16 期。

② 刘新熙、尹志强、胡安潮：《债法：侵权责任》，高等教育出版社 2012 年版，第 305 页。

③ 全国人大法工委民法室：《〈中华人民共和国侵权责任法〉条文解释与立法背景》，人民法院出版社 2010 年版，第 116～117 页。

④ 陈现杰主编：《侵权责任法条文精义与案例解析》，中国法制出版社 2010 年版，第 94～95 页。

⑤ 王利明：《侵权责任法研究》（上），中国人民大学出版社 2011 年版，第 406～412 页。

⑥ 最高人民法院侵权责任法研究小组编著：《〈中华人民共和国侵权责任法〉条文理解与适用》，人民法院出版社 2010 年版，第 213～216 页。

仅适用于完全免除被告责任的情形，而不包括被告和第三人都需要承担责任的情形。[①] 张新宝教授也赞同这一观点，认为只有损害是全部由第三人行为造成这一种情形，才适用原《侵权责任法》第 28 条的规定。至于其他情况，则分别按照原《侵权责任法》第 8 条至第 11 条的规定处理。[②] 此外，程啸教授也明确表示，既然损害是全然由第三人的行为造成，第三人理当承担全部的赔偿责任，被告无需承担任何侵权责任。如果第三人行为和被告行为都是损害发生的原因，那么，此种情形属于多数人侵权制度的调整范围，应当适用原《侵权责任法》第 8 条至第 14 条的规定，而不应该适用原《侵权责任法》第 28 条。[③] 换言之，对于第三人行为造成损害的情形，仅仅包括免除被告责任的情形，不会产生减轻被告责任的效果。[④]

比较上述两种观点，笔者认为第二种观点更加合理。具体来说，从理论上看，第三人行为引发的侵权问题无外乎两种情况，一种是第三人行为是损害发生的全部原因，另一种是第三人和被告都是损害发生的原因。对于后一种情况，既然被告和第三人都是损害发生的原因，那么，此时理当依据民法典侵权责任编第 1168 条至第 1172 条，按照多数人侵权的相关规定来处理，两者依法承担连带责任或按份责任。进一步说，此种情形下，第三人不应被称为第三人，而是作为与被告（典型侵权人）一起的共同侵权人或分别侵权人来对待，不再是独立于被告的特殊侵权主体。因而，第三人和被告（典型侵权人）都对损害发生具有法律原因的情形，也就不属于民法典侵权责任编第 1175 条所应调整的范围，不是免责事由下第三人行为理论的规制对象。如此，从理论上看，第三人行为引发的侵权问题只包括一个部分，即第三人是损害发生的全部原因的情形，此时才属于民法典侵权责任编第 1175 条的调整范围，才能在免责事由路径下的第三人行为理论框架下得以解决。正如有学者所言，民法典侵权责任编第 1175 条远离民法典侵权责任编第 1168 条至第 1172 条有关多数人侵权的规范群，因而仅仅包括第三人行为是损害发生全部原因的情形。反之，如果将被告和第三人都是损害发生原因的情形纳入其中，则明显不符合“立法学意义上的基本结构逻辑”。[⑤] 因此，从理论上说，民法典侵权责任编第 1175 条有关第三人行为的规定，其适用效果仅包括责任

---

① 杨立新、赵晓舒：《我国〈侵权责任法〉中的第三人侵权行为》，载《中国人民大学学报》2013 年第 4 期。

② 张新宝：《侵权责任法》（第三版），中国人民大学出版社 2013 年版，第 69 页。

③ 程啸：《论侵权法上的第三人行为》，载《法学评论》2015 年第 3 期。

④ 龚佳崴：《侵权责任法第三人原因免责规定之虚构》，载《法学理论》2013 年第 16 期。

⑤ 聂卫锋：《侵权法中的“第三人”：一般化还是情景化？——以〈侵权责任法〉第 28 条为中心》，载陈小君主编：《私法研究》（第十六卷），法律出版社 2014 年版，第 72～73 页。

免除，即第三人是损害发生的唯一法律原因的情形。至于被告和第三人需分担责任的情形，则归属多数人侵权制度调整。

但需要注意的是，民法典侵权责任编在将第1175条作为一般性免责事由加以规定的同时，又在分则部分的第1198条第2款、第1204条、第1233条、第1250条等规定了大量第三人侵权行为不免除责任的情形。故此，对于第三人侵权行为的定位需要重新理解，即第三人侵权行为原则上是一种免除事由，但同时它具有指引第三人侵权行为引发的责任分担问题的功能。

【案例评注】

贾大某与柴某生命权、健康权、身体权纠纷案[①]

基本案情

原告贾大某儿子贾小某生前于2014年4月5日至2016年10月8日在柴某处打工，属于实习，工种为钩车司机。贾小某作为钩车司机是提供劳务一方，柴某作为雇主是接受劳务一方，两人之间形成劳务关系。2016年10月8日，贾小某在新民市姚堡乡树地用钩机装木材，装完木材后下车查看时，被刘某驾驶的装木材的货车撞倒后身亡。原告贾大某向法院提起诉讼，主张被告柴某应该承担雇主责任。且主张贾小某生前是沈阳万和职业学校的学生，死亡赔偿金应该按照城市标准计算，因此请求法院判令被告柴某给付原告贾大某对于其子贾小某死亡所遭受的损害，包括死亡赔偿金622520元、丧葬费26729元，以及精神抚慰金50000元，并要求被告柴某承担本案诉讼费用。

法院判决

一审法院认为：贾小某死亡是第三人刘某原因造成的，第三人刘某对贾小某的死亡有过错，应当承担赔偿责任。第三人刘某已与贾大某就其儿子贾小某的死亡达成赔偿谅解协议，且已赔偿完毕。因柴某被免除责任，故贾大某与本案没有直接利害关系，贾大某不是所争议的民事法律关系的主体，贾大某起诉不符合起诉条件。依照《侵权责任法》第二十八条、第三十五条，《民事诉讼法》第一百一十九条，《最高人民法院关于适用〈中华人民共和国民事诉讼法〉的解释》第

① 一审法院为辽宁省沈阳市新民市人民法院，案号：(2017) 辽0181民初4812号民事裁定；二审法院为辽宁省沈阳市中级人民法院，案号：(2018) 辽01民终137号。

二百零八条之规定，裁定驳回贾大某的起诉。

二审法院认为：雇员在从事雇佣活动中遭受人身损害，雇主应当承担赔偿责任。雇佣关系以外的第三人造成雇员人身损害的，赔偿权利人可以请求第三人承担赔偿责任，也可以请求雇主承担赔偿责任。雇主承担赔偿责任后，可以向第三人追偿。刘某在倒车过程中，将贾小某撞倒，贾小某经抢救无效死亡。因赔偿权利人即贾大某与刘某于 2016 年 11 月 9 日达成谅解协议，该协议中载明：（1）刘某一次性给付贾大某死亡赔偿金、丧葬费、交通费、被抚养人生活费及精神抚慰金合计 28 万元（包括保险公司 11 万元在内）。（2）刘某于签订本协议后立即给付贾大某 17 万元，剩余 11 万元由保险公司给付。（3）贾大某签订此协议后自愿与刘某达成谅解，自愿放弃追究刘某的刑事及民事责任，不再另行提起诉讼。贾大某已就赔偿事宜要求直接侵权人刘某承担赔偿责任，并获得了赔偿。现贾大某又向柴某主张赔偿，无法律依据，法院不予支持。最终裁定驳回上诉，维持原裁定。

专家点评

第三人原因是指除当事人之外的第三人，对受害人损害的发生或扩大有过错。因第三人原因造成损害的发生或扩大，从而导致当事人之间原有法律关系的因果关系中断，使行为人被免除责任。民法典侵权责任编第 1175 条（原《侵权责任法》第 28 条）规定，损害是因第三人造成的，第三人应当承担侵权责任。该条没有明示在第三人原因导致损害的情况下，行为人的责任是否应当完全免除。但按照立法机关对于原《侵权责任法》第 28 条的权威解读，应当区分“第三人过错是造成损害的唯一原因”和“第三人过错是造成损害的部分原因”。对于前者，需要按照归责原则进行区分，在过错责任和过错推定责任范围内第三人原因实际上是免责事由；在无过错责任中，有被告承担、被侵权人选择责任承担人和第三人承担责任等不同的情形，但都适用特别法的规定。第三人过错是造成损害的部分原因的情形，根据案件的不同情况，分别适用原《侵权责任法》第 9 ~12 条关于连带责任适用范围的规定。[①] 对此，笔者认为，第三人原因仅仅适用于完全免除行为人责任的情形，而不包括行为人和第三人都需要承担责任的情形，即第三人原因是造成损害的唯一原因。由此可见，第三人的行为必须发生在行为人的行为之后（如果同时发生则为竞合原因）且独立于行为人的行为，否则第三人的行为就不是介入原因，谈不上中断因果关系进而使行为人免责的问题。

---

① 王胜明主编：《侵权责任法解读》，中国法制出版社 2010 年版，第 132 ~135 页。

本案中，原告贾大某之子贾小某虽然与被告柴某之间存在用工关系，但贾小某死亡系第三人刘某驾驶货车碰撞这一原因造成的，且该原因是造成贾小某死亡的唯一原因，被告柴某对这一损害结果并无因果关系，即柴某的用工行为与贾小某死亡这一损害结果之间的因果关系链被第三人刘某的行为这一外来因素所中断。由此可见，作为侵权行为构成要件的因果关系被阻却，被告柴某并不存在侵权行为，因而也就无需承担侵权责任。此时，原告贾大某只能针对该第三人刘某另行提起诉讼要求其承担侵权责任，且本案中已经证明的“第三人原因”系第三人刘某作为侵权人承担侵权责任的因果关系要件。但是，贾大某与刘某已于2016年11月9日达成谅解协议，根据该协议已就赔偿事宜要求直接侵权人刘某承担赔偿责任，并获得了赔偿，且放弃追究刘某的刑事及民事责任。因此根据诚实信用原则，贾大某也不得以刘某为被告另行提起诉讼要求其承担侵权责任。

第一千一百七十六条　自愿参加具有一定风险的文体活动，因其他参加者的行为受到损害的，受害人不得请求其他参加者承担侵权责任；但是，其他参加者对损害的发生有故意或者重大过失的除外。

活动组织者的责任适用本法第一千一百九十八条至第一千二百零一条的规定。

【条文释义】

本条是对自甘风险的规定。

1. 首次确认自甘风险作为侵权责任的免责事由

自甘风险也叫危险的自愿承担，是来自英美法的免责事由，后来在法国、德国等大陆法系国家的判例中也被引入。原《侵权责任法》没有规定这一免责事由，本条是我国第一次确认自甘风险为免责事由。

自甘风险，是指受害人自愿参加具有一定风险的文体活动，因其他参加者的行为受到损害的，受害人不得请求其他参加者承担侵权责任，如果其他参加者对损害的发生有故意或者重大过失的除外的免责事由。其构成要件是：第一，组织者组织的文体活动有一定的风险，如蹦极；第二，受害人对该危险有意识，但是自愿参加；第三，受害人因参加此活动，因其他参加者的行为造成损害；第四，组织者没有故意或者过失。具备这些构成要件的，即免除组织者的侵权责任，其他参加者也不承担侵权责任。例如参加足球比赛活动受到参加者的损害。

本条第2款规定的“活动组织者的责任”，是指自甘风险的危险活动的组织者，如果有故意或者重大过失，构成违反安全保障义务的侵权责任，或者学校组织未成年学生参加的文体活动，造成未成年学生人身伤害的，分为两种情况：其一，组织者因故意或者重大过失，未尽到安全保障义务造成受害人损害的，应当承担赔偿责任。其二，组织者因故意或者重大过失，致使第三人造成受害人损害的，承担相应的补偿责任，承担责任后可以向第三人追偿。

2. 自甘风险本质上是被侵权人过错的特殊情形

在本条未明确自甘风险作为侵权责任的免责事由之前，我国司法实践中也已经出现相关案例，主要集中于交通、体育比赛、自助旅游等领域。尽管在立法层面上，原《民法通则》、原《侵权责任法》和民法典总则编均未将自甘风险作为侵权人的抗辩事由加以规定，但是学理上通说认为其构成侵权人的抗辩事由。[①]自甘风险作为侵权人的抗辩事由，除前述构成要件之外，还必须同时具备以下条件：第一，被侵权人事先明示或默示的意思表示。自甘风险应当是在被侵权人在侵权行为发生之前表示出来的意思，而不是事后表示的意思。被侵权人的意思表示一般应当是明示的，但在某些条件下，符合法律要求或者民事习惯的被侵权人默示的意思表示也可以得到认可。第二，不得违反公序良俗、法律强制性规定。从法律效果上来看，自甘风险不同于受害人同意，它并不能阻却加害人行为的违法性从而免除其责任，本质上是属于过失相抵的问题，应当借鉴《德国民法典》第254条的规定来减轻侵权人的责任。[②] 从自甘风险的立法本意来说，其适用的典型领域是一些激烈的对抗性竞技比赛，如足球、橄榄球、拳击、赛车、赛马等，或其他没有对手但仍然具有超出正常危险的体育或游乐活动，如帆船、滑板、秋千、雪橇、碰碰车等；其特点是被侵权人在整个过程中并非扮演完全消极的角色，而是积极地参与其中，参与了损害的形成过程；发生意外伤害往往是此类活动正常的内在风险。但是，被侵权人自愿参加比赛，并不能视为其同意承担他人违反游戏规则、实施故意攻击行为或违反公平竞赛精神等所引发的风险。若侵权人存在此类过失，仍应承担侵权责任。此时，自甘风险并非侵权人的免责事由，而仅是其减轻责任的事由。本条是我国民事立法中首次将自甘风险这一被侵权人过错的特别情形予以明确规定，因而具有重要的意义。

---

① 张新宝：《侵权责任法》(第四版)，中国人民大学出版社2016年版，第69页。

② Jean Limpens, Liability for One' s Act, *International Encyclopedia of Comparative Law* · *Torts* Vol. XI Chapter 2, Tübingen, 1979, p. 89.

【案例评注】

王某诉张某某等一般人身损害赔偿案[①]

基本案情

2004 年 9 月 18 日 20 时许，慈文公司《小鱼儿与花无缺》摄制组在北京市怀柔飞腾影视公司拍摄该剧第 34 集第 8 场戏，根据调整后的剧情安排由小鱼儿（张某某饰演）与花无缺（谢某某饰演）击打杀父仇人江别鹤尸体（王某饰演），具体由小鱼儿掌掴江别鹤脸部，由花无缺踢江别鹤腿部。拍摄前，该剧组导演提出“以不伤害对方（王某）”为准的要求，张某某、谢某某根据导演拍摄要求在正式拍摄前与王某进行演示，剧组为王某加装防护垫。但实际拍摄过程中，张某某、谢某某未按拍摄前演示的力度击打王某，致使其受伤。当日，王某经怀柔区第一医院诊断为左大腿软组织挫伤，休息三天。2004 年 9 月 19 日至 2004 年 10 月 4 日，王某在中国人民解放军第三〇四医院住院治疗，该院诊断为：左大腿严重软组织损伤，左肾轻度挫伤，左面部软组织挫伤，频发性心房早搏。事发当日，王某向北京市公安局怀柔分局杨宋派出所报案，要求给予张某某和谢某某治安管理处罚。经北京市公安局法医检验鉴定中心鉴定，王某的损伤属轻微伤（上限）。杨宋派出所经过调查，作出京公（怀杨）行不字［2004］第 026 号不予处理决定书。王某不服，向北京市公安局怀柔分局提出行政复议。该单位以京公怀复决字［2004］第 1 号行政复议决定书维持杨宋派出所不予处理决定。王某仍不服，向北京市怀柔区人民法院提起行政诉讼。一审判决后，王某不服，向北京市第二中级人民法院提起上诉。

2004 年 12 月 21 日，王某向北京市第二中级人民法院提起民事诉讼，要求张某某与谢某某对其各项损失承担赔偿责任并书面赔礼道歉，由慈文公司承担连带赔偿责任。三被告均以表演真实和剧情所需为由进行抗辩。

法院判决

在行政诉讼过程中，北京市怀柔区人民法院一审认定，在拍戏过程中，张某某与谢某某将王某打伤，但不足以确认该致伤系张某某与谢某某以剧情需要、假戏真做为名，故意对王某进行殴打这一事实，杨宋派出所作出不予处理决定书事

---

① 审理法院为北京市第二中级人民法院，案号：（2005）二中民终字第 00026 号。

实清楚，证据充分，程序合法，据此判决：维持北京市公安局怀柔分局杨宋派出所作出的京公（怀杨）行不字［2004］第026号不予处理决定书。北京市第二中级人员法院二审判决认定杨宋派出所在现有证据无法证明张某某及谢某某假戏真做之殴打他人的情况下，作出不予处理决定系合法的具体行政行为，并判决驳回上诉，维持一审判决。

在民事诉讼中，北京市第二中级人民法院认为，本案争议的焦点是三被告是否应当对王某在拍摄电视剧《小鱼儿与花无缺》过程中遭受的人身损害承担民事侵权责任并予以赔偿的问题。本案发生在王某与张某某、谢某某共同完成慈文公司拍摄电视剧的指令过程中，剧本只是要求张某某、谢某某分别扮演的角色在这场戏中表演击打王某扮演的角色（尸体），而不是要求将演员致伤。为了防止发生演员人身伤害，剧组导演在事前已经提出明确要求，并提供了一定的保护措施。张某某、谢某某认为其没有过错，未超出表演限度，没有法律和事实上的依据。表演的真实要在法律允许和当事人承受力的范围内。被告以剧情需要、剧组要求为理由，认为演员在拍戏过程中受伤是经常发生的，不应承担赔偿责任进行抗辩是不能成立的。被告张某某、谢某某未按演示的打击强度击打王某，造成王某受伤，应认定二被告有重大过失。原告王某主张二被告故意对其殴打，依据不足。王某和谢某某、张某某与慈文公司形成事实合同关系。三被告应承担连带赔偿责任。虽张某某、谢某某及慈文公司对王某的伤情提出质疑，但未提供充足证据予以证实，故法院对张某某、谢某某及慈文公司的质疑不予支持。关于王某主张的经济损失和精神损害赔偿一节，因王某受伤后慈文公司已支付相关费用，王某现提出的经济损失未在法院规定的举证期限内提供证据予以证实，同时也未提供证据证实因张某某、谢某某的表演过失，造成其精神损害的严重后果，故对该部分请求不予支持。关于王某请求张某某、谢某某书面赔礼道歉一节，虽张某某与谢某某已构成侵权，但考虑到张某某与谢某某已在媒体上两次刊登“致歉声明”，对给王某造成的伤害和影响表示了歉意，不良影响已经消除，故对王某的该项请求也不予支持。

专家点评

自甘风险是指受害人明知可能遭受来自特定危险源的风险，却依然冒险行事。在自甘风险中，因受害人对损害的发生具有过错，加害人可以相应地减轻赔偿责任。尽管在有些自甘风险的情形，可以认定受害人存在过失，从而适用过失相抵减轻加害人的赔偿责任。在这个意义上来看，自甘风险有时只是过失相抵的特别情形。但是，这不意味着自甘风险就等于过失相抵。这是因为，一方面，并非在所有的自甘风险的情形中，受害人都是有过错的，进而能够适用过失相抵。例如，在体育比赛中，参与者自愿承担了特定的风险，属于自甘风险，但此时不能认为体育比赛中的受害人对损害的发生具有过失。另一方面，自甘风险可以属于违法阻却事由，免除加害人的责任，这一点尤其适用于那些危险性较高的合法活动，如对抗性激烈的足球、篮球、拳击等体育比赛等。在这些活动中，只要加害人不是故意或重大过失，其行为可因受害人自甘冒险而被阻却违法性，不承担责任。反之，应当承担责任。

正如民法典侵权责任编第1176条规定，自甘风险发生的场景往往是“具有一定风险的文体活动”，体育活动尤其是具有激烈对抗性的体育项目风险性显而易见，但具有风险性的文艺活动却并不多见。本案即为发生在影视表演这一具有一定风险的文艺活动过程中。在本案中，演员参与表演出于自愿，根据剧本的安排，饰演相应角色的王某需要自行承担在武打动作中遭受损害的相应风险。但自甘风险的适用是有限度的，其不适用于行为人有故意或重大过失的情形。影视表演为追求效果的逼真，需要演员承担在武打动作或者拍摄过程中所可能遭受的风险，但相关行为人也必须尽必要的谨慎注意义务，若违反注意义务则存在过错，过错程度一旦达到故意或重大过失的程度，则不能以自甘风险作为免责事由。本案中，行为人张某某、谢某某遵循影视制作公司的指令表演击打王某，其真实性的要求仅在于其击打行为，而非结果，因此造成被侵权人王某轻微伤，显属超出必要限度。在缺乏充分证据证明行为人属故意的情形下，应认为演员具有重大过失，因此不能以自甘风险为由免除其侵权责任。

第一千一百七十七条 合法权益受到侵害，情况紧迫且不能及时获得国家机关保护，不立即采取措施将使其合法权益受到难以弥补的损害的，受害人可以在保护自己合法权益的必要范围内采取扣留侵权人的财物等合理措施；但是，应当立即请求有关国家机关处理。

受害人采取的措施不当造成他人损害的，应当承担侵权责任。

【条文释义】

本条是对自助行为的规定。

1. 首次确认自助行为作为侵权责任的免责事由

原《侵权责任法》没有规定自助行为，本编将其作为免责事由予以规定。自助行为，是指权利人为了保护自己的合法权益，在情事紧迫而又不能获得国家机关及时救助的情况下，对他人的财产或者自由在必要范围内采取扣押、拘束或者其他相应措施，为法律或社会公德所认可的行为。自助行为的性质属于自力救济。本条没有明文规定可以对他人人身自由施加拘束的内容，但是在“等”字中包含这个意思。例如去饭店吃饭未带钱而不能付费，店主不让其离开，等待他人送钱来结账的拘束自由的行为，就是自助行为。

本条的这一安排也有效地解决了民法典侵权责任编不设置原《侵权责任法》第三章“不承担责任和减轻责任的情形”对应章节的问题，配合了相关免责事由的“总则化”，符合民法典“编纂”的立法定位。在这样的定位下，立法机关在民法典侵权责任编一般规定中增加了关于“自助行为”的规定。但是，从本质上来说，自助行为作为民事责任的一般抗辩事由，在体系位置上安排在民法典总则编而非在民法典侵权责任编可能更为合理。

2. 自助行为的构成要件

自助行为的要件是：第一，行为人的合法权益受到侵害；第二，情况紧迫且不能及时获得国家机关保护；第三，不立即采取措施将使其权益受到难以弥补的损害；第四，对侵权人实施扣留财产或者限制人身自由等在保护自己合法权益的必要范围内的行为。

在行为人实施了自助行为，权益得到保障后，即应解除相应措施；如果仍需继续采取上述措施的，应当立即请求有关国家机关依法处理。行为人如果对受害人采取自助行为的措施不适当，造成受害人损害的，应当承担侵权责任，赔偿损失。

【案例评注】

原养殖户宋某诉王某在取得承包使用权后将其于该海区早已设置的海上养殖设施割除赔偿案[①]

基本案情

2000年3月6日，青岛市人民政府颁发了青海临证（2000）017号《国家海域临时使用许可证》。该许可证上记载：临时使用单位为兴隆路街道办事处，海域面积1200亩，使用时间为2000年3月6日至2000年12月31日，临时使用海

① 审理法院：山东省青岛海事法院，案号：（2001）青海法海事初字23号。

域范围为湖岛湾 4 号养殖海区，用途及作业方式为筏式贝藻养殖。3 月 8 日，市海洋局与兴隆路街道办事处签订了《青岛市国家海域临时使用合同》，市海洋局同意兴隆路街道办事处临时使用与上述使用许可证记载的许可使用范围相同的海域。3 月 28 日，被告王某与兴隆路街道办事处签订了《承包合同》，兴隆路街道办事处将湖岛湾 4 号养殖海区计 1200 亩承包给王某经营，合同期暂定为三年，自 2000 年 4 月 1 日至 2003 年 3 月 31 日。2000 年 8 月 2 日，被告带人到湖岛湾 4 号养殖海区割毁了包括原告宋某在内的 9 个养殖户的 111 行养殖筏架，其中属于宋某所有的为 33 行。本案的争议焦点为，被告割除原告的养殖筏架，是被告行使自己权利的行为，还是对原告的侵权行为。

法院判决

青岛海事法院认为，本案中，被告在一定期限内对湖岛湾 4 号海区拥有合法的承包经营权，而原告对该海域没有任何合法的使用权利，可原告却在该海域设置了养殖筏架，该行为已经妨害了被告对该海域行使其承包经营权，原告的该行为已构成对被告合法权利的侵害。此种情形是否符合采取自助行为的条件，也即被告能否为保护其权利而采取自助的方法，自行割掉原告的养殖筏架以排除原告的妨害。关于自助行为的条件，我国法律尚无明文规定。但根据司法实践，其应该符合以下条件：（1）为保护自己的权利；（2）情势紧迫来不及请求国家保护（公力救济）；（3）采取的手段适当。自助行为的条件之所以这么严格，是因为随着社会的进步，国家权力日益强大，保护个人权利的公共机关也渐次完备，私力救济已渐无存在的必要，况且私力救济，弱者无从收其实效，而强者又可能每每假以欺人，影响社会秩序，所以私力救济的范围越来越小，条件也越来越严格。

本案的情形并不符合采取自助行为的条件，即使被告向原告发出了限期拆除的通知而原告拒不拆除，被告也并不因此就有权采取其所谓的自我保护的方法。法律要求被告遇此情形应该通过法定程序向国家（法院）请求保护，而不是自行采取措施割除原告的养殖筏架。因为被告于 2000 年 4 月 1 日就获得该海域的承包经营权，此时，原告的养殖筏架已经对被告的合法权利造成侵害，但被告直至 8 月 2 日才自行采取措施，这说明该种情形完全不构成情势紧迫，被告完全有充裕时间通过法定程序向国家（法院）请求以公力救济排除原告之妨害，而不得自行采取所谓的自我保护的措施；即使认为被告有权自行采取措施，但被告自行采取的手段也明显不当，其完全可以采取边拆除原告的养殖筏架，边将有关物资捞上来并交还原告这一合理方式，但其却采取割断原告养殖筏架的方式任其自沉海底以致发生毁损。综上，法院认为，被告的该行为不但不是对其权利的合法保护，反已超过正当界限，构成了权利的滥用。被告滥用权利的行为对原告的合法财产造成一定损失，已构成对原告的侵权行为，其应当承担民事责任。

专家点评

当事人行使和保护自己的权利，固然是在谋取个人之利益，但同时也要维持社会秩序，增进社会公共利益，因而个人行使其权利，不能恣意为之。民法典总则编第132条规定："民事主体不得滥用民事权利损害国家利益、社会公共利益或者他人合法权益。"上述规定的内容即为根据民法的基本原则之一诚实信用原则所衍生出的禁止权利滥用原则。该原则的基本内涵就是权利人行使权利超过正当界限，有损他人利益或社会公共利益的，即构成权利的滥用，而滥用权利不受法律的保护。

法律对于权利的行使虽加以限制，但权利如遭受非法侵害，法律也应加以保护。对权利的保护方法，不外乎国家保护与自我保护两种。前者又称公力救济，即权利受到侵害时，权利人通过法定程序请求国家（通常为法院）以公力予以保护；后者又称私力救济，即权利受到侵害时，权利人自己采取必要的措施以保护其权利。而权利的自我保护方法又有自卫行为与自助行为两种。自助行为即指权利人为保护自己的权利，对他人的人身自由予以拘束或对他人的财产予以扣押或毁损的行为。

在民法典侵权责任编第1177条规定自助行为作为侵权责任的免责事由之前，我国民事立法并未对此有过明确规定，但司法实践中已经存在将自助行为作为免责事由的尝试和探索，本案即为其中的典型代表。根据民法典侵权责任编第1177条的规定，自助行为的构成要件包括：第一，行为人的合法权益受到侵害；第二，情况紧迫且不能及时获得国家机关保护；第三，不立即采取措施将使其权益受到难以弥补的损害；第四，对侵权人实施扣留财产或者限制人身自由等在保护自己合法权益的必要范围内的行为。在本案中，被告自2000年4月1日获得该海域的承包经营权，因此原告占用被告享有承包经营权的海域放置养殖筏架的行为已经对被告的合法权利造成侵害。但该侵害状态并不构成情势紧迫，被告完全有充裕时间通过法定程序向法院请求以公力救济停止侵权、排除妨碍，因此不符合实施自助行为的条件。所以，被告自行拆除原告养殖筏架的行为不构成自助行为。而且，相比于被告保护合法承包经营权的目的，其所采取的割断原告养殖筏架并任其自沉海底以致发生毁损的行为超出了必要限度，明显不当。因此，被告应依据民法典侵权责任编第1177条第2款的规定对原告的损害承担侵权责任。

第一千一百七十八条　本法和其他法律对不承担责任或者减轻责任的情形另有规定的，依照其规定。

【条文释义】

本条是对民法典和其他法律规定的免责事由、减责事由应予适用的规定。

民法典规定的免责事由，主要是指民法典总则编规定的免责事由。民法典总则编第180条规定的不可抗力、第181条规定的正当防卫、第182条规定的紧急避险、第184条规定的紧急救助行为，都是免责事由和减责事由，都可以适用于民法典侵权责任编，作为侵权责任的免责事由或者减责事由。本编规定的免责事由的适用更是无可置辩。

其他法律规定的免责事由，是指民法典之外的其他民事法律或者非民事法律中规定的有关侵权责任的免责事由和减责事由。例如，《道路交通安全法》规定了道路交通事故责任的免责事由，《产品质量法》规定了产品责任的免责事由，以及相关资源保护法和环境保护法也都规定了相应的免责事由和减责事由。在侵权责任纠纷的法律适用中，都属于特别法规定的免责事由或者减责事由，都应当予以适用。

【案例评注】

姜某诉蒋乙等紧急避险损害赔偿案①

基本案情

被告林某系地址在泉州市丰泽区北峰工业区丰盈路17号楼屋的业主。1999年12月1日，被告林某把上述房屋出租给被告蒋甲。同年12月9日，被告蒋甲又把其承租房屋的一层店面转租给被告蒋乙经营国信寻呼、电话机业务。2001年3月，蒋甲把三楼房屋的一间转租给原告姜某及其女友孙某居住。2001年4月7日10时22分左右，被告蒋乙的雇员苏某在寻呼机店内用液化气灶烧开水，由于未在旁边看管，水被烧干后引起火灾，火势蔓延造成一层至三层的屋顶和墙壁部分不同程度被烟熏黑，烧损营业厅部分塑料扣板等物品。火灾发生时，原告及其

---

① 一审法院为福建省泉州市丰泽区人民法院，案号：(2001) 丰民初字第463号；二审法院为福建省泉州市中级人民法院，案号：(2001) 泉民终字第1867号。

女友孙某在三楼的房间内休息，蒋甲之妻梅某、子蒋丙在二楼。火势烧至二楼，浓烟弥漫至三楼，梅某、蒋丙、原告及孙某无法从楼梯逃出该楼。蒋丙、梅某从二楼窗户跳楼离开。此时，原告用被单的一端系在身上，另一端绑在一根棍子上夹在窗户上，从三楼窗户往外跳，由于夹在窗户的棍子一端未固牢，原告坠落至地面致身体受伤。2001 年 5 月 11 日，泉州市丰泽区公安消防大队对上述火灾出具丰公消认字（2001）第 002 号火灾原因认定书，该认定书认定："苏某用液化气灶烧开水时，未在旁边看管，导致火灾的发生，应负直接责任。蒋乙作为国信寻呼机店的负责人，未履行消防安全职责，导致火灾的发生、蔓延，应负间接责任。刘某某作为国信寻呼店的经营管理人员，未履行消防安全职责，导致火灾的发生、蔓延，应负间接责任。蒋甲作为房屋的转租人，未履行消防安全管理职责，对火灾的发生、蔓延应负间接责任。林某作为房屋的业主，未履行消防安全管理职责，对火灾的发生、蔓延应负间接责任。"本案在审理过程中，经法院委托泉州市中级人民法院司法技术鉴定处对原告的伤情进行鉴定，经鉴定结论为："姜某下肢截瘫劳动能力完全丧失，应评为二级伤残。"

法院判决

一审法院认为：被告苏某在上班时间烧开水疏于看管导致发生火灾，火势烧至二楼且浓烟直扑三楼，原告在无法从楼梯逃生的情况下，为避免因火灾而给自身带来损害，采取从窗户跳下的方式，符合紧急避险的条件，故引发险情的人应对原告因紧急避险行为所造成的损害负赔偿责任。由于苏某系被告蒋乙雇用的工作人员，苏某在工作时由于过错导致原告损害，依法应由雇主蒋乙承担赔偿责任。故被告蒋乙应对原告的损害承担赔偿责任。被告蒋乙辩称被告苏某在上班时间烧开水不是履行工作职责，不予采纳。原告在跳楼时，采用的措施不当，加重损害结果，原告应对自己的损失自行承担 20% 的责任。原告的损害赔偿标准可参照《道路交通事故处理办法》的赔偿标准予以处理。原告请求赔偿医疗费、误工费、护理费、住院伙食补助费、伤残补助费、交通住宿费、精神抚慰金合法正当，应予支持，但损失应据实予以赔偿。原告请求终生陪护费，于法无据，不予支持。原告请求赔偿残疾自助具费 9000 元，但原告提供的证明依法不能作为证据，不予支持。原告请求苏某、蒋甲、林某等承担赔偿责任及五被告连带承担赔偿责任，于法无据，不予支持。

二审法院认为：上诉人姜某与被上诉人蒋乙一同承租被上诉人林某所有的房屋，后因蒋乙雇佣的人员在工作中不慎引发火灾，姜某为避免因火灾而给自身造成损害，在别无他法逃生的紧急情况下，采取从窗户跳下的方式逃生，符合紧急避险的条件，故本案应认定为紧急避险损害赔偿纠纷。依照法律规定，因紧急避险造成损害的，由引起险情发生的人承担民事责任，其应当承担适当的民事责任。而雇工在从事雇用合同规定的生产经营活动中造成他人损害的，雇主应当承担民事责任。原审鉴于引发险情的人系蒋乙雇佣的工作人员，判决由蒋乙承担赔偿责任，姜某对自己的损失自行承担部分责任符合法律规定，但姜某自行承担责任的比例略高，应予酌情调低。至于姜某请求赔偿的项目、范围和标准问题，原审对其误工费、交通住宿费等项计算有误，应予更正。残疾用具原审遗漏处理，应予加判。姜某上诉期间支出的膀胱取石术费用也属治疗所需的医疗费，该部分损失也应由蒋乙一并予以赔偿。故原判决第一项应予变更。由于姜某主张继续治疗，而实际费用尚未发生，原审告知其可在继续治疗后另行起诉并无不当，原判决第二项可予维持。蒋甲、林某虽未恪尽消防安全管理职责，但其并非引发险情的人，依法可不承担民事责任，原审对姜某请求该二人承担赔偿责任及与蒋乙互负连带责任的主张不予支持，亦无不当。上诉人姜某上诉称其不必承担民事责任等理由根据不足，对其相关请求不予支持。

专家点评

民法典侵权责任编第 1178 条是对除本编规定的免责事由和减责事由之外的其他免责事由和减责事由的引致性规定。根据该条，民法典总则编第 180 条规定的不可抗力、第 181 条规定的正当防卫、第 182 条规定的紧急避险、第 184 条规定的紧急救助行为，都可以作为侵权责任的免责事由和减责事由予以适用。根据民法典总则编第 182 条的规定，紧急避险，是指为避免自己或他人生命、身体、自由以及财产上的急迫危险，不得已而实施的造成损害的行为。从理论上来说，紧急避险须符合以下构成要件：首先，存在对避险人自身或者他人生命、身体、自由以及财产上的急迫危险。急迫危险是指近在眼前，刻不容缓的危险。其次，不得已而实施加害他人的行为。也就是说，避险人没有别的选择，只能通过实施一种加害他人的行为，来防止针对自己或他人生命、身体、自由以及财产上的急迫危险。最后，没有超过必要的限度。这需要权衡需要保护的权益与被侵害的权益来具体判断。为了保护人身权益而损害财产权益，通常不会被认为超过必要限度。但是，为了保护自己的财产权益而侵害他人的人身权益，或者为了保护自己的人身权益而以牺牲他人的人身权益为代价，难谓不超过必要限度。至于为了保护自己的财产权益而侵害他人的财产权益，是否超过必要限度，要考虑二者之间“合理的价值关系”，即被侵害的物的价值应当小于侵害之物的价值。

紧急避险一般指的是为避免对自身或他人的急迫危险而对他人造成损害的情

形。紧急避险是否适用于避险人给自己造成损害的情形？本案法院在判决中采肯定的观点，即认为避险人给自己造成损害也可构成紧急避险。但是，笔者认为，作为免责事由的紧急避险仅适用于避险人给他人造成损害的情形，而不适用于给自身造成损害的情形。在紧急避险人因避险行为而给自己造成损害时，不存在避险人对自己承担责任的问题，自然无需主张紧急避险而免责。问题仅是避险人遭受的损害由何人承担。在本案中，需要讨论的问题是，原告姜某从三楼跳下的行为是否为一个合理的、正当的行为？它有没有导致因果关系的中断？如果是合理的、正当的行为，就应由引发火灾的人承担全部的赔偿责任。如果不合理，则引发火灾的人作为侵权人仍要承担侵权责任，但就原告姜某因自己过错而扩大的损害，可以要求减轻赔偿责任，此即为民法典侵权责任编第 1173 条规定的过失相抵，而非紧急避险。

第二章　损害赔偿

第一千一百七十九条　侵害他人造成人身损害的，应当赔偿医疗费、护理费、交通费、营养费、住院伙食补助费等为治疗和康复支出的合理费用，以及因误工减少的收入。造成残疾的，还应当赔偿辅助器具费和残疾赔偿金；造成死亡的，还应当赔偿丧葬费和死亡赔偿金。

【条文释义】

本条是对人身损害赔偿范围的规定。

1. 人身损害赔偿的概念

人身损害赔偿，是指民事主体的生命权、健康权、身体权受到不法侵害，造成致伤、致残、致死的后果以及其他损害，要求侵权人以财产赔偿等方法进行救济和保护的侵权法律制度。我国原《民法通则》第 119 条规定了人身损害赔偿制度的基本内容，《国家赔偿法》《消费者权益保护法》《道路交通安全法》等法律、法规，以及最高人民法院制定的司法解释，对人身损害赔偿制度进行了补充和完善。本条对人身损害赔偿责任作了原则性的规定。

2. 人身损害赔偿所保护的人格权

（1）生命权

生命权的客体是自然人的生命。从一般的意义上说，生命是生物体所具有的活动能力，[①] 是由高分子的核酸蛋白体和其他物质组成的生物体所具有的特有现象。[②] 从法律角度上说，生命仅指自然人的生命，是人体维持其生存的基本的物质活动能力，它是自然人的最高人格利益。

生命权是以自然人的生命安全利益为内容的人格权，它以自然人的生命安全

① 《现代汉语词典》，商务印书馆 1979 年版，第 1016 页。

② 《辞海》，上海辞书社 1979 年版，第 1727 页。

为客体，以维护人的生命活动延续为基本内容，其保护的对象，就是人的生命活动能力。

侵害生命权，以自然人的生命丧失为标准，侵权行为作用于人体，使人的生命活动能力丧失，就是侵害生命权。对此，民法对侵害生命权的确认标准是客观标准，是以生命丧失的客观结果论，而不像刑法确认侵害生命权所采用的主观标准，即必须有侵害生命权的故意，或者有造成死亡的过失。凡是造成自然人死亡的，就是民法上的侵害生命权的侵权行为。

（2）健康权

健康是人体各器官发育良好，功能正常，体质健壮，精力充沛并且有良好的劳动状态，[①] 或者人体生理机能的正常，没有缺陷和疾病；[②] 是指人体生理机能、发育、体质等综合状况。从法律角度上说，健康是指维持人体生命活动的生理机能的正常运作和功能的完善发挥，简言之，健康所概括的，就是人体生理机能的完善性。

健康权是指自然人以其机体生理机能正常运作和功能完善发挥，以其维持人体生命活动的利益为内容的人格权。它的基本功能，就是维护人体机能和功能发挥的完善性。

侵害健康权，是侵权行为作用于人体，使人的机体生理机能的正常运作和功能的完善发挥受到了破坏，使被侵权人的人体生理机能、发育、体质等综合发展状况在原有的水平上下降，不能保持原有的水平。侵权行为造成了这种后果，就构成侵害健康权。这样的结果有三种形式，一是造成人身损害，经过治疗而愈合；二是造成人身损害，经过治疗留下了残疾；三是造成了其他疾患。

侵害健康权与侵害生命权的界限在于，凡是造成生命丧失后果的侵权行为，就是侵害生命权的侵权行为；虽然是侵害人体的侵权行为，但没有造成生命丧失的，就不是侵害生命权的侵权行为；而造成破坏人体功能完善性发挥的侵权行为，是侵害健康权。

（3）身体权

身体是指人和动物的生理组织的整体即躯体。身体包括肉体的整个构造以及附属于身体的所有部分。从法律意义上讲，身体专指自然人的身体，是指自然人生理组织的整体即人的躯体，包括：主体部分，即头颅、躯干、肢体的总体构成；附属部分，即毛发、指（趾）甲等附属于身体的其他人体组织等组成的整

---

① 《辞海》，上海辞书社1979年缩印本，第254页。

② 《现代汉语词典》，商务印书馆1978年版，第550页。

体。因此，身体的基本特征在于其组成的整体性和完全性。

身体权就是自然人维护其身体组成部分的完整、完全，并支配其肢体、器官和其他组织的人格权。身体权的基本功能，一方面是对身体组成的完整性的维护，另一方面是对自己身体组成部分的支配。其着重点在于前者。

侵害身体权，就是侵害身体组成部分的完整性，包括身体组成部分的实质完整和形式完整。擅自取得人体组成部分，破坏的是身体权的实质完整；对身体进行殴打、戏弄等但没有造成伤害的，侵害的是身体形式上的完整。这些行为都构成侵害身体权。

侵害身体权和侵害健康权的侵权行为都以人体作为侵害的对象，这是相同的；其区别在于：侵害健康权的侵权行为，侵害的是人体功能的完善性发挥，破坏的是人体功能的完善性；侵害身体权的侵权行为侵害的是人体组成的完整性，破坏的是人体实质上和形式上的完整。如果一个侵权行为既破坏了人体组成的完整性，又破坏了人体功能的完善性，那么应当从重而论，认定为侵害健康权的侵权行为。

3. 人身损害赔偿的范围

具体的赔偿范围可以分为以下三种类型：

（1）造成一般伤害的赔偿范围

侵权行为造成他人人身的一般伤害，应当赔偿医疗费、护理费、交通费、营养费等为治疗和康复支出的合理费用，以及因误工减少的收入。

第一，医疗费损失。

被侵权人的人体遭受损害，最主要的损失就是为治疗人身损害而支付的金钱。这是一种财产上的损失。这种损失是侵害健康权所直接造成的财产损失后果。

第二，护理费损失。

被侵权人遭受人身损害之后，如果行动不能自理，需要有人进行护理的，就要增加护理费的支出。这种支出，也是侵害健康权所造成的直接财产损失后果，是人身损害的财产损失。

第三，交通费损失。

如果被侵权人遭受人身损害之后，需转院治疗的，要支出转院治疗的交通费。即使是没有转院治疗的，被侵权人在受到伤害以后到医院进行治疗，也会有一定数量的交通费支出。这些支出的交通费，也是人身损害的直接后果，是一种财产上的损失。

第四，营养费损失。

有些特别的人身损害，还要增加必要的营养，因此要增加营养费的支出。这些损失，也是侵害健康权所造成的财产损失后果，是侵害健康权的直接损害后果。

第五，住院伙食补助费损失。

人身遭受损害以后，需要住院治疗的，在住院期间要增加伙食费上的支出。

第六，误工费损失。

被侵权人遭受人身损害，不能正常进行身体没有遭受损害之前所进行的工作，就会造成预期财产利益的损失。这是侵害人身造成健康损害所必然引起的结果。按照性质上说，这种财产损害是一种间接损失，是应当得到但由于遭受损害而没有得到的财产利益。但是在人身损害赔偿中，区别直接损失和间接损失没有特别意义，因此，一般不强调这种损失的性质是间接损失。

第七，其他损失。

其他因治疗和康复支出的合理费用，也在赔偿范围之内。比如，被侵权人在转院治疗中，以及护理人员在护理中，如果需要住宿，则要支付住宿费。住宿费的损失，也是人身损害所造成的财产损失。

（2）造成残疾的赔偿范围

对受害人因伤害造成残疾的，除了赔偿上述费用之外，还应当赔偿辅助器具费和残疾赔偿金。辅助器具费是伤残者身体功能丧失应予配置的辅助器具的购置费和维护费，应当予以赔偿。残疾赔偿金实际上是对受到伤害造成残疾丧失劳动能力而失去的工资收入的赔偿，我国不采取实际赔偿的方法，而一般采用赔偿20年损失的一次性赔偿方法。

（3）造成死亡的赔偿范围

受害人因伤害造成死亡的，还应当赔偿丧葬费和死亡赔偿金。丧葬费是对死者丧葬所应支付的财产损失，应当按照最高人民法院的司法解释规定予以赔偿。对死亡赔偿金也是采取一次性赔偿20年的固定标准计算。

上述人身损害赔偿项目的实际计算方法，《最高人民法院关于审理人身损害赔偿案件适用法律若干问题的解释》都有具体规定，应当按照司法解释的规定确定具体的赔偿数额。

【案例评注】

某保险公司与张某等机动车交通事故责任纠纷案[①]

基本案情

李某为其所有的小型客车在某保险公司投保了机动车交通事故责任强制保险和第三者责任商业保险。张某系农村居民户籍。2013 年 3 月 12 日签订商品房买卖合同，购买了某城镇房屋，并在此房屋居住。

2015 年 10 月 20 日，沈某驾驶李某所有的小型客车与张某发生交通事故，致张某受伤，车辆受损。沈某承担事故全部责任，张某无责任。事故发生后，张某被及时送往医院接受治疗。李某为张某垫付了在医院花费的住院、检查等医疗费用。

张某出院后进行鉴定，被评定为九级伤残。张某向法院起诉请求判令保险公司在交强险责任限额内赔偿医疗费、伤残赔偿金；超出交强险限额的部分由李某、沈某、某保险公司在商业三者险限额内赔偿。

法院判决

一审法院认为，沈某驾驶小客车与行人张某发生交通事故，造成张某遭受人身损害，张某依法享有请求赔偿义务人赔偿经济损失的权利。张某因交通事故的合理损失如下：医疗费用 86466.62 元、住院伙食补助费 4900 元、后续治疗费 8000 元、营养费 5000 元、误工费 21000 元、护理费 16216 元、精神损害抚慰金 20000 元、伤残赔偿金 253723.20 元、交通费 3214 元、鉴定费 5000 元，共计 423519.82 元。

小客车在某保险公司投保了机动车交通事故责任强制保险和机动车第三者商业保险，该起事故发生在保险期间内，某保险公司应当承担保险理赔责任。沈某驾驶事故车辆，系沈某无偿为李某提供帮工，被帮工人李某应当承担赔偿责任。据此，某保险公司在交强险责任限额内应赔偿张某的合理损失。超出交通事故强制责任保险责任限额的部分由保险公司根据商业三者险合同赔偿张某。李某为某保险公司先行垫付的赔偿款，该笔费用由某保险公司直接返还给李某。

---

① 一审法院为北京市第一中级人民法院，案号：(2016) 京 01 民初 404 号；二审法院为北京市高级人民法院，案号 (2017) 京民终 331 号。

某保险公司不服提起上诉。事实与理由是，本次事故发生在河北省，张某的户籍在黑龙江省，且张某长期在黑龙江省居住生活，故其残疾赔偿金适用标准不应高于事故发生地河北省城镇居民人均可支配收入。本案被上诉人张某利用程序法漏洞通过在北京地区立案起诉以达到获得高额赔偿的目的，该行为已经违背了相关司法解释的立法初衷，不应得到支持。综上，一审判决认定事实不清、适用法律错误、判决结果对我公司显失公平，依法应予改判。

二审法院认为，本案中，虽然交通事故发生地在河北省，但受诉法院在北京市，故一审法院按照北京市上一年度城镇居民人均可支配收入为标准计算保险公司应给付张某的残疾赔偿金并无不当，法院应予支持。某保险公司认为应以不高于事故发生地河北省城镇居民人均可支配收入作为计算标准的上诉主张根据不足，法院不予支持。

专家点评

本案涉及民法典侵权责任编第1179条关于人身损害赔偿的规定。该规定以原《侵权责任法》第16条为基础，增加营养费、住院伙食补助费作为人身损害赔偿项目之一。根据本条的规定，本案张某因机动车交通事故而残疾，有权请求人身损害赔偿。其有权请求的赔偿范围包括医疗费、护理费、交通费、营养费、住院伙食补助费等为治疗和康复支出的合理费用，以及因误工减少的收入。除了上述费用之外，残疾辅助器具费和残疾赔偿金也在赔偿的范围内。上述费用的计算方法应当适用《最高人民法院关于审理人身损害赔偿案件适用法律若干问题的解释》第17条至第35条的规定。

本案争议焦点是残疾赔偿金的计算。根据《最高人民法院关于审理人身损害赔偿案件适用法律若干问题的解释》第25条关于“残疾赔偿金根据受害人丧失劳动能力程度或者伤残等级，按照受诉法院所在地上一年度城镇居民人均可支配收入或者农村居民人均纯收入标准，自定残之日起按二十年计算。但六十周岁以上的，年龄每增加一岁减少一年；七十五周岁以上的，按五年计算”的规定，残疾赔偿金以受诉法院所在地上一年度城镇居民人均可支配收入或者农村居民人均纯收入为标准。张某虽为农村户籍，但是购买了城镇房屋并长久居住，主要收入来源为城镇，残疾赔偿金应当按照城镇居民标准计算。根据《民事诉讼法》第28条关于“因侵权行为提起的诉讼，由侵权行为地或者被告住所地人民法院管辖”的规定，本案交通事故发生在河北省，某保险公司的住所地在北京市，两地法院均有权管辖。北京市第一中级人民法院受诉，张某的残疾赔偿金应当按照北京市城镇居民标准计算。

值得注意的是，某保险公司认为张某利用程序法漏洞获得高额赔偿，行为不当。笔者认为，从《最高人民法院关于审理人身损害赔偿案件适用法律若干问题的解释》第30条关于“赔偿权利人举证证明其住所地或者经常居住地城镇居民人均可支配收入或者农村居民人均纯收入高于受诉法院所在地标准的，残疾赔偿金或者死亡赔偿金可以按照其住所地或者经常居住地的相关标准计算”的规定可以看出，为了充分保护受害人的合法权益，计算残疾赔偿金的标准时，原则为就高不就低。据此，张某向北京市第一中级人民法院起诉以获得相对高额的赔偿，行为正当，并未违背该司法解释的立法初衷。

第一千一百八十条 因同一侵权行为造成多人死亡的，可以以相同数额确定死亡赔偿金。

【条文释义】

本条是对因同一侵权行为造成多人死亡确定死亡赔偿金的规定。

1. 死亡赔偿金的性质

死亡赔偿金的性质，是指死亡赔偿金究竟是对谁的何种损害的赔偿，关系到死亡赔偿金的确定、计算、给付等。死亡赔偿金是不法致人死亡时特有的财产损害赔偿项目，具体是对死亡被侵权人的近亲属的损害赔偿。对于死亡赔偿金，世界各国法律存在共识，即死亡赔偿金并不全部是对死者的财产损害的赔偿，而是对于受害死者有关亲属的赔偿。但在立法例上有两种，即“扶养丧失说”与“继承丧失说”。

“扶养丧失说”认为，由于被侵权人死亡，导致其生前依法定扶养义务供给生活费的被扶养人丧失了生活费的供给来源，受有财产损害，对此损害加害人应当予以赔偿。在这种立法例下，赔偿义务人赔偿的范围，就是被扶养人在被侵权人生前从其收入中获得的或者有权获得的自己的扶养费的份额。至于因被侵权人的死亡而导致对被侵权人享有法定继承权的那些人从被侵权人处将来所继承财产减少的损失，不属于赔偿之列。[①] 另外在赔偿时，如果被侵权人没有受其供养的被扶养人，则不存在损害，赔偿义务人就不承担该项赔偿责任。

“继承丧失说”认为，侵害他人生命致人死亡，不仅生命利益本身受侵害，

① 王利明主编：《人身损害赔偿疑难问题——最高法院人身损害赔偿司法解释之评论与展望》，中国社会科学出版社2004年版，第567页。

而且造成被侵权人余命年岁内的收入“逸失”，使得这些原本可以作为被侵权人的财产为其法定继承人所继承的未来可取得收入，因加害人的侵害行为而丧失，对于这种损害应当予以赔偿。实际上，在这种立法例下，赔偿义务人应当赔偿的范围为被侵权人死亡而丧失的未来可得利益。

我国关于死亡赔偿金的性质历来存在争议。① 原《民法通则》第119条没有规定死亡赔偿金。《道路交通事故处理办法》第37条第一次出现死亡补偿费的概念，《消费者权益保护法》第42条、《国家赔偿法》第34条、《产品质量法》第44条对死亡赔偿金作了规定。其基本性质属于精神损害赔偿金。除《国家赔偿法》的规定外，实际上其他的规范所采纳的是“扶养丧失说”。在《关于审理涉外海上人身伤亡案件损害赔偿的具体规定（试行）》第4条“死亡赔偿范围和计算公式”中，规定收入损失根据死者生前的综合收入水平来计算。计算公式是：收入损失＝（年收入－年个人生活费）×死亡时起至退休的年数＋退休收入×10，死者年个人生活费占年收入的25%～30%，采取的是“继承丧失说”；《最高人民法院关于确定民事侵权精神损害赔偿责任若干问题的解释》所规定的死亡赔偿金明确认为是精神损害抚慰金，采取了“扶养丧失说”。

但是以“扶养丧失说”作为我国死亡赔偿金制度的理论基础，存在不足，在司法实务中也出现了困境。② 为此，《最高人民法院关于审理人身损害赔偿案件适用法律若干问题的解释》放弃过去的立场，而是以“继承丧失说”解释我国有关法律规定中的死亡赔偿金制度。按照这一新的解释立场，死亡赔偿金的内容是对收入损失的赔偿，其性质是财产损害赔偿，而不是精神损害赔偿。这一改变对保护被侵权人的合法权益有益，应当肯定。

2. 死亡赔偿金的标准

对于死亡赔偿金的标准，最高人民法院一直坚持采取农村居民与城镇居民赔偿标准的差异化赔偿法，即通过区别受害人是城市户口还是农村户口来确定赔偿数额。《最高人民法院关于审理人身损害赔偿案件适用法律若干问题的解释》第29条规定出台后，将这个政策法律化，即死亡赔偿金按照受诉法院所在地上一年度城镇居民人均可支配收入或者农村居民人均纯收入标准，按20年计算。这条规定被视为“同命不同价”问题的根源。按照这样的赔偿计算标准，同一起事故中的死者可能因户籍的不同，而取得数额相差较大的赔偿金。2006年在重庆市发生

---

① 最高人民法院民事审判第一庭编著：《最高人民法院人身损害赔偿司法解释的理解与适用》，人民法院出版社2004年版，第355页。

② 最高人民法院民事审判第一庭编著：《最高人民法院人身损害赔偿司法解释的理解与适用》，人民法院出版社2004年版，第359～363页。

一起车祸，3 名搭乘同一辆三轮车的少女不幸丧生，两个城市户口的女孩各得到了 20 多万元赔偿，而另一位农村户口的女孩所获赔偿只有 9 万元，不及前者的一半，就引起公众的强烈不满。

诚然，城市与乡村的收入和支出确实存在明显的不同，但这并不能构成“同命不同价”的正当性基础。这是因为，死亡赔偿金并不是赔偿收入的损失，而是对死者余命的赔偿。如果对于生命的赔偿坚持城乡差别，显然是不尊重农民的生命权，是对农村居民人格的歧视。

为了适当缓解死亡赔偿金采取“同命不同价”所引起的不公平结果，起草原《侵权责任法》时，曾经立意要解决“同命不同价”的做法。草案曾经提出方案，明确规定“同命同价”，废除“同命不同价”的做法，不区分城市居民和农村居民，统一适用标准。具体数额的确定，则根据被侵权人的年龄、收入状况等因素，在法律规定的中间线基础上适当增加或者减少。其中关于地区的差异问题，概括在“收入”一项内容中，包括了地区差异。关于死亡赔偿金与精神损害赔偿的关系问题，草案提出的方案是一揽子赔偿，死亡赔偿金中包括精神损害赔偿。关于死亡赔偿金的计算方法，采取国家上年度城镇职工年平均工资乘以 15 年。计算的结果是，死亡赔偿金的中间线在 40～50 万元之间，再加上按照不同年龄和收入等情况，在这个中间线的上下增加或者减少，数额比较适当，因此比较可行。专家基本上接受了这个意见。但是，在原《侵权责任法》中没有采纳这样的意见，最终只规定了在同一事故中死亡赔偿金采取统一标准的方案。这一条文是一种矫正措施，但是没有从根本上解决这个问题。

《中共中央国务院关于建立健全城乡融合发展体制机制和政策体系的意见》提出，要建立健全有利于城乡基本公共服务普惠共享的体制机制，改革人身损害赔偿制度，统一城乡居民赔偿标准。按照这一规定，死亡赔偿金制度需要进行改革。本法侵权责任编第 1180 条仍然是保留了原《侵权责任法》第 17 条规定的死亡赔偿金的基本规则，具体的改革将留待司法解释解决。

3. 同一事故中死亡的人的统一赔偿标准

根据本条的规定，适用相同数额确定死亡赔偿金的规则是：第一，因同一侵权行为造成受害人死亡；第二，死亡人数为二人以上；第三，本条文规定的“可以”带有一定的强制性，即没有特殊情况时，都应当以相同数额确定死亡赔偿金。

【案例评注】

徐某某等与樊某某等机动车交通事故责任纠纷案①

基本案情

韩某某驾驶的货车由徐某某受让后管理使用，挂靠于新飞宁新物流有限公司，并在人寿财险郑州公司投保交强险和商业第三者责任险。

2014 年 7 月 23 日 23 时许，韩某某驾驶货车与迎面驶来的宋某某驾驶的小型轿车相撞，造成两车损坏，宋某某及其车上乘坐人宋甲、王某某、郭某死亡、宋乙受伤的交通事故。该事故经认定，宋某某、韩某某负事故的同等责任，宋甲、王某某、郭某、宋乙无责任。事故发生在保险期间内。

樊某某、王某甲、王某乙作为受害人王某某的近亲属，请求徐某某、新飞宇新物流有限公司，人寿财险郑州公司承担侵权责任，赔偿丧葬费、死亡赔偿金、精神抚慰金等损失。

法院判决

一审法院认为，本案系机动车交通事故责任纠纷。樊某某、王某甲、王某乙作为受害人王某某的近亲属，有权要求侵权人承担侵权责任，赔偿丧葬费、死亡赔偿金、精神抚慰金等损失。其中，关于死亡赔偿金的标准，原被告意见不一。法院认为，依据《侵权责任法》第十七条关于“同一侵权行为造成多人死亡的，可以以相同的数额确定死亡赔偿金”的规定，本次事故造成宋某某、王某某等多人死亡，宋某某及宋甲的死亡赔偿金均依据城镇标准进行计算，王某某虽为农村户籍，死亡赔偿金也按照城镇标准计算。

徐某某、人寿财险郑州公司不服提起上诉。理由是，王某某系农业户口，其死亡赔偿金应当按照农村居民的收入标准计算。

二审法院认为，因本次事故造成多人死亡，宋某某及宋甲的死亡赔偿金均依据城镇标准进行计算。一审法院按照上年度河南省城镇居民人均可支配收入计算王某某的死亡赔偿金合法有据，故判决驳回上诉，维持原判。

---

① 一审法院为河南省滑县人民法院，案号：（2017）豫 0526 民初 5081 号；二审法院为河南省安阳市中级人民法院，案号：（2018）豫 05 民终 1370 号。

专家点评

本案的争议焦点是王某某的死亡赔偿金应当按照城镇居民人均可支配收入计算还是按照农村居民人均可支配收入计算。之所以会出现这样的争议，来源于《最高人民法院关于审理人身损害赔偿案件适用法律若干问题的解释》第29条所折射出的“同命不同价”的立法理念。为了纠正这一做法，原《侵权责任法》第17条规定了在同一事故中死亡赔偿金采取统一的标准。2019年4月15日，《中共中央国务院关于建立健全城乡融合发展体制机制和政策体系的意见》明确提出改革人身损害赔偿制度，统一城乡居民赔偿标准。2019年9月，最高人民法院印发《关于授权开展人身损害赔偿标准城乡统一试点的通知》，授权各省高院在辖区内开展人身损害赔偿纠纷案件统一城乡居民赔偿标准试点，并要求年内启动。截至目前，已有包括上海、湖北、安徽、山西、广东在内的16个省份启动了人身损害赔偿标准城乡统一试点。在这样的立法与司法实践经验基础上，民法典侵权责任编第1180条继续沿用了原《侵权责任法》第17条的规定。据此，适用相同数额确定死亡赔偿金必须符合因同一侵权行为造成多人死亡的条件。本案中，王某某、宋某某及宋甲均是因同一起机动车交通事故死亡，可以统一确定死亡赔偿金。宋某某及宋甲采用城镇标准来确定死亡赔偿金，王某某虽是农村户口，也可以按照城镇标准来计算赔偿金。

对同一侵权行为造成多人死亡的情形，适用统一的标准来计算死亡赔偿金，体现了对城镇居民与农村居民生命价值的同等尊重，具有良好的社会效果。尽管立法用语使用的是“可以”，而非“应当”，但是在具体适用过程中，仍然应当在符合条件的情形下偏向于统一计算，以充分保障农村居民的生存权益。

第一千一百八十一条 被侵权人死亡的，其近亲属有权请求侵权人承担侵权责任。被侵权人为组织，该组织分立、合并的，承继权利的组织有权请求侵权人承担侵权责任。

被侵权人死亡的，支付被侵权人医疗费、丧葬费等合理费用的人有权请求侵权人赔偿费用，但是侵权人已经支付该费用的除外。

【条文释义】

本条是对不同的侵权责任请求权人的规定。

被侵权人死亡，当然是其近亲属有权请求侵权人承担侵权责任。但是以什么理论作为依据，有赔偿权利说、赔偿义务说、瞬间取得说等不同见解。笔者主张采用双重受害人说，即侵权行为致死被侵权人，实际上有两个不同的受害人，即生命权受到侵害的受害人和财产受到损失、精神受到损害的受害人，都因生命权受到损害的事实而产生损害赔偿请求权。本条第1款大致采纳了这个见解，规定死者近亲属直接享有损害赔偿请求权，可以请求侵权人承担侵权责任。

在侵权责任法律关系中，如果被侵权人为组织，如法人或者非法人组织，在侵权损害赔偿请求权发生后，该组织分立、合并的，按照法人或者非法人组织分立和合并的规则，由实际承继该权利的组织，继续享有侵权请求权，有权请求侵权人承担侵权责任。

被侵权人死亡的另一种情况是，为被侵权人支付过医疗费、丧葬费等合理费用的人，虽然不是该侵权行为的受害人，但也是因救济被侵权人的损害付出财产的人，也对侵权人享有财产损害的赔偿请求权，因而有权请求侵权人承担赔偿费用的责任。但是，侵权人如果已支付该费用，当然就不再承担赔偿责任。应当注意的是，为死者支付医疗费、丧葬费的人，主要是死者的近亲属，但并不是全部。其他为死者支付费用造成损失的人，也应当作为损害赔偿请求权的权利主体。

【案例评注】

徐乙与博山区中医院医疗损害责任纠纷案①

基本案情

2014年9月12日，徐甲到被告博山区中医院住院治疗。2014年9月29日，徐甲在该院死亡。其妻王某于2016年死亡。徐甲和王某系夫妻关系，两人育有一女徐丙。除徐丙外，徐甲再无其他第一顺序法定继承人。原告徐乙与徐甲系同胞兄弟关系。

徐乙向一审法院起诉请求：(1) 请求被告就患者徐甲住院最后一夜，服用注射地西泮（2片）5mg，地西泮针剂10mg后，在昏睡中死亡承担医疗责任，并予以赔偿人民币16万元，具体数额有待医疗事故鉴定结果出来后计算。(2) 判决

① 一审法院为山东省淄博市博山区人民法院，案号：(2017) 鲁0304民初2469号之一；二审法院为山东省淄博市中级人民法院，案号：(2018) 鲁03民终771号。

本案诉讼费用等有关费用由被告承担。

诉讼中，徐丙明确表示，其不主张其父徐甲因医疗损害产生的任何权利，亦未委托其叔徐乙主张任何权利。

法院判决

一审法院认为，与本案有直接利害关系的公民才具有原告的主体资格，主张相应的民事权利。依据法律规定，被侵权人死亡的，其近亲属有权请求侵权人承担侵权责任。被侵权人近亲属作为请求权主体，应当按照配偶、父母、子女为第一顺位、其他近亲属为第二顺位的顺序主张权利。

因被侵权人死亡所产生的死亡赔偿金、丧葬费等费用，是对其近亲属遭受的财产损害，在维持一般物质生活水平限度内的补偿，是其近亲属对财产权利的享有与分配。基于此，就要将死者与其近亲属的亲疏远近作为重要因素予以考量。千百年来中国的社会环境，无论是在农村还是在城镇，通常情况下，配偶之间、父母与子女之间的关系更加紧密。故从请求财产权利的保护角度来看，参照《最高人民法院关于确定民事侵权精神损害赔偿责任若干问题的解释》第七条的规定，即配偶、父母、子女应为第一顺位，其他的为第二顺位，较为妥当。基于上述分析，一审法院认为，在死者徐甲的女儿不主张民事权利的情况下，徐乙作为徐甲同胞兄弟处于第二顺位，其不具有原告的主体资格，故裁定驳回原告徐乙的起诉。

徐乙不服一审裁定，提起上诉。事实和理由是：（1）一审法院以上诉人不是第一顺序继承人为由裁定上诉人主体不合格驳回起诉是错误的，依据法律规定，上诉人作为受害人徐甲的弟弟具有诉讼主体资格；（2）上诉人的诉讼请求是人身损害物质赔偿，而不是精神损害赔偿，一审裁定适用法律错误；（3）精神损害划分近亲属顺序，人身损害赔偿没有划分近亲属顺序。

二审法院认为，因被侵权人死亡所产生的死亡赔偿金等费用，是对死者遭受的财产损害在一定范围内的赔偿，属于财产损害赔偿性质，根据《侵权责任法》的规定，死者近亲属享有请求权。但对于享有请求权的近亲属的内涵和外延法律及司法解释均无规定，对此可以参照《继承法》第十条中法定继承的顺序，配偶、父母、子女为第一继承顺序，兄弟姐妹等其他为第二继承顺序。在有第一顺序亲属的时候，其配偶、父母、子女可以向加害人请求死亡赔偿金等，这个请求权只属于第一顺序的亲属，第二顺序的亲属不能主张；只有在没有第一顺序亲属的情况下，才可以把第二顺序的人列为死亡赔偿金等费用的请求权人。本案中，徐丙作为徐甲之女，其应为本案赔偿请求权的主体，徐乙作为徐甲的同胞兄弟，在徐丙不主张民事权利的情况下，不具有请求权的主体资格，一审法院据此裁定驳回徐乙的起诉并无不当。故二审法院驳回上诉，维持原裁定。

专家点评

本案的争议焦点是，死者徐甲的女儿徐丙与徐甲的同胞兄弟徐乙皆为其近亲属。徐丙不主张损害赔偿时，徐乙是否具有原告的主体资格并主张权利。

原《侵权责任法》第 18 条第 1 款与民法典侵权责任编第 1181 条第 1 款均只规定了近亲属有权请求侵权责任，但并未指明是否有顺位要求。本案一审、二审法官分别援引《最高人民法院关于确定民事侵权精神损害赔偿责任若干问题的解释》第 7 条以及原《继承法》第 10 条作为法律依据，认为近亲属的损害赔偿请求权具有顺位要求，只有在没有第一顺位亲属的情况下，第二顺位亲属才可以主张损害赔偿请求权。笔者同意这样的观点。理由在于，因被侵权人死亡所产生的丧葬费等属于财产损害赔偿。对于较为特殊的死亡赔偿金，我国采取的是“继承丧失说”，即侵害他人生命致人死亡，造成了被侵权人余命年岁内的收入丧失，法定继承人无法取得原本这部分可以作为被侵权人财产的收入。其性质也是财产损害赔偿，而不是精神损害赔偿。据此，应当按照法定继承顺序请求损害赔偿，即当第一顺位亲属不存在时，第二顺位亲属才可以主张损害赔偿请求权。死者徐甲的第一顺位继承人女儿徐丙仍在世，第二顺位继承人同胞兄弟徐乙无权请求损害赔偿。

不过，当第一顺位亲属存在但不主张损害赔偿请求权时，第二顺位亲属如果支付了医疗费、丧葬费等，可以依照民法典侵权责任编第 1181 条第 2 款的规定，请求侵权人偿还医疗费、丧葬费等费用。也就是说，死者徐甲的女儿徐丙不主张损害赔偿，徐甲的同胞兄弟徐乙若支付了医疗费等，可以民法典侵权责任编第 1181 条第 2 款作为请求权依据，请求赔偿费用。

第一千一百八十二条 侵害他人人身权益造成财产损失的，按照被侵权人因此受到的损失或者侵权人因此获得的利益赔偿；被侵权人因此受到的损失以及侵权人因此获得的利益难以确定，被侵权人和侵权人就赔偿数额协商不一致，向人民法院提起诉讼的，由人民法院根据实际情况确定赔偿数额。

【条文释义】

本条是对侵害他人人身权益造成财产损失的赔偿规则的规定。

本条规定的是侵害他人人身权益造成财产损失的赔偿规则，即按照被侵权人因此受到的损失或者侵权人因此获得的利益赔偿；损失以及获利难以确定，由法院根据实际情况确定赔偿数额。其中，获利返还规则最先适用于知识产权领域。原《侵权责任法》第20条借鉴该经验，将其扩张适用于侵害人身权益领域的范围。人身权益包括人格权益以及身份权益。物质性人格权益以及身份权益不具有商业化的利用价值，侵犯该类人身权益时，侵权人难以从侵权行为中获利。精神性人格权益，如肖像权等具有商业化的利用价值，侵犯该类人身权益时，侵权人往往获取了高额的利润。因此，严格意义上来说，本条规定的是侵害公开权造成财产损失的赔偿规则。

民法典人格权编第993条规定了公开权，即民事主体可以许可他人使用姓名、名称、肖像等，但是依照法律规定或者根据其性质不得许可的除外。与此相对应，本条规定了侵害公开权造成财产损失的赔偿规则。

这些被侵害的人格利益都是精神性人格利益，应用在商品社会中会产生财产利益，此利益应当归属于权利人本人。他人未经权利人同意而将权利人的姓名、名称、肖像、隐私、个人信息等人格利益予以公开，侵害了权利人的人格权，使权利人本人的人格利益包括财产利益受到损害，侵权人应当承担赔偿责任，赔偿权利人受到的损害。

侵害公开权造成财产利益损失的赔偿方法是：

1. 被侵权人因此受到实际财产损失的，按照被侵权人实际受到的损失或者侵权人因此获得的利益，承担赔偿责任，选择权在被侵权人。

2. 被侵权人因此受到的损失以及侵权人因此获得的利益难以确定的，被侵权人和侵权人就赔偿数额进行协商，按照协商一致的方法确定赔偿责任。

3. 被侵权人和侵权人就赔偿数额协商不一致，向人民法院提起诉讼的，由人民法院根据实际情况确定赔偿数额。

【案例评注】

格调公司与黄某肖像权纠纷案①

基本案情

黄某系著名影视演员。格调公司系以家私的产销、国内贸易、普通货运为经营范围的有限责任公司。2015 年 10 月 22 日，在名称为“格调家私”的微信公众号内载有题为《Wuli 老腊肉黄某逆袭记》文章一篇。文章中写道“在我们的印象中，黄某的正确打开方式应该是这样的”，后附黄某九张照片，照片后载有文字内容“不仅人能成功逆袭，家具也能”，后附多张家具图片，文章尾部载有“格调”宣传图片，文章阅读数为 905，点赞数为 5。对于格调公司的宣传行为，黄某提出诉讼请求：(1) 要求格调公司在全国公开发行的报纸和涉诉微信公众号上公开赔礼道歉，致歉内容应包含判决书案号及具体侵权情节，致歉版面面积不小于 6.0 厘米 ×9.0 厘米，致歉时间不少于 30 日；(2) 要求格调公司赔偿黄某经济损失 300000 元、维权成本 3000 元。

法院判决

一审法院认为，涉诉微信公众号系对格调公司经营的家私产品的宣传推广。格调公司在涉诉微信公众号中使用黄某照片的行为属于从事与其经营有关的宣传活动，具有营利目的。格调公司使用黄某照片未经过黄某同意，构成对黄某肖像权的侵害。根据法律的规定，公民的肖像权受到侵害的，有权要求停止侵害，消除影响，赔礼道歉，并可以要求赔偿损失。故法院判决格调公司在微信公众平台上发布致歉声明向黄某赔礼道歉，致歉声明持续时间为七日，致歉内容须经法院审核；同时，格调公司赔偿黄某经济损失 120000 元、维权成本 1000 元。

格调公司不服一审判决，提起上诉。上诉理由是，格调公司系小微企业，刊载的黄某照片来源于网络，此类照片的传播均为黄某所默许。格调公司少量摘录照片、简单援引报道，并未对黄某的形象产生不当影响，不属于侵犯肖像权的行为；格调公司微信公众号注册时间短、关注人数极少，社会关注度极低，并未损害黄某的名誉，也未因此获益，商业影响力度小。

---

① 一审法院为北京市朝阳区人民法院，案号：(2017) 京 0105 民初 5011 号；二审法院为北京市第三中级人民法院，案号：(2018) 京 03 民终 3477 号。

二审法院认为，根据查明的事实，格调公司在未经黄某同意的情况下，将黄某的照片作为配图使用在其认证的微信公众号所发布的文章中，且该微信公众号系对格调公司经营的家私产品的宣传推广，其使用黄某照片的行为具有营利目的。格调公司上诉主张其使用的黄某照片来源于网络、照片的传播为黄某所默许，并无证据证明；其主张其使用黄某照片未构成侵犯黄某肖像权的行为，也未因此获益，与事实不符，不能成立。一审法院判决格调公司承担赔礼道歉及赔偿黄某经济损失、维权成本，于法有据，法院予以确认。

专家点评

黄某是知名的影视演员，其肖像具有商业化的利用价值。格调公司的宣传行为涉及了侵犯黄某肖像权的问题。民法典人格权编第1019条规定了未经肖像权人的同意，不得制作、使用、公开肖像权人的肖像。因而，格调公司使用黄某照片进行宣传推广的行为侵害了黄某的肖像权，应当赔礼道歉、赔偿损失等。

关于财产损失赔偿额的确定方法，原《侵权责任法》第20条规定："侵害他人人身权益造成财产损失的，按照被侵权人因此受到的损失赔偿；被侵权人的损失难以确定，侵权人因此获得利益的，按照其获得的利益赔偿；侵权人因此获得的利益难以确定，被侵权人和侵权人就赔偿数额协商不一致，向人民法院提起诉讼的，由人民法院根据实际情况确定赔偿数额。"民法典侵权责任编第1182条进行了修改，抛弃了"损失优先于获利"的做法，删除了顺位要求，允许按照被侵权人因此受到的损失或者侵权人因此获得的利益赔偿。据此，黄某既可以按照自己肖像中所包含的经济性利益受到损失的范围请求赔偿，也可以按照格调公司因此获得的利益来请求赔偿。

第一千一百八十三条 侵害自然人人身权益造成严重精神损害的，被侵权人有权请求精神损害赔偿。

因故意或者重大过失侵害自然人具有人身意义的特定物造成严重精神损害的，被侵权人有权请求精神损害赔偿。

【条文释义】

本条是对精神损害赔偿责任的规定。

精神损害赔偿是民事主体因其人身权利受到不法侵害，使其人格利益和身份利益受到损害或遭受精神痛苦等无形损害，要求侵权人通过财产形式的赔偿等方法，进行救济和保护的民事法律制度。

1. 精神损害赔偿的意义

精神损害赔偿在现今生活中扮演的角色愈发重要。在1978年以前，精神损害赔偿还是“资产阶级的货色”，是被批判的东西。原《民法通则》第一次在法典中试探性地写进了精神损害赔偿的概念，使精神损害赔偿这个保护民事权利、制裁民事违法行为的法律武器第一次走进了社会生活中，成为中国法律的概念。

这是中国法制现代化的一个重要标志。现如今，在回忆起这一段历史的时候，人们由衷地敬佩佟柔先生、谢怀栻先生、江平先生和王家福先生等老一代民法学家在这个问题上的远见卓识。可以毫不夸张地说，原《民法通则》关于精神损害赔偿的立法开启了中国民法现代化的新时代。

十几年来，中国的法制建设发生了很大的变化，在“依法治国，建设社会主义法治国家”治国方略的指导下，各项法律的建设都日新月异，蓬勃发展。在民商法领域，精神损害赔偿法律制度的建设也是如此。经过十几年的研究和实践，在精神损害赔偿问题上，在以下几个方面可以证明它的重大进步：

首先，精神损害赔偿已几乎成为全体人民耳熟能详的法律概念。在今天的社会生活中，几乎没有人不熟悉精神损害赔偿这个概念。大家接受它，熟悉它，而且在实践中能够运用它。由此可见，精神损害赔偿制度确实已经深入人心。

其次，大量涉及精神损害赔偿的案件起诉至法院，既有法人的诉讼，也有自然人的诉讼。法院认真审理这些案件，积累了丰富的司法裁判经验。在民事案件中，涉及人身权保护的精神损害赔偿案件越来越多，说明了人民群众权利及其保护意识大大加强，这正是法律昌明的表现，是依法治国方略实施的结果。

最后，立法和司法解释在实践和理论研究的推动下，有了重大的进展。除了原《民法通则》之外，其他法律中也对精神损害赔偿作了广泛的规定。一些重要的立法在保护自然人和法人的人格权、身份权方面发挥了重要的作用。在司法实践中，最高人民法院认真总结实践经验，将在适用精神损害赔偿中积累的丰富经验，变成规范性的司法解释，引导精神损害赔偿的实践，推动精神损害赔偿的立法。

可以说，经过将近20年的研究和实践，中国精神损害赔偿的立法、司法和理论研究都已经基本成熟了，成为中华民族法制建设的宝贵财富。

2. 精神损害赔偿的性质

精神损害赔偿的法律性质，是财产赔偿责任。确定这一性质有以下三点根据：

（1）精神损害赔偿仍然以财产方式作为主要救济手段

就广义而言，精神损害赔偿包括赔偿损失、停止侵害、恢复名誉、消除影响、赔礼道歉。但其中最主要、最基本的救济方式是赔偿损失。从国外主要国家民法典关于精神损害赔偿的条文规定来看，一般规定救济方式为损害赔偿和除去侵害，将损害赔偿作为主要的救济手段。赔偿损失的方式是财产救济手段，即以由侵权人向被侵权人给付财产为基本形式，救济被侵权人受到侵害的权利。对于财产的损失用赔偿方法救济，是财产救济手段；对于非财产的精神损害用赔偿方法进行救济，仍然是财产救济手段。

（2）精神损害赔偿的基本功能仍然是填补损害

精神损害赔偿具有多种功能，如补偿功能、惩罚功能、抚慰功能、调整功能等，但是作为财产赔偿，其基本功能必然是填补损害。就财产损失而言，赔偿的目的完全着眼于填补损害。精神损害是无形损害，绝大多数的精神损害无法用财产的标准加以衡量。但是，确立精神损害赔偿的目的，就是以财产的方式补偿被侵权人所遭受的精神损害，对被侵权人精神利益损失和精神痛苦的赔偿，具有明确的填补损害并使该损害得到平复的功能。在这一点上，财产损害赔偿与精神损害赔偿虽然有所不同，但就填补损害的基本功能而言，却是一致的。

（3）我国民事立法明文规定精神损害赔偿的方式之一是赔偿损失

原《民法通则》并没有明确使用精神损害赔偿的概念，只是在第120条两个条款中规定“赔偿损失”，这里的赔偿损失与该法第134条规定民事责任方式中的“赔偿损失”是同一概念。因此可以理解我国的赔偿损失责任方式包括财产损失的赔偿、人身损害的赔偿和精神损害的赔偿。原《侵权责任法》第22条明文使用精神损害赔偿的概念，从这一点上观察，精神损害赔偿的方式之一是赔偿损失。本条规定沿袭了原《侵权责任法》第22条关于精神损害赔偿的概念，也表征了精神损害赔偿的方式之一是赔偿损失。

3. 精神损害赔偿制度在我国的沿革

在改革开放之前，我国立法和司法都拒绝精神损害赔偿责任制度，认为这种赔偿责任是反动的，是将人格作为商品出卖的资产阶级民法制度。经过改革开放的洗礼，人们已经充分认识到精神损害赔偿这一制度对保护民事主体合法民事权益的重要作用，并且尽力发挥它的这一作用。

原《民法通则》首开先河，规定了精神损害赔偿制度，但对这一制度并没有给予太大的发展空间，第120条对于精神损害赔偿责任的适用，仅规定可以适用于姓名权、肖像权、名誉权和荣誉权的保护，对于其他人格权和身份权，尤其是对生命权、健康权、身体权的损害，都没有规定可以适用精神损害赔偿责任。这样的规定，显然具有时代的局限性。

在实践中，司法不断面临新问题并不断予以解决，促使立法的不断完善。首先，《道路交通事故处理办法》规定了死亡补偿费制度，对死者的近亲属可以赔偿死亡补偿费，以补偿被侵权人近亲属的精神损害。其次，《产品质量法》《国家赔偿法》以及《消费者权益保护法》规定了死亡抚恤金、死亡赔偿金和残疾赔偿金制度，作为对死亡以及造成残疾的被侵权人的精神损害赔偿，比较全面地扩大了精神损害赔偿责任的适用范围。再次，在《最高人民法院关于确定民事侵权精神损害赔偿责任若干问题的解释》中，最高人民法院将适用的并不广泛的精神损害赔偿责任扩展适用范围，规定侵权行为造成死亡的，赔偿死亡赔偿金；造成残疾的，赔偿残疾赔偿金；造成其他人格权、身份权损害的，赔偿精神抚慰金，将精神损害抚慰金责任制度扩展到更为宽阔的领域，成为覆盖面宽、保护力度大的一种侵权救济手段，发挥了重要作用。最后，在 2003 年 12 月出台的《最高人民法院关于审理人身损害赔偿案件适用法律若干问题的解释》中，将死亡赔偿金和残疾赔偿金改变为被侵权人遭受损失的赔偿而不是精神损害赔偿。凡是造成人格权或者身份权损害的，都可以请求精神损害抚慰金赔偿。这是侵权责任法的一个极大进步，值得特别重视。

在实践和理论研究不断的推动下，原《侵权责任法》第 22 条规定了精神损害赔偿责任的一般性条款。本法制定时，继续沿袭了这一内容，并吸收了司法解释的有益经验，制定了更为完善的规则。

4. 精神损害赔偿责任承担规则

本条第 1 款规定的是，侵权行为侵害了自然人的人身权益造成严重精神损害的，应当承担精神损害赔偿责任：

（1）侵害物质性人格权，即生命权、身体权、健康权造成精神损害的，应当赔偿精神损害抚慰金。

（2）侵害姓名权、肖像权、声音权、名誉权、隐私权、个人信息权造成精神损害的，应当赔偿精神损害赔偿金。

（3）侵害身份权即配偶权、亲权、亲属权造成精神损害的，应当承担精神损害赔偿责任。

（4）侵害自然人的人身利益，包括一般人格利益、胎儿的人格利益、死者的人格利益以及亲属之间的身份利益，侵权人也应当承担精神损害赔偿责任，补偿其精神损害。

本条第 2 款规定的是，侵权行为侵害了自然人的财产权益造成严重精神损害的，应当承担精神损害赔偿责任：对于造成财产损失，一般不以承担精神损害赔偿责任的方法进行救济，但是，如果是因故意或者重大过失侵害自然人具有人身意义的特定物造成严重精神损害的，由于该特定物中包含人身利益（包括人格利益和身份利益因素），对该特定物的损害会造成被侵权人的严重精神损害，被侵权人有权请求精神损害赔偿，侵权人应当对因特定物的财产损害而造成的被侵权人的精神损害承担赔偿责任。如果是因一般过失侵害自然人具有人身意义的特定物造成精神损害的，侵权人不承担精神损害赔偿责任。

对于精神损害赔偿，还应当适用民法典人格权编第996条规定，即“因当事人一方的违约行为，损害对方人格权并造成严重精神损害，受损害方选择请求其承担违约责任的，不影响受损害方请求精神损害赔偿”。因违约造成对方当事人严重精神损害的，违约方也应当承担精神损害赔偿责任，可以在违约诉讼中直接请求精神损害赔偿。

【案例评注】

姚乙等与徐州矿务公司等财产损害赔偿纠纷案[①]

基本案情

姚甲（已去世）系姚乙的祖父，姚甲生前与煤机厂之间签订“单位自管居住用房租约”，租用徐州市煤机西村3－82号房屋。1960年至2003年由姚乙的祖父使用，姚乙自1964年与祖父母居住在涉案房屋。2003年姚甲去世，姚乙仍居住在此。

该房屋位于煤机厂西村棚户区改造项目范围。2010年9月1日，煤机厂与徐州市鼓楼区棚户区改造工作领导小组办公室（以下简称棚改办）、九龙湖拆迁公司签订《徐州市鼓楼区煤机西村棚户区改造项目城市房屋代理拆迁协议书》。煤机厂负责投资，棚改办具体负责项目拆迁安置工作，棚改办选择九龙湖拆迁公司作为具备拆迁资质的动迁公司。同时约定九龙湖拆迁公司负责与被拆迁人签订《拆迁补偿安置协议》等。三方还约定代理拆迁服务费52.17万元，由徐州市城乡建设局于2010年9月10日对该项目发布拆迁公告。该项目的拆迁人为徐州矿务集团有限公司，动迁由九龙湖拆迁公司实施。煤机厂于2011年5月11日在《徐州日报》上刊登公告，要求拆迁范围内52户长期无人居住的公房承租人自登

① 一审法院为江苏省徐州市鼓楼区人民法院，案号：（2016）苏0302民初1221号；二审法院为江苏省徐州市中级人民法院，案号：（2017）苏03民终3256号。

报之日起三日内到现场动迁公司办理拆迁事宜。姚乙使用的上述房屋在该公告范围内。

2011年3月14日中午，姚乙返回至煤机西村3－82号房屋时，该房屋已被拆除。姚乙遂以房屋被拆报警，出警民警告知其向有关部门反映。但该房屋内物品的种类和数量不明，物品的下落亦不明。姚乙向一审法院起诉，请求法院判令九龙湖拆迁公司、徐州矿务公司、煤机厂赔偿姚乙财产损失15万元、精神损害抚慰金3万元。

法院判决

一审法院认为，根据《徐州市鼓楼区煤机西村棚户区改造项目城市房屋代理拆迁协议书》的内容，九龙湖拆迁公司作为具备拆迁资质的单位，负责与被拆迁人签订《拆迁补偿安置协议》，并领取代理拆迁服务费，因此，应当认定具体工作的实施是由九龙湖拆迁公司负责。虽然在《徐州市鼓楼区煤机西村棚户区改造项目城市房屋代理拆迁协议书》上，没有明确将拆除工作由其实施约定在协议中，并不足以证明九龙湖拆迁公司没有进行决策或实施。故九龙湖拆迁公司应为本案的实际侵权人。

对于姚乙主张的损失，因九龙湖拆迁公司在实施拆除过程中，未对被拆除房屋内的物品依法进行清点，并保存相关证据，在物品被损毁后，再让姚乙举证证明物品存在，系加重了姚乙的举证责任，因此，姚乙提供了部分主张损失物品的票据，应有理由相信该物品确实存在于上述房屋内，无需一定要得到侵权方的确认才能认定损失存在，否则被侵权方的利益无法得以保护。故对姚乙主张的物品损失，应综合考虑一般家庭的正常生活水平以及折旧因素，按姚乙主张损失清单中60%的比例计算原告损失财产的数额。关于精神损害抚慰金，因该房屋系姚乙爷爷曾居住使用，室内可能存放一些物品年代较久，具有一定的人格象征意义，综合考虑本案，酌定赔偿精神损害抚慰金30000元。

姚乙不服一审判决，提起上诉，主要理由是损失清单中，除了票据外，还有姚乙祖父50年的读书日记、全国名校曲阜一中初中毕业证书、医书、药书、偏方、秘方、邮票及六七位原地市级领导的书信等。一审判决的财产损失赔偿数额过低，且财产损失低于精神损害赔偿，不合常理。

二审法院认为，姚乙上诉提出的其祖父的50年读书日记、初中毕业证书、医书、药书、偏方、秘方、邮票及六七位原地市级领导的书信、王安忆签名的书籍等，对于其主张的上述特定物，姚乙未提供相关证据，无法确定价值；同时，《最高人民法院关于确定民事侵权精神损害赔偿责任若干问题的解释》第四条规定："具有人格象征意义的特定纪念物品，因侵权行为而永久性灭失或者毁损，物品所有人以侵权为由，向人民法院起诉请求赔偿精神损害的，人民法院应当依法予以受理。"一审法院亦已考虑该房屋系姚乙的爷爷曾居住使用，室内可能存放一些年代较久、具有人格象征意义的物品，酌定支持精神损害抚慰金30000元。故判决驳回上诉，维持原判。

专家点评

本案涉及的是侵害具有人格象征意义的特定物品时的精神损害赔偿问题。《最高人民法院关于确定民事侵权精神损害赔偿责任若干问题的解释》第4条规定了物品所有人的精神损害赔偿请求权，在司法实践中适用效果良好。原《侵权责任法》制定时，第22条关于精神损害赔偿的规定未吸收该经验，只规定了侵害人身权益时精神损害赔偿的一般条款。编纂民法典时，为了更好地保护被侵权人的合法权益，民法典侵权责任编第1183条以该司法解释为立法基础，新增了侵害具有人身意义的特定物的精神损害赔偿。

涉案房屋内存放的姚乙爷爷生前留下的物品，寄托了姚乙对爷爷的哀思，是具有人身意义的特定物。九龙湖拆迁公司在拆迁过程中，未尽到审慎的注意义务，致使上述物品毁损灭失，具有重大过失。姚乙有权请求九龙湖拆迁公司赔偿精神损害。至于精神损害赔偿的数额，则由法院根据实际情况酌定考虑。本案一审、二审法院酌定支持精神损害抚慰金30000元，于法有据，合情合理。

第一千一百八十四条 侵害他人财产的，财产损失按照损失发生时的市场价格或者其他合理方式计算。

【条文释义】

本条是对财产损害赔偿的规定。

1. 财产损害的概念

财产损害，是指侵权行为侵害财产权，使财产权的客体遭到破坏，其使用价值和价值的贬损、减少或者完全丧失，或者破坏了财产权人对于财产权客体的支配关系，使财产权人的财产利益受到损失，从而导致权利人拥有的财产价值的减少和可得财产利益的丧失。

从一般意义上而言，财产损害从其物理形态上分析，是物的本身的损害，即物的毁损和被侵占。原《民法通则》第117条正是这样规定的。但是，财产权的客体，不仅指有形物的本身，还包括他物权、占有权、债权、知识产权中的无形财产利益，这些无形财产对于权利人而言，其重要性绝不亚于有形物。确认财产损害的概念，仅仅从狭义的角度去理解是不正确的，其后果就是对财产权人的财产权利保护不完备。因此，本条规定的比较原则，就是“侵害他人财产”，既包括侵害财产权利，也包括财产利益，保护的范围比较宽泛。

2. 财产损害的法律特征

（1）财产损害是侵权行为侵害财产权益所造成的客观后果

侵权行为侵害财产权益，必然造成财产损害后果。财产损害在侵权行为法上有两个最基本的意义。首先，财产损害作为侵害财产权益民事责任构成要件之一，决定着侵权行为责任的构成与否。在这个意义上，财产损害的决定作用是其是否客观存在，而不是财产损害范围的大小。其次，财产损害作为确定侵权赔偿责任范围的尺度，起决定作用的是损害范围的大小，而不是其是否客观存在。在这个意义上，确定财产损害不是以事实是否存在为准，而是以其财产价值量的变化作为标准计算。财产损害正是以它的客观存在形态和客观损失大小这样两个相互对立又相互统一的客观因素，完整、和谐地构成一个整体，在财产损害赔偿中起着重要的决定性作用。

（2）财产损害是指财产权益价值量的改变

财产损害不是指财物的物理形态的变化和灭失，而是指财产价值量的改变。从客观上说，财产损害在财物的侵占和毁损上，是指财物的物理形态的变化和灭失。但是，由于财产损害不仅仅是指物的损失，还包括其他财产利益的损害；并且财产损害虽然有的表现为财产权人财产的减少和灭失，但从法律意义上看，财产损害表现形式，应是权利人财产价值量的改变，其财产既包括有形财产，也包括无形财产；既包括积极财产，也包括消极财产。只有以价值的损失作为财产损害的形态，才能准确计算财产损害的具体范围，并且按照这种损害范围予以准确的赔偿。

（3）财产损害的表现形式是价值量的贬损、减少和灭失

财产损害的表现方式，是财产权人价值量的贬损、减少和灭失。贬损，是财产利益遭受贬值、损毁等不利益；减少，是指财产价值量的降低；灭失，则指一定范围内财产价值量的全部失去。财产损害的上述表现形式，总是体现在某项特定的财产或者财产利益上，如某件财产、某项权利中的某种财产利益的贬损、减少和灭失。虽然它们最终表现为被侵权人财产拥有总量的减少，但原则上只计算特定财产即受到侵害的财产的损害，而不计算被侵权人拥有的全部财产损失多少。

3. 财产损害的种类

财产损害，从侵权行为法的救济手段上来认识，应当包括三种，即侵占财产、损坏财产和其他财产利益损失。

（1）侵占财产

侵占财产是以对他人所有的财产的非法占有为特点，使该财产的所有人对该财产丧失占有乃至丧失所有权，最典型的是偷窃、抢夺，还包括其他侵占财产的行为，诸如非法扣押他人财产等。侵占财产最典型的表现形态是“位移”，即由所有权人或者合法占有人占用、支配的特定财物，转而被行为人所占有，物的所在位置发生了变化。用民法的术语来说，就是因侵权行为而使被侵害的物转移占有。

（2）损坏财产

损坏财产是以对他人所有的财产进行毁损为特点，使该财产的价值和使用价值受到破坏，以至完全丧失，使原所有权人的财产拥有量减少，以至丧失。损坏财产最典型的表现形态是“质变”，即财物的外在形态和内在质量受到破坏，财物虽然还在所有权人或者合法占有人的控制支配之下，但是由于财物的“质变”，而使权利人所拥有的财产价值量发生了变化，受到了损失。损坏财产包括对财产的毁灭和损坏。前者是指财物的质的根本改变，由于侵害，该物已经不是原来意义上的财物，而是成为另一种意义上的物，使用价值完全改变。例如，建筑物被毁坏，不再成为建筑物，而是成为建筑材料；木制家具被毁坏，不再是家具，而成为木柴。后者是指财物的非本质的改变，作为原来意义上的财物并没有发生变化，只是其使用价值降低。区分毁灭和损坏，在侵权行为法上是有重要意义的。财物的毁灭，只能进行赔偿，如果财物毁灭后还有残存的价值，则有适用损益相抵原则的必要。财物的损坏，可以使用恢复原状的方法救济，也可以使用折价赔偿的方法救济。

（3）其他财产利益损失

其他财产利益损失，是指除所有权以外的其他财产权受到损害而损失的财产利益。例如，债权、他物权、占有权、知识产权中所包含的财产利益，就是在相邻权中，也具有相当的财产利益因素。当这些权利受到侵害以后，就会造成这些财产利益的损失。即使是侵权行为中的纯粹经济利益损失，也是其他财产利益损失的一种。这种财产损害在财产利益损失中占有相当大的比重。在商品经济不发达时期，我国财产权法律制度不健全，人们不甚重视或者不重视这些财产利益的价值。随着社会主义市场经济的日益发展，人们越来越重视这些权利及其体现的财产利益，这些财产利益在社会中也越来越重要。侵权行为法必须适应社会的发展需求，把这种财产利益的损失作为侵权行为的重要后果，采取相应的措施，加以切实、有效的保护。

综上，侵占财产、损坏财产和其他财产利益损失是财产损害的基本表现形态。研究财产损害赔偿，就是要从这样三种具体形态出发，研究对它们的具体救济手段。

4. 财产损害的赔偿范围

确定财产损害赔偿范围，应当以全部赔偿为原则，即财产损害赔偿数额的确定，以财产、财产利益所损失的价值为客观标准，损失多少，赔偿多少。

这种赔偿原则的依据，是侵权损害赔偿的性质所决定的。损害赔偿最基本、最主要的性质是补偿被侵权人的损失。既然如此，补偿就只能以财产损失的多少为依据，赔偿大于损失，就超过了补偿的意义；赔偿小于损失，就没有达到补偿的要求。只有全部赔偿，才能完全体现损害赔偿的补偿性质。

对财产损害全部赔偿，应当着重强调以下几点：

第一，坚持客观标准。对损害赔偿责任范围的确定，不能采用刑事责任的确定方法。首先，不能以过错的程度来作为赔偿范围的依据，不能认为故意造成的损害应该全赔或者多赔，过失造成的损害就可以少赔。其次，也不能以行为的损害程度作为赔偿范围的依据。刑事责任的主要标准在于社会危害程度。损害程度指的是损害所达到的地步，很难加以准确计算。作为财产责任的损害赔偿，必须以民法的公平和等价有偿原则作为衡量的尺度。损失多少，就应该赔偿多少，没有任何其他科学的标准。只有如此精确计算，实事求是，有一赔一，有二赔二，才能在侵权行为法中贯彻等价有偿的原则。因此，赔偿范围依据损害程度来确定是不科学的。最后，认错态度的好坏也不能作为确定责任范围的标准。刑事责任会因被告人的悔罪程度而发生变化，而民事责任绝不会如此。无论侵权人如何悔悟，损失财产的价值是不变的。简言之，套用刑事责任的确定依据来作为损害赔偿责任的确定依据，是不科学、不公平的。

既然损害赔偿的目的主要是补偿被侵权人的财产损失，确定赔偿责任范围的唯一依据是财产损失的大小，那么对于财产的损失必须给予全部赔偿。

第二，全部赔偿包括直接损失和间接损失。侵权人既要对现有财产的直接减少进行赔偿，也要对在正常情况下实际上可以得到的利益即间接损失进行赔偿。直接损失是行为人的加害行为所直接造成的被侵权人的财产减少，如侵犯财产权而造成的财物的损坏、灭失，都属于直接损失，应当全部赔偿。间接损失原则上也应当全部赔偿。因为在正常情况下，被侵权人本应当得到这些利益，只是由于侵权人的侵害才使这些可得利益没有得到。这种损失虽然与直接损失有些区别，但这种区别只是形式上的，实质上并没有根本的区别。对于间接损失如果不能全部予以赔偿，被侵权人的权利就得不到全部保护，同时侵权人的违法行为也得不到应有的制裁。因此，间接损失也应当全部赔偿。

应当指出的是，在理论上和实践上，有很多人主张，对间接损失不能予以全部赔偿，只能予以适当补偿，是不正确的。此处所说的间接损失是客观的、实际的损失，是有切实依据的可得利益损失，并不是主观臆想的损失，对于这样的损失，必须予以全部赔偿。

第三，赔偿合理损失。在实行全部赔偿原则时，必须有一个前提，就是予以赔偿的损失必须是合理的，不合理的损失不应赔偿。

第四，实行损益相抵。全部赔偿必须从全部损失中扣除新生利益，实行损益相抵。对此，应当依照损益相抵原则，进行科学、准确的计算，以其相抵以后的损失额予以全部赔偿。

5. 财产损害赔偿的计算方法

财产损害赔偿是对侵害财产权造成财产损失的赔偿责任。本条对复杂的财产损害赔偿责任的计算规则规定了两种计算方法：一是按照损失发生时的市场价格，二是按照其他合理方式计算。

（1）按照损失发生时的市场价格

“按照损失发生时的市场价格”是侵害财产权造成财产损失的主要计算方法。但是这个方法显然不利于保护受害人。这是因为，当法院最终判决认定财产损失时，同类财产的价格往往已经上涨了多倍，房屋这类不动产的市值涨幅则更快。如果仍然按照损失发生时的市场价格来判断被侵权人的财产损失，受害人的合法权益将遭到严重损害。

（2）按照其他合理方式计算

为了避免第一种计算方法对受害人权利的损害，本条同时将“其他合理方式计算”的弹性规定作为补充。“其他合理方式计算”具有很大的伸缩性，可以进行选择，以适应财产损害赔偿计算方法的复杂要求。

用其他合理方法计算财产损失数额是一个概括的方法。“其他”是指在损失发生时的市场价格计算方法之外的其他方法。“合理”是对其他计算方法的要求，无论采取哪种计算方法，只要合理且符合公平原则和诚实信用原则的要求即可。例如，知识产权损害的计算方法可以按照单行法的具体规定计算；第三人侵害债权的财产损害主要是计算债权期待利益的损失等。其他合理计算方法也包括“可预期利益损失”计算规则。例如，1999 年 6 月 21 日凌晨，一辆轿车撞坏沈阳市故宫博物院门前“下马碑”，肇事司机即福满楼火锅城的员工嗣后死亡。沈阳市故宫博物院向法院起诉请求赔偿2700万元的财产损失，沈阳市中级人民法院判决福满楼火锅城负责维修费用，并赔偿损失100万元。这个案件中2700万元的损失完全超出了侵权人的预期，法院适用可预期利益损失规则确定赔偿责任，是实事求是的做法。

【案例评注】

张某与华清飞扬公司网络侵权责任纠纷案①

基本案情

华清飞扬公司为QQ空间“红警大战”游戏的研发商。张某为该游戏玩家。张某在QQ空间中进入华清飞扬公司游戏界面时要对腾讯开放平台《应用用户协议》等进行勾选。2016年5月20日，张某对其“红警大战”游戏装备进行了数次升级。事后华清飞扬公司“红警大战”管理员通过QQ与张某进行交涉，华清飞扬公司认为张某升级装备利用了BUG，并要求张某退回已升级的游戏装备。双方交涉未果，华清飞扬公司封停了张某的游戏ID。张某向一审法院起诉请求赔偿财产损失。

法院判决

一审法院认为，网络游戏中的账号（ID）及积累的装备属于网络虚拟财产，网络虚拟财产应当归属于网络服务运营商，玩家（用户）仅仅享有对虚拟财产的使用权。本案中张某在游戏过程中充值、升级游戏装备的行为属于正常使用；华清飞扬公司辩解张某升级装备是利用了BUG，但未提交证据，华清飞扬公司对张某ID的封停行为，违反了《应用用户协议》等相关约定。张某的ID在被封停期间其账户数据仅处于封禁状态，充值及充值奖励仍然存在。但张某坚持不要求对其ID进行解封，因此，张某已投入游戏的财产仍然存在，其主张的ID被封停后的损失并未实际发生。一审判决驳回张某的全部诉讼请求。

张某不服一审判决，提起上诉。上诉主要理由是对方侵害了张某的权益，造成财产损失，应当判令其依法承担侵权责任。

二审法院认为，本案中涉及的网络虚拟财产，是虚拟的网络本身以及存在于

① 一审法院为北京市东城区人民法院，案号：（2016）京0101民初15828号；二审法院为北京市第二中级人民法院，案号：（2017）京02民终4209号。

网络上的具有财产性的电磁记录，是一种能够用现有的度量标准度量其价值的数字化的新型财产。而在网络游戏中获得的虚拟财产，一般来说，不是简单地以货币交易取得的数字符号，还需要玩家在游戏中投入时间、精力，以自己的智慧和物质财产投入的积累达到一定程度，方能取得理想的成就，得到虚拟空间的奖品、武器、装备、积分甚至虚拟货币等。正因网络游戏中财产权益具有一定的特殊性，网络游戏经营者实施的长期中止提供服务的行为亦将导致虚拟财产的权益和消费者的实质性财产权益受到侵害。

关于张某请求的赔偿问题，二审法院认为，网络游戏活动的参与者在长时间账号遭到封停又未通过妥善方式解决既有问题，且网络系统漏洞并非张某之过错造成，其来源于网络游戏提供商自身的原因。同时，鉴于一审中证据已经质证，但该公司未向法院提供相反证据，亦未同平台管理方腾讯公司进一步核实相关账目金额。根据《侵权责任法》第十九条之规定，侵害他人财产的，财产损失按照损失发生时的市场价格或者其他方式计算。在本案诉讼中，张某已明确表示放弃了停止封停账号这一诉讼请求，考虑到该封停行为的持续将导致张某对于该网络游戏账号及账号内虚拟财产的丧失，根据上述法律对财产损失计算方法的规定，因本案中张某的网络游戏账号内的虚拟财产在账号封停前并非以市场交易为主要用途，且在诉讼中双方均未能向法院举证证明上述网络游戏账号及账号内的虚拟财产的价值，故法院将结合双方当事人陈述，综合考虑网络虚拟财产特有属性、侵权行为性质及持续时间、侵权后果及行业惯例、网络游戏账号运行时间与财产投入及获得装备状况等因素，对张某之合理损失具体金额依法予以酌定为200000 元。

专家点评

本案涉及的是侵犯网络虚拟财产权的问题。民法典总则编第 127 条规定了网络虚拟财产受到法律保护。侵害网络虚拟财产，属于侵权行为，应当赔偿财产损失。

关于财产损失的计算方法，原《侵权责任法》第 19 条规定："侵害他人财产的，财产损失按照损失发生时的市场价格或者其他方式计算。"民法典侵权责任编第 1184 条以此为立法基础，新增了"合理"二字。据此，一般情形下，财产损失应当按照损失发生时的市场价格计算；当以市场价格计算不合理或者市场价格不存在时，则采用其他的合理方式来计算。

涉案的网络游戏账号及账号内的虚拟财产并不属于传统意义上流通于市场的商品，其价值难以通过损失发生时的市场价格确定。有鉴于此，本案二审法院采用了其他的方式来计算财产损失，即结合网络虚拟财产特有属性、网络游戏账号运行时间与财产投入及获得装备状况等因素来认定损失，以此种方式来计算财产损失，十分合理，充分填补了张某的财产损失。

第一千一百八十五条 故意侵害他人知识产权，情节严重的，被侵权人有权请求相应的惩罚性赔偿。

【条文释义】

本条是对故意侵害知识产权应当承担惩罚性赔偿的规定。

《商标法》第63条第1款规定："侵犯商标专用权的赔偿数额，按照权利人因被侵权所受到的实际损失确定；实际损失难以确定的，可以按照侵权人因侵权所获得的利益确定；权利人的损失或者侵权人获得的利益难以确定的，参照该商标许可使用费的倍数合理确定。对恶意侵犯商标专用权，情节严重的，可以在按照上述方法确定数额的一倍以上五倍以下确定赔偿数额。赔偿数额应当包括权利人为制止侵权行为所支付的合理开支。"该条是我国第一次对侵害知识产权惩罚性赔偿责任作出规定。据此，恶意侵害商标权，需要承担惩罚性赔偿责任。但是，《著作权法》与《专利法》未作出类似的规定。2018年政府工作报告中提出，建议强化知识产权保护，实行侵权惩罚性赔偿制度。本法作出这一规定，确定对侵害知识产权的侵权人承担惩罚性赔偿责任的一般规则。

侵害知识产权惩罚性赔偿责任的适用范围极为广泛。民法典总则编第123条规定了知识产权的范围，即"民事主体依法享有知识产权。知识产权是权利人依法就下列客体享有的专有的权利：（一）作品；（二）发明、实用新型、外观设计；（三）商标；（四）地理标志；（五）商业秘密；（六）集成电路布图设计；（七）植物新品种；（八）法律规定的其他客体"。据此，侵害著作权、专利权、商标权、植物新品种权、商业秘密、集成电路布图设计、地理标志时，均有适用惩罚性赔偿责任的可能。

侵害知识产权惩罚性赔偿责任的构成要件是：（1）须故意侵害知识产权。过失侵害知识产权时不适用惩罚性赔偿责任。（2）须侵害知识产权的情节严重，而不是一般情节。符合这两个构成要件的要求，被侵权人才有权请求相应的惩罚性赔偿。

本条对侵害知识产权惩罚性赔偿责任的计算方法没有规定，可以借鉴《电子商务法》第42条第3款规定的方法，增加赔偿实际损失的一倍，而不是借鉴

《消费者权益保护法》规定的两倍，也不是借鉴《食品安全法》规定的三倍。因为侵害知识产权造成的损害就是财产损害，而不是《消费者权益保护法》《食品安全法》所规定的，适用惩罚性赔偿责任都以明知而向消费者提供商品或者服务造成受害人死亡或者健康严重损害的情形，确定为一倍的惩罚性赔偿责任比较适当。

【案例评注】

卡尔文·克雷恩商标托管与立帆公司等侵害商标权纠纷案[①]

基本案情

卡尔文·克雷恩是全方位发展的世界著名时尚品牌，其产品在世界各地包括中国市场具有极大的影响力。卡尔文·克雷恩商标托管在中国国家市场监督管理总局商标局注册包括CK、Calvin Klein、Calvin Klein Jeans在内的多个商标，取得了上述注册商标专用权。

2014年8月，卡尔文·克雷恩商标托管发现立帆公司在天猫网络平台的“立帆服饰专营店”大量销售侵犯卡尔文·克雷恩商标托管注册商标专用权的服装。塞瑞达公司为立帆公司的上述销售行为提供发票。其中，赛瑞达公司是有限责任公司（自然人独资），陈某为该公司唯一自然人股东。

卡尔文·克雷恩商标托管认为立帆公司的行为侵犯了卡尔文·克雷恩商标托管的第6135379号注册商标专用权。塞瑞达公司与立帆公司共同销售，陈某是一人公司股东，应当对立帆公司的侵权行为承担连带责任。故卡尔文·克雷恩商标托管请求法院判令：（1）三被告立即停止侵权；（2）三被告赔偿原告损失人民币10万元；（3）本案诉讼费用由被告承担。

法院判决

法院认为，卡尔文·克雷恩商标托管的注册商标专用权受法律保护。本案中，被告立帆公司的被控侵权行为可以区分为两种，一是销售被控侵权产品；二是在其网店商品照片、商品名称中使用“Calvin Klein”“CK”商标。上述行为构成对原告商标权的侵犯，应当承担停止侵权、赔偿损失的民事责任。被告塞瑞达公司为被告立帆公司的上述销售行为提供发票，构成共同销售，对原告共同承担

① 审理法院：山东省青岛市中级人民法院，案号：（2015）青知民初字第9号。

侵权责任。陈某无法证明塞瑞达公司财产独立于其个人财产，应当与塞瑞达公司承担连带赔偿责任。

关于本案的赔偿数额问题。《商标法》第六十三条规定："侵犯商标专用权的赔偿数额，按照权利人因被侵权所受到的实际损失确定；实际损失难以确定的，可以按照侵权人所获得的利益确定……对恶意侵犯商标专用权，情节严重的，可以在按照上述方法确定赔偿数额的一倍以上三倍①以下确定赔偿数额……"本案中，考虑到网络销售成本低廉，销售假冒商品利润率极高，同时在法院受理的原告诉三家天猫网店侵害其商标专用权系列案件中，其中一家为被告塞瑞达公司自营，包括被告立帆公司在内其余两家由被告塞瑞达公司提供发票，网店页面设计雷同，可以认定被诉三家网店侵权行为恶意明显，应适用惩罚性赔偿原则。经综合考虑，判决被告立帆公司、被告塞瑞达公司和陈某赔偿其经济损失 10 万元。

专家点评

本案涉及的是侵害商标权承担惩罚性赔偿的问题。原《侵权责任法》只规定了产品责任的惩罚性赔偿，未规定其他情形的惩罚性赔偿。民法典侵权责任编第 1185 条新增了故意侵害知识产权的惩罚性赔偿，加大了对知识产权侵权行为的惩罚力度。据此，侵害知识产权的惩罚性赔偿请求权，不必再援用知识产权单行法，如《商标法》的惩罚性赔偿的规定作为规范依据，而是可以直接援引民法典侵权责任编第 1185 条。在本案中，立帆公司等的销售行为以及宣传推广行为，都侵犯了卡尔文·克雷恩商标托管的注册商标专用权。卡尔文·克雷恩商标托管是驰名商标，为普通大众所知悉。立帆公司等销售以及宣传推广驰名商标的产品，足以说明其具有主观上的故意。同时，立帆公司等的销售行为以及宣传推广行为严重降低了卡尔文·克雷恩注册商标专用权的价值，造成了巨大的损失与消极影响，应当构成情节严重。有鉴于此，立帆公司等应当承担惩罚性赔偿责任。法院判决立帆公司、赛瑞达公司等赔偿 10 万元，不仅能够填补卡尔文·克雷恩商标托管的财产损失，还能够惩罚恶意侵权行为，对于将来其他类似案件具有重要的借鉴意义。

第一千一百八十六条 受害人和行为人对损害的发生都没有过错的，依照法律的规定由双方分担损失。

---

① 根据 2019 年修正的《商标法》，现为五倍。

【条文释义】

本条是对公平分担损失规则的规定。

1. 公平分担损失规则的概念

公平分担损失规则，也叫作公平责任、衡平责任，是指加害人和行为人都没有过错，在损害事实已经发生的情况下，以公平作为标准，根据实际情况和可能，由双方当事人公平地分担损失的侵权责任形态。

2. 公平分担损失规则的历史发展

在侵权行为法的发展历史中，公平责任实际上是近代立法的产物。但是，在侵权行为法的发展历史上，确实存在公平责任的萌芽或者原始状态。

在历史上，公平责任的产生大体经历了以下三个阶段：

（1）古代法中公平思想的萌芽阶段

在古希腊，梭伦实行立法，曾经强调保障公民的赔偿请求权，并提出要协调贵族和平民之间的相互利益的冲突，不让任何一方不公正地占据优势，不使他们遭受不当的损失，并且注意用衡平的方法来解决司法中的困难。[①] 在罗马法中也有强调公平责任的规定。在《法学总论》中，就规定伤害他人身体未造成死亡的，应由审判员根据具体情况，以基于公平责任算定估计的金额为准判处罚金；在估计时审判员应考虑支付医生的诊费和其他治疗上的费用，此外还应考虑由于丧失工作能力而在就业上所已受到和将受到的损失。[②] 在近代，英美法形成衡平法，进一步扩大了衡平原则的适用范围，为公平责任的产生奠定了基础。

（2）公平责任的最初产生阶段

现代侵权行为法中公平责任的最初产生，是在关于未成年人和精神病人的损害赔偿责任的领域。在最早的古代法中，关于未成年人和精神病人的赔偿责任，一般规定为不能免除责任。到了19世纪，在实行绝对过错责任原则的影响下，许多国家立法认为未成年人和精神病人不具备意思能力，不能确认其有无过错，因而对其造成的损害结果不负赔偿责任。对于这种完全免除未成年人和精神病人侵权责任的做法，在侵权行为法学理论中，法学家曾经有两种尖锐对立的观点：第一种观点认为，如果侵权人在他的行为造成的损害中并没有过错，那么被侵权人在这件事上更是无过错的；如果造成损害事实的人都没有责任，那么遭受这种损

---

① 转引自王利明：《侵权行为法归责原则研究》，中国政法大学出版社1992年版，第94页。

② 查士丁尼：《法学总论——法学阶梯》，商务印书馆1988年版，第204页。

害的无辜被侵权人难道就应当承担这种重担吗？因此，他们主张为维护民事立法的公平原则，每个享有民事权利流转自由的人，不问有无过错，只要有造成损害的事实存在，就应当根据实际情况分担民事责任。第二种观点则坚持过错责任原则，认为公平责任不近人情，会导致对过错责任原则的否定和加害责任原则的复活。随着时间的推移，第一种观点取得了大多数人的赞同，公平责任开始为民事立法所确认。[①] 1797 年《普鲁士普通法》接受了自然法的观点，在条文中体现了公平责任的思想，对未成年人和精神病人所造成的损害，法官可以根据公平和衡平的特别考虑，令其承担一定的赔偿责任。[②] 1811 年《奥地利民法》明确规定，精神病人或未成年人侵害他人时，如果被侵权人不能依法从监护人那里得到赔偿，法官应斟酌侵权人与被侵权人双方的财产状况，使侵权人赔偿全部或部分损害金额。同时，公平责任也适用于动物致人损害的案件。[③]

（3）公平责任原则的正式产生阶段

一般认为，公平责任是 1911 年《瑞士债务法》予以确认的。该法第 43 条和第 44 条规定，在确定赔偿的性质和范围时，法官必须考虑案件的情节以及侵权人的过错程度；债务人造成损害，既非故意也非重大过失，如果由于支付金钱赔偿将使债务人陷入困境，则法官可以减轻赔偿责任。[④] 这种规定更符合公平责任的内涵。在制定《德国民法典》中，开始在草案中接受了公平责任的意见，但是受到了很多学者的反对，故在法典中没有规定公平责任的一般性条文，只是在第 829 条对未成年人致人损害的赔偿责任作了明文规定："以不能从负有监督义务的第三人处获得损害赔偿为限，在第 823 条至第 826 条所称情形之一下因第 827 条、第 828 条而不对其所引起的损害负责的人，在根据情事，特别是根据当事人的状况，赔偿损害为公平原则所要求，且不剥夺其维持适当生计以及履行法定扶养义务所需金钱的限度内，仍须赔偿损害。"[⑤] 在以后的《荷兰民法典》、1922 年《苏俄民法典》、1959 年《匈牙利民法典》、1964 年的《波兰民法典》和《捷克斯洛伐克民法典》中，都对公平责任作了原则的规定。1978 年《南斯拉夫债法》也采用了这一原则，把它"作为对其他法规在实施中引起不公平的结果时的一种矫正"，[⑥] 规定根据公平的要求，特别是考虑造成损害者及被侵权人的双方的财产状况，判决造成损害者赔偿全部或部分损失。及至现在，公平责任已为绝大多数国

---

① 杨立新：《侵权损害赔偿案件司法实务》，新时代出版社 1993 年版，第 33 页。
② 王利明：《侵权行为法归责原则研究》，中国政法大学出版社 1992 年版，第 96 页。
③ 《奥地利普通民法典》，戴永盛译，中国政法大学出版社 2016 年版，第 252 页。
④ 《瑞士债务法》，戴永盛译，中国政法大学出版社 2016 年版，第 18、19 页。
⑤ 《德国民法典》（第四版），陈卫佐译注，法律出版社 2015 年版，第 318 页。
⑥ ［南］佛·克鲁尔杰：《南斯拉夫新债法的概念及其基本制度》，载《法学译丛》1980 年第 2 期。

家的民事立法所采用。

3. 公平分担损失规则的意义

本条规定确认公平责任，是符合社会利益和广大人民群众的意志和愿望的。它既能有效地保护当事人的合法利益，又能及时地解决侵权损害赔偿纠纷，防止事态扩大和矛盾激化，促进安定团结，有利于调动一切积极因素，投入到社会主义现代化建设中去。

公平责任负担对于行为人的责任是有条件限制的，它是基于人与人之间的共同生活规则的需要，在适用过错责任原则与无过错责任原则之外，由法官根据公平的要求，斟酌双方的财产状况和其他情况，确定合情合理的责任分担。因此，公平责任弥补了侵权行为法理论的一个缺陷，是对侵权行为立法的一个发展，有重要的社会意义。

应当特别说明的是，将本条规定解释为侵权责任归责原则的这一看法，是不正确的。本条实际上是承担侵权损害赔偿责任的分担规则。从该条文规定在“损害赔偿”一章中即可以得出结论。

4. 公平分担损失规则的适用范围

公平分担损失规则适用于所有的侵权行为。很多学者认为，公平分担损失规则主要适用于侵害财产权案件。其理由是，公平分担损失规则的目的是平衡当事人之间的财产状况和财产损失，并对不幸的损失在当事人之间进行合理分配。这种看法有待商榷。事实上，公平分担损失规则既适用于侵害财产权的案件，同时也适用于侵害人身权的案件。侵害人身权的损害赔偿争议焦点并不是人身权本身，而是人身权遭受损害以后，如何解决因为侵害人身权所造成的财产损失的赔偿，因而，它同样是平衡当事人之间的财产状况和财产损失，同样是对不幸的损失在当事人之间进行合理分配。从实质上说，解决侵害人身权的争议，仍然是解决财产的争议，公平责任同样适用。综上所述，公平分担损失规则的适用范围，既包括侵害财产权的侵权案件，也包括侵害人身权的侵权案件。

5. 公平分担损失规则的适用要求

适用本条规定，对损失进行分担的要件是：（1）行为人造成了受害人的损害；（2）行为人和受害人对损害的发生都没有过错；（3）须有法律的特别规定。原《侵权责任法》第 24 条规定没有强调“依照法律的规定”，本条增加了这一内容，这说明，不仅要符合本条规定的其他条件，而且还须有法律的具体规定才可以适用公平分担损失规则。例如民法典第 1188 条第 1 款、第 1190 条和第 1254 条规定，都是法律明文规定可以分担损失的规范。这也充分说明了本条规定的公平分担损失规则，不是一般性赔偿规则，而是要由法律专门规定才可以适用的规则。在具备以上三个要件后，就可以适用公平分担损失规则，双方当事人对损失按照公平的要求进行分担。

6. 适用公平分担损失规则的结果

适用公平分担损失规则的结果是，民事责任在一般情况下实行分担，即根据损害程度和双方当事人的经济状况以及其他相关的因素综合判断：在损害程度达到了应当分担损失的情况下，双方当事人的经济状况相似或相近的，可以平均分担；一方情况好而另一方情况差的，可以由情况好的一方负担大部分，另一方负担小部分；如果双方的实际情况相差非常悬殊，也可以由情况好的一方承担全部责任。在这样的基础上，再适当考虑社会舆论等因素，作适当的小幅调整，使责任的分担更为公平、合理。

本条规定的分担损失规则并非请求权，须在法律具体规定的条文中才包括请求权，因此，本条规定的公平分担损失规则不可以滥用。

【案例评注】

段甲诉赵某等健康权纠纷案[①]

基本案情

原告段甲与被告赵某、杨某、段乙系同村人。2014年2月17日20时至21时许，被告赵某邀约原告段甲吃消夜，后原告段甲打电话约被告杨某、段乙一起至晋城镇小花台处吃消夜。在吃消夜过程中，原告段甲与被告赵某、段乙参与饮酒，被告杨某未饮酒。至2月17日23时许，双方吃完消夜并先后离开。2月18日凌晨1时许，原告骑摩托车行驶至晋城镇王家坝路段时发生交通事故（原告发生交通事故的具体原因至今尚不明确）。事后，原告被送至晋宁县第二人民医院抢救，因伤情严重当晚转入云南省第三人民医院住院治疗。2014年9月4日，经云南正大法医司法鉴定中心鉴定，原告构成三级伤残、完全丧失劳动能力、后期医疗费需15000元。

原告认为，被告赵某作为吃消夜的召集者、组织者与共同饮酒人，负有安全保障、注意义务，其未能尽到对应的义务，具有过错，应当承担相应的法律责任。被告杨某、段乙作为共同饮酒人具有注意义务，其在饮酒过程之中与之后未尽到注意义务，具有一定的过错，应当承担相应的法律责任。为此，原告为维护

---

① 云南省晋宁县人民法院，案号：(2015) 晋法民初字第508号。

自身合法权益，特向人民法院提起诉讼，请求三被告依法承担连带赔偿原告医疗费、护理费等。

法院判决

法院认为，原告与三被告作为同村好友相约在一起吃消夜饮酒本身没有过错。没有证据证明三被告在饮酒过程中存在恶意劝酒等过错行为，且在消夜结束后，三被告提议护送原告回家，但被原告拒绝。在整个过程中，原告没有表现出存在醉酒、意识不清或失去自制力的情况，原告明确拒绝三被告护送建议的行为使得三被告认为原告能够照顾好自己。本案三被告已经尽到合理的注意义务与劝阻义务，不应承担赔偿责任，但原告在与三被告吃消夜饮酒后发生事故，造成原、被告双方当事人利益失去平衡，故参加饮酒的三被告应适当补偿原告因此造成的经济损失。根据《侵权责任法》第二十四条的规定，被告赵某作为共同饮酒的组织者，由其一次性补偿原告段甲经济损失 15000 元，被告杨某、段乙作为参与者，分别一次性补偿原告段甲经济损失 10000 元。

专家点评

本案涉及的是公平分担损失规则的问题。原《民法通则》第 132 条首次规定了公平分担规则。原《侵权责任法》制定时，第 24 条沿袭了原《民法通则》第 132 条的规定，继续确认了公平分担损失规则。

公平分担损失规则能够有效地保护当事人的合法利益，防止矛盾激化。但是司法实践中若适用不当，容易致使公平分担损失规则成为“和稀泥”的工具，未能起到良好的效果。为了解决这一问题，民法典侵权责任编第 1186 条在原《侵权责任法》第 24 条的基础上，新增了限制性规则，即“依照法律的规定”。据此，适用公平分担损失规则需要具备两个条件，一是受害人和行为人对损害的发生都没有过错；二是法律有规定。

本案不符合上述两个条件，无法适用公平分担损失规则。第一，原告段甲作为完全民事行为能力人，明知醉酒后容易发生危险但放纵自己饮酒过量，对损害的发生具有重大过错。第二，本法以及其他民事法律规范均未明确规定共同饮酒时同饮人须分担损失。因而，本案无法以民法典侵权责任编第 1186 条作为规范依据。

不过，民法典总则编第 6 条所规定的公平原则为本案受害人的损失分担提供了规范基础。公平原则作为民法的基本原则，承载了法的公平、正义等抽象价值。考虑到当事人的损害程度以及经济状况等，同饮人可以在尽到合理限度的注意义务时，适当补偿酒友及其近亲属，以分担受害人的损失。这样一来，不仅发挥了民法典总则编第6条基本原则的规范功能，也充分维护了社会和谐，实现了法律效果和社会效果的统一。

第一千一百八十七条 损害发生后，当事人可以协商赔偿费用的支付方式。协商不一致的，赔偿费用应当一次性支付；一次性支付确有困难的，可以分期支付，但是被侵权人有权请求提供相应的担保。

【条文释义】

本条是对损害赔偿支付方法的规定。

按照本条规定，在确定了损害赔偿的数额后，可以协商具体的支付方式，首选的应当是一次性支付，便于尽早了结侵权赔偿法律关系。如果一次性赔偿有困难，也可以采用分期支付的方法，按照约定按期支付赔偿金。由于分期支付存在风险，因此赔偿责任人在分期支付时，应当提供担保，防止出现意外，而使被侵权人的赔偿权利落空。

侵权法上所指的一次性赔偿和定期金赔偿，并非本条所规定的内容，针对的是将来的损害赔偿，可以选择一次性赔偿和定期金赔偿。将来的损害赔偿，是指判决确定之后才发生的赔偿责任，即残疾赔偿金、残疾辅助器具费和被扶养人的扶养损害赔偿。这三种损害赔偿都不是判决确定之前产生的损害，而是判决确定之后发生的损害赔偿，可以选择一次性赔偿或者定期金赔偿。一次性赔偿便于了结赔偿法律关系，但存在某些不公平的问题；定期金赔偿比较公平，但存在风险。故各国法律规定，选择定期金赔偿的，侵权人应当提供担保，以预防风险。

对于这种赔偿，我国现行规定的都是一次性赔偿，其实是可以由当事人选择的，既可以选择一次性赔偿，也可以选择定期金赔偿，如果选择定期金赔偿的，一定要侵权人事先提供担保。法院决定实行定期金赔偿方式的，应当在法律文书中明确定期金的给付时间、方式及每期给付标准等。

定期金赔偿的给付时间，是指每月、每季或者每年在什么时候给付。定期金赔偿可以按月、按季，也可以按年。但按月、按季赔偿支付的次数太多，过于繁琐，按年支付较为合理并容易执行。法院在法律文书中应当确定每年的赔偿数额，每年年终或者年初一次赔偿一年应当赔偿的数额，直到执行完毕或者赔偿权利人死亡为止。

定期金赔偿的给付方式，是指采用什么方法给付，或者当面支付，或者通过特定机构给付等。具体而言，在定期金赔偿中，可以采取由赔偿义务人每期送款上门的给付方式，也可以采取通过银行划拨、邮局汇款的方式。笔者认为，在司法实践中审理人身损害赔偿案件时，应当综合考虑各方当事人的具体情况来决定定期金赔偿的方式。具体而言，可以采用以下规则：首先，如果赔偿权利人与赔偿义务人生活在同一个城市或者距离不远，人民法院原则上应当在法律文书中确定当面支付每期赔偿金的方式，由赔偿义务人将每期赔偿金送至赔偿权利人，无需其他的支付方式；其次，如果赔偿权利人与赔偿义务人生活的距离很远，不适宜当面支付的，可以考虑在法律文书中确定通过邮局、银行等机构电汇、划拨每期赔偿金的方式进行支付，但是应当注意这种支付方式的安全性，不能通过普通的邮寄方式支付；再次，如果赔偿权利人与赔偿义务人没有也不愿进行直接联系，法院可以考虑在法律文书中确定由赔偿义务人将每期赔偿金按时提交到法院，由法院向赔偿权利人转交的支付方式，这种给付方式由于法院的介入，使得赔偿权利人的权利得到良好的保障，具有自身的优点；最后，在某些特定的情况下，也可以考虑委托支付的给付方式，即由赔偿义务人委托他人向赔偿权利人支付每期赔偿金。

定期金赔偿每期给付的标准，也就是每次应当给付的数额。由于定期金赔偿的适用范围为残疾赔偿金、残疾辅助器具费与被扶养人生活费，所以在确定定期金赔偿的每期给付标准，应当按照《最高人民法院关于审理人身损害赔偿案件适用法律若干问题的解释》第 25 条、第 26 条、第 28 条规定的标准进行。

由于定期金赔偿是在直至赔偿权利人死亡的时间内进行，时间较长，设计赔偿的统计数据标准会发生变化，因此，在执行期间有关统计数据发生变化的，给付金额应当适时进行相应调整。定期金赔偿的变化必须由法院作出，并体现在法律文件中。

【案例评注】

刘某与竹山中医院等医疗损害责任纠纷案①

基本案情

2015 年 4 月 25 日，刘某因“左手 3.4 指并指畸形、左足 1.2 趾并指畸形、

① 一审法院为湖北省十堰市茅箭区人民法院，案号：(2015) 鄂茅箭民一初字第 01804 号；二审法院为湖北省十堰市中级人民法院，案号：(2017) 鄂 03 民终 950 号。

右足2.3趾并趾畸形4年”入竹山中医院接受住院治疗，行手术手指、足趾皮肤松懈加植皮术。手术中，刘某突然出现呼吸心跳骤停，经心肺复苏后带气管插管转入ICU治疗，刘某呼吸情况较差，竹山中医院经会诊后建议转上级医院治疗。2015年4月28日，刘某从竹山中医院出院后，被转入十堰市人民医院接受住院治疗，入院诊断为：心脏停搏复苏成功，脑缺血、缺氧，肺部感染，并指（趾）畸形。2015年11月30日，刘某从十堰市人民医院出院，出院诊断为：心肺复苏术后，缺血缺氧性脑病，肺部感染，并指（趾）畸形矫正术后，继发性癫痫，多器官功能障碍综合征，泌尿道感染，后刘某被转至竹山中医院接受继续治疗。

刘某监护人认为，竹山中医院、十堰市人民医院的治疗行为均存在过错，共同导致刘某出现植物人状态，请求法院判令竹山中医院、十堰市人民医院赔偿各项损失，包括残疾赔偿金、护理费、营养费、住院伙食补助费、辅助器具费、后续治疗费、交通费等。

法院判决

一审法院认为，公民的生命健康权受法律保护，患者在诊疗活动中受到损害，医疗机构有过错的，应当承担赔偿责任。经鉴定，竹山中医院在对刘某的诊疗过程中存在一定过错，建议参与度为40%～60%，十堰市人民医院在对刘某诊疗过程中无明显过错。结合本案案情，酌定竹山中医院对刘某的各项损失承担50%的赔偿责任。结合本案事实和证据，以及刘某的诉讼请求，法院判决竹山中医院赔偿刘某各项损失895808.62元，并于判决生效后十日内支付。

竹山中医院不服一审判决，上诉请求撤销原判，依法改判或发回重审。理由是依据《最高人民法院关于审理人身损害赔偿案件适用法律若干问题的解释》第三十三条、第三十四条规定，赔偿义务人可以请求以定期金方式给付残疾赔偿金、残疾辅助器具费。本案被上诉人是处于病危状态的残疾人，生命体征不稳定，上诉人无法得知被上诉人的身体状况，一次性支付不符合公平公正原则，可以比照现行的养老金发放办法，按年验证身份据实支付，并且可以据实调整数额。

二审法院认为，关于竹山中医院上诉主张的以定期金方式给付刘某残疾赔偿金及残疾辅助器具费问题，因法院已将涉案残疾辅助器具费的赔偿年限调整为20年，残疾赔偿金也按上诉人的主张进行了调减，该两项赔偿数额现合计为364985元（236880元+128105元），结合本案实际情况，上述残疾赔偿金及残疾辅助器具费应以一次性给付为宜，且该一次性给付亦不会加重竹山中医院的负担。故对竹山中医院关于以定期金及比照现行养老金发放方式给付刘某残疾赔偿金及残疾辅助器具费的请求，不予准许。

专家点评

本案的争议焦点在于损害赔偿的支付方法。《最高人民法院关于审理人身损害赔偿案件适用法律若干问题的解释》第 33 条、第 34 条规定了定期金赔偿的支付方法。原《侵权责任法》第 25 条的规定借鉴了该司法经验，规定了损害赔偿既可以一次性赔偿，也可以定期金赔偿。民法典侵权责任编第 1187 条沿袭了原《侵权责任法》第 25 条的做法，规定了原则上一次性支付，例外时分期支付，包含定期金赔偿。定期金赔偿的适用由法院综合被侵权人的实际寿命、侵权人的给付能力等因素考虑。结合本案的实际情况，刘某的残疾赔偿金、残疾辅助器具费计算年限固定为20 年，已经剔除了不公平、不合理的因素，且竹山中医院不存在给付困难的情形，应当适用原则性的规定，进行一次性支付，以充分保障刘某的合法权益。

第三章　责任主体的特殊规定

第一千一百八十八条　无民事行为能力人、限制民事行为能力人造成他人损害的，由监护人承担侵权责任。监护人尽到监护职责的，可以减轻其侵权责任。

有财产的无民事行为能力人、限制民事行为能力人造成他人损害的，从本人财产中支付赔偿费用；不足部分，由监护人赔偿。

【条文释义】

本条是对监护人责任的规定。

监护人责任，是指无民事行为能力人或者限制民事行为能力人造成他人损害，其监护人承担的侵权责任。本条规定的规则与民法典婚姻家庭编第1068条关于“未成年子女造成他人损害的，父母应当依法承担民事责任”的规定部分重合，其中的“依法”就是指依照本条规定。本条第1款规定的是监护人承担侵权责任的规则，第2款规定的是履行该赔偿责任的规则。

1. 监护人责任的构成要件

对于监护人责任的构成，学者观点颇不一致。有的认为应具备以下三个要件始构成：一是须是无民事行为能力人或限制民事行为能力人对他人造成损害，二是须无民事行为能力人或限制民事行为能力人自己独立的行为给他人造成损害，三是须无民事行为能力人或限制民事行为能力人的致损行为在客观上具有违法性。[①] 有的则认为应当具备须为监护人、须无民事行为能力人或限制民事行为能力人有不法侵害他人权利之行为和监护人不能为免责之证明三个要件始构成。[②] 还有的认为应具备须存在被侵权人遭受损害的事实、须被监护人造成被侵权人的损害和被监护人的行为须具有违法性这三个要件，才能构成监护人的侵权责任。[③]

---

① 潘同龙等：《侵权行为法》，天津人民出版社1995年版，第326~327页。

② 耿云卿：《侵权行为之研究》，中华书局1948年版，第66页。

③ 郭明瑞等：《中国损害赔偿全书》，中国检察出版社1995年版，第179页。

笔者认为，监护人责任适用过错推定责任原则，其责任构成必须具备损害事实、违法行为、因果关系和主观过错这四个要件。在监护人责任构成的四个要件中，损害事实的要件并没有特别之处，其他三个要件具有显著特点。

（1）违法行为

监护人责任是替代责任，其违法行为的要件必然是行为人与责任人相脱离，即由责任人为行为人承担赔偿责任。

①无民事行为能力人或者限制民事行为能力人的违法行为

构成监护人的侵权责任，最首要的为违法行为人必须是无民事行为能力人或者限制民事行为能力人，精神病患者和未成年人自属之。

构成监护人责任的行为人的违法行为，应当是无民事行为能力人或者限制民事行为能力人自己实施的行为，而不是他人利用无民事行为能力人或者限制民事行为能力人而实施侵权行为。最高人民法院司法解释依此推理，认为受他人帮助实施侵权行为的无民事行为能力人不构成共同加害人，这一观点有失周全，是值得研究的。如果未成年的或者患有精神病的侵权行为人正在实施侵权行为，他人予以帮助，构成帮助行为，但是基本的、主要的行为是由无民事行为能力人或者限制民事行为能力人所实施，还应当由无民事行为能力人或者限制民事行为能力人的监护人承担主要的民事责任；或者他人实施侵权行为，无民事行为能力人或限制民事行为能力人对其进行帮助，都是无民事行为能力人或者限制民事行为能力人自己实施的行为，其监护人未尽监督责任者，即构成监护人的侵权责任，与侵权行为人共同承担侵权责任。这样才比较合理。如果无论是无民事行为能力人还是限制民事行为能力人受人帮助或者帮助他人，都由帮助人或者被帮助人自己承担责任，显然是不合理、不公平的。

关于无民事行为能力人和限制民事行为能力人在实施致人损害的行为时，应否具有识别能力，有的学者认为，并不是被监护人造成的所有损害都由监护人承担责任，只有当被监护人在没有识别能力时侵犯他人权益，且给他人造成实际损失的，监护人才承担责任。① 在起草原《侵权责任法》时，也有这种主张，但立法并没有采纳。这是我国民事立法与其他民事立法的一个显著区别。民法典婚姻家庭编第1068条规定：“父母有教育、保护未成年子女的权利和义务。未成年子女造成他人损害的，父母应当依法承担民事责任。”这一规定同样没有对未成年子女有识别能力或者责任能力的特别要求。因此，民法典侵权责任编对于监护人责任的构成，并没有行为人须无识别能力或者责任能力的要求，只是以是否有完

---

① 潘同龙等：《侵权行为法》，天津人民出版社1995年版，第326页。

全民事行为能力为标准。

无民事行为能力人或者限制民事行为能力人实施的加害行为是否要具有违法性，也是一个重要问题。欧洲的侵权法认为，未成年人导致损害的行为必须是违反法律的行为，尽管不要求过失，这是欧洲各国法院和立法者都坚持的观点。[①] 笔者也坚持这样的意见，行为人的行为应当具有违法性，否则不足以认定构成监护人责任。

②监护人的不作为违法行为

监护人在监护人责任构成中的行为是未尽监护职责的行为，主要表现为不作为的行为方式。法律明确规定，监护人对于无民事行为能力人或者限制民事行为能力人负有监护义务，这种义务是作为义务，监护人必须履行。监护人没有履行监护义务，没有教育管教好无民事行为能力人或者限制民事行为能力人，使之造成他人的损害，因此构成不作为的违法行为。

（2）主观过错

监护人责任构成中的主观过错要件，最主要的特点是主观过错与行为人相分离，即主观过错不是行为人的过错，而是对行为人负有监督之责的监护人的过错。在这一点上，与其他替代责任不同。在用人者责任中，行为人可能有过错，也可能无过错，而监护人责任中却不能要求行为人有过错或者无过错，因为无民事行为能力人或者限制民事行为能力人没有识别能力或者识别能力不足，无法确认他们是否具有过错。用人者责任都要求用人者有过错，这一点与监护人责任是相同的。因此，监护人责任构成中的过错，就是监护人自己的过错，是监护过失的过错。

监护人过错的第二个特点是监护人的主观过错只能是过失，不能是故意。监护人主观过错的内容是未能善尽监督责任，具体表现为疏于教养、疏于监护或者疏于管理。这些都是监护人应当注意而未能注意，因而为过失的心理状态。假如监护人故意指使受监督之人实施侵权行为，则不构成监护人责任，而是监护人自身的侵权行为，应由监护人自己单独承担侵权责任或者刑事责任，被监护人实际上是监护人的侵权工具而已。

此外，监护人责任构成中的主观过错要件不采证明形式，而采推定形式。如果监护人认为自己无过错，则举证责任倒置，由监护人自己举证，证明自己已尽监督责任。至于监护人如何证明自己已尽监督之责，并没有统一的标准。一般认

① ［德］克雷斯蒂安·冯·巴尔：《欧洲比较侵权行为法》（上卷），张新宝译，法律出版社2001年版，第199～200页。

为，应按监督人之性质及受监督人的种类并结合其他有关情事综合而为观察。如受监督者为未成年人抑或精神病患者，其监督方法及程度固不尽同；即依受监督者的年龄、性格、性别、健康情形、精神状况、所在环境、教育程度等亦系因人而异；要皆应为分别适当的监督，则可断言。不仅如此，即使就该加害行为的特别情事，亦应为必要的注意与监督，如可免疏懈之责，如行为的性质上有加害的危险，或有易启疏忽之虞者，应当予以特别细心的监督。而监护人的地位、资力，亦应加以考虑。① 监督是否疏懈，应以加害人行为之时为准。即于此时监护人是否以善良管理人之注意，尽其监督责任，过去因监督之不得其宜而养成不良之倾向，尚不能以为对于第三人负责的原因。唯于行为时，对于有此不良倾向者，是否为其必要的特别注意，以定其疏懈之有无。② 这些意见均可参考。总之，监护人已尽监督之责应当严格要求，以更好地保护被侵权人的合法权益。

(3) 因果关系

监护人责任构成中的因果关系，具有双重关系。

第一，加害行为人的行为与损害事实之间须具有因果关系，即损害事实须因行为人的行为引起，两者之间有引起与被引起的客观联系。无此联系，不构成侵权责任。判断的标准，应以相当因果关系理论衡量。这与一般侵权责任的因果关系的要求是一致的。

第二，监护人的疏于监督责任与损害事实之间亦应有因果关系。但是，这种因果关系在因果关系链上相距较远，而不是直接的因果关系。具体要求是，监护人的疏于监督职责，是行为人即受监督之人实施加害行为的原因，受监督之人因为监护人疏于监督而实施加害行为，并因此导致被侵权人的权利被侵害。尽管疏于监督之责与损害事实之间的因果关系非为直接，但却必须具备这种因果关系，不具备这种因果关系，就不构成监护人的侵权责任。学者认为，监督之疏懈与损害之发生，应有因果关系。如证明其无此关系，监护人亦可免责，是完全正确的。

2. 监护人承担民事责任的具体规则

根据本条第1款规定，监护人承担民事责任的具体规则包括：

(1) 替代责任

无民事行为能力人或者限制民事行为能力人造成他人损害，应当由他们的监护人承担侵权责任，而不是本人承担责任，因为他们没有或者只有不完全的民事

---

① 耿云卿：《侵权行为之研究》，中华书局1948年版，第67～68页。

② 史尚宽：《债法总论》，我国台湾地区荣泰印书馆1978年版，第178页。

行为能力。因此，监护人责任是典型的替代责任。而且，监护人责任的替代责任，是为他人的行为承担损害赔偿责任，是对人的替代责任，以此与对物的替代责任（物件致人损害）相区别。

（2）实行过错推定

无民事行为能力人或者限制民事行为能力人造成他人损害，推定其监护人有监护过失，被侵权人无需提供监护人未尽监护责任的过失的证明。这意味着，首先，监护人责任是过错责任，是基于过错而产生的侵权责任，因此与无过错责任相区别。其次，这种过错并没有体现在具体的加害行为人身上，而是体现在行为人的监护人身上。就行为人而言，因为其无民事行为能力或其民事行为能力受限制，不能或不能完全判断行为的后果，因而无法判断其主观状态是否有过失。监护人替代责任的过错，表现在监护人身上，是监护人对未成年人或者精神病人没有尽到监护责任的过错，并由此作为这种侵权责任构成的过错要件。最后，监护人的过错并不需要原告证明，而是由具体的加害行为人的侵害行为而推定其监护人未尽监护职责的过错。因此，过错的证明形式是推定，适用过错推定原则。

（3）以公平责任为补充

我国的监护人责任实行过错推定原则，但是在监护人能够证明自己对于实施加害行为的未成年人或者精神病人已经善尽监护职责，即监护人自己无过错后，此时并不免除监护人的侵权责任，而是“可以适当减轻其民事责任”，这是公平责任的适用，是考虑平衡双方当事人的经济利益而采取的措施，是有意义的。如果监护人能够证明自己没有监护过失，实行公平分担损失，减轻监护人的赔偿责任，根据双方经济状况，对监护人的赔偿责任适当减轻。

3. 履行赔偿责任的具体规则

根据本条第 2 款，履行赔偿责任的规则是：

（1）造成他人损害的无民事行为能力人或者限制民事行为能力人自己有财产的，由他们自己的财产支付赔偿金，如被监护人是成年人，自己有收入或者有积蓄等。

（2）用被监护人的财产支付赔偿金有不足的，监护人承担补充责任，不足部分由监护人补充赔偿。

（3）造成他人损害的无民事行为能力人或者限制民事行为能力人没有财产的，不适用前两项规则，全部由监护人承担侵权责任。

此外，一般认为，从未成年加害人的财产中支付赔偿费用的，不得对未成年人的生活和教育产生严重不利影响。对于被监护人的财产执行的必要限制，主要是避免对其未来正常生活和接受教育机会的剥夺。这本不是监护人责任规范的特殊需求，因为在所有的强制执行过程中，均会存在这样的问题。但在例外性公平责任定位下，这种对被监护人基本财产的保障显得更加迫切和重要。

【案例评注】

石某在离婚后诉邓某婚后患精神病发作时将其砍伤赔偿案[①]

基本案情

1993年10月11日，原告石某与被告邓某自愿登记结婚。在婚后共同生活期间，邓某因精神受到刺激而患精神病。1997年5月26日凌晨，邓某在家中持菜刀将熟睡的石某砍伤多处。石某受伤后，当即被送入海口市人民医院住院治疗，于1997年6月11日出院，共花去医疗费9265.28元，其中的6700元已从夫妻共同财产中支付。案发后，经海口市公安局法医学检验鉴定，石某左脸所受损伤系重伤；左颈部、左前臂系轻伤；左肩部、左上肢系轻微伤。经海南省精神疾病司法鉴定委员会鉴定，邓某患有偏执型精神分裂症，对本次作案不具有刑事责任能力。在双方婚姻关系存续期间，邓某除对夫妻共同财产享有平等处理权外，没有个人财产。1997年6月17日，石某向海口市振东区人民法院起诉要求与邓某离婚，该院于1997年8月13日判决双方离婚，该判决于1997年9月23日发生法律效力。

1997年9月，原告石某以邓某为被告向海口市振东区人民法院提起诉讼，称：被告持刀在我头部、面部、颈部、肩部砍，致使我身体十三处受伤，经法医鉴定其中一处为重伤，其余分别为轻伤及轻微伤。受伤后我被送入医院治疗，花费医疗费用2万余元，且将进行左臂二次手术需费用约1万元。特诉请判令被告赔偿其医疗费用人民币4万元，赔偿精神损失费5000元。

被告邓某答辩称：因我患偏执型精神分裂症，病发将原告砍伤，是在不能辨认自己行为后果的情况下所为的。同时，发生此事件时，我与原告系夫妻关系，原告受伤后治疗期间，所花费医疗费用均已从家庭共同财产中支付。因此，原告现要求被告赔偿财产损失及精神损失是无事实依据的，请求依法驳回原告的诉讼请求。

---

① 《最高人民法院公报》2000年第2期。

法院判决

一审法院认为：原告石某与被告邓某原系夫妻关系，在夫妻关系存续期间，被告因患偏执型精神分裂症病发，将熟睡之际的原告砍伤，是在不能辨认自己的行为后果的情况下所为的，且原告被砍伤送入海口市人民医院治疗，花费医疗费人民币9265.28元已从夫妻共同财产中支付。因此，原告要求被告赔偿医疗费用及赔偿精神损失费的理由证据不足，缺乏事实依据与法律依据，法院不予支持。依照《民法通则》第一百一十九条之规定，该院判决驳回原告石某的诉讼请求。

二审法院认为：上诉人石某与被上诉人邓某原系夫妻。邓某患偏执型精神分裂症砍伤石某的行为发生在双方夫妻关系存续期间，邓某是无民事行为能力的精神病人，石某是邓某的法定监护人，故邓某砍伤石某的民事责任依法应由石某承担，石某即使尽了监护责任也只能适当减轻而不是免除他的民事责任。石某的医疗费共计为9265.28元，其中的6700元已从夫妻共同财产中支付。石某要求邓某赔偿医疗费及精神损失费的证据不足，缺乏事实依据与法律依据，原审不予认定和支持是正确的。综上所述，原判决认定事实基本清楚，驳回石某的诉讼请求正确，应予维持。石某的上诉请求，没有事实根据和法律依据，不予认定和支持。依照《民法通则》第十八条、第一百三十三条第一款，《民事诉讼法》第一百五十三条第一款第一项的规定，该院判决驳回上诉，维持原判。

专家点评

监护人责任，是指作为被监护人的无民事行为能力人或限制民事行为能力人造成他人损害时，监护人应当承担的侵权责任。原《民法通则》第133条、原《侵权责任法》第32条已在立法上明确规定了监护人责任这一特殊侵权责任类型，民法典侵权责任编第1188条继受了这一立法传统。监护人责任的构成要件包括：第一，加害人是无民事行为能力人或限制民事行为能力人；第二，无民事行为能力人或限制行为能力人造成了他人损害；第三，无民事行为能力人或限制民事行为能力人的加害行为与受害人的损害之间须存在因果关系。对此，监护人承担侵权责任适用过错推定责任原则，即无民事行为能力人或者限制民事行为能力人造成他人损害时，推定其监护人有监护过失，被侵权人无需提供监护人未尽监护责任的过失的证明。

本案中，邓某患偏执型精神分裂症，因其精神健康状态而无法辨认自己的行为，其在砍伤石某时为无民事行为能力人。监护人对于精神病人的监护职责与对未成年人的监护职责并不完全相同。因为尽管通过心理与生理的治疗，一些精神病人能够康复，但是监护人能够做的更多的是约束其行为，而非通过对其进行教育避免他们致人损害。本案法院认为，石某与邓某原系夫妻，邓某患偏执型精神分裂症砍伤石某的行为发生在双方夫妻关系存续期间，邓某是无民事行为能力的精神病人，而石某是其法定监护人，故邓某砍伤石某的民事责任依法应由石某承担。石某即使尽了监护责任也只能适当减轻而不是免除他的民事责任。另有学者认为，本案受害人知道加害人婚后患精神病，因而被视为是加害人的监护人。作为事实上的被监护人，受害人石某对加害人邓某不仅负有监护职责，且在邓某造成他人损害时，又是法定承担民事责任的责任人。在这种情况下，原告作为权利主体和责任主体，主体上的混同就成了债的消灭原因，这种混同的力的大小因难以区分，可推定为均等而抵销，故从这个意义上可驳回原告的诉讼请求。本案中发生混同的效果，侵权责任消灭。[①] 对此，笔者认为，上述观点都不妥当。虽然加害行为发生时，石某为邓某的监护人，但起诉时二人已经离婚。此时，应由邓某被起诉时的监护人（如父母、子女等）承担监护人责任。如果邓某有个人财产，应从个人财产中支付赔偿金。如果原告石某因邓某的加害行为而死亡的，在邓某尚有其他监护人时，石某的近亲属有权要求其他监护人承担侵权责任。

第一千一百八十九条 无民事行为能力人、限制民事行为能力人造成他人损害，监护人将监护职责委托给他人的，监护人应当承担侵权责任；受托人有过错的，承担相应的责任。

【条文释义】

本条是对委托监护责任的规定。

1. 委托监护人责任的构成要件

委托监护责任，是指无民事行为能力人或者限制民事行为能力人造成他人损害，监护人将监护职责委托他人，监护人与委托监护人分担责任的特殊侵权责任。委托监护责任的构成要件包括：

（1）委托监护，是监护人对自己负有的对无民事行为能力人或者限制民事行为能力人的监护职责委托给他人承担。

（2）无民事行为能力人或者限制民事行为能力人在委托监护人的监护下，而不是在监护人的监护下。

---

① 汤洪逵：《侵权损害赔偿案例评注》，中国法制出版社 2003 年版，第 351 页。

（3）被监护的无民事行为能力人或者限制民事行为能力人实施的行为，造成了被侵权人的损害。

（4）对监护人推定其存在未尽监护职责的过失，对委托监护人的过失应当由被侵权人举证证明。

符合这四个要件的要求，构成委托监护责任，应当承担侵权赔偿责任。

2. 委托监护责任的责任分担规则

委托监护责任的责任分担规则如下：

（1）委托监护侵权责任的主体有两个，一是监护人，二是委托监护人。

（2）两种责任主体承担的责任是单向连带责任，即混合责任，监护人承担的是对全部损害的连带责任，只要被侵权人主张其承担全部责任，就须承担全部赔偿责任。

（3）能够证明委托监护人存在未尽监护职责的过失，应当就其过失造成损失的范围内，承担相应的按份责任而非连带责任，被侵权人不能向其主张承担全部赔偿责任。

【案例评注】

孙某某诉沈某、丁某因未成年人在托管机构遭受人身损害侵权纠纷案①

基本案情

本案纠纷发生于2017年5月26日，其时原告孙某某系洪泽区新星幼儿园大班学生，为无民事行为能力人，被告沈某系洪泽区洪泽湖实验小学三年级学生，为限制民事行为能力人，两人长期寄住于被告丁某家。被告丁某利用现有家庭自住上下两层楼为场所，与其妻子一起为寄住在家里的年龄大小不等的学生提供日常食宿、接送上下学及辅导作业服务。该服务涵盖除在校期间学习生活外的其他时间，学生的吃住学都在托管班，监护人在其有时间时看望或接孩子回家过节假日。当日13时许，原告孙某某与被告沈某在被告丁某家中各自玩耍时，被告沈某用铅笔盒当作“飞镖”朝后扔时，将原告孙某某的眼睛弄伤。后被告丁某将原告孙某某带至私人诊所就诊，并买了眼药水给原告孙某某进行涂抹，但未将该情况

① 审理法院为江苏省淮安市洪泽区人民法院，案号：（2017）苏0813民初1783号。

告知原告孙某某的家人。5 月 28 日，原告孙某某的姑姑将其带回家时，发现原告孙某某的眼睛红肿，便带至洪泽区人民医院就诊，5 月 29 日，原告孙某某被送往南京医科大学眼科医院治疗，诊断为左眼角膜穿通伤、左眼外伤性白内障、左眼眼内炎，先后行左眼角膜穿通伤清创缝合 + 眼内注药术、左眼外伤障 Phaco + IOL 植入术、左眼人工晶体调整治疗，共住院 12 天。后经淮安市淮安医院司法鉴定所鉴定：原告孙某某因外伤故致左眼外伤，目前人工晶体在位的致残程度为九级；因外伤故致左眼角膜穿通伤，目前遗留角膜白斑并累及瞳孔区的致残程度为十级；原告孙某某伤后的护理期为 60 日（包括住院期间）、营养期为 60 日。原告孙某某的经济损失分别为医疗费 23648 元、伤残补助金 168638 元（40152 元/年 ×20 年 ×21%）、护理费 5400 元（60 天 ×90 元/天）、营养费 1500 元（60 天 × 25 元/天）、伙食补助费 540 元（12 天 × 45 元/天）、交通费 1000 元，共计 200726 元。

孙某某、沈某及家人未与丁某签订书面委托监护协议。孙某某出生不久，父母双亡，爷爷为其监护人。沈某，父母离异，父亲为其监护人。另，丁某开设的托管班并未办理任何营业执照，从业人员也不具备相关从业资格。

法院判决

法院审理认为，对于丁某责任的认定问题。被告丁某以其家庭为场地、家庭成员为工作人员开设的托管班，为包括原告孙某某、被告沈某等在内的学生提供食宿、接送和辅导作业等服务，孙某某、沈某的监护人每月支付一定的费用，双方虽未签订书面协议，但不影响其客观存在的委托托管关系。托管班接受家长的委托，为学生提供了一定的学习教育服务，对寄住在托管班里的孩子负有安全、管理和教育的义务，但并非侵权责任法中规定的教育机构。原告要求托管班承担相应侵权责任的，应当举证证明托管班在托管过程中存在过错，即未尽到管理保护义务。

本案中，原告孙某某、被告沈某在被告丁某托管班期间，被告丁某对两人均负有教育、管理和保护的义务。被告丁某允许原告孙某某、被告沈某在无人管理的情形下玩耍时，造成原告孙某某眼睛受伤，且未将此事及时告诉原告孙某某的监护人，存在一定的过错。据此，法院认为，被告丁某没有履行委托托管的安全保护义务，应对本起事故承担赔偿责任。

本案中，两被告间系无意思联络共同侵权，应当适用《侵权责任法》第十二条的规定，各自承担相应的责任。根据各方当事人的过错程度，酌情确定被告丁某承担原告孙某某经济损失的 50%，被告沈某承担 40%，原告孙某某承担 10%。

因被告沈某系限制民事行为能力人，故应由其监护人承担相应的责任。

专家点评

本案涉及委托监护人的责任问题。委托监护人的责任是指无民事行为能力人或者限制民事行为能力人造成他人损害，监护人将监护职责委托他人，监护人与委托监护人分担责任的特殊侵权责任。根据民法典侵权责任编第1189条，监护人将监护职责部分或者全部委托给他人的，被监护人致人损害的，因监护人的职责只暂时委托给他人，所以监护人仍应承担责任。受托人有过错时，应承担相应的责任。根据民法典总则编第34条的规定，监护人负有保护被监护人人身权利等合法权益的职责，这是监护人的法定义务。而且，根据民法典总则编第35条的规定，监护人应当按照最有利于被监护人的原则履行监护职责。在现实生活中，监护人虽然可能基于种种原因将未成年人委托他人代为照管，但监护职责并不因委托关系而转移或减轻。监护人为未成年人选择托管机构时，应注意对托管机构的经营条件、人员配备、管理经验等情况予以适当、合理的审查；平时也应尽可能地加强对未成年人的教育、沟通和照顾，而不能将监护、照管、保护未成年人的职责完全转嫁他人行使。否则，对于所发生的事故，监护人应承担相应风险。因此，在本案中，作为加害行为人的沈某为未成年人，虽由丁某在托管班进行委托监护，但其监护人仍应对孙某某的损害结果承担侵权责任。而丁某作为委托监护的受托人，对沈某负有教育、管理和保护的义务，由于存在未尽监护职责的过失，应当就其过失造成损失的范围内，承担相应的责任。综上所述，沈某的法定监护人和委托监护中的受托人丁某作为责任主体，承担的责任是单向连带责任，即混合责任，监护人承担的是对全部损害的连带责任，只要被侵权人主张其承担全部责任，就须承担全部赔偿责任；委托监护的受托人仅承担按份责任，而不对全部损害承担赔偿责任。换言之，委托监护的受托人并不与监护人承担连带责任，被侵权人不能向其主张承担全部赔偿责任。

第一千一百九十条 完全民事行为能力人对自己的行为暂时没有意识或者失去控制造成他人损害有过错的，应当承担侵权责任；没有过错的，根据行为人的经济状况对受害人适当补偿。

完全民事行为能力人因醉酒、滥用麻醉药品或者精神药品对自己的行为暂时没有意识或者失去控制造成他人损害的，应当承担侵权责任。

【条文释义】

本条是对暂时丧失心智损害责任的规定。

1. 暂时丧失心智损害责任的发展

本条承袭了原《侵权责任法》第33条的内容，规定了暂时丧失心智损害责任。这种特殊侵权责任类型，在我国原《侵权责任法》之前的侵权相关立法中从来没有规定过，原《民法通则》以及最高人民法院的有关司法解释也都没有规定过，但在司法实践中确实存在这样的案例。

这种侵权责任类型的典型规定，应当源于《德国民法典》第827条。该条规定："在丧失知觉的状态下或在不能自由决定意思的精神错乱状态下加损害于他人的人，不对该损害负责任。其以酒精饮料或类似手段使自己陷于此种暂时状态的，对其在此状态下不法引起的损害，以恰如其有过失一样的方式负责任；其无过错而陷于此状态的，不发生该项责任。"①

以此相似的规定还有：《日本民法典》第713条："因精神上的障碍处于欠缺辨识自己行为责任的期间，对他人施加损害的人，不负赔偿责任。但是，因故意或者过失致使其暂时处于该状态时，不在此限。"②《瑞士债法典》第54条第2款："间歇性无判断能力的人，如不能证明对暂时丧失判断能力状态之发生并无过错，则应当对其在该状态时造成的损害承担赔偿责任。"③《韩国民法典》第754条："在心神丧失期间加害他人者，不负赔偿责任。但因故意或过失导致心神丧失的除外。"④ 在《魁北克民法典》中，第1462条规定得比较有特色，即"任何人不对不具有理性的人的行为或疏忽造成他人的损害承担责任，但不具有理性的人的行为在其他方面有过错的，不在此限。"⑤

2. 暂时丧失心智损害责任的概念和构成

暂时丧失心智损害责任，是指完全民事行为能力人对于因过错引起暂时心智丧失，或者因醉酒或者滥用麻醉、精神药品暂时丧失心智，造成他人损害，所应当承担的特殊侵权责任。

暂时丧失心智损害责任的构成，须具备以下要件：

---

① 《德国民法典》（第四版），陈卫佐译注，法律出版社2015年版，第318页。
② 《日本民法典》，刘士国、牟宪魁、杨瑞贺译，中国法制出版社2018年版，第174页。
③ 《瑞士债法典》，于海涌、［瑞士］唐伟玲译，赵希璇校，法律出版社2018年版，第21页。
④ 《韩国最新民法典》，崔吉子译，北京大学出版社2010年版，第228页。
⑤ 《魁北克民法典》，孙建江、郭站红、朱亚芬译，中国人民大学出版社2005年版，第185页。

(1) 侵权人是完全民事行为能力人

这种特殊侵权责任的行为主体即侵权人，必须是完全民事行为能力人，而不是限制民事行为能力人或者无民事行为能力人。无民事行为能力人和限制民事行为能力人造成他人损害，由其监护人承担责任，专门有监护人责任的特殊侵权责任规则调整。而完全民事行为能力人才存在暂时丧失心智的情况，需要专门规定规则调整。

(2) 被侵权人须造成实际损害

在损害事实要件，被侵权人须造成实际损害，这种损害既可以是人身损害，也可以是财产损害。对于造成人身损害而产生的精神损害当然构成损害事实要件。但这种特殊侵权行为是否能够侵害精神性人格权造成精神利益的损失，如暂时丧失心智而进行诽谤、侮辱等，笔者认为，心智丧失中的胡言乱语者，既然能够确认其已暂时丧失心智，则不应当认定为侵权行为。但恶意诽谤、侮辱，借口心智丧失而主张者，不应当免除其责任。

(3) 侵权人造成他人损害时暂时丧失心智

这种特殊侵权责任的被侵权人在受到侵害时，侵权人须在暂时丧失心智状态下，无法控制自己的行为，才造成被侵权人的损害。因此，这种特殊侵权责任的致人损害原因，须是侵权人暂时丧失心智，二者之间有因果关系。应当注意的是，暂时丧失心智与间歇性精神病不同，间歇性精神病造成损害的责任应当适用民法典侵权责任编第 1188 条规定，为监护人责任，并非本条调整范围。

(4) 侵权人暂时丧失心智是因自己的过错所致

构成这种特殊侵权责任，侵权人须具有过错，即侵权人的心智暂时丧失是基于自己的过失而发生。丧失心智的过错，除了本条第 2 款规定的醉酒、滥用麻醉药品或者精神药品之外，其他故意或者过失所为都包括在内，构成这种特殊侵权责任。这种特殊侵权责任的过错认定，应当实行过错推定原则，即被侵权人已经证明其他责任构成要件后，法官可以推定侵权人对其心智丧失有过错，丧失心智的行为人如果主张自己没有过错，应当举证证明。不能够证明自己没有过错的，侵权责任成立，应当承担赔偿责任。

3. 暂时丧失心智损害的责任承担

按照本条规定，暂时丧失心智损害责任的承担，其规则如下：

第一，因过错导致暂时心智丧失致人损害的，应当由侵权人承担赔偿责任。完全民事行为能力人由于自己的过错，导致暂时心智丧失，因此而造成他人损害的，应当为自己的过错所造成的损害负责，因此，应当对被侵权人承担侵权责任。

第二，因醉酒、滥用麻醉药品或者精神药品对自己的行为暂时没有意识或者失去控制造成他人损害的，应当由侵权人承担赔偿责任。这种情形同样是侵权人的过错所致，当然由其自己承担侵权责任。事实上，本条第2款的规定是第1款规定的过错的特殊表现形式，适用同样的规则，只不过这种过错已经证明，无须适用下文的公平责任而已。

第三，完全民事行为能力人对自己暂时心智丧失没有过错的，应当依照公平责任规则，由双方当事人公平负担损失。由于暂时丧失心智损害责任实行过错推定原则，因此必须有过错才承担责任。所不同的是，这种承担赔偿责任须是全部责任，如果行为人能够证明自己没有过错，则并不免除责任，而是按照公平责任的要求，根据行为人的经济状况对受害人予以适当补偿。行为人的经济状况良好的，适当多赔；经济状况不好的，适当少赔。

综上所述，暂时丧失心智之人出现暂时没有意识或者对其行为失去控制的状态，如果是该人存在过错所致，属于过错责任原则调整的范围，有过错则有责任，应当承担侵权责任；如果其没有过错，即由于其身体的客观原因，而不是主观上有过错，本不应承担责任，但要适用公平分担损失规则，根据行为人的经济状况对受害人适当补偿，能够承担多少就补偿多少。行为人因醉酒、滥用麻醉药品或者精神药品而暂时没有意识或者失去控制造成他人损害的，就是对自己暂时丧失心智有过失，因而对造成的损害应当承担赔偿责任。

【案例评注】

汝某与张某生命权、健康权、身体权纠纷案[①]

基本案情

2017年1月26日15时许，在淮北市相山区濉河花园中天浴池大厅，汝某酒后闹事，无故殴打张某。接到报警后，淮北市公安局相山分局三堤口派出所及时出警进行了处理。2017年1月26日至2017年2月8日，张某在淮北市朝阳医院住院治疗13天，支出医药费1788.09元，入院及出院诊断为：头部外伤，全身多处软组织损伤。出院医嘱为：建议休息一周；脑外科门诊随访。2017年2月19日，淮北市公安局相山分局作出了淮相公（三）行罚决字〔2017〕73号行政处

① 一审法院为安徽省淮北市烈山区人民法院，案号：（2017）皖0604民初600号；二审法院为安徽省淮北市中级人民法院，案号：（2017）皖06民终738号。

罚决定书，决定给予汝某行政拘留12日并处罚款500元。2017年2月27日，张某在淮北市人民医院支出DR颈椎正侧位片检查费148元。2017年3月2日，张某在淮北市人民医院支出DR单侧肘关节和CT检查费761元。2017年4月10日，张某在徐州医科大学附属医院支出神经内科挂号费22元、磁共振头颅平扫检查费660元。2017年4月14日，张某在徐州医科大学附属医院支出磁共振颈椎平扫检查费660元。2017年4月17日，张某在徐州医科大学附属医院支出神经内科挂号费22元。

法院判决

一审法院认为：公民的身体权和健康权受法律保护，行为人因过错侵害他人身体权和健康权的，应当承担侵权责任。侵害他人造成人身损害的，应当赔偿医疗费、护理费、住院伙食补助费等为治疗和康复支出的合理费用，以及因误工减少的收入。汝某酒后无故殴打张某，张某不存在过错，汝某作为过错方应当对张某因此造成的合理损失承担全部赔偿责任。关于张某的损失数额问题。张某提供的住院病历、医疗费票据等能够证明支出医疗费4061.09元，且汝某未对治疗的必要性和合理性提出有效异议，对医疗费4061.09元予以支持；主张误工费2000元并提供了足够证据予以认定，予以支持；主张护理费为1484.6元（114.2元/天×13天），符合法律规定，予以支持；主张住院伙食补助费390元（30元/天×13天），符合法律规定，予以支持；主张营养费按照390元（30元/天×13天），符合法律规定，予以支持；主张交通费311.3元，其中包括张某在淮北市朝阳医院住院时的交通费130元（10元/天×13天）和往返徐州复查支出的交通费181.3元，合理合法，予以支持；主张精神抚慰金5000元，但未提供证据证明因侵权造成严重的精神损害，不予支持；主张手机损失1799元等，未提供足够证据证明损失情况及与该案件的因果关系，不予支持。以上合计8636.99元，汝某应当向张某承担全部赔偿责任。

二审法院认为：医疗费应根据医疗机构出具的医药费、住院费等收款凭证，结合病历和诊断证明等相关证据确定。赔偿义务人对治疗的必要性和合理性有异议的，应当承担相应的举证责任。淮北朝阳医院的神经外科颅脑损伤入院记录中载明，张某因被他人用拳脚打伤头部及颈部、胸部、腹部、左肘关节、左膝关节等处，造成“头部外伤，全身多处软组织损伤”。汝某上诉称张某的颈椎及肘关节疾病与其殴打行为无关联性，但在一、二审中并未举出有效证据证明，其主张该部分医疗费用不予承担的理由无法成立，原判认定的医疗费数额并无不当。原判结合张某举证的其工作单位淮北平和置业有限公司出具的误工证明与本人银行卡流水，认定张某的误工费损失为2000元，对误工费数额认定清楚，适用法律正确。综上，汝某的上诉理由不能成立，应予驳回；一审判决认定事实清楚，适用法律正确，应予维持。

专家点评

原《侵权责任法》第33条在我国民事立法中首次规定了暂时丧失心智损害责任的内容，民法典侵权责任编第1190条承袭了这一规定。本案即为司法实践中存在的此类特殊侵权责任典型案例。这种侵权责任适用于完全民事行为能力人对于因过错引起暂时心智丧失，或者因醉酒或者滥用麻醉、精神药品暂时丧失心智造成他人损害的情形。本案中，被告汝某因醉酒对自己的行为暂时没有意识或者失去控制，无故殴打原告张某，造成其人身损害。由此可见，被告汝某具有过错，其心智暂时丧失是基于自己的过失即醉酒所致，故应当由其作为侵权人承担全部赔偿责任。

第一千一百九十一条 用人单位的工作人员因执行工作任务造成他人损害的，由用人单位承担侵权责任。用人单位承担侵权责任后，可以向有故意或者重大过失的工作人员追偿。

劳务派遣期间，被派遣的工作人员因执行工作任务造成他人损害的，由接受劳务派遣的用工单位承担侵权责任；劳务派遣单位有过错的，承担相应的责任。

【条文释义】

本条是对用人者责任的规定。

本条第1款和第2款分别规定了用人单位损害责任和劳务派遣损害责任，加上第1192条规定的个人劳务损害责任，构成用人者责任这种特殊侵权责任中的三种类型。

1. 用人单位责任

（1）用人单位责任的概念和特征

用人单位责任，是指用人单位的工作人员在工作过程中造成他人损害，由用人单位作为赔偿责任主体，为其工作人员致害的行为承担损害赔偿责任的特殊侵权责任。

用人单位责任的基本特征是：第一，其实施侵权行为的主体特定化，只有用人单位的工作人员造成侵权后果的时候，才能够成立这种侵权行为。第二，其侵权行为发生的场合特定化，只有用人单位的工作人员在工作过程中造成他人损害，才能构成这种侵权行为。第三，其侵权损害的被侵权人即损害赔偿权利人特定化，只有用人单位的工作人员在工作过程中造成第三人的损害，才能构成这种侵权责任。第四，这种侵权行为的责任形态是替代责任，用人单位工作人员造成第三人损害，承担责任的不是行为人即用人单位的工作人员，而是用人单位，因此是典型的替代责任形态。

（2）用人单位责任的归责原则

用人单位责任应当适用何种归责原则，民法典侵权责任编第 1191 条和第 1192 条规定得不明确。在过去，国内主要有两种主张：

一种观点主张适用无过错责任原则，认为用人单位对其工作人员在从事职务活动时致他人遭受损害，应负赔偿责任；用人单位不得主张选任、监督其工作人员时已尽相当注意而免责；用人单位本身虽无任何过失，仍应就其工作人员的行为负责。

另一种观点主张适用过错责任原则，认为用人单位对其工作人员因从事职务活动所致损害，仅就其本身对于损害的发生具有过失，即对其工作人员的选任、监督未尽必要的注意时，才负赔偿责任。

笔者认为，首先，用人单位责任不应适用无过错责任原则，其理由在于：一是适用无过错责任原则法律无明文规定。无论是民法典总则编还是民法典侵权责任编，对此都没有明确规定，因此，认为用人单位责任适用无过错责任原则没有法律根据。二是适用无过错责任原则对于保护用人单位的合法权益和经济发展不利。采用无过错责任原则，用人单位无论有无过错均须承担赔偿责任，容易养成工作人员怠惰等恶习，使用人单位的合法权益受到侵犯，有碍于社会经济的发展。坚持有过错才有责任，与现行立法没有矛盾，又可以促使用人单位精于选任、监督，勤于管理、教育，促使工作人员忠于职守，勤勉工作，于国于民均有裨益。

其次，用人单位责任也不应适用过错责任原则，其理由在于，适用过错责任原则时，被侵权人须举证证明用人单位的主观过错。被侵权人证明行为人的过错尚属可能，而举证证明用人单位的过错并非易事。如此要求势必使被侵权人处于不利地位，使其合法权益得不到有效、及时的保护。

综上所述，笔者认为，用人单位责任应当适用过错推定责任原则。过错推定原则的适用，能够从工作人员致被侵权人损害的事实中，推定用人单位具有疏于选任、监督之责的过错，实行举证责任倒置，由用人单位举证证明自己已尽相当的注意，无须被侵权人举证证明而直接推定用人单位的过失，使被侵权人处于有利地位，使其合法权益能够得到更好的保护。

（3）用人单位责任的构成要件

依据过错推定责任原则的规定，用人单位责任的构成须具备以下要件：

①违法行为

这种侵权行为的违法行为要件，是指用人单位的法定代表人、负责人及其他工作人员须有执行职务行为，且该行为违反法律。

用人单位的概念，是指依法成立的法人，以及没有法人资格的其他组织。凡不是个人劳务的私人雇工关系，也不是劳务派遣关系，就都是本条所指的用人单位。

用人单位工作人员的行为须是执行职务的行为，才能构成用人单位责任。在民法典侵权责任编第1191条的规定中，使用的概念不是"执行职务"，而是"执行工作任务"。对此应当作何理解，值得研究。有人认为，"执行工作任务"的概念更为宽泛，更有利于保护受害人的利益。学者对此并不认可。[①] 笔者认为，对于"执行工作任务"的理解，应当按照"执行职务过程中"理解更为妥当。只有在执行职务过程中造成损害的，才是职务行为，用人单位才有必要为其造成的损害负责。法定代表人、负责人及其他工作人员虽然造成他人损害，但如果不是执行职务的行为，则用人单位不承担侵权责任，只能由行为人自己承担责任，变成了直接责任的一般侵权行为。上述人员实施与职务无关的行为致人损害的，应当由行为人承担赔偿责任。

用人单位的工作人员是否执行职务，是用人单位承担替代责任的决定性因素。确定用人单位的工作人员执行职务范围的依据，应当采用客观说，即以执行职务的外在表现形态为标准，如果行为在客观上表现为与用人单位指示办理的事件要求相一致，就应当认为是属于执行职务的范围。因此，下列行为不属于执行职务范围：一是超越职责行为。工作人员执行职务包括为了实现其职能的一切行为在内，但工作人员超越了他的职责范围而实施的行为，用人单位不承担责任。二是擅自委托行为。工作人员未经授权，擅自将自己应做的事委托他人去办，用人单位对于受托人所为的侵权行为不负责任。三是违反禁止行为。用人单位明令禁止的行为工作人员而为之，不属于执行职务行为。四是借用机会行为。工作人员利用职务提供的机会，趁机处理私事而发生的损害，如果行为与执行职务没有

---

① 杨立新：《侵权责任法立法最新讨论的50个问题》，载《河北法学》2009年第12期。

关联，不属于执行职务范围。如果工作人员在执行职务中，以执行职务为方法，故意致害他人，以达到个人不法目的，虽然其内在动机是出于个人的私利，但其行为与职务有内在的关联，因此也认为是执行职务的行为。

行为的违法性判断，适用侵权责任构成要件的一般规则，即违反法定义务、违反保护他人的法律和故意违背善良风俗致人以损害，都构成违法性。应当注意的是，行为违法性要件主要表现在具体的行为人方面，即用人单位的法定代表人、负责人、工作人员执行的职务行为具有违法性，造成了他人的损害，因此才要求用人单位承担侵权责任。

②损害事实

用人单位责任的损害事实要件，包括侵害人身权利和财产权利所造成的损害后果。损害事实可以是人身损害事实，也可以是精神损害事实，也包括财产损害事实。无损害则无赔偿。

③因果关系

用人单位责任的因果关系要件，与其他侵权责任构成要件中的因果关系要件没有太大的差别，就是要求用人单位的法定代表人、负责人及其他工作人员的行为须与损害事实有引起与被引起的因果关系。

首先，要求这种因果关系必须是客观存在的，即执行职务行为是损害事实的原因，该损害事实确系该执行职务行为造成的客观结果。其次，判断这种因果关系以直接因果关系和相当因果关系为判断标准，有直接因果关系的，当然构成侵权责任；如果依通常的社会知识经验判断，执行职务行为是损害事实发生的适当条件的，为相当因果关系，确认其有因果关系。有因果关系的，可以构成侵权责任，无因果关系不构成侵权责任。最后，这一因果关系是指直接实施加害行为的行为人的行为，即用人单位的法定代表人、负责人和工作人员的行为与损害事实之间的因果关系。用人单位与损害事实之间，只具有间接因果关系。

④过错

用人单位责任的过错要件，为用人单位主观上须有过错。

用人单位责任构成要件中的主观过错，是用人单位本身的过错。过错的内容主要是指用人单位对于选任、监督、管理其工作人员上的过错，基本内容是过失。尽管在很多情况下，用人单位的工作人员在执行职务中并没有过错，但由于用人单位本身具有过错，仍构成用人单位责任。

对于用人单位的法定代表人、负责人以及工作人员的过错，也要进行考察，但这不是侵权责任构成要件的要求，而是用人单位对于造成损害的法定代表人、负责人或者工作人员是否构成追偿权的要件。如果法定代表人、负责人或者工作人员在造成损害中有过错，则用人单位在承担了侵权责任之后，对法定代表人、负责人或者工作人员享有追偿权。

认定用人单位责任的主观过错责任要件采推定方式，即工作人员执行职务行为造成他人损害，即可依此推定用人单位的主观过错。过错推定之后，实行举证责任倒置。如果用人单位认为自己无过错，应当依法举证，证明自己无过错。证明成立的，免除侵权责任；不能证明或证明不足的，推定责任成立，认定其有过错。

例如在此案例中，某铁路饭店职工陈某将库存的硫酸桶转移到修缮工地，该桶的容量为10升，内装400克硫酸，桶口未加盖。住宿在该饭店的何某准备外出，在下到三楼楼梯时不慎摔倒在地，恰好撞到陈某手提的硫酸桶上，硫酸洒到何某的头部、面部、臂部，将其烧成重伤，面部毁容。何某起诉铁路饭店，请求饭店承担侵权责任。法院认为，铁路饭店是法人单位，其工作人员在执行职务中，未尽相当的注意义务，致使危险物品造成了被侵权人的损害，铁路饭店应当承担侵权责任，判决该饭店承担赔偿责任。陈某在执行职务中造成何某损害的行为，具有主观过错，因此铁路饭店承担了侵权责任之后，可以向陈某追偿。

（4）用人单位责任的责任形态

用人单位责任是替代责任，其赔偿法律关系与其他替代责任一样，具有赔偿主体与直接行为人相脱离的特点。在该种赔偿责任关系中，直接侵权人是用人单位的法定代表人、负责人和其他工作人员，而赔偿义务主体为用人单位，即致害他人的法定代表人、负责人或者其他工作人员所属的用人单位。在用人单位责任中，用人单位作为赔偿义务人，直接对被侵权人承担责任，而不是由直接行为人承担责任。用人单位在承担了赔偿责任之后，对于有过错的直接行为人，可以依法追偿。被侵权人不得向直接行为人请求赔偿，因为直接行为人不具有义务主体资格。

该种赔偿法律关系的赔偿权利主体不具有特殊性，凡属遭受用人单位及其工作人员执行职务行为侵害造成损害的，都有赔偿权利主体资格，有权请求用人单位予以赔偿。

（5）举证责任

法院受理赔偿权利主体的起诉，不要求原告举证证明用人单位有过错，而以证明违法行为、损害事实、工作人员执行职务行为与损害结果有因果关系、加害人为用人单位工作人员为已足。至于用人单位是否已尽选任、监督之注意义务，则须用人单位自己举证证明，用人单位欲免除自己的责任，应当证明其选任工作人员及监督工作人员职务的执行已尽到相当的注意。

选任工作人员已尽相当的注意，就是指在选任之初，对工作人员的能力、资格与对所任的职务能否胜任，已经作了详尽的考察，所得结论符合实际情况。监督其职务执行已尽相当的注意，就是指用人单位对工作人员执行职务的总体行为是否予以适当的教育和管理，其标准应以客观情况决定。用人单位如果能够证明上列事项确实已尽到相当的注意，即可证明用人单位并无过失，可以免除其赔偿责任。

用人单位不能证明自己没有过失，即应承担赔偿责任。如果工作人员致人损害在主观上有过错，用人单位在赔偿被侵权人的损失以后，即对工作人员取得求偿权，工作人员应当赔偿用人单位因赔偿被侵权人所造成的损失，此时形成一个新的损害追偿法律关系。如果工作人员在主观上没有过错，则由用人单位单独承担赔偿责任，用人单位对工作人员没有求偿权。

2. 劳务派遣责任

（1）劳务派遣责任的概念和构成

劳务派遣责任，是指在劳务派遣期间，被派遣的工作人员在工作过程中造成他人损害的，由接受劳务派遣的用工单位承担责任，劳务派遣单位承担补充责任的特殊侵权责任。

构成劳务派遣责任，应当具备以下要件：

①在当事人之间存在劳务派遣的劳动关系

构成劳务派遣责任，首先必须在三方当事人之间存在劳务派遣的劳动关系。在劳务派遣单位与被派遣的工作人员之间有劳动合同关系，劳务派遣单位与用工单位有劳务派遣合同关系。根据上述两个合同关系，被派遣的工作人员在用工单位提供劳动。没有这样的劳务派遣的劳动关系，不存在劳务派遣责任。

②被派遣的工作人员在劳务派遣工作过程中造成他人损害

劳务派遣责任中的损害事实要件，同样是致他人损害，包括人身损害和财产损害。这个损害事实应当发生在被派遣的工作人员执行派遣的工作过程中，也就是被派遣的工作人员在工作过程中造成他人损害的客观事实。如果不是在执行派遣的劳务过程中造成损害，则不构成劳务派遣责任，而可能是一般的用人单位责任。例如，被派遣的工作人员在去往派遣单位的途中尚未到达用工单位即造成损害，或者在完成派遣任务回到派遣单位中造成他人损害，则不构成劳务派遣责任，而应当按照用人单位责任的要求，由劳务派遣单位承担责任。

③损害事实的发生与被派遣工作人员的执行职务行为有因果关系

造成他人损害的行为，应当是被派遣的工作人员执行派遣工作的职务行为所致，二者之间有因果关系。在接受派遣劳务之后，被派遣的工作人员在执行职务中，造成他人损害，就构成劳务派遣责任。在本条中，法律使用的也是“工作过程中”，对此的理解应当也是执行职务。

④用工单位在指挥监督工作人员工作中有过失

构成劳务派遣责任，用工单位须有过失。过失的表现是用工单位在指挥、监督工作人员执行职务行为中，应当注意而未尽注意义务。确定用工单位的过失，应当采用推定方式，在被侵权人已经证明前述三个要件的基础上，推定用工单位存在上述过失。用工单位认为自己没有过失者，应当自己提供证据证明。能够证明自己没有过失的，不承担侵权责任。不能证明的，过失推定成立，应当承担赔偿责任。

在本条规定中，明确规定了劳务派遣单位的过错。这一过错要件的作用，在于确定劳务派遣单位承担补充责任，而不是确定用工单位的责任。

（2）劳务派遣责任的承担规则

劳务派遣责任分为两种，本条第 2 款分别作了规定：

①接受派遣用工单位的责任

具备前述劳务派遣责任构成要件的，成立接受派遣用工单位的责任，接受派遣用工单位应当承担赔偿责任。之所以在劳动派遣责任中，不由劳务派遣单位承担责任，而由用人单位承担责任，原因在于用工单位直接支配着工作人员的劳动，工作人员是在用工单位的指挥、监督下，直接为用工单位进行劳动。如果工作人员在执行派遣劳务的工作过程中致人损害有过错的，则在用工单位承担了赔偿责任之后，有权向有过错的工作人员追偿。

②劳务派遣单位的责任

派遣的工作人员在工作过程中造成他人损害，派遣单位也有过错的，由于派遣单位与被派遣的工作人员之间有劳动关系，则劳务派遣单位应当承担相应的补充责任。如何理解相应的补充责任，应当把握两点：第一，补充责任是补充用人单位的责任，如果用人单位能够承担全部赔偿责任，就不存在补充责任，在用人单位不能承担或者不能全部承担赔偿责任的时候，才由劳务派遣单位补充赔偿。第二，相应的责任应当与劳务派遣单位的过错程度和行为的原因力相适应，即以过错程度和原因力的作用，确定应当承担的责任。相应的补充责任与补充责任的区别在于，补充责任是全部补充，即凡是直接责任人不能承担的责任都由补充责任人承担；承担补充责任之后，可以向直接责任人追偿。而相应的补充责任，即使是补充责任，也与补充责任人的过错程度和行为的原因力相适应，且不得主张向直接责任人追偿。

（3）劳务派遣责任的责任形态

劳务派遣的法律关系为三方当事人，用人单位与工作人员之间具有劳动关系，劳务派遣单位与接受劳务派遣单位之间具有劳务派遣的合同关系，工作人员接受劳务派遣单位的指派，为接受劳务派遣单位提供劳务，但没有直接的劳动合同关系。被派遣的工作人员在为接受劳务派遣单位提供劳务过程中，因执行工作任务的行为造成了他人的损害，构成侵权责任。因此，劳务派遣责任的责任形态实行替代责任，由接受劳务派遣单位作为侵权人，依照过错推定原则承担赔偿责任；如果劳务派遣单位在派遣工作人员中有过错，如选任、培训、管理不当，则应当承担相应的责任。而劳务派遣单位和接受劳务派遣单位之间的责任分担规则是单向连带责任，即混合责任，接受劳务派遣单位承担连带责任，应当对全部损害负责，有过错的劳务派遣单位承担按份责任。

【案例评注】

丰满区住建局与王甲用人单位责任纠纷案[①]

基本案情

2017年7月26日12时30分许，王乙驾驶A号重型自卸货车沿滨江南路由东向西行驶，当行驶至孟家村路口时，与尹某驾驶的沿孟家村路驶至滨江南路左转弯的无号牌五羊三轮车相刮，A号车与江边护栏相撞，冲入江中，造成A号车体及滨江南路护栏损坏的交通事故。经吉林市公安局交通管理支队丰满大队认定，王乙、尹某承担本起道路交通事故同等责任。另王乙驾驶的A号重型自卸货车经多手买卖，现实际所有人为王甲。尹某系丰满区住建局下属吉林市丰满区环境卫生保洁管理处的环卫工人，于2017年6月下旬到该单位开始工作。尹某家住吉林市丰满区孟家村五队，其工作地点即负责清扫的区域在丰满区丰满街里27中学到养蜂研究所区间。事故发生时系午休时间，尹某驾驶自己的五羊三轮车，装载着单位发放的清扫工具、工作服，回清扫地点路途中发生了交通事故。经王甲申请，吉林市丰满区人民法院委托吉林市吉辰旧机动车评估有限公司对案涉A号车进行损失鉴定，车辆维修评估价格为评估值153992元。王甲垫付鉴定费14469元。

---

① 一审法院为吉林省吉林市丰满区人民法院，案号：（2017）吉0211民初2507号；二审法院为吉林省吉林市中级人民法院，案号：（2018）吉02民终279号。

法院判决

一审法院认为，关于丰满区住建局是否在本案中承担责任。《侵权责任法》第三十四条第一款规定："用人单位的工作人员因执行工作任务造成他人损害的，由用人单位承担侵权责任。"本案中，尹某受聘于丰满区住建局下设的吉林市丰满区环境卫生保洁管理处，尹某作为一名环卫工人，其工作主要任务即对用人单位指定的区域进行清扫，而事发当天尹某系前往清扫区域进行清扫，是从事其工作任务必不可少的过程，是履行职务密不可分的组成部分，与职务活动有内在、必然的联系，故尹某在去执行工作任务途中发生交通事故，应由吉林市丰满区环境卫生保洁管理处对尹某交通事故致王甲车辆损失承担赔偿责任，而吉林市丰满区环境卫生保洁管理处非自收自支能独立承担民事责任的组织，故应由其上级主管单位丰满区住建局承担赔偿责任。关于赔偿数额，尹某承担交通事故同等责任，故丰满区住建局应赔偿王甲车辆损失 76996 元（153992 元 ×50%），鉴定费 7234.5 元（14469 元 ×50%），合计 84230.5 元。综上，一审法院依照《侵权责任法》第六条、第十五条第六项、第三十四条规定作出判决。

二审法院认为，《侵权责任法》第三十四条第一款规定："用人单位的工作人员因执行工作任务造成他人损害的，由用人单位承担侵权责任。"本案中，尹某是在午休期间发生的交通事故，午休期间属于劳动者法定的休息时间，本案亦不存在尹某中午加班工作或单位委派其执行工作任务等情形，故不属于因执行工作任务造成他人损害的情形，因此一审法院适用《侵权责任法》第三十四条审理本案不当，应予改判。《侵权责任法》第三条规定："被侵权人有权请求侵权人承担侵权责任。"本案中，王甲所有的车辆发生交通事故，属于侵权类案件，所受损失应由侵权人承担侵权责任。《侵权责任法》第四十八条规定："机动车发生交通事故造成损害的，依照道路交通安全法的有关规定承担赔偿责任。"机动车交通事故责任一般适用过错责任，现王甲无证据证明丰满区住建局在本案中存在过错，故由丰满区住建局承担侵权责任无事实及法律依据。

专家点评

本案是用人单位责任纠纷，是指用人单位因单位工作人员基于执行工作任务而造成他人损失的，由用人单位承担责任。用人单位承担的是替代责任，替代责任是一种适用无过错责任归责原则的侵权责任形态，因此在无法律明确规定的前提下，不应适用替代责任，更不宜对替代责任承担的条件及范围作扩大解释。根据民法典侵权责任编第 1191 条的规定，用人单位承担责任的前提是工作人员因执行工作任务而造成他人损害。本案中，上下班途中不应认定为执行工作任务或者是与执行工作任务密不可分的组成部分。尹某虽然受聘于丰满区住建局下设的吉林市丰满区环境卫生保洁管理处，属于用人单位的工作人员，但尹某作为一名环卫工人，其工作主要任务即对用人单位指定的区域进行清扫。而事发当天尹某系在午休期间发生交通事故，午休期间属于劳动者法定的休息时间，亦无证据证明尹某中午加班工作或单位委派其执行工作任务等情形。因此，其驾驶行为因与职务活动欠缺必然联系而无法被认定为执行工作任务，因其过错造成另一驾驶人王甲的损害则无法由用人单位承担替代责任，而只能由尹某承担自己责任。

第一千一百九十二条 个人之间形成劳务关系，提供劳务一方因劳务造成他人损害的，由接受劳务一方承担侵权责任。接受劳务一方承担侵权责任后，可以向有故意或者重大过失的提供劳务一方追偿。提供劳务一方因劳务受到损害的，根据双方各自的过错承担相应的责任。

提供劳务期间，因第三人的行为造成提供劳务一方损害的，提供劳务一方有权请求第三人承担侵权责任，也有权请求接受劳务一方给予补偿。接受劳务一方补偿后，可以向第三人追偿。

【条文释义】

本条是对个人劳务损害责任的规定。

本条规定的个人劳务损害责任包括三种类型：其一，个人劳务损害责任；其二，个人劳务工伤事故责任；其三，第三人造成个人劳务者损害责任。

1. 个人劳务责任的归责原则

个人劳务责任适用何种归责原则，本条第 1 款没有明确规定。在理论上，有三种主张：第一种观点主张适用无过错责任原则，认为接受劳务一方对提供劳务一方于从事劳务活动时致他人遭受损害，应负赔偿责任；接受劳务一方不得主张选任、监督提供劳务一方已尽相当注意而免责；接受劳务一方本身虽无任何过失，仍应就提供劳务一方的行为负责。第二种观点主张适用过错责任原则，认为接受劳务一方对其提供劳务一方因从事劳务活动所致损害，仅就其本身对于损害的发生具有过失，即对提供劳务一方的选任、监督未尽必要的注意时，才负赔偿责任。第三种观点认为个人劳务责任应当适用过错推定原则。

笔者赞成第三种观点，认为个人劳务责任应当与其他用人者责任一样，适用过错推定原则。

个人劳务责任不适用无过错责任原则的理由在于：一是适用无过错责任原则法律无明文规定。民法典侵权责任编第1166条规定："行为人造成他人民事权益损害，不论行为人有无过错，法律规定应当承担侵权责任的，依照其规定。"换言之，只有法律明文规定适用无过错责任原则的，才可以适用该归责原则。民法典侵权责任编没有规定个人劳务责任为无过错责任，因此，个人劳务责任适用无过错责任原则没有法律根据。二是个人劳务责任采用无过错责任原则，接受劳务一方无论有无过错均须承担赔偿责任，这样容易养成提供劳务一方的怠惰等恶习，使接受劳务一方合法权益受到侵犯，有碍于社会经济的发展。

实行过错推定责任，被侵权人只需证明损害事实、损害结果与行为人的行为之间的因果联系、行为人与被告的特殊关系，不必证明被告是否对行为人实施的侵权行为具有过错。对于被告来说，必须反证其对损害的发生没有过错。个人劳务责任不适用严格的过错责任原则，是因为适用严格的过错责任原则，被侵权人须举证证明接受劳务一方和提供劳务一方（即加害人）的主观过错，这样会使被侵权人处于不利地位，使其合法权益得不到有效的保护。个人劳务责任适用过错推定原则，实行举证责任倒置，可以减轻被侵权人的举证责任，使其合法权益得到有效的保护。

2. 个人劳务责任替代责任的构成

在替代责任中，存在三种主体，即行为人、责任人和被侵权人。当行为人致他人损害以后，依据法律的规定，由责任人承担损害赔偿责任。个人劳务责任的替代责任同样如此，应当具备以下四个条件：

（1）接受劳务一方与提供劳务一方之间须有特定关系

构成个人劳务责任，必须在责任人和行为人之间具有劳务关系。接受劳务一方与提供劳务一方之间的特定关系，表现为三个方面：

首先，接受劳务一方与提供劳务一方之间具有特定的人身关系，即提供劳务一方在受雇期间，其行为受接受劳务一方意志的支配与约束；在从事劳务活动过程中，提供劳务一方按照接受劳务一方的意志所实施的行为，实际上等同于接受劳务一方自己所实施的行为。

其次，接受劳务一方与提供劳务一方所造成的第三人的损害之间存在特定的因果关系，损害事实虽系提供劳务一方的行为所直接造成，但接受劳务一方对提供劳务一方选任不当、疏于监督管理等作为与不作为的行为，是损害事实得以发生的主要原因。

最后，接受劳务一方与提供劳务一方之间有着特定的利益关系。提供劳务一方在受雇期间所实施的行为，直接为接受劳务一方创造经济利益以及其他物质利益，接受劳务一方承受这种利益，提供劳务一方据此得到报酬。

以这三个方面所构成的接受劳务一方与提供劳务一方之间的特定关系为前提，这种特定关系就直接表现为个人劳务关系，接受劳务一方支付的是对价，提供劳务一方支付的是劳动力，劳务关系就是购买劳动力的合同关系。因此，尽管个人劳务责任的损害事实是由提供劳务一方从事劳务活动行为所致，而不是接受劳务一方的行为直接所致，也不是接受劳务一方授权提供劳务一方所致，但是，接受劳务一方均应对损害承担赔偿责任。

（2）接受劳务一方须处于特定地位

在替代责任中，替代责任人都必须处于一种特定地位之中。这种特定地位表现为替代责任人在其与加害人的特定关系中所处的带有支配性质的地位。它决定了替代责任人为加害人造成的损害后果负责的义务的产生。考察为加害人的损害后果负责的责任人地位，主要是看：双方有无确定特定关系的事实或合同；加害人是否受有责任人的报酬；加害人的活动是否受责任人的指示、监督或监护等约束；加害人是否向责任人提供劳务。如果责任人是组织，加害人是否为责任人事业或组织的组成部分，是确定责任人特定地位的一个简明标准。当责任人处于这种特定地位时，责任人应当为加害人或致害物的损害后果负责。在个人劳务责任中，接受劳务一方就应当处于这样带有支配性质的地位，这种支配地位的产生就是基于劳务合同，由于接受劳务一方购买的是提供劳务一方的劳动力，因此，接受劳务一方也就取得了对提供劳务一方人身的某种支配权。

考察接受劳务一方是否处于应负替代责任的地位，即确定接受劳务一方与提供劳务一方之间是否存在劳务关系。劳务关系的存在与否主要参考以下几个方面：一是双方有无劳务合同（口头的或书面的）；二是提供劳务一方有无报酬；三是提供劳务一方有无提供劳务；四是提供劳务一方是否受接受劳务一方的监督。其中最重要的是后两项内容，它决定着事实上劳务关系的存在与否。

（3）提供劳务一方在造成第三人的损害中应处于特定状态

替代责任中的加害人处于特定状态是必要条件。个人劳务责任的替代责任中，接受劳务一方是提供劳务一方的雇主，提供劳务一方在造成损害的时候是执行雇佣活动行为。

提供劳务一方致人损害时是否在执行职务，是接受劳务一方承担替代责任的决定性因素。确定提供劳务一方致人损害时是否从事劳务活动，应当按照以下规则处理：

第一，接受劳务一方有明确指示授权的，按照接受劳务一方的明确指示确定。从事劳务活动，是指从事接受劳务一方授权或者指示范围内的劳务活动。接受劳务一方指定提供劳务一方做什么，提供劳务一方按照接受劳务一方的指示所做的事情，就是执行职务。

第二，超出接受劳务一方授权的范围，即接受劳务一方没有明确指示的，如何确定执行职务，有三种观点：一是“主观说”，即以提供劳务一方的主观愿望为标准，从事劳务活动原则上应依接受劳务一方指示办理的事件所决定，但如果提供劳务一方在主观上确实是为接受劳务一方的利益而为之时，亦应认定为从事劳务活动的范围。二是“客观说”，即以提供劳务一方从事活动的外在表现形态为标准，如果行为在客观上表现为与接受劳务一方指示办理的事件要求相一致，就应当认为是属于从事劳务活动的范围。三是“折中说”，确定执行职务，既要考虑提供劳务一方的主观意思，又要审查行为的客观属性，综合确定。我国司法实践和一般通说采客观说，即以从事劳务活动的外在表现形态为标准，如果行为在客观上表现为与接受劳务一方指示办理的事件要求相一致，就应当认为是属于从事劳务活动的范围。

例如，某个体饭店的采购员 A 奉命去甲商场买菜，途中听说乙商场的菜价便宜，遂驾车绕道去乙商场，途中致伤他人。接受劳务一方的个体饭店明确指示 A 去甲商场，而采购员 A 去乙商场买菜的行为虽与接受劳务一方的指示不一致，但与接受劳务一方降低成本、增加盈利的要求并无矛盾之处，因此，应当认为采购员 A 去乙商场的行为是从事执行职务。

提供劳务一方的行为在某些特定情形下不属于执行职务行为：①超越职责行为，在劳务关系存续期间，提供劳务一方执行职务包括为了实现其职责的一切行为在内。但是，超越职责范围而实施的行为，不属于执行职务行为，接受劳务一方不承担责任。②擅自委托行为，提供劳务一方未经接受劳务一方授权，擅自将自己应当做的事情委托他人去做，也不是执行职务，接受劳务一方对受委托之人所为的侵权行为不负责任。③违反禁止行为，接受劳务一方明令禁止的行为，提供劳务一方而为之，不属于执行职务。④借用机会行为，提供劳务一方利用职务提供的机会，趁机处理私事而发生的损害，且其行为与执行职务没有关联，则不属于执行职务。提供劳务一方在执行职务中，以执行职务为方法，故意致害他人，以达到个人的不法目的，虽然其内在动机是出于个人的私利，但其行为与职务有内在的关联，因此也认为是从事劳务活动的行为。

（4）接受劳务一方在主观上存在过错

考察接受劳务一方主观上是否有过错，不同于一般侵权责任的过错。这种主观过错表现在接受劳务一方身上，而提供劳务一方在主观上是否有过错一般不问。只是在确定接受劳务一方对提供劳务一方是否享有求偿权时，才考察提供劳务一方的主观过错。

接受劳务一方的过错内容，表现在对提供劳务一方的选任、监督、管理上的疏于注意义务。如果接受劳务一方故意指使提供劳务一方侵害他人权利，则是共同侵权行为，而不是接受劳务一方的替代责任。只要接受劳务一方在选任、监督、管理上有疏于注意义务的心理状态，即应承担替代赔偿责任。确定接受劳务一方的过错，应采过错推定的形式。

3. 个人劳务责任替代责任的承担规则

接受劳务一方的赔偿责任确定之后，接受劳务一方承担替代责任应当按照下列步骤进行：

（1）确定损害赔偿的责任主体

个人劳务责任既然是替代责任，其责任主体就是接受劳务一方，而不是提供劳务一方。被侵权人是当然的赔偿权利主体。

（2）赔偿权利主体举证

法院受理被侵权人的起诉，不要求原告举证证明责任主体即接受劳务一方的过错，而以证明损害事实、提供劳务一方行为与损害结果的因果关系、加害人与接受劳务一方存在个人劳务关系为已足。

（3）赔偿责任主体举证责任倒置

接受劳务一方是否已尽选任、监督之注意义务，须自己举证证明。接受劳务一方欲免除自己的责任，应当证明其选任提供劳务一方及监督提供劳务一方职务的执行，已尽相当的注意。选任提供劳务一方已尽相当的注意，就是指在选任之初，对提供劳务一方的能力、资格与对所任的职务能否胜任，已经作了详尽的考察，所得结论符合实际情况。监督其职务的执行已尽相当的注意，就是指接受劳务一方对提供劳务一方从事劳务活动的总体行为是否予以适当的教育和管理，其标准应以客观情况决定。接受劳务一方如果能够证明上列事项确实已尽相当的注意，即可证明接受劳务一方并无过失，可以免除其替代赔偿责任。

（4）接受劳务一方承担赔偿责任

接受劳务一方不能证明自己没有过失，即应承担赔偿责任。如果提供劳务一方在致人损害时有过错，接受劳务一方赔偿被侵权人的损失以后，即对提供劳务一方取得求偿权，提供劳务一方应当赔偿接受劳务一方因赔偿被侵权人所造成的损失，形成一个新的损害追偿法律关系。如果提供劳务一方主观上没有过错，则由接受劳务一方单独承担赔偿责任，接受劳务一方对提供劳务一方没有求偿权。

（5）接受劳务一方的追偿权

在接受劳务一方为提供劳务一方承担替代责任后，如果提供劳务一方有重大过失或故意，则该接受劳务一方有追偿的权利。接受劳务一方享有追偿权，一方面是为了弥补接受劳务一方的损失，另一方面是为了规范提供劳务一方，要求其在执行职务的过程中谨慎行事，减少损害的发生。

4. 个人劳务工伤事故责任

本条第 1 款后段规定："提供劳务一方因劳务自己受到伤害的，根据双方各自的过错承担相应的责任。"这里规定的实际上是个人劳务关系中的工伤事故责任。依笔者所见，此处规定不甚恰当，因为民法典侵权责任编没有工伤事故责任的相关规定，而交由行政法规解决。既然本条对此已经作出了规定，当然其效力高于行政法规，具有优先适用的效力。

本条规定的个人劳务关系中的工伤事故责任，规则与一般的工伤事故责任规则不同。其区别是个人劳务关系原则上没有工伤保险，因此，确定提供劳务一方在劳务过程中自己的伤害，应当根据双方各自的过错承担相应的责任。这就是说，提供劳务一方在提供劳务过程中受到伤害，是否由接受劳务一方承担责任，实行过错责任原则，有过错的，当然承担责任，没有过错的，就不承担责任。相应责任的承担，与过错程度和原因力相关。在通常情况下，提供劳务一方造成自己损害，自己会有过失，因此，提供劳务一方对于自己的过失造成的损害，应当承担责任。如果是与接受劳务一方的过错一起成为共同原因，则按照过失相抵规则确定赔偿责任；如果仅仅是一方的过错所致，则由有过错的一方承担责任。

5. 提供劳务一方因第三人的行为造成自己损害的责任规则

提供劳务一方在提供劳务期间，因第三人的行为造成自己损害的，构成个人劳务工伤事故责任，享有向第三人的侵权责任请求权以及向接受劳务一方的补偿请求权。提供劳务一方向第三人请求赔偿，赔偿请求权实现之后，对接受劳务一方的补偿请求权消灭；选择向接受劳务一方行使补偿请求权，接受劳务一方应当承担补偿责任，在承担补偿责任之后，有权向造成损害的第三人进行追偿。

【案例评注】

韩甲诉杜甲雇员受害赔偿纠纷案①

基本案情

杜甲在夷陵区太平溪集镇经营玻璃多年。2004 年 9 月 22 日，杜甲从宜昌市城区购回价值 13740 元的玻璃 1 车，需将玻璃从车上卸下来。当晚 8 点左右，杜甲见韩甲、韩乙、韩丙、杜乙等人从三峡坝区装石头回来，遂提出由韩甲等 4 人将汽车上的玻璃搬运至杜甲玻璃店中，并约定一次性支付报酬为 100 元。韩甲等 4 人在搬运过程中，玻璃曾倒过一次，被韩乙及杜乙及时掀正。于是，杜甲安排其妻韩丁到车上扶住玻璃，以防玻璃倒下破碎。后来，在韩甲和韩丙上车准备抬玻璃时，因玻璃未能扶稳而突然倒下，将韩甲左腿砸伤。事故发生后，杜甲将韩甲送往宜昌市夷陵区太平溪镇中心卫生院治疗，共计住院 4 天，诊断为左膝关节皮肤裂伤，并建议自 2004 年 10 月 8 日起休息 2 周。后经门诊继续治疗，韩甲伤愈。截至 2004 年 10 月 8 日，韩甲共支付医疗费 453.2 元。杜甲已依约履行了支付 100 元工钱的义务（韩甲分得 25 元劳动报酬）。后因双方就赔偿事宜不能达成协议，韩甲遂于 2005 年 1 月 10 日向宜昌市夷陵区人民法院起诉，要求杜甲赔偿医疗费、误工费、住院伙食补助费、护理费、交通费、衣物损失费共计人民币 1498.8 元。同时查明：(1) 杜甲在多年从事玻璃经营活动中，搬运玻璃均交由太平溪镇刘家河搬运队完成，韩甲未从事过搬运玻璃的劳务活动。(2) 从韩甲住地往返太平溪镇中心卫生院的交通费为 6 元/人。被告杜甲辩称：(1) 原、被告之间不是雇佣关系，而是承揽关系，不应对韩甲的损害承担责任；(2) 韩甲诉请的误工费、护理费过高，交通费存在不实列支，衣物损失无相应证据加以证明。

法院判决

一审法院认为，本案中（1）双方不存在控制、支配和从属关系；（2）双方约定一次性结算劳动报酬 100 元，并非分期给付劳动报酬；（3）杜甲并未给韩甲等人限定工作时间，而仅要求搬运完 1 车玻璃；（4）双方仅约定由韩甲等人为杜甲搬运 1 车玻璃，即由韩甲等人一次性提供劳动成果，并非继续性提供劳务。综

---

① 一审法院为湖北省宜昌市夷陵区人民法院，案号：(2005) 夷民初字第 79 号；二审法院为湖北省宜昌市中级人民法院，案号：(2005) 宜中民一终字第 00332 号。

上所述，不应认定双方当事人之间为雇佣关系。应根据双方当事人在从事玻璃搬运过程中造成玻璃倒下致人损害有无过错的实际情况，确定各自的民事责任。杜甲从事玻璃经营多年，应当知道玻璃堆放时，因玻璃易碎、表面平整、光滑，堆放角度较小，搬运时易发生倒塌，可能造成人身损害事故的发生。由于杜甲放弃多年为其搬运玻璃的“刘家河搬运队”，而选用没有玻璃搬运经验的韩甲等人从事搬运，杜甲因对搬运人选任不当，有一定的过失；同时，在搬运玻璃的过程中，杜甲作为这次劳务活动的组织者，安排其妻韩丁上车扶玻璃，没有尽到安全注意义务，致使玻璃倒塌致韩甲左腿受伤，杜甲对此次事故的发生负有重大过错。韩甲在自己没有搬运玻璃经验的情况下，仍接受杜甲的要约，参与玻璃搬运活动，对玻璃易碎伤人的危险后果估计不足，对损害结果的发生也有一定的过失。结合双方当事人的过错责任，由杜甲承担85%的民事赔偿责任，其余15%的民事责任由韩甲承担。

二审法院认为，上诉人杜甲认可在搬运过程中，劳动工具均系其提供，并约定被上诉人韩甲等4人为其搬运一车玻璃，由其一次性结算劳动报酬100元，且在现场指挥搬运。对此，应认定为临时雇佣关系。雇工在从事雇佣活动中受伤，雇主依法应承担赔偿责任。故上诉人杜甲的上诉理由不充分，其请求不予支持。原审法院虽认定法律关系错误，但对本案的实体处理并无不当。原判案由为人身损害赔偿纠纷不妥，应为雇员受害赔偿纠纷。判决驳回上诉，维持原判。

专家点评

民法上涉及劳务之提供与接受的合同类型很多，依其内容可大致分为三类：其一是单纯劳务提供型合同，如雇佣合同；其二是事务处理型合同，如委托合同、居间合同、行纪合同、仓储合同等；其三是完成工作型合同，如承揽合同、旅游合同、运输合同、出版合同等。[①] 只有单纯劳务提供型合同形成的法律关系才是民法典侵权责任编第1192条（原《侵权责任法》第35条）第1款第1句规定的“个人之间形成劳务关系”。因为在雇佣合同等单纯提供劳务型合同中，债务人所负担的是手段性债务而非结果性债务。手段性债务如何履行应由合同决定，债权人（接受劳务的一方）有权要求债务人（提供劳务的一方）按照合同的约定，在规定的时间、地点按照规定的方式提供劳务。接受劳务者对提供劳务者具有很强的控制力，符合用人者责任的要求。

承揽合同属于典型的完成工作型合同，虽然其与雇佣合同（典型的单纯提供

---

① 刘春堂：《民法债编各论》（上），作者自印行2003年版，第3页。

劳务型合同）都具有劳务性质，但是二者的本质区别在于双方当事人之间是否存在身份上的支配与从属关系，提供劳务者能否按自己的意志独立完成交付的工作。有支配关系的是雇佣关系，没有的则为承揽关系。支配关系表现在劳动内容、劳动时间、劳动地点、劳动方式等的确定上。但最根本性的表现是，劳务提供者能否按照自己的技能独立地完成工作。本案中，在杜甲要求他人有偿为其搬运物品并进行现场指挥搬运活动的情况下，杜甲掌握了对现场的控制权，即对搬运活动如何进行是由杜甲支配和指挥的，他人只是按照杜甲的要求进行具体活动，所以杜甲与他人之间构成了雇佣关系而非承揽关系，因而属于个人之间的劳务关系，雇员在从事雇佣活动中遭受人身损害，雇主应当承担赔偿责任。因此，杜甲应当对韩甲因搬运玻璃所遭受的损害承担侵权责任。

第一千一百九十三条 承揽人在完成工作过程中造成第三人损害或者自己损害的，定作人不承担侵权责任。但是，定作人对定作、指示或者选任有过错的，应当承担相应的责任。

【条文释义】

本条是对定作人指示过失责任的规定。

1. 定作人指示过失责任的承担规则

定作人指示过失责任是大陆法系传统的特殊侵权责任，在英美法系侵权法中称为独立工人责任，规则基本相同。本条承袭了《最高人民法院关于审理人身损害赔偿责任案件适用法律若干问题的解释》第 10 条的规定。

加工、定作和承揽统称为定作，法律关系主体主要是定作人和承揽人，定作人委托承揽人进行加工、定作、承揽，承揽人依照定作人的指示进行加工、定作。由于承揽人在接受定作之后是独立进行定作、加工，尽管是按照定作人的指示进行，也应当独立负责，承揽人在完成承揽任务过程中，造成第三人损害或者自己损害，定作人不承担赔偿责任，由承揽人承担责任或者负担自己的损失。这是一般性规则。如果定作人对于定作、指示有过失，或者对定作人的选任有过失的，则定作人承担相应的赔偿责任。

定作过失，是指定作人确定的定作任务本身就存在过失，这种定作有可能造成他人损害或者定作人的损害，如加工易燃、易爆物品。指示过失，是指定作人下达的定作任务没有问题，但指示承揽人的定作方法存在过失，如不应该采用危险方法进行加工，却作出这样的错误指示。这两种过失，都构成定作人指示过失责任中所要求的过失。选任过失，则是指定作人选任承揽人有过失，如没有符合承担特种加工活动的资质而予以选任。

本条规定了两种责任：其一是定作人指示过失责任中造成他人损害的责任，这是典型的定作人指示过失责任。其二是造成承揽人自己损害的责任，这其实是承揽人的工伤事故责任。这两种责任的基本规则相同，放在一起规定并无不当。

2. 承揽关系中以定作人不承担侵权责任为原则

原《侵权责任法》未对承揽关系作出明文规定。承揽人在完成工作过程中对第三人造成损害或者造成自身损害的，应当适用《最高人民法院关于审理人身损害赔偿案件适用法律若干问题的解释》第 10 条承担责任，而定作人不承担侵权责任。民法典侵权责任编第 1193 条将该司法解释中规定的承揽关系损害赔偿责任纳入其中，同样以定作人不对承揽人在完成工作过程中对第三人造成的损害或者造成自身的损害承担侵权责任为原则。

定作人不承担侵权责任的原理仍然可以通过用人者责任的理论基础进行分析，如控制力因素。民法典合同编第 770 条第 1 款规定："承揽合同是承揽人按照定作人的要求完成工作，交付工作成果，定作人支付报酬的合同。"根据该条关于承揽合同的规定，承揽人提供给定作人的是工作成果而非劳务，定作人无法控制承揽人，承揽人所做的是自己经营的事而不是定作人的，赋予其义务预防、管理和分散危险是适合的。定作人不能控制和监督承揽人的工作，也就不能运用一些激励机制促使合同工尽最大的注意来避免事故的发生，此时仍要求定作人承担替代责任，不符合责任的逻辑要求，也是不公平的。①

国内学界的相关论述也可以作为此原则的理论证成。有学者指出承揽人有可能另有其他定作人，且不需要像用人单位的工作人员一样必须在固定的工作场所工作，定作人也无需为承揽人提供必要的工具和设备，承揽人较之劳动关系、个人劳务关系、无偿帮工关系的被使用者更加自由，而定作人的控制力也随之变弱。②

3. 承揽关系中以定作人指示过错责任为例外

定作人与承揽人之间没有劳务关系，一般情况下对于承揽人造成的损害不负责任，但在定作、指示等存在过错的情形下，例外地承担侵权责任。③ 定作人指

---

① W. Page Keeton, *Prosser and Keeton on Torts* (5th ed.). Minnesota: West Publishing Co., 1984, p. 509.

② 汪渊智：《论定作人的侵权责任》，载《法学杂志》2007 年第 3 期。

③ 王竹：《侵权法应当全面规定劳务替代责任》，载《中国社会科学报》2009 年 7 月 28 日，第 7 版。

示过错侵权责任具有其法律特征：[①] 其一，定作人与承揽人之间具有特定的承揽合同关系。依照该合同，承揽人为定作人加工承揽事项，定作人是合同的权利人，承揽人是合同的义务人。其二，侵权行为是在执行承揽合同过程中发生的。执行承揽合同，也就是完成承揽事项。造成损害的行为，是完成承揽事项的行为。超过执行承揽事项的范围，不存在定作人指示过错的侵权责任。其三，造成损害事实的行为人是承揽人而不是定作人，是承揽人在执行承揽事项中，以自己的行为造成他人损害。其四，侵权责任的承担者是定作人，定作人为自己存在过错的定作或指示所造成的后果承担损害赔偿责任。具体而言，定作人需要为自己在下列行为中的过错承担侵权责任：

首先是定作过错。定作过错是指定作工作本身存在缺陷，即定作事项、事务或项目自身的性质处于法律禁止或限制生产加工的状态。前者如定作人委托承揽人加工生产毒品，由于毒品是法律明确禁止私人加工生产的，因此定作事项本身违法是明显的。后者如定作人要求承揽人生产加工烟草，烟草是法律限制生产加工的物品。定作人显然应对以上承揽人的生产制作活动产生的侵权后果承担赔偿责任。[②]

其次是指示过错。指示过错是指定作人就承揽人完成工作成果提出相关的指导意见或者建议。若定作人的意见或者建议明显存在错误甚至违反了法律法规的规定，则存在指示过错。如定作人指示承揽人在没有配备安全防护装备的情况下进行特殊危险作业。需要指出的是，如定作人虽存在指示过错，但承揽人完成承揽事务造成损害，并不是因定作人的错误指示引起，而是基于其他因素产生的，在这种情况下，定作人不承担指示过错的侵权责任。因为此时定作人的指示过错与承揽人造成的损害之间并无任何因果关系。[③]

最后是选任过错。选任过错是指由于定作人的原因，由不适格的承揽人完成特定的工作成果，定作人在承揽人的主体选择上存在过错。如定作人选任没有培训合格证书或者施工作业操作证书等资质的驾驶人驾驶挖掘机进行作业，造成他人损害的，定作人需要承担侵权责任。

---

① 杨立新：《试论定作人指示过失的侵权责任》，载《河北法学》1991 年第 2 期。
② 敖斌：《论定作人侵权责任》，载《法治研究》2012 年第 7 期。
③ 敖斌：《论定作人侵权责任》，载《法治研究》2012 年第 7 期。

【案例评注】

肯瑞公司与王某健康权纠纷案①

基本案情

2017年3月14日，王某应肯瑞公司朱某之约为肯瑞公司修理电动门，在进入检修口修理过程中，王某摔下受伤。当日，王某被送至淮安市淮阴医院住院治疗，诊断为左髌骨骨折。2017年3月16日，淮阴医院为王某行左髌骨骨折切开复位内固定术治疗，2017年3月30日，王某出院。出院医嘱：注意休息，建议休息三个月。于骨科医师指导下功能锻炼。一个月复查X线一次，一年后取内固定。王某住院16天，住院医疗费12764.27元。另，王某发生门诊医疗费、救护费计381.28元。以上费用中，肯瑞公司支付6381.28元。

2017年3月16日，王某与肯瑞公司经长西派出所调解，拟定关于王某施工期间跌伤补偿协议：2017年3月14日，朱某电话约王某两人前来淮海购物广场维修电动卷门，修理过程中，由于其没有锁带安全绳，不慎跌下，致使其左腿关节处骨折受伤住院，双方产生纠纷，经长西派出所调解，双方一致同意，由肯瑞公司一次性补偿王某16200元，本次付款后，王某本人以及家属等人不得以本次事故中的任何理由要求肯瑞公司对其补偿或赔偿等。本协议经王某签字后，肯瑞公司把所有缴纳到医院的收款收据或发票原件交给王某，由王某自己进行报销处理，肯瑞公司留复印件。如王某因本次事故跌伤所造成其重大残疾（超过五级以上含五级残疾），王某可以依照法律程序提起诉讼寻求处理，但不得私自上门扰乱肯瑞公司正常办公。否则，肯瑞公司有权要求其返还全部补偿费。同时长西派出所录像见证。王某未签字认可。

王某主张此次维修是义务帮忙的。肯瑞公司提交收据2张，证明以往王某为其公司安装、维修是收费的，用来证明此次维修也是收费的，应是承揽关系。通常双方之间都是先修理、后付费，本次因为其在维修过程中发生事故，没有立即结算付费，并非本次修理不付费。

法院判决

一审法院认为：受害人遭受人身损害，因就医治疗支出的各项费用以及因误

① 一审法院为江苏省淮安市清江浦区人民法院，案号：（2017）苏0812民初7826号；二审法院为江苏省淮安市中级人民法院，案号：（2018）苏08民终114号。

工减少的收入，包括医疗费、误工费、护理费、交通费、住宿费、住院伙食补助费、必要的营养费，赔偿义务人应当予以赔偿。受害人对同一损害的发生或者扩大有故意、过失的，可以减轻或者免除赔偿义务人的赔偿责任。本案中，王某主张义务帮工关系，证据不足，不予认定。根据肯瑞公司、证人陈某陈述的以往维修都是先修理、后付费的交易习惯及承揽关系的特征，认定双方之间属承揽关系。本案中，原告主张肯瑞公司因电动卷门损坏邀请王某上门维修，在维修过程中，王某摔伤的事实，被告予以认可，一审法院予以确认。一审法院认为，肯瑞公司请人修理卷门，没有选择有资质的单位，而选择个人来修理，且修理过程中，其检修口侧天花板存在质量问题，仍让王某进入天花板检修口洞修理，应承担指示、选任过失责任。王某作为完全民事行为能力人，且作为长期从事维修工作的相对专业的人员，在高空作业中没有对可能存在的安全隐患尽到充分的注意义务，也未积极采取其他措施确保人身安全，应对损害后果承担相应的责任。对此，综合考虑王某与肯瑞公司在本案中的过错程度，确定肯瑞公司负次要责任，王某负主要责任。

二审法院认为：对于天花板检修口存在的质量问题，有证人证言及现场照片为证，一审法院予以认定并无不当。肯瑞公司联系王某个人为其修理卷门，且在检修口存在质量问题的情况下，未向王某作出告知提醒，应承担指示、选任过失责任。但王某作为长期从事维修工作的人员，在高空作业中对于可能存在的安全隐患理应尽到充分的检查注意义务，其未能采取相应措施确保人身安全，是导致损害后果发生的主要原因。根据王某与肯瑞公司的过错程度及其过错与损害后果之间原因力的大小，应当认定肯瑞公司承担次要责任，王某负主要责任。法院确定肯瑞公司对于王某的损害后果承担30%的赔偿责任，其余责任由王某自行承担。王某的各项损失合计32062.55元，应由肯瑞公司赔偿9618.77元，扣减肯瑞公司已支付的6381.28元，肯瑞公司尚应赔偿王某3237.49元。

专家点评

本案的争议焦点之一即为原被告双方当事人之间究竟是义务帮工关系还是加工承揽关系。两者的区别主要在于：义务帮工活动是无偿的，是助人为乐行为；加工承揽关系是有偿的，是一方按照另一方的要求完成一定的工作并交付工作成果，另一方接受该成果并给付一定报酬的合同，是一种商业行为。本案中，原告王某系专职从事电动门修理工作的人员，因此原告本身是以通过为他人修理电动门而收取修理费为目的，故一般情况下，原告的行为系典型的加工承揽关系。而原告现主张二者系无偿帮工关系，应具有足以使人信服的理由。原告未能提供相应证据，则根据一般交易习惯，认定原被告之间构成加工承揽关系，即认定原告的行为蕴涵经济目的，而且其修理行为是应当提供修理成果的。因此，本案确定为承揽关系更符合当事人之间的实际情况。

根据民法典侵权责任编第 1193 条的规定，承揽人在完成工作过程中对第三人造成损害或者造成自身损害的，定作人不承担侵权责任。但是，定作人对定作、指示或者选任有过错的，应当承担相应的责任。因此，本案的另一个争议焦点是，肯瑞公司作为定作人在本案中有无过错。对此，原告认为被告具有明显过错，因为检修口旁边的天花板突然塌陷，面积约 1 平方米，造成其从天花板检修口直接摔下来；而被告则认为事故系原告违规操作引起，因为其在修理过程中没有锁带安全绳才不慎跌下，应由原告自行承担全部责任。本案中，被告在检修口存在质量问题的情况下，将电动门交由原告修理，未向原告作出告知提醒，致使事故发生，存在着定作、指示过失，应承担相应的民事责任。但原告作为专业修理人员，应当知道高空作业的危险性且未注意修理安全是发生损害事故的直接原因，较被告的定作、指示过失更为严重，故确定由被告承担次要责任、由原告承担主要责任是合理的。

第一千一百九十四条 网络用户、网络服务提供者利用网络侵害他人民事权益的，应当承担侵权责任。法律另有规定的，依照其规定。

【条文释义】

本条规定了网络侵权责任的一般规则。

网络侵权责任的规则包括网络用户在他人的网络上实施侵权行为的责任承担规则，以及网络服务提供者利用自己的网络实施侵权行为的责任承担规则。无论上述两种情形中的哪一种，都适用过错责任原则确定侵权责任，网络用户或者网络服务提供者对自己实施的网络侵权行为负责，即自己责任。

1. 网络侵权责任的保护客体

本条在规定网络用户、网络服务提供者责任所侵害的客体范围时，使用的是“他人民事权益”，其含义既包括权利，也包括利益，既包括人格权、物权，也包括知识产权。在网络侵权责任中，最主要的侵害客体的范围包括：

(1) 人格权

①姓名权

在网络中盗用或者假冒他人姓名的情况经常发生。盗用他人名义签订合同以及伪造他人姓名，涉及合同的欺诈，严重的可能涉及刑事责任。姓名的故意混同在网络中也经常出现，尤其以网络广告最为突出。有的商家通过谐音等方式，使用他人姓名，作为自己产品的名字，以提高产品的知名度。

②肖像权

网站未经本人同意，在网络上使用他人肖像进行商业宣传，或者作其他使用，构成侵害肖像权。例如，未经本人同意使用他人肖像作为网站装饰图画，也构成侵害肖像权。某报举办“时尚新女性”形象设计比赛，由天人地物摄影公司承担摄影工作，学习声乐表演的杨某获得二等奖。嗣后，杨某点击“找到啦”网站的“出格大男人”频道时，发现自己的 5 张艺术照片与一不知名的女性裸体照被连续编排在同一网页上，且该网页仅此 6 幅照片。从照片的编排顺序上看，前 5 张均为杨某面容清晰的人像，第 6 张裸照则面目不清。她为此遭到亲友误解。杨某将提供照片的天人地物摄影公司和登载照片的“找到啦”公司诉至法院，请求承担侵害名誉权和肖像权的侵权责任。[①] 在此案中，天人地物摄影公司和登载照片的“找到啦”公司未经许可使用他人肖像，并作为网站的广告宣传，侵犯了杨某的肖像权，应当依法承担侵权责任。

③名誉权

无论是网络用户，还是网络服务提供者，都可能利用网络侵害他人名誉权。例如在 BBS 上发表不实信息侵害他人的名誉权。在电子商务领域，有的消费者通过网络购买产品，因对产品不满意，则通过编造虚假事实的方式，对网络经营者在网络网站或者其他网站、BBS 等网络平台上进行诽谤，侵犯商家的名誉权。另外，网络经营者通过侵害名誉权进行不正当竞争，也是常见的网络侵害名誉权的侵权行为。

④隐私权

隐私权是自然人最重要的人格权之一，需要特别保护。在网络上，个人隐私更容易暴露和被侵害，因此网络侵害隐私权是网络侵权中最重要的一种。隐私权被侵害的主要形式是：第一，非法侵入。未经本人同意，非法侵入他人电脑、电讯设施的，侵扰了他人生活安宁。这些空间属于个人的私人空间，是隐私权保护的领域，非法侵入构成侵害隐私权。第二，非法截取、覆盖。未经同意在他人进

---

① 《“找到啦”网站登载裸照被诉侵权》，载《北京晨报》2000 年 7 月 17 日。

行传播信息的过程中，对他人的商业信息进行拦截、覆盖，对私人信息进行侵害，构成对隐私权的侵害。第三，窃听、窃取、删除。未经他人同意，利用网络技术窃听他人网络电话或者网络聊天的内容；窃取他人的图片、文字；窃取他人的拨号上网密码；恶意拷贝、删除他人资料等，都构成对隐私权的侵害，应当承担侵权责任。第四，伪造、修改他人私人资料。这种侵权行为是非法侵入他人电脑、电讯设施，恶意伪造、修改他人的资料，以使自己获得非法利益或者不获得任何利益。第五，骚扰。利用恶意代码将浏览器的首页设置为色情网站；发送大量的电子邮件造成对方的电子邮件爆炸、瘫痪；发送病毒；发送色情信息；直接将软件嵌入到用户的浏览器上面等。第六，披露。未经他人同意将他人的网名等私人信息资料予以公开。第七，监视。在网络传输的某一个环节设置监视软件，从而使他人的一举一动都在自己的监控之下，类似于现实世界中的隐形摄像头。第八，跟踪刺探。通过聊天、邮件或实时软件，进行跟踪，以言词或文字引诱，获得私人信息，侵害隐私权。

（2）网络虚拟财产权

网络虚拟财产，是指虚拟的网络本身以及存在于网络上的具有财产性的电磁记录，是一种能够用现有的度量标准度量其价值的数字化的新型财产。

网络虚拟财产作为一种新兴的财产，具有不同于现有财产类型的特点。因此，民法把网络虚拟财产作为特殊物，解决了网络虚拟财产的权利客体定位问题。以此顺应物权法的发展趋势，把网络虚拟财产名正言顺地纳入了物的范畴，解决了网络虚拟财产欠缺物权法保护这个症结。同时，特殊物格也准确反映出了网络虚拟财产的特性，是对网络虚拟财产的一个巧妙界定和精确描述。

网络虚拟财产可以分为以下两大类型：其一是网络本身，其二是存在于网络上的虚拟财产。网络本身是一种重要的虚拟财产。第二种类型的虚拟财产又可以分为以下三种形式：第一，网络游戏中的网络虚拟财产。这包括网络游戏中的账号（ID）及积累的“货币”“装备”“宠物”等财产。第二，虚拟社区中的网络虚拟财产。这包括网络虚拟社区中的帐号、货币、积分、用户级别等。第三，其他存于网络的虚拟财产。这包括 QQ 号码、电子邮箱及其他网络虚拟财产等，第三类是一个包容性的兜底类型，只要非虚拟网络本身，也不属于上述前两种形式的虚拟财产以外的网络虚拟财产均可以归属于第三类。

网络侵害的财产权，主要是这些虚拟财产，包括虚拟不动产和虚拟动产。法律保护物权人的物权，任何侵害行为都须予以侵权责任制裁。例如，北京市朝阳区法院判决的红月游戏案。游戏玩家李某在两年时间里，花费了几千个小时的精力和上万元的现金，在一个名叫“红月”的游戏里积累和购买了各种虚拟“生化武器”几十种，这些装备使他一度在虚拟世界里所向披靡，但2003年2月的一天，当他再次进入游戏时，却发现自己库里的所有武器装备都不翼而飞了，其中包括自己最心爱的3个头盔、1个战甲和2个毒药等物品。后经查证，2003年2月17号12时55分左右，这些装备被一个叫“SHUILIU0011”的玩家盗走了，李某找其网络游戏运营商北京某科技公司交涉，但该公司却拒绝将盗号者“SHUILIU0011”的真实资料交给李某，于是李某以网络游戏运营商侵犯其私人财产为由把该公司告上了法庭。李某认为这些武器是财产，因为它是自己用人民币购买的。该公司负责人认为这些武器装备就是一堆数据，不是财产。北京市朝阳区法院先后两次开庭审理了此案。经过审理，法院判决被告恢复原告丢失的生化盾牌等十件虚拟装备并赔偿原告交通费、证人出庭费等相应损失1000余元，驳回原告其他诉讼请求。

（3）知识产权

知识产权是财产权的类型之一，具有重要的价值。在网络上，知识产权的保护同样重要。原因在于，网络环境下的知识产权具有了新的特点，如瞬间性、开放性和全球性，使得知识产权传统意义上的地域性、时间性和专用性受到了挑战。网络侵权行为侵害的知识产权包括著作权及其相关权利、专利权、商标权，但对著作权的侵害几乎比比皆是，著作权是网络侵权行为最为普遍的侵害客体，必须予以严密保护。

2. 网络侵权责任的构成要件与责任方式

网络侵权责任的主体，应当包括网络中的各方当事人，诸如网络服务提供商（ISP）、互联网数据中心（IDC）、电子认证机构（CA）、软件和硬件提供商、配送企业、电子银行，也包括特殊的侵权主体，即黑客及病毒传播者。

网络侵权责任的构成，应当具备违法行为、损害事实、因果关系和主观过错四个要件。对于网络侵权责任的构成要件，应当按照侵权责任构成的一般要求认定。违法行为要件要求网络用户和网络服务提供者的网络行为违反法定义务，或者违反保护他人的法律，或者故意违背善良风俗加害于他人。损害事实要件是前文列举的网络侵权客体受到损害的事实，包括权利的损害和利益的损害。因果关系要件应当适用相当因果关系理论确定。网络侵权的主观心态主要为故意，多数表现为明知，但过失亦构成网络侵权。

网络侵权应当承担侵权责任的方式包括恢复原状、赔偿损失、消除影响、恢复名誉、赔礼道歉，但最主要的责任方式为损害赔偿。

3. “法律另有规定”表明本条可作为引致条款

本条规定的“法律另有规定”，应当是指其他法律对网络用户、网络服务提供者利用网络侵害他人民事权益承担民事责任的情形。例如，《电子商务法》《消费者权益保护法》《食品安全法》等都对这类侵权行为作出特别规定，应当依照其规定确定这些民事主体的侵权责任。

【案例评注】

宋某等与徐某名誉权纠纷案①

基本案情

2008年10月17日，著名导演谢某因参加浙江省上虞市春晖中学百年校庆活动入住上虞国际大酒店。当晚6时许，谢某在春晖中学的安排下到酒店自助餐厅用晚餐。用餐后，谢某回客房休息。次日凌晨1时许，谢某心源性猝死。谢某去世后，在宋某开设的新浪、腾讯、搜狐公开博客中出现了《千万别学谢某这样死!》《谢某和刘××在海外有个重度脑瘫的私生子谢××!》《中国电影家协会等四大协会应该给谢老垫棺材底!》《李××的男人原来是个性虐待狂!》《2008年10大疯狗排行榜提前揭晓》五篇博客文章；在刘某开设的搜狐、网易公开博客中出现了《刘某愿出庭作证谢某嫖妓死，不良网站何故黑箱操作撤博文?》《美×确是李××女儿》《宋某十五大预言件件应验!》《宋某22大精准预言!》四篇博客文章。2009年2月23日，谢某遗孀徐某以宋某、刘某无中生有，连续发表博客文章恶意诋毁谢某名誉为由诉至上海市静安区人民法院，请求判令宋某、刘某立即停止侵害并撤销网络上的博客文章，消除影响、赔礼道歉；并判令宋某、刘某共同赔偿徐某直接经济损失10万元及精神损害抚慰金40万元。

法院判决

一审法院认为，本案是一起侵害死者名誉的案件，但涉案博客文章所说的谢某因嫖妓致死及与他人有私生子均非事实。涉案文章内容均系捏造，属诽谤性文章。文章发表后，引起社会广泛的关注，一些不明真相的人见到博客文章不仅有较为详尽的细节描述，还有保证文章真实性并愿承担法律责任的所谓特别声明，纷纷对涉案文章表示认同，故涉案博客文章刊登后，大大降低了谢某的社会评价，侵害了谢某的名誉。关于本案侵权责任的构成，法院认为：首先，在谢某逝

---

① 一审法院为上海市静安区人民法院，案号：(2009) 静民一（民）初字第779号；二审法院为上海市第二中级人民法院，案号：(2010) 沪二中民一（民）终字第190号。

世后不久，宋某、刘某开设的博客中即开始出现涉案文章，宋某、刘某应当对涉案文章内容的来源及真实性负责。宋某、刘某声称其博客曾有过被黑客入侵的事实属实，但不能推论得出涉案九篇文章系他人上传的结论。而且宋某、刘某在涉案文章上传后，未有任何不同于博客内容的意思表示。在相关单位及媒体向宋某表达批评或求证时，宋某不曾否认涉案博客中的内容，故可以认定涉案侵权博客文章系由宋某、刘某分别发表上传于互联网。其次，博客的性质是网络日志，选择以公开为属性的博客则具有了类似于发表文章的实际效果，能使公开的博客日记成为一种宣传工具。涉案博客为公开博客，任何人都能点击进入相关博客查看文章内容，故博客注册使用人对博客文章的真实性负有法律责任，有避免使他人遭受不法侵害的义务。宋某、刘某不仅各自实施了侵权行为，而且对于侵犯谢某的名誉有意思联络，构成共同侵权。最后，关于徐某提出的赔偿请求由两部分组成，一是直接经济损失，二是精神遭受侵害的赔偿。本案是一起网络侵权案件，在徐某起诉后，宋某、刘某迟迟不提出答辩意见，徐某为此继续向各方媒体取证及收集证据印证合法合理，故对为取证导致的合理的直接经济损失赔偿请求予以支持；关于徐某提出的精神损害抚慰金赔偿主张，综合侵权行为的严重性以及本市平均生活水平等因素，赔偿金额酌情以 20 万元为宜。

二审法院认为，博客即网络日志，是互联网服务提供者提供给用户的自主网络空间；博客内容可包括文字、图片、音频、视频等多种形态。用户以博客作为载体，在互联网的自主空间上传文章进行公开表达，与现实生活中通过广播、电视、报刊等载体发表文字进行表达，同样应当遵守国家的法律法规，不得侵犯他人的合法权益。因此，无论开设博客的目的是否具有娱乐性，凡作为设立或掌控博客内容的具有民事行为能力的人，均应当对博客内容承担法律责任。宋某、刘某对涉案博客文章内容的非真实性在一、二审期间均未提出异议，故涉案博客文章为诽谤文章，并且在社会公众当中得到传播，导致谢某名誉权受到贬损，因此宋某、刘某应承担相应的侵权责任。原审法院认定宋某、刘某侵犯谢某的名誉具有意思联络从而构成共同侵权，并无不当。宋某、刘某辩称涉案博客文章并非其本人上传，系他人冒用其名义，对此未能提供相应的证据予以印证，也无法作出令人信服的合理解释。徐某为准备诉讼而收集证据系行使民事诉讼权利的行为，由此支出的费用确为应对侵权行为所致，原审法院将经过审核后确定的合理费用作为侵权行为导致的直接经济损失并无不当。谢某是中国著名电影导演，作为社会知名人士，他的去世无疑为各类媒体所关注。而宋某、刘某在谢某去世后次日公开发表侵权博客文章，不仅捏造事实、虚构情节，而且以各种方式强调文章的真实性，客观上加强了受众对侵权博客文章的信赖度。在此后报刊等媒体的求证过程中继续诋毁谢某名誉，上诉人侵权的主观恶意十分明显。宋某、刘某所实施的侵权行为通过网络以及应答媒体求证时的言论，扰乱视听，导致侵权后果非常严重。徐某作为谢某的遗孀为此承受了巨大的精神痛苦。原审法院根据侵权的过错程度、侵权行为的手段、侵权后果以及上海市平均生活水平等因素确定精神损害抚慰金并无不妥。综上，判决驳回上诉，维持原判。

专家点评

网络侵权责任中的单独责任，是指网络用户或者网络服务提供者利用网络单独从事侵害他人民事权益的行为时，依法应独自承担的侵权责任，即民法典侵权责任编第1194条规定的情形。其中，网络用户利用网络单独从事侵权行为的情形众多，如在网络上发表侵害他人名誉权的言论；将涉及他人隐私的视频、音频资料上传到网络上；未经同意将他人享有著作权的电影、歌曲和书籍上传供人下载；利用网络黑客技术窃取他人账户的资金等。本案即为网络用户利用博客这一网络服务平台发表侵害他人名誉权的典型案例。博客作为互联网服务提供者提供给用户的自主网络空间，网络用户可将文字、图片、音频、视频等多种形态的内容发布在博客上，即以博客作为载体，在互联网的自主空间上传文章进行公开表达。诚然，公民享有言论自由，但在行使其言论自由时应当遵守国家的法律法规，不得侵犯他人的合法权益，即遵循禁止权利滥用原则。

本案中，宋某宣称其博客名称就叫作娱乐大王宋某，博客本身就是供人娱乐、调侃的，不能信以为真，其博客文章在社会上几乎没有公信力，因此对于谢某的名誉并不构成实质性侵害。从法律适用的角度看，作为侵权行为的构成要件，过错具备主观性，宋某的行为是否构成侵权行为，并不取决于其自身的看法，而是要由法官站在一般理性人角度对该行为作出评价。当言论自由与其他权利发生冲突时，对言论自由的保障并不是绝对的。公民在行使言论自由时，不得侵害其他人的合法权益，否则构成侵权。名誉权作为人格权的重要组成部分，已经直接受到民法典人格权编的确认保护。博客话语权在一定程度上意味着博客内容具有广泛的认同度和影响力，包含着推定真实的意思。对于拥有话语权的博主，其言论应当更加谨慎。由此形成的结论是，其博客内容已经超越了一般界定的言论自由的范围，构成侵害名誉权的行为。

第一千一百九十五条　网络用户利用网络服务实施侵权行为的，权利人有权通知网络服务提供者采取删除、屏蔽、断开链接等必要措施。通知应当包括构成侵权的初步证据及权利人的真实身份信息。

网络服务提供者接到通知后，应当及时将该通知转送相关网络用户，并根据构成侵权的初步证据和服务类型采取必要措施；未及时采取必要措施的，对损害的扩大部分与该网络用户承担连带责任。

权利人因错误通知造成网络用户或者网络服务提供者损害的，应当承担侵权责任。法律另有规定的，依照其规定。

【条文释义】

本条是对网络侵权责任“避风港原则”中的通知规则的规定。

1. 本条调整的对象是“网络服务提供者”的特殊责任

在规定了一般侵权责任的情况下，如果要规定一种特殊的侵权制度，该制度需要在归责原则、构成要件、责任承担等方面存在一定的特殊性。网络侵权诚然是一种新型的侵权形态，然而在上述的各个方面，却并不必然具有相应的特殊性。[①] 例如，多数情况下网络用户在网络这一特殊的平台基础上所为的侵权行为并不比一般的侵权人在其他地方实施的侵权行为更为特殊。[②] 网络侵权的真正的特殊性在于“网络服务提供者”的特殊责任。在网络侵权中，除了直接侵权的网络用户要承担责任外，作为“侵权发生地”提供者的网络服务提供者也要因为这个特殊身份而承担一定的责任。虽然网络服务提供者的这种责任在本质上依然是一种过错责任，但此时判断过错的标准以及承担责任的范围和方式却不同于一般的过错责任。因此，在民法典侵权责任编中有必要规定网络服务提供者的特殊责任。

2. 通知规则的具体规则

网络侵权责任“避风港原则”中的通知规则，具体规则比较复杂，即：

（1）权利人的通知权：网络用户利用他人的网络服务实施侵权行为的，原则上网络服务提供者不承担责任，因为无法承担海量信息的审查义务。解决这种侵权纠纷的方法是“通知—取下”规则，即“避风港原则”的通知规则：认为自己权益受到损害的权利人，有权通知网络服务提供者，对网络用户在该网站上发布

---

① 王利明：《论网络侵权中的通知规则》，载《北方法学》2014 年第 2 期。

② 王利明：《论网络侵权中的通知规则》，载《北方法学》2014 年第 2 期。

的信息采取删除、屏蔽、断开链接等必要措施，消除侵权信息及其影响。这就是权利人的通知权。

（2）通知的主要内容：行使通知权的通知，应当包括构成侵权的初步证据及权利人的真实身份信息，没有这些必要内容的通知无效。

（3）网络服务提供者的义务：网络服务提供者接到权利人的通知后，应当实施两个行为，一是及时将该通知转送相关网络用户，二是对侵权信息根据构成侵权的初步证据和服务类型等实际情况需要，及时采取删除、屏蔽或者断开链接等必要措施。网络服务提供者履行了上述两项义务的，就进入“避风港”，不承担侵权责任。

（4）网络服务提供者违反义务的责任：网络服务提供者未及时采取必要措施的，构成侵权责任，要对损害的扩大部分与该网络用户承担部分连带责任，即网络服务提供者只对扩大的损害部分承担连带责任。

（5）对错误行使通知权的所谓权利人进行惩罚的措施：因权利人错误行使通知权进行通知，依照该通知采取的必要措施造成了网络用户或者网络服务提供者损害的，错误通知的行为人应当对网络用户和网络服务提供者的损害承担侵权赔偿责任。不过，法律另有规定的，依照其规定。比如，《电子商务法》第 42 条规定了在电子商务知识产权侵权领域，恶意通知须承担惩罚性赔偿责任。

3. 在通知规则中增加了对“通知”内容的要求

“通知规则”又叫“提示规则”① “通知—删除”规则或者“避风港规则”。② 根据该规则，在网络用户利用网络服务者提供的网络实施侵权行为时，如果网络服务提供者不知道侵权行为存在，则只有在受害人通知网络服提供者侵权行为存在，并要求其采取必要措施以后，网络服务提供者才有义务采取必要措施以避免损害的扩大。③

“通知规则”通过免除网络服务提供者的事先审查义务，促进了互联网的创新和发展，影响信息的传播和流通；通过将判断潜在网络侵权信息的义务赋予潜在的受害人，提高了准确发现侵权事实并采取必要的救济措施的效率。④ 然而，如果对潜在受害人在“通知规则”下的权利不作任何限制，即要求网络服务提供者无条件地服从所有通知人的要求，则“会影响到公民的表达自由，同时也可能

---

① 王竹、舒星旭：《从网络侵权案例看“通知规则”及其完善》，载《信息网络安全》2011 年第 5 期。

② 王利明：《论网络侵权中的通知规则》，载《北方法学》2014 年第 2 期。

③ 王利明：《论网络侵权中的通知规则》，载《北方法学》2014 年第 2 期。

④ 王利明：《论网络侵权中的通知规则》，载《北方法学》2014 年第 2 期。

对网络服务提供者自身的业务扩展造成损害，并可能构成网络服务提供者的违约”。[①] 为了避免产生上述负面效果，民法典侵权责任编对通知的内容作出要求，并规定未满足该要求时的后果。

首先，规定通知所必须具备的内容。鉴于通知是网络服务提供者判断是否应该采取必要措施的根本依据，其内容应该能够足以使网络服务提供者确信网络侵权已发生。参考《最高人民法院关于审理利用信息网络侵害人身权益民事纠纷案件适用法律若干问题的规定》第 5 条第 1 款的规定，对于通知需具备两个方面的内容：一是“权利人的真实身份信息”，以此获得网络服务提供者对通知人的信任；二是“构成侵权的初步证据”，以此给予网络服务提供人必要的判断材料。

4. 在通知规则中增加了“错误通知”时责任承担的规定

根据“通知规则”，被侵权人可以用“通知”的形式要求网络服务提供者采取一定措施保护其权利。然而，当通知人的权利事实上并未受到损害时，其发出通知的行为可能损害到相关网络用户的权利。规定“通知规则”的原《侵权责任法》第 36 条第 2 款并未规定此时对受到损害的网络用户承担责任的主体，而民法典侵权责任编第 1195 条第 2 款中对此作出了规定。

（1）“通知规则”给予了网络服务提供者只要在接到通知后采取措施即可免除责任的“避风港”。根据同样的理由，发出错误通知的人亦应对受到错误通知损害的网络用户承担侵权责任。严格地说，错误通知人对受到损害的网络用户的责任，在适用范围、构成要件、责任承担等方面并无特别之处，本可以直接用侵权责任的一般条款来调整；且错误通知人的责任似乎并不应该规定在主要调整网络服务提供者责任的本条之中。然而，因为在一般侵权责任的框架下评价“发出错误通知”这一行为比较复杂，又出于强调上述对网络服务提供者责任的豁免，在本条特意规定错误通知人应承担责任的提示性规定，不无裨益。

（2）法律另有规定的，依照其规定。即当其他法律对错误通知的侵权责任有特别规定时，从其规定。

---

① 王竹、舒星旭：《从网络侵权案例看“通知规则”及其完善》，载《信息网络安全》2011 年第 5 期。

【案例评注】

刘某与新华网侵犯信息网络传播权纠纷案①

基本案情

2007年6月1日，中图公司与刘某签订《图书出版协议》，约定刘某授权中图公司以中文平面形式印刷、出版、发行小说《明清十大奇案》（以下简称《奇案》），有效期8年。2007年7月，中央编译出版社出版《奇案》。新华网在其网站“相期以书以书会友”栏目上，刊载了《奇案》的内容简介、奇案一至七的目录及简介，大约两页篇幅；点击“奇案一：洪武丁丑科场冤案（1）”“奇案七：康熙江南科场案（7）”，则可进入新浪网的“新浪读书”栏目，浏览并下载相应章节的全文。刘某委托代理人王某于2008年3月向新华网出示刘某的著作权说明和授权书后，新华网及时断开与新浪网的链接，并删除了其网站上《奇案》的相关内容。

法院判决

一审法院认为：新华网在其网站仅刊载了《奇案》的图书简介、奇案一至七的相关目录，并未提供图书的全文内容。虽然通过新华网刊载的《奇案》目录可以链接到新浪网，但互联网用户只能在新浪网浏览该目录下的具体内容，这表示新华网提供的是图书《奇案》的链接服务。况且，新华网与新浪网建立《奇案》链接服务之前，新华网审查了相关授权文件，表明其主观上不存在侵权的故意，作为链接服务提供者已经尽到审查义务。因此，新华网作为图书《奇案》的网络链接服务提供者，并未侵犯刘某享有的图书《奇案》的信息网络传播权。而且，刘某的委托代理人王某于2008年3月向新华网出示刘某的著作权说明和授权书后，新华网及时断开与新浪网的链接，并删除了其网站上《奇案》的相关内容，即使新浪网刊载《奇案》的行为构成侵权，新华网依法亦不应承担赔偿责任。综上所述，刘某主张新华网侵犯其著作权，缺乏事实和法律依据，不予支持。根据《信息网络传播权保护条例》第二十三条之规定，判决驳回刘某的诉讼请求。

二审法院认为：新华网在其网站上发布了《奇案》的图书简介及奇案一至七

---

① 一审法院为北京市第一中级人民法院，案号：（2008）一中民初字第5810号；二审法院为北京市高级人民法院，案号：（2008）高民终字第1319号。

的相关目录，网络用户点击该目录可以链接到新浪网的相关网页，进而浏览该部分内容。据此，可以认定新华网提供了链接服务，刘某对此并无异议。根据《信息网络传播权保护条例》第二十三条的规定，网络服务提供者为服务对象提供链接服务，在接到权利人的通知书后，断开与侵权作品的链接的，不承担赔偿责任；但是，明知或者应知所链接的作品侵权的，应当承担共同侵权责任。本案中，新华网在刘某的委托代理人向其出示了刘某的著作权说明和授权书后及时断开了涉案链接，并删除了其网站上的相关内容，因此，不应承担损害赔偿、赔礼道歉责任。同时，新华网在建立涉案链接前，已经审查了中图公司与中央编译出版社的出版合同、中央编译出版社授权新浪网连载《奇案》的授权书等；同时，基于中央编译出版社已出版了《奇案》正规出版物的事实，故可以认定新华网已经尽到了审查义务，并不具有主观过错，不应承担共同侵权责任。刘某关于新华网具有侵权故意，应当承担侵权责任的上诉理由无事实和法律依据，法院不予支持。综上，一审判决认定事实清楚，适用法律正确，应予维持。

专家点评

本案涉及民法典侵权责任编第 1195 条第 2 款的解释与适用，根据该规定，只有在被侵权人通知网络服务提供者，要求其采取删除、屏蔽、断开链接等必要措施，而网络服务提供者接到该通知后置若罔闻，未及时采取必要措施的，该提供者才需要就被侵权人损害扩大的部分与从事侵权行为的网络用户承担连带任。该条文来源于原《侵权责任法》第 36 条第 2 款，是我国在民事法律中首次对“通知与移除规则”作出的规定。通知与移除规则，是指任何认为自己的民事权益受到侵害之人，有权向网络服务提供者发出其网络服务涉嫌侵权的通知。网络服务提供者在收到该通知后采取删除、屏蔽、断开链接等必要的措施移除涉及侵权的信息，同时将该通知转达给被指控侵权的服务对象。只要履行上述程序，如果被指控的信息确实构成侵权的，应当由网络用户承担赔偿责任，网络服务提供者不承担侵权赔偿责任。

本案中，新华网虽在其网站上发布了《奇案》的图书简介及奇案一至七的相关目录，网络用户点击该目录可以链接到新浪网的相关网页，进而浏览该部分内容，即提供了链接服务，但在刘某的委托代理人向其出示了刘某的著作权说明和授权书后及时断开了涉案链接，并删除了其网站上的相关内容。而且，新华网在建立涉案链接前，已经审查了中图公司与中央编译出版社的出版合同、中央编译出版社授权新浪网连载《奇案》的授权书等；同时，基于中央编译出版社已出版了《奇案》正规出版物的事实，其已经尽到了审查义务，并不具有主观过错，不构成共同侵权，因而不对损害结果承担连带责任。由此体现出，通知与移除规则的建立有利于维护网络服务提供者的合理自由。网络服务提供者只能依法处理已知内容，而无法对网络服务中的所有内容进行监控。通过通知与移除规则，可以避免给网络服务提供者科以过重的责任，有利于维护网络服务提供者合理的自由空间，促进网络产业的健康发展。

第一千一百九十六条　网络用户接到转送的通知后，可以向网络服务提供者提交不存在侵权行为的声明。声明应当包括不存在侵权行为的初步证据及网络用户的真实身份信息。

网络服务提供者接到声明后，应当将该声明转送发出通知的权利人，并告知其可以向有关部门投诉或者向人民法院提起诉讼。网络服务提供者在转送声明到达权利人后的合理期限内，未收到权利人已经投诉或者提起诉讼通知的，应当及时终止所采取的措施。

【条文释义】

本条是对网络侵权责任“避风港原则”的反通知规则的规定。

“避风港原则”有两个重要规则，一是通知规则，二是反通知规则，这样的规则配置是为了保持网络表达自由利益的平衡。

1. 确立反通知规则并明确其内容

所谓反通知规则，“是指网络服务提供者根据被侵权的通知采取必要措施之后，发布信息的网络用户认为其发布的信息不构成侵权，要求网络服务提供者予以恢复的规则”。[①] 由于原《侵权责任法》并没有明文规定该规则，对于是否可将原《侵权责任法》第 36 条解释为包含反通知规则，法律界有所争议。[②] 笔者认为，反通知规则有存在的必要性。而即便能够从现行法条中解释出该规则，由于缺乏明文规定，这种解释也是不确定的。为了能够确定地实现反通知规则的目的，民法典侵权责任编中第 1196 条明文增加了反通知规则的规定。

反通知规则的主要内容是：

---

① 王竹、舒星旭：《从网络侵权案例看“通知规则”及其完善》，载《信息网络安全》2011 年第 5 期。

② 杨立新、李佳伦：《论网络侵权中的反通知及效果》，载《法律科学（西北政法大学报）》2012 年第 2 期。

（1）网络用户享有反通知权：当权利人行使对网络用户发布的信息采取必要措施的通知权，网络服务提供者将该通知转送网络用户，网络用户接到该通知后，即产生反通知权，可以向网络服务提供者提交自己不存在侵权行为的声明。提交该声明就是行使反通知权的行为。

（2）反通知的主要内容：提交的反通知声明也应当包括不存在侵权行为的初步证据以及网络用户的真实身份信息，不符合这样的要求的反通知声明不发生反通知的效果。

（3）网络服务提供者对反通知的义务：网络用户行使反通知权发送声明，网络服务提供者在接到该反通知声明后负有的义务，一是应当将该声明转送给发出通知的权利人，二是告知其可以向有关部门投诉或者向人民法院起诉，而不是一接到反通知声明就立即终止所采取的必要措施。

（4）反通知声明送达后的期限：网络服务提供者在转送反通知的声明到达权利人后的合理期限，为权利人对反通知作出反应的期限。时间的计算采到达主义，在转送的反通知声明到达权利人后，权利人应当在该期限内通知网络服务提供者自己已经投诉或者起诉。

（5）权利人超出合理期限的后果：权利人在收到反通知的声明合理期限内，未通知网络服务提供者其已经投诉或者起诉通知的，网络服务提供者应当及时对网络用户发布的信息终止所采取的删除、屏蔽或者断开链接的必要措施，保护网络用户即反通知权利人的表达自由。

不论是权利人的通知权还是网络用户的反通知权，其义务主体都是网络服务提供者。网络用户服务提供者负有满足通知权人或者反通知权人权利要求的义务。网络用户和权利人不是对方的义务主体。

2. 反通知的作用是保护因通知被采取必要措施的网络用户的权利

根据通知规则，网络服务提供者如果在得到权利人的通知后没有及时对侵权行为采取必要措施，则要与侵权人一起对权利人扩大的损失承担连带责任。为了避免这种连带责任，网络服务提供者往往会采取“宁可错杀一千，不可放过一个”的极端态度，而这侵害了网络用户包含表达自由在内的权利。[①] 为了保护被采取错误措施的网络用户的权利，一种可能的做法是要求网络服务提供者在被证实网络用户的行为并未构成侵权时承担相应的责任，以此要求网络服务提供者慎重采取可能侵害网络用户权利的措施，以在网络用户和权利人二者的利益之间保

---

① 王竹、舒星旭：《从网络侵权案例看“通知规则”及其完善》，载《信息网络安全》2011 年第 5 期。

持平衡。然而，这种做法实质上将过重的审查义务分配给了网络服务提供者，实质上消解了“通知规则”赋予其责任避风港的用意而不为立法所取，已如上述。另一种保护被采取错误措施的网络用户的权利的做法，是要求发出错误通知之人承担侵权责任。然而，这种做法对网络用户来说往往成本巨大；且承担责任的对象为发出错误通知之人，承担责任的方式也往往仅限于金钱赔偿，并不一定符合某些网络用户所希望获得的结果——网络服务提供者终止所采取的措施。在以上两种解决办法均不足以保护被采取措施的网络用户的利益的情况下，反通知规则应运而生。

3. 反通知规则和通知规则下网络服务提供者须采取的措施不同

法律界对于网络服务提供者接到通知后应采取的措施有两种不同的观点：

第一种观点认为应该建立和通知规则的“通知—删除”程序对称的反通知规则的“反通知—恢复”程序，即网络服务提供者在接到网络用户的书面反通知后，应当及时终止所采取的措施。根据这种观点，网络服务提供者在接到通知或者反通知后所承担的义务都是采取通知人或者反通知人所希望采取的措施。

第二种观点则认为应该借鉴原《物权法》第 19 条规定的异议登记制度来规定接到反通知后网络服务提供者应该采取的措施。[①] 原《物权法》第 19 条规定：“权利人、利害关系人认为不动产登记簿记载的事项错误的，可以申请更正登记……不动产登记簿记载的权利人不同意更正的，利害关系人可以申请异议登记。登记机构予以异议登记的，申请人在异议登记之日起十五日内不起诉，异议登记失效……”根据这种观点，在接到反通知之后，与接到通知后应该及时采取措施不同，网络服务提供者并不需要自己判断是否需要及时地终止其所采取的措施。网络服务提供者此时的义务，仅仅是将反通知告知通知人，告知其自行向有关部门投诉或向司法机关起诉；只有在通知人怠于履行投诉或起诉这一不真正义务的一定时间之后，网络服务提供者才承担终止其所已经采取的措施这一义务。

根据这两种观点，原通知人均需要及时自行投诉或者起诉，其权利才能得到最终的救济：根据第一种观点，“反通知的目的就是将通知的效果打回原形，使通知失效”，[②] 因此原通知人此时只能自行采取投诉或者起诉的方式救济其权利。而根据第二种观点，网络服务提供者所采取的措施是有时间限制的；只有在法律规定的时间内自行投诉或者起诉，这种措施才可能由有关部门确定为永久。由此看来，这两种观点最大的不同在于，在原通知人发出通知到其投诉或者起诉后得

---

① 王竹、舒星旭：《从网络侵权案例看“通知规则”及其完善》，载《信息网络安全》2011 年第 5 期。

② 杨立新、李佳伦：《论网络侵权中的反通知及效果》，载《法律科学（西北政法大学报）》2012 年第 2 期。

到有关部门的最终决定这两个时间段内，网络服务提供者应当保持还是终止其因为原通知而采取的措施。根据第一种观点，在这段时间内网络服务提供者应当终止其所采取的措施；而根据第二种观点，在这段时间内网络服务提供者应当保持其所采取的措施。

笔者认为第二种观点更为妥当，因此民法典侵权责任编第1196条第2款规定网络服务提供者在接到反通知后，并不需要及时决定是否应当终止其所采取的措施；网络服务提供者只需要将反通知转送原通知人，或者在法定的期间经过且原通知人未起诉或者投诉的情况下终止其所采取的措施。这种规定防止了根据前述第一种观点建构的相关制度会消解“通知规则”的效力。具体来说，提示规则的目的之一就是在司法机关或者行政机关从实体上介入通知人和涉嫌侵权的网络用户之间的纠纷之前，给通知人一个临时的保护措施。如果采纳第一种观点，那么保护通知人的临时措施将仅仅因为涉嫌侵权的网络用户的一纸反通知而轻易地遭到“毁灭性的打击”,[①] 除非允许通知人不断地发出通知从而勉强地不断修复这个遭到了“毁灭性的打击”的保护措施，而这明显是不合适的。[②] 相反，在采纳第二种观点的情况下，在通知人正式地投诉或者起诉之前，因为网络服务提供者一直都保持实施保护措施，“通知规则”所欲实现的立法目的因而得到了实现。

4. 反通知规则和通知规则下网络服务提供者承担责任的条件不同

两种情况下网络服务提供者可能承担侵权责任：一是在网络服务提供者接到通知但未采取必要措施，而最终证实通知人的权利受到了侵害的情况下；二是在网络服务提供者接到了反通知但并未终止已经采取的措施，而使得反通知人的权利受到了侵害的情况下。

然而，这两种情况下网络服务提供者承担责任的条件有所不同。在上述第一种情况下，网络服务提供者几乎一定会承担责任，除非通知人的通知内容有极大的瑕疵；然而在上述第二种情况下，由于网络服务提供者并无直接终止其已经采取措施的义务，一般情况下其并不会承担任何责任，除非法定的期间已经经过且通知人并未自行投诉或者起诉。此处区别的原因是前述网络服务提供者在接到通知或者反通知时所承担的义务不同。

---

① 杨立新、李佳伦：《论网络侵权中的反通知及效果》，载《法律科学（西北政法大学报）》2012年第2期。

② 杨立新、李佳伦：《论网络侵权中的反通知及效果》，载《法律科学（西北政法大学报）》2012年第2期。

【案例评注】

嘉易烤公司诉金仕德公司、天猫公司侵害发明专利权纠纷案①

基本案情

2009年1月16日，嘉易烤公司及其法定代表人李某某共同向国家知识产权局申请了名称为“红外线加热烹调装置”的发明专利，并于2014年11月5日获得授权，专利号为ZL20098000××××.8。该发明专利的权利要求书记载：“1.一种红外线加热烹调装置，其特征在于，该红外线加热烹调装置包括：托架，在其上部中央设有轴孔，且在其一侧设有控制电源的开关；受红外线照射就会被加热的旋转盘，作为在其上面可以盛食物的圆盘形容器，在其下部中央设有可拆装的插入到上述轴孔中的突起；支架，在上述托架的一侧纵向设置；红外线照射部，其设在上述支架的上端，被施加电源就会朝上述旋转盘照射红外线；上述托架上还设有能够从内侧拉出的接油盘；在上述旋转盘的突起上设有轴向的排油孔……”2015年1月26日，涉案发明专利的专利权人变更为嘉易烤公司。涉案专利年费缴纳至2016年1月15日。

2015年1月29日，嘉易烤公司的委托代理机构北京商专律师事务所向北京市海诚公证处申请证据保全公证，其委托代理人王某某、时某在公证处监督下，操作计算机登录天猫网（网址为http：//www.tmall.com），在一家名为“益心康旗舰店”的网上店铺购买了售价为388元的3D烧烤炉，并拷贝了该网店经营者金仕德公司的营业执照信息。同年2月4日，时某在公证处监督下接收了寄件人名称为“益心康旗舰店”的快递包裹一个，内有韩文包装的3D烧烤炉及赠品、手写收据联和中文使用说明书、保修卡。公证员对整个证据保全过程进行了公证并制作了（2015）京海诚内民证字第01494号公证书。同年2月10日，嘉易烤公司委托案外人张某某向淘宝网知识产权保护平台上传了包含专利侵权分析报告和技术特征比对表在内的投诉材料，但淘宝网最终没有审核通过。同年5月5日，天猫公司向浙江省杭州市钱塘公证处申请证据保全公证，由其代理人刁某某在公证处的监督下操作电脑，在天猫网益心康旗舰店搜索“益心康3D烧烤炉韩式家用不粘电烤炉无烟烤肉机电烤盘铁板烧烤肉锅”，显示没有搜索到符合条件的商

---

① 最高人民法院指导案例第83号。一审法院为浙江省金华市中级人民法院，案号：（2015）浙金知民初字第148号；二审法院为浙江省高级人民法院，案号：（2015）浙知终字第186号。

品。公证员对整个证据保全过程进行了公证并制作了（2015）浙杭钱证内字第10879号公证书。

2015年4月27日，嘉易烤公司以金仕德公司未经其许可，在天猫商城等网络平台上宣传并销售侵犯其前述拥有专利权的产品，构成专利侵权；天猫公司在嘉易烤公司投诉金仕德公司侵权行为的情况下，未采取有效措施为由向法院起诉，要求二被告承担连带赔偿等责任。

法院判决

二审法院认为，各方当事人对于金仕德公司销售的被诉侵权产品落入嘉易烤公司涉案专利权利要求1的保护范围，均不持异议，原审判决认定金仕德公司涉案行为构成专利侵权正确。关于天猫公司在本案中是否构成共同侵权，《侵权责任法》第三十六条第二款规定，网络用户利用网络服务实施侵权行为的，被侵权人有权通知网络服务提供者采取删除、屏蔽、断开链接等必要措施。网络服务提供者接到通知后未及时采取必要措施的，对损害的扩大部分与该网络用户承担连带责任。上述规定系针对权利人发现网络用户利用网络服务提供者的服务实施侵权行为后“通知”网络服务提供者采取必要措施，以防止侵权后果不当扩大的情形，同时还明确界定了此种情形下网络服务提供者所应承担的义务范围及责任构成。本案中，天猫公司涉案被诉侵权行为是否构成侵权应结合对天猫公司的主体性质、嘉易烤公司“通知”的有效性以及天猫公司在接到嘉易烤公司的“通知”后是否应当采取措施及所采取的措施的必要性和及时性等加以综合考量。

首先，天猫公司依法持有增值电信业务经营许可证，系信息发布平台的服务提供商，其在本案中为金仕德公司经营的“益心康旗舰店”销售涉案被诉侵权产品提供网络技术服务，符合《侵权责任法》第三十六条第二款所规定网络服务提供者的主体条件。

其次，天猫公司在二审庭审中确认嘉易烤公司已于2015年2月10日委托案外人张某某向淘宝网知识产权保护平台上传了包含被投诉商品链接及专利侵权分析报告、技术特征比对表在内的投诉材料，且根据上述投诉材料可以确定被投诉主体及被投诉商品。

《侵权责任法》第三十六条第二款所涉及的“通知”是认定网络服务提供者是否存在过错及应否就危害结果的不当扩大承担连带责任的条件。“通知”是指被侵权人就他人利用网络服务商的服务实施侵权行为的事实向网络服务提供者所发出的要求其采取必要技术措施，以防止侵权行为进一步扩大的行为。“通知”既可以是口头的，也可以是书面的。通常，“通知”内容应当包括权利人身份情况、权属凭证、证明侵权事实的初步证据以及指向明确的被诉侵权人网络地址等材料。符合上述条件的，即应视为有效通知。嘉易烤公司涉案投诉通知符合《侵权责任法》规定的“通知”的基本要件，属有效通知。

再次，经查，天猫公司对嘉易烤公司投诉材料作出审核不通过的处理，其在回复中表明审核不通过原因是：“烦请在实用新型、发明的侵权分析对比表表二中详细填写被投诉商品落入贵方提供的专利权利要求的技术点，建议采用图文结合的方式一一指出。（需注意，对比的对象为卖家发布的商品信息上的图片、文字，并提供购买订单编号或双方会员名。）”二审法院认为，发明或实用新型专利侵权的判断往往并非仅依赖表面或书面材料就可以作出，因此专利权人的投诉材料通常只需包括权利人身份、专利名称及专利号、被投诉商品及被投诉主体内容，以便投诉接受方转达被投诉主体。在本案中，嘉易烤公司的投诉材料已完全包含上述要素。至于侵权分析比对，天猫公司一方面认为其对卖家所售商品是否侵犯发明专利判断能力有限，另一方面却又要求投诉方“详细填写被投诉商品落入贵方提供的专利权利要求的技术点，建议采用图文结合的方式一一指出”，该院认为，考虑到互联网领域投诉数量巨大、投诉情况复杂的因素，天猫公司的上述要求基于其自身利益考量虽也具有一定的合理性，而且也有利于天猫公司对于被投诉行为的性质作出初步判断并采取相应的措施。但就权利人而言，天猫公司的前述要求并非权利人投诉通知有效的必要条件。况且，嘉易烤公司在本案的投诉材料中提供了多达5页的以图文并茂的方式表现的技术特征对比表，天猫公司仍以教条的、格式化的回复将技术特征对比作为审核不通过的原因之一，处置失当。至于天猫公司审核不通过并提出提供购买订单编号或双方会员名的要求，该院认为，本案中投诉方是否提供购买订单编号或双方会员名并不影响投诉行为的合法有效。而且，天猫公司所确定的投诉规制并不对权利人维权产生法律约束力，权利人只需在法律规定的框架内行使维权行为即可，投诉方完全可以根据自己的利益考量决定是否接受天猫公司所确定的投诉规制。更何况投诉方可能无需购买商品而通过其他证据加以证明，也可以根据他人的购买行为发现可能的侵权行为，甚至投诉方即使存在直接购买行为，但也可以基于某种经济利益或商业秘密的考量而拒绝提供。

最后，《侵权责任法》第三十六条第二款所规定的网络服务提供者接到通知后所应采取必要措施包括但并不限于删除、屏蔽、断开链接。“必要措施”应根据所侵害权利的性质、侵权的具体情形和技术条件等来加以综合确定。

本案中，在确定嘉易烤公司的投诉行为合法有效之后，需要判断天猫公司在接受投诉材料之后的处理是否审慎、合理。该院认为，本案系侵害发明专利权纠纷。天猫公司作为电子商务网络服务平台的提供者，基于其公司对于发明专利侵权判断的主观能力、侵权投诉胜诉概率以及利益平衡等因素的考量，并不必然要求天猫公司在接受投诉后对被投诉商品立即采取删除和屏蔽措施，对被诉商品采取的必要措施应当秉承审慎、合理原则，以免损害被投诉人的合法权益。但是将有效的投诉通知材料转达被投诉人并通知被投诉人申辩当属天猫公司应当采取的必要措施之一。否则权利人投诉行为将失去任何意义，权利人的维权行为也将难以实现。网络服务平台提供者应该保证有效投诉信息传递的顺畅，而不应成为投诉信息的黑洞。被投诉人对于其或生产、或销售的商品是否侵权，以及是否应主动自行停止被投诉行为，自会作出相应的判断及应对。而天猫公司未履行上述基本义务的结果导致被投诉人未收到任何警示从而造成损害后果的扩大。至于天猫公司在嘉易烤公司起诉后即对被诉商品采取删除和屏蔽措施，当属审慎、合理。综上，天猫公司在接到嘉易烤公司的通知后未及时采取必要措施，对损害的扩大部分应与金仕德公司承担连带责任。天猫公司就此提出的上诉理由不能成立。关于天猫公司所应承担责任的份额，一审法院综合考虑侵权持续的时间及天猫公司应当知道侵权事实的时间，确定天猫公司对金仕德公司赔偿数额的 50000 元承担连带赔偿责任，并无不当。

专家点评

网络用户利用网络服务实施侵权行为，被侵权人依据侵权责任法律规定向网络服务提供者所发出的要求其采取必要措施的通知，包含被侵权人身份情况、权属凭证、侵权人网络地址、侵权事实初步证据等内容的，即属有效通知。网络服务提供者自行设定的投诉规则，不得影响权利人依法维护其自身合法权利。民法典侵权责任编第 1195 条（原《侵权责任法》第 36 条第 2 款）所规定的网络服务提供者接到通知后所应采取的必要措施包括但并不限于删除、屏蔽、断开链接。“必要措施”应遵循审慎、合理的原则，根据所侵害权利的性质、侵权的具体情形和技术条件等来加以综合确定。

司法实践中，在专利侵权并非显而易见的情形下，如果机械适用“通知—删除”规则，容易导致权利人滥用投诉机制进行不正当竞争。本案二审法院基于前述考量，对民法典侵权责任编第 1195 条（原《侵权责任法》第 36 条第 2 款）中“必要措施”的类型进行了拓展性解释，认为除删除、屏蔽、断开链接之外，“转通知”亦是“必要措施”之一种，至于具体采取何种措施应在个案中结合受侵害权利的性质、侵权的具体情形和技术条件等加以认定。天猫公司在收到本案权利人有效投诉后，未采取必要措施，故被判令承担相应的赔偿责任。本案将《信息网络传播权保护条例》中关于“通知—转通知—反通知”的投诉机制类推适用至专利领域，对于正确界定电子商务平台提供者的知识产权侵权责任，具有借鉴意义。

第一千一百九十七条 网络服务提供者知道或者应当知道网络用户利用其网络服务侵害他人民事权益，未采取必要措施的，与该网络用户承担连带责任。

【条文释义】

本条是对网络侵权责任“红旗原则”的规定。

1. “红旗原则”的适用条件与法律后果

“红旗原则”是指网络用户在网络服务提供者提供的网络上实施侵权行为，侵害他人的民事权益，侵权性质非常明显（比喻为网络上的侵权行为红旗飘飘），网络服务提供者知道或者应当知道而不采取必要措施，即应承担侵权责任的规则。

适用“红旗原则”的要件是：（1）网络用户在网络服务提供者的网站上实施侵权行为；（2）该侵权行为的侵权性质明显，不必证明即可确认；（3）网络服务提供者知道或者应当知道网络用户在自己的网站上实施了这种侵权行为；（4）网络服务提供者对这样的侵权信息没有采取删除、屏蔽或者断开链接的必要措施。在第三个要件中，知道就是明知，应知就是根据实际情况可以确定网络服务提供者是应当知道的，如网络服务提供者已经对该信息进行了编辑、加工、置顶、转发等，都是应知的证明。

适用“红旗原则”的后果是，明知或者应知网络用户在自己的网站上实施侵权行为的网络服务提供者，对该侵权信息没有采取必要措施，须与实施侵权行为的网络用户，对被侵权人造成的损害承担连带赔偿责任。承担连带责任的规则适用民法典总则编第178条规定。

2. 在“红旗原则”中增加“应该知道”的表述

原《侵权责任法》第36条第3款规定了“红旗原则”：“网络服务提供者知道网络用户利用其网络服务侵害他人民事权益，未采取必要措施的，与该网络用户承担连带责任。”“红旗原则”是“通知规则”的例外，根据“通知规则”，网络服务提供者基于技术中立的原因，一般不对网络用户的行为负担审查义务，因此其责任仅仅局限于经被侵权人提示侵权行为而未采取必要措施的场合。然而，如果网络服务提供者即预先已经知道了侵权行为的存在，那么就算被侵权人没有“提示”，网络服务提供者仍应当承担连带责任。[①]

根据原《侵权责任法》，“知道规则”下网络服务提供者承担侵权责任的条件是“网络服务提供者知道网络用户利用其网络服务侵害他人民事权益，未采取必要措施的”。这里的“知道”二字在《民法典侵权责任编（草案)》（一审稿）和《民法典侵权责任编（草案)》（二审稿）中均是使用的“明知”二字。立法机关对此的解释是网络服务提供者的责任不应仅局限于“明知”的情况，而应该扩展到“应知”的情况；而“知道”一词，则既包括“明知”也包括“应知”。[②] 这种对“知道”二字含义的解释，在法律界引起了一定的争议。[③] 事实证明，原《侵权责任法》的立法者的观点是正确的；而且为了明确这一观点，民法典侵权责任编第1197条将“红旗原则”的措辞由“知道”改为“知道或者应当知道”。立法者的这一做法是正确的，原因如下：

第一，“应当知道”一词有多种不同的含义，对应不同的网络服务提供者的注意义务。首先，“应当知道”可以被解释为在没有确定证据证明网络服务提供者确实知道侵权行为时，根据一些明显的事实可以推定其知道的状态。这种意义上的“应当知道”主要用来解决网络服务提供者采取“鸵鸟政策”，对明显指向可能存在的侵权行为的证据视而不见。其次，“应当知道”可以被用来描述网络服务提供者“不知但是却是因为过失而不知”的状态。这种类型的“应当知道”意味着网络服务提供者承担了特定的审查义务，而审查义务的不同则意味着“应当知道”的范围的不同。[④] 由此可见，同样是“应当知道”，在不同的场合下其实意味着网络服务提供者不同程度的注意义务。

第二，多种权利可能成为网络侵权的对象，而这些权利的保护需要网络服务提供者尽到的注意义务的程度也是不同的。通过网络进行的侵权行为，其侵害的客体是多种多样的：既可能是一般性的财产权，[⑤] 也可能是信息网络传播权等知识产权或者是非财产性的人格权等。显然，不同的权利需要受到的保护是不同的，因此判断侵权的因素也是不同的。“应知”二字意思的模糊，恰恰使得这种

① 王利明：《侵权责任法释义》，中国法制出版社2010年版，第161页；王竹、方洁：《网络侵权行为的认定与分析》，载《信息网络安全》2011年第11期。

② 全国人大常委会法制工作委员会民法室编：《侵权责任法条文说明、立法理由及相关规定》，北京大学出版社2010年版，第152页。

③ 胡晶晶：《论“知道规则”之“应知”——以故意/过失区分为视角》，载《云南大学学报法学版》2013年第11期。

④ 胡晶晶：《论“知道规则”之“应知”——以故意/过失区分为视角》，载《云南大学学报法学版》2013年第11期。

⑤ 王竹、方洁：《网络用户欺诈侵权行为类型与特点研究》，载《信息网络安全》2010年第8期。

不同的权利需要不同的保护得到实现。法院通过在个案审判中不断累积经验，总结相关的具体考量因素，将“应知”的情形具体化和类型化。①

【案例评注】

土豆网公司与新传公司侵犯著作财产权纠纷案②

基本案情

由北京中录同方音像出版社出版的VCD《疯狂的石头》彩封上记载“华纳正版”“出品四方源创国际影视文化传播（北京）有限公司中影华纳横店影视有限公司映艺娱乐有限公司”等字样。2006年7月11日，华纳横店公司出具《著作权授权书》1份，授予新传时代广告公司在中国大陆区域内享有专有性使用电影作品《疯狂的石头》的信息网络传播权，授权期限为3年。2006年10月25日、11月14日，映艺公司与源创公司先后出具书面文件确认：“华纳横店公司拥有该影片（电影《疯狂的石头》）在中国大陆地区的一切发行权（不包括香港、澳门和台湾以及中国大陆的收费电视、有线电视及视频点播之发行；为避免误会，中国大陆的网络视频点播权由华纳横店公司拥有），而免费电视需于电影上映后15个月才可发行。”新传时代广告公司于2006年9月16日变更为新传在线信息技术服务公司，新传在线信息技术服务公司于2006年10月9日变更为本案的新传公司。

根据上海市卢湾区公证处出具的（2006）沪卢证经字第3643号公证书记载，在公证人员的监督下，浙江天册律师事务所上海分所委托代理人周某于2006年12月22日登录www. tudou. com网站，在首页右上角的搜索栏中输入“疯狂的石头”后点击“土豆搜索”进入“搜索结果”页面的第1页，该页面右上方显示“101个节目中的1~18个”，页面中所列节目右侧均载有节目名称、时长、播客、发布时间、频道、标签、播放次数、评论次数和收藏次数等，周某分别点击节目名称为“疯狂的石头A”（时长25：13）、“疯狂的石头B”（时长25：13）、“疯狂的石头C”（时长25：13）、“疯狂的石头D”（时长25：10）进行了在线播放，播放框左上角显示“tudou. com”或“土豆网”字样。

---

① 沈森宏：《论〈侵权责任法〉网络侵权“知道规则”的适用》，载《法律适用》2018年第10期。

② 一审法院为上海市第一中级人民法院，案号：（2007）沪一中民五（知）初字第129号；二审法院为上海市高级人民法院，案号：（2008）沪高民三（知）终字第62号。

法院判决

一审法院认为，源创公司、华纳横店公司和映艺公司是电影《疯狂的石头》的出品人，源创公司和映艺公司均确认华纳横店公司拥有该影片在中国大陆地区的包括网络视频点播权在内的一切发行权，华纳横店公司又授予新传公司为期3年专有性使用该作品的信息网络传播权，故在授权期限内新传公司对电影《疯狂的石头》依法享有在中国大陆区域内的信息网络传播权。任何人未经许可或授权通过信息网络向公众传播涉案电影作品的，均构成对原告信息网络传播权的侵犯，提供信息存储空间的网络服务提供者明知或者应当知道网络用户通过其网站发布之内容侵权而不及时采取删除等措施的，应承担相应法律责任。

虽然将电影《疯狂的石头》上传至“土豆网”供公众在线播放的直接实施者是该网站的注册用户，土豆网公司为用户提供的是信息存储空间，但土豆网公司明知会有盗版和非法转载作品被上传至“土豆网”的可能，却疏于管理和监控，导致一度热播之影片《疯狂的石头》被网络用户多次传播而未能得到及时删除，故土豆网公司主观上具有纵容和帮助他人实施侵犯新传公司所享有的信息网络传播权的过错，不完全具备《信息网络传播权保护条例》第二十二条所规定的可不承担赔偿责任之条件。鉴于新传公司未能举证证明其因被侵权所遭受的实际损失或者土豆网公司因侵权所获得的利益，法院将综合涉案作品的类型、知名度、在“土豆网”上被播放次数以及土豆网公司的主观过错程度、侵权行为的性质、期间等因素以及新传公司为制止本案侵权行为支付的合理费用酌情确定赔偿数额。

二审法院认为，根据查明的事实，源创公司、华纳横店公司、映艺公司作为电影《疯狂的石头》的著作权人，依法享有涉案电影作品的包括复制权、发行权和信息网络传播权等在内的相关著作权。由于源创公司、映艺公司均确认由华纳横店公司享有涉案作品在大陆地区的包括网络视频点播权在内的一切发行权，华纳横店公司又将电影《疯狂的石头》在中国大陆的信息网络传播权以独占许可的方式授权被上诉人新传公司使用，新传公司由此在上述区域以及合同约定的期限内享有对电影《疯狂的石头》的信息网络传播权，任何人在未经许可，又不具有“合理使用”“法定许可”的免责情形下，通过信息网络向公众传播该电影作品的，构成对新传公司信息网络传播权的侵犯。

根据《最高人民法院关于审理涉及计算机网络著作权纠纷案件适用法律若干问题的解释》的规定，网络服务提供者通过网络参与他人侵犯著作权行为，或者通过网络教唆、帮助他人实施侵犯著作权行为的，追究其与其他行为人或者直接实施侵权行为人的共同侵权责任。上诉人土豆网公司作为提供网络存储空间的视频分享网站，虽然没有直接实施上传涉案侵权作品的行为，但其在应知网络用户实施了涉案侵权行为的情况下而予以放任，属于通过网络帮助他人实施侵犯著作权行为，主观上具有过错，应当承担相应的侵权民事法律责任。判决驳回上诉，维持原判。

专家点评

根据民法典侵权责任编第1197条的规定，网络服务提供者在明知或应知网络用户利用其网络服务侵害他人民事权益，未采取必要措施的，与该网络用户承担连带责任。在原《侵权责任法》第36条第3款规定为“知道”的情况下，实际上是进--步明确本条中的“知道”包括“明知”和“应知”，这一规定是合理的。实践中几乎所有的网络服务提供者都会以自己并不知道网络侵权行为为由推脱责任，被侵权人要证明网络服务提供者“明知”难度太大。尽管网络服务提供者不可能也无力识别所有的利用其网络服务进行的侵权行为，但就某些网络侵权行为的识别与监控，无论是从常识、法律规定还是从技术可行性的角度出发，网络服务提供者可以做到，也应当做到。例如在本案中，从常识角度出发，一个专业的视频网站经营者应当知道影视剧的著作权人不太可能在网络上免费提供其享有著作权的作品，当其网站链接至可以免费观看影视剧的网页时，其有合理的理由知道存在侵权行为。因此，对于一部当下正在全国各大影院上映的热门影片，有人非法将之上传至专业的视频共享网站，导致大量的人进行下载。对此，很难认定网站对此不知情。

在本案中，虽然将电影《疯狂的石头》上传至“土豆网”供公众在线播放的直接实施者是该网站的注册用户，土豆网公司为用户提供的是信息存储空间，但土豆网公司明知会有盗版和非法转载作品被上传至“土豆网”的可能，却疏于管理和监控，导致一度热播之影片《疯狂的石头》被网络用户多次传播而未能得到及时删除，故土豆网公司主观上具有纵容和帮助他人实施侵犯新传公司所享有的信息网络传播权的过错。首先，一部影片的拍摄往往要倾注制片者大量的人力和财力，这就决定了电影作品的著作权人一般不会在互联网上发布其作品供公众无偿在线播放或下载，也不会许可他人免费提供作品的网络视频。而作为一家专业网站，土豆网公司理应对其所经营之网站中的哪些内容可能涉嫌侵权有一个最基本的认知，如对前述之电影作品特别是较热门的影片，土豆网公司应该意识到必然存在版权问题，即在其应当知晓电影《疯狂的石头》系网络用户擅自发布仍不作删除处理的情况下，可以认定其存在主观过错。其次，从“土豆网”的后台页面来分析，土豆网公司在对网站进行日常维护和管理过程中，会对网络用户上传的节目进行审批和推荐，这说明其有权利和能力去掌握和控制侵权活动的发生。其网站的“土豆精彩频道”中设有“原创”“音乐”“影视”“广告”等，这种分频道设置无疑为网络用户传播和搜索同类内容提供了方便，而从另一角度来讲，土豆网公司也可以针对“影视”等存有极大侵权嫌疑之频道内的节目进行有重点的审核，以避免网站上存在明显的侵权信息。然而，从不同用户先后多次在“土豆网”上发布《疯狂的石头》之事实来看，土豆网公司应尽的审查和删除义务显属能为而怠为之。综上所述，土豆网公司应当与实施侵权行为的网络用户承担连带责任。

第一千一百九十八条 宾馆、商场、银行、车站、机场、体育场馆、娱乐场所等经营场所、公共场所的经营者、管理者或者群众性活动的组织者，未尽到安全保障义务，造成他人损害的，应当承担侵权责任。

因第三人的行为造成他人损害的，由第三人承担侵权责任；经营者、管理者或者组织者未尽到安全保障义务的，承担相应的补充责任。经营者、管理者或者组织者承担补充责任后，可以向第三人追偿。

【条文释义】

本条是对违反安全保障义务侵权责任的规定。

违反安全保障义务侵权责任，是指经营者、管理者或者组织者对经营场所、公共场所、群众性活动场所未尽安全保障义务，造成他人损害的赔偿责任。

1. 违反安全保障义务侵权责任的主体范围确定

（1）义务主体的确定

按照《最高人民法院关于审理人身损害赔偿案件适用法律若干问题的解释》第6条规定，负有安全保障义务的义务主体应当是经营者和其他社会活动的组织者，包括自然人、法人和其他组织。可见，第一类主体是经营活动的经营者，第二类是其他社会活动的组织者。在司法解释中列举的“住宿、餐饮、娱乐等经营活动”并不是完全的列举，一个“等”字应该把它们都概括进去。

原《侵权责任法》第37条改变了这样的规定，将违反安全保障义务侵权责任的义务主体范围界定为“宾馆、商场、银行、车站、公园、娱乐场所等公共场所的管理人或者群众性活动的组织者”，即“公共场所的管理人或者群众性活动的组织者”。这个范围比原来司法解释规定的范围为窄，更不利于保护受保护的人的利益。本条关于安全保障义务人的规定实际上延续了原《侵权责任法》第37条的规定，虽然表述略有修改，即“经营场所、公共场所的经营者、管理者或者群众性活动的组织者”，但核心思想却未发生改变。

对此，应当借鉴英美法的土地利益占有人或者土地占有者的概念，更容易处理实际问题。不论是经营者，还是社会活动的组织者，他们都占有土地，在土地上进行活动。即使不是条文规定范围内的他人，如果占有土地进行活动，对于进入土地范围的人也应当承担安全保障义务。例如自己的房屋和庭院存在现实危险，造成他人损害，是不是也要承担侵权责任呢？不仅如此，还可以通过这种标准界定义务主体负有安全保障义务的范围。

（2）权利主体的确定

受到安全保障义务保护的人，就是安全保障义务的权利主体。原《侵权责任法》第37条规定为“他人”，没有规定具体的范围。本条对此表述与原《侵权责任法》第37条完全一致。事实上，安全保障义务的权利主体，就是受安全保障义务保护的当事人。按照一般推论，既然义务主体是经营场所、公共场所的经营者、管理者或者群众性活动的组织者，那么，权利主体就一定是参加经营场所、公共场所和群众性活动的参与者。可是，如果仅仅这样理解，就会限制权利主体的范围。

同样，对此可以借鉴美国和英国侵权行为法中的做法。对于进入土地利益范围里的人，分为四种：①“受邀请者”。经营者开始经营，所有进入经营领域的人都是受邀请者，即“被告经营商店，是以大众为对象，故社会大众皆为被告的受邀请者，不能因原告受伤前未向被告购买东西，即认为原告非属受邀请者”。[①] 只要经营者打开门开始经营，就是向不特定的人发出了邀请。②没有经过同意的“访问者”。访问者与受邀请者的区别是，访问者是经营者没有邀请，自己进来的，土地利益占有者对于访问者的安全注意义务要低于受邀请者。③“公共人”。公共人是有权进入他人占有的土地利益范围的人，如邮差、税收官、政府的调查人员、收电费的职员等。这些人有权进入他人的土地利益范围。对于公共人的注意标准相当于受邀请者。④“未成年人”。对于未成年人土地利益占有者负有最高的安全保障义务。只要土地利益中存在对儿童具有诱惑力的危险，土地利益占有者就必须确保儿童不受该危险的损害。

---

① 杨立新：《侵权法论》（第五版），人民法院出版社2013年版，第557页。

笔者建议，在司法实务中，可以根据实际情况，把“他人”分为受邀请者、公共人、访问者和未成年人，分别赋予公共场所的管理人或者群众性活动的组织者以不同的安全保障义务，就更容易操作和执行。

2. 安全保障义务来源的确定

确定违反安全保障义务的侵权责任，最重要的就是确定行为人是不是负有安全保障义务、负有什么样的安全保障义务。因此，首先要确定公共场所的管理人或者群众性活动的组织者的安全保障义务来源。安全保障义务的来源主要有以下三个方面：

（1）法律直接规定

法律直接规定安全保护义务，是最直接的安全保障义务的来源。例如《消费者权益保护法》第7条规定：“消费者在购买、使用商品和接受服务时享有人身、财产安全不受损害的权利。消费者有权要求经营者提供的商品和服务，符合保障人身、财产安全的要求。”第18条规定：“经营者应当保证其提供的商品或者服务符合保障人身、财产安全的要求……”《物业管理条例》第35条规定：“物业服务企业应当按照物业服务合同的约定，提供相应的服务。物业服务企业未能履行物业服务合同的约定，导致业主人身、财产安全受到损害的，应当依法承担相应的法律责任。”在其他规定保障义务的法律中，也都属于这种性质的安全保障义务。

（2）合同约定的主义务

如果在当事人约定的合同义务中规定，合同的一方当事人对另一方当事人负有安全保障义务的，合同当事人应当承担安全保障义务。例如订立旅客运输合同，旅客的人身安全保障义务就是合同的主义务，当事人必须履行这种义务。①

（3）法定的或者约定的合同附随义务

按照诚信原则，一方当事人应该对另一方当事人履行安全保障义务，该方当事人也应该负有安全保障义务。例如，餐饮业、旅馆业向顾客提供服务，按照诚信原则的解释，应当负有保障接受服务的客人人身安全的义务。

3. 安全保障义务性质的确定

按照上述分析，经营场所、公共场所的经营者、管理者或者群众性活动的组织者承担的安全保护义务的基本性质有两种，一是法定义务，二是合同义务。事实上，这两种义务是竞合的。例如，经营者的安全保障义务既是法律规定的义务，也是合同约定的义务。那么，经营者违反这种安全保障义务，既可能构成侵

① 崔建远主编：《合同法》，法律出版社2003年版，第414页。

权责任，也可能构成违约责任。因此会发生民事责任竞合，即违反安全保障义务的行为发生侵权责任和违约责任竞合，被侵权人产生两个损害赔偿的请求权。对此，应当按照民法典总则编第186条规定，由赔偿权利人进行选择，选择一个最有利于自己的请求权行使，救济自己的权利损害。

4. 违反安全保障义务侵权责任的归责原则

（1）违反安全保障义务侵权责任不适用无过错责任原则

对于违反安全保障义务侵权责任是否适用无过错责任原则，学界的意见是一致的，均持否定态度。学者认为，至少在目前还没有发现必须在此类案件中适用严格责任或危险责任的必要性有多么高，而且严格责任与危险责任有赖于制定法的明确规定，司法解释显然不具有这样的权力规定适用严格责任或者危险责任。[①]这种说法是正确的。[②] 因此，违反安全保障义务的侵权行为不适用无过错责任原则。

（2）违反安全保障义务侵权责任适用过错责任原则还是过错推定原则

确定违反安全保障义务侵权责任，行为人必须具有过错，这是一致的意见。但是，过错的证明究竟由谁承担举证责任，却有不同的意见。这就涉及是适用过错责任原则还是过错推定原则的问题。

多数人的意见认为，违反安全保障义务发生被侵权人人身、财产损害的，经营者仅在自己有过错的情况下承担侵权责任，没有过错则不承担责任。[③] 因此，违反安全保障义务侵权责任仍应由被侵权人一方来承担安全保障义务人具有过错的举证责任，除非法律、法规有明确规定，否则不能适用过错推定责任。[④]

笔者认为，对于违反安全保障义务侵权责任的过错认定，应当采用过错推定原则。推定的事实基础，就是被侵权人已经证明了被告的行为违反了安全保障义务。在此基础上，推定被告具有过错。如果否认自己的过错，则过错的举证责任由违反安全保障义务的行为人自己承担，由其证明自己没有过错的事实。如果其能够证明自己没有过错，则推翻过错推定，免除其侵权责任；如果不能证明其没有过错，或者证明不足，则过错推定成立，应当承担侵权责任。

---

① 最高人民法院民事审判第一庭编著：《最高人民法院人身损害赔偿司法解释的理解与适用》，人民法院出版社2004年版，第105页。

② 但是，这一结论中使用严格责任和危险责任的概念显然有问题，就是将严格责任与危险责任混同于过错推定原则，这是一个明显的错误。笔者使用无过错责任原则的概念，与严格责任和危险责任的概念是相同的。

③ 张新宝：《侵权责任法原理》，中国人民大学出版社2005年版，第281页。

④ 最高人民法院民事审判第一庭编著：《最高人民法院人身损害赔偿司法解释的理解与适用》，人民法院出版社2004年版，第105页。

违反安全保障义务的侵权行为适用过错推定原则的理由是：

第一，推定行为人有过错具有客观事实的依据。推定违反安全保障义务的行为人有过错的依据，是行为人违反安全保障义务的客观行为。既然行为人已经违反了安全保障义务，那么他在主观上应当有过错，推定其有过错是合理的。

第二，违反安全保障义务侵权责任是特殊侵权责任，不是一般侵权行为。特殊侵权责任与一般侵权行为的基本区别，首先就在于归责原则的不同，前者适用过错推定原则，后者适用过错责任原则。其次是举证责任不同，如上所述。最后，是侵权责任形态不同，前者是替代责任，后者是为自己负责的自己责任。这些区别在《法国民法典》第 1382 条与第 1384 条中就已经明确，无需再加以阐明。

第三，适用过错推定原则有利于保护被侵权人的合法权益。被侵权人遭受侵害，能够证明行为人违反安全保障义务已属不易，再令其举证证明行为人的过错，实在是强人所难，有可能使被侵权人的赔偿权利无法实现。适用过错推定原则，既不使被侵权人遭受过错责任原则举证责任的刁难，又能使被侵权人得到较好的保护。

5. 违反安全保障义务侵权责任类型

违反安全保障义务侵权责任分为四种具体类型。

（1）设施、设备违反安全保障义务

经营场所、公共场所的经营者、管理者或者群众性活动的组织者在设施、设备方面的安全保障义务，主要是不违反相关的安全标准。经营场所或者社会活动场所设施、设备必须符合国家强制标准要求，没有国家强制标准的，应当符合行业标准或者达到进行此等经营活动所需要达到的安全标准。具体的要求，首先是建筑物的安全标准，应当符合《建筑法》和《建筑工程质量管理条例》等法律、法规的质量要求，应当经过建筑行政管理部门验收合格，不得存在安全隐患。其次是消防方面的标准，必须符合《消防法》《高层建筑消防管理规则》《营业性演出管理条例》等的规定，经营场所和活动场所必须配备必要的消防设备、报警设施、紧急疏散标志和疏散图等，并保证一直处于良好状态。再次是电梯的安全标准，实行安全使用证制度、安全年检制度、日常维护保养制度，防止出现危险。最后是其他相关配套设施设备，必须经常、勤勉地进行维护，使它们一直处于良好、安全的运行状态，符合安全标准。

公共场所管理人或者群众性活动组织者的设施、设备违反安全保障义务，就是在提供服务的场所，在上述四个方面所设置的硬件没有达到保障安全的要求，存在缺陷或者瑕疵，造成了他人的损害。因此，经营者应当对被侵权人承担人身损害赔偿责任。例如，某商场在通道上安装的玻璃门未设置警示标志，一般人很难发现这是一扇门，顾客通过时撞在门上，造成伤害。对此，商场应当承担违反安全保障义务的人身损害赔偿责任。

（2）服务管理违反安全保障义务

公共场所的管理人或者群众性活动的组织者在服务管理方面的安全保障义务，主要包括以下三个方面：

第一，加强管理，提供安全的消费、活动环境。公共场所的管理人或者群众性活动的组织者在提供服务的时候，应当保障服务的内容和服务的过程是安全的，不能存在不安全的因素和危险，这些要求集中体现在公共场所或者群众性活动的组织、管理和服务上。例如，涉及消费者和活动参与者的人身安全和卫生安全的经营、活动中，应当保障人身安全和卫生，地面不得存在油渍和障碍，应当定期消毒，防止传染病的传播等。

第二，坚持服务标准，防止出现损害。在经营和活动中，应当按照确定的服务标准进行，不得违反服务标准。例如，饭店服务人员没有擦干净地板留有污渍，顾客踩在上面滑倒造成伤害，构成人身损害赔偿责任。又如，美国麦当劳热饮伤害案亦具有借鉴意义。美国新墨西哥州一家麦当劳餐厅，一位79岁的老太太买了一杯热咖啡，当打开杯盖饮用时，不慎将一些咖啡泼在了腿上，确诊为三度烫伤。据调查，咖啡的饮用标准温度应当是华氏140度左右，超过华氏155度就有烫伤的危险。而当时麦当劳提供的咖啡温度在华氏180度至190度之间。老太太将麦当劳告上法庭，称麦当劳没有提示热咖啡的温度，造成自己的伤害。法院认为，承担服务职责的大公司应当善待每一个顾客，不能因为自己的过失使顾客受到损害，因此判决麦当劳公司承担270万美元的惩罚性赔偿金。自此，麦当劳在公司的所有热饮杯上都加印了“小心烫口”的标志。[①]

第三，必要的提示、说明、劝告、协助义务。在经营或者社会活动中，如果存在不安全因素，可能出现伤害或者意外情况，应当进行警示、说明。对于可能出现的危险应当对消费者或者参与者进行合理的说明，对于有违安全的消费者或者参与者进行劝告，必要时还要通知有关行政部门进行必要的强制。对于已经发生或者正在发生的危险，经营者或者组织者应当进行积极的救助，以避免损失的发生和扩大，如发生火灾，必须组织工作人员进行疏导和疏散，进行安全转移。同时，对于多人参加的大型活动，必须按照限定的数额售票，不得超员。

服务管理违反安全保障义务，就是经营者或者组织者的工作人员违反上述安

---

① 李响：《美国侵权法原理及案例研究》，中国政法大学出版社2004年版，第3页。

全保障义务，存在瑕疵或者缺陷，因此造成他人损害，构成侵权责任。

（3）对儿童违反安全保障义务

儿童是祖国的未来，是民族的未来，因此法律对儿童予以特别的关照和保护。对儿童的保护适用特别标准，公共场所的管理人或者群众性活动的组织者必须竭力做到保护儿童的各项措施，以保障儿童不受场地内具有诱惑力危险的侵害。公共场所的管理人或者群众性活动的组织者对儿童违反安全保障义务，造成儿童的损害，应当承担赔偿责任。

（4）防范制止侵权行为违反安全保障义务

对于负有安全保障义务的公共场所的管理人或者群众性活动的组织者，在防范和制止他人侵害方面未尽义务，造成受保护人损害的，也构成违反安全保障义务的侵权责任，是一种特定的类型。司法实践中的银河宾馆案,[①] 就是这种侵权行为的典型案例。

前三种类型概括在本条第 1 款中，责任形态是自己责任；第 2 款规定的是第四种违反安全保障义务的侵权责任类型，责任形态是相应的补充责任。

6. 违反安全保障义务侵权责任的基本规则

责任形态为自己责任的违反安全保障义务侵权责任的三种类型，其责任的构成要件是：

（1）负有安全保障义务的场所，是宾馆、商场、银行、车站、体育场馆、娱乐场所等经营场所、公共场所或者群众性活动场所。

（2）负有安全保障义务的义务主体，是这些场所的经营者、管理者或者群众性活动的组织者。

（3）经营者、管理者和组织者的安全保障义务来源，是《消费者权益保护法》第 18 条以及其他法律的规定或者当事人的约定。

（4）经营者、管理者或者组织者未尽到法律规定或者约定的安全保障义务，造成消费者或者活动参与者在内的他人损害，且未尽安全保障义务与他人损害之间有因果关系。

具备上述要件，经营者、管理者或者活动组织者须对受到损害的他人承担侵权责任。例如未施工完毕的饭店即试营业，造成就餐者损害，为设施、设备未尽安全保障义务；饭店地面油腻致使消费者滑倒致伤，为服务管理未尽安全保障义务；商店楼梯护栏间隙过宽，致使儿童穿越而坠落致伤，为对儿童未尽安全保障

---

① 一审法院为上海市长宁区人民法院，案号：（1998）长民初字第 2445 号；二审法院为上海市第一中级人民法院，案号：（2000）沪一中民终字第 2309 号。

义务。这些违反安全保障义务的侵权责任，都由违反安全保障义务的经营者、管理者或者组织者自己承担。

防范、制止侵权行为未尽安全保障义务侵权责任的构成要件是：

（1）负有安全保障义务的场所是经营场所、公共场所或者群众性活动场所。

（2）这些场所的经营者、管理者或者活动的组织者负有防范制止侵权行为侵害消费者和参与者的义务。

（3）第三人实施侵权行为，致使这些场所的消费者、参与者受到损害。

（4）经营者、管理者或者组织者未尽防范制止侵权行为的安全保障义务，是造成损害的原因。

防范、制止侵权行为未尽安全保障义务承担责任的规则是：

（1）实施侵权行为的第三人是直接责任人，对造成的受害人损害承担侵权责任。

（2）经营者、管理者或者组织者未尽到防范、制止侵权行为的安全保障义务，使侵权行为得以发生的，就自己的过错和行为对损害发生的原因力，承担与其过错程度和原因力相应的补充责任。

（3）经营者、管理者或者组织者承担补充责任后，由于第三人才是侵权行为的直接责任人，故可以向第三人追偿。

例如，住店客人受到第三人侵权行为损害，饭店未尽防范制止侵权行为的安全保障义务，即按照这样的规则承担补充责任。

【案例评注】

赵某诉也宁阁酒店、静升公司
生命权、健康权、身体权纠纷案①

基本案情

2009 年 12 月 14 日晚，原告赵某至被告也宁阁酒店住宿。当晚 23 时许，赵某通过酒店 4 号通道行至该建筑物靠近中兴路的一楼通道内，因该通道内的电梯井空置（电梯轿厢已被拆除）且未设防护装置，原告酒后步入该空置电梯井而坠至井底受伤。事发后，赵某于次日凌晨 4 时许报警，民警赶至现场将其送至第二

① 《最高人民法院公报》2014 年第 1 期。审理法院为上海市闸北区人民法院，案号：（2010）闸北一（民）初字第 4399 号。

军医大学第二附属医院救治。后多次门诊复查，共间原告共支付医疗费66394.33元、辅助器具费528元。另查明，被告也宁阁酒店与被告静升公司签订有房屋租赁合同，约定静升公司将位于共和新路452号的房屋出租给也宁阁酒店，并注明一楼靠近中兴路通道（即事发通道）为静升公司使用。租赁合同签订后，也宁阁酒店经静升公司同意，拆除了位于通道内的电梯轿厢，并将二楼以上电梯井位置改为仓储室，由也宁阁酒店使用。施工过程中，未对空置的电梯井设置相应的防护装置。

法院判决

一审法院认为：本案原、被告在事实认定和法律适用方面存在以下争议：一是被告也宁阁酒店是否履行了合理限度的安全保障义务；二是也宁阁酒店作为承租人在装修过程中拆除电梯轿厢，出租人被告静升公司是否应当承担监督管理之责；三是原告赵某自身是否对事故的发生存在过错。

关于争议焦点一，法院认为，从事住宿、餐饮、娱乐等经营活动或者其他社会活动的自然人、法人、其他组织，未尽合理限度内的安全保障义务致使他人遭受人身损害的，赔偿权利人请求其承担相应赔偿责任的，人民法院应予支持。被告也宁阁酒店作为提供住宿服务的企业，应在合理限度内确保入住酒店的消费者的人身安全，避免因管理、服务瑕疵而引发人身伤害。就本案现有证据证实，被告也宁阁酒店未对可能出现的伤害和意外情况作出明显警示，其辩称在通往事发通道的拉门上已张贴警示标志，但根据原、被告双方陈述该拉门所在位置当晚并无照明设施，即使存在该标志，也完全不足以起到警示作用。对于也宁阁酒店所持事发通道以及电梯并不包含在租赁范围内，故其无需承担责任的辩称，法院认为，事发通道是一个相对封闭的区域，可通过也宁阁酒店内的安全出口进入，事发时该区域内的电梯井因轿厢被拆除而空置，也宁阁酒店明知上述情况且对于事发通道及电梯具有事实上的控制力，却未能做好安全防范工作，其提供服务过程中所存在的安全隐患与原告赵某的受损结果有直接因果关系，应对涉诉事故承担民事赔偿责任，故对也宁阁酒店的相关辩称意见法院不予采纳。

关于争议焦点二，法院认为，被告静升公司和被告也宁阁酒店签订了房屋租赁合同，后静升公司同意也宁阁酒店拆除位于靠近中兴路的一楼通道内的电梯轿厢并对二楼以上电梯井部位进行改造、由也宁阁酒店使用，可视为双方对租赁合同内容的变更，但变更内容并未涉及事发通道以及一楼电梯井部位，故静升公司作为权利人仍应当负有管理义务。现也宁阁酒店在诉讼中表示愿意一并承担静升公司的相应责任，原告赵某对此亦表示同意，各方当事人的一致意见于法不悖，法院予以准许。

关于争议焦点三，法院认为，受害人对于损害的发生也有过错的，可以减轻侵害人的民事责任。原告赵某作为完全民事行为能力人，也应当对自己的行为尽到合理的注意义务，以确保自身的安全。2009 年 12 月 15 日《上海市公安局案件接报回执单》上记载："民警到现场后了解系酒店 4 号通道一楼消防门外近中兴路转角空铺面的电梯井，未设防护措施，致使一醉酒客人掉落电梯井内。"结合原告自述可以认定，赵某酒后在没有灯光照明的情况下进入事发通道，疏于观察周围环境，步入空置电梯井，未尽到一般的注意义务，其饮酒影响正常判断力也与事故的发生有一定关联，故根据过失相抵原则可适当减轻被告也宁阁酒店的责任。

一审法院判决：被告也宁阁酒店应于本判决生效之日起十日内一次性赔偿原告赵某医疗费、住院伙食补助费、营养费、护理费、交通费、误工费、残疾赔偿金、辅助器具费、精神损害抚慰金、诉讼代理费、查档费共计人民币 157000 元（已履行人民币 40000 元）。

一审判决后，双方当事人均未提起上诉，判决已发生法律效力。

专家点评

安全保障义务分为两类：一类是义务人负有的不因自己的行为而直接损害他人的安全保障义务；另一类是义务人负有的防止或制止第三人对他人实施侵权行为的安全保障义务。依据安全保障义务的这两种类型，民法典侵权责任编第 1198 条（原《侵权责任法》第 37 条）将违反安全保障义务的侵权责任也分为两类：其一，义务人因自身违反安全保障义务的行为造成他人损害时的侵权责任（民法典侵权责任编第 1198 条第 1 款，即原《侵权责任法》第 37 条第 1 款）；其二，第三人造成他人损害时义务人未尽到安全保障义务的侵权责任（民法典侵权责任编第 1198 条第 2 款，即原《侵权责任法》第 37 条第 2 款）。本案为义务人因自身违反安全保障义务的行为造成他人损害的侵权责任的典型案例。

安全保障义务人负有不因自己的行为而直接损害他人的安全保障义务，其主要内容就是：义务人应遵守法律规定和约定，尽到谨慎注意之义务，确保不因自己的行为或管理、控制下的物件及人员给他人造成损害。具体到本案中，被告也宁阁酒店作为提供住宿服务的企业，属于"经营场所的经营者"，负有保护原告赵某不在其经营场所遭受损害的注意义务，未尽合理限度范围内的安全保障义务致使原告赵某遭受人身损害，应当依据民法典侵权责任编第 1198 条第 1 款（原《侵权责任法》第 37 条第 1 款）承担违反安全保障义务的侵权责任。同时，被告静升公司作为酒店经营场所的出租人，也属于“经营场所的经营者、管理者”，负有对事发场所的管理义务，对于事发通道以及一楼电梯井部位管理不善，构成违反安全保障义务的情形，也应承担侵权责任。此外，原告赵某作为受害人，酒后在没有灯光照明的情况下进入事发通道，疏于观察周围环境，步入空置电梯井，未尽到一般的注意义务，对于损害发生也有过错，应当根据民法典侵权责任法第1173条规定的过失相抵规则，适当减轻安全保障义务人的侵权责任。

第一千一百九十九条 无民事行为能力人在幼儿园、学校或者其他教育机构学习、生活期间受到人身损害的，幼儿园、学校或者其他教育机构应当承担侵权责任；但是，能够证明尽到教育、管理职责的，不承担侵权责任。

【条文释义】

本条是对无民事行为能力人校园伤害事故责任的规定。

本条至第1201条规定的是校园伤害事故的侵权责任规则，即无民事行为能力人或者限制民事行为能力人在校园受到人身损害，幼儿园、学校或者其他教育机构应当承担责任的特殊侵权责任。

1. 教育机构所负责任的性质

关于学校的地位和责任有三种学说：监护责任、契约责任、违反安全保障义务之责任。

（1）监护责任。所谓监护责任，是指无民事行为能力人和限制民事行为能力人造成他人损害时，其监护人承担的民事责任。也有学者将此类责任称为法定代理人的责任。该说的理由在于，未成年人欠缺完全的行为能力，必须设置监护人弥补其不足，照顾其生活，在家由父母承担监护职责，在学校父母力所不能及，则由教育机构代负其责。因为未成年人在学校的监控之下，学校有机会、有能力对未成年人实施管理，让其承担监护职责也是理所当然的，相应地，对于未成年人的损害也要承担监护责任。① 监护责任说不仅意味着学校、幼儿园等教育机构对于在校未成年学生自身的损害承担严格的赔偿责任，还意味着对于未成年学生对第三人的加害行为承担替代责任。

---

① 曹诗权：《未成年人监督制度研究》，中国政法大学出版社2004年版，第332页。

监护责任说源远流长，早在 1804 年《法国民法典》第 1384 条第 6 款规定："小学教师与家庭教师及手工艺人，对学生与学徒在受其监管的时间内造成的损害，负赔偿之责任。"① 该责任不考虑教育者过错之有无，依监护人责任采无过错责任的归责原则。这是因为在法国大革命之前，小学的设置依据市乡村人口及地理位置设立，一所小学往往涉及数个市乡村，教师由几个村的评议会选任，提供住宅并支付讲课费。教师的法律地位，依合同代替履行家长监督、教育的任务，教师代替承担责任。教师的责任与父母的责任具有相同的性质。后来在 19 世纪，随着法国的教育逐步完善，教师已没有代替家长行使亲权的权威，该规定逐渐引起教师的不满，多次发生教师请愿活动，推动了法律的改革。《法国民法典》第 1384 条第 6 款几经修改，先是规定公立学校教师承担责任须由学生家长证明有过错，1937 年 4 月 5 日又统一规定第 8 款："涉及小学教师与家庭教师时，其被指造成损害事实之过错、轻率不慎或疏忽大意，应由原告按照普通法于诉讼中证明之。"② 其后《德国民法典》继受监护责任说，但在归责上有所缓和，第 832 条第 1 款规定："依法律规定有义务对因未成年或精神上或肉体上的状态而需监督者实施监督的人，有义务赔偿需监督者所不法加给第三人的损害。监督义务人已满足其监督义务的要求，或即使在适当实施监督的情形下也会发生损害的，不发生赔偿义务。"③ 德国民法对此适用的是过错推定责任，监督义务人不能证明已尽监督义务，则应对学生致人损害承担责任。各国民法大都采德国的过错推定责任。例如《意大利民法典》第 2048 条第 2 款规定："教师及教职业或技能的人，在其监护之下，对其所教的学生和徒弟因不法行为发生的损害亦负赔偿责任。"④《日本民法典》第 714 条规定："（一）依前两条的规定，无责任能力人不负责任的情形，对该无责任能力人负法定监督义务的人，赔偿该无责任能力人对第三人施加的损害。但是，监督义务人未怠于履行其义务，或者即使怠于履行其义务损害仍会发生时，不在此限。（二）代替监督义务人监督无责任能力的人，负前款的责任。"⑤ 此处所谓代监督义务人监督无能力人者，是指托儿所、学校、精神病院等依据法律或者依照合同受委托监督未成年人的事业体。⑥ 我国先前民法规则亦从其规定，分别规定了未成年学生自身遭受人身损害和造成他人损害时的责任，只是在教育机构的责任范围上更为谨慎，往往加以"适当""相应"的限制。

① 《法国民法典》，罗结珍译，北京大学出版社 2010 年版，第 352 页。
② 《法国民法典》，罗结珍译，北京大学出版社 2010 年版，第 352 页。
③ 《德国民法典》（第四版），陈卫佐译注，法律出版社 2015 年版，第 319 页。
④ 《意大利民法典》，陈国柱译，中国人民大学出版社 2010 年版，第 353 页。
⑤ 《日本民法典》，刘士国、牟宪魁、杨瑞贺译，中国法制出版社 2018 年版，第 174 ~ 175 页。
⑥ 于敏：《日本侵权行为法》，法律出版社 1998 年版，第 90 页。

（2）契约责任。契约责任说认为，现代社会的学校与学生之间的关系，不是传统意义上替代亲权的监护职责，仅仅是知识的传授与接受而已，因此应当认定为一种新型契约关系，即教育服务合同。对于义务性的公立教育而言，在适用契约责任上存在异议，因为根据义务教育法的规定，适龄儿童接受教育是其监护人对国家应尽的法定义务，也就是说学生与学校之间并不是一种自愿的委托教育关系，而应当是一种法定的教育管理关系。但是必须承认，在市场经济条件下，公立教育不是一统天下，大量的私立学校、幼儿园遍地开花，正常国民教育体系之外的各类培训班、辅导班等培训机构方兴未艾，[①] 这些也应当归为本条款所规定的“教育机构”，而在这些领域毫无疑问存在着教育培训的服务合同关系。在此类合同中，学生交纳学习费用到学校学习，学校则收取学费，履行传授知识的义务。

教育合同的性质虽然在合同法上没有明确规定，但依据契约自由原则应当属于无名合同。民法典合同编第 467 条规定：“本法或者其他法律没有明文规定的合同，适用本编通则的规定，并可以参照本编典型合同或者其他法律最相类似合同的规定。”既然是一种合同关系，则学校对学生在校期间人身损害是否承担责任，主要应当审查该伤害是否是学校的违约行为引起的。如果是由于学校违约而导致学生受到伤害，学校当然应当承担责任，否则学校不承担责任。该责任的归责原则依照民法典合同编第 577 条的规定应当认定为无过错责任。值得探讨的是，在此类教育合同中，受教育和保护的对象为未成年学生，但订立合同的当事人是学生的家长，因为学生不具有完全民事行为能力，不能作出完全有效的意思表示。该合同在学理上属于为第三人利益订立的合同。在为第三人利益订立的合同中，当事人双方约定使债务人向第三方履行义务，第三人由此取得直接请求债务人履行义务的权利。例如货物运输合同、第三人受益的保险合同等。该合同的订立，事先无需通知或征得第三人的同意。合同一经成立，该第三人如不拒绝，便可独立享受权利。在第三人接受权利以后，债权人可以请求债务人向约定的第三人作出履行，同时第三人得请求债务人履行其债务，其不履行时亦有损害赔偿请求权。[②]

（3）违反安全保障义务的责任。所谓安全保障义务，来源于德国法上的社会交往安全义务。社会交往安全义务，即“在自己与有责任的领域内，从事或持续特定危险的，负有义务情况采取必要的、具期待可能性的防范措施，保护第三人

---

① 最为典型的是北京新东方外语培训学校，其开展了大量中小学生教育培训项目，目前已是在纽交所上市的公司。

② 黄立：《民法债编总论》，中国政法大学出版社 2002 年版，第 565 ~ 566 页。

免于危险”的义务。[①] 该义务是德国法官造法的产物，其要求任何人无论是危险的制造者还是危险状态的维持者，他都负有义务采取一切必要和适当的措施保护他人和他人的绝对权利。[②] 诚实信用原则是一般安全注意义务的理论基础。其最初开始于交通安全注意义务，主要被用来解决以供公众往来的道路交通设备，如土地、道路、公园、运河、港湾设备、桥梁等事故的责任归属。后为德国判例逐渐引用到侵权行为法领域，用以判断加害人是否成立侵权行为的损害赔偿责任。社会交往安全义务的运用日益广泛，实质上是对一般侵权行为违法性判断标准的扩张，使得不作为侵权行为作为一般过错侵权责任的必要组成部分得以确立。

根据《教育法》《未成年人保护法》的规定，学校对未成年学生负有教育、管理和保护的义务，该种义务由法律直接规定，实质上形成了法定的学校对未成年学生的安全保障义务。2002 年教育部发布的《学生伤害事故处理办法》也明确规定学校负有的教育、管理、保护学生方面的义务和责任，并在第 7 条第 2 款明确规定：“学校对未成年学生不承担监护职责，但法律有规定的或者学校依法接受委托承担相应监护职责的情形除外。”此条款明确否定了监护责任说，仅规定学校依过错程度承担相应责任。因此，学校对未成年学生的责任基础不是监护责任，而是基于教育关系所产生的教育管理职责，属法定的安全保障义务，在特殊情况下还可能发生约定的契约义务。安全保障义务来自学校与学生的特定结合关系。契约义务来自教育服务合同，目前私立学校、私立幼儿园普遍存在，在家长和商业性教育机构之间无疑可认定双务有偿的合同关系，据此学校也应承担契约上的保护义务。此时构成违约责任和违反安全保障义务侵权责任的竞合，当事人可择一行使。所以，教育机构对未成年学生的人身安全负有法定保障义务和契约上义务，但非监护人之身份，适用一般侵权的过错责任即可。

此外，正是因为民法典侵权责任编采取了违反安全保障义务的责任，而非监护责任，所以在责任设定上没有规定未成年学生在校伤害他人，教育机构代替学生承担赔偿责任的条款。换言之，学校等教育机构不作为监护人为未成年学生的加害行为负责。这一转变发生在原《侵权责任法》改变了《最高人民法院关于审理人身损害赔偿案件适用法律若干问题的解释》中替代责任的规定，这一转变值得肯定，民法典侵权责任编承袭之。

---

① 林美惠：《交易安全义务和“我国”侵权行为法体系之调整》，载我国台湾地区《月旦法学杂志》2002 年第 1 期。

② [德] 克雷斯蒂安·冯·巴尔：《欧洲比较侵权行为法》（上卷），张新宝译，法律出版社 2001 年版，第 146 页。

2. 归责原则适用过错推定责任

本条规定在幼儿园、学校或者其他教育机构学习、生活的无民事行为能力人，在校内发生的损害，适用过错推定责任。过错推定是过错责任原则的一种特殊表现形式。所谓过错推定，是指在损害事实发生后，基于某种客观事实或条件而推定行为人具有过失，从而减轻或者免除受害人对过失的证明责任，并由被推定者负担证明自己没有过失的规则。从本质上来说，“推定”是诉讼法上的证据法则，而非固有的实体法原理。换言之，能够证明无民事行为能力的学生在校园受到损害，直接推定校方存在未尽教育、管理职责的过失；实行举证责任倒置，校方可以举证证明自己已尽教育、管理职责，能够证明者，不承担侵权责任；不能证明者，推定成立，校方应当承担侵权赔偿责任。

值得注意的是，本条只适用于无民事行为能力人，即不满 8 周岁的未成年人和完全不能辨认自己行为后果的精神病人。前者通常包括幼儿园和小学二年级以下的小学生；后者主要包括智障学校等特殊教育机构的受教育者。只要作为无民事行为能力人的学生在教育机构学习、生活期间受到人身损害的，就推定教育机构存在管理、保护上的过失，应当承担责任，除非其反证自己尽到职责的除外。之所以对于无民事行为能力人在校园受到伤害采取过错推定责任，主要理由在于：

第一，无民事行为能力人在法律上被认为没有任何的辨识能力，完全缺乏自我保护的能力和危险防范的意识，在发生损害之后也没有举证证明的能力，难以对事故发生的情形准确地加以描述，属于绝对的弱者，因此需要过错推定责任免除其举证的负担。对无民事行为能力人的优先保护符合侵权责任法补偿受害人的基本宗旨。民事责任的基本功能是如何平衡日常生活中正常的利益失衡状态，故其归责原则的本意应是合理分配不平损失，而不是企图制裁和消灭侵权和违约行为。所以民事责任应以填补受害人损害为原则。[①]

第二，无民事行为能力人作为学生一方，往往处于教育机构完全支配和控制之下，幼儿园等教育机构不仅仅负督导、辅助之义务，更是未成年人生活的主宰者，对其人身安全负有全责，在某种程度上是替代其家长的“准父母”，因此科以更高的保护义务，并无不妥。从控制危险源的角度来看，对于校园事故的发生，学校一方更有能力控制和防范风险，因此，举证责任倒置有利于加强其责任心，尽最大的注意义务消除危险。

第三，学校事故大都发生在校园内部，处于学校一方的管理之下，因此学校与证据的距离最近，其取证能力较受害人一方更强，因此由学校对其不存在过错

① 彭诚信：《民事责任现代归责原则的确立》，载《法制与社会发展》2001 年第 2 期。

举证，更符合公平原则，且有利于查明事实真相。

第四，教育机构承担较严格的责任，可以通过教育收费和保险机制分散风险。以北京市为例，自2003年起北京市开始推行学校责任险。到2009年，北京市公立学校已全部投保学校责任险，经北京市教委批准举办的民办学校80%以上也都投保。

3. 无民事行为能力人在校园受到伤害的侵权责任规则

本条规定的是幼儿园、学校或者其他教育机构承担过错推定责任，其条件非常清楚，即受到损害的学生是无民事行为能力人。对于学生伤害事故，受到伤害的学生是无民事行为能力人还是限制民事行为能力人，法律是否予以区分，其实在1988年制定《最高人民法院关于贯彻执行〈民法通则〉若干问题的意见（试行）》时就想解决这一问题，但没有提出解决的办法。在制定《学生伤害事故处理办法》时，对此也没有解决。在制定《最高人民法院关于审理人身损害赔偿案件适用法律若干问题的解释》中，仍然采取同样的归责原则处理方式。原《侵权责任法》根据实际情况和侵权法法理，最终作出这样的规定，确定对无民事行为能力的学生受到人身损害采用过错推定原则，科学地解决了这个问题。民法典侵权责任编继续采纳该做法。至于赔偿责任问题，则没有区别，应当适用统一的人身损害赔偿规则。

根据本条，无民事行为能力人在校园受到伤害的侵权责任规则主要包括：（1）被侵权人是幼儿园、学校或者其他教育机构中的无民事行为能力学生，通常是二年级以下的小学生和幼儿园的学生。（2）作为责任人的校方对无民事行为能力的学生负有教育、管理职责，而不是监护权的转移。（3）无民事行为能力的学生在校园中因第三人实施的行为之外的原因受到人身损害，如校方管理不当行为。（4）校方未尽教育、管理职责是造成损害的原因。

【案例评注】

长平外国语学校与张某生命权、健康权、身体权纠纷案[①]

基本案情

2014年7月16日，张某在长平外国语学校经营的lily英语班学习过程中摔

① 一审法院为北京市海淀区人民法院，案号：（2017）京0108民初10103号；二审法院为北京市第一中级人民法院，案号：（2018）京01民终2892号。

伤。事故发生后，张某至北京大学口腔医院、冠美口腔门诊部、朝阳区中医院治疗，诊断：下颌部外伤、└E 慢性牙髓炎、E┘ 慢性根尖周炎、EMB + EMB 牙缺损、E + E 牙缺损、+ D 牙受损。张某共花费医疗费 2772.02 元。就事故发生经过，张某称事发时长平外国语学校将所有孩子留在教室，家长在另一个教室开会，导致孩子没有人管理，桌子不稳，其下巴摔在了桌子上。长平外国语学校称系张某自己爬上桌子，手没有支起来，导致摔伤。桌子是统一定制的，不可能不稳。为证明自己的主张，长平外国语学校提交了事故发生时的录像，从录像中无法看到张某，但可以看到事故发生时老师在教室门口站立。张某主张护理费，称由其父护理 60 天，按照每天 200 元计算。张某主张交通费，称系看病就医产生，未提交相关票据。张某要求长平外国语学校返还学费，未提交相关证据。张某主张后续治疗费，未提交相关医嘱。张某主张精神损害抚慰金，称其因牙齿受伤，导致现在吃饭有困难，对其影响较大。张某另称因此次事故产生营养费 1500 元。

法院判决

一审法院认为，事故发生时某仅为五周岁的儿童，属无民事行为能力人。张某在长平外国语学校经营的培训班上课期间受伤，现长平外国语学校提交的证据不足以证明其已经尽到了教育、管理职责，故其应就张某的损失承担赔偿责任。判决被告北京市海淀区长平外国语培训学校于判决生效后七日内赔偿张某医疗费 2772.02 元、护理费 3000 元、营养费 1000 元、交通费 500 元、精神损害抚慰金 2000 元，以上共计 9272.02 元。

二审法院认为，根据《侵权责任法》第三十八条规定，无民事行为能力人在幼儿园、学校或者其他教育机构学习、生活期间受到人身损害的，幼儿园、学校或者其他教育机构应当承担责任，但能够证明尽到教育、管理职责的，不承担责任。本案中，张某在长平外国语学校经营的 lily 英语班学习过程中摔伤，事故发生时张某五岁，系无民事行为能力人。根据长平外国语学校提交的事故发生时的录像显示，老师当时在教室门口站立，孩子们在教室内活动，在录像中无法看到张某。现有证据不足以证明长平外国语学校已经尽到教育、管理职责，一审法院认定其就张某的损失承担赔偿责任并无不妥，法院予以维持。张某在 lily 英语班摔伤时年仅五岁，护理费、营养费、交通费是必要的，一审法院对上述费用酌定的数额并无不妥，法院予以维持。关于医疗费，一审法院根据实际票据金额计算并无不当，法院予以维持。张某受伤时年幼，考虑其伤情，一审法院支持了其精神抚慰金的诉求并无不妥，法院予以维持。判决驳回上诉，维持原判。

专家点评

民法典侵权责任编第1199条规定了教育机构对无民事行为能力人的直接侵权责任，即幼儿园、学校或其他教育机构对无民事行为能力人在校或在园期间遭受的人身损害承担的侵权责任。此种情形下，教育机构承担的侵权责任适用的是过错推定责任原则，即教育机构承担侵权责任的原因在于没有尽到应尽的教育、管理职责而存在过错，只不过对其过错的举证责任并非由被侵权人承担，而是由教育机构举证证明其尽到了教育、管理职责，从而不存在过错。在我国侵权法上，教育机构不是在校或在园生活与学习的未成年学生的监护人。监护人将未成年学生送至学校学习，其监护职责并未转移到学校；学校也不因接受未成年学生到校学习，自然而然地承担起对该学生的监护职责。监护人如果想将监护职责部分或者全部委托给学校，必须与学校达成明确的委托约定。没有明确的委托约定，不能推定学校接受监护人的委托，对到校学习的未成年学生承担起部分或全部监护职责。只有幼儿园、学校等教育机构未尽到教育、管理的职责，使无民事行为能力人或限制民事行为能力人遭受损害的，教育机构才应承担责任。

本案中，受害人张某在事故发生时仅五岁，为无民事行为能力人，其在长平外国语学校经营的lily英语班学习过程中摔伤。根据长平外国语学校提交的事故发生时的录像显示，老师当时在教室门口站立，孩子们在教室内活动。未成年人天性好动，喜欢玩耍，但其对行为的性质和后果又往往缺乏认识，因此要求教育机构承担相应的教育和管理职责。法律、法规和规章上已经确定的教育机构的教育和管理职责中包括组织学生参加教育教学或校外活动时，对学生进行安全教育并采取安全管理措施的义务，因此，被告长平外国语学校应当在受害人张某在教室内活动时采取相应的安全管理措施，从而确保其免受损害。老师仅站立在教室门口，不足以发挥安全管理的作用，因而也就没有尽到教育和管理职责。据此，被告长平外国语学校应当对受害人张某所遭受的损害承担侵权责任。

第一千二百条　限制民事行为能力人在学校或者其他教育机构学习、生活期间受到人身损害，学校或者其他教育机构未尽到教育、管理职责的，应当承担侵权责任。

【条文释义】

本条是对限制民事行为能力人校园伤害事故的规定。

1. 采纳按民事行为能力区分的立法模式

原《侵权责任法》采纳了根据行为能力区别规定教育机构责任的模式，民法典侵权责任编承袭了这一模式。这是因为，在教育机构中就读的未成年人年龄、智力状况差别较大，在确认学校是否已经尽到教育管理职责时，不应简单地一概而论，应当针对不同年龄段的未成年人，根据其知识、智力状况来判定学校对其应尽的职责，并进一步认定学校是否需要承担相应的责任。[①] 对限制民事行为能力的学生的校园人身伤害采取过错责任，是因为与无民事行为能力人相比，限制民事行为能力人的心智已渐趋成熟，对事物已有一定的认知和判断能力，能够在一定程度上辨识和控制自己行为的后果，因此学校等教育机构的注意义务的程度相对于无民事行为能力的学生较轻。

但该种区分模式也不无争议，特别是在校车事故等集体伤害事件中。因为无民事行为能力人和限制民事行为能力人仅一线之隔，在受小学教育阶段，8 周岁标准大多表现为小学二年级与三年级的差异。如果在同一学校事故中多名学生受伤，仅一年级之差，在归责原则上迥异，则该规定正当性值得商榷。单纯以行为能力程度决定举证责任配置，未免畸轻畸重。[②] 民法典侵权责任编第 1180 条确立了著名的“同命同价”条款，“因同一侵权行为造成多人死亡的，可以以相同数额确定死亡赔偿金”。该条款虽然通说解释为同一事件多人死亡，赔偿数额应当相同，但也意味着原告的举证责任也应当相同。因为不同的举证责任，决定了能否获得赔偿以及赔偿数额的多寡。集体性校园事故等个案中，应当作体系解释，以维持法律精神的一致性。故此，笔者认为，在同一学校事故中多名学生伤亡的情况下，基于“同种事实，同种对待”的公平原则，不宜再根据年龄区别处理，法院应当统一适用过错推定责任，以达成举证责任和赔偿标准在法效果上的实质平等。

2. 学校等教育机构在学生伤害事故中的过错认定

学校在学生伤害事故中的过错，即学校等教育机构“未尽到教育、管理职责的”，客观上教育机构的行为违反教育、管理义务就可认定其主观上存在过错。教育机构所负的教育、管理、保护义务，见于大量的法律、行政法规和行政规章，如《教育法》《未成年人保护法》《学生伤害事故处理办法》《幼儿园管理条例》《学校卫生工作条例》等，综合起来，包括但不限于下列类型：

（1）学校疏于管理的行为

学校在教育和教学活动中疏于承担管理义务，致使在这个过程中，造成学生

---

① 曹诗权：《未成年人监督制度研究》，中国政法大学出版社 2004 年版，第 342 页。

② 马特：《照猫画虎还是画蛇添足》，载《中国社会科学报》2009 年 12 月 8 日，第 7 版。

遭受人身损害后果。这种管理是对学校活动的管理，不是指对学生的管理。这种行为是学校自己的行为，是自己的行为致人损害，因而属于普通的侵权行为，学校应当对自己的行为负责。例如，某小学的厕所年久失修，险象环生，但是学校疏于修缮，致使某日倒塌，68 名学生落入粪池，造成 28 人死亡。这就是学校自身疏于注意义务，是自己的不作为行为造成了未成年学生的死亡和伤害后果。

（2）学校疏于保护的行为

学校对在校的未成年学生负有安全保护义务。学生在校接受教育，学校虽然不承担监护义务，但是仍然应当承担安全保护义务。负担这种义务，就应当善尽职守，不能因为自己的疏忽和懈怠而使学生受到人身伤害。学校疏于履行对学生安全保护的注意义务，致使学生受到人身伤害，学校的行为构成违法。例如，在学校遭遇的意外事故中，学校应当并且有条件救助学生却不救助，教师率先躲避灾害，造成学生人身伤害，学校就疏于对学生的保护，对损害应当承担责任。

（3）学校疏于教育的行为

这种教育行为专指对学生的教育，而不是指广义上的教育活动。在对学生的教育中，没有尽到教育职责，使学生在教学活动中造成他人的人身伤害，应当承担人身损害赔偿责任。

学校的上述行为，既包括学校的行为，也包括负该种责任的教师的行为。学校应对其疏于职守的行为承担责任。学校教师和其他管理人员在教育和教学活动中，行为不当，违反法律规定的义务，造成学生伤害或者学生伤害他人的，学校应当承担替代责任。

在对学校行为违法性的判断上，应当以《教育法》等教育法律法规和民法的规定为标准。《教育法》等教育法律法规规定的标准，是学校承担的教育、管理和保护义务；民法规定的标准，是对学生人身权利不得侵犯义务。违反这些法律规定，就构成学生伤害事故赔偿责任的违法性要件。

3. 限制民事行为能力人在校园受到伤害的侵权责任规则

本条所确定的限制民事行为能力人在校园受到伤害的侵权责任的具体规则包括：（1）学校或者其他教育机构中的限制民事行为能力的学生，通常是三年级以上的小学生和中学生。（2）校方对限制民事行为能力的学生负有的也是教育、管理职责，不是监护权的转移。（3）限制民事行为能力的学生在校园中因第三人实施的行为之外的原因受到人身损害，如校方管理不当行为。（4）校方未尽教育、管理职责是造成损害的原因。

限制民事行为能力人在学校受到人身损害，确定责任适用的是过错责任原则，受到人身损害的限制民事行为能力学生主张校方承担赔偿责任，须证明上述所有的侵权责任构成要件，特别是校方未尽教育、管理职责的过失。这样的规定体现了对无民事行为能力学生和限制民事行为能力学生保护的程度不同。不过，对限制民事行为能力学生采用过错责任原则确定校方的责任，其实并无特别规定的必要性，因为既然适用过错责任原则，就是一般侵权责任，即使不作这一特别规定，依照过错责任原则的一般规定即第1165条第1款的规定，也完全可以得出同样的法律适用结果。

【案例评注】

宫某与瀛海学校教育机构责任纠纷案①

基本案情

宫某系瀛海学校的学生。2015年11月16日，宫某所在班级体育老师在体育课上组织学生进行跳跃障碍的活动，地点是学校操场，障碍物是棉垫，宫某在跳跃时摔倒导致受伤。事发后，瀛海学校及时联系急救中心将宫某送至天津市静海区医院进行治疗，并通知宫某父母。宫某在天津市静海区医院未住院治疗，在医生建议下，宫某被送往天津市天津医院住院治疗22天，经诊断为：股骨干骨折（右）。2016年8月12日，宫某再次入院治疗10天。宫某与瀛海学校就赔偿问题未达成一致意见，故成讼。在诉讼过程中，经宫某申请，一审法院依法委托天津市天昊法医司法鉴定所对宫某的伤残等级、护理期限、营养期限进行了鉴定。

法院判决

一审法院认为，公民的生命健康权受法律保护。限制民事行为能力人在学校或者其他教育机构学习、生活期间受到人身损害，学校或者其他教育机构未尽到教育、管理职责的，应当承担责任。本案中，宫某虽为限制民事行为能力人，但事发时其已经年满十四周岁，足以有简单的自我保护能力，瀛海学校在体育课上安排的跳跃障碍活动是较为简单的运动方式，并非高风险、强对抗的运动，以宫某的认知能力，在无其他侵害发生的情况下足以保护自身安全。宫某称其在跳跃过程中一条腿被棉垫绊倒，单腿落地后受伤，宫某摔倒时亦未发现有其他干扰或侵害行为发生，也没有举证证明瀛海学校的教学过程及运动场地和器材存在瑕

---

① 一审法院为天津市静海区人民法院，案号：（2017）津0118民初5838号；二审法院为天津市第一中级人民法院，案号：（2018）津01民终938号。

疵。瀛海学校在事发后积极联系急救中心，及时将宫某送往医院治疗，并及时联系其家长，第一时间采取了相应措施，已经尽到教育、管理、及时救治的职责。故在没有证据证明瀛海学校在此次事故中存在明显过错的情况下，其对宫某受伤不应承担赔偿责任。

二审法院认为，《侵权责任法》第三十九条规定："限制民事行为能力人在学校或者其他教育机构学习、生活期间受到人身损害，学校或者其他教育机构未尽到教育、管理职责的，应当承担责任。"本案中，宫某虽然主张瀛海学校在组织此次体育课教学活动过程中存在过错，但未能举证证明瀛海学校过错责任。瀛海学校在事发后积极联系急救中心，及时将宫某送往医院治疗，并及时联系家长，积极采取了相应措施，尽到教育、管理、及时救治的职责。因此宫某要求瀛海学校赔偿损失的请求，没有法律依据。一审法院认定事实清楚，适用法律正确，所作判决并无不当。鉴于事故发生后双方自愿签订协议，瀛海学校同意赔付宫某总计 45156.53 元，双方意思表示真实，且不违反法律规定，该协议合法有效。依照诚信原则，瀛海学校应履行协议约定的给付责任。

专家点评

民法典侵权责任编第 1200 条规定了教育机构对限制民事行为能力人的直接侵权责任，即学校或其他教育机构对限制民事行为能力人在校期间遭受的人身损害承担的侵权责任。此种情形下，教育机构承担的侵权责任适用的是过错责任原则。教育机构承担侵权责任的原因在于没有尽到教育、管理职责而存在过错，且对其过错的举证责任由被侵权人承担。本案中，受害人宫某在事故发生时已经年满十四周岁，为限制民事行为能力人，在体育课上所在班级体育老师组织学生于学校操场进行跳跃障碍的活动中，因在跳跃过程中一条腿被棉垫绊倒，单腿落地后摔倒受伤。被告瀛海学校在体育课上安排的跳跃障碍活动是较为简单的运动方式，并非高风险、强对抗的运动，且使用的运动场地和器材并不存在瑕疵，因而对受害人而言不存在不合理的风险，可以认定已经尽到了其教育和管理义务。而且，被告瀛海学校在事发后积极联系急救中心，及时将宫某送往医院治疗，并及时联系家长，第一时间采取了相应措施，也已经尽到了及时救治的义务。因此，被告瀛海学校不存在过错。此外，根据民法典侵权责任编第 1176 条的规定，自甘风险是侵权责任的免责事由，体育活动本就具有一定的风险，宫某自愿参加体育课而遭受损害，在学校不存在故意或重大过失的情形下，属于自甘风险，可作为免责事由予以适用。

第一千二百零一条 无民事行为能力人或者限制民事行为能力人在幼儿园、学校或者其他教育机构学习、生活期间，受到幼儿园、学校或者其他教育机构以外的第三人人身损害的，由第三人承担侵权责任；幼儿园、学校或者其他教育机构未尽到管理职责的，承担相应的补充责任。幼儿园、学校或者其他教育机构承担补充责任后，可以向第三人追偿。

【条文释义】

本条是对校园伤害事故中第三人责任的规定。

1. 将校园伤害事故中的第三人原因进行单独规定

无民事行为能力或者限制民事行为能力的学生在校园受到第三人实施的侵权行为造成人身损害后果，也属于第三人原因造成损害，却不适用本编第1175条关于“损害是因第三人造成的，第三人应当承担侵权责任”的规定，而是适用本条规定的规则。

本条规定的责任规则是，第三人在校园实施的侵权行为，造成了校园的无民事行为能力或者限制民事行为能力的学生人身损害的，第三人承担侵权责任，赔偿受害人的损害；如果校方存在未尽管理职责的过失的，应当承担相应的补充责任，即在自己过失所致损失的范围内，就第三人不能承担的赔偿责任，承担补充性的赔偿损失责任。校方承担了相应的补充责任之后，还可以就其损失向第三人请求追偿，其原因是第三人才是真正的侵权人，对于损害的发生具有全部原因力，校方只是存在不作为的间接原因而已。

2. 本条规定第三人原因中“第三人”的范围

此处所谓的第三人是指幼儿园、学校或者其他教育机构以外的人员，亦即幼儿园、学校或者其他教育机构的教师及其他工作人员之外的人员。问题在于，幼儿园、学校或者其他教育机构的学生（同学）是否算是幼儿园、学校或者其他教育机构以外的人员。笔者认为，根据原《侵权责任法》替代责任的规定，学校等教育机构仅对其雇用的教师、工作人员的行为负责，而其所管理的未成年学生只是安全注意义务的保护对象，而非其工作人员，故其对未成年学生的行为不承担替代责任。因此，同一学校内部的同学之间互殴发生人身侵害，应当由实施加害行为的未成年学生的监护人承担赔偿责任，学校未尽到安全保障义务的仅在其过错的限度内承担相应的责任。

幼儿园、学校或者其他教育机构以外的第三人进入校园内或者在幼儿园、学校或者其他教育机构组织学生外出活动期间第三人直接造成学生人身伤害，如校外车辆在校园内撞伤学生等。加害人的侵权行为直接造成人身损害后果，作为直接侵权人应当依法承担侵权责任。

3. 教育机构承担的责任为“相应的补充责任”

所谓补充责任，是指两个以上的行为人违反法定义务，对一个受害人实施加害行为，或者不同的行为人基于不同的行为而致使受害人的权利受到同一损害，各个行为人产生同一内容的侵权责任，受害人享有的数个请求权有顺序的区别，首先行使顺序在先的请求权，不能实现或者不能完全实现时再行使另外的请求权的侵权责任形态。① 根据本条的规定，第三人造成损害的，根据自己责任原则，由第三人承担民事赔偿责任，在第三人有能力赔偿时，则不必适用补充赔偿。当实际侵权人下落不明或没有赔偿能力时，则由违反安全保障义务的学校等教育机构承担补充性赔偿责任，这种补充责任则成为一种第二位的替代责任。实际上，幼儿园、学校及其他教育机构的补充责任是比照经营者违反安全保障义务的责任处理的。

如何理解相应的补充责任？根据学者观点，赔偿权利人负有向赔偿义务人的全额请求义务，包括对直接责任人的全额请求义务和补充责任人的剩余全额请求义务。② 所谓补充，是补充第三人赔偿不足的份额，在第三人没有任何资产或者下落不明时甚至补充全部的份额。但是，此种补充责任可能导致教育机构的责任过重，承担远远超出其过错程度的责任，因此不能动辄就对安全保障义务人科以全部的补充赔偿责任，必须考虑其能够防止或者制止损害的范围，③ 体现在侵权责任法的条款上就是以“相应”限制“补充”。此处所谓的“相应”是指赔偿的责任与自己的过错程度相应，即以教育机构违反法定教育、管理、保护义务的程度限制最终的赔偿数额。因此，“相应的补充责任”即在过错限度内承担补充性的责任。

在该条的适用中，本条可能与共同侵权和无意思联络的数人侵权行为在适用中发生冲突。共同侵权构成连带责任，无意思联络的数人侵权行为构成按份责任，都不是本条规定的补充责任。究其实质，第三人直接侵权和教育机构违反安全保障义务行为的竞合，就是一个积极作为的侵权行为和一个消极不作为的侵权行为，两者在因果关系上结合，共同造成同一损害后果。因此，关于教育机构和

---

① 杨立新：《侵权法论》，人民法院出版社 2005 年版，第 643 页。

② 王竹：《论补充责任在〈侵权责任法〉上的确立与扩展适用》，载《法学》2009 年第 9 期。

③ 最高人民法院民事审判第一庭编著：《最高人民法院人身损害赔偿司法解释的理解与适用》，人民法院出版社 2004 年版，第 110 页。

第三人的责任分担问题，在理论和实务中存在两种不同观点：

（1）连带责任说。该说主张教育机构和第三人构成连带责任。有学者认为，“经营者及其他开启或持续危险者，应当负担必要的、具有期待可能性的义务，以保护他人的绝对性权利或合法占有免受损害。前款义务人因故意或过失未履行义务致他人受损时，应负损害赔偿责任。第三人因侵权行为而对被保护者负责时，因过错未履行前款义务的人与第三人负连带责任。”[①] 笔者认为，由于在多数第三人介入的案件中，负有安全保障义务的人只是消极的不作为，而损害后果之发生事实上完全是由于第三人的积极侵权行为所造成的，负有安全保障义务的人一般是过失违反安全保障义务，而直接侵权的第三人则是故意或者过失违反不得侵犯他人合法权利的义务，二者故意或者过失的内容并不相同，与上述所列举的行为（或意思）的共同性的任何一种情况都不符，而且一个积极加害行为与一个消极不作为行为也不构成具有关联性的共同行为。[②]

（2）按份责任说。该说主张教育机构和第三人构成无意思联络的数人侵权，有学者提出适用按份责任形态，安全保障义务人与实施侵权行为的第三人按各自过失大小或原因力的比例承担相应的赔偿责任。[③] 在实践中也有此类规定，如《北京市中小学生人身伤害事故预防与处理条例》第 24 条：“有下列情形之一，学校有过错的，应当承担相应的责任；学校无过错的，不承担责任。法律法规另有规定的除外。……（四）在教育教学活动期间，学校和学生以外的第三人造成事故的……”

笔者认为，共同侵权与无意思联络的数人侵权，在规范上属于侵权责任编之总则，本条规定的教育机构责任分担属于侵权责任编之分则，两者是一般规定和特别规定的关系，在校园事故责任之中，应当优先适用本条规定，即“相应的补充责任”，而非“连带责任”或“相应的按份责任”。

但是，在适用中需要解决的是，“相应”和“补充”在逻辑上的矛盾如何解决？因为“相应”指的是与自己过错相应的份额，而“补充”指的是第三人赔偿不足的份额，这两者在大多数情况下并不相同。那么，受害人在起诉时，其诉讼的标的额到底是依据过错确定的责任份额还是直接加害人赔偿不足的份额，可能导致在适用中无所适从。笔者认为，法条矛盾的解决方案只能依靠对“相应的补充责任”进行合理化的解释。补充责任是对受害人而言的，受害人的请求次序分成第一位（直接侵害的第三人）和第二位（间接侵害的安全保障义务人），第二

① 周友军：《论我国过错侵权的一般条款》，载《法学》2007 年第 1 期。

② 张新宝、唐青林：《经营者对服务场所的安全保障义务》，载《法学研究》2003 年第 3 期。

③ 杨垠红：《侵权法上的作为义务——安全保障义务之研究》，法律出版社 2008 年版，第 244 页。

位责任补充第一位责任的不足，亦即该“补充”的责任是对外的责任。“相应的责任”是对内部追偿而言的，补充责任人在承担了第一位责任赔偿数额不足的部分后，就超出其过错程度的部分向第一位责任人追偿，亦即该“相应”的责任是内部分担的最终责任。换言之，“相应”是追偿时教育机构与第三人之间的责任分担。

4. 增加规定了教育机构承担补充责任之后的追偿权

关于教育机构承担补充性赔偿责任后是否有追偿权的问题，一直在理论上存在争议，立法也多有冲突。《最高人民法院关于审理人身损害赔偿案件适用法律若干问题的解释》第 7 条没有明确规定，原《侵权责任法》也未规定追偿权；但民法典侵权责任编第 1201 条确立了教育机构的追偿权，“幼儿园、学校或者其他教育机构承担补充责任后，可以向第三人追偿”。

这个问题最大的症结在于，与相应的补充责任的运用有关。如果是“相应”的责任，实则为自己的过错负责，这符合过错与责任相等的原则，且有助于强化教育机构保障未成年学生人身安全的责任心，自当不得向他人追偿；如果是“补充”的责任，实则补充他人赔偿能力的不足，代他人负责，自当可以向他人追偿。因此到底是否允许追偿？理论上多有分歧，实务上也有摇摆。笔者认为，确立教育机构承担补充责任之后的追偿权是有意义的。理由在于：学校等教育机构先对受害人承担补充责任，其后在内部责任分担中承担相应的责任，因此，就超出自己过错的份额而言应当肯定教育机构对直接加害的第三人享有追偿权。在追偿时，教育机构对于自己未履行安全保障义务的过错相应部分的责任份额，与第三人应负的责任份额，应当进行划分，超出相应部分则应允许追偿。在教育机构与第三人责任分担时，应当注意，教育机构是消极的过失，未尽到安全注意义务，并非直接实施侵害行为的加害人，导致受害人损害的直接原因是第三人的积极加害行为。双方应当根据各自过错程度、形态、原因力大小合理分担终局责任。

【案例评注】

王某某 1 与鸡西市青少年宫等监护责任纠纷案[①]

基本案情

王某某 1 与被告李某某 1 均系限制民事行为能力人，均在鸡西市青少年宫开

① 一审法院为黑龙江省鸡西市鸡冠区人民法院，案号：（2017）黑 0302 民初 999 号；二审法院为黑龙江省鸡西市中级人民法院，案号：（2017）黑 03 民终 941 号。

办的补习班学习。李某某2系李某某1的父亲，牛某系李某某1的母亲。在鸡西市青少年宫补课的课间休息期间，王某某1、李某某1与其他同学一起在操场追逐玩耍，王某某1为躲避一名女同学追逐，跑向李某某1站立的方向；当发现李某某1时便反身往回跑，李某某1此时伸出右手拍到了反身回跑的王某某1右臂处，王某某1因身体不稳失去重心摔倒，导致两颗门牙脱落。王某某1的家长接到学校通知后赶到现场，将王某某1送至鸡西市口腔医院门诊就治，支付医疗费1410.47元；后于2017年3月9日到鸡西市人民医院住院治疗，2017年4月11日出院，支付住院费3114.02元。

法院判决

一审法院认为，原告王某某1受伤是在与同学课间休息期间追逐玩耍时发生的，在整个过程中，王某某1是因发现被告李某某1后反身回跑时，身体失去平衡才导致摔倒，故王某某1对损害发生有主要过错；同时，李某某1向跑过来的王某某1伸手并拍到王某某1右臂的行为，也是造成王某某1摔倒的一个次要原因，其行为存在一定的侵权过错，应承担相应的侵权责任。因李某某1为限制民事行为能力人，被告李某某2和牛某作为李某某1的监护人，对李某某1的侵权行为应当承担相应的侵权责任。王某某1与李某某1作为限制民事行为能力人，玩耍是其天性，但在玩耍中追逐打闹毕竟存在一定的安全隐患。被告鸡西市青少年宫作为教育机构，对在校补习的限制民事行为能力人，应当加强安全教育，尽到管理职责。从其向法院提交的未公示的安全公约和守则中可以看出，其明知学员打闹追逐是存在危险的，但却未尽到教育、管理职责，依法应当承担相应的补充责任。其关于已尽到管理职责的辩解因无确凿证据证实，法院不予支持。综上所述，原告王某某1要求四被告承担全部侵权责任的诉讼请求，因其对损害发生也有过错，不能全部得到支持。但四被告应根据其在侵权行为中的过错程度，依法承担法定的侵权责任。

二审法院认为，上诉人王某某1虽主张系李某某1的行为导致上诉人摔伤，但根据录像可以看出，上诉人在整个过程中都在与同学追逐玩耍，虽李某某1迎着上诉人跑了过去，但上诉人是见李某某1冲他跑并转身往回跑时身体已失去平衡，故李某某1向上诉人伸手拍打，并拍到上诉人的行为，是造成王某某1摔倒的次要原因，一审法院认定事实并无不当；王某某1与李某某1作为限制民事行为能力人，玩耍是其天性，鸡西市青少年宫作为教育机构，未尽到教育、管理职责，依法应当承担相应的补充责任，一审判决鸡西市青少年宫承担10%的责任并无不当。上诉人此项上诉请求不能成立，不予支持。判决驳回上诉，维持原判。

专家点评

本案是最为典型的未成年学生在教育机构学习、生活期间，相互之间发生侵权行为的案例。在教育机构学习、生活期间，一个无民事行为能力人或限制民事行为能力人造成另一个无民事行为能力人或限制民事行为能力人损害时，涉及监护人责任与教育机构侵权责任如何确定的问题。一方面，加害人的监护人应当承担适用无过错责任的监护人责任，尽管被监护人是在脱离监护人控制之下而给他人造成损害的，但是根据民法典侵权责任编第1188条的规定，充其量也只是减轻监护人的侵权责任而已，不能免除。另一方面，如果教育机构对此未尽到教育、管理职责，根据民法典侵权责任编第1201条的规定，也会发生教育机构的侵权责任。当受害人同时将加害人和教育机构作为共同被告提起诉讼时，由造成损害的直接侵权人即加害人承担侵权责任，而教育机构承担相应的补充责任。换言之，教育机构的学生也属于"教育机构以外的第三人"的范围。这是因为，学校等教育机构仅对其雇用的教师、工作人员的行为负责，而其所管理的未成年学生只是安全注意义务的保护对象，而非其工作人员，不承担替代责任。因此，同一学校内部的同学之间发生人身侵害，应当由实施加害行为的未成年学生的监护人承担赔偿责任，学校未尽到管理职责的仅在其过错的限度内承担相应的责任。

本案中，王某某1受伤是在与同学课间休息期间追逐玩耍时发生的，属于上述同一学校内部的同学之间发生人身侵害的情形，此时学校的管理职责在于对学生的打闹行为实施监督、制止等措施，若未尽到相应职责则存在过错，因此侵权责任应当在加害人的法定代理人所承担的监护人责任和教育机构承担的未尽到管理职责的责任之间分担。具体的规则是，受害人可以向直接侵害的第三人主张侵权责任，向间接侵害的教育机构主张补充责任。教育机构作为补充责任人承担了侵权责任后，可就超出其过错程度的部分向直接侵害的第三人追偿。也就是说，在责任承担的最终效果上，实际上是根据过错程度和原因力的按份责任。

第四章 产品责任

第一千二百零二条 因产品存在缺陷造成他人损害的，生产者应当承担侵权责任。

【条文释义】

本条是对产品责任中生产者责任的规定。

1. 生产者的产品责任为无过错责任

产品责任，是指生产者生产、销售者销售的产品有缺陷，造成他人损害，产品的生产者、销售者承担无过错责任的特殊侵权责任。产品责任是过错责任还是无过错责任，学者有不同意见。一是主张产品责任是无过错责任，无论制造者、销售者有无过错，只要产品有缺陷并造成他人损害，就应当承担赔偿责任。[①] 二是认为产品责任是过错责任，理由是我国经济不够发达，不具备产品制造者、销售者承担无过错责任的条件，应适用过错推定原则。[②] 三是主张二元论，认为产品责任既适用无过错责任原则，也适用过错责任原则，但以无过错责任原则为主导。[③]

笔者认为，产品责任是无过错责任，理由如下：[④]

第一，立法者在制定原《民法通则》时，是将产品责任作为无过错责任来规定的。该法第122条规定的产品责任属于特殊侵权行为，有别于一般侵权行为；参加原《民法通则》起草的专家学者，如魏振瀛教授、张佩霖教授、顾昂然先生等都认为产品责任适用无过错责任。立法者在制定和修改《产品质量法》时仍然坚持这个立场。《产品质量法》第41条第1款规定："因产品存在缺陷造成人身、缺陷产品以外的其他财产（以下简称他人财产）损害的，生产者应当承担赔偿责

① 杨立新：《侵权损害赔偿》，吉林人民出版社1990年版，第178页。
② 王利明、杨立新等：《民法·侵权行为法》，中国人民大学出版社1993年版，第432页。
③ 张新宝：《中国侵权行为法》（第二版），中国社会科学出版社1998年版，第503页。
④ 张骐：《中美产品责任的归责原则比较》，载《中外法学》1998年第4期。

任”；第 42 条第 2 款规定：“销售者不能指明缺陷产品的生产者也不能指明缺陷产品的供货者的，销售者应当承担赔偿责任。”这里使用的文字是“应当”，表明其仍为无过错责任原则。原《侵权责任法》专章规定产品责任，并没有改变立场，仍然坚持无过错责任原则立场。民法典侵权责任编坚持这一立法精神。

第二，无过错责任原则能够兼顾救济权利、补偿损失与惩罚侵权的功能。在应对缺陷产品造成的损害方面，无过错责任原则能够更好地提高效益、实现公正，并且能够使生产者增加产品安全投入，消除可避免的危险，实现“危险控制”目标，使危险产品的价格提高而处于市场竞争中的不利地位，减少对这些产品的消费，实现“市场抑制”目标；同时，无过错责任原则简化了确定责任所需的证明过程，降低包括运行事故修复系统的成本在内的交易成本，可减少单独个体承受全部损失时的成本。从公平方面看，一方面，缺陷产品辜负了用户对产品安全的合理期望；另一方面，概括利益与负担、权利与义务相一致的原则，风险应当由从产品中受益的人承担。

第三，无过错责任原则合乎国际立法趋向。各国立法在归责原则上都确立了无过错侵权责任。欧盟法、英国法、德国法、日本法等明确规定无过错责任为产品责任法的归责原则；美国法在适用严格责任基础上还保留一部分过失责任和担保责任；法国法则通过修改民法典来确立产品责任中的无过错责任，以实施欧盟的产品责任指令。

产品责任在性质上是无过错责任。并不是说缺陷产品的制造者和销售者没有过错，因为产品存在缺陷本身就是一种过错，现代社会对产品质量的规定越来越具体，如果产品不符合规定的质量要求，产品的生产者就有过错，除非现有的科学技术无法发现。将产品责任确定为严格责任、无过错责任，其立意是认定这种侵权责任时不考察过错，无论其有没有过错，在所不论，只要受害人能够证明产品具有缺陷，即可构成侵权责任。因而受害人不必证明产品制造者或者销售者的过错，也就减轻了权利人的诉讼负担，有利于保护受害人的权利。

据此，产品责任的构成要件是：(1) 产品存在缺陷，产品缺陷一般是产品中存在的不合理危险。(2) 被侵权人遭受了人身损害或者财产损害。(3) 被侵权人受到损害是产品缺陷引起的，二者之间具有因果关系。符合上述三个要件要求即构成产品责任，生产者对其生产的缺陷产品造成的损害，应当承担赔偿责任。

2. 产品缺陷是产品责任的核心构成要件

《产品质量法》第 46 条对产品缺陷作了界定：“本法所称缺陷，是指产品存在危及人身、他人财产安全的不合理的危险；产品有保障人体健康和人身、财产安全的国家标准、行业标准的，是指不符合该标准。”原《侵权责任法》对产品缺陷没有界定，民法典侵权责任编采同样的做法，因此应当继续使用《产品质量法》的上述规定。据此，缺陷的具体含义是：

第一，缺陷是一种不合理的危险，合理的危险不是缺陷。一定程度上讲，产品缺陷是指产品缺乏安全，但这并不意味着凡缺乏安全的产品都具有缺陷。事实上，许多产品本身存在着固有的不安全性，或属于危险品（如炸药），或虽不属于危险品，但由于使用不当也会具有危险，如小刀。因此这些具有众所周知的危险性的产品并不必然是缺陷产品。借鉴《欧共体理事会1992年6月29日关于产品一般安全的指令》（92/59/EEC）第2条第1款的规定，在正常或合理使用条件下，在使用期内未出现任何危险或者仅仅只出现了使用过程中允许的最低程度的危险，在对健康和人的安全实行高水平保护的前提下，该轻微危险可以被人接受的产品，则为不具有不合理危险的产品。①

第二，这种危险危及人身和产品之外其他的财产安全。产品缺陷这种危险直接危及的，是产品使用者的人身财产安全。其中人身安全，是使用人的生命或者健康所面临的危险；财产安全，是使用人所拥有的除了缺陷产品之外的其他所有财产所面临的危险。危险一旦发生，必将造成使用人的人身损害和财产损害。

第三，缺陷是产品不符合保障人体健康、人身、财产安全的标准。当产品有保障人体健康、人身、财产安全的国家标准、行业标准的，产品的缺陷就是指不符合该标准。违反安全标准，是产品缺陷的一个简单的评判准则。

3. 产品缺陷的具体类型

（1）制造缺陷

产品制造缺陷是指产品在制造过程中所产生的不合理的危险。导致危险的原因多样，包括质量管理不善、技术水平差等。此种缺陷可能发生于从原材料、零部件的选择到产品的制造、加工和装配工序等各个环节。

美国《统一产品责任示范法》第104条（A）规定了制造缺陷："为了确定产品制造上存在不合理危险，审理事实的法官应当认定：产品脱离制造者控制时在一些重要方面不符合制造者的设计说明书或性能标准，或不同于同一生产线上生产的同种产品。"② 美国《侵权法重述·第三次·产品责任编》第2条（a）规定了制造缺陷。③

---

① 《欧盟债法条例与指令全集》，吴越、李兆玉、李立宏编译，法律出版社2004年版，第279页。

② 杨立新：《侵权法论》（第五版），人民法院出版社2013年版，第715页。

③ Restatement Of The Law Third：Torts—Products Liability，Softcover Edition，American Law Institute Publishers，1998，p14.

（2）设计缺陷

产品设计缺陷是指产品的设计，如产品结构、配方等存在不合理危险。[①] 考察设计缺陷，应当结合产品的用途，如果将产品用于所设计的用途以外的情形，即使存在不合理危险，也不能认为其存在设计缺陷。

美国《侵权法重述·第三次·产品责任编》第2条（b）规定了设计缺陷。[②] 例如，在美国生产的第一代加湿器，采用加热开水喷出水蒸气的设计方法，投放市场即发生诸多损害，被判定为设计缺陷。

（3）警示缺陷

警示缺陷是指产品存在的不合理危险，销售产品没有适当的警示与说明。警示包括警告和指示说明，警告是对产品所具有的危险性运用标志或文字所作的提示，指示说明则是对产品的主要性能、正确的使用方法以及错误使用可能招致的危险等所作的文字表述。产品的警示缺陷是指因产品提供者未对产品的危险性和正确使用作出必要的说明与警告所造成的不合理的危险。

《产品质量法》第27条第1款规定："产品或者其包装上的标识必须真实，并符合下列要求：(一) 有产品质量检验合格证明；(二) 有中文标明的产品名称、生产厂厂名和厂址；(三) 根据产品的特点和使用要求，需要标明产品规格、等级、所含主要成份的名称和含量的，用中文相应予以标明；需要事先让消费者知晓的，应当在外包装上标明，或者预先向消费者提供有关资料；(四) 限期使用的产品，应当在显著位置清晰地标明生产日期和安全使用期或者失效日期；(五) 使用不当，容易造成产品本身损坏或者可能危及人身、财产安全的产品，应当有警示标志或者中文警示说明。"第28条规定："易碎、易燃、易爆、有毒、有腐蚀性、有放射性等危险物品以及储运中不能倒置和其他有特殊要求的产品，其包装质量必须符合相应要求，依照国家有关规定作出警示标志或者中文警示说明，标明储运注意事项。"《消费者权益保护法》第18条第1款规定："经营者应当保证其提供的商品或者服务符合保障人身、财产安全的要求。对可能危及人身、财产安全的商品或者服务，应当向消费者作出真实的说明和明确的警示，并说明和标明正确使用商品或者接受服务的方法以及防止危害发生的方法。"

美国《统一产品责任示范法》第104条（C）款对警告缺陷的解释是："对与产品有关的危险或产品的正确使用没有给予适当警告或指示，致使产品存在不

---

① 张新宝：《中国侵权行为法》（第二版），中国社会科学出版社1998年版，第493页。

② Restatement Of The Law Third：Torts—Products Liability，Softcover Edition，American Law Institute Publishers，1998，p. 14.

合理的危险。”[①]《侵权法重述·第三次·产品责任编》第2条（c）规定了警示缺陷。[②]

（4）跟踪观察缺陷

各国的产品侵权责任立法一般都规定“将产品投放流通时的科学技术尚不能发现缺陷存在”的免责事由，其目的在于鼓励产品生产者努力开发新产品，鼓励科技创新，以满足社会和公众的需要。因此，即使实际上这种新产品存在着可能致人损害的缺陷，但在将产品投放流通之时的科学技术尚不能发现的，产品生产者能够免除其责任，促使其敢于放手进行研发，而不必顾及造成损害时的赔偿责任。这样的免责事由代价是商品使用人的利益牺牲，因为他们即使遭受了此类产品的侵害，也不能得到赔偿，等于他们牺牲了自己的赔偿权利，成全了生产者的创新勇气。因此，立法者在这个两难的抉择中，采取了推动科技进步的立场。可是，面对消费者的利益牺牲，法律却是无助的。德国立法者确立跟踪观察缺陷的宗旨，就是改变这种传统立场，转变为保护消费者的立场，对消费者的利益给予更多的关注，即使是在产品投放流通时的科学技术尚不能发现缺陷的存在，但是，法律赋予生产者应当在产品投放流通时产生跟踪观察的义务，未尽该义务就构成跟踪观察缺陷，因此就能够把消费者放在更为宽广的保护范围之中。

因此，跟踪观察缺陷是指在发展风险中，生产者将新产品投放市场后，违反对新产品应当尽到的跟踪观察义务，致使该产品造成使用人的人身损害或者财产损害的不合理危险。民法典侵权责任编第1206条规定的“产品投入流通后发现存在缺陷的，生产者、销售者应当及时采取停止销售、警示、召回等补救措施；未及时采取补救措施或者补救措施不力造成损害扩大的”，就是跟踪观察缺陷。产品生产者将未能发现有缺陷的产品投放市场后，应当尽到必要的跟踪观察义务，在法律确定的较长的观察期中如果没有发现产品存在的问题，并且因此而造成了损害，应当承担侵权责任。确定了跟踪观察缺陷，就更能够发挥产品侵权责任保护消费者权益的作用，在新产品投放市场以后，生产者必须跟踪观察，对于用户的反映和提出的问题必须付诸行动，要进行研究并且提出改进的方法。如果存在损害的可能性的，则还要召回；有的还要向用户进行可靠使用的说明。没有做到以上要求，致使新产品的隐蔽缺陷造成了损害，就应当承担跟踪观察缺陷的侵权责任。

确立跟踪观察缺陷的意义在于，对一般的产品侵权责任免责事由即“将产品

---

① 张骐：《中美产品责任法中产品缺陷的比较研究》，载《法制与社会发展》1999年第2期。

② Restatement Of The Law Third：Torts—Products Liability，Softcover Edition，American Law Institute Publishers，1998，p. 14.

投放流通时的科学技术尚不能发现缺陷存在”的突破，因而给产品使用者提供更加安全的权利保护。

4. 产品缺陷的认定标准

学者指出，判断危险的合理与否或者判断某一产品是否存在缺陷的标准分为一般标准和法定标准：一般标准是人们有权期待的安全性，即一个善良人在正常情况下对一件产品所应具备的安全性的期望；法定标准是国家和行业对某些产品制定的保障人体健康、人身和财产安全的专门标准。有法定标准的适用法定标准，无法定标准的适用一般标准。①

笔者认为，判断产品缺陷的标准有三个：

（1）消费者期待标准

消费者期待标准是指判断产品是否具有不合理的危险应以一般消费者的智识水平为据，如果该产品的危险程度超过了一个理性消费者所能预见的程度，则其具有危险性，该产品即为缺陷产品。

这一标准在各国产品责任立法上有所体现。《德国产品责任法》第3条规定：“产品不能提供人们有权期待的安全性，就是存在缺陷的产品。”②《英国消费者保护法》第3条规定：“如果产品不具有人们有权期待的安全性，该产品即存在缺陷。”③《挪威产品责任法》第6条规定：“一、生产者有义务对由其产品所造成的损害予以赔偿，但以损害的发生是由于产品未能具有使用者或公众可以合理要求的案例性时为限。在判断人们可以要求的安全性时，应考虑所有与产品、产品外观、产品的市场适应性以及产品的预期的用途有关的所有情况。二、在确定一般的安全标准时，应以产品在脱离生产者的控制时的情况为准。”④《欧共体产品责任法指令》第6条规定：“如果产品不能提供人们有权期待的安全性，即属于缺陷产品。”⑤《欧洲理事会涉及人身伤害与死亡的产品责任公约》第2条规定：“如果一个产品没有向有权期待安全的人提供安全，则该产品为有缺陷。”⑥美国的司法实践中也适用消费者期待标准来认定产品的缺陷。

对于供一般使用、构造和功能相对简单的产品，消费者期待标准发挥作用的

① 张新宝：《中国侵权行为法》（第二版），中国社会科学出版社1998年版，第493页。

② ［德］G. 冯·威斯特伐伦，《德国新产品责任法》，邵建东译，载《环球法律评论》1992年第3期。

③ 杨松才：《英国消费者保护法评析》，载《消费经济》2003年第3期。

④ 徐国建：《挪威产品责任法（1988年12月23日第104号法律）》，载《环球法律评论》1992年第1期。

⑤ 万明、姚伟：《欧共体产品责任法指令》，载《国际商务》1995年第4期。

⑥ 段仁元、陈恩才：《论产品缺陷与产品责任主体》，载《求索》2004年第5期。

空间较大。对于高技术型的产品，由于消费者缺乏相应的知识，难以形成合理的安全期待值。这一标准主要适用于对设计缺陷和警示缺陷的认定，制造缺陷的认定则不需要。为避免消费者期待标准失之于过于主观，合理期望的确定需借助一些客观的因素，包括产品价格、使用者的类型以及制造者对产品的预先设定等。

（2）成本效益分析标准

产品责任的承担需平衡消费者利益保护与产业发展两者的关系。缺陷成立尺度的松紧关系到产品责任的有无。纯粹的消费者期待标准有可能失之主观，对产品安全性提出过高的要求而导致产品成本增加，阻碍产业发展，故需要其他的标准来补充。

成本收益分析标准是通过比较更安全的设计方案以及警示方法所需增加的成本与因此可能避免发生的损害，来确定产品销售者的严格责任。除非在设计和销售产品时，在技术可行性方面存在着更安全的设计或警示方案可供生产者或销售者选择，否则产品不存在设计或警示缺陷。显然，这是为了对受到越来越多严格产品责任诉讼困扰的生产者提供经济上合理的保护，以利于工业的发展和技术的进步，使产品责任在保护消费者的同时不至于影响经济的发展。

这一标准首先是美国汉德法官在“美国诉卡洛尔拖船牵引公司”案中提出用以确定是否存在过失，后来扩展适用到产品责任的缺陷认定上。就成本收益分析具体应当考虑的因素，美国学者韦德教授提出了具有广泛影响力的见解，他认为包括：产品用途及对产品的期望；产品安全性的各方面；能满足同样需要且安全的替代品是否可得；生产者在不降低产品使用性能、不提高产品价格且维持其相同用途的前提下，减少产品不安全性的能力；使用者预见产品固有危险的能力；生产者通过产品价格或参加责任保险分散损失的可行性。①

成本效益分析标准主要适用于确定产品是否存在设计缺陷和警示缺陷。美国《统一产品责任示范法》第104条（B）款规定：“为了确定产品设计上存在不合理的不安全性，审理事实的法官必须认定：产品在制造时即存在造成原告损害或类似损害的可能性，这类损害的严重性在价值上超过生产者为设计能够防止这类损害的产品所承受的负担，以及替代设计对产品实用性的相反影响。”② 在设计缺陷认定的过程中，该标准可在三个领域发挥作用：首先，可用于产品结构设计的评价，以确定一种具体的安全装置及其改进是否必要；其次，可用于评价是否需

---

① Clark：Product Liability，Sweet and Maxwell，1989，pp. 32－33.

② 黄全良：《我国法学界对产品责任的研究现状及评析》，来源网址：http：//news. cupl. edu. cn/news/3139_ 20050412164457. htm，最后访问日期：2020年2月8日。

要向消费者发出通告或警告；最后，可用于产品的市场需求问题。[①] 比如某些产品是必需品，急需的并且只能按照一种方式设计的产品应与奢侈品不同对待。如果为满足市场的需求并在一定限额的成本内进行产品设计，可能会导致危险风险，但若采用替代标准，则又会大大提高产品成本而影响竞争和需求。一般认为，更好的产品出现，并不能据以认为原产品存在设计缺陷。在美国，有些法院拒绝适用此标准，他们认为，这一方法是把所有的风险置于受害者，而使利益归于生产者，违背了严格责任产生的理论根据之一——风险分摊理论。[②]

（3）生产者特定的产品标准和法定标准

对于产品的质量、性能，生产者自身制定有相应的标准，产品的安全状态偏离生产者的预期目的致人损害的场合，生产者特定的产品标准可以作为判断缺陷是否存在的客观标准。[③] 国家相关部门或行业对某些产品（尤其是食品和药品）制定了保障人体健康、人身和财产安全的专门标准，学界将这种标准称为“法定标准”，如果产品达不到或不符合这一法定标准，即可认定该产品存在不合理的危险，属于缺陷产品。[④] 该标准主要适用于制造缺陷的认定，与其他产品缺陷不同，制造缺陷的认定不需要考虑社会对产品安全性能的态度或消费者的期望，将该缺陷产品与其他同类安全产品进行比较检验，根据产品的客观技术要求或规格作出判断即可。[⑤]

（4）各标准之间的选择与适用

消费者期待标准与成本效益分析标准应当是择一使用，还是可以同时适用，对于这一问题，美国加州最高法院在 1978 年“贝克诉吕尔工程有限公司”案中，判断产品缺陷同时考虑了消费者期望标准和成本效益分析标准，允许原告在两个标准间选择使用，即“如果消费者以可合理预见的方式使用产品而该产品的性能未达到其期望的安全标准，或者，如果被设计产品效益在重要性上远不及该设计的产品内含的危险风险，则该产品即视为有缺陷”。[⑥] 在英国，1987 年《消费者权益法》第 3 条关于缺陷的定义是英国法官选择适用消费者期待标准或成本效益标准或两分法来确定缺陷的依据。“判断缺陷的混合型方法或两分法是更为可取的用以替代唯一的成本效益标准或消费者标准的方法，至少法院可以在面对复杂

---

① 朱克鹏、田卫红：《论产品责任法上的产品缺陷》，载《法学评论》1994 年第 6 期。
② 朱克鹏、田卫红：《论产品责任法上的产品缺陷》，载《法学评论》1994 年第 6 期。
③ 朱克鹏、田卫红：《论产品责任法上的产品缺陷》，载《法学评论》1994 年第 6 期。
④ 张新宝：《中国侵权行为法》（第二版），中国社会科学出版社 1998 年版，第 493 页。
⑤ 刘静：《产品责任论》，中国政法大学出版社 2000 年版，第 135 页。
⑥ 刘静：《产品责任论》，中国政法大学出版社 2000 年版，第 126 页。

问题时充分利用交替选择的优势去解决缺陷判断的难题。”① 若产品符合法定标准，但仍然致人损害的，不必然说明产品不存在制造缺陷。法定标准是一种辅助性标准，也是判定产品是否存在缺陷的最低标准。

5. 产品责任中的产品自损

本条还涉及产品自损是否可以一并起诉的问题。在传统的产品责任法中，产品责任的损害不包括产品自损，只包括人身损害和产品以外的财产损害，《产品质量法》第41条对此作了清楚的规定。在制定原《侵权责任法》时，立法者考虑到，因同一个行为发生的损害，不必折腾受害人分别起诉侵权责任和违约责任两个诉，因而将产品责任的损害只规定为“损害”，就是为了在该“损害”中包含产品自损。故在产品责任诉讼中，被侵权人可以提出产品自损的损害赔偿责任请求，不过这是两个诉的合并。

【案例评注】

东风公司与王某产品责任纠纷案②

基本案情

2016年6月13日，王某从华丰公司购买了发动机号为FG3D1G0××××的东风牌仓栅式运输车1辆，购车款发票金额为85000元。华丰公司负责代办车辆融资租赁合同、抵押合同及保险等手续，车辆抵押权人和出租人为安吉租赁公司。2016年6月15日，办理车辆注册登记，车牌号为苏H×××××号。

2016年10月29日10时许，王某雇员戴某驾驶苏H×××××号车辆为奥森家具厂托运忠匠品牌家具行驶至黑龙江省绥化市安庆县至绥化××处，行驶过程中车辆发生火灾，造成车辆及车上承运家具烧毁。该火灾事故经安庆县公安消防大队现场勘查和调查后，认定过火面积为10平方米，火灾直接财产损失为163882元，其中包括承运家具损失110882元及车辆损失53000元，起火原因是车辆发动机漏机油，机油滴落至排气管，排气管过热引燃机油，进而导致车体燃烧后火灾扩散至车后所拉家具，起火部位为发动机下方排气管附近，起火点为发动机下方铝质管件，起火时间为2016年10月29日10时许。

① ［英］埃利斯代尔·克拉克：《产品责任》，黄列等译，社会科学文献出版社1992年版，第42页。

② 一审法院为江苏省淮安市清江浦区人民法院，案号：（2017）苏0812民初8018号；二审法院为江苏省淮安市中级人民法院，案号：（2018）苏08民终105号。

2016年12月9日，王某诉至原审法院，要求东风公司赔偿车辆损失85000元、货物损失110882元、车辆购置税7264.96元、购车保险9691.47元、剩余租赁期限的租金19773.62元、施救费1500元、差旅费3000元、营运损失16745.25元。

法院判决

一审法院认为，因产品存在缺陷造成他人损失的，生产者应当承担侵权责任；因销售者的过错使产品存在缺陷，造成他人损害的，销售者应当承担侵权责任；被侵权人可以向产品的生产者请求赔偿，也可以向产品的销售者请求赔偿。经生效判决认定，涉案车辆存在发动机漏机油的质量缺陷，车辆存在的发动机漏机油质量缺陷与火灾事故之间存在因果关系，因此，东风公司作为涉案车辆的生产者应当对因车辆缺陷造成的王某的损失承担赔偿责任。

王某因火灾造成的合理损失包括：(1) 车辆损失。王某已经履行了与安吉租赁公司之间的融资租赁合同项下的义务，解除了车辆抵押，获得了车辆完全的所有权，作为所有权人，有权就车辆损失主张权利。根据双方的陈述，车辆已经烧毁，无法维修，原审法院综合考虑火灾事故认定书认定情况、事故车辆的购置价、车辆使用情况以及车辆残值，酌定车辆损失70000元；(2) 购车融资租赁贷款利息。王某购买涉案车辆用于营运，在事故之前已经使用该车获得营运利益，购买车辆的款项及利息属于营运成本，且已经支持了车辆损失，故对该项费用不予支持；(3) 营运损失。王某自称已经没有修复的必要，东风公司亦辩称车辆在事故中已经烧毁，不能再营运；因此，车辆停运的基础不存在，但是考虑到车辆是营运车辆，重新购置营运工具需要一定的时间，扣除（2016）苏0811民初5258号民事判决已经支持的4天营运损失外，酌情确定给予王某重新购置车辆的合理时间1个月，故酌定营运损失5062.5元。综上，损失合计75062.5元。

二审法院认为，涉案火灾事故已经公安消防部门作出火灾事故认定书，并作为证据得到生效判决的确认，现上诉人东风公司主张县级公安消防部门作出的火灾事故认定书不能作为汽车产品质量存在缺陷的证据，上诉人该上诉理由无事实和法律依据，法院不予采信。综上，上诉人的上诉理由不能成立，依法应予驳回。一审判决认定事实清楚，适用法律正确，应予维持。

专家点评

根据民法典侵权责任编第1202条的规定，生产者就缺陷产品给他人造成的损害承担无过错责任（严格责任）。产品责任的构成要件之一即为产品存在缺陷。

根据《产品质量法》第46条的规定，产品缺陷是指产品存在危及人身、他人财产安全的不合理的危险；产品有保障人体健康和人身、财产安全的国家标准、行业标准的，是指不符合该标准。依据引发产品缺陷的原因不同，可以将缺陷分为设计缺陷、制造缺陷、警示说明缺陷等。在本案中，原告王某所有的车辆在行驶过程中发生火灾，造成车辆及车上承运家具烧毁。而起火的原因是车辆发动机漏机油，机油滴落至排气管，排气管过热引燃机油，进而导致车体燃烧后火灾扩散至车后所拉家具，起火部位为发动机下方排气管附近，起火点为发动机下方铝质管件。产品应当具有消费者合理期待的安全性，对于车辆而言，其发动机为核心部件，该部件的质量问题直接影响着消费者在驾驶过程中的人身安全和财产安全。而发动机漏机油已经构成发动机的严重故障，足以构成产品缺陷。因此，被告东风公司作为缺陷车辆的生产者，应当对车辆起火造成的财产损失承担无过错责任。本案中，缺陷产品所造成的财产损失不仅包括车辆上所承运的家具损失，还包括车辆自损。

第一千二百零三条 因产品存在缺陷造成他人损害的，被侵权人可以向产品的生产者请求赔偿，也可以向产品的销售者请求赔偿。

产品缺陷由生产者造成的，销售者赔偿后，有权向生产者追偿。因销售者的过错使产品存在缺陷的，生产者赔偿后，有权向销售者追偿。

【条文释义】

本条是对产品责任中不真正连带责任的规定。

1. 产品责任的责任形态为不真正连带责任

不真正连带责任也称为不真正连带债务，是民法理论中一种重要的债务形式或者责任形态，在侵权行为法领域称为不真正连带责任。不真正连带债务是指多数债务人就基于不同发生原因而偶然产生的同一内容的给付，各负全部履行之义务，并因债务人之一的履行而使全体债务人的债务均归于消灭的债务。① 从债法的意义上说，不真正连带债务不履行的后果，就是不真正连带责任。

① 王利明主编：《中国民法案例与学理研究》（债权篇修订本），法律出版社2003年版，第3页。

侵权法上的不真正连带责任，是指多数行为人对一个受害人实施加害行为，或者不同的行为人的基于不同的行为而致使受害人的权利受到损害，各个行为人就产生的同一内容的侵权责任，各负全部赔偿责任，并因行为人之一的履行而使全体责任人的责任归于消灭的侵权责任形态。

在产品侵权责任中，生产者和销售者之间的责任就是不真正连带责任，不论受害人向法院起诉生产者还是起诉销售者，只要生产或者销售的产品有缺陷，造成了损害，就应当由被起诉的被告承担责任；如果起诉的是销售者，而产品缺陷又是生产者造成的，那么销售者在承担了侵权责任之后，可以向生产者求偿。

不真正连带责任具有如下特征：

第一，数个行为人基于不同的行为造成一个损害。例如，雇佣关系以外的第三人造成雇员人身损害的，第三人的行为是造成受害人损害的原因，但是基于雇主与雇员之间的雇佣关系，雇主对雇员造成的损害也存在责任，雇员可以基于劳动关系请求工伤事故的损害赔偿，也可以基于债权而向第三人请求赔偿。又如，销售者销售缺陷产品，是造成受害人损害的原因，同时该产品的缺陷又是生产者的生产造成的，两个行为都是损害发生的原因。但是损害又是一个损害结束，并不是两个损害结果。

第二，数个行为人的行为产生不同的侵权责任，这个责任就救济受害人损害而言，具有同一目的。即雇主的工伤事故赔偿和第三人的侵权赔偿的目的均为救济受害人的损害，因此分别产生不同的侵权责任，责任的目的都是救济该同一损害，而不是救济各个不同的损害。

第三，受害人享有的不同的损害赔偿请求权，可以择一行使，或者向雇主或者向第三人请求承担责任，或者向销售者或者向生产者请求承担责任，而不是分别行使各个请求权。受害人选择的一个请求权实现之后，其他请求权消灭。这就是不真正连带责任的“就近规则”，即受害人可以选择距离自己最近的法律关系当事人作为被告起诉。“就近规则”产生的责任是中间责任，而不是最终责任。

第四，损害赔偿责任最终归属于造成损害发生的最终责任人。如果受害人选择的侵权责任人就是最终责任人，则该责任人就应当最终地承担侵权责任。如果选择的责任人并不是最终责任人，则承担了侵权责任的责任人可以向最终责任人请求赔偿，最终责任人应当向非最终责任人承担最终责任。

2. 产品责任的责任承担具体规则

不真正连带责任作为多数人侵权行为承担的一种责任形态，其基本规则是：(1) 中间责任规则：承担不真正连带责任的数个责任人都有义务对受害人的损害承担全部赔偿责任。(2) 最终责任规则：不真正连带责任的最终责任，终须全部归结到应当承担赔偿责任的最终责任人，而不是在数个责任人之间进行分配。（3）追偿权规则：承担中间责任的责任人如果不是最终责任人而是中间责任人的，在承担了中间责任后，有权向最终责任人追偿，追偿的范围是全部赔偿责任。

不真正连带责任与连带责任相比较，区别主要在于最终责任的分担，连带责任的最终责任一定要分给每一个责任人，而不真正连带责任的最终责任一定要归属于最终责任人一人而不分份额。

产品责任的责任承担规则就是不真正连带责任，具体规则是：（1）因产品存在缺陷造成他人损害的，被侵权人可以向产品的生产者请求赔偿，也可以向产品的销售者请求赔偿。这是不真正连带责任的中间责任规则，是无过错责任，被侵权人可以按照自己的意愿选择责任人承担赔偿责任。（2）最终责任是由造成缺陷的生产者或者销售者承担。通常情况下，缺陷是由生产者造成的，生产者是最终责任人；如果是因销售者的过错使产品存在缺陷，销售者就是最终责任人，应当承担最终侵权责任，且为全部赔偿责任。（3）通过行使追偿权实现最终责任的归属，即产品缺陷由生产者造成的，销售者赔偿后，有权向生产者追偿，使生产者承担最终责任；因销售者的过错使产品存在缺陷的，生产者赔偿后，有权向销售者追偿，使销售者承担最终责任。

【案例评注】

分水岭商店诉包某等产品责任纠纷案①

基本案情

2017 年 1 月 27 日大年三十晚上，原告包某吃过年夜饭后将从被告分水岭商店购买的烟花拿到院子里燃放，原告点燃烟花引线后烟花却没有响，几分钟后原告再次点燃引线，第二次点燃引线后，烟花突然从筒中冲出，原告躲避不及被烟花击中，原告眼睛受伤并昏迷，原告先被亲戚送往鄱阳县人民医院，因伤情严重后被送至南大一附院治疗，经诊断为右眼球破裂、右眶骨骨折及硬膜下出血，在医院做了全麻下行眼内剜出等手术，原告在南大一附院住院 8 天，共花费医药费 11562.6 元。经江西上饶司法鉴定中心鉴定原告受伤程度为七级伤残，并建议误

---

① 一审法院为江西省上饶市鄱阳县人民法院，案号：（2017）赣 1128 民初 1073 号；二审法院为江西省上饶市中级人民法院，案号：（2018）赣 11 民终 37 号。

工期60日，护理期30日，营养期30日，后续义眼植入手续及安装费用40000元。被告分水岭商店负责人拒不提供涉案烟花的生产商和经销商信息，肇事烟花的包装上显示生产商为被告庆华出口花炮厂，并且涉事烟花包装没有合格证和条形码。原告及其家属多次找到被告分水岭商店协商赔偿事宜未果，故诉诸法院要求两被告赔偿医药费、误工费、伤残赔偿金等费用192958.2元（原告受伤损失总计214398.1元×90%）。

法院判决

一审法院认为，本案为产品责任纠纷。首先，原告从被告处购买了肇事烟花，原告因燃放烟花受伤致右眼球破裂、右眶骨骨折及硬膜下出血，肇事烟火与原告的损失之间存在因果关系。其次，肇事烟花点着后发生熄引可以推定烟花存在霉变、空引或者藕节等缺陷，属于缺陷产品，而且肇事烟花没有进货来源，烟花产品包装上没有生产厂家的条形码，也没有产品合格证，违反了《产品质量法》第二十七条和国家标准GB10631－2013《烟花爆炸安全和质量》5.1相关规定，可以推定烟花产品质量不合格，存在质量缺陷。缺陷产品和损害之间存在因果关系，被告分水岭商店作为烟火销售商应承担赔偿责任。被告分水岭商店未指明肇事烟花的生产商或供货商，被告庆华出口花炮厂辩称没有向鄱阳县发货，根据法律规定被告庆华出口花炮厂不承担赔偿责任。燃放烟花系危险作业，原告包某燃放烟火时没有阅读燃放说明，在烟火第一次熄火后继续点燃烟火，并且原告没有按照燃放说明要求进行燃放操作，对于事故的发生原告有较大的过错，原告包某自己应承担一定的责任。

二审法院认为，依照《侵权责任法》第四十二条之规定，销售者不能指明缺陷产品的生产者也不能指明缺陷产品的供货者的，销售者应当承担侵权责任。本案中，上诉人分水岭商店作为销售者，拒绝提供涉案烟花的生产者或供货者，其应承担侵权责任。但包某作为成年人，其在燃放烟花时未遵守燃放说明以确保安全，对自身损害的产生具有重大过错，依照《侵权责任法》第二十六条之规定，减轻上诉人的责任。故二审法院认为，原审判决认定的由上诉人负担60%，由包某自负40%的责任划分不违反法律规定。对上诉人主张不负赔偿责任的上诉理由不予支持。

专家点评

根据民法典侵权责任编第1203条第1款，销售者就缺陷产品给他人造成的损害的承担无过错责任（严格责任）。根据民法典侵权责任编第1203条第2款，生产者与销售者之间的侵权责任形态为无过错责任。本案为产品责任案件，产品责任的构成要件之一即为产品存在缺陷。根据《产品质量法》第46条，产品缺陷是指产品存在危及人身、他人财产安全的不合理的危险；产品有保障人体健康和人身、财产安全的国家标准、行业标准的，是指不符合该标准。依据引发产品缺陷的原因不同，可以将缺陷分为设计缺陷、制造缺陷、警示说明缺陷等。在本案中，原告包某点燃烟花引线后，烟花却没有响，几分钟后原告再次点燃引线，第二次点燃引线后，烟花突然从筒中冲出，原告躲避不及被烟花击中，从而造成其眼睛受伤。产品应当具有消费者合理期待的安全性，对于烟花这类易燃易爆产品而言，因其具有一定的危险性，其产品质量对于消费者的人身财产安全而言至关重要。从本案烟花点着后发生熄引可以推定烟花存在霉变、空引或者藕节等缺陷，足以认定其构成产品缺陷。而且本案烟花没有进货来源，烟花产品包装上没有生产厂家的条形码，也没有产品合格证，可以推定烟花产品质量不合格。因此，被告分水岭商店作为缺陷烟花的销售者应承担侵权责任。而且，被告分水岭商店无法指明肇事烟花的生产商或供货商，故无法向缺陷烟花的生产者追偿，其作为销售者承担的侵权责任即为最终责任。

第一千二百零四条 因运输者、仓储者等第三人的过错使产品存在缺陷，造成他人损害的，产品的生产者、销售者赔偿后，有权向第三人追偿。

【条文释义】

本条是对产品责任的第三人责任的规定。

1. 产品责任中第三人责任的构成要件

在典型的产品责任中，承担产品责任的不真正连带责任的主体是生产者和销售者。除此之外，在产品责任中要承担责任的责任主体就是第三人，即在产品责任中，除了生产者、销售者之外其他对产品存在缺陷有过错、造成受害人损害，而应当承担侵权责任的责任主体。本条列举了运输者和仓储者，以此为例，凡是符合这样要求的责任主体，都是产品责任的第三人，如原材料提供者等。

第三人承担产品责任的构成要件是：（1）争议的产品存在缺陷；（2）该产品缺陷不是生产者、销售者造成的，而是第三人造成的；（3）第三人使产品存在缺陷，在主观上有过失；（4）存在缺陷的产品是造成被侵权人损害的原因，具有因果关系。符合上述要件要求，即构成产品责任中的第三人责任。

2. 产品责任中第三人责任的责任形态为先付责任

产品责任中第三人责任的责任形态叫先付责任，是因为在不真正连带责任中，数个责任主体都是要承担中间责任的，被侵权人作为请求权人可以向任何一方请求承担全部赔偿责任。但是，第三人责任的规则特殊，即须先向无过错的生产者、销售者要求赔偿，在他们承担了赔偿责任之后，由他们再向第三人追偿。从原《民法通则》到原《侵权责任法》再到民法典侵权责任编，生产者与销售者承担产品责任，对于第三人的原因致产品缺陷从而导致消费者损害的，生产者与销售者承担先付责任。这样安排是方便消费者找到诉讼主体以提起诉讼，当因产品缺陷遭受损害时，消费者很难查明到底是哪里出现差错导致产品缺陷，法律不能责难消费者准确地找到“那个缺陷”和“那个肇事者”。从这个角度来看，本条规定剥夺了消费者起诉第三人的权利。

这种不适用不真正连带责任一般性规则，而适用有先后顺序且须由承担中间责任的主体先承担责任的规则，称为不真正连带责任的先付责任，是不真正连带责任的一种变形形态。故若系产品责任的第三人责任，被侵权人应当先向生产者或者销售者请求赔偿，在生产者或者销售者承担了赔偿责任之后，由他们去向第三人追偿。

这一规则的优势在于有利于被侵权人的索赔，因为第三人隐藏在表面法律关系之后，被侵权人对其过失很难证明。规定先付责任，方便被侵权人请求权的行使，救济更加便捷。不过，这样的规则有一个风险，就是生产者、销售者都丧失赔偿能力时，按照本条规定，不能直接向第三人请求赔偿。对此，可以直接依照本编第 1165 条规定的过错责任原则，向第三人行使赔偿请求权。

【案例评注】

天元公司与齐鲁公司产品责任纠纷案[①]

基本案情

原告天元公司成立于 2003 年 3 月 5 日，专业生产棚膜和盐膜，经营范围包括农用大棚膜、盐膜、塑料助剂、安全网、安全帽生产销售。自 2010 年 10 月以来，原告陆续接到全国各地经销商的报告，使用“田园牌”棚膜的一些菜农声称其种

① 一审法院为山东省东营市中级人民法院，案号：（2015）东民四重字第 1 号；二审法院为山东省高级人民法院，案号：（2016）鲁民终 1834 号。

植的大棚蔬菜出现了严重死亡现象，经当地农业专家现场查勘，得出的初步结论是与棚膜中含有有毒物质有关。后原告组织工程技术人员并聘请专家多次赴辽宁凌源、丹东，山东苍山、宁津、聊城，陕西甘泉等地进行现场查验，发现菜农反映的大棚内有气体异味，种植的黄瓜等大棚蔬菜先是从上而下枯叶、然后死亡的情况基本属实。经专家分析研究，认为是棚膜生产原料中掺入了有害物质，挥发有害气体所致。根据大棚内现场的气味和蔬菜枯萎死亡的情况，判断是在生产原料中掺入了二异丁酯。原告根据生产原料的特性对生产原料进行分析排查，认为各种原料中只有二辛酯可能掺入二异丁酯。因长期以来，原告生产棚膜、盐膜使用的二辛酯产品均系从被告齐鲁公司处购买，原告怀疑从被告处购进的二辛酯系掺入了二异丁酯的缺陷产品。为了印证，原告于2010年12月21日又从被告处购进二辛酯30吨，价税合计405150元。货物送到后，原告自行进行了检验，检出该批二辛酯中二异丁酯含量为5.8%。

经公安机关侦查发现，谢某挂靠内蒙古丰源运输公司搞个体运输，共雇佣刘某、窦某、赵某三名司机。2010年12月21日，齐鲁公司通知谢某给天元公司送二辛酯，谢某安排司机在其停车场从货物中取出一吨，加入一吨二异丁酯后送给了天元公司，其换货的目的是赚取二辛酯和二异丁酯的差价。齐鲁公司与谢某之间有运输合同，谢某为齐鲁公司运输增塑剂。

原告在确定其生产的棚膜、盐膜中含有二异丁酯成分，存在质量问题后，因事件涉及范围广，涉及“三农”问题，在各地菜农不断到当地政府集体上访，新闻媒体广为报道的情况下，原告对其经销商和用户进行了部分赔偿。

法院判决

一审法院认为，本案双方当事人争议的焦点是：(1) 被告齐鲁公司生产销售给原告的二辛酯产品是否存在缺陷。(2) 原告生产销售缺陷产品与被告销售提供给原告的缺陷原材料二辛酯是否存在因果关系。(3) 原告主张的产品缺陷造成的损失是否应由被告承担。(4) 原告主张的各项损失是否有事实与法律依据。

虽然被告齐鲁公司提供的质检报告表明被告生产的二辛酯均为合格产品，但能够认定被告齐鲁公司生产销售给原告的二辛酯产品系被告指派谢某给原告送货，谢某在运输过程中存在以偷梁换柱的方式掺入二异丁酯换取二辛酯的事实，造成提供给原告天元公司的二辛酯产品存在缺陷。被告提供给原告缺陷产品二辛酯，使原告生产销售的棚膜、盐膜中含有二异丁酯成分，进而致使菜农使用棚膜后种植的蔬菜大面积死亡，影响了盐膜的使用寿命以及盐膜用户所生产的原盐品质，因此给原告造成了经济损失。原告产品存在缺陷的原因是产品中存在二异丁酯成分，而存在二异丁酯成分的原因系被告提供给原告的增塑剂二辛酯中含有二异丁酯成分所致，原告因生产销售缺陷产品造成的损失应由被告承担。被告认为运输者谢某对产品质量负有责任，可以另行主张。

综上所述，产品的生产者、销售者因提供的产品存在缺陷致使他人遭受损害的，应当承担侵权责任。被告齐鲁公司生产销售并通过谢某运送给原告的二辛酯产品存在缺陷，原告生产销售缺陷棚膜、盐膜产品与被告提供原告缺陷原材料二辛酯存在因果关系，原告履行了原材料购进和产品销售前的检测义务，被告不能举证证明其不应当承担产品责任的情形，原告因产品缺陷造成的损失应由被告承担。

二审法院认为，本案中，齐鲁公司既是二辛酯的生产者，也是二辛酯的销售者，因其生产、销售给天元公司的产品存在缺陷，给天元公司造成了损失，包括天元公司向薄膜用户赔偿的损失，且损失已实际发生，事实清楚，证据充分，一审判决齐鲁公司向天元公司承担赔偿责任，于法有据。齐鲁公司上诉主张将其与天元公司、天元公司与薄膜用户之间的关系割裂开来，从而否认承担相应的法律责任，不符合法律规定。谢某涉嫌刑事犯罪，但现在有关司法机构并未对此作出结论，且谢某的行为是否构成犯罪及其量刑轻重，均不影响天元公司依法向齐鲁公司主张权利。一审判决对于本案法律关系、责任主体的认定，是正确的。

专家点评

在典型的产品责任中，承担产品责任的不真正连带责任的主体是生产者和销售者。除此之外，根据民法典侵权责任编第1204条的规定，在产品责任中要承担责任的责任主体还包括“第三人”，即在产品责任中，除了生产者、销售者之外的其他对产品存在缺陷有过错、造成受害人损害，而应当承担侵权责任的责任主体。该条明确列举了运输者和仓储者，但“等”字所包含的产品责任的其他第三人就包括原材料提供者。本案中，原告天元公司作为棚膜和盐膜的生产者，其生产的“田园牌”棚膜因含有有毒物质而存在制造缺陷，从而导致购买和使用其棚膜的菜农声称种植的大棚蔬菜出现了严重死亡现象。原告天元公司作为棚膜的生产者，已经对其产品给菜农造成损害承担了赔偿责任。而棚膜存在缺陷的原因在于其生产原料二辛酯中掺入了二异丁酯。虽然被告齐鲁公司提供的质检报告表明被告生产的二辛酯均为合格产品，但能够认定被告齐鲁公司生产销售给原告的二辛酯产品系被告指派谢某给原告送货，作为运输者的谢某在运输过程中存在以偷梁换柱的方式掺入二异丁酯换取二辛酯的事实，从而造成提供给原告天元公司的二辛酯产品存在缺陷。由此可见，造成原告天元公司生产的棚膜存在缺陷的原因在于被告齐鲁公司作为原材料提供者提供的二辛酯存在缺陷。而造成被告齐鲁公司提供的二辛酯存在缺陷的原因是作为该原材料运输者的谢某在其中掺杂了二异丁酯成分。因此，天元公司在向菜农承担了产品责任后，可以向造成其棚膜存在缺陷的原材料供应者齐鲁公司和原材料运输者谢某追偿。至于两名最终责任人之间的责任分担，运输者谢某擅自在原材料中掺杂有毒物质的行为是主要原因，原材料供应者齐鲁公司若未对运输者尽相应的监督管理职责，则对于缺陷的造成也有一定的过错，二者按照过错和原因力程度确定各自的责任份额。

第一千二百零五条 因产品缺陷危及他人人身、财产安全的，被侵权人有权请求生产者、销售者承担停止侵害、排除妨碍、消除危险等侵权责任。

【条文释义】

本条是关于产品责任侵权禁令的规定。

1. 防御性请求权在产品责任的具体化

本条规定与本编第 1167 条规定的内容是一致的，都是规定侵权责任的防御性请求权，即侵权行为的禁令，只是在产品责任中予以特别强调这一救济方法。

申请产品责任侵权禁令的要件是：(1) 一个或者一种产品存在缺陷；(2) 这种有缺陷的产品有危及他人人身、财产的安全危险；(3) 实际上该缺陷产品尚未造成他人人身或者财产的损害。符合这样要件要求的，可能受到危及的人可以向法院起诉，请求判令产品的生产者、销售者承担停止侵害、排除妨碍、消除危险的民事责任。

2. 产品责任中防御性请求权行使的具体规则

由于有可能危及他人人身财产安全的侵权行为尚未造成后果，因此申请禁令是有风险的。为避免错误申请而造成生产者、销售者的损害，在申请这种禁令时应当提供担保。

这种产品责任尚未造成实际损害，不存在实际的受害人，可以起诉的原告只能是可能受到损害的人。这样的案件符合公益诉讼的特征，消费者权益组织或者检察机关对这类案件有公益诉讼的起诉权，主张行使该禁令，保护不特定消费者的人身安全和财产安全。

【案例评注】

鸿润公司与卢乙等产品生产者责任纠纷上诉案[①]

基本案情

卢甲、卢乙系父女关系。以卢乙名义申办了房屋准建证，建了289.31平方米的二层砖混结构房屋。该房屋自2014年6月开始兴建时，就在鸿润公司购买砖块，到房屋主体工程完工以后，在鸿润公司分批次购进黏土砖共60000块。2014年9月，卢甲、卢乙在房屋主体完工以后发现购进的砖块有质量问题，并及时向鸿润公司反映。鸿润公司以砖块没有质量问题答复卢甲、卢乙，卢甲、卢乙对房屋继续兴建，完成了外墙粉刷和安装门窗的工程。之后，因卢甲、卢乙不放心砖块质量，故向房县质监局反映。在房县质监局的主持下，卢甲的儿子卢丙与鸿润公司协商后，委托十堰市产品质量监督检验所对建房剩余砖块进行了抽样检验。该所于2015年3月5日出具2015WC0019号检验报告一份，检验结论：依据GB5101—2003《烧结普通砖》标准［MU10级（合格品）］检验，检验的项目中尺寸偏差、放射性物质共2项不合格，该产品为不合格品。2015年3月23日，房县质量技术监督局向卢甲和鸿润公司出具了（房）质监［2015］2号质量技术监督《检验结果告知书》，告知双方如对2015WC0019号检验报告检验结果有异议，在接到告知书之日起15日内，依法向房县质量技术监督局或者十堰市质量技术监督局提出书面复检申请，逾期即视为放弃该权利。双方在收到告知书后15日内没有提出书面复检申请。

法院判决

一审法院确认了十堰市产品质量监督检验所出具的2015WC0019号检验报告书的证明力，检验黏土砖放射性物质超标，系不合格产品存在缺陷。卢乙、卢甲虽未居住，也未造成实际人身损害，但存在潜在危害，现房屋主体完工，被告已不能修理、更换、退货此产品，致使卢乙、卢甲所建房屋不能居住，只能拆除重建，赔偿损失。鸿润公司出售给卢乙、卢甲的黏土砖放射性物质超标，致使所建新房不能居住，卢乙、卢甲要求鸿润公司赔偿房屋拆除重建的损失和在外租房费

---

① 一审法院为湖北省十堰市房县人民法院，案号：（2016）鄂0325民初1284号；二审法院为湖北省十堰市中级人民法院，案号：（2017）鄂03民终2005号。

用的请求，予以支持。

二审法院认为，鉴定报告显示，建房所用的黏土砖放射性物质的内外照射指数均超过标准，内照射指数为1.8，外照射指数为1.2，内外照射指数均超过标准要求的≤1.0的标准。卢乙、卢甲从自身及家人生命健康安全考虑，有权选择侵权人鸿润公司对涉案房屋进行拆除重建或者对房屋拆除后赔偿重建房屋费用，并赔偿因此而产生的必要费用。鸿润公司的上诉无证据支持，其上诉理由不能成立，上诉请求不予支持。一审判决认定事实清楚，适用法律正确，二审予以维持。

专家点评

产品虽存在缺陷，危及他人人身、财产安全，但尚未造成实际损害，为了保护民事主体的人身权益、财产权益，民法典侵权责任编第1205条（原《侵权责任法》第45条）提供了预防性的保护措施，即被侵权人有权请求生产者、销售者承担排除妨碍、消除危险等侵权责任。排除妨碍、消除危险本是一种绝对权请求权，旨在保护绝对权的圆满性，民法典侵权责任编将这种预防性保护措施引入了侵权法领域中。原因在于，侵权法不仅具有填补损害的功能，也具有预防损害的功能，如果法律的保护能够在实际的损害发生之前就可以介入，并且可以尽量避免所面临的法益损害，那么这种法律保护才是更为有效的。① 因此，当产品存在缺陷，危及他人人身、财产安全时，通过排除妨碍、消除危险可以有效地预防损害，为民事主体的合法权益提供更全面的保护。

本案中，原告卢甲、卢乙从被告鸿润公司分批次购进黏土砖用于建造房屋，原告卢甲、卢乙在房屋主体完工以后发现购进的砖块有质量问题，委托十堰市产品质量监督检验所检验发现，该产品存在尺寸偏差、放射性物质两项问题，该产品为不合格产品。现房屋主体完工，原告卢甲、卢乙尚未居住，因此还未产生实际的人身损害。但用存在产品缺陷的黏土砖修建的房屋在安全性上存在潜在危害。尤其是产品存在放射性物质超标的问题，若原告长期居住，则其健康权可能遭受损害。目前，对于原告人身权益的损害尚未实际产生，仅存在致害的可能性，因此原告可以通过防御性请求权，要求缺陷产品的生产者、销售者承担消除危险的侵权责任，从而防止人身损害的实际发生。

第一千二百零六条 产品投入流通后发现存在缺陷的，生产

① ［德］马克西米利安·福克斯著：《侵权行为法》，齐晓琨译，法律出版社2006年版，第132页。

者、销售者应当及时采取停止销售、警示、召回等补救措施；未及时采取补救措施或者补救措施不力造成损害扩大的，对扩大的损害也应当承担侵权责任。

依据前款规定采取召回措施的，生产者、销售者应当负担被侵权人因此支出的必要费用。

【条文释义】

本条是对产品责任跟踪观察缺陷的规定。

1. 跟踪观察缺陷产品责任的构成要件

如前所述，产品责任中的缺陷，包括设计缺陷、制造缺陷、警示说明缺陷和跟踪观察缺陷。前两种缺陷是产品责任的通常缺陷，对警示说明缺陷，《消费者权益保护法》第18条作了规定，本条对跟踪观察缺陷的产品责任作出了规定。

构成跟踪观察缺陷产品责任的要件是：（1）产品在流通前，根据现有科学技术无法发现其是否有缺陷，符合发展风险的要求，可以投入流通。（2）产品投入流通后发现其存在缺陷，生产者、销售者负有停止销售、警示、召回等补救义务。（3）生产者、销售者未及时采取补救措施，或者补救措施不力。（4）该产品由于生产者、销售者未采取补救措施或者采取的补救措施不力，而造成了被侵权人损害的扩大。

2. 跟踪观察缺陷责任与发展风险抗辩的关系

《产品质量法》第41条第（2）项首次规定了发展风险抗辩，“产品投入流通时，引起损害的缺陷尚不存在的”，是生产者的抗辩事由之一。该抗辩事由是我国学者参考并精选《欧洲产品责任指令》对产品责任抗辩事由的规定之一。[①] 规定该抗辩事由主要是考虑受害人与生产者之间承担风险的平衡，生产者不能承担所有不可预知的风险，否则无异于让生产者承担结果责任——只要产品存在缺陷致害就要承担责任。

该条文规定了生产者、销售者的售后跟踪义务及违反该义务承担的责任，它与发展风险抗辩并不冲突。首先，该条文针对的是产品投入流通后，生产者、销售者发现存在缺陷的那些产品而采取措施，对于那些即便投入流通也无法发现的产品缺陷，生产者、销售者仍然可援引发展风险抗辩，不承担产品责任。其次，

① 梁慧星：《中国产品责任法——兼论假冒伪劣之根源和对策》，载《法学》2001年第6期。

产品责任诉讼中，受害人完成一般产品责任所要求的举证后，生产者仍然可以提出发展风险抗辩。该条文规定生产者、销售者应采取警示、召回等措施，但何时需采取警示或召回产品措施，用何种标准来判断，需要法官根据证据进行衡量和判断。因此，该条文与发展风险抗辩并不冲突，只是扩大了生产者、销售者的义务范畴，增加了其承担责任的可能性。

对于跟踪观察缺陷的产品责任赔偿规则，本条规定与原《侵权责任法》的规定有所不同，原条文规定为“未及时采取补救措施或者补救措施不力造成损害的，应当承担侵权责任”，本条规定的是“未及时采取补救措施或者补救措施不力造成损害扩大的，对扩大的损害也应当承担侵权责任”。进一步说明，新规定的规则，实际上是将发展风险抗辩与跟踪观察缺陷的侵权责任作了适当区分，即发展风险规则是产品责任的免责事由，《产品质量法》第 41 条第（3）项关于“将产品投入流通时的科学技术水平尚不能发现缺陷的存在的”规定。符合这种要求的投入流通的产品后来发现缺陷已经造成损害的，是免责的；当发现了缺陷后，就负有警示、召回义务，避免继续造成损害。未尽警示、召回义务，从又造成损害的这个意义上说，就是扩大的损害。按据本条规定，跟踪观察缺陷在未出现之前造成的损害是免责的，在缺陷发现后未尽警示、召回义务造成的损害，是本条规定的跟踪观察缺陷的赔偿责任。

3. 补救措施的范畴

在制定原《侵权责任法》第 46 条时，立法机关就达成一致，对投入流通后发现存在缺陷的产品，生产者、销售者采取的措施不局限于警示、召回，可根据不同产品的性能、特点、作用、缺陷的性质和损害发生的概率，采取有利于防止损害进一步发展扩大的措施。但对于“等”补救措施的范畴并未明确，本条依然以“等”字对无法一一列出的措施加以概括。

按照实质等同性的解释方法，警示和召回都属消极的补救措施，那么其他补救措施的性质应当为积极救助，适用条件为警示、召回措施无法达到补救目的。根据民法典侵权责任编第 1206 条第 1 款后段，补救措施的标准是“及时、有力”，在对身体、健康可能造成威胁或者可能造成重大财产损失时，停止销售、警示、召回都不能达到“及时、有力”的程度，就必须采取其他措施。具体来说，包括如下两个类型：（1）停止销售、警示、召回不够及时的补救措施。比如药品、医疗器械或者生物制品有设计缺陷，可能需要提供医疗方面的积极救助。例如，心脏起搏器电池原预计可以使用 5 年，结果发现只能使用 3 年。这种情况下，对于已经使用了近 3 年的病人，仅仅进行警示或者召回是不够及时的，必须主动积极地提供医疗救助。（2）停止销售、警示、召回不够有力的补救措施。比如石棉产品，只要接触，就可能患间皮瘤，但并非每个接触者都会患此病，而且潜伏期也不同。唯一可以确定的是，接触过石棉的人，就存在患间皮瘤的可能。因此，需要长期做监测。这种情况下，仅仅进行警示和召回是不够的，必须提供长期的监测服务。①

【案例评注】

吴某与一汽公司等公司产品责任纠纷上诉案②

基本案情

2014年1月20日，死者吴某之子张某作为乙方，新丰公司作为甲方，签订奥迪轿车买卖合同（现货）一份，由张某购买奥迪牌A4L30自动挡轿车一辆。吴某于2014年2月12日在西安市公安局交通警察支队车辆管理所将该车登记在其名下。2015年7月25日2时35分，张某饮酒后驾驶吴某所有的该小型轿车沿户县人民路由北向南行驶至沣京路十字处时，操作不当，车辆与广告牌发生碰撞，致张某当场死亡，车辆受损，造成交通事故。后交警部门认定，张某违反交通法规承担事故全部过错，应负事故全部责任，发生事故时，涉案车辆的安全气囊均未打开。吴某认为其子张某发生事故时车辆的气囊并未打开才导致张某当场死亡，故将销售者新丰公司与生产者一汽公司诉至一审法院，要求退车退款并承担相应赔偿责任，形成诉讼。

诉讼中，一汽公司向一审法院提出对涉案车辆的气囊是否存在质量缺陷、是否进行过改装申请司法鉴定，鉴定结论为：在本次事故中该车正面气囊具备了打开的条件，而该车正面气囊没有打开，说明系统工作不正常，但无法确定是否存在缺陷。一汽公司于2014年10月29日在国家质检总局缺陷产品管理中心官网上发布了“一汽公司召回部分进口奥迪A4和国产奥迪A4L汽车”的通知，该通知载明：“本次召回范围内部分车辆由于安全气囊控制单元的软件参数设置问题，在极个别侧面特殊角度的碰撞情况下，可能导致前部安全气囊无法正确开启，存在安全隐患。一汽公司将为召回范围内的车辆的安全气囊控制单元进行软件升级，以消除安全隐患。”另外，新丰公司认可涉案车辆属于该次召回范围内的车

---

① 王竹、王毅纯：《论违反产品普遍性缺陷流通后补救义务的侵权责任——以〈侵权责任法〉第46条为中心》，载《北航法律评论》第2卷，法律出版社2011年版。

② 一审法院为陕西省西安市未央区人民法院，案号：（2015）未民初字第08750号；二审法院为陕西省西安市中级人民法院，案号：（2017）陕01民终9913号。

辆。吴某选择要求一汽公司赔偿其人身及财产损失，新丰公司承担连带责任。另查明，新丰公司认为已经通过群发短信、电话、通知公告等多种方式履行了召回义务，但是没有提交证据证明已经通知了吴某或者吴某之子张某。

法院判决

一审法院认为，因产品存在缺陷造成损害的，被侵权人可以向产品的生产者请求赔偿，也可以向产品的销售者请求赔偿。结合本案的案情及双方提交的证据、交警部门出具的交通事故责任认定书，死者张某饮酒驾车、操作不当是造成其当场死亡的主要因素，事故车辆在撞击时正面气囊具备打开条件但并未打开，是造成张某死亡的次要因素，一审法院根据双方的过错程度，酌情认定张某应自行承担60%的责任，车辆的生产者或销售者应对张某的死亡承担40%的赔偿责任。

二审法院认为，本案属于产品责任纠纷。本案的争议焦点是涉案的奥迪A4L汽车是否存在产品缺陷；一汽公司与新丰公司是否承担产品责任及如何承担。《产品质量法》第四十六条规定："本法所称缺陷，是指产品存在危及人身、他人财产安全的不合理的危险；产品有保障人体健康和人身、财产安全的国家标准、行业标准的，是指不符合该标准。"由于我国对于汽车的安全气囊尚没有国家标准及行业标准，因此判断涉案奥迪A4L汽车的安全气囊是否存在产品缺陷应当以是否存在危及人身、他人财产安全的不合理的危险为判断标准。如果能够证明不存在危及人身、他人财产安全的不合理的危险，涉案奥迪A4L汽车的安全气囊则不存在产品缺陷，反之则应当认定存在产品缺陷。《侵权责任法》第四十六条规定："产品投入流通后发现存在缺陷的，生产者、销售者应当及时采取警示、召回等补救措施。未及时采取补救措施或者补救措施不力造成损害的，应当承担侵权责任。"本案中已经查明涉案奥迪A4L汽车因前部安全气囊无法正确开启，存在安全隐患，属于一汽公司在国内召回范围内的汽车，并且在发生交通事故剧烈碰撞时，涉案奥迪A4L汽车的安全气囊全部没有打开，司法鉴定结论也说明在事故中涉案奥迪A4L汽车正面气囊具备了打开的条件，而该车正面气囊没有打开，说明系统工作不正常，因此在一汽公司与新丰公司未提供充分相反证据的前提下，应当认定涉案奥迪A4L汽车存在产品缺陷。

产品责任作为一种特殊的侵权责任，法律上要求侵权人承担产品责任的条件是产品存在缺陷，有损害后果的客观发生，产品缺陷与损害后果之间存在法律上的因果关系。法律上的因果关系是指损害后果与造成损害的行为之间的关联性。如果某个行为在通常情况下会导致已经发生的某个损害后果，或者至少在相当程度上增加了某个结果发生的可能性，那么这一行为就是导致损害发生的行为。本案中吴某之子张某驾驶存在产品缺陷的奥迪 A4L 汽车，在发生严重的交通事故后，因安全气囊全部未打开，造成驾驶人张某直接死亡的损害后果。安全气囊作为汽车的被动安全设备，其主要作用就在于当汽车发生碰撞时，为汽车乘员提供有效的防撞保护。虽然受撞击部位、角度、力度等诸多因素影响，不能保证发生强烈撞击时安全气囊必然有效打开，但是，作为车辆生产商或销售商在发现车辆安全气囊存在产品缺陷时应当向消费者作出客观、科学的说明和明确的警示，并采取积极有效补救措施以防止损害发生。一汽公司与新丰公司分别作为生产者、销售者负有对产品缺陷采取补救措施的积极作为义务，但是本案中的证据均无法证明一汽公司与新丰公司向吴某或者吴某之子张某尽到了召回存在产品缺陷的奥迪 A4L 汽车的积极作为义务，导致涉案奥迪 A4L 汽车在发生剧烈碰撞时安全气囊全部没有打开，驾驶人张某当场死亡的损害后果。一汽公司与新丰公司未尽到采取积极补救措施的积极作为义务与驾驶人张某直接死亡的损害后果之间存在法律上的因果关系。一汽公司与新丰公司应当承担相应的产品责任。

专家点评

民法典侵权责任编第 1206 条规定了生产者、销售者针对投入流通后发现存在缺陷的产品的警示、召回等补救义务。其中，警示是针对产品存在某种危险或就产品应有的正确使用方法而给予的说明、提示。召回是指通过采取撤回、退货、更换、修理、销毁等方式，以预防、控制和消除产品的缺陷，避免因该缺陷给他人造成损害。也就是说，产品召回制度通过召回本身防止损害的发生与扩大，并不以现实损害为前提。以 2004 年 10 月 1 日《缺陷汽车产品召回管理规定》正式实施为标志，至今我国的召回制度已经实施超过 10 年。根据民法典侵权责任编第 1206 条第 1 款的规定，生产者、销售者在产品投入流通后，发现了产品的缺陷，如果拒不采取补救措施或者采取补救措施不及时或者采取补救措施不力，造成损害的，应当承担侵权责任。

本案中，原告吴某之子张某驾驶存在产品缺陷的奥迪 A4L 汽车，在发生严重的交通事故后，因安全气囊全部未打开，造成驾驶人张某直接死亡的损害后果。众所周知，安全气囊作为汽车的被动安全设备，其主要作用就在于当汽车发生碰撞时，为汽车乘员提供有效的防撞保护。虽然受撞击部位、角度、力度等诸多因素影响，不能保证发生强烈撞击时安全气囊必然有效打开，但是，作为车辆生产者或销售者在发现车辆安全气囊存在产品缺陷时应当向消费者及时采取积极有效的补救措施，以防止损害发生。而且，本案涉案汽车属于一汽公司于 2014 年 10

月29日在国家质检总局缺陷产品管理中心官网上发布的"一汽公司召回部分进口奥迪A4和国产奥迪A4L汽车"的通知中的召回范围。一汽公司作为缺陷产品的生产者，负有对涉案车辆采取及时有效的补救措施的积极作为义务，未尽该义务则应承担侵权责任。新丰公司作为缺陷产品的销售者，不能证明其已经通过群发短信、电话、通知公告等多种方式向原告吴某或其子张某履行了警示、召回等补救义务，因而也应当承担侵权责任。

第一千二百零七条 明知产品存在缺陷仍然生产、销售，或者没有依据前条规定采取有效补救措施，造成他人死亡或者健康严重损害的，被侵权人有权请求相应的惩罚性赔偿。

【条文释义】

本条是对恶意产品侵权责任适用惩罚性赔偿的规定。

目前我国实行侵权惩罚性赔偿责任，主要包括三个方面：(1) 产品（包括食品）恶意造成消费者损害；(2) 恶意服务造成消费者损害；(3) 恶意侵害知识产权造成损害。本条规定的是第一种侵权惩罚性赔偿责任。

1. 确立恶意产品责任适用惩罚性赔偿制度的必要性

设定恶意产品责任的惩罚性赔偿责任制度，目的在于参酌英美法系关于惩罚性赔偿金制度的做法，以惩罚不法行为，并吓阻不法行为再度发生，而维护消费者之合法权益。[①] 英美法系创设惩罚性赔偿金制度，源于17世纪至18世纪为赔偿受害人名誉受损的损失，后来改为吓阻性的惩罚性赔偿责任。英国在1763年的Wilkes v. Wood以及Huckle v. Money两个案件中，前案原告Wilkes为一家报社负责人，因该报出版批评乔治国王二世的文章，因而报社被侵入搜索证据并逮捕报社编辑及员工。Wilkes认为该搜索令违法，陪审团判决在20镑的人身伤害赔偿之外，赔偿1000镑的惩罚性赔偿金。后案的Huckle提起违法拘禁及恶意攻击之诉讼，陪审团判决300镑的惩罚性赔偿金，约合原告实际损失的300倍。这两个案件被上诉法院维持的理由是："该赔偿金不仅在于满足受害人，且在于惩罚犯罪，以吓阻将来发生的相同行为。"在美国，最早的案例是1784年的Genay v. Horris案，原告为一名医生，与被告醉酒后，准备以枪战解决两者的争执，其后被告提

① 戴志杰：《两岸〈消保法〉惩罚性赔偿金制度之比较研究》，载我国台湾地区《台大法学论丛》第53期。

议饮酒和解，被告却在原告酒中加入大量斑蝥干燥制剂，致原告非常疼痛，法院对陪审团说明：“就专业的观点，被告无法对于其行为诿为不知，或推托不知该药之强力效果，因而原告应有权请求惩罚性赔偿金。”在另一案件即 Coryell v. Colbaugh 案（1791 年）中，被告违反婚约，被判决惩罚性赔偿金的理由“不是在于估算精神上或实际上受有多少损害，而在于‘确立典范’，以避免相同犯行再度发生”。[①] 我国台湾地区“消保法”规定惩罚性赔偿金的立法意旨，也是在于提供“中彩”作为诱因，鼓励人民积极行使权利，已达成吓阻违法行为的目的。[②]

实践证明，原《侵权责任法》设立惩罚性赔偿责任的这种立法思想是正确的，且在司法实践中全面适用。因此，民法典侵权责任编继续沿袭这一立法规定。

早在起草原《侵权责任法》的过程中，对于如何规定惩罚性赔偿责任就有两种不同的意见。一种意见是，在原《侵权责任法》的总则性规定中，规定全面的惩罚性赔偿责任。例如，在中国社会科学院法学研究所起草的《民法典·侵权行为法草案》中，第 91 条规定原则性的惩罚性赔偿制度：“故意侵害他人生命、身体、健康或具有感情意义财产的，法院得在赔偿损害之外判决加害人支付不超过赔偿金三倍的惩罚性赔偿金。”[③] 其适用的条件，一是行为人的主观恶性比较大，故意或者是重大过失；二是侵害的权利是最基本的民事权利，也就是生命、身体、健康这样的基本权利；三是赔偿的数额不能太高，不能够超过实际损失的三倍。[④] 另一种意见是，在原《侵权责任法》的分则性规定中适当规定某些侵权行为类型可以适用惩罚性赔偿金，即在产品责任中，对于恶意产品责任也就是明知缺陷产品会造成使用人的人身损害仍将其推向市场造成损害的恶意致害行为，应当规定惩罚性赔偿金，以制裁违法行为，保护人民的生命权和健康权。王利明教授主持起草的《中国民法典草案建议稿》第 1954 条规定：“因生产者、销售者故意或者重大过失使产品存在缺陷，造成他人人身、财产损害的，受害人可以请求生产者、销售者给予双倍价金的赔偿。”[⑤] 笔者主持起草的《侵权责任法草案建议稿及说明》第 108 条规定：“生产者、销售者因故意或者重大过失使产品存在缺

---

① 陈聪富：《侵权归责原则与损害赔偿》，北京大学出版社 2005 年版，第 204 页。

② 何建志：《惩罚性赔偿金之法理与应用——论最适赔偿金额之判定》，载《台大法学论丛》第 31 卷第 3 期。

③ 中国民法典立法研究课题组：《中国民法典·侵权行为法编草案建议稿》，载中国民商法律网，http：//www. civillaw. com. cn/qqf/weizhang. asp？ id =10897，最后访问日期：2020 年 5 月 10 日。

④ 张新宝：《中国侵权责任法立法进行时》，载中国民商法律网，http：//www. civillaw. com. cn/Article/default. asp？ id =42251，最后访问日期：2020 年 5 月 10 日。

⑤ 王利明主编：《中国民法典草案建议稿及说明》，中国法制出版社 2004 年版，第 253 页。

陷，或者明知制造或者销售的产品存在缺陷可能造成他人人身、财产损害却仍然将其销售，造成他人人身、财产损害的，受害人可以请求生产者、销售者在赔偿实际损失之外另行支付不超过实际损失两倍的赔偿金。”[①]

我们认为，惩罚性赔偿制度的主要目的不在于弥补受害人的损失，而在于惩罚有严重恶意的行为，并吓阻这种违法行为的发生。从赔偿的功能上来讲，其主要作用在于威慑或者阻遏，而不在于补偿。在产品责任中应该规定惩罚性赔偿金制度来保护消费者的合法权益，制裁故意或者重大过失将有可能造成他人损害的缺陷产品投放市场并且已经造成了使用人人身损害的行为。[②] 如果在民法典侵权责任编中规定一个全面适用的惩罚性赔偿金制度，凡是“故意侵害他人生命、身体、健康或具有感情意义财产的，法院得在赔偿损害之外判决加害人支付不超过赔偿金三倍的惩罚性赔偿金”，那将会对大陆法系侵权法具有颠覆性的作用，立法者是很难接受的。反之，如果在某一个或者某一些特殊侵权责任场合，在特别必要的侵权行为类型中规定惩罚性赔偿金，则对于大陆法系侵权法的基本理念就不会有太大的冲击和影响，会使恶意产品责任人受到制裁，人民群众的生命权和健康权得到更好保障，因而具有重大意义。

2. 恶意产品责任惩罚性赔偿的适用范围与构成要件

本条规定惩罚性赔偿责任的适用范围，比原《侵权责任法》第 47 条规定要宽，除了恶意生产、销售产品之外，还增加了跟踪观察缺陷中的恶意侵权。

美国统一州法委员会 1994 年全国会议提出模范惩罚性赔偿法草案，并于 1996 年会议通过，提供给各州立法参考。该示范法提出的惩罚性赔偿的要件是：（1）须被告依法应负损害赔偿责任；（2）原告须提出明确且有说服力的证据；（3）须有科处惩罚性赔偿责任之必要。[③] 我国台湾地区“消保法”第 51 条规定的惩罚性赔偿的要件是：（1）须以本法所称的消费者与企业销售者为适用主体；（2）须以本法所称的商品或服务为适用客体；（3）须为依本法所提之诉讼；（4）须企业销售者主观上有故意或过失；（5）须因企业销售者之侵权行为所致之损害发生。具备上述要件的侵权行为，或者同时构成侵权行为和违约行为，以及欺诈行为的不实广告的契约责任，均可科以惩罚性赔偿金。[④]

借鉴以上经验，本条规定适用惩罚性赔偿责任的产品责任构成要件是：（1）产

---

① 杨立新主编：《侵权责任法草案建议稿及说明》，法律出版社 2007 年版，第 27 页。

② 杨立新主编：《侵权责任法草案建议稿及说明》，法律出版社 2007 年版，第 231～232 页。

③ 林德瑞：《论惩罚性赔偿金可保性之法律争议》，载《中正大学法学集刊》（第二辑）（1999），第 103 页。

④ 戴志杰：《两岸〈消保法〉惩罚性赔偿金制度之比较研究》，载我国台湾地区《台大法学论丛》第 53 期。

品存在缺陷；（2）生产者、销售者明知该产品存在缺陷；（3）生产者、销售者对该缺陷产品继续进行生产、销售；（4）造成受害人死亡或者健康严重损害。

跟踪观察缺陷的恶意侵权适用惩罚性赔偿责任的构成要件是：（1）产品存在缺陷，投放市场时因科技水平所限不能发现；（2）生产者、销售者对已经投入流通的产品已经发现有缺陷；（3）生产者、销售者没有按照法律规定采取停止销售、警示、召回等有效补救措施；（4）该缺陷产品造成受害人死亡或者健康严重损害。

符合上述要件要求的，侵权人应当承担惩罚性赔偿责任，被侵权人可以请求其承担实际损害的赔偿责任之外，再承担惩罚性赔偿责任。

3. 恶意产品责任中惩罚性赔偿的计算方法

确定惩罚性赔偿责任的计算标准及方法，应当着重解决以下四个问题：

（1）以价金为计算标准抑或以实际损害为计算标准

计算惩罚性赔偿金，究竟是以价金作为计算标准好，还是以损害数额作为计算标准好，值得研究。我国现行法律规定的惩罚性赔偿金的计算都是以价金作为计算标准的。这样的做法在计算违约惩罚性赔偿责任时是比较适当的，因产品欺诈与服务欺诈的违约行为通常较少有实际损害，因此以价金作为标准容易计算。但在侵权的惩罚性赔偿责任计算中，以价金作为计算标准就不适当，而应以实际损失额作为计算标准更为妥当。且通常各国和地区计算惩罚性赔偿金也都是以实际损失额作为标准的，我国台湾地区“消保法”第51条就是以实际损失数额作为赔偿计算标准。

（2）最高限额应当以3倍计算还是以1倍计算

在美国，也存在为避免惩罚性赔偿金判决额度过高，而主张惩罚性赔偿金应与填补性赔偿具有一定比例者，如康奈迪克州1989年规定为填补性赔偿之2倍，佛罗里达州1988年规定为填补性赔偿之3倍；有认为应设定固定最高限额者，如乔治亚州1988年规定，除了商品责任外，最高惩罚性赔偿为25万美元，弗吉尼亚州以35万美元为上限；也有认为应与被告的财产收入或净值构成一定比例者，如堪萨斯州规定惩罚性赔偿金不得超过本案诉讼前5年的最高年毛收入或500万美元。[①] 我国台湾地区法院在适用“消保法”规定的惩罚性赔偿责任的时候，基本的计算方法是以损害额为基准，在消费者诉讼的故意违法案例中，有的课予1/10倍、2倍或3倍不等的惩罚性赔偿金；而在属于过失违法的案件，则各有判决1/20倍、1/7倍、1/2倍与1倍的惩罚性赔偿金。不过，在经常出现的购物纠

① 陈聪富：《美国法上之惩罚性赔偿金制度》，载我国台湾地区《台大法学论丛》第31卷第5期。

纷中，当被告故意以不实广告行销房屋时，最高与最低的惩罚性赔偿金判决倍数差距为30倍之多。[①] 可见，法官酌定惩罚性赔偿金时的随意性较大。

我国《消费者权益保护法》第49条规定的惩罚性赔偿，虽说叫作双倍赔偿，其实惩罚性赔偿金仅仅是价金的1倍，赔偿的数额不高，惩罚性不强。对此，笔者的意见是，在违约的产品欺诈与服务欺诈惩罚性赔偿金的最高标准，应当为价金的3倍，不包括价金本身；侵权的惩罚性赔偿金，应当是实际损失数额的2倍。这样的标准比较符合实际情况，也具有较强的惩罚性。在具体适用中，法官可以根据具体案件情节，在最高限额之下，确定具体的赔偿数额。

在具体确定惩罚性赔偿金的数额时，可以参酌美国和我国台湾地区的做法。美国惩罚性赔偿责任的量定因素上，主要以被告不法行为的非难程度与其获利可能性、原告受害之性质与程度、被告财务之状况以及被告遭受其他处罚的可能性为考量标准，其中以被告不法行为的非难性作为最重要的量定标准。[②] 例如，堪萨斯州法院判决惩罚性赔偿金数额，应考量的因素是：第一，在事件发生时，被告不法行为可能导致严重损害的可能性；第二，被告对于上述可能性的知悉程度；第三，被告因不法行为所得之利益；第四，被告不法行为持续期间，及被告是否故意隐匿其不法行为；第五，被告发现不法行为后之态度与行为；第六，被告之财务状况；第七，被告因不法行为所受其他损害赔偿与惩罚的整体吓阻效果。[③] 我国台湾地区"消保法"在适用中，法院判决中曾提出审酌的因素有：被告行为的道德恶性、"断臂非中彩"的法理、取得不法利益的大小、有无受刑事制裁、原告受损害的程度、被告事发后的处理态度等。[④]

（3）精神损害赔偿数额是否可以作为计算惩罚性赔偿金的标准

在没有造成实际的人身损害和财产损害而仅造成精神损害的侵权案件中，是否可以请求惩罚性赔偿金？我国台湾地区的民事判决采非财产损害不得请求惩罚性赔偿金的立场，如"最高法院"2008年度台上字第2443号民事判决，认定原告某甲参加被上诉人统合开发股份有限公司经营的统合城市俱乐部为永久会员，分别于2003年11月26日上午9时许、2005年1月10日上午10时许，在使用女子三温暖设施时，竟有男性员工擅行闯入，撞见裸身未着衣物之原告，严重侵害其身体隐私权益。又于2006年3月29日上午9:30，在女子三温暖场内使用被上

---

① 何建志：《惩罚性赔偿金之法理与应用——论最适赔偿金额之判定》，载我国台湾地区《台大法学论丛》第31卷第3期。

② 陈聪富：《美国法上之惩罚性赔偿金制度》，载我国台湾地区《台大法学论丛》第31卷第5期。

③ 陈聪富：《美国法上之惩罚性赔偿金制度》，载我国台湾地区《台大法学论丛》第31卷第5期。

④ 何建志：《惩罚性赔偿金之法理与应用——论最适赔偿金额之判定》，载我国台湾地区《台大法学论丛》第31卷第3期。

诉人提供之设施时，因空调设施欠佳，空气质量不好，致原告突然晕眩，嗣并倒栽入水池中，全身抽搐、眼睛上吊，幸经女儿及另一会员及时抢救，始捡回宝贵生命，严重侵害其身体、健康权益。遂请求被告非财产上之损害100万元新台币，惩罚性赔偿金200万元新台币。法院判决被告给付总共35万元新台币，惩罚性赔偿因不符合“消保法”第51条须造成财产损害的惩罚性赔偿责任适用条件，因此予以驳回。该判决驳回原告的惩罚性赔偿金的请求，并不是因为服务欺诈致害不能给付惩罚性赔偿金，而是其造成的损害是非财产损害，不符合“消保法”第51条规定的“因企业销售者之故意所致之损害，消费者得请求损害额三倍以下之惩罚性赔偿金；但因过失所致之损害，得请求损害额一倍以下之惩罚性赔偿”的规定，其中“所致之损害”为财产损害，而不是非财产损害。

笔者认为，在只造成精神损害的侵权案件中，尽管也构成产品欺诈或者服务欺诈，但由于没有造成实际的财产损失，缺少计算标准的依据，同时，惩罚性赔偿与精神损害赔偿具有同样的功能，都有惩罚违法行为的作用，因此，仅仅造成精神损害并予以赔偿的侵权案件不应再请求惩罚性赔偿金，请求者亦不应予以支持。

（4）产品局部欺诈损害的惩罚性赔偿金

如果产品局部欺诈造成了消费者的人身损害或者财产损害，构成侵权责任，符合惩罚性赔偿责任要件的，应当依照恶意产品欺诈致害的惩罚性赔偿责任的规则确定惩罚性赔偿金。具体的计算，由于确定侵权的惩罚性赔偿金的计算标准，我们主张实行按损失额的倍数进行赔偿，因此，不必计算局部欺诈在整个产品中的比例，再按照比例进行计算，而应当直接按照实际损失数额作为计算的基础，确定惩罚性赔偿金。

【案例评注】

朱某与福瑞商行产品责任纠纷上诉案[①]

基本案情

朱某于2016年12月7日在福瑞商行处购买4瓶750毫升红酒两瓶，酒款价款共880元；于2016年12月8日在福瑞商行处购买了4瓶750毫升红酒，酒款

---

① 一审法院为广东省江门市蓬江区人民法院，案号：（2017）粤0703民初1608号；二审法院为广东省江门市中级人民法院，案号：（2017）粤07民终2849号。

价款共880元；于2016年12月21日在福瑞商行处购买了6瓶750毫升红酒，酒款价款共660元。朱某购买后发现上述酒品酒瓶外包装说明书上均是英文，没有中国内地代理商的名称、地址及联系方式，也没有检验合格证书等资料。朱某向法庭提交涉案的3种红酒各1瓶，其中中文名称为“进口拉菲”的红酒包装正面标注“LOSVASCOS2012”以及右下角有标示“RLAFITE”图案，顶部有“LOSVASCOS”图标，背面有“ColchaguaValley，Chile”“V－0445/1503/02/16”“GR12L－2799－06134”“750毫升”“14.0%VOL”等字样及“7804360121008”条形码，条形码侧附有二维码，该红酒瓶盖为密封状态；中文名称为“进口圣塔”的红酒正面、顶部标注“SANTAALBA”字样以及其图标，正面张贴有“CABERNETSAUVIGNON2014”字样，背面有“750毫升”“14%VOL”等字样及“7802940007018”条形码，该红酒瓶盖为密封状态；中文名称为“进口传说”的红酒正面标注“RLAFITE”酒瓶大图案、“SAGABORDEAUX2015”等字样，顶部张贴有“RLAFITE”酒瓶小图案及“BORDEAUX”字样，背面张贴有“750毫升”“12.5%VOL”等字样及“3296324315105”条形码，条形码侧附有二维码，该红酒瓶盖为已开启状态。上述3瓶酒品的外包装均无张贴中文标签。

法院判决

一审法院认为，关于本案的定性问题，本案中，朱某通过支付价款向福瑞商行购买涉案红酒，后以产品外包装标识不符合食品安全标准，违反了《食品安全法》第一百四十八条的规定，向法院提起诉讼，要求退回价款并支付价款10倍赔偿金，由此可见，本案朱某的诉讼请求是否应予支持须判断涉案产品是否属于《食品安全法》第一百四十八条规定的“不符合食品安全标准”的产品，因此，尽管双方存在买卖合同关系，但基于朱某起诉的事实理由和诉讼请求，本案更接近产品责任纠纷的特征，故本案立案定性为产品责任纠纷符合法律规定。

本案的争议焦点有：第一，涉案红酒是否属于不符合食品安全标准的产品；第二，朱某要求福瑞商行退还货款本金及支付货款10倍的赔偿金有无依据，应否支持。

一、关于涉案红酒是否为不符合食品安全标准的产品的问题。根据《食品安全法》第二十六条第一款第（四）项、第三十四条第一款第（十一）项、第九十七条规定，涉案红酒产品为预先定量包装的进口酒品，产品没有中文标签，违反食品安全法关于进口预包装食品的标签规定，故涉案红酒产品为不符合食品安全标准的产品。

二、关于争议焦点二，根据《食品安全法》第二十六条、第三十四条、第九十七条，《产品质量法》第四十条规定，朱某请求福瑞商行返还涉案红酒购货款2420元的主张，依法有据，一审法院予以支持，朱某也应将涉案红酒产品返还给福瑞商行，但因其中一瓶已开启，事实上无法返还，应折抵价款。其余的13瓶涉案红酒因无中文标签，不符合食品安全标准，不得再进入市场流通领域，否则应承担相应的法律责任。

关于朱某请求被告赔偿10倍赔偿金的问题。《食品安全法》第一百四十八条第二款规定："生产不符合食品安全标准的食品或者经营明知是不符合食品安全标准的食品，消费者除要求赔偿损失外，还可以向生产者或者经营者要求支付价款十倍或者损失三倍的赔偿金；增加赔偿的金额不足一千元的，为一千元。但是，食品的标签、说明书存在不影响食品安全且不会对消费者造成误导的瑕疵的除外。"本案中，一方面，朱某庭上陈述只开启、饮用了其中一瓶"传说"红酒，并没有提供任何证据证实其受到了损失；另一方面，《食品安全法》关于10倍赔偿金规定的适用主体为"消费者"，为生活消费需要购买、使用商品或者接受服务的主体定义为法律意义上的"消费者"，朱某在2017年3月期间向本地区的烟酒商行或购物商场购买红酒、洋酒多瓶，在发现酒品存在没有中文标签的问题后，仍继续购买并向本地法院提起诉讼，已不能界定为法律意义上的"消费者"，并不能适用《食品安全法》关于10倍赔偿金的惩罚性规定，故，朱某请求福瑞商行赔偿购货款10倍赔偿金24200元的诉讼请求，不具有事实和法律依据，一审法院不予采纳。

二审法院认为，根据《食品安全法》第一百四十八条第二款的规定，消费者有权以食品不符合食品安全标准为由要求商家10倍索赔，但食品的标签、说明书存在不影响食品安全且不会对消费者造成误导的瑕疵的除外。案涉红酒虽无中文标签，但朱某并未提供证据证明案涉红酒存在食品安全问题，其亦确认未饮用，并未因此造成损害。根据《食品安全法》第九十七条的规定，案涉红酒没有中文标签仅仅构成标识有瑕疵，而该瑕疵并不影响食品安全。朱某在福瑞商行多次购买案涉无中文标签的红酒，可见案涉红酒无中文标签不会对其造成误导。故朱某向福瑞商行要求支付价款10倍赔偿金，理据不足，法院不予支持。

专家点评

惩罚性赔偿责任的主要目的在于对侵权人进行惩罚、遏制，从而弥补补偿性损害赔偿责任在威慑与遏制功能上的不足。我国现行法中对惩罚性赔偿的法律规定主要包括：民法典侵权责任编第1207条（原《侵权责任法》第47条）、《消费者权益保护法》第55条、《食品安全法》第148条第2款。在产品责任领域，要有效地遏制假冒伪劣产品的生产和销售，一方面必须增加生产者的责任成本，使其违法生产变得无利可图；另一方面必须调动消费者打击假冒伪劣产品的积极性，使假冒伪劣产品失去其存在的市场和空间。惩罚性赔偿制度恰能实现这样的目的。在产品责任的惩罚性赔偿制度中，其构成要件包括：（1）产品存在缺陷；（2）生产者、销售者明知该产品存在缺陷；（3）生产者、销售者对该缺陷产品继续进行生产、销售；（4）造成受害人死亡或者健康严重损害。由此限定了惩罚性赔偿责任的适用范围。

《食品安全法》第26条第1款第（4）项规定："食品安全标准应当包括下列内容……（四）对与卫生、营养等食品安全要求有关的标签、标志、说明书的要求……"第34条第1款第（11）项规定："禁止生产经营下列食品、食品添加剂、食品相关产品……（十一）无标签的预包装食品、食品添加剂……"第97条规定："进口的预包装食品、食品添加剂应当有中文标签；依法应当有说明书的，还应当有中文说明书。标签、说明书应当符合本法以及我国其他有关法律、行政法规的规定和食品安全国家标准的要求，并载明食品的原产地以及境内代理商的名称、地址、联系方式。预包装食品没有中文标签、中文说明书或者标签、说明书不符合本条规定的，不得进口。"涉案红酒产品为预先定量包装的进口酒品，产品没有中文标签，违反《食品安全法》关于进口预包装食品的标签规定，故涉案红酒产品为不符合食品安全标准的产品。销售者对于进口产品的标签不符合法律规定应当是明知的。

根据《食品安全法》第148条第2款的规定，消费者有权以食品不符合食品安全标准为由要求商家10倍赔偿，但食品的标签、说明书存在不影响食品安全且不会对消费者造成误导的瑕疵的除外。案涉红酒标签虽然不符合食品安全标准，但并未对原告造成人身损害。换言之，案涉红酒没有中文标签仅仅构成标识有瑕疵，而该瑕疵并不影响食品安全。但是，产品责任中惩罚性赔偿制度适用的前提是"造成他人死亡或者健康严重损害"的，本案因不符合该构成要件而无法适用惩罚性赔偿制度。

第五章　机动车交通事故责任

第一千二百零八条　机动车发生交通事故造成损害的，依照道路交通安全法律和本法的有关规定承担赔偿责任。

【条文释义】

本条是对机动车交通事故责任纠纷适用道路交通安全法律和适用本法的规定。

1. 机动车交通事故责任的概念

机动车交通事故责任，是指由于道路交通事故而发生的责任人对受害人应当承担的侵权赔偿责任，即道路交通事故发生之后，造成了受害人的人身伤亡或者财产损失，事故责任人对受害人应当承担的侵权损害赔偿责任。

2. 机动车交通事故责任的法律特征

（1）机动车交通事故责任发生在道路交通领域

医疗损害责任发生在医疗活动领域，属于在医疗卫生系统中发生医务人员损害受害患者人身的专业事故责任。工伤事故责任发生在建设工程以及其他生产活动领域，是在用人单位和劳动者之间发生的事故，属于工业事故责任。学生伤害事故发生在教育机构的教学领域，是校园伤害事故责任。火灾事故责任发生在生活和生产领域。而道路交通事故只能发生在道路交通领域，是在道路交通活动过程中，机动车、非机动车以及行人之间发生的人身伤亡事故和财产损害事故。离开道路，离开交通活动，不发生机动车交通事故责任。例如，在1989年发生的林某人身损害赔偿案，福州军区空军第二干休所用汽车为军人家属拉运生活煤，在家属大院内，拉煤车倒车轧伤军人家属林某，造成其残废。因该事故发生在部队家属院内的通道上，并不是发生在道路之上，因而不是道路交通活动发生的事故，不构成道路交通事故，只能按照一般的人身损害赔偿案件处理。①

① 杨立新：《侵权法论》（第三版），人民法院出版社2005年版，第457页。

（2）责任人与受害人在事故发生之前不存在相对性的民事法律关系

在医疗损害、学生伤害事故和工伤事故等事故责任中，在事故发生之前，事故责任人与受害人之间一般都存在相对的民事法律关系。在医疗损害发生之前，责任人与受害人之间存在医疗合同关系；在工伤事故发生之前，作为责任存在的前提，是责任人与受害人之间存在劳务合同关系，还要存在工伤保险关系；在学生伤害事故发生之前，未成年学生与学校等教育机构之间也存在相似的法律关系。这些法律关系的基本特点，是权利主体与义务主体的相对性，即“一对一”的形式。而在道路交通事故发生之前，责任人与受害人之间一般不具有相对性的法律关系，只存在绝对性的法律关系，受害人是权利人，其他任何人均为义务人，这种绝对性的表现形式是“一对其他所有”。在这种前提下，机动车交通事故责任与其他事故责任存在着更为明显的差别，即其他事故责任虽然都是特殊侵权责任，但是，前三种事故责任具有明显的请求权竞合（亦称责任竞合）特点，即合同责任与侵权责任的竞合。机动车交通事故责任不同，由于其发生之前在当事人之间不存在相对性的合同关系，因而是纯粹的侵权行为责任，不存在责任竞合的问题，只有在客运合同中例外。可以说，道路交通事故赔偿责任的基本性质，是单一的侵权损害赔偿责任，一般不存在责任竞合的问题，不存在法律选择适用的问题（客运合同造成的乘客损害除外）。而医疗损害责任和工伤事故责任则存在法律适用的选择问题，是选择侵权法起诉还是选择合同法起诉，并以其作为请求权的法律基础。在学生伤害事故中，也完全不排除请求权竞合问题。机动车交通事故责任只能依照侵权法起诉，没有其他法律适用的选择。

（3）机动车交通事故责任的主要形式是人身损害赔偿，但常有财产损害赔偿

医疗损害只是造成患者的人身损害，医疗损害责任是人身损害赔偿责任；学生伤害事故责任也是人身损害赔偿责任，不存在财产损害赔偿责任问题；工伤事故责任同样如此。而火灾事故责任的主要形式是财产损害赔偿责任，人身损害赔偿责任并不是火灾事故责任的主要责任方式。而机动车交通事故责任与其他事故责任都不同，其主要责任方式是人身损害赔偿，但也存在财产损害赔偿责任，尽管财产损害赔偿并不是其主要责任形式。在机动车交通事故责任中，突出的是对自然人的保护，保护的是自然人的生命权、健康权和身体权，但是对于道路交通事故造成财产损害的，同样由责任者承担侵权责任，对受害人的财产权也予以充分保护。

3. 机动车交通事故责任既受特别法调整也受基本法调整

机动车交通事故责任与医疗事故责任、工伤事故责任、学生伤害事故责任以及火灾事故责任相似，基本上都由特别法具体规范。但是，机动车交通事故责任

的法律调整除了有特别法的调整即《道路交通安全法》之外，还有原《侵权责任法》的调整，而且在原《侵权责任法》的调整中也存在特殊规定和一般规定的调整问题。因此，在对机动车交通事故责任适用法律的时候，必须既要适用特别法的规定，也要适用基本法的规定。

民法典在机动车交通事故责任一章中，没有规定机动车交通事故责任的一般规则，而是规定直接适用道路交通安全法律。其中，《道路交通安全法》第76条规定了机动车交通事故责任的基本规则。民法典侵权责任编第1209条至第1217条规定的则是机动车交通事故责任的特殊规则。

(1)《道路交通安全法》第76条规定的基本规则

第一，确定机动车交通事故责任，首先适用机动车交通事故强制保险规则解决；赔偿不足部分，适用《道路交通安全法》和民法典的相关规定。

第二，机动车交通事故责任的归责原则：一是，机动车与行人、非机动车驾驶人之间发生的交通事故，适用过错推定原则；二是，机动车相互之间发生的机动车交通事故责任，适用过错责任原则。

第三，机动车交通事故责任适用过失相抵的规则：一是，机动车与行人或者非机动车驾驶人之间发生的交通事故，按照双方各自的过错程度和原因力，机动车一方承担的责任比例，在过失相抵确定的比例之上增加10%；二是，机动车相互之间发生的交通事故，按照过失相抵规则确定。

第四，机动车一方完全没有过失，发生交通事故是行人或者非机动车驾驶人过失所致，机动车一方承担不超过10%的赔偿责任。首先，机动车一方没有过失，需要机动车一方自己举证，而判断机动车一方没有过错的标准是机动车驾驶人已经采取了必要的处置措施。其次，不超过10%的赔偿责任要根据具体情形来确定。笔者认为可以根据受害人一方的过失程度，在5%～10%之间确定合适的赔偿责任。

第五，受害人故意造成损害，如受害人故意碰撞机动车造成损害的，机动车一方免责。

应当说明的是，在机动车交通事故责任归责原则上，采用多元的机动车交通事故责任归责原则体系的做法是正确的。

第一，单一的归责原则在处理机动车交通事故责任中都有缺陷。过错责任原则、过错推定原则和无过错责任原则适用于机动车交通事故责任，各有利弊。适用过错责任原则显然对保护受害人不利。适用过错推定原则，虽然责任确定的价值判断标准比较适中，但无法避免对各种各样的交通事故纠纷涵盖不全的问题。适用无过错责任原则对受害人保护最为有利，但也存在着限额赔偿以及对机动车一方不够公平的缺陷，尚须以过错责任原则进行协调，而像没有规定无过错责任原则采取限额赔偿制的国家，适用无过错责任原则也仍然采取全额赔偿制度，对机动车一方更不公平。因此，在机动车交通事故责任中采用单一归责原则的做法并不可取。

第二，机动车交通事故责任的情形复杂，需要调动多种归责原则进行调整。机动车交通事故责任并非只有机动车造成非机动车驾驶人或者行人损害的情形，也并非都是造成人身损害赔偿的后果。除了机动车造成非机动车驾驶人或者行人的人身损害之外，还有机动车相互之间、非机动车驾驶人或者行人相互之间，以及机动车与非机动车驾驶人或者行人之间的财产损害赔偿责任。机动车造成非机动车驾驶人或者行人人身损害赔偿责任是机动车交通事故责任中的主体部分，对此，应当适用较为严格的归责原则，以保护好作为弱者的受害人的合法权益。对此，适用过错推定原则比适用无过错责任原则更为优越。而对于机动车相互之间、非机动车驾驶人或者行人相互之间、非机动车驾驶人或者行人与机动车之间的财产损害赔偿责任，都不能适用过错推定原则确定责任，而应当采取过错责任原则，才能够合理地解决赔偿责任承担问题，并且符合侵权行为法的立法宗旨。

第三，我国在社会实践中曾较长时间坚持过错推定原则，有成功的经验。我国 1992 年 1 月 1 日实施的《道路交通事故处理办法》实行过错推定原则，经过 1992 年至 2004 年期间的实践，妥善地解决了大量交通事故责任纠纷案件，调整了当事人之间的利益平衡关系，并没有产生不好的结果。在 2004 年至 2008 年 4 月间，依据《道路交通安全法》的规定适用无过错责任原则，引起公众的强烈反响，受到广泛的批评。因此，《道路交通安全法》后来修订时第 76 条将机动车交通事故责任归责原则改回为过错推定原则，是顺应民意，尊重我国国情的举措。

因此，我国《道路交通安全法》第 76 条经过修订的以过错推定原则为主、过错责任原则为辅的机动车交通事故责任二元归责原则体系，是正确的，是符合我国国情的。

（2）民法典侵权责任编第 1209 条至第 1217 条规定的特殊规则

在机动车交通事故责任中，还存在各种不同的特殊责任主体问题，民法典侵权责任编第 1209 条至第 1217 条就是规定的这一内容。其理论基础为运行支配与运行利益结合的“二元”道路交通事故赔偿主体理论。

目前学者和审判实务大都认同以运行支配与运行利益归属的“二元说”，即从运行支配和运行利益两个方面考量。所谓运行支配，即谁对机动车的运行具有支配和控制的权利；所谓运行利益的归属，即谁从机动车运行中获得利益。最高人民法院作出的相关司法解释也同样体现了以运行支配与运行利益作为认定道路交通事故损害赔偿责任主体的基本原则。例如，《关于被盗机动车肇事后由谁承担损害赔偿责任的批复》《关于购买人使用分期付款购买的机动车从事运输因交通事故造成他人财产损失，保留机动车所有权的出卖方不应承担民事责任的批复》《关于连环购车未办理过户手续，原机动车保有人是否对机动车发生交通事故致人损害承担责任的请示的批复》等相关规定，都说明了我国立法者对道路交通事故赔偿主体认定的基本思路。

我国法学理论界和司法实践对以“二元说”为原则认定道路交通事故损害赔偿责任主体基本没有太大的争议，至于如何确定运行支配与运行利益归属则有广义与狭义之分。广义说认为，运行支配包括具体的实际的支配，如机动车保有人本人驾驶、借用人驾驶、擅自驾驶的情形，也包括潜在的、抽象的支配，如机动车保有人将机动车借给他人、租给他人、承包给他人驾驶以及机动车的挂靠经营等情形。运行利益的归属包括因机动车运行而取得的直接利益，也包括间接利益，以及基于心理感情的因素而发生的利益，如精神上的满足、快乐、人际关系的和谐等。狭义说认为，运行支配和运行利益的归属仅指在发生道路交通事故这一具体的、实际的运行过程中对机动车的实际支配和运行利益的具体归属，不包括潜在、抽象的支配和间接的利益归属。

在理论和实践中，对于道路交通事故赔偿责任主体认定存在的差异，大都源于对运行支配理论与运行利益理论结合“二元说”的广义与狭义认识的不同。法学界通说认为，以运行支配与运行利益作为机动车交通事故的责任主体的认定标准，即某人是否为机动车交通事故责任主体，要同时符合两个标准，既要看其对该机动车的运行是否在事实上处于支配管理地位，又要看其对该机动车的运行本身是否获得利益。一般情况而言，依该原则确定赔偿责任主体是可行的，但在一些特殊情况下，认定依据只能是运行支配。因为支配足以决定一切，况且在有些情况下，运行利益与运行支配的归属是分离的。例如，机动车保有人令机动车驾驶人为朋友无偿搬运物品，运行利益归属其友人，而运行支配管理权仍属于机动车保有人，若依据运行支配与运行利益两个标准，则无法确切认定。[①]

我们认为，对待道路交通事故赔偿责任主体的认定，应该将运行支配理论与运行利益理论结合起来考量，以运行支配理论为基础，强调支配者应承担责任，在特定情形下加入运行利益理论作为补充：

第一，从性质上讲，道路交通事故损害赔偿责任是侵权损害赔偿责任，应该以自己责任为核心。认定赔偿责任者承担赔偿责任或者承担连带赔偿责任应当适

① 王志娟：《论机动车交通事故的赔偿责任主体》，载《当代法学》2003 年第 4 期。

用侵权民事责任的构成要件和归责原则。从这个意义上讲，认定道路交通事故损害赔偿责任主体，首先应当立足于确认机动车发生道路交通事故致他人人身及财产损害这一具体的、实际的运行过程中的侵权行为，即行为人的行为与事故之间的具体因果关系，并因此引申出认定谁应当对这一侵权行为承担损害赔偿责任。这也可以从侵权行为的四个规范要素即行为、损害、制裁、补救以及行为与制裁关系、损害与补救关系这两个基本规范关系中得出这样的结论。针对道路交通事故赔偿主体问题，当运行支配人与机动车使用人为同一人时，其即为侵权行为人与侵权责任人，对造成的损害承担赔偿责任；当运行支配人与驾驶人非为同一人时，则以运行支配为依据确认运行实际支配人为责任人并承担赔偿责任。所以，认定道路交通事故损害赔偿责任主体的基本依据应为机动车运行中的具体的实际支配，而不包括潜在的、抽象的支配。这是由道路交通事故是因机动车运行所致以及人对机动车实际运行过程的控制和支配决定的。换言之，认定道路交通事故损害赔偿责任主体，应以机动车运行支配为基本原则或者主要原则。但是，考虑到特殊情况下运行支配与运行利益是分离的，如运行支配者为他人利益无偿为他人搬家、接新娘、运送货物等，如果在此过程中发生交通事故致他人人身及财产损害，由运行支配者承担全部赔偿责任显失公平，此种情况下，由运行支配者承担赔偿责任，运行利益归属者或者运行利益期待者承担部分赔偿责任或者承担连带赔偿责任，是公平合理的。由此得出的结论是，认定道路交通事故损害赔偿责任主体，以机动车运行支配为基本原则或主要原则，在运行支配与运行利益相分离的情况下，以运行利益的归属为补充原则。这里所说的运行支配与运行利益归属显然是狭义上的，而不是广义上的。

第二，自己对行为的后果承担责任，是现代民法基本原则之一，就是自己只对自己的过错或者自己的行为承担责任，不能为别人的过错行为承担责任。适用狭义的运行支配与运行利益归属认定道路交通事故损害赔偿责任主体则符合这一原则。《最高人民法院关于购买人使用分期付款方式购买的机动车从事运输，因交通事故造成他人财产损失，保留机动车所有权的出卖方不应承担民事责任的批复》指出："采取分期付款方式购车，出卖方在购买方付清全部车款前保留机动车所有权的，购买方以自己名义与他人订立货物运输合同并使用该车运输时，因交通事故造成他人财产损失的，出卖方不承担民事责任。"其中，使用"购买方以自己名义与他人订立货物运输合同并使用该车运输"，在实际上也反映了运行支配与运行利益的确定性以及责任者的行为与事故之间具体的因果关系。

关于道路交通事故赔偿责任主体的特别规定，必须寻求利益关系的平衡。如果法律将其规定得过于宽泛，不利于社会效率的进步；如果法律将其规定得过于狭窄，则不利于社会的公平。效率与公平之间的平衡是法律始终追求的目标，舍弃任何一方，都不符合民法的立法宗旨。判断道路交通事故赔偿主体的运行支配和运行利益结合的“二元论”理论，只是确定机动车交通事故责任主体的一个基本依据，具体问题，需要作出具体的规则，使其建立在寻求效率和公平的最佳契合点之上。《道路交通安全法》确定道路交通事故赔偿责任的基本原则为过错推定原则的时候，实际上已经倾斜对社会公平方向，“撞了白撞”当然不能成为法律所遵循的宗旨，但是如果使机动车保有人承担过分的责任，也会得不偿失。根据法经济学理论，过分沉重的法律责任会使运营成本上升，进而加重整个社会的负担，从而不利于社会进步。在确定责任主体的过程中，我们认为，应该偏重于运行支配理论，尽量做到侵权者负担自己的责任，以保障社会效率，另外要完善机动车第三人强制险制度，保障社会公平。在完善道路交通事故赔偿责任法制建设的同时，进一步完善机动车保险制度，将第三人责任强制保险与商业保险结合，使机动车保险真正成为社会的“减震器”，针对道路交通事故赔偿的问题，要立足国情，在保障社会效率的基础上强调社会公平，不同情形要区分对待。

道路交通事故赔偿责任主体的确认主要有两个方面：第一是机动车保有人肇事；第二是机动车使用人肇事。前者责任主体与行为主体是同一人，行为人当然是对自己实施的行为负责，而不是责任主体对他人实施的行为负责，也不是对自己所有或管理的物件致人损害的后果负责，此时机动车驾驶人既是机动车运行的支配者，又是运行利益的归属者，驾驶人驾车发生交通事故，当然应由机动车驾驶人承担损害赔偿责任。主要问题和争议集中在后者上。机动车使用人肇事，即机动车交通事故发生在机动车支配权和所有权分离的情形。对待支配权和所有权的分离时责任主体的确定，应该区分三种情形对待：一是非基于机动车保有人的意思而导致的支配权与所有权分离的情形，主要包括：盗窃、抢夺、抢劫驾驶、擅自驾驶等情形；二是基于机动车保有人的意思而导致的支配权与所有权的分离，主要包括出租、友情出借、挂靠等情形；三是机动车未过户肇事、保管机动车肇事、所有权保留等道路交通事故特殊责任主体的情形。对于第一种情形，原则上应该本着运行支配理论分担肇事责任；对于第二种情形，可以结合运行支配理论与运行利益理论具体区分责任主体；对于第三种情形，原则上除非有重大过失或者故意，否则机动车保有人不承担责任，由驾驶人独自承担责任。

【案例评注】

泰和公司与李某等机动车交通事故责任纠纷上诉案[①]

基本案情

2016年9月2日，徐某驾驶被告麻城市市容环境卫生管理处所有的环卫车行驶至麻城市城北加油站处与李某及另案原告刘某相撞，造成李某、刘某受伤的交通事故。该事故经交警部门认定：徐某承担事故的全部责任，李某、刘某无责任。

徐某驾驶的环卫车辆系麻城市市容环境卫生管理处所有，徐某驾驶环卫车系在清运垃圾过程中发生交通事故。麻城市市容环境卫生管理处为事故车辆在被告泰和公司投保了机动车交通事故强制责任保险和第三者责任保险，第三者责任保险未购买不计免赔。本起交通事故发生在保险期限内。

事故发生后，李某被送往麻城市人民医院住院治疗。经鉴定，李某构成10级伤残。李某向一审法院起诉请求：1. 判令泰和公司在机动车交通事故责任强制保险和第三者责任险限额范围内赔偿李某的各项损失共计62809.44元，并在交强险限额内优先赔偿精神抚慰金；2. 判令徐某和麻城市市容环境管理处赔偿李某超出保险责任限额外的损失；3. 判令麻城市市容环境卫生管理处承担本案诉讼费。

法院判决

一审法院认为，公民的生命健康权受法律保护。徐某驾驶车辆发生交通事故造成李某受伤，经交警部门认定，徐某承担此次事故的全部责任。因事发时徐某系受聘于麻城市市容环境卫生管理处且正在从事雇佣工作，故麻城市市容环境卫生管理处应对李某所受损失承担民事赔偿责任。因事故车辆在被告泰和公司投保了交强险和第三者责任险，交通事故发生在保险期间内，依照《道路交通安全法》和相应司法解释的规定，李某的损失先由泰和公司在交强险范围内予以赔偿，不足部分由泰和公司根据保险合同在第三者责任险范围内予以赔偿，仍有不足的，由交通事故的当事人依照过错责任大小分担。故法院判决泰和公司在交强险以及商业第三者责任险范围内赔偿李某损失；其余部分由麻城市市容环境卫生

---

① 一审法院为湖北省麻城市人民法院，案号：（2017）鄂1181民初1168号；二审法院为湖北省黄冈市中级人民法院，案号：（2018）鄂11民终232号。

管理处赔偿。

泰和公司上诉请求撤销原判，理由是李某系农业户口，不应按城镇居民计算残疾赔偿金。

二审法院认为，李某提交的相关证据可以证明麻城市龙池桥街道办事处西畈社区属于城市社区，李某系该社区居民，一审按照城镇居民标准计算其残疾赔偿金并无不当，故泰和公司认为李某应按农村居民标准计算残疾赔偿金的上诉理由不能成立，故判决驳回上诉，维持原判。

专家点评

原《侵权责任法》第六章与民法典侵权责任编第五章均专章规定了机动车交通事故责任。其中，原《侵权责任法》第 48 条以及民法典侵权责任编第 1208 条规定的是机动车交通事故责任的一般规则。民法典侵权责任编第 1208 条是在原《侵权责任法》第 48 条的基础上，规定了适用道路交通安全法律和本法的有关条款确定赔偿责任，其本质是转引性条款。

道路交通安全法律主要指的是《道路交通安全法》。《道路交通安全法》不仅规定了机动车交通事故中车、道路、交通事故等概念，也规定了机动车交通事故责任的归责原则、责任承担规则等。一定程度上，《道路交通安全法》弥补了民法典侵权责任编中机动车交通事故责任规范不足的问题。

本案所涉及的机动车与行人之间发生交通事故的责任承担问题，不属于机动车交通事故责任中的特别情形。因而，应当适用民法典侵权责任编第 1208 条的一般性条款，根据道路交通安全法律确定责任。根据《道路交通安全法》第 76 条的规定，机动车与行人之间发生交通事故，应当适用过错推定的归责原则。交通事故责任认定书证明了徐某有过错，李某、刘某无过错，应当由徐某一方承担赔偿责任。车辆尚在保险期间内，应当先由泰和公司在交强险以及商业第三者责任险范围内赔偿，不足部分由徐某的用人单位麻城市市容环境卫生管理处赔偿。可见，本案一审、二审法院的判决于法有据。

第一千二百零九条 因租赁、借用等情形机动车所有人、管理人与使用人不是同一人时，发生交通事故造成损害，属于该机动车一方责任的，由机动车使用人承担赔偿责任；机动车所有人、管理人对损害的发生有过错的，承担相应的赔偿责任。

【条文释义】

本条是对租赁、借用机动车交通事故责任的规定。

租赁或者借用机动车，使机动车的所有人、管理人与使用人不一致，发生交通事故责任的责任归属，适用本条规定的规则。值得注意的是，原《侵权责任法》第49条没有规定机动车的管理人这一责任主体，民法典增加这一主体，主要考虑的是各地因机动车限购政策出现了出资购买机动车的人不是登记的所有权人，而是实际管理人的状况，将机动车管理人列为责任主体，可以解脱实际上对机动车没有权属利益的人的责任。

1. 适用本条规定的责任规则的要件

（1）应当构成租赁或者借用机动车的法律关系。其中，租赁是光车出租，不是带驾驶人的机动车出租。

光车出租，是出租公司仅出租机动车，并不附带驾驶人。这种情况，应当完全按照本条规定确定责任。承租人租用机动车使用，发生交通事故，承租人作为使用人，应当承担赔偿责任。如果出租人有过错，按照本条规定，应当承担相应的赔偿责任。确定相应的赔偿责任，应当由出租人的过错程度以及行为的原因力确定。具体的承担责任有以下不同情况：一是，出租人在明知承租人不具备使用、驾驶机动车的资格和技能的情形下，仍将机动车出租给他人，对于发生的交通事故主观上存在过错，应与承租人承担连带责任。二是，出租人将不符合质量标准的机动车出租给承租人，具有重大过失，不论承租人是否疏忽检查机动车安全状态而导致事故发生，都不应当由承租人承担责任，因为对于机动车肇事，出租人的过失是基本原因，而承租人有理由相信一个专业的汽车出租人，不会把有故障的机动车出租给自己。因此，机动车承租人即使没有进行安全状况检查，也不应对此过失承担责任。三是，在第二种情况下，出租人有过失，机动车承租人对于发生交通事故造成损害也有过失，则构成客观关联共同的共同侵权行为，应当承担连带责任。四是，出租人因过失疏忽对承租人的必要说明义务而导致机动车肇事的，但并非引起交通事故的主要原因的，应按照双方过错比例承担按份责任。五是，出租人故意将不合格机动车出租给承租人，或故意隐瞒机动车瑕疵导致事故发生的，属于出租人的间接故意或者重大过失，即使承租人有一般过失，也应由出租人承担全部责任。

带驾驶人的出租机动车在发生交通事故致人损害时，究竟应当怎样承担侵权责任，有不同的意见。有人认为，在此种情况下，驾驶人仍受机动车保有人的控制和支配，从而使得机动车保有人仍支配着机动车的运营，并且获得相应运营收益，承租人对机动车并无直接运行支配力，因此机动车保有人应当承担赔偿责任。也有人认为，驾驶人是按照承租人的指示进行机动车的运营，并且是为了承租人的利益驾驶，机动车保有人对驾驶人已失去直接的指示和控制，因此应由承租人承担驾驶人交通肇事的赔偿责任。我们认为，带驾驶人出租机动车，其性质应当属于承揽合同。承租人相当于定作人，出租人相当于承揽人，承揽的事项是按照承租人的指示提供车辆并且按照指示进行运行。因此，所谓的带驾驶人的机动车出租，其实并非出租机动车，而是定作人与出租人达成合意，出租人出车出人，为定作人完成运营。这个运营，就是承揽的劳动成果。因此，所谓的承租人其实就是定作人，出租的也不是车，而是连人带车一起为承租人服务。对于双方当事人的权利义务确定，应当适用承揽合同的规定进行，不适用本条规定。

（2）机动车的所有人、管理人与使用人不是同一人。

（3）机动车在使用人的操控之下发生交通事故，造成被侵权人的人身损害或者财产损害。

（4）交通事故责任属于机动车一方责任，而不是受害人的责任。

2. 租赁、借用机动车交通事故责任承担的规则

租赁、借用机动车交通事故责任的形态为单向连带责任，即混合责任，规则是：

（1）机动车的使用人对发生的损害承担赔偿责任，须对全部损害承担赔偿责任，即使机动车所有人、管理人有过失的，也须承担连带责任，就全部损害负责。

（2）机动车的所有人或者管理人对于损害的发生也有过失的，应当按照其过失程度和原因力，承担按份责任，即相应的赔偿责任。机动车所有人、管理人的过失，主要表现为明知使用人没有驾驶资质、明知使用人处于不适驾状态如醉酒、知道自己的机动车有故障不予告知等。具体可以参照《最高人民法院关于审理道路交通事故损害赔偿案件适用法律若干问题的解释》第 1 条的规定，即“机动车发生交通事故造成损害，机动车所有人或者管理人有下列情形之一，人民法院应当认定其对损害的发生有过错，并适用侵权责任法第四十九条的规定确定其相应的赔偿责任：（一）知道或者应当知道机动车存在缺陷，且该缺陷是交通事故发生原因之一的；（二）知道或者应当知道驾驶人无驾驶资格或者未取得相应驾驶资格的；（三）知道或者应当知道驾驶人因饮酒、服用国家管制的精神药品或者麻醉药品，或者患有妨碍安全驾驶机动车的疾病等依法不能驾驶机动车的；（四）其它应当认定机动车所有人或者管理人有过错的。”

应当注意的是，尽管机动车出租和出借有一定的近似性，但实际上存在一些

区别。机动车出借是无偿行为，而机动车出租是有偿行为。出租人出租机动车是为了获得租金，属于经营行为，通过经营行为而获得物质上的利益。而出借机动车，出借人并不存在经济上的运行利益，而仅仅是获得亲情、友情等精神上的满足和人际和谐，并非获得物质利益。因此，尽管在法律适用上，对于出租和出借机动车发生交通事故，在处理的规则上是一样的，但在掌握中有所不同。

首先，借用人借用他人机动车造成交通事故，借用人应当自己承担损害赔偿责任，机动车的出借人不承担责任。

其次，机动车所有人即出借人对损害的发生有过错的，承担相应的赔偿责任。这种过错，应当是重大过失。理由是，友情出借机动车并不存在运行物质利益，而且机动车主即出借方对机动车的运行也没有支配力，又因为中国社会结构的特殊性。具体情况是：

第一，出借人明知借用人没有驾驶资质，不具备驾驶技能。这种情形要求出借人明知借用人没有资质，此时出借人应承担连带责任。如果借用人采取欺骗方法，或者隐瞒自己没有资质的事实，骗取借用机动车，出借人应当发现而没有发现的，应对损害承担与自己的过失相应的赔偿责任。

第二，出借人明知出借的机动车存在故障。出借人将有瑕疵的机动车出借给借用人的，如果没有事先说明情况，故意隐瞒机动车瑕疵造成损害的，出借人应承担完全责任；如果出借人已经说明情况，借用人仍借用造成损害的，出借人对损害应承担与自己的过错相应的赔偿责任。

【案例评注】

太平保险公司与刘甲等机动车交通事故责任纠纷案[①]

基本案情

2017年4月3日22时44分左右，熊某驾驶涉案小型越野客车途经206国道，撞到行人刘某、章某，造成刘某、章某当场死亡，涉案小型越野客车受损的道路交通事故。南城县交警大队于2017年4月11日作出（2017）城公交认字第47号交通事故责任认定书，认定熊某负本次事故全部责任，刘某、章某不负本次事故责任。

---

① 一审法院为江西省南城县人民法院，案号：（2017）赣1021民初629号；二审法院为江西省抚州市中级人民法院，案号：（2018）赣10民终235号。

另外，涉案小型越野客车的登记车主为泉发公司。泉发公司系福发公司的分公司。2017 年 3 月 25 日，熊某与福发公司签订车辆租赁合同，租赁涉案小型越野客车。同日，该车交付熊某。该车在九江公司投保了交强险，在太平保险公司投保了第三者责任险。事故发生时，均在上述保险的保险期限内。

2017 年 6 月 1 日，熊某家属与两死者家属签订了一份协议书。该协议约定：1. 熊某同意赔偿两死者家属 100 万元（已付 20 万元，余款 80 万元暂存于新丰村李书记处）。2. 两死者家属应对被告予以谅解，并出具谅解书。3. 上述赔偿款 80 万元，待此案民事判决后，由双方家属协商好并拿出书面分配方案到李书记处领取。一审法院于 2017 年 10 月 26 日作出（2017）赣 1021 刑初 93 号刑事判决书，熊某犯交通肇事罪，判处有期徒刑 3 年，缓刑 3 年 6 个月。检察机关起诉书和一审法院的刑事判决书中，均认定熊某有离开事故现场的事实，但均未将该行为认定为逃逸。该判决书已发生法律效力。

死者家属刘甲、章甲、罗甲、刘某某向一审法院提出诉讼请求：1. 判令熊某、泉发公司赔偿各项损失 967564 元；2. 判令九江公司、太平保险公司在保险责任范围限额内承担赔偿责任。

法院判决

一审法院认为，本案的争议焦点有四：

一、熊某是否构成交通事故逃逸及太平保险公司在第三者责任险中是否免责。本案交通事故发生后，熊某即拨打了报警电话，并未伪造现场、毁灭现场，离开现场是出于自身人身安全，免受受害者家属的人身攻击，其主观不具有逃避法律追究的目的。两受害人当场死亡，熊某离开现场的行为，并未加重危害结果的发生，且熊某亦不存在酒驾等违法行为。故检察机关起诉书和一审法院的刑事判决书中，均只认定熊某有离开事故现场的事实，未将该行为认定为逃逸。太平保险公司在第三者责任险中无法免责。

二、熊某家属与两死者家属签订的协议书的性质。该协议的实质，是熊某为在以后的刑事审判中获得死者家属的谅解，争取从轻处罚，就其本人自愿给付的赔偿数额作出了确认。该协议并未放弃死者家属向其他被告主张赔偿的权利，亦未加重和加大其他被告应当承担的赔偿责任和数额，不影响原告方向其他被告主张赔偿。

三、赔偿范围和赔偿标准的确定。根据相关法律规定，确认原告因刘某死亡可获得的赔偿项目有丧葬费、死亡赔偿金、亲属办理丧事的交通费、误工费。

四、本案的赔偿主体及责任承担。本案交通事故中，熊某负本次事故全部责任，刘某、章某不负本次事故责任。泉发公司作为肇事车辆的登记车主，根据车辆租赁合同将该车交付给具有合法驾照的熊某使用，已完成其法定和合同义务，对本案交通事故的发生不存在过错。原告方亦未提供证据证明泉发公司向熊某交付车辆时，租赁物存在缺陷和安全隐患。故泉发公司在本案中不应承担赔偿责任，应由实际侵权人熊某承担赔偿责任。故原告要求泉发公司承担赔偿责任的诉讼请求，不予支持。根据车辆的投保情况，对于原告因本次交通事故造成的损失，应先由九江公司在交通事故强制保险赔偿死亡伤残赔偿限额内先予赔偿，其余损失应由熊某承担。同时太平保险公司作为商业第三者责任险的保险人应对熊某承担的部分，依合同的约定在限额范围内进行理赔和给付。超出商业第三者责任险限额的损失，应由熊某负责赔偿。

上诉人太平保险公司不服一审判决提起上诉。

二审法院认为，本案的争议焦点为：一、太平保险公司在本案中是否免除保险责任；二、刘甲、章甲、罗甲、刘某某与熊某的亲属签订交通事故赔偿协议书后能否提起本案诉讼。关于太平保险公司在本案中是否免除保险责任的问题：熊某离开事故现场，不是为了逃避法律追究，而是惧怕被殴打。熊某弃车离开事故现场的行为，不能适用《中国保险行业协会机动车综合商业保险示范条款》第二十四条第（二）项。因此，太平保险公司主张依据该条款第二十四条第（二）项免除赔偿责任的上诉请求，不予支持。关于一审原告与熊某亲属签订协议后能否提起本案诉讼的问题：第一，本案立案时间是 2017 年 5 月 24 日，一审原告与熊某亲属签订协议的时间是 2017 年 6 月 1 日，签订协议在起诉之后，熊某被羁押期间。第二，熊某亲属签订协议的目的，是通过给予受害人家属适当的经济赔偿，换取受害人家属对熊某的谅解，并出具书面谅解书，以达到刑事案件对熊某从轻处罚。第三，协议书第三条约定“上述赔偿款 80 万元待此案法院民事赔偿判决后，刘某、章某两人家属方协商好并拿出书面分配方案直接到李某书记处领取”，说明双方签订协议后并未放弃本案的民事权利。第四，协议的签订并未加重太平保险公司的赔偿责任。第五，法律不禁止当事人在法定民事权利义务外自愿另行达成协议。因此，太平保险公司主张一审原告在与熊某亲属签订协议后无权要求其承担赔偿责任的上诉理由，不予采纳。

专家点评

本案争议焦点之一是赔偿主体的认定问题。本案交通事故中，熊某负本次事故全部责任，刘某、章某不负本次事故责任。熊某所驾驶的车辆并未登记在其名下，而是登记在泉发公司名下，发生了因机动车所有人与机动车使用人不一致的情形。之所以不一致，是因为泉发公司与熊某之间存在租赁法律关系。在事故发生之前，泉发公司与熊某签订了车辆租赁合同，并将车辆交付给熊某使用。

民法典侵权责任编第 1209 条规定了因租赁机动车的所有人与使用人不一致时发生交通事故的责任归属。该规定沿袭了原《侵权责任法》第 49 条的规定，规定由机动车使用人承担赔偿责任，机动车所有人有过错时承担相应的赔偿责任。机动车所有人有过错往往表现在出租给不具有驾驶资格的人或者交付了不符合质量标准的车辆。本案中，泉发公司作为机动车所有人，根据车辆租赁合同将车辆交付给具有合法驾照的熊某使用，且交付的车辆不具有缺陷或者安全隐患，对本案交通事故的发生不存在过错，不应承担赔偿责任，应由实际侵权人熊某承担赔偿责任。

第一千二百一十条　当事人之间已经以买卖或者其他方式转让并交付机动车但是未办理登记，发生交通事故造成损害，属于该机动车一方责任的，由受让人承担赔偿责任。

【条文释义】

本条是对买卖机动车未过户交通事故责任的规定。

买卖机动车交通事故责任，是指买卖机动车或者以其他方式转让机动车，已经交付但没有进行机动车交易过户登记，发生交通事故造成损害，在事实车主和登记车主之间如何承担责任的机动车交通事故责任规则。这种规则，对于在某些地区实行机动车限购而使机动车转让受限的情形也适用。

在以往的经验中，经常出现转让机动车的交易，但双方并未进行机动车转让登记，形成登记车主和事实车主相分离的情况。本条规定了属于机动车一方责任的，由受让人承担赔偿责任。理由是，按照民法典物权编第 225 条的规定，船舶、航空器、机动车等物权的设立、变更、转让、消灭，未经登记的，不得对抗善意第三人。据此可以确认，我国对机动车买卖进行登记过户，采取的是登记对抗主义，即交付就已经发生所有权转移的效力，仅仅是不得对抗已经登记的善意第三人而已。同时，机动车所有权变动的登记，更大程度上是一种行政管理措施，而非所有权变动的公示方式。因此，在机动车买卖未过户的情况下，只要交付，其所有权就已经发生了转移，登记过户只是针对买卖合同对抗第三人的效力来说的，未过户登记并不影响所有权转移和风险承担。同时，民法典物权编的立法目的是保护交易安全，这里的善意第三人仅解释为交易中的第三人，并不包括道路交通事故致人损害责任中的第三人。因此，不能将未过户登记的原机动车保有人作为赔偿责任主体认定。另外，从机动车运行利益理论和支配理论来说，在未过户机动车发生交通事故时，名义上的机动车保有人既不具有运行利益，也不能进行运行支配，自然不能被认定为赔偿责任主体。需要注意的是，为了保护交通事故中的受害人，在事故发生后，登记所有人必须有证据能够证明自己不是实际所有人，才可以不承担赔偿责任。

适用本条规则的要件是：

1. 出卖人和买受人之间发生了机动车买卖或者其他方式转让权属的关系，已经交付了机动车和转让价金。

2. 在交易机动车后，未在行政管理机关进行机动车转让登记，形成登记车主和事实车主分离的状态。

3. 机动车发生交通事故，造成受害人的损害。

4. 交通事故责任属于机动车一方责任。

具备上述侵权责任构成要件，责任由受让人即事实车主承担，而不是由出让人即登记车主承担。

在北京等地区，对机动车实行限购政策，没有抽到购车指标不得受让机动车，因而在私下交易的并不少见，行政主管部门不给予过户登记。对此，也应当适用本条规定，确定实际购买日作为受让机动车一方承担交通事故责任的时间，适用本条规定。

还需提及的是，本条规则不仅适用于一次买卖，还适用于连环买卖。一次买卖与连环买卖的区别仅限于买卖的次数，不具有实质上的差异。因而，经多次转让但未办理转移登记的机动车发生交通事故，造成损害，属于机动车一方责任，当事人有权请求最后的受让方承担赔偿责任。

【案例评注】

吉某等诉姚某等机动车交通事故责任纠纷案[①]

基本案情

2016 年 11 月 28 日 9 时许，吉某驾驶思铭牌电动车沿 101 县道由南向北行驶

---

① 一审法院为江苏省淮安市淮安区人民法院，案号：（2017）苏 0803 民初 4450 号；二审法院为江苏省淮安市中级人民法院，案号：（2018）苏 08 民终 252 号。

至顺河镇双井村路口处与姚某停在路口的小型轿车尾部发生碰撞，造成吉某受伤、两车损坏的交通事故。经鉴定，吉某负事故主要责任，姚某负事故次要责任。其中，涉案小型轿车是姚某从五洲汽修处购买，尚未变更登记，但已经交付使用。该车以五洲汽修名义在保险公司投了交强险及商业三责险50万元（无不计免赔，次要责任免赔率5%）。事故发生在保险期间内。

事故发生后，吉某被送往淮安市淮安医院救治，于2016年12月13日转至淮安市第一人民医院神经外科救治。出院后，吉某向一审法院起诉，请求判令姚某、五洲汽修、保险公司赔偿损失。

法院判决

一审法院认为，公民的生命健康权受法律保护。机动车与非机动车驾驶人、行人之间发生交通事故，非机动车驾驶人、行人没有过错的，由机动车一方承担赔偿责任；有证据证明非机动车驾驶人、行人有过错的，根据过错程度适当减轻机动车一方的赔偿责任；机动车一方没有过错的，承担不超过10%的赔偿责任。双方当事人对淮安市公安局淮安分局交通警察大队出具的事故认定书无异议，予以确认。姚某与五洲汽修间就涉案车辆成立买卖合同关系且姚某实际占有、使用涉案车辆，五洲汽修不承担赔偿责任。一审法院结合双方事故责任比例，酌定超出机动车交通事故责任强制保险赔偿限额部分，由姚某负担30%，吉某负担70%。

吉某不服一审判决，提起上诉。理由之一是，一审判决认定五洲汽修不承担赔偿责任理由不足。

二审法院认为，五洲汽修提供的书面说明证明其与姚某之间存在涉案小型轿车的买卖合同关系，姚某对此予以认可，且实际占有、使用涉案车辆，一审判决认定五洲汽修与姚某间就涉案车辆存在买卖合同关系，根据《侵权责任法》第五十条的规定判决由受让人姚某承担赔偿责任正确。故驳回上诉，维持原判。

专家点评

本案的争议焦点在于五洲汽修是否需要对吉某的损失承担赔偿责任。根据本案查明的事实可知，在交通事故发生之前，姚某已经从五洲汽修处购买了涉案肇事车辆，成立了买卖合同关系。五洲汽修已经将车辆交付于姚某，完成了买卖合同约定的义务，所有权已经发生转移。但是因未办理所有权变更登记，致使名义所有权人与实际所有权人不一致。此时发生交通事故，根据民法典侵权责任编第1210条的规定，由受让人承担赔偿责任。其法理基础在于机动车运行利益理论和支配理论。申言之，涉案肇事车辆的实际所有权人姚某既享有运行利益，又能够进行运行支配，应当对机动车交通事故承担责任。采用机动车运行利益理论和支配理论的优势在于，不仅填补了受害人的损失，而且合理分配了名义所有人与实际所有人的风险负担。

第一千二百一十一条 以挂靠形式从事道路运输经营活动的机动车，发生交通事故造成损害，属于该机动车一方责任的，由挂靠人和被挂靠人承担连带责任。

【条文释义】

本条是对挂靠机动车交通事故责任的规定。

机动车挂靠经营，是指个人将其出资取得的机动车挂靠在有运输资质的运输企业名下，并以运输企业的名义办理机动车行驶证件及营运证件，从事机动车经营活动的行为。我国的运输市场秩序比较混乱，以挂靠形式从事道路运输经营活动的机动车进行运营是比较普遍的现象，原因是从事机动车运营活动，需要政府管理部门核准资质，而政府只给法人或者非法人组织办理运营资质，不给个人颁发运营资质，因而个人如果从事机动车运营活动，只能挂靠到有运营资质的单位，才能进行合法的运营活动。对挂靠情况下发生交通事故致人损害，认定机动车保有人为侵权责任主体，承担侵权责任，是没有问题的，因为真正的机动车保有人享有运行利益、进行运行支配，其作为责任主体是没有疑问的；有争议的是，被挂靠企业是否为责任主体。

以挂靠形式进行机动车运营法律关系的特点：一是享有机动车所有权的个人没有运营资质，须挂靠到有运营资质的机动车运营单位，以该单位的名义进行运营活动。二是被挂靠的运营单位同意其挂靠，将该个人作为自己的名义职工，用自己的名义进行运营。三是双方之间的关系通常有一定的利益交换，即挂靠的一方要按期交给被挂靠的一方约定的管理费，就此双方形成权利义务关系；也有极少数是完全免费挂靠的。四是挂靠的机动车所有权人虽然是以被挂靠单位的名义运营，但实际上还是自己在运营，原则上并非受被挂靠单位的管控。因此，有的人认为，个人机动车无偿挂靠被挂靠企业，被挂靠单位既不享有运行利益，又不进行运行支配。其允许个人机动车挂靠在自己名下，完全是为了政府管理的方便，发生交通事故致人损害，让其承担责任显然理由不充分。因此，在这种情况下，被挂靠单位不应作为赔偿责任主体。如果被挂靠单位明知或者应知挂靠经营者不具有相应资质而提供挂靠的，则应该承担连带责任。本条没有采纳这样的意见，而是一律采取统一规则。

本条规定的责任承担规则是，挂靠机动车发生交通事故造成他人损害，属于该机动车一方责任的，其责任分担的方式是挂靠一方和被挂靠一方共同承担连带责任。该规定借鉴的正是《最高人民法院关于审理道路交通事故损害赔偿案件适用法律若干问题的解释》第3条，即“以挂靠形式从事道路运输经营活动的机动车发生交通事故造成损害，属于该机动车一方责任，当事人请求由挂靠人和被挂靠人承担连带责任的，人民法院应予支持”。

被侵权人主张连带责任时，可以向挂靠一方或者被挂靠一方分别主张承担连带责任，也可以主张共同连带责任。具体的责任份额，依照本法总则编第178条规定的规则确定。

【案例评注】

孙某与王某等机动车交通事故责任纠纷上诉案[①]

基本案情

2017年4月23日5时8分许，被告孙某驾驶华威驰乐牌重型自卸货车沿天河路由南向北行驶至新城路口时，与原告王某驾驶的沿天河路由北向南行驶向东左转弯的宏顺牌电动三轮车发生碰撞，碰撞后货车又与路口信号灯及绿化带发生碰撞，致使原告王某受伤，两车、信号灯及绿化带受损，造成交通事故。2017年5月8日，郑州市公安局交通警察支队五大队作出郑公交认字（2017）第50279号道路交通事故认定书，认定被告孙某负事故全部责任，原告王某不负事故责任。

另外，货车所有人系被告海硕公司，该车实际车主系被告孙某，被告孙某与被告海硕公司系挂靠关系；货车在被告人保公司投有交强险和100万元限额的第三者责任保险（含不计免赔率险），涉案事故发生在保险期限内；第三者责任保险合同约定，违反安全装载规定的，实行10%的绝对免赔率，而本案事故发生时，涉事货车超载9.5%。故王某向一审法院起诉，请求判令孙某、海硕公司、人保公司赔偿损失。

---

① 一审法院为河南省郑州市惠济区人民法院，案号：（2017）豫0108民初4616号；二审法院为河南省郑州市中级人民法院，案号：（2018）豫01民终2582号。

法院判决

一审法院认为，公民合法的民事权益受法律保护。被告孙某驾驶车辆与原告王某驾驶的机动三轮车相撞造成交通事故，经交警部门认定，被告孙某负事故全部责任，原告王某不负事故责任，对此事实，法院予以确认。因事故车辆在被告人保公司投有交强险、第三者责任保险，故原告的损失应由被告人保公司在交强险相应限额内先行赔付，超出交强险相应限额的部分，因涉案车辆存在超载行为，故由被告人保公司在商业第三者责任保险限额内承担90%的赔偿责任，原告的其余损失由被告孙某承担赔偿责任，因孙某与被告海硕公司系挂靠关系，故被告海硕公司应当对被告孙某的赔偿责任承担连带支付责任。

孙某不服一审判决，提起上诉。主要理由是，孙某系货车的实际车主，海硕公司系登记车主。孙某为涉案车辆在人保公司投保交强险及商业三责险，人保公司从未以书面或口头形式告知其免赔事项。故孙某对保险公司所谓的“违反安全装载规定的，实行10%的绝对免赔率”从不知情，该条款对孙某无效力，人保公司应履行其保险责任。

二审法院认为，孙某虽系实际车主，但与海硕公司之间系挂靠关系，海硕公司与人保公司签订的有投保单，免责事项栏中加盖有海硕公司的公章，人保公司也履行了告知义务，故一审判决孙某赔偿王某各项损失并无不当。

专家点评

本案涉及的是挂靠机动车发生交通事故致人损害的责任主体确定。一般认为，机动车保有人承担侵权责任没有问题。有所争议的是，被挂靠人是否为责任主体。原《侵权责任法》第六章机动车交通事故责任对这一问题进行了留白处理。《最高人民法院关于审理道路交通事故损害赔偿案件适用法律若干问题的解释》第6条补充规定了挂靠人和被挂靠人承担连带责任。民法典侵权责任编第1211条在借鉴该司法经验的基础上，继续规定了挂靠人和被挂靠人承担连带责任。据此，涉案肇事车辆是被告孙某挂靠在被告海硕公司的，发生机动车交通事故时，孙某与海硕公司对损害的发生承担连带责任。采用连带责任的方式，不仅能够周全保护受害人的合法权益，及时填补受害人的经济损失，还能够以此监督挂靠行为规范运转。

第一千二百一十二条 未经允许驾驶他人机动车，发生交通事故造成损害，属于该机动车一方责任的，由机动车使用人承担赔偿责任；机动车所有人、管理人对损害的发生有过错的，承担相应的赔偿责任，但是本章另有规定的除外。

【条文释义】

本条是对擅自驾驶他人机动车交通事故责任的规定。

未经允许驾驶他人机动车，就是擅自驾驶他人机动车。擅自驾驶他人机动车，是指行为人不经机动车保有人或者机动车合法持有人的同意而自行驾驶他人机动车。在二十世纪七八十年代，还存在“盗开机动车”的“罪名”，后被取消。盗开机动车其实就是擅自驾驶他人机动车。

1. 构成擅自驾驶他人机动车交通事故责任规则的要件

（1）未经允许驾驶他人机动车，有两种情形：第一，完全背着机动车所有人或者管理人，秘密将他人的机动车开走；第二，行为人向机动车所有人、管理人借车未得到同意，擅自将他人的机动车开走。无论哪种情形，都构成擅自驾驶他人机动车。

（2）行为人在驾驶他人机动车行驶过程中发生交通事故，造成他人人身损害或者财产损害。

（3）交通事故责任属于该机动车一方责任。

2. 擅自驾驶他人机动车交通事故责任主体

擅自驾驶他人机动车而发生交通事故的，擅自驾驶者既是机动车的运行支配者，又是运行利益的归属者，理应成为损害赔偿的责任主体。

对于机动车的所有人是否应该成为责任主体，理论界有不同的观点：第一种观点认为，因为是未经机动车保有人同意，擅自驾驶他人机动车。根据危险责任思想，如果机动车保有人存在管理或保管的过失，该机动车保有人应该与擅自驾驶人承担连带赔偿责任；如果机动车保有人不存在管理或保管的过失，基于机动车保有人在事故发生时既不是机动车运行的支配者，也不享有运行利益，因此其不应当承担赔偿责任。[①] 第二种观点认为，按照“二元说”赔偿主体理论分析，肇事时机动车保有人并没有对机动车享有运行支配，也没有享有运行利益，因此在擅自驾驶肇事赔偿主体中不应该有机动车保有人。[②]

---

① 刘星、李静芹：《机动车道路交通事故损害赔偿责任主体的认定》，载《河北法学》2006 年第 6 期。

② 《论道路交通事故损害的赔偿主体》，载广西交通律师网，http：//www. gxjt122. com/Html/spcs/232008125232012871388 48_ 2. html，最后访问日期：2020 年 2 月 22 日。

本条规定未采纳上述两种意见，而是认为，在擅自驾驶机动车肇事的情形下，应当根据具体情况的不同确定：机动车保有人对机动车尽到了相应注意义务的，机动车保有人不承担责任；反之，机动车保有人对机动车疏于管理，致使机动车被人擅自驾驶肇事的，机动车保有人对事故赔偿承担过错责任。

确定负有注意义务并存在过失的机动车保有人对此承担责任的理论依据在于机动车运行支配理论。机动车运行支配理论不仅要求机动车在行驶过程中实际支配人承担责任，在机动车的维护和管理方面也要求机动车保有人负有必要的注意义务，即对自己的机动车负有管理、保护的责任，如果没有尽到管理责任，而致使机动车被他人擅自驾驶肇事，应承担相应的责任。

3. 擅自驾驶他人机动车交通事故责任的承担方式

（1）与民法典侵权责任编第 1209 条规定的责任形态相同，即单向连带责任（混合责任）。

（2）机动车使用人承担全部责任，即使承担部分责任时也须连带负责。

（3）机动车所有人或者管理人有过失的，承担相应的责任即按份责任，不与使用人一道承担连带责任。

（4）本章另有规定的，依照本章的特别规定承担责任，另有规定的有优先适用的效力。例如，盗窃机动车发生交通事故，也属于未经允许驾驶他人机动车，应当适用特别规定确定侵权责任。

就目前的规定看，擅自驾驶他人机动车损害责任的规则，与租用、借用机动车发生交通事故损害责任的规则是一样的。从实际情况观察，擅自驾驶他人机动车损害责任，行为人的主观心理状态与租用、借用他人机动车的心理状态不一样，具有一定的支配行为的恶意，而不是对结果的恶意。在这种情况下，虽然承担责任的基本形态是混合责任，但是在确定机动车所有人、管理人的相应责任时，应当与租用、借用他人机动车损害责任相比，要有区别，即擅自驾驶人的过错程度较重，而机动车所有人、管理人的过错程度明显要轻，承担的责任应当适当。

【案例评注】

徐乙与赵某等机动车交通事故责任纠纷案[①]

基本案情

2017年5月25日0时30分，被告徐甲醉酒后无证驾驶A小型轿车沿金张线由南向北行驶至金乡县肖云镇吕庄村北处逆行时，与对向行驶的原告赵某驾驶B小型轿车相撞，致原告车辆受损。金乡县交警大队认定，徐甲承担事故全部责任。

因涉案肇事车辆A小型轿车为徐乙所有，赵某便向一审法院起诉请求判令被告徐甲、徐乙赔偿车损、鉴定费、救援费等。

法院判决

一审法院认为，金乡县公安局交通警察大队作出的道路交通事故认定书为有效证据，被告徐甲负事故全部责任，应依法赔偿原告合理合法的经济损失。被告徐乙作为肇事车辆所有人对车辆管理不善应负相应民事责任。根据被告过错程度，法院酌定被告徐甲、徐乙分别承担80%、20%民事赔偿责任。

徐乙不服一审判决，提起上诉。理由是，发生交通事故车辆系一审被告徐甲偷开造成的，并不是徐乙将车辆借给原审被告徐甲的。上诉人徐乙将车辆及车钥匙放在家中已经尽到义务。法院判令其承担赔偿责任于法无据。

二审法院认为，根据《最高人民法院关于审理道路交通事故损害赔偿案件适用法律若干问题的解释》第二条之规定："未经允许驾驶他人机动车发生交通事故造成损害，当事人依照侵权责任法第四十九条的规定请求由机动车驾驶人承担赔偿责任的，人民法院应予支持。机动车所有人或管理人有过错的，承担相应的赔偿责任，但具有侵权责任法第五十二条规定情形的除外。"（除外情形是指机动车在被盗窃、抢劫或者抢夺后发生交通事故的情形）本案中，徐甲偷开徐乙的车辆，并不存在上述除外情形，徐乙作为肇事车辆的所有人，对车辆的管理负有必要的注意义务。现徐乙对车辆管理不善，致徐甲醉酒后无证驾驶其车辆发生交通事故，徐乙应负相应的过错责任。一审综合本案案情，认定徐乙承担20%赔偿责

---

① 一审法院为山东省济宁市金乡县人民法院，案号：（2017）鲁0828民初2395号；二审法院为山东省济宁市中级人民法院，案号：（2017）鲁08民终5579号。

任并无不当。故驳回上诉，维持原判。

专家点评

本案涉及的是未经允许擅自驾驶他人机动车发生道路交通事故时责任主体的确定。对此，原《侵权责任法》并未作出规定。民法典侵权责任编第1212条在借鉴《最高人民法院关于审理道路交通事故损害赔偿案件适用法律若干问题的解释》第2条规定的基础上，新增了这一规则，规定由机动车使用人承担赔偿责任；机动车所有人、管理人对损害的发生有过错的，承担相应的赔偿责任，但是法律另有规定的除外。据此，本案徐甲承担赔偿责任自不待言，问题在于徐乙是否具有过错并承担相应的赔偿责任。

结合本案所查明的事实可知，徐甲未经徐乙允许擅自驾驶其机动车，该行为背离了机动车所有人徐乙的意志。但是，因徐乙未对车辆及其钥匙尽到审慎的监管义务，致使车辆被他人驾驶而发生交通事故，存在主观上的过错，应当承担相应的赔偿责任。本案一审、二审法院结合案情认定徐乙承担20%的责任不仅符合法律的规定，也合情合理。

第一千二百一十三条 机动车发生交通事故造成损害，属于该机动车一方责任的，先由承保机动车强制保险的保险人在强制保险责任限额范围内予以赔偿；不足部分，由承保机动车商业保险的保险人按照保险合同的约定予以赔偿；仍然不足或者没有投保机动车商业保险的，由侵权人赔偿。

【条文释义】

本条是对机动车强制保险、商业保险与侵权人责任顺序的规定。

机动车所有人对于自己的机动车，每年都须投保机动车强制保险，还须投保相应的机动车商业保险。当机动车发生交通事故造成损害，属于该机动车一方责任的，被侵权人同时请求保险人和侵权人承担赔偿责任时，承担保险责任和侵权责任的顺序是：

1. 机动车强制保险优先。出现这种情形时，机动车强制保险人承担第一顺位保险责任，由其在机动车强制保险责任限额范围内，承担赔偿责任。机动车的强制保险和商业保险虽然都是保险，但是，由于机动车强制保险是强制性保险，在强制性保险理赔的部分，都不适用侵权责任编的有关规定，因此，具有最优先的效力。

2. 强制保险赔偿不足部分，商业保险优先。机动车商业保险人的保险责任为第二顺位责任，对机动车强制保险限额范围赔偿不足的部分，商业保险人按照商业保险合同约定的保险范围承担赔偿责任。这是因为，机动车商业保险是为机动车所有人承担赔偿责任的保险，与机动车强制保险不是一回事。因此，当发生机动车交通事故，在强制保险赔偿不足部分适用侵权责任编的规定确定责任时，商业保险优先，用商业保险赔偿损失。

3. 商业保险赔偿仍然不足部分，侵权人承担赔偿责任。商业保险赔偿仍然不足部分，包括约定的保险赔偿范围无法涵盖的损失部分，也包括根本没有投保商业险的部分。凡是商业保险不能理赔的部分，就由应当承担责任的机动车一方的所有人、管理人或者使用人予以赔偿，按照相关的责任形式及规则承担赔偿责任。

【案例评注】

保险公司与任某等机动车交通事故责任纠纷上诉案[①]

基本案情

2017年7月29日，赵某驾驶A号重型自卸货车在南四环由西向东行驶至中州大道交叉口东约200米处倒车时，与原告任某驾驶的B号车发生碰撞，致使其受伤，两车受损。2017年9月17日，郑州市公安局交通警察支队第四大队出具《道路交通事故认定书》，认定赵某与任某负事故同等责任。

另外，被告白某系A号车实际车主，其所购车辆挂靠于被告运输公司名下，被告运输公司为登记车主；赵某系被告白某雇佣的司机。再查明，A号车在被告保险公司投保有交强险和商业三责险，事故发生在保险期间内。

任某向一审法院起诉请求：1. 请求判令三被告赔偿原告医疗费、住院伙食补助费共计人民币130573.18元；2. 被告承担本案全部诉讼费用。

法院判决

一审法院认为，A号肇事车辆在被告保险公司投保有交强险和商业第三者责

---

① 一审法院为河南省郑州市管城回族区人民法院，案号：(2017) 豫0104民初7948号；二审法院为河南省郑州市中级人民法院，案号：(2018) 豫01民终1939号。

任保险，且事故发生在保险期间内，故应由被告保险公司先行在交强险各分项限额内承担责任，不足部分由被告保险公司在商业第三者责任保险金额内就赵某承担责任的部分承担赔偿责任。仍有不足部分或不属于保险公司赔偿部分由被告白某和运输公司承担连带赔偿责任。

保险公司不服一审判决，提起上诉，主要理由是任某醉驾致使发生交通事故，保险公司不应赔偿三责险。

二审法院认为，赵某驾驶白某所有的挂靠于运输公司的机动车发生交通事故致任某受伤，肇事车辆在保险公司投有交强险和商业三责险，保险公司应当在责任限额内承担赔偿责任。保险公司与运输公司所签订的保险合同系对合同双方进行的约束，任某非合同当事人，不受该合同约束，赵某在本次事故中不存在保险合同中约定的免责事项，故保险公司应就运输公司应承担的责任进行赔偿。郑州市公安局交通警察支队第四大队出具的交通事故认定书认定任某和赵某在本次事故中承担同等责任，故一审法院判决保险公司就任某的损失承担50%的赔偿责任，并无不当，保险公司上诉称任某醉驾导致事故发生，保险公司不应承担赔偿责任，于法无据，法院不予支持。保险公司又称任某酒精中毒，因此不应在三责险范围内承担赔偿责任，但交警在划分事故责任时已经基于各方面因素确认了事故双方应承担的责任比例，故保险公司应在投保范围内承担赔偿责任；且保险公司未提供证据证明任某损失与其醉酒之间存在因果关系，保险公司的该项上诉理由，法院不予支持。综上，一审认定事实清楚，适用法律正确，判决结果适当，应予维持。

专家点评

本案涉及的是交强险、第三者责任商业险和侵权责任的承担顺序。根据民法典侵权责任编第1213条的规定，肇事车辆同时投保了交强险、商业第三者责任险，应当先由承保交强险的保险公司赔偿；不足部分，由承保商业三者险的保险公司赔偿；仍有不足，由侵权人予以赔偿。在本案中，涉案肇事车辆在被告保险公司投保交强险和商业第三者责任保险，应当先由被告保险公司先行在交强险限额内承担责任，不足部分由被告保险公司在商业第三者责任保险金额内承担责任。仍有不足的以及不属于保险公司承保范围内的部分，由侵权人来承担责任。赵某系被告白某雇佣的司机，赵某驾驶车辆发生交通事故，由白某承担雇主责任。白某将涉案肇事车辆挂靠于被告运输公司名下，被告运输公司与白某对保险限额外以及不属于保险范围内的损失承担连带责任。

第一千二百一十四条 以买卖或者其他方式转让拼装或者已经达到报废标准的机动车，发生交通事故造成损害的，由转让人和受让人承担连带责任。

【条文释义】

本条是对拼装车、报废车交通事故责任的规定。

拼装车是没有汽车生产资质的人非法用汽车零部件拼装而成的机动车。报废车，本条明确规定是“已达到报废标准的机动车”，而不是已经报废的机动车，其含义是，凡是已达到报废标准的机动车，无论是否已经经过报废程序，都在规范之列，以此表达机动车报废的强制性。国家法律严格禁止拼装车上路，严格禁止报废车继续使用，为的是保障交通安全，防止损害发生。同时，也严格禁止对拼装车和报废车以买卖等方式转让。这些都是国家的强制性规定，不得违反。

凡是以买卖或其他方式转让拼装车或者已经达到报废标准的机动车，属于严重的违法行为。转让人和受让人在主观上都具有故意违法的意图。本条规定，凡是以买卖或其他方式转让拼装车或者已经达到报废标准的机动车，发生交通事故造成损害的，转让人和受让人承担连带赔偿责任，并且是绝对责任，不可以适用减轻或者免除责任的规定。如果是多次转让，则是所有的转让人和受让人都承担连带责任。

本条规范的是转让拼装车或者报废车的行为。依法禁止行驶的其他机动车与拼装车、报废车相似，都具有严重的危害性，也在本条规范的涵射指引范围内。基于此，以买卖等方式转让依法禁止行驶的其他机动车造成交通事故致人损害，参照适用本条规定确定责任。多次转让，发生交通事故造成损害，所有的转让人和受让人都承担连带责任。

【案例评注】

黄某等与刘岗等机动车交通事故责任纠纷上诉案[①]

基本案情

2016 年 11 月 22 日 18 时 15 分，刘丙驾驶某普通二轮摩托车搭载刘乙沿某省

① 一审法院为湖南省隆回县人民法院，案号：(2017) 湘 0524 民初 87 号；二审法院为湖南省邵阳市中级人民法院，案号：(2017) 湘 05 民终 1984 号。

道由北往南行驶，途经隆回县某路段时，与对向朱某驾驶的某小型客车相撞，造成两车受损、刘丙当场死亡的重大交通事故。刘乙在交通事故发生后被送往隆回县某医院抢救，后抢救无效死亡。

2016年12月6日，隆回县公安局交通警察大队作出隆公交认字（2016）321号道路交通事故认定书，认定刘丙负事故的主要责任，朱某负事故的次要责任，刘乙无责任。

另外，某普通二轮摩托车登记车主系向某。该摩托车检验有效期至2011年7月31日止，至2016年11月转让给刘丙时，该摩托车因逾期未检验已达到报废标准。周某系某小型客车登记车主。某小型客车于2016年7月在保险公司投保了机动车交通事故责任强制保险及第三者责任险，第三者责任险不计免赔。

黄某系死者刘乙的妻子，刘丁、刘甲系死者刘乙的儿子。刘某岗系死者刘丙的父亲。事故发生后，黄某、刘丁、刘甲向一审法院起诉请求：1. 判决刘某岗、向某、朱某、周某赔偿黄某、刘丁、刘甲医疗费、鉴定费、死亡赔偿金、丧葬费、被抚养人生活费、精神损害抚慰金等损失；2. 保险公司在交强险及商业三责险责任限额内承担赔付责任。

法院判决

关于向某的责任问题，一审法院认为，向某已将摩托车卖给刘丙，黄某、刘丁、刘甲也未提供充分有效的证据证明此次交通事故系某号普通二轮摩托车的车辆性能故障造成。向某在本案中并无过错，其无需承担赔偿责任。

黄某、刘丁、刘甲不服一审判决，提起上诉。理由是，向某明知刘丙无驾驶资格，而将逾期未年检并已达到报废标准的某摩托车转让给了刘丙，导致本案交通事故发生，向某作为该车的转让人应与刘丙承担连带责任。

二审法院认为，本案中，向某将已达到报废标准的二轮摩托车转让给了刘丙，刘丙驾驶该摩托车发生了本案交通事故，导致刘乙死亡，向某、刘丙依法应当承担连带赔偿责任。

专家点评

本案所涉及的是非法转让报废机动车造成交通事故的责任归属问题。机动车管理中，不准转让已经达到报废标准的机动车。原《侵权责任法》第51条规定，因非法转让报废机动车而造成交通事故时，由转让人和受让人承担连带责任。民法典侵权责任编第1214条承继了上述规定，继续确认转让人和受让人之间承担连带责任。在本案中，肇事车辆已经超过了检验有效期，达到了报废标准。向某仍然与刘丙签订买卖合同，交付报废车辆，二者对于损害的发生具有共同的间接故意。当刘丙驾驶该报废车辆造成交通事故，二者构成共同侵权行为，应当对损害的发生承担连带责任，以充分保障机动车交通事故受害人的合法权益。

第一千二百一十五条 盗窃、抢劫或者抢夺的机动车发生交通事故造成损害的，由盗窃人、抢劫人或者抢夺人承担赔偿责任。盗窃人、抢劫人或者抢夺人与机动车使用人不是同一人，发生交通事故造成损害，属于该机动车一方责任的，由盗窃人、抢劫人或者抢夺人与机动车使用人承担连带责任。

保险人在机动车强制保险责任限额范围内垫付抢救费用的，有权向交通事故责任人追偿。

【条文释义】

本条是对盗抢机动车交通事故责任的规定。

盗窃、抢劫或者抢夺他人的机动车，是侵害他人财产的违法犯罪行为，在占有该机动车行驶中发生交通事故造成他人损害的，盗窃人、抢劫人或者抢夺人应当承担损害赔偿责任，而不是由机动车所有人、管理人承担侵权责任。在盗窃、抢劫或者抢夺他人机动车的过程中发生交通事故致人损害，也应当适用本条规定。

本条第 1 款规定的内容与原《侵权责任法》第 52 条规定内容相比，增加了“盗窃人、抢劫人或者抢夺人与机动车使用人不是同一人，发生交通事故造成损害，属于该机动车一方责任的，由盗窃人、抢劫人或者抢夺人与机动车使用人承担连带责任”。这一规定的含义是，盗窃人、抢劫人、抢夺人将非法占有的他人机动车交给使用人使用，形成非法占有人与使用人并非同一人的情形，其中既包括交给他人使用，也包括将非法占有的机动车有偿或者无偿转让给他人使用。在这种情形下发生交通事故致人损害，属于该机动车一方责任的，盗窃人、抢劫人、抢夺人与机动车使用人承担连带责任，而不能因非法占有人已经将机动车转让而不承担责任。

发生保险人在机动车强制保险责任限额范围内垫付抢救费用的情形，是盗窃、抢劫、抢夺的他人机动车发生交通事故致人损害，出现找不到侵权责任主体时，机动车强制保险的保险人应当并且实际垫付了抢救费用。如果存在并且找到了侵权责任主体，保险人有权向其进行追偿。

【案例评注】

申某与吴某等机动车交通事故责任纠纷上诉案[①]

基本案情

2016 年 2 月 22 日，被告吴某驾驶小型普通客车由宝山南路经水口寺、水东路往东二环方向行驶，当行驶至贵阳市密宗川菜商铺路段时，与申某驾驶的小型轿车发生交通事故，导致两车受损、小型轿车上乘客肖某受伤。同年 3 月 4 日，贵阳市公安交通管理局云岩区分局作出道路交通事故认定书，认定被告吴某未取得机动车驾驶证、驾驶机动车未确保安全距离是造成此次事故的全部原因，负事故全部责任，申某、肖某无责任。另外，被告吴某驾驶的小型普通客车系盗窃所得，该车辆登记所有权人为被告黄某，且在被告贵阳财保公司投保机动车交通事故责任强制保险，事故发生在保险期间内。

事故发生后，申某向一审法院起诉请求：1. 判令被告吴某、黄某赔偿原告车辆修理费 4944 元；2. 判令被告公司在保险限额内承担赔偿责任；3. 本案诉讼费及其他费用由被告承担。

法院判决

一审法院认为，根据《侵权责任法》第五十二条规定："盗窃、抢劫或者抢夺的机动车发生交通事故造成损害的，由盗窃人、抢劫人或者抢夺人承担赔偿责任。保险公司在机动车强制保险责任限额范围内垫付抢救费用的，有权向交通事故责任人追偿。"原告的损失应由被告吴某承担赔偿责任。故判决吴某自本判决生效之日起 10 日内赔偿原告申某车辆修理费 4944 元。

申某不服一审判决，提起上诉。理由是，《道路交通安全法》第七十六条规定，机动车发生交通事故造成人身伤害、财产损失的，由保险公司在机动车第三者责任强制保险责任限额内予以赔偿。《机动车交通事故责任强制保险条例》的立法目的是保护第三人的合法权益，维护社会公共利益，然而该条例中第二十二条的规定与其立法目的和宗旨相违背，不应当被适用。

---

① 一审法院为贵州省贵阳铁路运输法院，案号：（2016）黔 8601 民初 442 号；二审法院为贵州省贵阳市中级人民法院，案号：（2017）黔 01 民终 6389 号。

二审法院认为，本案的争议焦点为贵阳财保公司是否应当在交强险的限额内赔偿申某的财产损失。根据《侵权责任法》第五十二条的规定，本案中申某诉请的是车辆的维修费，并非人身损害的抢救费用，故一审判决认定申某因涉案交通事故所致的财产损失由吴某承担赔偿责任，并无不当，适用法律正确。故驳回上诉，维持原判。

专家点评

本案涉及的是盗窃机动车发生交通事故时责任主体的确定。他人驾驶盗窃所得的机动车，与机动车所有人的意志完全背离。此时机动车所有人既无法完成实际的运行支配，也没有对机动车享有利益，盗窃者才是机动车的运行支配者以及运行利益享有者。有鉴于此，原《侵权责任法》第 52 条规定了因盗窃机动车发生交通事故时，由盗窃人承担赔偿责任；保险公司在保险范围内垫付抢救费用的，有权向交通事故责任人追偿。民法典侵权责任编第 1215 条在原《侵权责任法》第 52 条规定的基础上，完善了该规则，规定盗窃人承担赔偿责任，盗窃人与使用人并非同一人时，盗窃人与使用人承担连带责任；保险公司有权就抢救费用进行追偿。据此，本案吴某盗窃了黄某的机动车，发生交通事故，应当是吴某承担机动车交通事故责任，黄某不承担任何责任。至于贵阳财保公司是否需要赔付车辆维修费用的问题，笔者与法院裁判持有相同的意见。根据《机动车交通事故责任强制保险条例》第二十二条以及民法典侵权责任编第 1215 条的规定可以看出，盗抢时发生的机动车交通事故责任，保险公司只承担必要时的人身损害赔偿费用，而不承担财产损害赔偿。基于此，本案原告诉请车辆维修费用，贵阳财保公司无需垫付。

第一千二百一十六条 机动车驾驶人发生交通事故后逃逸，该机动车参加强制保险的，由保险人在机动车强制保险责任限额范围内予以赔偿；机动车不明、该机动车未参加强制保险或者抢救费用超过机动车强制保险责任限额，需要支付被侵权人人身伤亡的抢救、丧葬等费用的，由道路交通事故社会救助基金垫付。道路交通事故社会救助基金垫付后，其管理机构有权向交通事故责任人追偿。

【条文释义】

本条是对发生交通事故后驾驶人逃逸责任承担规则的规定。

机动车驾驶人在发生交通事故后逃逸，该机动车参加强制保险的，不能改变机动车强制保险的功能，仍然由保险人在机动车强制保险责任限额范围内予以赔偿，以救济受害人的损害。从这个角度看，机动车强制保险是对交通事故受害人的损害进行的保险，受害人有权请求承保的保险人支付赔偿金。

在上述情况下，如果属于机动车的权属不明、该机动车未参加强制保险或者抢救费用超过机动车强制保险责任限额，而需要支付被侵权人人身伤亡的抢救、丧葬等费用的，无法通过强制保险获得这种补偿，则应当由道路交通事故社会救助基金垫付。

道路交通事故社会救助基金是依照《道路交通安全法》第 17 条创设的基金，是机动车交通事故责任强制保险制度的补充，目的是保证道路交通事故中受害人不能按照交强险制度和从侵权人那里得到赔偿时，可以通过该基金的救助，获得及时抢救或者适当补偿。这项制度坚持以人为本的原则，体现国家和社会对自然人生命安全和健康的关爱和救助。道路交通事故社会救助基金是财团法人即捐助法人。当道路交通事故社会救助基金对上述损失的费用予以垫付后，作为捐助法人，其管理机构有权向交通事故责任人追偿。这种追偿权的取得，究竟是基于让与请求权，还是基于赔偿代位，没有明确规定。对此，德国及我国的民国民法基本上采取让与请求权的立法例。在我国的实践中，有些求偿关系采用赔偿代位说理论，有的采用请求权让与说理论。笔者认为，以采取请求权让与立场为妥，能够更充分地保护被侵权人的合法权益，并且保护好公众利益。垫付之后，道路交通事故社会救助基金的管理机构基于请求权让与，取得受害人的损害赔偿请求权，有权向交通事故责任人追偿。应当注意的是，道路交通事故社会救助基金享有追偿权的，仅仅是其已经垫付的部分，没有垫付的其他损害的请求权，由被侵权人享有，仍然有权向侵权人行使，以保护好自己的权益。

【案例评注】

李某诉今日行公司等机动车交通事故责任纠纷案①

基本案情

2013年11月28日3时40分，李某驾驶小型客车由东向西行驶至北京市东城区金宝街干面胡同丽晶酒店北侧，今日行公司所属司机佟某将大型客车车头朝东停放于现场道路北侧，李某所驾车辆前部与大型客车前部接触，造成两车前部受损。事故发生后李某驾车逃逸，2013年12月5日，李某被东城交通支队查获。2014年1月22日，北京市公安局公安交通管理局东城交通支队出具道路交通事故认定书，确定李某承担事故的全部责任，佟某无责任。另外，李某驾驶的奥迪牌小客车在人保崇文支公司投保交强险，事故发生在保险期限内。今日行公司司机所驾驶的大型客车由租用北京华丰国际公司而来。为此，今日行公司支付租车费27000元。

事故发生后，今日行公司向一审法院起诉请求：请求判令李某、人保崇文支公司赔偿车辆修理费85500元、车辆租赁费27000元。

法院判决

一审法院认为，机动车之间发生交通事故，应当由有过错的一方承担损害赔偿责任。李某与今日行公司停放在路侧的车辆发生交通事故后逃逸，造成今日行公司车辆损坏，公安机关交通管理部门认定李某负事故的全部责任。故应由李某承担民事责任，赔偿今日行公司合理的经济损失。李某驾驶的车辆在人保崇文支公司投有交强险，人保崇文支公司应在交强险责任限额范围内先行赔偿，超出部分由李某进行赔偿。根据《机动车交通事故责任强制保险条款》第十条规定："下列损失和费用，交强险不负责赔偿和垫付：……（三）被保险机动车发生交通事故，致使受害人停业、停驶、停电、停水、停气、停产、通讯或者网络中断、数据丢失、电压变化等造成的损失以及受害人财产因市场价格变动造成的贬值、修理后因价值降低造成的损失等其他各种间接损失。"今日行公司的租车费系停驶造成的损失，属交强险责任免除的范围，故其租车费应由李某赔偿。

---

① 一审法院为北京市东城区人民法院，案号：（2017）京0101民初8593号；二审法院为北京市第二中级人民法院，案号：（2018）京02民终621号。

李某不服一审判决，提起上诉。

二审法院认为，《侵权责任法》第五十三条规定，机动车驾驶人发生交通事故后逃逸，该机动车参加强制保险的，由保险公司在机动车强制保险责任限额范围内予以赔偿。本案中，2013 年 11 月 28 日，李某驾驶奥迪牌小客车与今日行公司所有的大型客车发生交通事故后逃逸，造成大型客车受损，此次事故经北京市公安局公安交通管理局东城交通支队认定，李某负事故全部责任。经一审法院审理查明，涉案奥迪牌小客车在人保崇文支公司投保交强险。现今日行公司要求李某及保险公司承担相应赔偿责任于法有据，应予支持。故判决驳回上诉，维持原判。

专家点评

本案涉及的是机动车驾驶人肇事逃逸的责任分担问题。原《侵权责任法》第 53 条规定了三种基本规则：一是保险公司交强险范围内的赔付；二是道路交通事故社会救助基金的垫付责任；三是道路交通事故社会救助基金管理机构的追偿权。民法典侵权责任编第 1216 条承继了原《侵权责任法》第 53 条的规定，同样规定了上述三种规则。据此，本案机动车驾驶人李某逃逸，保险公司仍需要在机动车强制保险责任限额范围内予以赔偿，这是机动车交通事故责任保险优先原则的体现，即无论何种情况，都应当按照强制保险的规则理赔，保险公司不得以任何理由拒绝。只有机动车交通事故责任强制保险优先，才能在机动车驾驶人逃逸的情况下，及时填补受害人的损失，维护其合法权益。

第一千二百一十七条 非营运机动车发生交通事故造成无偿搭乘人损害，属于该机动车一方责任的，应当减轻其赔偿责任，但是机动车使用人有故意或者重大过失的除外。

【条文释义】

本条是对机动车交通事故好意同乘规则的规定。

好意同乘，是指无偿搭乘他人的机动车在运行中发生交通事故，造成无偿搭乘人的损害，属于该机动车一方责任的，减轻机动车一方赔偿责任的规则。好意同乘的特点：一是无偿性，好意人无营利目的，索要和收取对价的同乘都不是无偿，以主动负担一部分油费或过路费等搭乘车辆，虽然支付了一定费用，但通常出于情谊维系，非支付对价的意思，属于“无偿”范围。二是合意性，同乘需经过车辆保有人的同意，包括邀请和允许，未经同意而强行搭乘，不构成好意同乘。三是顺路性，即搭便车，只是双方目的地相近或相同，好意人并非特意而为，同乘人为便利而搭车。

免费运送，是否构成好意同乘，有不同意见，有的人认为，为了搭乘人的特定目的而运行且无偿，不属于好意同乘。不过，在本条规定中，没有这样的限制，而只是强调无偿搭乘人的概念，因而笔者认为，只要是好意的免费运送，符合好意同乘要件要求的，可以适用好意同乘的责任承担规则。

适用好意同乘的规则是：

1. 好意同乘的适用条件，须为无偿搭乘他人机动车，而非有偿搭乘；被搭乘的是他人的非营运机动车，而不是营运的机动车。

2. 发生交通事故造成搭乘人的损害，须构成机动车一方的责任，即被搭乘人的责任。

3. 减轻责任。好意同乘是善意的为他人提供方便的行为，是利他行为，即使造成无偿搭乘人的损害，被搭乘人也不应当承担全部赔偿责任，故本条规定，即使属于该机动车一方的责任，该机动车一方承担责任的范围是减轻其赔偿责任。

4. 全部责任。如果造成交通事故致害无偿搭乘人是机动车使用人因故意或者重大过失所致，则机动车一方应当承担全部赔偿责任。

这一规定的内容还不够全面，好意同乘规则还包括支付部分汽油费或者过路费的赔偿规则。如果搭乘人支付了部分汽油费或者过路费的，则属于一定程度的有偿搭乘，被搭乘人承担的赔偿责任范围应当更大一些。例如，无偿搭乘发生交通事故致害无偿搭乘人，机动车一方应当承担50%的赔偿责任，支付了部分汽油费或者过路费而达不到买票乘车的数额的，机动车一方则应当承担70%左右的赔偿责任；如果支付的汽油费或者过路费的数额与买票乘车的费用基本相同或者相近，则机动车一方应当承担更多的甚至是全部的赔偿责任。这样的规则没有规定，在司法实践中可以适当参酌。

【案例评注】

钱甲、钱乙等诉李某、茅某等机动车交通事故责任纠纷案[①]

基本案情

2016年1月27日，沈某、丁某、王甲、陶某、张某、王乙等人免费搭乘被

① 审理法院：江苏省南京市玄武区人民法院，案号：（2016）苏0102民初1002号。

告茅某驾驶的A号小型普通客车由南京前往安徽省天长市。当日11时25分许，被告李某驾驶B号小型客车沿安徽省天长市天丰路由北向南行驶，途经职教大道与天丰路路口，与沿职教大道由西向东行驶的被告茅某驾驶的A号小型普通客车发生相撞，造成两车及道路设施损坏，A号小型普通客车乘坐人王乙受伤后于当天抢救无效死亡以及沈某、丁某、王甲、陶某、张某等人受伤。2016年2月17日，天长市公安局交通管理大队出具《道路交通事故认定书》，认定李某负事故主要责任，茅某负事故次要责任。

B号小型客车的车主是被告李某，李某为该车辆在被告太平保险公司投保了交强险和商业三者险，本次事故发生在保险期限内。A号小型普通客车的车主系被告金纪公司。茅某系金纪公司的法定代表人，金纪公司将A号小型普通客车交由茅某实际使用。

原告钱甲、钱乙分别系王乙的丈夫、儿子，向法院起诉请求被告李某、太平保险公司、茅某、金纪公司连带赔偿两原告丧葬费、死亡赔偿金等损失。

被告李某未作答辩。被告太平保险公司同意在本案中赔偿原告钱甲、钱乙40万元（交强险11万元和商业三责险29万元），剩余保险限额用于其他死者、伤者的赔偿事宜。被告茅某、金纪公司辩称：茅某是无偿为王乙等人提供帮助而发生交通事故，王乙等人构成好意同乘，且茅某只负交通事故的次要责任，对交通事故的发生不存在故意或重大过失，从鼓励助人为乐的良好道德风尚以及维护公平的法律精神角度，应减轻或者免除茅某的赔偿责任；茅某不应与其他被告承担连带责任。审理中，被告金纪公司同意与被告茅某承担连带赔偿责任。

法院判决

法院认为，本案的主要争议焦点有二：第一，是否应当减轻被告茅某的赔偿责任问题。在好意同乘中发生交通事故，造成搭乘人损害的情形下，好意同乘行为就转变为侵权行为，车辆驾驶人应对其过错承担法律责任。要求驾驶人承担法律责任并不是否定助人为乐的良好动机，而是要求驾驶人尽到合理注意义务，保障搭乘人的安全。关于在好意同乘中发生交通事故构成侵权行为的情况下，是否可以适当减轻驾驶人责任的问题，法院认为，为体现司法对情谊行为的有限介入，鼓励助人为乐、相互帮助的施惠行为，应当对施惠者采取宽容的态度，正如《合同法》第一百八十九条、第三百七十四条、第四百零六条对赠与人、无偿保管人、无偿受托人均采取宽容的态度一样，对驾驶人提供无偿搭乘情谊行为发生交通事故的，也应当酌情宽容、减轻其侵权赔偿责任。本案中，王乙等人无偿搭乘茅某所驾驶的车辆而发生交通事故，应适当减轻茅某的赔偿责任，综合全案案情，法院认为对本案中茅某责任的减轻比例以5%为宜。第二，关于被告茅某与被告李某是否应当承担连带责任问题。本案中，被告李某与被告茅某各自驾驶机动车，两车相撞致损害结果发生，公安机关交通管理部门已对事故责任作出明确划分，故应适用《侵权责任法》第十二条的规定。根据该条规定，李某与茅某应各自承担相应的责任，即按份责任，而非连带责任。

专家点评

本案涉及的是好意同乘时机动车交通事故的责任认定问题。原《侵权责任法》未作出规定，民法典新设了这一规则。根据民法典侵权责任编第1217条的规定，除机动车使用人有故意或者重大过失外，应当减轻机动车使用人一方的赔偿责任。在本案中，《道路交通事故认定书》认定李某负事故主要责任，茅某负事故次要责任。可见，茅某在机动车交通事故中不存在故意或者重大过失。因而，茅某承担对王乙近亲属的赔偿责任时，应当适当减轻其赔偿数额。本案法院判决减轻茅某5%比例的赔偿责任，不仅能够继续弘扬我国乐于助人的良好社会道德风尚，还将督促机动车使用人对搭乘人尽到合理的安全注意义务。

第六章 医疗损害责任

第一千二百一十八条 患者在诊疗活动中受到损害，医疗机构或者其医务人员有过错的，由医疗机构承担赔偿责任。

【条文释义】

本条是对医疗损害责任一般规则的规定。

医疗损害责任，是指患者在诊疗活动中受到损害，医疗机构或者医务人员有过错的，由医疗机构承担的替代赔偿责任。

1. 医疗损害责任的归责原则

医疗损害责任适用过错责任原则。医疗机构或者其医务人员只有在诊疗活动中有过错的，才对在该医疗机构就医的患者所受损害承担赔偿责任，只有法律另有规定的，才适用无过错责任原则，如民法典侵权责任编第1223条规定的医疗产品损害责任。

如何调整受害患者、医疗机构和全体患者之间的利益关系，最好的平衡器，就是原《侵权责任法》的过错责任原则。过错责任原则是法的价值的一种特殊的表现形态，反映了统治阶级利益和意志要求与一定社会关系及其秩序之间的特殊效用关系，是法律化的统治阶级意志对一定社会关系发挥能动作用，并通过此种作用体现出统治阶级意志和利益。[①] 过错责任原则尽管产生在资本主义社会的经济条件下，但在社会主义社会中同样具有重要作用。它不仅具有纯化道德风尚、确定行为标准、预防损害发生等社会功能，更重要的是它能够协调各种利益冲突，维护社会的公平和正义。在现代社会，几乎所有的人都离不开医疗。因此，全体患者的利益差不多等同于全体人民的利益。"人民之安宁乃最高之法律。"[②] 一个法律制度的基本考虑，必须平衡各方利益，并且以最广大人民的根本利益为基本出发点，始终代表人民群众的根本利益。在医疗损害责任中，过错责任原则

① 王利明著：《侵权行为法归责原则研究》，中国政法大学出版社2003年版，第34页。

② 郑玉波著：《法谚》（一），法律出版社2007年版，第3页。

的重要作用就是平衡三者利益关系，建立和谐的利益关系结构。过错责任原则的平衡作用表现在：第一，没有医疗过失医疗机构就没有损害责任。诚然，医疗损害责任制度都以保护受害人以及受害患者一方的利益为己任，但并非凡是患者发生损害医疗机构就都予以赔偿，而是医疗机构及医务人员必须存在医疗过失才发生赔偿责任。正如德国法学家耶林所说："使人负损害赔偿的，不是因为有损害，而是因为有过失，其道理就如同化学上之原则，使蜡烛燃烧的，不是光，而是氧。"[①] 因而，损害虽已发生，但仍不成立侵权行为者有之。[②] 第二，医疗机构仅仅就自己的医疗过失所造成的损害承担赔偿责任。在已经造成医疗损害，医疗机构应当承担赔偿责任时，依据过错责任原则的要求，还应当适用比较过错、比较原因力等规则，将不应当由医疗机构承担的部分责任，在损害赔偿责任中予以扣除，合理确定医疗机构的赔偿责任，而非一律全部赔偿。第三，基于医疗过失的非严重程度适当限制精神损害抚慰金的赔偿数额。医疗过失不具有恶意，仅仅存在一般过失或者重大过失，与一般的侵权行为有所不同，因而在确定医疗损害责任的精神损害抚慰金责任时，应当予以适当限制，不能赔偿过高。美国加州医疗损害赔偿改革的经验告诉我们，高额的赔偿金给受害人带来的是损害赔偿请求权的满足，但随之而来的就是医生为了转嫁这样的风险而发生患者医疗费用大幅度提高的后果。因此，《加州医疗损害赔偿改革法》采取限制精神损害抚慰金数额等措施，使加州医疗损害赔偿制度保持了将近30年的稳定，成为美国医疗损害赔偿制度改革的样板。借鉴这些经验，对医疗损害责任中的抚慰金赔偿数额进行限制，符合过错责任原则的要求，也能够平衡三者之间的利益关系，使医、患关系得到明显改善。当然，不同类型的医疗损害责任应当适用不同的归责原则，如确定医疗产品损害责任，就应当适用无过失责任原则，而不是过错责任原则。

2. 构成医疗损害责任的要件及责任承担

构成医疗损害责任的要件是：

第一，患者与医疗机构有医疗服务合同关系，患者是在该医疗机构就医的自然人。

第二，患者在诊疗活动中受到人身损害。

第三，患者的人身损害与医疗机构或者其医务人员的诊疗活动有因果关系。

第四，医疗机构或者其医务人员在诊疗活动中有过失。

承担责任的责任形态是替代责任，即具备上述四个要件，构成医疗损害责

---

① 转引自王泽鉴著：《民法学说与判例研究》（一），三民书局1979年版，第150页。

② 郑玉波著：《法谚》（一），法律出版社2007年版，第97页。

任，责任主体是医疗机构而不是医务人员。

医疗机构承担赔偿责任之后，依照民法典第1191条第1款关于用人单位责任的规定，可以向有重大过失的医务人员进行追偿。

3. 医疗损害责任的类型

医疗损害责任分为四种类型：

（1）医疗伦理损害责任（民法典第1219条）。医疗伦理损害责任，是指医疗机构和医务人员违背医疗良知和医疗伦理的要求，违背医疗机构和医务人员的告知或者保密义务，具有医疗伦理过失，造成患者人身损害以及其他合法权益损害的医疗损害责任。这类医疗损害责任的构成，必须具备医疗伦理过失，即医疗机构或医护人员在医疗活动中，未对病患履行充分告知或保密等义务，或者存在未取得病患同意即采取某种医疗措施或停止继续治疗等疏忽和懈怠，而造成患者的人身损害以及其他合法权益损害应当承担的侵权责任。

（2）医疗技术损害责任（民法典第1221条）。医疗技术损害责任，是指医疗机构及医务人员在医疗活动中，违反医疗技术上的高度注意义务，具有违背当时的医疗水平的技术过失，造成患者人身损害的医疗损害责任。这种医疗损害责任的构成，必须具备医疗技术过失的要件，即存在违背当时医疗水平的疏忽和懈怠，造成患者人身损害，因而应当承担的侵权责任。

（3）医疗产品损害责任（民法典第1223条）。医疗产品损害责任，是指医疗机构在医疗过程中使用有缺陷的药品、消毒药剂、医疗器械以及血液及制品等医疗产品，因此造成患者人身损害，医疗机构或者医疗产品生产者、销售者应当承担的医疗损害赔偿责任。

（4）医疗管理损害责任（没有具体条文规定，应当适用第1218条确定责任）。

本条是关于医疗损害责任的一般条款。本条款的作用是：（1）指导本节规定的各种医疗损害责任的法律适用；（2）本节规定的没有责任规范的医疗损害问题，以及本节没有规定的医疗损害责任类型，符合本条规定的，适用本条作为确定侵权责任的依据，前者如民法典第1220条只规定了救助义务没有具体规定违反救助义务造成损害的责任，后者如因医疗管理过失造成患者损害，没有具体条文规定应当承担的责任，都可以适用本条规定确定赔偿责任。

【案例评注】

瑞丽门诊部与陈某医疗损害责任纠纷上诉案①

基本案情

2015年3月8日，陈某因上眼睑下垂（双侧）重度在瑞丽门诊部行额肌瓣悬吊术，后陈某眼结膜充血、角膜出现斑翳，双侧眼睑不能闭合，双眼视力下降。

陈某向一审法院起诉请求：1. 判令瑞丽门诊部赔偿医疗费8870.59元、误工费5600元、护理费4800元、营养费1886.6元、住院伙食补助费120元、交通费736.4元、残疾赔偿金114593.6元、精神损害抚慰金20000元，合计156607.19元；2. 本案的诉讼费、鉴定费由瑞丽门诊部负担。

法院判决

一审法院认为，患者在诊疗活动中受到损害，医疗机构及其医务人员有过错的，由医疗机构承担赔偿责任。本案中，瑞丽门诊部对陈某的诊疗行为，经鉴定机构鉴定存在医疗过失，该医疗过失与陈某的损害结果存在一定的因果关系，建议承担次要责任。基于该鉴定意见，瑞丽门诊部理应承担赔偿责任，法院结合案件的具体情况，酌情判定瑞丽门诊部承担的责任比例为40%。

瑞丽门诊部不服一审判决，提起上诉。主要理由是，瑞丽门诊部在医疗活动过程中没有违反医疗卫生管理法律、法规及诊疗护理规范、常规，且术后对陈某自身原因出现的病症积极给予及时治疗，履行了应尽的救助义务。故瑞丽门诊部的诊疗行为没有过错，陈某所述损害与瑞丽门诊部的诊疗行为之间没有因果关系，不应承担任何赔偿责任。

二审法院认为，根据上述鉴定意见，陈某双眼角膜斑翳形成累及瞳孔区致残程度达到九级，而瑞丽门诊部在对陈某的诊疗过程中存在一定的医疗过失，该过失与陈某的损害后果之间存在一定的因果关系，瑞丽门诊部的医疗过失属次要责任。故在医疗损害赔偿责任的四个构成要件均已具备的情况下，一审法院认定瑞丽门诊部应对陈某的损害后果承担赔偿责任的做法正确。一审法院按照上述鉴定意见，根据本案案情以及双方当事人的举证情况，酌情确定的瑞丽门诊部的责任

---

① 一审法院为北京市海淀区人民法院，案号：（2015）海民初字第31595号；二审法院为北京市第一中级人民法院，案号：（2018）京01民终2379号。

比例适当，据此认定的陈某的各项损失数额正确。故判决驳回上诉，维持原判。

专家点评

本案涉及的是一般医疗损害责任的问题。原《侵权责任法》第54条规定患者在诊疗活动中受到损害，医疗机构及医务人员有过错的，医疗机构承担赔偿责任。民法典侵权责任编第1218条将“及”修改为“或者”后，医疗机构或者医务人员之一有过错，医疗机构均需要承担赔偿责任。在本案中，经鉴定机构鉴定医务人员存在医疗过失，具体包括术前院方未行视力及提上睑肌肌力检查，未行必要的鉴别诊断；术后患者出现角膜病变之时，未及时安排会诊，未采取更积极有力的措施治疗角膜病变。因瑞丽门诊部的医疗过失造成陈某九级残疾，瑞丽门诊部需要承担损害赔偿责任。瑞丽门诊部的医疗过失行为与陈某的残疾之间存在一定的因果关系，属于次要责任。故本案一审、二审法院结合案情酌情认定瑞丽门诊部承担40%的责任。这样的判决充分体现了自己责任的理念，即瑞丽门诊部承担与过错程度相适应的责任，不仅能够及时填补受害人的损失，还将督促瑞丽门诊部积极履行医疗注意义务。

第一千二百一十九条 医务人员在诊疗活动中应当向患者说明病情和医疗措施。需要实施手术、特殊检查、特殊治疗的，医务人员应当及时向患者具体说明医疗风险、替代医疗方案等情况，并取得其明确同意；不能或者不宜向患者说明的，应当向患者的近亲属说明，并取得其明确同意。

医务人员未尽到前款义务，造成患者损害的，医疗机构应当承担赔偿责任。

【条文释义】

本条是对医疗机构告知义务的规定。

自20世纪60年代以来，医患关系由家父型关系改变为平等关系，在医疗服务合同的履行中，医疗机构及其医务人员对患者负有告知义务，患者享有知情权和决定权。

1. 医疗机构告知义务的法律特征

医疗机构及其医务人员的告知义务是一种法定的合同义务，体现了法定性和意定性的交融。换言之，医疗机构及其医务人员的告知义务既是合同义务，也是法定义务。

（1）医疗机构告知义务的意定性

医疗活动的基础是医疗合同，医疗机构以医务人员通过向患者提供医疗技术服务，实现救治病患的目的。在此前提下，医疗机构承担着诊疗义务、告知或者说明义务、劝告转诊义务、取得同意义务、保密义务、制作治疗记录义务及报告义务等。[①] 患者在医疗合同中，享有知情权和自我决定权，也承担支付医疗报酬义务、接受并协助治疗义务、诚实陈述病情等义务。医疗机构必须通过诊断并进行详细的说明，出具诊疗方案，以获得患者的有效承诺，展开治疗。医疗机构如果不履行或者不充分履行告知义务，就违反了作为合同当事人一方应当承担的义务，构成违约责任。因此，医疗机构作为合同当事人的告知义务当然是合同义务，是意定性义务。

（2）医疗机构告知义务的法定性

我国《执业医师法》《医疗事故处理条例》《医疗机构管理条例》等法律、法规都明确规定患者的知情同意权和医疗机构的告知义务。因此，告知义务也是法定义务。

我国最早涉及医疗机构告知义务和患者知情同意权的法律、法规是《医疗机构管理条例》及其实施细则，其提到了患者的同意问题，但并没有直接提出患者的知情同意权，当然也没有提到医疗机构的告知义务。《执业医师法》第26条规定："医师应当如实向患者或者其家属介绍病情，但应注意避免对患者产生不利后果。医师进行实验性临床医疗，应当经医院批准并征得患者本人或者其家属同意。"《计划生育技术服务管理条例》第3条规定："计划生育技术服务实行国家指导和个人自愿相结合的原则。公民享有避孕方法的知情选择权。国家保障公民获得适宜的计划生育技术服务的权利。"《医疗事故处理条例》第11条规定："在医疗活动中，医疗机构及其医务人员应当将患者的病情、医疗措施、医疗风险等如实告知患者，及时解答其咨询；但是，应当避免对患者产生不利后果。"这些条款，都是规定医疗机构的告知义务，以及患者的知情权和自我决定权。

世界各国法律重视医疗机构告知义务的原因，在于医疗行为本身的特点决定了必须将意定性的告知义务上升为强行性的法定义务。具体的理由是：第一，医疗机构的告知并获得患者或其监护人同意是具有侵袭性的医疗行为具有合法性的前提。第二，医疗行为具有较高的风险性。为达成某种有益于社会目的的行为，

---

① 黄丁全著：《医事法》，中国政法大学出版社2003年版，第173~174页。

虽然在其性质上经常含有某种侵害法益的抽象危险，但此种危险如在社会一般意识上认为相当时，即应容许其危险行为为适法行为。① 医疗行为的风险性、信赖性、专业性和患者的广泛性等因素，使得医疗机构的告知义务具备了由约定义务上升为法定义务的合理性。第三，“知情—告知—同意”模式正确地反映了医患之间的权利义务关系本质。在信息严重不对称的医患合同关系中，只有这种模式才能够反映出医患关系权利义务的本质特点。因此，法律将这种本来是约定的义务，规定为强制性的法定义务，就是要加强它的强制性，使之成为强制性的、附有责任支持的法定义务，以保障患者的权利。

2. 医疗机构告知义务的来源

医疗机构告知义务的来源，是患者享有的知情权和自我决定权。正是由于患者享有知情权和自我决定权，医疗机构才应当对患者履行告知义务。在医疗领域，创设告知义务是因为具有侵袭性的医疗行为必须获得正当性基础，而患者的知情权和自我决定权就是阻却侵袭性医疗行为违法性的法定事由。

（1）充分知情权。首先，医疗知识的专业性要求医生应当以浅显易懂的语言介绍，使得患者能够了解自己的病情、可供选择的治疗方案及其成功率和治疗效果、检查治疗的价格等，最终使得患者能够准确理解，克服信息的不对称状况。其次，应该采取口头表达和书面说明并重的方法。鉴于我国的现实状况，单一的书面告知会给部分患者带来理解上的困难，因此，要想患者充分了解医疗机构的意见，医疗机构必须结合以上两种方式予以告知。

（2）自我决定权。当患者了解到医疗机构的专家意见之后，患者就会面临很多种选择。是拒绝还是同意？选择何种方案治疗？是否治疗？选择在哪家医院治疗？选择中医、西医还是民族医治疗？这个时候就产生了患者的同意权与拒绝权。自行决定权是一般人格权的内容，属于其他人格利益，对于患者本人具有重要意义。它的行使，可以使医疗机构侵袭患者人身的行为具有阻却违法的性质，因而成为合法行为。如果未经患者决定或者同意，医生擅自决定接触并且侵袭患者身体，就构成侵权行为。

3. 医疗机构告知义务的范围

医疗机构告知义务的范围主要是对患者作出决定具有决定性影响的信息。本条第1款规定的医务人员的告知义务，分为三种情形：

（1）一般病情一般告知：医务人员在诊疗活动中应当向患者说明病情和医疗

① 邱聪智著：《医疗过失与侵权行为》，载邱聪智：《民法研究》（一），中国人民大学出版社2002年版，第303页。

措施。

（2）特殊病情特殊告知：需要实施手术、特殊检查、特殊治疗的，医务人员应当及时向患者具体说明医疗风险、替代医疗方案等情况，并取得其明确同意。值得注意的是，本条规定将原《侵权责任法》第55条规定的“取得书面同意”修改为“明确同意”。这里针对的是，在现实中，医务人员向患者说明医疗风险、替代医疗方案等，或者向患者家属予以告知后，只要签字就视为已经尽到告知义务，有的时候，患者或者患者家属并未有明确同意的表示。因此，本条规定须“明确同意”，不仅是书面同意，而且须为明确同意的表示。

（3）权利主体是患者：医务人员应当向患者告知，不能或者不宜向患者说明的，应当向患者的近亲属说明，并取得其明确同意。向患者告知时，应当注意患者是否具有完全的意思表示能力，是告知义务履行中的重大问题。如果患者具有完全民事行为能力，那么医疗机构就必须向其本人履行告知义务，患者本人就是同意医治的主体。如果患者不具有完全民事行为能力或者无民事行为能力，医疗机构必须向其监护人履行告知义务，患者的监护人就是同意医治的主体。在未得到患者或者其监护人同意的情况下，医疗机构具有侵袭性的医疗行为就不具备合法基础。如果医疗机构怠于获得患者本人或者其监护人的同意，那么医疗机构很有可能使患者错过医治的最佳时机。

4. 判断医疗机构是否尽到告知义务的标准

判断医疗机构是否尽到告知义务的标准分为如下三个层次：

（1）当患者没有提出医疗期待时，医疗机构应该履行当前专科医院医疗水平告知义务。医疗机构应该首先向患者说明当前临床医疗实践中有效性和安全性[①]都得到认可的治疗方案。同时，医疗机构应该告知患者自己医院的类别（专科医院/综合医院）、所准备采用的医疗方案和实施能力以及是否达到了当前专科医院的一般医疗水平等。

（2）在医疗过程中，医生应告知患者所患病名，告知可以选择的治疗方案，告知治疗方法和结果，告知药品的使用方法，告知治疗费用的情况，告知继续治疗和转医转诊方案，应告知愈后、康复的注意事项。

（3）当患者提出其他医疗期待时，医疗机构应该履行其有效性和安全性尚处于被验证的医疗方案的告知义务。结合医院所处的环境等因素，某些医院还应该履行国际上有效性和安全性得到认可或正在被验证的疗法的告知义务。

---

① 有关医疗水准的讨论，参见［日］新美育文：《医师的过失》，夏芸译，载张新宝主编：《侵权法评论》（第二辑），人民法院出版社2003年版，第164～174页。

5. 违反告知义务的类型

（1）未履行告知义务。这是违反告知义务的最基本形态。需要注意的是，在某些情况下医疗机构不需要履行告知义务。

（2）未履行充分告知义务。这种违反告知义务的行为经常表现为：未告知治疗过程中的并发症、药物的毒副作用、手术中擅自扩大手术范围、手术后必要的复查等。①

（3）错误告知。医疗机构由于疏忽等原因，错误告知患者的病情、医疗方案的成功率、副作用等。

（4）迟延履行告知义务。这种情况经常导致患者失去治疗的最佳时机，患者的合理期待利益受到损害。比较典型的是，医疗机构迟延履行转诊告知义务。

（5）履行了告知义务，但未经同意而实施医疗行为。告知的目的是为了获得患者或者其监护人的同意，因此，医疗机构尽管履行了告知义务，但是没有获得患者或者其监护人的同意就实施医疗行为的，仍然有可能构成侵权行为。

6. 违反告知义务的侵权责任

医疗机构或者其医务人员违反告知义务，应当承担侵权责任。本条第 2 款规定的是违反告知义务造成患者损害的医疗伦理损害责任的两种类型：

（1）未尽告知义务，造成患者知情权损害并且造成人身损害的，医疗机构应当依照人身损害赔偿的法律规定，承担赔偿责任。

（2）未尽告知义务，造成患者知情权损害但未造成人身损害的，医疗机构应当承担精神损害赔偿责任。

【案例评注】

张甲等诉吉大一院医疗损害责任纠纷案②

基本案情

2013 年 1 月 22 日，张某因体检发现胆囊结石 2 年，间断右上腹疼痛 2 个月入吉大一院肝胆胰外科治疗。同年 1 月 24 日，在静脉麻醉下行 ERCP 取石术，11

---

① 相关深入探讨参见 William J. Curran, Mark A. Hall, David H. Kaye, Health Care Law, Forensic Science, and Public Policy, Little Brown and Company, 1990, pp. 363 – 378.

② 一审法院为吉林省长春市朝阳区人民法院，案号：（2014）朝民初 00425 号；二审法院为吉林省长春市中级人民法院，案号：（2017）吉 01 民终 1668 号；再审法院为吉林省长春市中级人民法院，案号：（2018）吉 01 民申 4 号。

时40分手术即将结束时，张某突然出现血氧降低，心率下降，医院立即停止手术。床头心电图提示：急性心肌梗死。后张某被转送ICU进一步抢救治疗，13时55分患者临床死亡。死者家属张甲、张乙、张丙、张丁向一审法院起诉，请求判令吉大一院承担赔偿责任。

法院判决

一审法院认为，基于鉴定意见“医方对张某术前未尽完整特殊告知义务，存在告知缺陷”的结论，同时考虑吉大一院术前已经尽到了一定的注意及告知义务，患者家属作为完全民事行为能力人亦应理解其所签署的《手术治疗知情同意书》和《麻醉知情同意书》中提示的风险，确认吉大一院告知缺陷的过错责任程度轻微，酌定医院对患者张某的死亡后果承担15%的赔偿责任。

张甲、张乙、张丙、张丁不服一审判决后提起上诉，因未缴纳上诉案件审理费用，法院按照自动撤诉处理。一审判决生效后，张甲、张乙、张丙、张丁提起再审。理由之一是，一审法院在判决中仅适用《侵权责任法》第十六条和第五十五条是错误的，本案应适用第五十四条。医院的过错是明确和明显的，其过错责任显然不是15%这样分担。

再审法院认为，(2014)法临鉴字第050号鉴定意见给出的分析是：“但是患者高龄、长达10年冠状动脉粥样硬化性心脏病病史，术前BNP高，心肌损伤标志物正常，与其冠心病、心肌缺血、心功能不全有关。于干部病房诊治后出院，心功能达到二级，无手术绝对禁忌症。虽然术前进行了一般性常规告知，但不应将一般告知同意绝对化。手术是以损伤为前提的，就该病人而言，手术中突发急性心肌梗死，虽然难以避免，但可以预见。对可以预见的急性心肌梗死，要有针对性地进行完整的特殊告知，对可能发生的严重后果及并发症，完整特殊告知后，由患者及家属再作出决断。”结论是：“1. 医方对张某的医疗过程中不存在医疗技术过错。2. 医方对张某术前未尽完整特殊告知义务，存在告知缺陷。告知缺陷的原因力与损害后果之间的责任程度，建议人民法院结合案情推定。”一审法院考虑吉大一院术前已经尽到了一定的注意及告知义务，患者家属作为完全民事行为能力人亦应理解其所签署的《手术治疗知情同意书》和《麻醉知情同意书》中提示的风险，确认吉大一院告知缺陷的过错责任程度轻微，酌定其对患者张某的死亡后果承担15%的赔偿责任符合《侵权责任法》第五十五条规定：“医务人员在诊疗活动中应当向患者说明病情和医疗措施。需要实施手术、特殊检查、特殊治疗的，医务人员应当及时向患者说明医疗风险、替代医疗方案等情况，并取得其书面同意；不宜向患者说明的，应当向患者的近亲属说明，并取得其书面同意。”故一审法院酌定吉大一院对患者张某的死亡后果承担15%的赔偿责任并无不当，张甲、张乙、张丙、张丁的申请再审理由不能成立，裁定驳回再审申请。

专家点评

本案涉及的是违反告知义务的医疗伦理损害责任。诊疗活动具有高度的专业性、风险性。因而，在诊疗活动中，医疗机构及其医务人员不仅需要在术前进行一般性常规内容的告知，还需要针对患者的具体情况，向患者具体说明医疗风险、替代医疗方案等特殊内容，才能够最大限度地确保患者的生命、身体、健康的安全。对于后者特殊内容的告知，原《侵权责任法》第55条要求取得患者或者其近亲属的书面同意，民法典侵权责任编第1219条将书面同意修改为明确同意。据此，在本案中，吉大一院仅履行了一般性告知义务，未尽到完整的特殊告知义务，未取得张某的明确同意，其行为具有违法性。吉大一院的行为致使患者张某遭受损害，主观上存在重大过失，应当承担赔偿责任。考虑到未尽到告知义务与患者损害之间仅具有相对轻微的因果关系，本案最终认定吉大一院承担15%的赔偿责任，以保障患者张某的权利，同时维护好医患关系的利益平衡。

第一千二百二十条 因抢救生命垂危的患者等紧急情况，不能取得患者或者其近亲属意见的，经医疗机构负责人或者授权的负责人批准，可以立即实施相应的医疗措施。

【条文释义】

本条是对医疗机构紧急救助措施的规定。

在发生了一些在抢救生命垂危患者中，患者及其近亲属不同意采取紧急医疗措施造成患者损害的事件后，原《侵权责任法》第56条规定了经医疗机构负责人或者授权的负责人批准，医生立即采取相应医疗措施的权利。本条规定继续沿袭了这一内容，允许紧急情况下医疗机构采取紧急措施。

采取紧急救助措施的要件是：

1. 患者生命垂危等须紧急抢救。

2. 不能取得患者或者其近亲属意见，首先是患者同意，患者不能表达意思的，才是取得患者近亲属的同意，“不能取得”包括其近亲属不同意采取紧急抢救措施。

3. 经过医疗机构负责人或者其授权的负责人的批准。具备了这些要件，医疗机构及其医务人员就可以实施紧急抢救措施。

本条只规定了授权，没有规定违反紧急救助措施的责任，应当适用民法典第1218条规定的医疗损害责任一般条款，认定医疗机构或者其医务人员未尽紧急救助义务有过错的，对患者造成的损害应当承担赔偿责任。

【案例评注】

上诉人同川医院与被上诉人黄某、张甲、张乙、张丙医疗损害责任纠纷案[①]

基本案情

2014年11月22日晚，张某在路边晕倒，被巡逻民警发现送往同川医院（南院）抢救。后又送至同川医院救治，临床诊断为急性药物中毒和腔隙性脑梗塞。当时患者身边无人陪护，同川医院在没有亲属签字的情况下进行了抢救，但患者仍死亡。2014年12月5日，患者家属未告知同川医院，由西检法律事务所委托司法鉴定中心对患者的死亡原因做鉴定。鉴定意见为患者系上消化道出血致失血性休克死亡。之后，患者家属黄某、张甲、张乙、张丙向一审法院起诉，请求同川医院赔偿损失。

法院判决

一审法院认为，因抢救生命垂危的患者等紧急情况，不能取得患者及其近亲属的意见的，经医疗机构负责人批准，可实施相应的医疗措施。同川医院在没有患者亲属签字的情况下，进行抢救治疗，符合法律规定。但医疗机构诊疗行为有过错的，应承担相应的责任。根据司法鉴定中心鉴定意见，同川医院存在过错，参与度为30%，判决同川医院应承担30%的赔偿责任。

同川医院不服一审判决，提起上诉。

二审法院认为，死者张某在路边晕倒，巡警发现后送至同川医院。同川医院及其所属医务工作者本着救死扶伤的人道主义精神，竭尽所能，全力抢救。虽然张某终因自身疾病和不明原因的中毒导致死亡，但是同川医院在死者身边无亲属陪护、死者身体状况不明等极其不利的情况下，依然自担风险，不避繁难，投入

---

① 一审法院为陕西省铜川市王益区人民法院，案号：（2015）王民初字第00045号；二审法院为陕西省铜川市中级人民法院，案号：（2016）陕02民终316号。

大量人力、财力、物力，把死者张某作为亲人一样对待，对同川医院的行为应当予以充分肯定。死者亲属在死者身亡后到达医院，对医务工作者的诊疗行为提出种种质疑，虽属人之常情，但对形成助人为乐、鼓励义行的良好社会风尚并无裨益。被上诉人在一审中依法申请对同川医院的诊疗行为是否存在过错进行鉴定。根据专家的鉴定意见，同川医院对张某的死亡存在医疗过错，应承担相应的赔偿责任。考虑到死者家庭的特殊情况，本着关爱弱者的宗旨，一审法院认定同川医院应负30%的赔偿责任，并无不当。

专家点评

本案涉及的是医疗机构紧急救助措施的问题。当患者急需抢救，却又无法取得患者或者其近亲属意见时，本着救死扶伤的使命与职责，医务人员应当及时实施相应的医疗措施，以避免患者损害的进一步扩大。根据民法典侵权责任编第1220条的规定，医务人员在取得医疗机构负责人或者授权的负责人批准时，才可以实施相应的医疗措施。在本案中，同川医院在没有患者亲属签字的情况下，经负责人批准后进行抢救治疗，符合实行紧急救助措施的规定。不过，符合实行紧急救助措施的规定与符合诊疗规范并不等同。医务人员在实施相应的医疗措施时，仍然需要尽到合理的诊疗义务，保障患者的生命、健康、身体安全。患者在该诊疗活动中受到损害，医疗机构仍然需要根据民法典侵权责任编第1218条的规定承担赔偿责任。经过鉴定，本案同川医院对张某的死亡存在医疗过错，参与度为30%，应承担30%的赔偿责任。

第一千二百二十一条 医务人员在诊疗活动中未尽到与当时的医疗水平相应的诊疗义务，造成患者损害的，医疗机构应当承担赔偿责任。

【条文释义】

本条是对医疗技术损害责任的规定。

医疗技术损害责任，是指医疗机构及其医务人员在医疗活动中，违反医疗技术上的高度注意义务，具有违反当时的医疗水平的医疗技术过失，造成患者损害的医疗损害责任。

一、医疗技术损害责任的法律特征

1. 构成医疗技术损害责任以医疗机构及其医务人员具有医疗过失为前提。

2. 医疗技术损害责任的过失是医疗技术过失，不属于医疗伦理过失或者医疗管理过失。

3. 医疗技术过失的认定方式主要是原告证明，法律规定推定医疗机构及其医务人员有过失的，依照其规定进行推定。

4. 医疗技术损害责任的损害事实只包括人身损害事实，不包括财产损害事实。

二、医疗技术损害责任的类型

1. 诊断过失损害责任。诊断过失损害责任是常见的医疗技术损害责任。最典型的诊断过失就是误诊。在一般情况下，法院对诊断过失损害责任的判断是非常谨慎的。只有当根本未进行一些基本的诊断程序或者在进一步的治疗过程中，未对初始的诊断发现并加以审查时，才能构成误诊，并导致赔偿责任。可以借鉴的是法国最高法院的做法，即只有当误诊是源于对当前医学知识的过失不知时，误诊才表现为过错。因此，判断误诊的标准是，一个理性的医生不可能出现这样的错误，才可以被认定为误诊，才会承担赔偿责任。① 我们可以确定这样的标准，即一个理性的医师在疾病诊断中，作出了不符合当下医疗水平的对患者疾病的错误判断，而一个理性的医师是不可能出现这样的错误的，就是诊断过失。

2. 治疗过失损害责任。医疗机构及医务人员在治疗中，未遵守医疗规范、规章、规程，未尽高度注意义务，实施错误的治疗行为，造成患者人身损害的，即为医疗过失损害责任。例如，在脊椎穿刺行为中，本身就具有一定的危险，只有当这种方式没有必要或者在施行过程中有错误，并且造成了患者的人身损害时，才能认定为治疗过失，构成治疗过失的医疗技术损害责任。

3. 护理过失损害责任。医护人员在护理中违反高度注意义务，造成患者人身损害，也构成医疗技术损害责任。例如，护士 A 将肌肉松弛剂放置在儿科病房的冰箱中，标注的标志不明显。护士 B 误将该针剂当成肝炎疫苗，给数个婴儿注射，造成一死数伤的后果，就是典型的护理过失，构成医疗技术损害责任。

4. 感染、传染损害责任。医疗机构承担的是治病救人的高尚职责，在医疗机构内部，必须管控感染，防止感染、传染。如果医疗机构以及医务人员未善尽高度注意义务，出现院内感染或者传染，造成患者感染新的疾病损害生命健康的，应当承担医疗过失损害责任。②

---

① ［德］克雷斯蒂安 · 冯 · 巴尔著：《欧洲比较侵权行为法》（下），张新宝、焦美华译，法律出版社 2001 年版，第 386 页。

② 对此，台湾成功大学侯英泠有专门的研究，见侯英泠：《论院内感染之民事契约责任》，正典出版文化有限公司 2004 年版。

5. 孕检、生产损害责任。在妇产科医疗机构中，由于孕检中未能检查出胎儿畸形，请求“错误出生”医疗损害责任不断出现。这种医疗技术损害责任是在妇产科医院中，对胎儿状况的检查存在医疗疏忽或者懈怠，应当发现的胎儿畸形而未发现，使胎儿出生后才发现畸形造成损害的医疗技术损害责任。在产妇生产过程中，迟延进行剖腹产，孕妇已经破水却未催胎，以至于生产迟延12小时以上，妇产科医生将超重胎儿的生产交由无经验的助理医生处理等，都属于生产过失，应当对造成的损害承担赔偿责任。[①] 前者为孕检损害责任，后者为生产损害责任。

6. 组织过失损害责任。医疗机构在医疗组织中，违反医院管理规范，疏于及时救助义务，或者延误治疗时间等，构成组织过失损害责任。

疏于及时救治义务的医疗行为，是违反医疗组织管理规范的医疗损害责任。医疗机构对于危急病患负有救治的义务。医疗机构对危急病患拒绝治疗，或者无故拖延诊断、治疗而致损害的，医疗机构应当承担赔偿责任。这种侵权行为是一种不作为的侵权行为，是违背作为义务的不作为侵权行为。如果医疗机构具有合法的抗辩事由，可以免除自己的责任，如因不可抗力导致医疗机构无法对患者诊断、治疗的，医疗机构不承担赔偿责任。

三、构成医疗技术损害责任应当具备的四个要件

1. 医疗机构在医疗活动过程中的违法行为

医疗技术损害责任的行为主体，是医疗机构及医护人员。医疗技术损害责任的违法行为必须发生在医疗活动过程中，如诊断、治疗、护理、管理等，都是发生医疗技术损害的违法行为的场合，否则不构成医疗侵权责任。

医疗技术损害责任的行为违法性，仍然是指医疗机构没有尽到必要注意，违反了对患者的生命权、健康权、身体权不得侵害的法定义务，这种违法性是形式违法，而不是实质违法。

2. 医疗技术损害责任的损害事实要件是人身损害

医疗侵权责任构成中的损害事实，是医疗机构及其医护人员在医疗活动中造成患者人身损害的事实。对于医疗技术损害责任构成中损害事实范围如何确定，有两种不同的主张：一种意见认为，医疗侵权的损害事实，是直接造成患者死亡、残废、组织器官损伤导致功能性障碍的损害事件，[②] 因而只包括人身损害的事实。另一种意见认为，医疗过失造成的损害，仅限于非物质损害，这种非物质损害包括因医疗过失造成患者人身损害所产生的财产损失，以及因医疗过失造成

---

① 朱柏松等：《医疗过失举证责任之比较》，元照出版公司2008年版，第64页。

② 郭明瑞、房绍坤、於向平：《民事责任论》，中国社会科学出版社1991年版，第271页。

患者人身损害而给患者及其家属带来的精神损害。特别是患者的人身损害事实不能仅限于患者死亡、残废、组织器官损伤导致功能障碍三类后果。①

医疗侵权责任中的损害事实主要包括：第一，受害人的生命权、健康权或者身体权受到侵害，使患者的生命权丧失，或者使患者的健康权受到侵害，或者身体权受到侵害。其具体的表现形式，就是生命的丧失或者人身健康和身体的损害等。第二，受害人的生命权、健康权、身体权受到损害之后因此所造成的财产利益损失，包括为治疗损害所支出的财产损失，以及因为遭受损害而实际减少的收入。第三，是受害人因人身损害所造成的受害人或者其近亲属的精神痛苦的损害，这种损害是无形损害，是精神利益的损害。精神损害也是损害事实要件的组成部分，在实践中也应当对这个损害事实作出证明。

人身损害是医疗侵权责任的损害事实的外在表现形式，在赔偿的意义上说，人身损害必定造成财产上的损失，精神损害也只能进行财产上的赔偿。

3. 医疗技术损害责任的因果关系

构成医疗技术损害责任，医疗违法行为与患者人身损害后果之间必须具有因果关系。医疗机构只在有因果关系存在的情况下，才就其过失行为负赔偿之责。

认定医疗技术损害责任的因果关系，应当实行相当因果关系规则，即按照社会的一般知识经验判断，某种行为能够引起某种结果，而在现实中，这种行为确实引起了这种损害结果，那么，这种行为就是这种损害后果的适当条件，二者之间具有相当因果关系。如果受害患者一方由于技术等原因而无法证明因果关系要件，可以在证明到一定程度即完成表现证据规则的要求之后，推定有因果关系，实行举证责任缓和，由医疗机构一方承担举证责任，证明自己的医疗行为与损害后果之间不存在因果关系。

4. 医疗技术过失

构成医疗技术损害责任，医疗机构必须具备医疗技术过失。这是对医疗机构违法性医疗行为中的主观因素的谴责，正因为医疗机构具有过失，才对其科以侵权责任，以示对医疗机构过失的法律谴责。医疗行为造成患者损害，如果医疗机构及医务人员没有过错，医疗机构就不承担医疗技术损害责任。

医疗技术过失表现在负有诊疗护理职责的医务人员的主观状态中。医疗机构作为责任人，也应具有过失，但这种过失是监督、管理不周的过失，采推定形式。医务人员不具有过失者，不承担医疗技术损害责任。医疗技术过失的形式，既可以是疏忽，也可以是懈怠，都是对患者应尽的高度注意义务的违反。

---

① 钱矛锐：《论医疗侵权行为的法律内涵》，载《西北医学教育》2008 年第 16 卷第 3 期。

医疗技术过失判断的标准是：(1) 医疗技术水平是临床医疗技术水平，而不是医学科学水平，因为医学科学水平是医学研究所达到的最高水平，绝大多数临床医生达不到这个水平。(2) 确定过失的临床技术水平是当时的水平，而不是发生医疗损害之前或者之后的水平，如在医疗损害发生之后很长时间再处理该纠纷，不能以处理纠纷时的临床技术水平确定是否有过失。(3) 证明的责任在原告，原告须提供证据证明存在这种过失（符合第1222条规定的除外）。

因此，符合上述四个构成要件，构成医疗技术损害责任，医疗机构应当对患者的损害承担赔偿责任。

【案例评注】

胸科医院与吴某等医疗损害责任纠纷上诉案①

基本案情

2015年4月28日，吴某因“右踝部疼痛3个月伴肿胀1周”入省立医院就诊，入院诊断为距骨结核，省立医院给予相关检查后考虑吴某不能排除骨结核，故建议吴某至结核病医院就诊。吴某住院治疗9天，于2015年5月7日出院。出院当日，吴某转至胸科医院就诊，入院诊断为距骨结核、窦性心动过缓，胸科医院给予诊断性抗结核有踝关节局部外敷及微波治疗。吴某住院治疗23天，于2015年5月30日出院。出院后，吴某右脚踝关节仍有疼痛不适症状。2015年6月27日，吴某第二次至胸科医院就诊，入院诊断为右足距骨结核、窦性心动过缓，该院仍给予诊断性抗结核有踝关节局部外敷及微波治疗。吴某住院治疗17天，于2015年7月14日出院。2015年8月15日，吴某第三次至胸科医院入院治疗，入院诊断为右足距骨结核、陈旧性心肌梗死，该院除给予诊断性抗结核治疗外，还给予吴某还原型谷胱甘肽保肝治疗。吴某住院治疗17天，于2015年9月1日出院。2015年10月7日，吴某至省立医院门诊检查，该院建议吴某住院治疗。2015年10月24日，吴某第二次至省立医院住院治疗，该院于2015年10月28日给予吴某“右侧距骨病灶清除+克氏针固定术”治疗，术后病理提示踝关节骨肉瘤，吴某住院治疗22天，于2015年11月15日出院，出院医嘱建议吴某转入上级医院进一步治疗。之后，吴某分别至瑞金医院和枞阳医院门诊及住院

---

① 一审法院为安徽省合肥市庐阳区人民法院，案号：(2016) 皖0103民初7551号；二审法院为安徽省合肥市中级人民法院，案号：(2018) 皖01民终1104号。

治疗。

吴某认为，省立医院和胸科医院多次对其进行诊疗均存在误诊行为，从而加重其病情，导致其失去治疗最佳时机，最终导致吴某右侧小腿中段被迫截肢。故吴某诉至一审法院，要求判决省立医院、胸科医院赔偿损失。

一审期间，依据吴某的申请，一审法院于2016年12月15日委托司法科学证据鉴定中心鉴定，鉴定意见为：1. 省立医院在对吴某的诊疗过程中，第一次住院治疗期间的临床诊疗行为不存在医疗过错；第二次住院诊疗过程中存在入院诊断上的局限性；但该局限性并未对患者入院后诊疗措施造成不利影响，入院后不久医院的手术治疗对查明患者病情性质方面起到诊断作用。因此，省立医院的诊疗行为不存在过错，与患者最终截肢后果之间无因果关系。2. 胸科医院在对吴某的诊疗过程中存在医疗过错，与吴某后期两次继续接受抗结核治疗的医疗结果、最终右小腿截肢结果之间具有因果关系。从法医学技术评定立场分析，胸科医院的医疗过错与吴某后两次住院接受抗结核治疗结果具有主要因果关系，与最终小腿截肢结果具有轻微因果关系。

法院判决

一审法院认为，吴某分别到省立医院、胸科医院接受治疗，吴某与省立医院、胸科医院之间均形成医患关系。本案的争议焦点为：一、省立医院对吴某的医疗行为是否存在过错，是否应当对吴某的损害后果承担赔偿责任？二、胸科医院对吴某的医疗行为是否存在过错，是否应当对吴某的损害后果承担赔偿责任？

首先，关于省立医院的责任。医疗损害责任是指医疗机构及其医务人员在诊疗活动中因为过错导致患者人身损害应当承担的侵权责任。本案中，吴某虽至省立医院住院治疗两次，双方形成医患关系，但依据司法鉴定鉴定意见，省立医院对吴某的诊疗行为不存在过错，与吴某最终截肢后果之间也没有因果关系，故省立医院无需对吴某的损害后果承担赔偿责任。

其次，关于胸科医院的责任。从司法科学证据鉴定中心司法鉴定意见书中载明的内容来看，安徽胸科医院在吴某第一次就诊时的诊疗行为基本符合临床诊疗思维和治疗常规，但吴某第二次、第三次就诊期间均未能注意到吴某局部影像学检查所见的特点，仍诊断为结核病予以诊断性治疗，使得吴某失去更早期明确其骨肿瘤的诊断时机，胸科医院对吴某的诊疗行为存在过错，该过错与吴某右足距骨恶性肿瘤病情未能更早期得到诊断和治疗，以致后期行小腿截肢术结果具有一定因果关系。基于上述理由，一审法院认定胸科医院对吴某的第一次诊疗行为不存在过错，故胸科医院对吴某第一次诊疗行为所产生的费用不予赔偿。鉴于胸科医院对吴某第二次、第三次的诊疗行为存在过错，且医疗过错与吴某后两次住院接受抗结核治疗结果具有主要因果关系，故酌定胸科医院对吴某第二次、第三次的诊疗行为所产生的医疗费、住院伙食补助费、交通费，应承担80%的赔偿责任。又因胸科医院对吴某的诊疗行为存在过错，该过错与吴某右小腿截肢结果具有轻微因果关系，故酌定胸科医院对吴某因截肢所产生的医疗费、住院伙食补助费、营养费、护理费、伤残赔偿金、精神损害抚慰金、过错鉴定费、因果关系鉴定费、伤残鉴定费、交通费，应承担20%的赔偿责任。

胸科医院不服一审判决，提起上诉。理由是本案中原审鉴定机构出具的鉴定结论明显依据不足。

二审法院认为，一审期间，系经当事人申请，一审法院委托司法科学证据鉴定中心对胸科医院的诊疗行为是否存在过错等进行司法鉴定，胸科医院虽然对司法科学证据鉴定中心作出的鉴定意见提出异议，但未提供充分证据证明存在鉴定机构及鉴定人员不具备相关鉴定资格，或者鉴定程序不合法，或者明显依据不足等情形，且未在法定期限内申请重新鉴定。故一审采纳该鉴定意见，并无不当。

根据司法科学证据鉴定中心的鉴定意见，胸科医院在对吴某的诊疗过程中，第一次就诊基本符合临床诊疗思维和诊疗常规；但第二次、第三次就诊期间未能注意其局部影像学检查所见的特点，仍诊断为结核病予以诊断性治疗，失去更早期明确其骨肿瘤的诊断时机，表明胸科医院的诊疗工作存在过错，与吴某后期两次住院抗结核病治疗结果具有主要因果关系；与最终小腿截肢结果具有轻微因果关系。一审法院由此确认胸科医院在本案中所承担的赔偿责任，属于裁量权范围，二审法院对此不予调整。故判决驳回上诉，维持原判。

专家点评

本案涉及的是医疗技术损害责任。医疗机构及其医务人员在进行诊疗活动的过程中，应当尽到与当时的医疗水平相符的诊疗义务，高度注意患者的病情。如果医疗机构或其医务人员违反医学上应尽的高度注意义务，造成患者损害，根据民法典侵权责任编第1221条的规定，医疗机构应当承担赔偿责任。本案中，胸科医院于患者吴某第一次就诊时，诊疗行为符合诊疗规范。第二次、第三次就诊时，未对初始的诊断发现并加以审查，作出了不符合当下医疗水平一个理性的医师对患者疾病应有的判断，具有诊断过失。误诊行为致使患者吴某丧失了治疗的最佳时机，并间接导致吴某再次住院以及最终小腿截肢，符合医疗技术损害责任的构成要件。因此，胸科医院应当承担赔偿责任。赔偿责任的范围可以参照其医疗过失对于损害发生的参与度。

值得注意的是，胸科医院第二次、第三次的误诊行为是因违反了时下的医疗水平而被认定为具有诊断过失。如果限于时下的医疗水平难以诊疗，根据民法典侵权责任编第 1224 条第 1 款第（3）项的规定，医疗机构不承担赔偿责任。

第一千二百二十二条　患者在诊疗活动中受到损害，有下列情形之一的，推定医疗机构有过错：

（一）违反法律、行政法规、规章以及其他有关诊疗规范的规定；

（二）隐匿或者拒绝提供与纠纷有关的病历资料；

（三）遗失、伪造、篡改或者违法销毁病历资料。

【条文释义】

本条是对医疗技术过失推定事由的规定。

医疗技术损害责任适用过错责任原则，原告负有举证责任。在本条规定的三种情形下，直接推定医务人员有医疗技术过失，原告不必举证证明：

1. 违反法律、行政法规、规章以及其他有关诊疗规范的规定：这一过失推定事由，其实并不是推定，而是证明了医务人员有过失，原因是，证明医务人员的医疗技术过失，就是要证明医务人员在客观上违反了应当遵循的法律、行政法规、规章以及其他有关诊疗规范的规定，只要有确定的证据，就能够证明医务人员在主观上违反了当时的医疗水平，为有过失。法律将其直接规定为推定过失的事由，就是受害患者一方如果能够证明这一情形，就推定医务人员有医疗技术过失，应当承担医疗技术损害责任。

2. 隐匿或者拒绝提供与纠纷有关的病历资料：这是医疗机构及其医务人员在发生医疗损害之后，当需要有关病历资料证明医务人员是否存在医疗技术过失时，却采取不作为的方式，拒绝提供与纠纷有关的病历资料的，直接推定医务人员有过失，不必再举证证明。原因是，既然医务人员拒绝提供自己掌控的有关病历资料的证据，就相当于负有举证责任而拒绝举证，因而依法向相反方向推定，推定医务人员有过失。这样不仅可以解决纠纷，而且对所有的医疗机构及其医务人员都是一个警示，必须配合司法活动提供有关证据，不管是否对自己有利。

3. 遗失、伪造、篡改或者违法销毁病历资料：在医疗损害责任纠纷发生后，只要医疗机构及其医务人员遗失、伪造、篡改或者违法销毁病历资料，无论是故意还是过失（遗失是过失，伪造、篡改和违法销毁是故意），都使医疗损害责任纠纷的责任确定失去客观的书证，对此，应当向造成灭失证据的一方不利的方向推定，直接推定医务人员有过失，承担侵权责任。这也是对所有医疗机构及其医务人员的警示，在发生医疗损害后千万不要干傻事，意图借此推诿责任，而实际效果正好相反。

【案例评注】

首刚医院与刘某等医疗损害责任纠纷上诉案①

基本案情

刘某与孟某系夫妻关系，刘甲、刘乙系二人子女。2017 年 2 月 27 日 17 时 21 分，孟某因左下肢疼痛至解放医院治疗，被诊断为左下肢动脉栓塞；低蛋白血症；心、肾功能不全，于当日下达病危通知书。2017 年 2 月 27 日 21 时 46 分，孟某之子为其办理了出院手续，要求至外院继续诊治。

2017 年 2 月 27 日 22 时 10 分，孟某被家属送至首刚医院就诊，首刚医院急诊外科出具 2017 年 2 月 27 日急诊病历一份，书写人为徐某，该份病历记载了 2017 年 2 月 27 日 22 点 10 分至 2017 年 2 月 28 日 8 时整（交班）期间对孟某的治疗情况，该份急诊病历当日并未交与孟某家属。刘某、刘甲、刘乙对该份病历不予认可，主张当日接诊医生徐某未给孟某提供任何治疗，没有写过急诊病历，首刚医院提供的该份急诊病历系后期补写、伪造，超过了病历书写时效。

2017 年 2 月 28 日 9 时 53 分，孟某突发呼吸不畅，呼吸骤停，首刚医院急诊内科进行抢救，于 2017 年 2 月 28 日 11 时进入重症监护科，于 2017 年 2 月 28 日 17 时办理出院。

2017 年 2 月 28 日 21 时，孟某至千安中医医院重症医学科就诊，2017 年 3 月 1 日办理出院。

2017 年 3 月 2 日 11 时 38 分，孟某死亡。千安中医医院为孟某出具居民死亡医学证明（推断）书，载明死亡时间为 2017 年 3 月 2 日 11 时 38 分。

2017 年 3 月 3 日，孟某遗体被火化。刘某、刘甲、刘乙遂向一审法院起诉，请求判决首刚医院赔偿损失。

---

① 一审法院为北京市石景山区人民法院，案号：（2017）京 0107 民初 9165 号；二审法院为北京市第一中级人民法院，案号：（2018）京 01 民终 1220 号。

法院判决

一审法院认为，患者在诊疗活动中受到损害，医疗机构及其医务人员有过错的，由医疗机构承担赔偿责任。本案中，两家鉴定机构在回函中均表明，病历不完整和孟某死后未进行尸体解剖是不能鉴定的两个原因，故法院就现有证据进行分析。依据《医疗机构病历管理规定》，门（急）诊病历由医疗机构保管的，医疗机构在每次诊疗活动结束后首个工作日内将门（急）诊病历归档，因首刚医院当日未将2月27日急诊病历交于孟某家属，故其应在书写后，于医疗活动结束后首个工作日将病历归档。首刚医院主张其急诊病历、住院病历、门诊病历由不同部门进行保管，刘甲复印病历时未要求复印急诊病历，但未能提交刘甲填写的复印病历申请书证明其主张，故按照常理推测，刘甲提出复印病历时，应理解为复印孟某全部病历，即使病案室未保管急诊病历，首刚医院也应提示刘甲前往相关保管部门复印，但首刚医院对此未提交相关证据。同时，2017年2月28日的急诊病历同为急诊病历，但在刘甲复印病历时存于病案室，刘甲在要求复印病历时取得了复印件，故刘甲质疑2017年2月27日病历超过书写时效，具有合理性，而病历不完整是不能进行鉴定的原因，故法院认定首刚医院对此存在过错。关于尸体未进行解剖，刘某、刘甲、刘乙主张考虑死者入土为安，自行将尸体火化，故不能解剖的过错不在首刚医院，但其亦为无法进行鉴定的重要原因之一。故综合本案情况，考虑到孟某在解放医院就诊时，其自身疾病较重，已被下达病危通知书，结合本案不能进行医疗过错鉴定的两个原因，法院酌定首刚医院对刘某、刘甲、刘乙合理损失承担30%的赔偿责任。

上诉人首刚医院上诉请求：撤销一审法院判决第一项，发回重审。主要理由是，刘某、刘甲、刘乙在本案一审过程中并没有证据证明首刚医院有过错，更没有证据证明医疗行为与患者死亡之间有因果关系。

二审法院认为，本案争议焦点是首刚医院对于患者孟某的死亡是否应该承担赔偿责任。本案中，刘甲首次至首刚医院病案室复印病历时，首刚医院未给其复印2017年2月27日的病历。首刚医院在一审中的解释明显违反病历管理规定。同时，同为急诊病历，2017年2月28日的急诊病历却在复印之列，首刚医院没有对此作出合理解释。因此，刘甲于2017年5月封存病历时对2月27日急诊病历提出质疑是合理的。依据《侵权责任法》第五十八条之规定，应推定首刚医院存在过错。此外，患者孟某从解放医院出院之时，解放医院已对患者作出初步诊断并提示家属患者病情危急，建议及早安排截肢手术。但患者入首刚医院之后，依据首刚医院在二审中的陈述，院方确实没有做进一步处理。2017年2月28日9

时53分，孟某突发呼吸不畅，呼吸骤停。该危急情况与解放医院提示的情况是吻合的，那么此时，应该由首刚医院解释2月27日晚间就该危重患者不做处置的合理性依据，也即应由首刚医院提供证据证明其不做处置的行为与患者病情转危之间没有因果关系。因此，与上述病历问题结合，本案应由首刚医院举证证明其没有过错及因果关系。由于患者于首刚医院出院之后即处于深度昏迷状态且两天后死亡，因而，首刚医院2月27日在患者危重时不做处置与死亡之间的关联性在本案中需要首先予以排除。在首刚医院未能排除关联性的情形下，判定首刚医院承担一定的责任是合理的。一审法院根据本案案情酌定首刚医院承担30%的赔偿责任并无不当，应当予以维持。

专家点评

本案涉及的是医疗技术损害责任中医疗机构的过失推定问题。一般而言，应当由患者证明医疗机构存在过错。唯一例外的是民法典侵权责任编第1222条规定的三种情形。这三种情形下直接推定医疗机构具有过错。这是因为，在提供病历等基本医疗档案材料时，医疗机构具有更优势的地位。为了平衡医患关系，利用证据规则减轻受害人的举证负担。本案中，首刚医院隐匿2017年2月27日的急诊病历资料，符合民法典侵权责任编第1222条第3款规定的情形，推定首刚医院有过错。这样的推定不仅可以解决医患纠纷，而且对其他医疗机构及其医务人员也是一种督促，要求其积极配合司法活动提供有关证据。

第一千二百二十三条 因药品、消毒产品、医疗器械的缺陷，或者输入不合格的血液造成患者损害的，患者可以向药品上市许可持有人、生产者、血液提供机构请求赔偿，也可以向医疗机构请求赔偿。患者向医疗机构请求赔偿的，医疗机构赔偿后，有权向负有责任的药品上市许可持有人、生产者、血液提供机构追偿。

【条文释义】

本条是对医疗产品损害责任的规定。

医疗产品损害责任原本就是产品责任，由于与医疗损害有关，因此，单独规定医疗产品损害责任。

医疗产品损害责任，是指医疗机构在医疗过程中使用有缺陷的药品、消毒产品、医疗器械以及血液等医疗产品（准产品），造成患者人身损害，药品上市许可持有人、医疗产品生产者、销售者或者医疗机构应当承担的医疗损害赔偿责任。

医疗产品损害责任属于产品责任，适用无过失责任原则。因此，其责任构成应当具备产品侵权责任的构成要件要求，须具备以下要件：

1. 医疗产品须为有缺陷产品（首要条件）

（1）医疗产品的界定和范围

医疗产品须符合产品的要求。《产品质量法》第2条第2款规定："本法所称产品是指经过加工、制作，用于销售的产品。"按照这一规定，产品须具备两个条件，一是经过加工、制作，未经过加工制作的自然物不是产品；二是用于销售，因而是可以进入流通领域的物，未进入流通领域的产品，也不认为是产品。医疗产品是经过加工、制作，同时也是用于销售的物，是可以进入流通领域的物，因此属于产品。

究竟哪些产品属于医疗产品，并没有统一的规定，法学界比较集中的意见是以下四种：一是药品；二是消毒药剂；三是医疗器械；四是血液及血液制品。笔者赞同这种意见。存在的疑问是，血液是人体组织，难道也能够认定为产品吗？笔者认为，人体组成部分与人体分离之后，就成为特殊的物，且血液的所有权属于血液提供机构，将其出卖于医院，医院又将其出卖给患者，完全具有产品的特征，应当视为产品。①

（2）医疗产品的缺陷

按照《产品质量法》第46条关于"本法所称缺陷，是指产品存在危及人身、他人财产安全的不合理的危险；产品有保障人体健康和人身、财产安全的国家标准、行业标准的，是指不符合该标准"的规定，缺陷的含义是：其一，缺陷是一种不合理的危险，合理的危险不是缺陷；其二，这种危险危及他人人身和财产安全，其他危险不认为是缺陷的内容；其三，判断危险的合理与否或者判断某一产品是否存在缺陷的标准分为一般标准和法定标准。一般标准是人们有权期待的安全性，即一个善良人在正常情况下对一件产品所应具备的安全性的期望；法定标准是国家和行业对某些产品制定的保障人体健康、人身和财产安全的专门标准。有法定标准的适用法定标准，无法定标准的适用一般标准。②

医疗产品造成损害，构成医疗产品损害责任，也必须具有缺陷。医疗产品的缺陷分为四种：

---

① 杨立新主编：《民法物格制度研究》，法律出版社2008年版，第79页以下。

② 张新宝著：《中国侵权行为法》，中国社会科学出版社1995年版，第308页。

一是设计缺陷。医疗产品的设计缺陷，是指医疗产品在产品结构、配方等方面存在不合理的危险。考察设计缺陷，应当结合医疗产品的用途，如果将医疗产品用于所设计的用途以外的情形，即使存在不合理的危险，也不能认为其存在设计缺陷。

二是制造缺陷。医疗产品制造缺陷，是指医疗产品在制造过程中，因原材料、配件、工艺、程序等方面存在错误，导致制作成最终医疗产品上具有不合理的危险性。

三是警示说明不充分的缺陷。医疗产品的产品警示说明不充分的缺陷，也叫作经营缺陷或者营销缺陷，即医疗产品在投入流通中，没有对其危险性进行充分警示和说明，对其使用方法没有充分说明。[①] 这些经验可以作为医疗产品损害责任的借鉴。

四是跟踪观察缺陷。医疗产品的跟踪观察缺陷，是指在将医疗产品投入医疗过程时，科学技术水平尚不能发现该医疗产品存在的缺陷，法律赋予医疗产品的生产者和销售者进行跟踪观察的义务，未能及时发现危险，或者发现危险未及时采取召回等补救措施，因此造成患者人身损害的，就构成跟踪观察缺陷。这些经验在医疗产品损害责任构成中同样适用。

2. 须有患者人身损害事实

构成医疗产品损害责任，必须具备患者的人身损害事实，这是发生损害赔偿请求权的事实依据。

构成这个要件，是将医疗产品应用于患者，由于医疗产品存在缺陷，造成了患者的人身损害。这种人身损害的特点是，有些损害后果在受害当时即可发现，有的则要在受害之后很长时间才能出现后果，特别是医疗器械造成的损害，通常都是经过一段时间才会发生。医疗产品损害责任中的人身损害事实，包括致人死亡和致人伤残。

在造成人身损害的同时，通常伴随精神痛苦的损害。医疗产品损害责任的人身损害事实要件中也包括精神损害，应当予以抚慰金赔偿。

3. 须有因果关系

医疗产品损害责任中的因果关系，是指医疗产品的缺陷与受害人的损害事实之间存在的引起与被引起的关系，医疗产品缺陷是原因，损害事实是结果。确认医疗产品损害责任的因果关系，要由受害人证明，证明的内容是损害是由于使用或消费有缺陷的医疗产品所致。使用，是对可以多次利用的医疗产品的利用；消

① 张新宝著：《侵权责任法原理》，中国人民大学出版社2005年版，第398页。

费，是对只能一次性利用的医疗产品的利用。受害人证明损害时，首先要证明缺陷医疗产品曾经被使用或消费，其次要证明使用或消费该有缺陷的医疗产品是损害发生的原因。例如，在身体内植入的钢板断裂造成损害，因果关系明显，患者即可证明。在证明中，对于高科技医疗产品致害原因不易证明者，可以适用举证责任缓和规则，在受害患者证明达到表现证据规则要求时，进行推定因果关系。即受害人证明使用或消费某医疗产品后即发生某种损害，且这种缺陷医疗产品通常可以造成这种损害，可以推定因果关系成立，转由侵害人举证证明因果关系不成立。证明属实的，则否定因果关系要件；不能证明的，推定成立，构成医疗产品损害责任。

4. 医疗机构和销售者应当具有过失

按照《产品质量法》第41条关于“因产品存在缺陷造成人身、缺陷产品以外的其他财产（以下简称他人财产）损害的，生产者应当承担赔偿责任”的规定，以及第42条关于“由于销售者的过错使产品存在缺陷，造成人身、他人财产损害的，销售者应当承担赔偿责任。销售者不能指明缺陷产品的生产者，也不能指明缺陷产品的供货者的，销售者应当承担赔偿责任”的规定，产品责任中的生产者承担责任，无需过失存在。而销售者承担责任有两种形式：（1）有明确的生产者和供货者的，构成侵权须具备过失要件；（2）销售者不能指明缺陷产品的生产者，也不能指明缺陷产品的供货者的，即使没有过失，销售者也应当承担赔偿责任。按照这样的规则，在医疗产品损害责任中，如果受害患者一方追究医疗机构以及医疗产品销售者的侵权责任的，必须证明医疗机构或者销售者具有过失，没有过失，就没有责任；如果医疗机构或者销售者不能指明缺陷医疗产品的生产者，也不能指明缺陷产品的供货者的，受害患者一方请求赔偿，无须证明其有过失，医疗机构或者销售者也应当承担赔偿责任。

医疗产品损害责任的承担方式是不真正连带责任：

1. 责任主体为缺陷药品等的产品上市许可持有人、生产者、医疗机构或者不合格血液的提供机构。

2. 受害患者一方可以向缺陷药品、消毒产品、医疗器械的产品上市许可持有人、生产者、血液提供机构或者医疗机构请求赔偿，根据受害患者一方的意愿选择。

3. 最终责任由医疗缺陷产品的制造者承担。医疗机构承担赔偿责任后，只要不是因自己的过错造成的医疗产品缺陷，就可以向负有责任的产品上市许可持有人、生产者、血液提供机构进行追偿。

值得注意的是，在医疗产品损害责任中，可以适用市场份额规则。针对在产品侵权中同类产品造成的侵权后果，但是生产这种产品的不是一个生产者，而是数个生产者，不能确定是谁制造的产品造成实际损害的这种情况，就是共同侵权行为中的共同危险行为。按照一般的共同危险行为的规则，应当由生产这种产品的数人共同承担侵权责任。但是，这种生产产品的情况则与一般的共同危险行为并不相同，承担连带责任不合理，因为个人的生产份额并不相同。按照“市场份额”规则，数人生产的同类产品因缺陷造成损害，不能确定致害产品的生产者的，应当按照产品在市场份额中的比例承担民事责任。按照这一规定，应当首先确定各个生产者在生产当时产品所占市场的具体份额，按照这一份额，确定自己应当分担的责任。在医疗产品损害责任中，如果出现致害的药品或者器械等医疗产品不能确定谁是真实的生产者的，可以适用市场份额规则，确定数个生产者按照产品所占市场份额的比例，确定其赔偿份额。对此，可以参考美国辛德尔案的做法。美国辛德尔案件，一位母亲在怀孕的时候，服用了己烯雌酚保胎药，这种药的后果是造成胎儿出生后患乳腺癌。辛德尔就是这种药的受害者。她出生20多年之后，发现自己患有乳腺癌，向法院索赔，法院判决生产这种药的所有工厂按照市场份额承担损害赔偿责任。①

【案例评注】

张某等诉仁心医院、爱心血站医疗损害责任纠纷案②

基本案情

1995年4月16日，张某因“乏力、厌食，尿黄5天，昏迷10小时”入住仁心医院，该院予以强心、利尿、输血等相关治疗，张某于1995年4月22日出院。张某在该院住院治疗期间，于4月16日输入全血两次各100毫升，4月17日输入全血100毫升，4月18日输入全血100毫升，4月20日输入全血100毫升。上述5次输入的全血中，4月16日、4月17日、4月18日所输全血共计400毫升均由爱心血站提供，爱心血站提交了所供全血交叉配合报告单。4月20日，仁心医院向张某所输全血100毫升，无爱心血站交叉配合报告单，仁心医院亦未提供此次所输全血来源的证据。

自2011年开始，张某因身体不适，经常发热、感冒、咳嗽，断断续续在向阳

① 该规则之提出，始于美国1980年辛德尔诉阿伯特药厂案，参见Sindell v. Abbott Laboratories. p. 607, 2d, 924 (1980).

② 一审法院为湖北省随州市曾都区人民法院，案号：(2015) 鄂曾都民初字第00614号；二审法院为湖北省随州市中级人民法院，案号：(2017) 鄂13民终709号。

中医医院门诊治疗。2011 年 3 月 13 日，张某检查 HIV 为阳性。2011 年 11 月 15 日至 11 月 26 日，在向阳中医医院住院治疗期间，张某被诊断为：HIV 并肺部感染、败血症、多形红斑、电解质紊乱。2014 年 2 月 14 日，襄阳市疾控中心查张某父母的 HIV 抗体结果为阴性，排除了张某的 HIV 是母婴传播。

张某向一审法院起诉，请求仁心医院、爱心血站赔偿损失。

法院判决

一审法院认为，公民享有生命健康权。依据仁心医院住院病历记载：医方在对张某进行相关治疗过程中，先后对张某输入全血 5 次，每次 100 毫升。其中输入的 400 毫升全血均由爱心血站提供，并有交叉配合报告单，而 1995 年 4 月 20 日输入的全血 100 毫升无供血机构，亦无交叉配合报告单，其血液来源不明。依据北京明正司法鉴定中心京正［2016］临医鉴字第 105 号司法鉴定意见，张某在输血 16 年后发现 HIV－1 抗体阳性，无法排除张某的损害后果与此次输血在时间上的关联性，仁心医院在对张某的输血过程中存在血液来源不明的过错，无法排除此次输血行为与张某损害后果之间的因果关系。根据《侵权责任法》第五十四条、第五十九条的规定，仁心医院依法应当对张某的损害后果给其所造成的经济损失承担赔偿责任。爱心血站是提供血液的机构，其向仁心医院提供并输入张某的 400 毫升血液均有交叉配合报告单，无证据证实其所提供的血液不合格，亦无证据证实其有过错，故爱心血站在本案中不应承担赔偿责任。张某在仁心医院输血 16 年后发现 HIV－1 抗体阳性，由于窗口期及其他感染途径等因素的存在，亦无法完全排除本次输血以外的其他途径感染的可能，根据本案查明的事实及过错程度，减轻仁心医院 30% 的民事赔偿责任为宜。

张某、仁心医院均不服一审判决，提起上诉。

二审法院认为，本案系因输血引起的医疗损害责任纠纷。根据《侵权责任法》第五十九条的规定，本案争议焦点在于医方向患者输入的血液是否合格，以及输血行为与损害后果之间是否存在因果关系，重点涉及医患双方举证责任的分配。对此评判如下：关于血液合格性问题，由于本案输血时间久远，最直接的证据即血液或其标本早已灭失，如要求患者证明输入的血液为不合格血液，明显超出其举证能力；而由于采血有严格的程序要求，血液供应机构均会保存血液完整的检测资料。因此，对于输入血液的合格性，应当以是否具备血液供应机构的相关检测资料来确定。本案仁心医院在诊疗中向张某共输入 500 毫升全血，其中 400 毫升有爱心血站的交叉配合报告单，只有 1995 年 4 月 20 日输入的 100 毫升全血没有检测资料证明其来源。仁心医院虽主张该 500 毫升全血均由爱心血站提供，但爱心血站仅认可400毫升，对未附交叉配合报告单的100毫升全血来源，该血站不予认可。鉴于仁心医院对张某输入的该100毫升全血无血液供应机构的检测资料证明其合法来源，应推定为不合格血液。关于输血行为和损害后果之间的因果关系问题，从医学上讲，HIV感染有性行为、父血感染或母婴传播和输血三种渠道，本案现有证据可以排除父血感染或母婴传播，故张某感染HIV这一损害后果只可能是因输血或性行为。由于仁心医院在本案鉴定和诉讼过程中均未提供其他感染途径的相关证据，相关鉴定机构出具的“无法排除张某的损害后果与此次输血在时间上的关联性”的鉴定意见应予采信；仁心医院主张该鉴定不具有确定性、排他性，申请进行重新鉴定的理由不具可操作性，也与民事案件的证明标准不符，法院不予采信。综合本案医患双方所举证据进行审查判断，法院认定仁心医院对张某的输血行为与鉴定意见中张某的损害后果之间存在因果关系。

关于张某上诉涉及的赔偿责任比例问题。《侵权责任法》第二十六条规定：“被侵权人对损害的发生也有过错的，可以减轻侵权人的责任。”本案中，现有证据虽然不能完全排除本次输血以外的其他途径感染的可能，但这并不构成张某存在过错应自担一定责任、减轻医方责任的法定理由。张某的该项上诉理由成立，法院予以支持。

关于张某上诉涉及的精神损害抚慰金问题，一审法院根据本案具体情况作出的裁判意见并无不当，法院对张某的该项上诉主张不予支持。

关于张某上诉涉及其医疗费报销部分是否应计入损失问题。因民事侵权赔偿以损害填补为基本原则，侵权人的赔偿范围应限于被侵权人实际支出的医疗费，法院对张某的该项上诉主张不予支持。

对于仁心医院上诉主张的诉讼时效问题，一审判决已经充分阐明相关裁判理由，法院对仁心医院的该项上诉主张不予支持。

综上，张某的部分上诉请求成立，予以支持；仁心医院的上诉请求不能成立，予以驳回。

专家点评

本案涉及的是民法典侵权责任编第1223条规定的医疗产品损害责任。医疗产品损害责任也是产品责任的一种，适用无过错责任原则，即不论医疗机构或者医疗产品生产者、血液提供机构是否具有过错，只要受害人能够证明医疗产品存在缺陷，有患者人身损害事实以及因果关系就构成侵权责任。在本案中，仁心医院于1995年4月20日输入的100毫升全血没有检测资料证明其合法来源，应当推定为不合格的血液。张某输入不合格的血液后，遭受了身体上的病痛，存在患者的人身损害事实。经过鉴定，无法排除仁心医院的输血行为与损害后果之间在时间上的关联性，应当认定输血行为与损害后果之间存在因果关系。根据民法典侵权责任编第1223条的规定，本案符合医疗产品损害责任的构成要件，张某有权向1995年4月20日提供100毫升血液的机构或者医疗机构请求赔偿。目前无法查明该血液的来源，仁心医院应当先行承担赔偿责任。仁心医院赔偿后，有权向负有责任的血液提供机构追偿。

第一千二百二十四条 患者在诊疗活动中受到损害，有下列情形之一的，医疗机构不承担赔偿责任：

（一）患者或者其近亲属不配合医疗机构进行符合诊疗规范的诊疗；

（二）医务人员在抢救生命垂危的患者等紧急情况下已经尽到合理诊疗义务；

（三）限于当时的医疗水平难以诊疗。

前款第一项情形中，医疗机构或者其医务人员也有过错的，应当承担相应的赔偿责任。

【条文释义】

本条是对医疗损害免责事由的规定。

本条规定了以下三种医疗机构免责事由：

1. 患者或者其近亲属不配合医疗机构进行符合诊疗规范的诊疗：对此，通常称为患者一方不配合。医疗机构及其医务人员对患者进行符合诊疗规范的诊疗活动，患者及其近亲属却采取不配合的方式进行妨碍、干扰、拒绝等，使医务人员无法进行正常的诊疗活动，因此造成的损害，医疗机构不承担赔偿责任。不过，在不配合治疗中，如果医疗机构或者其医务人员也有过错的，则构成与有过失，应当进行过失相抵，医疗机构应当承担相应的赔偿责任。

2. 医务人员在抢救生命垂危的患者等紧急情况下已经尽到合理诊疗义务：在这种情况下，医务人员为了救助患者、挽救生命而采取紧急救助措施，只要医务人员已经尽到合理诊疗义务，对于损害的发生就不承担赔偿责任。例如，在“非典”期间为救治患者采取的医疗措施差不多都有严重的后遗症，但不构成医疗损害责任，应当寻求其他方法解决纠纷。

3. 限于当时的医疗水平难以诊疗：也称为医疗水平所限，在发生医疗损害时，由于当时的医疗水平难以诊断或者难以治愈，因而发生损害后果，也不构成医疗损害责任，医疗机构不承担赔偿责任。

如果患者及其家属不配合治疗是构成医疗损害后果的原因之一，医护人员也有医疗过失，则构成与有过失，应当根据过失相抵的规则，减轻医疗机构的赔偿责任。具体方法是，根据双方的过错程度和原因力程度，确定医疗机构一方的赔偿责任。

【案例评注】

曾某与漳州医院医疗事故损害赔偿纠纷上诉案[①]

基本案情

曾某于2011年4月30日上午11时以“不慎跌仆，致左髋部疼痛、功能障碍半小时”为主诉入住漳州医院治疗。入院后予卧床休息，消肿止痛等处理。2011年5月4日，在腰硬联合麻醉行“左股骨颈骨折闭合复位空心钉内固定术”，术后予预防感染、改善循环等治疗。5月6日，曾某拍片复查。经治疗，曾某于2011年5月10日出院。术后3个月曾某复诊。

2012年5月10日，曾某因左髋部酸痛就诊。2012年6月4日，曾某再次到漳州医院。门诊伤科建议患者行人工关节置换术，患者拒绝，坚决要求手术取出固定物。2012年6月6日，行“左股骨颈中空螺钉取出术”术后消肿、活血等处理，曾某于2012年6月9日出院。

2013年5月28日，曾某以“外伤后左髋关节酸痛活动受限2年余”为主诉入住解放军医院。2013年5月31日，行“左侧人工全髋关节置换术”，经治疗，曾某于2013年6月8日出院。

2013年11月15日，曾某向漳州人民调解委员会申请调解。2013年12月5日，双方达成调解协议：双方同意由漳州市医学会对曾某在漳州医院就诊期间的诊疗行为进行医疗事故技术及医疗过失鉴定，作为这起医疗损害赔偿纠纷的赔偿依据等。2014年3月26日，漳州市医学会作出漳医鉴字［2014］5号医疗事故技术鉴定书，该鉴定书的结论是本病例不属于医疗事故。2014年11月10日，漳

---

① 一审法院为福建省漳州市芗城区人民法院，案号：（2016）闽0602民初4738号；二审法院为福建省漳州市中级人民法院，案号：（2017）闽06民终1726号。

州人民调解委员会终止调解。

2014 年 11 月 24 日，曾某诉至一审法院，请求漳州医院赔偿各项损失等。案件受理后，曾某申请鉴定。一审法院依法委托福建省医学会进行鉴定。2015 年 12 月 18 日，双方达成协议，因福建省医学会鉴定时间较长，曾某先行撤回起诉，待福建省医学会作出鉴定结论，双方再进行协商，若协商不成，曾某再起诉。

2015 年 12 月 4 日，福建省医学会作出福建医损鉴字［2015］05 号医疗损害鉴定书，鉴定意见为：医方第二次手术仅取出内固定螺钉，对股骨颈骨折未愈合、股骨头缺血坏死未进行相应处理是欠妥的。

2016 年 5 月 9 日，曾某再次诉至一审法院，请求判令漳州医院承担赔偿责任。

法院判决

一审法院认为，据福建省医学会的医疗损害鉴定，漳州医院在诊疗过程中的诊疗行为不存在过错，其诊疗行为与曾某术后所出现的骨不连等不存在因果关系。故曾某在术后出现骨不连及左股骨头缺血性坏死，是股骨颈骨折术后 1 年或术后 2 年常见的并发症，是本身骨折疾病的并发症所致，与漳州医院的诊疗行为不存在因果关系。曾某请求判决漳州医院赔偿损失的诉讼请求，应不予支持。

曾某不服一审判决，提起上诉。理由是本案损失系漳州医院延误治疗所导致，漳州医院应承担赔偿责任。

二审法院认为，本案属于侵权类型的案件，在认定是否构成侵权时，应按侵权的构成要件进行审查，其中行为要件和因果要件是审查的要素。首先，医疗事故损害赔偿纠纷具有专业上的特殊性，对医方诊疗行为是否适当的认定，应以专业判断为依据，从福建省医学会的《医疗损害鉴定书》来看，漳州医院并未存在延误治疗的过错，故本案不具备“延误治疗”的侵权行为要件。其次，根据上述鉴定结论，漳州医院虽存在“第 2 次手术仅取出内固定螺钉，对股骨颈骨折未愈合、股骨头缺血坏死未进行相应处理是欠妥的”的过错，但与曾某的损害后果无因果关系，故以上述行为为判断基础，本案也不具备侵权因果要件。结合上述两方面，本案中，因侵权要件欠缺，漳州医院不构成侵权，不应承担赔偿责任。

专家点评

本案涉及的是医疗机构的免责事由问题。与其他侵权责任一致的是，医疗损害责任也可以在一定的条件下免除。除了适用民法典侵权责任编第一章一般规定中的免责事由外，民法典侵权责任编第 1224 条还规定了医疗机构的三种特殊免责事由，分别是患者或者其近亲属不配合诊疗；医务人员在紧急情况下已经尽到合理诊疗义务；限于当时的医疗水平难以诊疗。在本案中，患者曾某出现左股骨颈骨折未愈合、股骨头缺血坏死的情形，是术后常见的并发症，而并非因手术过程中诊疗不规范而引发的疾病。根据我们目前的医疗水平，漳州医院及其医务人员可以预见到会出现并发症，但是没有办法避免。该情形符合民法典侵权责任编第1224条第1款第（3）项的规定。因而，对于患者曾某术后所遭受的损害，漳州医院享有免责事由，无需承担赔偿责任。

第一千二百二十五条 医疗机构及其医务人员应当按照规定填写并妥善保管住院志、医嘱单、检验报告、手术及麻醉记录、病理资料、护理记录等病历资料。

患者要求查阅、复制前款规定的病历资料的，医疗机构应当及时提供。

【条文释义】

本条是对病历资料制作、保管、查阅的规定。

病历资料是包括住院志、医嘱单、检验报告、手术及麻醉记录、病理资料、护理记录等医疗资料的档案材料，通常分为主观病历资料和客观病历资料。不论何种病历资料，在医疗损害责任中都属于书证材料，通过记录医疗机构对患者进行诊疗的过程，留下真实的医疗档案。

病历资料由医疗机构填写和保管，记录的内容是患者的病情及诊疗的记录。病历资料在医疗机构掌控之下，从物的角度看，说医疗机构对其享有所有权也不为过。

对医疗机构掌控的病历资料，患者享有重要的权利，因为事关自己的健康和生命。患者要求查阅、复制病历资料的，医疗机构应当及时提供。这是患者对病历资料享有的查阅权和复制权，医疗机构不仅应当及时提供给患者查阅或者复制，而且不得推诿、拒绝。

本条没有规定医疗机构违反提供查阅、复制义务的责任。例如，医疗机构拒绝、推诿患者查阅或者复制的要求，甚至丢失、毁损以及伪造、篡改病历资料，患者是否有权起诉医疗机构承担相应的赔偿责任。对此，可以将查阅、复制的要求归结于患者知情权的范围，违反上述义务，构成对患者知情权的侵害，可以依照民法典第 1218 条医疗损害责任一般条款，确定医疗机构承担精神损害赔偿责任。

【案例评注】

富川民族医院与陈甲等医疗损害责任纠纷案[①]

基本案情

2016 年 5 月 17 日 10 时，患者陈某至富川民族医院针推科住院治疗。2016 年 5 月 18 日 10 时 20 分，患者在输液过程中出现胸骨头后胀痛，并呼吸困难、随后肢体抽搐，呼之不应，被告给予积极抢救。考虑患者病情危重，被告富川民族医院建议转上级医院。当日，患者家属陈戊在富川民族医院自动出院或转院告知书、出诊登记表以及门诊病历上签名。11 时 30 分，患者转运上救护车后突然出现呼吸心跳停止，在抢救过程中，患者死亡。

原告陈甲、陈乙、陈丙、陈丁、陈戊、陈庚是患者的近亲属。原告认为，由于富川民族医院、富川人民医院的重大过错，造成了患者陈某死亡的严重后果，应对陈某的死亡承担全部赔偿责任，遂向该院提起诉讼并通过该院提出司法鉴定申请。

该院经委托贵明司法鉴定中心进行鉴定。2017 年 4 月 27 日，贵明司法鉴定中心作出明桂司法鉴定中心［2017］司鉴字第 7 号司法鉴定意见书，鉴定意见为：富川民族医院对被鉴定人陈某的诊疗过程中诊断正确、治疗原则正确，未违反卫生法律法规，但存在抢救记录不规范，违反了 2010 年 3 月 1 日实施的《病历书写基本规范》第 22 条第 8 款规定的过失；富川人民医院对被鉴定人陈某的诊疗过程中，处置及时、得当，未违反卫生法律法规及医疗常规。另外，被告提供给鉴定机构的审查材料中无病程记录。

法院判决

一审法院认为，医疗机构的过失行为，既包括怠于对患者进行救治的过失，也包括积极治疗行为中的过失，后者多表现为病历管理、手术签字程序等。本案中，被告富川民族医院的过失主要表现在两个方面：（1）无病程记录的过失。病

---

① 一审法院为广西壮族自治区富川瑶族自治县人民法院，案号：（2016）桂 1123 民初 750 号；二审法院为广西壮族自治区贺州市中级人民法院，案号：（2017）桂 11 民终 1096 号。

程记录主要包括：首次病程记录、日常病程记录、上级医师查房记录、抢救记录、死亡记录等内容。被告富川民族医院在该院立案后至鉴定中心作出鉴定意见前乃至法庭辩论终结前一直未提供病程记录。根据《侵权责任法》第六十一条第一款的规定，病历资料是医院医护人员对患者进行诊断、治疗情况全过程的记录和总结，是认定案件事实、明确责任的最重要的依据，客观、真实、准确、及时、完整、规范是其本质要求，医院必须按照《病历书写基本规范》的要求，全面记录对患者的整个诊疗过程。现被告未在规定的举证期限内提交病程记录以便鉴定机构审查，存在一定过失。(2）存在抢救记录不规范的过失。本案例中，富川民族医院应当按有关规定的要求对抢救记录作详细的记载，即便因抢救未能及时书写病历，也应当在抢救结束后6小时内据实补记，并加以注明，但该院书写的病历中缺失“抢救记录”，在2016年5月17日作的“护理记录”中也没有按上述规定对此进行详细记载，显然违反了《病历书写基本规范》的强制规定，存在明显的医疗过失行为。现富川民族医院未能使患者得到优质满意的医疗服务，存在以上两处过失，致使原告丧失对被告的信任感，并产生合理怀疑，客观上给原告带来了一定伤害，造成了原告一定的精神上的痛苦，导致诉讼，有一定过错，依法被告富川民族医院对患者家属应承担适当的一定比例的赔偿责任。综合本案的实际情况，酌定被告富川民族医院承担原告实际损失总额20%的责任为宜。被告富川人民医院在接诊后，对患者陈某进行的积极的抢救措施得当，依法不承担本案的赔偿责任。

富川民族医院不服一审判决，提起上诉。主要理由是对患者的诊疗行为没有过错，不应承担赔偿责任。

二审法院认为，本案的关键在于富川民族医院在对陈某的诊疗过程中有无过错的问题。在陈某的入院症状中已经有急性心肌梗死的前期症状，但该医院没有对其进行进一步的检查和处理，未能排除其存在急性心肌梗死的可能，也未对其采取相应的诊疗措施，贻误了最佳救治时机，导致陈某最后因急性心肌梗死而死亡，因此，上诉人在对陈某的诊疗过程中存在一定的过错。结合该院书写的病历中缺失“抢救记录”，在2016年5月17日作的“护理记录”中也没有按上述规定对此进行详细记载，显然违反了《病历书写基本规范》的强制规定，存在明显的医疗过失行为。一审综合认定由上诉人承担20%的责任并无不当，法院予以确认。

专家点评

本案涉及的是医疗机构及其医务人员按照规定填写并妥善保管病历资料的义

务。民法典侵权责任编第1225条特别规定了在诊疗活动中，医疗机构及其医务人员应当尽到高度的注意义务，及时填写病历资料，事后需要妥善保管，并及时提供给患者以便查阅、复制。这一义务属于强制性义务。如果违反了该义务，应当认定医疗机构及其医务人员有过错。同时符合其他侵权责任构成要件，应当认定医疗机构承担赔偿责任。在本案中，富川民族医院未按照书写病历资料的规范要求填写抢救记录以及护理记录，忽略了病历资料的客观性、真实性以及及时性，违反了法定的义务，应当承担相应的赔偿责任。

尚需明确的是，医疗机构及其医务人员按照规定填写并妥善保管病历资料的义务并没有加重医务工作者的负担，反而是减轻了日后出现纠纷时医务工作者承担举证责任的困难。申言之，通过规范违反病历资料填写保管要求的行为，可以更好地提高医务工作者填写病历的质量，加强病历在医疗损害责任中作为证据的运用，及时妥善地解决纠纷。

第一千二百二十六条 医疗机构及其医务人员应当对患者的隐私和个人信息保密。泄露患者的隐私和个人信息，或者未经患者同意公开其病历资料的，应当承担侵权责任。

【条文释义】

本条是对泄露患者隐私和个人信息责任的规定。

患者对医务人员无隐私。在诊疗过程中，为使医务人员准确诊断病情，患者会将自己的隐私和个人信息告知医务人员，记录患者诊疗过程形成的病历资料本身就是患者的隐私和个人信息。医疗机构和医务人员负有保密义务，对患者的隐私、个人信息和病历资料不得泄露和公开。泄露患者隐私、个人信息或者擅自公开患者病历资料的行为，都是侵害患者隐私权、个人信息权的行为，都应当承担赔偿责任。

本条规定增加了医疗机构及其医务人员对患者个人信息的保护，是有特别针对性的。首先，本法特别重视对自然人个人信息的保护，在总则编专门设定条文，加强对个人信息进行保护，在人格权编又专门规定了对自然人个人信息保护的规则。在医疗领域，患者的个人信息具有特别加以保护的必要。其次，患者在医疗机构就医，需要登记各种个人身份信息，很多医疗机构的医务人员将患者的个人信息予以泄露甚至非法出卖，使患者的个人信息受到侵害。因此，本条在原来规定对患者隐私保护的基础上，增加对患者个人信息的保护，是十分必要的。

医疗机构侵害患者隐私权和个人信息权应当承担的侵权责任，与民法典人格权编规定的人格权请求权发生竞合。民法典第995条规定：“人格权受到侵害的，受害人有权依照本法和其他法律的规定请求行为人承担民事责任，受害人的停止侵害、排除妨碍、消除危险、消除影响、恢复名誉、赔礼道歉请求权不适用诉讼时效的规定。”患者可以依照本条规定请求损害赔偿，也可以依照第995条规定请求医疗机构承担其他民事责任。本条规定属于特别法，受害患者依照本条规定请求医疗机构承担侵权责任更为妥当。

【案例评注】

东方医院与符某等医疗损害赔偿纠纷上诉案[①]

基本案情

2014年1月16日中午，受害人符甲因咳嗽、呕吐到东方医院处就医，医生给予输液治疗。1月17日上午，符甲再次到东方医院处治疗，下午符甲病情忽然加重，被家人急速送往东方医院处抢救。1月18日，符甲死亡。另外，东方医院接受采访时，向新闻媒体宣称符甲的死亡与其生前受到性侵害有关。

符某、胡某认为，东方医院存在医疗过失，同时违反了对患者的保密义务，遂向一审法院起诉请求东方医院赔偿死亡赔偿金、丧葬费、精神损害抚慰金等。

法院判决

一审法院认为，医疗机构及其医务人员应当对患者的隐私保密，东方医院的医护人员未经公安机关的侦查结论，即向媒体声称被害人存在被性侵的嫌疑，已对被害人的隐私及其亲属构成侵害，应当承担侵权责任。受害人到医院后，东方医院的医护人员已对其进行了积极的施救，但因其自身病情的加重导致不治身亡，本身也有过错。结合本案的案情，一审法院确定由东方医院及受害人各承担50%的过错责任。

东方医院不服一审判决，提起上诉。理由之一是，一审判决适用《侵权责任法》第十六条、第五十四条之规定认为东方医院侵犯符甲名誉权，属于适用法律错误。符某、胡某辩称，东方医院在没有证据的情况下向新闻媒体宣称符甲的死

① 一审法院为海南省东方市人民法院，案号：(2016)琼9007民初97号；二审法院为海南省第二中级人民法院，案号：(2017)琼97民终535号。

亡与其生前受到性侵害有关，玷污逝去孩童的名誉，对符某、胡某造成精神伤害，应当承担精神损害赔偿的责任。

东方医院主张一审判决适用《侵权责任法》第十六条、第五十四条之规定认定东方医院侵犯符甲名誉权属于适用法律错误，二审法院认为，该主张系东方医院理解错误，一审法院的认定并无不当，其已在所附条文中载明其适用的是《侵权责任法》第六十二条，只是在判决文书中漏写所适用的法条，法院予以纠正。

专家点评

本案涉及的是医疗机构及其医务人员的保密义务。基于诊疗活动，医疗机构及其医务人员会了解到患者的基本信息，也会掌握患者的病史、病患情况等重要的隐私与个人信息。对此，医疗机构及其医务人员具有保密义务，不得泄露患者的隐私或者个人信息。如果违反保密义务，泄露患者隐私和个人信息，医疗机构须承担医疗伦理损害责任。本案中，东方医院于符甲就诊期间知晓其过往病史以及病患情况，应当尽到高度的保密义务，既包括积极的保密义务，即妥善保管其病历资料，也包括消极的保密义务，即不得泄露或者未经患者同意就公开其相关的隐私和个人信息。然而，东方医院未经符甲同意，就向媒体公开其根据病历资料所推测的患者隐私，违反了保密义务，根据民法典侵权责任编第 1226 条的规定，应当承担侵权责任。同时，东方医院向媒体宣称死者有受性侵的嫌疑，对死者的名誉造成了损害，应当承担侵害死者名誉的侵权责任。

第一千二百二十七条 医疗机构及其医务人员不得违反诊疗规范实施不必要的检查。

【条文释义】

本条是对医疗机构及其医务人员过度检查的规定。

过度检查或者不必要检查，是指违反诊疗规范，进行了不属于相关病例应当检查的医疗检查。确定过度检查的标准，是卫生主管部门规定的诊疗规范。按照诊疗规范确定某种病状应当进行哪些检查，超出了应当检查范围的，就是过度检查。

不过，在实践中对过度检查很难确定，一方面，医务人员对患者进行的检查差不多都能找到依据，另一方面，确定是否属于过度检查都是由医学、医疗专家进行鉴定，结论通常比较倾向于保护医疗机构和医务人员。

过度检查的损害后果，是使患者增加了不必要的医疗费用开支，使患者受到财产损害。本条只规定了医疗机构和医务人员不得过度检查的义务，没有规定违反该义务的责任。对此，应当适用民法典第1218条规定，违反不得过度检查义务的医疗机构，应当依照该规定对患者承担财产损害赔偿责任。

【案例评注】

马某某与妇婴医院医疗服务合同纠纷案[①]

基本案情

2015年3月20日至2015年3月22日，马某某到妇婴医院就诊。马某某认为，医生得知马某某有合作医疗后极力建议住院治疗，入院后不到36小时做了7项检测和两项辅助治疗，还有一次医师会诊。医院在诊疗过程中存在病历作假、超标准检查、未按规定使用抗生素以及不遵循职业医师诊疗流程、乱收费等问题。后马某某诉至法院，请求：1. 妇婴医院退还会诊费、病房取暖费等乱收费87.9元，不必要检查所产生的过度医疗费447.8元，共计535.7元；2. 妇婴医院对因不必要检查而可能给马某某造成身体上和精神上的伤害进行赔礼道歉，并赔偿精神损失费300元；3. 诉讼费用由妇婴医院承担。妇婴医院辩称，马某某没有举证证明其有损害后果，未能证明医院诊疗过程存在过错，妇婴医院不承担赔偿责任。妇婴医院严格按照诊疗规范进行治疗，不存在过度医疗行为，仅凭论文、文档等医学理论不能作为认定过度医疗的证据。妇婴医院的各项收费是按照物价局医疗服务收费标准进行的，有收费依据，马某某主张退还检查费用没有法律依据，故马某某主张的精神损害赔偿没有事实和法律依据，故应驳回马某某的诉讼请求。

法院判决

一审法院认为，依据《侵权责任法》第六十三条的规定，医疗机构及其医务人员不得违反诊疗规范实施不必要的检查。关于马某某提出的妇婴医院添加辅助治疗，提供了进口和国产头孢性能及价位区别等5项相关网络下载文档，该份证据为医学理论的学术论文，无具体指令性规定。马某某所称，《抗菌药物临床应

---

① 一审法院为吉林省四平市铁西区人民法院，案号：(2015）四西民一初字第84号；二审法院为吉林省四平市中级人民法院，案号：(2016）吉03民终58号。

用管理办法》第六条和《抗菌药物临床应用指导原则》规定，应当尽量使用廉价和非限制抗生素药物，并非强制性规定。故马某某主张的伤害损失费和赔礼道歉，因其未能举证证明相关事实和法律依据，不予支持。

宣判后，马某某不服一审法院判决，提起上诉。理由之一是，妇婴医院通过血常规的检查就可以查出病因，无需做其他检查，但妇婴医院在明知其他检查对治疗毫无帮助的情况下，还开出了其他八项检查，属于为了乱收费的过度检查。妇婴医院辩称：一审判决正确，对马某某并未造成损害，妇婴医院不应赔偿，妇婴医院的各项收费都是合理的。

二审法院认为，马某某因病到妇婴医院住院治疗，虽然其对妇婴医院诊疗过程中的诊疗行为持有异议，但无证据证明发生了损害事实。因医院在诊疗过程中的诊疗行为涉及较强的专业性问题，应由有关专业鉴定意见对医院的诊疗行为是否过度予以判断，而马某某认为妇婴医院各项检查存在过度检查及过度治疗，并产生了不合理的收费，仅根据其查阅的有关医疗管理规范及医学理论论文的意见，不足以证明妇婴医院在实施诊疗行为中存在过错。马某某无充分证据证明其受到损害以及妇婴医院在诊疗活动中有过错，故要求妇婴医院退还相关费用并赔偿损失、赔礼道歉的上诉请求，不予支持。

专家点评

本案涉及的是医疗机构不得过度检查的义务。医疗机构及其医务人员在诊疗过程中，应当尽到合理的诊疗义务，不仅需要合乎法律规范地开展诊疗活动，还需要对症下药，针对患者的病情作出合乎实际情况的诊断方案。这就要求，医疗机构及其医务人员不得对患者进行过度检查。民法典侵权责任编第 1227 条对此作出了警示性规定。本案中，未有权威的鉴定结论或者充分的证据证明妇婴医院实施过度检查，应当认定妇婴医院遵循了民法典侵权责任编第 1227 条的规定，进行了合理的诊疗。此种做法应当予以认可。

值得注意的是，民法典侵权责任编第 1227 条未明确过度检查后应当承担的法律责任。这就引发了疑问，若经过鉴定，妇婴医院对患者进行了过度检查，应承担何种责任？笔者认为，一方面，基于妇婴医院与患者的医疗服务合同，妇婴医院须退还不合理的医疗费用；另一方面，如因过度检查侵害了患者的合法权益，应当根据民法典侵权责任编第六章的规定承担医疗损害责任。

第一千二百二十八条 医疗机构及其医务人员的合法权益受法律保护。

干扰医疗秩序，妨碍医务人员工作、生活，侵害医务人员合法权益的，应当依法承担法律责任。

【条文释义】

本条是对依法保护医疗机构及其医务人员合法权益的规定。

医疗机构及其医务人员是解救患者于病痛的白衣使者，职责神圣，其合法权益理应得到法律的保护，不能使其受到不法侵害。保护好医疗机构和医务人员的合法权益，就是保护人民自己的健康和安全。

随着社会风气的变化，我国的“医闹”比较盛行，一发生医疗损害纠纷，患者及其近亲属一方就开始搅闹医疗机构，侵害医务人员的合法权益，甚至使医疗机构无法进行医疗活动，伤害医务人员的也大有人在。故本条规定：

1. 医疗机构及其医务人员的合法权益受法律保护，不能使他们的合法权益受到非法侵害。

2. 对于那些干扰医疗秩序，妨碍医务人员工作、生活，侵害医务人员权益的，规定应当依法承担法律责任。“医闹”的行为人触犯了何种法律，就应当承担何种法律责任，包括民事责任、行政责任和刑事责任，使他们的行为受到处罚，使医疗机构和医务人员的合法权益得到切实保障。

【案例评注】

唐某与康某健康权纠纷上诉案[①]

基本案情

2016年7月17日，被告唐某的女儿到永福医院住院进行生产，在此期间，医院在被告女儿签字同意后实施打催产素等诊疗措施。同月19日13时30分，被告因对医院实施诊疗措施不满，在医院三楼妇产科病房内，先与原告康某争吵，后被告殴打原告，将原告的脸和手抓伤，将原告上身的短袖衣服扯烂、眼镜损坏。同日，被告因殴打原告，并造成原告身体伤害的行为，被处以行政拘留5日。同日下午，原告入永福医院外一科住院治疗，经诊断原告为急性闭合性轻型

---

① 一审法院为广西壮族自治区永福县人民法院，案号：（2017）桂0326民初291号；二审法院为广西壮族自治区桂林市中级人民法院，案号：（2017）桂03民终2480号。

颅脑损伤、脑震荡、头面部及全身多处软组织挫伤。同月24日，原告经治疗好转后出院。

出院后，原告向一审法院提出诉讼请求：1. 由被告赔偿原告损失17824.98元；2. 被告在永福医院以书面方式公开向原告赔礼道歉。

法院判决

一审法院审理认为，本案受害者为救死扶伤的医师，且发生在医院内，造成医生受伤的健康权纠纷，受害者有权获得赔偿。被告的女儿在医院诊疗过程中，被告对医院诊疗方案有意见，可以通过正当途径寻求救济，可是被告没有理智对待，采取殴打原告的方式，致使原告受伤，是一起涉医违法行为，由此造成原告损害所产生的经济损失，被告应承担民事责任。关于公开书面赔礼道歉问题，由于被告的行为发生在医院的病房内，不仅对原告的身体造成伤害，其他医务工作者也会在心理上产生恐惧感，从而影响整个医院的医疗秩序，如对此类事件不给予制止和惩罚，将扰乱医院的正常医疗秩序，且被告的行为属于严厉打击涉医违法犯罪专项行动的范围，因此，被告书面公开赔偿道歉，才能有效达到消除影响、恢复原告声誉之目的，同时，在医院范围内起到一定的警示作用，有利于防止类似涉医违法行为在医院发生，故判决被告在永福医院内以书面方式、公开向原告赔礼道歉。

上诉人唐某不服一审判决，提起上诉。

二审法院认为，第一，上诉人唐某在医院病房内殴打履行医生职责的被上诉人康某，主观上存在过错，客观上造成康某的伤害后果，依据《侵权责任法》第四条第一款、第十五条、第十六条的规定，唐某应当赔偿康某为此遭受的损失。第二，《侵权责任法》第二条规定，侵害民事权益，应当依照本法承担侵权责任。本法所称民事权益，包括生命权、健康权、姓名权、名誉权、荣誉权。本案虽定性为健康权纠纷，但依照《侵权责任法》第二十二条规定，侵害他人人身权益，造成他人严重精神损害的，被侵权人可以请求精神损害赔偿。依照法律规定，人身权益包括人身权和与人身相关的其他利益。自然人的人身权是自然人依法享有的与其人身不可分离、无直接财产内容的民事权利。人身权包括健康权、人格权、名誉权和人身自由等权利。上诉人唐某侵害被上诉人康某的人身权，造成被上诉人脸部受伤，不仅影响其容貌，且给被上诉人的工作和生活带来一定负面影响；最主要的是殴打事件发生在医院，针对的是履行医生职务的人员，这对被上诉人今后从事该工作造成心理上的恐惧感，也给医院的其他医务人员带来一定的心理阴影。一审法院根据本案查明的事实及案件性质的严重程度，依照法律规定判决上诉人赔偿被上诉人一定的精神抚慰金并无不当。

专家点评

本案涉及的是医闹行为。医闹行为不仅影响了医疗机构工作的正常运行，还有可能侵犯到医务人员的人身、财产权益。为了充分保障医疗机构以及医务人员的合法权益，民法典侵权责任编第 1228 条规定了他人不得干扰医疗秩序和医务人员工作生活的义务。如若违反该义务，应当根据相关的规定承担法律责任。

在本案中，患者家属唐某对医生康某的诊疗方案持有不同意见时，未与其进行良好的沟通，而是采取暴力的方式来解决问题，致使医生康某受伤，正是典型的医闹行为，违反了民法典侵权责任编第 1228 条所规定的义务。唐某的殴打行为侵害了康某的健康权，根据民法典侵权责任编第 1165 条第 1 款的规定，符合侵权责任的构成要件，应当对康某承担侵权责任。根据民法典侵权责任编第 1179 条以及第 1183 条的规定，唐某不仅需要赔偿医疗费、护理费等，还需要赔偿精神损害。只有对医闹行为进行严厉的打击，才能维护医院的正常医疗秩序，保护医疗机构及其医务人员的合法权益，维护医患之间的信任关系。因而，本案对预防医闹行为具有重大的借鉴意义。

第七章 环境污染和生态破坏责任

第一千二百二十九条 因污染环境、破坏生态造成他人损害的，侵权人应当承担侵权责任。

【条文释义】

本条是对环境污染和生态破坏责任适用无过错责任的规定。

原《侵权责任法》第八章只规定了环境污染责任，似乎没有明文规定生态损害责任。实际上，原《侵权责任法》规定的环境污染责任中就包含生态环境，只不过由于字面上没有显示出来，而被多数人解释为不包含生态损害责任。编纂民法典侵权责任编，对此进行了完善，明确将这种特殊侵权责任确定为“环境污染和生态破坏责任”，本条规定了环境污染和生态破坏责任的一般条款。

1. 环境污染和生态破坏责任的归责原则

环境污染和生态破坏责任适用无过错责任原则，这一规则自原《民法通则》第 124 条就确定了，原《侵权责任法》第 65 条和本条一直坚持这个立场。故构成环境污染和生态破坏责任无需具备过错要件。

采用无过错责任的理由是：第一，环境污染和生态破坏责任适用无过错责任是各国立法的通例，采用这一立法例，可以顺应世界侵权法的发展潮流，有利于我国民商法与国际民商法接轨。第二，适用无过错责任，有利于使社会关系参加者增强环境意识，强化环境观念，强化污染环境者的法律责任，履行环保义务，严格控制和积极治理污染。第三，适用无过错责任，可以减轻被侵权人的举证责任，加重加害人的举证责任，更有利于保护被侵权人的合法权益。因此，应当确认污染环境和生态破坏责任是无过错责任。

2. 构成环境污染和生态破坏责任的要件

对环境污染和生态破坏责任的构成要件，学界有不同主张：有的学者主张三要件，具体内容又分为两种，一种是污染环境和生态破坏的行为、损害、污染环境和生态破坏行为与损害之间的因果关系;[①] 另一种是污染环境和生态破坏的违法性、污染环境和生态破坏的损害事实、污染环境和生态破坏的违法性与损害事实之间的因果关系。[②] 有的学者主张过错责任与无过错责任并立的“二元化”归责体系，不同环境污染和生态破坏责任应分别适用过错责任原则（主要适用于破坏责任）与无过错责任原则（主要适用于污染责任）的责任构成要件。[③]

环境污染和生态破坏责任适用无过错责任原则，它的构成要件与一般的侵权行为民事责任的构成不同，无需具备一般侵权行为责任的全部要件。构成环境污染责任只需具备以下三个要件：

（1）行为人实施了环境污染和生态破坏行为。环境污染行为，如工矿企业等单位所产生的废气、废水、废渣、粉尘、垃圾、放射性物质等有害物质和噪声、震动、恶臭排放或传播到大气、水、土地等环境之中，使人类生存环境受到一定程度的危害的行为。破坏生态，是实施使生态受到破坏的行为。无论是作为或不作为的环境污染和生态破坏行为，都构成环境污染和生态破坏的责任。

（2）生态和环境受到了损害。其中，生态是指一切生物的生存状态，以及它们之间和它与环境之间环环相扣的关系；环境通常是指人类生活的自然环境，按环境要素可分为大气环境、水环境、土壤环境、地质环境和生物环境等，生态和环境原本是分开的，因而使环境和生态的损害责任对立起来。本条把生态和环境规定在一起，形成一个统一的概念，凡是造成生态环境损害的，都构成环境污染和生态破坏责任的要件。

（3）行为人实施的行为与损害结果之间有因果关系。在环境污染责任的构成中，环境污染行为与损害事实之间的因果关系要件具有非常重要的地位。原因在于，环境污染责任适用无过错责任原则，在确定责任构成中，不须具备过错要件，即不问过错，那么，确定是否构成环境污染责任的最后判断标准，就是因果关系。主要能够确定被侵权人的损害事实与环境污染行为之间存在引起与被引起逻辑联系的客观依据，具有因果关系，就能够确定环境污染行为的污染者对被侵权人承担侵权责任。在环境污染责任中，因果关系不仅是判断污染者与被侵权人的损害事实之间是否具有引起与被引起的逻辑联系的客观依据，更是判断污染者的环境污染行为是否为被侵权人造成的损害承担侵权责任的客观依据。依照本法第1230条规定，环境污染和生态破坏责任的因果关系要件可以依照该条规定实行

---

① 张新宝著：《中国侵权行为法》（第二版），中国社会科学出版社1998年版，第93页。

② 钱水苗：《污染环境侵权行为民事责任的特点》，载《杭州大学学报（哲学社会科学版）》1993年第6期。

③ 周珂著：《环境法》，中国人民大学出版社2000年版，第57页。

因果关系推定。

符合上述要件的行为，构成环境污染和生态破坏责任，行为人对受到损害的被侵权人承担损害赔偿责任。

3. 环境污染和生态破坏损害责任的类型

（1）转基因农产品污染侵权行为

基因是一切生命的基本组成部分，而繁殖又是生命的基本特征。生命繁殖的本质就是基因的复制。转基因技术是将人工分离、修饰过的基因（外源基因）导入生物体基因组中，由于外源基因的表达，引起生物性状的可遗传的变化。转基因技术主要被应用于动植物品种改良、基因工程药物以及基因功能鉴定等相关领域；还经常被用作生物反应器生产各种有用产品。

转基因农作物，正是一种能够在保持现有农业体系的同时，有效减少投入于农田的农药等化学物质的技术。利用转基因技术，还能够培育出适合在沙漠地带、盐碱地和寒冷地区生长的农作物。目前我国已获成功的转基因植物至少有35科120种。

基因污染是在天然的生物物种基因中掺进了人工重组的基因。这些外来的基因可随被污染的生物的繁殖而得到增殖，再随被污染生物的传播而发生扩散。因此，基因污染是一种非常特殊又非常危险的环境污染。

对于转基因农产品污染侵权，在制定侵权责任法过程中得到注意。在有关的学者建议稿中，明文规定了转基因农产品污染侵权。“因转基因农产品污染致人损害的，污染者应当承担损害赔偿责任。”①

（2）水污染侵权行为

水污染是指水体因某种物质的介入而导致其化学、物理、生物或者放射性等方面特性改变，从而影响水的有效利用，危害人体健康、破坏生态环境，造成水质恶化的现象。由于我国水资源严重紧缺，水污染防治在我国具有重要意义。

在水污染防治的立法方面，我国制定了《水污染防治法》。除此之外，国务院还分别制定了《防止拆船污染环境管理条例》《淮河流域水污染防治暂行条例》等。国家环境保护主管部门以及有关工业、公安、交通、渔业主管部门也分别针对水污染的防治专门制定了行政法规、部门规章和环境标准，各地方还分别制定一些实施办法或管理规定。

向水体中排放或者向地下渗透污水或废液污染水环境，对他人的人身、财产造成损害的，排放污染者有责任消除危害，并对直接被侵权人赔偿损失。同时，

---

① 王利明主编：《中国民法典草案建议稿及说明》，中国法制出版社2004年版，第250页。

水资源受到污染，给国家造成环境损害的，可以由行政主管部门代表国家，对责任者提出损害赔偿要求。

（3）大气污染侵权行为

大气污染是人类最常见的环境污染。大气污染，是指因自然现象或人为活动使某种物质进入大气而导致其化学、物理、生物或者放射性等方面的特性改变，使人们的生产、生活、工作、身体健康和精神状态、设备及财产等直接或间接遭受破坏或者受到恶劣影响的现象。能够引起大气污染的物质称为大气污染物。大气污染物种类繁多，常见的有100多种，其中危害较大的是颗粒物、二氧化硫、氮氧化合物、碳氧化合物、氟化物等。

在大气污染防治的立法方面，我国制定了《大气污染防治法》。除此之外，国务院、国家环境保护主管部门以及有关工业、公安、交通、渔业主管部门也分别针对大气污染的防治专门制定了行政法规、部门规章和环境标准，各地方还分别制定一些实施办法或管理规定。

在当代的环境保护中，大气环境的保护显得日益重要。近年来，国家对大气环境加强保护，对污染大气的污染行为进行惩治，取得了明显的效果。尤其是各地将大气污染指数作为公众知情权的重要内容，定期公布，对于保护人民健康起到了重要的作用。为了进一步保护大气环境，应当确定两个层次的责任：首先，向大气中排放或者飞散有害物质污染大气环境，排放者有责任消除危害，这就是说，凡是排放者就应当承担这样的责任；其次，对他人的人身、财产造成直接损害的，应当承担赔偿损失责任。

（4）固体废弃物污染侵权行为

固体废弃物污染是指因不适当地排放、扬弃、贮存、运输、使用、处理和处置固体废弃物而造成的各种环境污染。固体废弃物本身就是污染物，同时还可能造成土壤污染、大气污染和水污染等。

在固体废弃物污染防治的立法方面，我国主要制定了《固体废物污染环境防治法》，除此之外，国务院办公厅还发布了《关于坚决控制境外废物向我国转移的紧急通知》，国家环境保护主管部门以及有关外贸、公安、交通、建设主管部门也分别针对固体废弃物污染的防治专门制定了行政法规、部门规章和环境标准，各地方还分别制定一些实施办法或管理规定。

向环境排放、堆放固体废物，污染环境的，同样是污染环境的侵权行为。确定这种侵权行为，应当从实体和程序两个方面考察：从实体上，向环境中排放或者堆放固体废物污染环境，对他人的人身、财产造成损害的，一是排放者有责任排除危害，二是排放者对直接被侵权人应当承担赔偿损失的责任。从程序上，规定固体废弃物污染国有土地资源，给国家造成环境损害，国家可以起诉，由行政主管部门代表国家对责任者提出损害赔偿要求。

（5）海洋污染侵权行为

海洋污染是指人类直接或间接地把物质或能量引入海洋环境，以致造成或可能造成损害海洋生物资源、危害人体健康，妨害渔业和海上其他合法活动，损害海水使用素质和减损环境质量等有害影响的现象。

自20世纪70年代以来，我国政府就十分重视海洋环境保护，制定了一系列保护海洋的法律。经过30多年的发展，我国防治海洋环境污染的法律体系基本形成。它主要包括《海洋环境保护法》《防治陆源污染物污染损害海洋环境管理条例》《防治海岸工程建设项目污染损害海洋环境管理条例》《海洋石油勘探开发环境保护管理条例》《海洋倾废管理条例》《防止拆船污染环境管理条例》等，国家环境保护主管部门以及有关工业、公安、交通、渔业主管部门也分别针对海洋污染的防治专门制定了行政法规、部门规章和环境标准，各地方还分别制定一些实施办法或管理规定。

向海洋中排放或者倾倒有害物质污染海洋环境，并对他人的人身、财产造成损害的，一是排放者应当承担消除危害的责任，二是对直接被侵权人应当承担赔偿损失的责任。同样，对于海洋环境的损害，如破坏海洋生态、海洋水产资源、海洋保护区，给国家造成环境损害的，国家可以起诉，检察机关可以代表国家对责任者提出损害赔偿要求。

（6）能量污染侵权行为

由于科学技术的发展，能量的污染日益严重，对人们的损害是现实的，严重的。例如，城市内大量建设玻璃幕墙，形成光污染，就是一种能量污染行为。超过标准，造成损害的，构成侵权责任。对此，侵权行为法应当制订相应的对策，制裁污染行为，保护人的权利。依照这样的指导思想，违反法律规定，向环境中排放噪声、电磁波、光波、热能等能量，对他人人身、财产造成损害的，排放者一是有责任消除危害，二是对直接被侵权人应当承担赔偿损失的责任。如果向环境中排放的能量未超过国家规定标准，但被侵权人证明其正常的生活、工作和学习受到严重干扰的，排放者有责任消除危害。

（7）有毒有害物质污染侵权行为

有毒有害物质是指人们在生产或日常生活中使用的在一定条件下会污染环境、危害人体或者动植物生命和健康的物质。有毒有害物质主要包括：化学物质、农药、放射性物质、电磁波辐射等。

危险物品对环境污染的损害，具有更为可怕的后果，应当进行重点防治和惩治，以加强对被侵权人的保护。向环境中排放放射性物品、有毒化学品、农药等危险品污染环境，并对他人人身、财产造成损害的，排放者一是要承担消除危害的责任，二是对直接被侵权人承担赔偿损失的责任。

（8）环境噪声污染侵权行为

环境噪声是指在工业生产、建筑施工、交通运输和社会生活中所产生的干扰周围生活环境的声音。环境噪声污染是指所产生的环境噪声超过国家规定的环境噪声排放标准，并干扰他人正常生活、工作和学习的现象。

在环境噪声污染防治的立法方面，我国主要制定了《环境噪声污染防治法》。除此之外，国务院制定了《关于调整超标污水和统一超标噪声排污费征收标准的通知》等，国家环境保护主管部门以及有关工业、公安、交通、建筑主管部门也分别针对环境噪声污染的防治专门制定了行政法规、部门规章和环境标准，各地方还分别制定一些实施办法或管理规定。

当噪声污染侵权达到一定程度，超过合理限度，有关行为人应当对遭受噪声损害的被侵权人承担侵权责任。

（9）生态损害责任

在湖北发生的一个案例，进口的树种栽在路旁，结果寄生某种蛾，使周边30公里的梨树生产受到严重损害。受害人起诉后，一审法院判决构成侵权，适用《民法通则》第124条环境污染责任的规定，但被二审法院驳回起诉，因为该行为损害的是生态而不是环境。为了防止这种情况发生，本条规定明确了生态受到破坏的，也需要承担责任。

【案例评注】

首发集团公司与沙家湾村委会环境污染责任纠纷上诉案[①]

基本案情

首发集团公司系京承高速公路的建设方，京承高速公路于2009年建成通车。此路途经沙家湾村委会域内沙家湾二桥、沙家湾三桥、南庄桥、坑子地桥四座高架桥及牛郎峪桥涵洞，高架桥下有沙家湾村委会修建的村级水泥路，涵洞下亦为水泥路（以下简称涉案道路）。经现场勘验，高架桥的附属排水设施处于未完工

① 一审法院为北京市密云区人民法院，案号：（2016）京0118民初3991号；二审法院为北京市第三中级人民法院，案号：（2017）京03民终3482号。

状态，有裸露的排水孔、桥下没有排水管或者地面没有导流槽、导流槽与排水管未连接，桥上流水可以流到桥下水泥路面上。高架桥下的水泥路面均呈不同程度破损。在远离高架桥的水泥路面，同样存在破损，但相较高架桥下的破损程度有所减轻。其中，在沙家湾三桥下的水泥路面破损程度尤甚，且明显不同于自然损坏。沙家湾村委会向一审法院起诉，请求判令首发集团公司赔偿沙家湾村委会各项经济损失。

法院判决

一审法院认为，从已查明的事实分析，涉案高架桥的附属排水设施尚未完工，桥上的积水可以流到桥下的水泥路上。沙家湾村委会的水泥路始建于 2011 年，而首发集团公司所提交的使用环保融雪剂的证据仅限于 2015 年，不能证明在 2015 年前即使用了环保融雪剂。此外，首发集团公司提出高架桥投影面积以外、3 米以内的土地已被其征用，但其所举证据效力过于单薄，不足以证明其征用土地的事实。故法院对首发集团公司的上述辩解不予采信。据此，首发集团公司所举证据不能证明沙家湾村委会的损失与高架桥排水之间不存在因果关系，亦不能证明其不应承担责任或者减轻责任的情形存在。故对沙家湾村委会的损失，首发集团公司应进行合理赔偿，赔偿的数额应以鉴定结论为参考。

首发集团公司不服一审判决，提起上诉。

二审法院认为，《侵权责任法》第六十五条规定，因污染环境造成损害的，污染者应当承担侵权责任。首发集团公司应对沙家湾村委会承担相应的环境污染责任。从环境侵权责任的构成要件分别论述如下：首先，关于环境侵权行为。首发集团公司存在因排水系统不完善导致含有融雪剂的雪水不当排放的污染行为。尽管首发集团公司所使用的融雪剂符合相应标准，但因首发集团公司使用融雪剂的行为属于生产经营过程中的行为，故合规排放不能作为本案的免责事由。其次，关于损害事实。经现场勘验，含有融雪剂的雪水流经的涉案道路水泥路面均呈不同程度破损，破损程度较之含有融雪剂的雪水未曾流经的水泥路面更为严重，且破损状况不同于水泥路面的自然损耗。最后，关于环境污染行为与损害后果之间的因果关系。本案中，首发集团公司所使用的是含有氯化物的融雪剂，依据相关科学资料显示，含有氯化物的融雪剂对水泥道路具有一定的腐蚀性，故沙家湾村委会已经完成了关联性的举证责任。而首发集团公司并未举证证明含有融雪剂的雪水没有造成上述损害的可能，也未证明上述损害于排放含有融雪剂的雪水之前已发生；尤其在排水系统不完善的情形下，首发集团公司更未证明含有融雪剂的雪水未到达上述损害发生地，故法院认定首发集团公司因排水系统不完善导致含有融雪剂的雪水不当排放与涉案道路路面破损具有一定的因果关系。综上，一审判决首发集团公司承担侵权责任，并根据道路破损的其他原因等综合酌定的金额亦无不当，应予维持。

专家点评

本案涉及的是污染环境损害责任问题。与原《侵权责任法》第65条规定相一致，民法典侵权责任编第1229条也规定了污染环境损害责任适用无过错责任的归责原则，即不论侵权人是否具有过错都需要承担侵权责任。据此，具体的构成要件包括：第一，具有环境侵权行为；第二，具有损害事实；第三，环境侵权行为与损害事实之间具有因果关系。本案二审法院正是根据环境侵权行为的构成要件进行分析。申言之，首发集团公司存在因排水系统不完善导致含有融雪剂的雪水不当排放的污染行为，该污染行为导致了涉案道路发生不同程度的破损。根据民法典侵权责任编第1229条的规定，首发集团公司应当承担侵权责任，赔偿损失。

值得注意的是，首发集团公司曾以合规作为抗辩事由。对此，笔者认为，合规尽管可以说明首发集团公司在使用融雪剂过程中没有过错，但是基于生态环境损害适用无过错责任原则，首发集团公司无法以合规为由拒绝承担赔偿责任。

第一千二百三十条 因污染环境、破坏生态发生纠纷，行为人应当就法律规定的不承担责任或者减轻责任的情形及其行为与损害之间不存在因果关系承担举证责任。

【条文释义】

本条是对环境污染和生态破坏纠纷的举证责任倒置的规定。

1. 环境污染和生态破坏责任的免责事由、减责事由举证责任倒置

环境污染责任的免责、减责条件是：

（1）不可抗力

我国《环境保护法》第41条、《水污染防治法》第96条、《海洋环境保护法》第91条等法律中都规定不可抗拒的自然灾害为民事责任的免责事由。

对此的理解，首先，不可抗拒的自然灾害不等于不可抗力，前者的范围很窄，不得作扩大解释；其次，不可抗拒的自然灾害有不可预见和不可避免的含义，凡是可以预见或可以避免的自然灾害，不能作为免责条件；再次，即使发生

了不可抗拒的自然灾害，加害人及时采取了合理措施，仍不能避免造成环境损害的，才可以免责，如果加害人没有及时采取合理措施致使损害发生的，仍不得免责；最后，只有损害完全是由于不可抗拒的自然灾害引起的，才可免除加害人的责任，如果此灾害只是引起损害发生的部分原因，则不能免除加害人的责任。

《环境保护法》中规定的不可抗力免责条件，附加了诸多的限制：须为不可抗拒的自然灾害，并且由加害人及时采取了合理措施，仍不能避免造成环境污染致人损害时，才可以免责。构成环境污染的免责条件，一是不可抗力，仅包括不可抗力中的自然原因；二是对不可抗拒的自然灾害及时采取了合理措施仍不免损害。具备了这样两个条件的不可抗力，才可以免责。对免责条件限制严格，有利于保障被侵权人得到赔偿。

（2）被侵权人有过错

我国《水污染防治法》等法律中规定，如果损害是由被侵权人自身的过错所引起的，排污者不承担责任。被侵权人对损害的发生具有故意或重大过失，足以表明被侵权人的行为是损害发生的直接原因，即该损害与排污者无因果关系，则免除排污者的责任，但被告应对被侵权人的过错举证。

（3）其他免责条件

我国《海洋环境保护法》第 91 条规定，战争行为是海洋污染造成损害的免责条件。负责灯塔或者其他助航设备的主管部门在执行职责时的疏忽或者其他过失行为造成海洋、水污染损害的，为免责条件；此外，我国民法典总则编中规定的作为一般民事免责条件的正当防卫和紧急避险，也适用于环境污染责任制度。

环境污染和生态破坏责任免责事由、减责事由实行举证责任倒置，由侵权人一方承担。这其实是一个赘文，是不必规定的规则，因为凡是主张免责事由、减责事由的当事人都是侵权人一方，对方当事人不会为其主张和证明。既然是侵权人主张减责或者免责，当然是由其承担举证责任，举证不能或者举证不足自应驳回其请求。

2. 环境污染和生态破坏责任的因果关系要件举证责任倒置

环境污染和生态破坏责任的因果关系要件的证明，实行因果关系推定规则。

（1）实行因果关系推定规则的必要性

因果关系推定规则，是大陆法系为了适应环境污染和生态破坏责任因果关系举证困难的实际情况而创设的。在环境污染责任中，由于相当因果关系学说不能充分运用，各国法律界开始重新检讨因果关系理论，如何减轻原告方的举证责任，降低因果关系的证明标准，成为研究的重点问题，于是，推定因果关系的各种学说和规则不断出现，并被应用于司法实践。日本法院在判例中认为：“由于排放化学物质引起多数居民疾病的‘化学公害’案件等所发生的争议，涉及需要具有高度自然科学方面的知识。因此，要求被害者对因果关系的环节一个一个地加以科学性的说明，岂不等于完全封闭了以民事审判方式救济被害人的途径。”“根据所积累的情况证明，如果可以作出与有关科学无矛盾的说明，那么即应该解释为在法律上的因果关系得到了证明。”① 这里的与有关科学无矛盾的说明，就是推定因果关系的依据，可以认为是客观的、合乎规律的因果关系。

因果关系推定规则产生于公害案件，后来有向其他领域扩展的趋向。

（2）实行因果关系推定规则的基本要求

实行因果关系推定规则，并不意味着被侵权人无需证明因果关系，其仍然需要首先证明行为人的损害行为和自己受到损害的事实之间具有相当程度的盖然性。在其能够证明存在因果关系的可能性之后，法官推定被侵权人的行为与该损害结果之间有因果关系。如果行为人主张自己的行为与损害结果之间没有因果关系，则应当举证责任倒置，由其证明不存在因果关系。能够证明者，不成立侵权责任，不能证明或者证明不足，不能推翻因果关系推定的，推定成立因果关系，构成侵权责任。证明标准应当采取高度盖然性的标准。污染者证明因果关系的不存在达到高度盖然性的标准时，才能够推翻因果关系推定。

（3）因果关系的具体证明规则

第一，被侵权人证明存在因果关系的相当程度的可能性。

在诉讼中，被侵权人应当首先证明因果关系具有相当程度的盖然性，即环境污染行为与损害事实之间存在因果关系的可能性。相当程度的盖然性就是很大的可能性，其标准是，一般人以通常的知识经验观察即可知道二者之间具有因果关系。例如，河水上游的工厂排污，污染物中含有汞的成分，河水下游的居民引用该河水后，患有汞中毒，尽管不能证明受害人的汞中毒就是污染者排放的汞所致，但具有这种可能性。这种可能性，就是很大程度的盖然性。被侵权人没有相当程度盖然性的证明，不能直接推定因果关系。

原告证明盖然性的标准是，被侵权人提供的证据，使法官能够形成环境污染行为与被侵权人人身损害事实之间具有因果关系的可能性的确信，其范围为相当程度的可能性，而不是高度盖然性。原告的证明如果能够使法官建立起这种相当程度的可能性，或者较大的可能性的确信，原告的举证责任即告完成。

第二，法官对因果关系实行推定。

法官在原告上述证明的基础上，可以作出因果关系推定。推定的基础条件是：

① ［日］野村好弘：《日本公害法概论》（中文版），中国人民大学内部教材，第337～338页。

首先，如果无此行为发生，通常就不会有这种后果的发生。得到这个结论，首先应当确定事实因素，即环境污染行为和损害事实必须存在的事实得到确认，确认环境污染行为与损害事实之间可能存在客观的、合乎规律的联系。其次是顺序因素，即分清环境污染行为与损害事实的时间顺序，作为原因的环境污染行为必定在前，作为结果的患者人身损害事实必须在后。违背这一时间顺序性特征的环境污染责任，为无因果关系。污染者一方如果否认因果关系要件，直接举证证明违法排污行为和损害结果之间的时间顺序不符合要求，即可推翻这个推定。

其次，不存在其他可能原因，包括原告或者第三人行为或者其他因素介入。应当在损害事实与环境污染行为之间排除其他可能性。当确定这种损害事实没有任何其他原因所致损害的可能时，即可推定该种环境污染行为是损害事实发生的原因，才可以推定因果关系。

最后，判断有因果关系的可能性的标准是一般社会知识经验。基于健全的市民经验上直观的判断，其因果关系上的疑点显著存在，且此疑点于事实上得为合理说明，有科学上假说存在者，则法律上即可推定因果关系的存在。推定的标准，并不是科学技术证明，而是通常标准，即按照一般的社会知识经验判断为可能，在解释上与有关科学结论无矛盾，即可进行推定。

实行因果关系推定，就意味着被侵权人在因果关系的要件的证明上不必举证证明医疗损害因果关系的高度盖然性，而是在原告证明了因果关系盖然性标准的基础上，由法官实行推定。

第三，举证责任倒置由污染者证明排污行为与损害没有因果关系。

在法官推定因果关系之后，污染者认为自己的排污行为与损害结果之间没有因果关系，则须自己举证证明。只要举证证明排污行为与损害事实之间无因果关系，就可以推翻因果关系推定，免除自己的责任。

污染者一方证明自己的排污行为与损害结果之间没有因果关系，证明标准应当采取高度盖然性的标准，即极大可能性。对此，被告认为自己的行为与损害后果之间没有因果关系，应当证明到法官能够确信的程度。对此，污染者否认因果关系要件，应当针对下述四点进行：第一，无排污行为损害也会发生；第二，有他人或者被侵权人的过错存在，并且是其发生的原因；污染者如果能够证明在排污行为和损害事实之间存在其他可能造成损害的原因，如被侵权人自己的行为或者第三人的行为是造成损害的原因，就可以否认自己的侵权责任或者减轻自己的侵权责任；第三，自己的排污行为不是造成损害发生的原因；第四，具有科学上的矛盾，不可能存在这样的结果时，按照这个推定形式无法得出这样的结论，就可以推翻因果关系推定。

第四，污染者举证的不同后果。

实行因果关系推定，要给污染者举证的机会，使其能够举出证据证明自己的排污行为与损害后果之间不存在因果关系，以保护自己不受推定的限制。如果污染者关于无因果关系的证明是成立的，则推翻因果关系推定，不构成侵权责任；污染者不能证明或者证明不足的，因果关系推定成立，具备因果关系要件。其证明的标准，应当是高度盖然性才能够推翻因果关系推定。①

【案例评注】

张某诉周某等环境污染责任纠纷案②

基本案情

2009年3月1日，原告张某承包了塔河矿业物业公司的50亩果园，承包期为10年。2013年10月25日，被告周某代表光辉物流公司租用了青松建材公司的场地，在与原告果园仅一墙之隔处建立了一个大型粉煤灰堆放场。每当有风时会有粉尘进入原告的果园，对果树的生长、挂果造成很大的影响。2014年4月26日，新疆电视台到原告果园地进行了采访，实地拍摄了原告果园地被粉尘污染的现状。2014年4月22日，当地环境监察支队对被告光辉物流公司所堆放的粉煤灰场进行了现场检查，作出了认定粉煤灰场的堆放不符合规定，要求其整改的处理意见书。原告于2014年12月22日起诉至法院要求被告周某赔偿损失，经过一审、二审认定被告周某堆放的粉煤灰造成环境污染，使原告所种植的果树遭受损失，判决被告周某赔偿原告各项损失，青松建材公司不是侵权人，不承担赔偿责任。

2015年，被告的污染行为继续给原告造成损害，导致原告蒙受重大损失，原告诉至法院，请求法院判令被告周某赔偿因环境污染给原告造成的损失，被告光辉物流公司与被告周某承担连带责任。

被告周某辩称，已用大棚膜将粉煤灰堆覆盖，且2015年并没有刮过大风，原告果树受损系多种原因造成，原告的损失并不是环境污染造成，对原告提出的赔偿金额不认可，请求驳回原告的诉讼请求。被告光辉物流公司辩称：与被告周某的辩称意见一致。

---

① 德本镇：《企业的不法行为责任之研究》，一粒社1974年版，第130页以下，转引自夏芸：《医疗事故赔偿法——来自日本的启示》，法律出版社2007年版，第181页。

② 审理法院：新疆生产建设兵团阿克苏垦区人民法院，案号：（2016）兵0102民初355号。

法院判决

法院认为，《侵权责任法》第六十六条规定：“因污染环境发生纠纷，污染者应当就法律规定的不承担责任或者减轻责任的情形及其行为与损害之间不存在因果关系承担举证责任。”根据上述规定，环境污染属于特殊的侵权行为，环境污染损害赔偿纠纷采取举证责任倒置原则，赔偿责任适用的是无过错责任原则，因污染环境造成损害的，污染者不管有无主观过错，均应承担侵权责任。本案被告光辉物流公司、周某实施了污染环境的行为。因此，应就环境污染损害事实与其不存在因果关系及法律规定的不承担责任或者减轻责任的情形承担举证责任，但被告光辉物流公司、周某未提供证据证明环境污染损害事实与其不存在因果关系，也不能证明其存在着法律规定不承担责任的情形，故可以认定被告光辉物流公司、周某的粉煤灰堆放场的粉尘对原告果园造成污染的行为与损害结果存在因果关系，被告光辉物流公司、周某应当承担由此而产生的民事赔偿责任。被告光辉物流公司系一人有限责任公司，被告周某系光辉物流公司股东，周某未向法庭提供证据证明光辉物流公司财产独立于周某自己的财产，周某应当对光辉物流公司的债务承担连带责任。

专家点评

本案的争议焦点是侵权人的行为与环境污染损害事实之间是否具有因果关系。一般侵权行为中，应当由原告举证证明违法行为与损害事实之间的因果关系。然而，污染环境、破坏生态是特殊侵权行为。民法典侵权责任编第1230条特别规定了举证责任倒置，即侵权人应当就行为与损害之间不存在因果关系承担举证责任。如若无法举证证明，侵权人应当承担举证不能的后果。本案中，被告周某、光辉物流公司称，已用大棚膜将粉煤灰堆覆盖，且2015年并没有刮过大风，原告果树受损系多种原因造成，原告的损失并不是环境污染造成。但是未提出证据证明堆放粉煤灰与原告损失之间不存在因果关系，应当承担举证不能的后果，即法院有理由认定被告堆放粉煤灰的行为与原告果园损失之间具有因果关系。同时，被告实施了堆放粉煤灰的污染环境的行为，原告果园确实遭受了严重的财产损失，符合环境污染侵权责任的构成要件。因此，被告应当对原告的损失承担赔偿责任。

第一千二百三十一条　两个以上侵权人污染环境、破坏生态的，承担责任的大小，根据污染物的种类、浓度、排放量，破坏生态的方式、范围、程度，以及行为对损害后果所起的作用等因素确定。

【条文释义】

本条是对环境污染和生态破坏责任准用市场份额规则的规定。

所谓市场份额责任，并不是针对环境污染责任创立的，而是美国加利福尼亚州上诉法院1980年审理的辛德尔诉阿伯特制药厂案（Sindell V. Abbort Laboratories）中确定的产品侵权责任的判例规则。被告为制造安胎药之药商，该药物名为Diethylstilbestrol，简称DES，行销多年后发现其中含有致癌物质，服用该药之孕妇日后产出之女婴，易罹患癌症。而原告辛德尔的母亲正是曾于怀孕期间经由医师处方服用该种药物，致使原告成年后，不幸患有癌症。于是，原告以生产该药而市场占有率共计9成以上之5家药商为共同被告（实际生产厂商约有200家），起诉请求损害赔偿。诉讼过程：1. 原告无法提出有力证据证明其母系服用何家药商贩卖之药物，事实审法院驳回原告之诉。2. 上诉审法院判决原告胜诉。上诉审法院认定5家药商均有过失，每家药商须为损害之发生负全部之赔偿责任。本案系由被告之一阿伯特制药工厂（Abbott Laboratories）上诉加州最高法院，判决原判决废弃，各个被告公司不须负全部之赔偿责任，仅须依其产品之市场占有率比例分担之。①

在产品责任中，同类产品造成的侵权后果，不能确定是谁制造的产品造成的实际损害的情况，应当由生产这种产品的数人共同承担侵权责任。但按照一般的共同危险行为的规则，实施共同危险行为的数人承担连带责任，而这种生产产品的情况则与一般的共同危险行为并不相同，承担连带责任似乎不尽合理。而按照“市场份额”规则，数人生产的同类产品因缺陷造成损害，不能确定致害产品的生产者的，应当按照产品在市场份额中的比例承担民事责任。按照这一规定，应当首先确定各个生产者在生产当时产品所占市场的具体份额，按照这一份额，确定自己应当分担的责任。

本条规定的多数人环境污染和生态破坏责任，确定各自所造成的损害，参照适用市场份额规则确定各自的责任份额。之所以能够参照适用市场份额规则，原因是在两个以上的污染者污染生态环境时，不能确定究竟是谁的污染行为造成的

---

① 潘维大编著：《英美侵权行为法案例解析》（上），台湾瑞兴图书股份有限公司2002年版，第270页。

损害，但都存在造成损害的可能性，这种情况与产品责任中适用市场份额规则的条件完全相同，应当适用同样的规则。

多数人环境污染和生态破坏责任适用市场份额规则的条件是：1. 被侵权人已经受到实际损害，包括人身损害和财产损害；2. 造成这种损害的行为人为二人以上，数个行为人的同类行为都能造成该种损害；3. 究竟每个行为人造成的是哪一部分损害不能实际确定，即每一个行为人的行为对损害发生的原因力无法确定。由于环境污染和生态破坏责任适用无过错责任，故不考察过错要件。

符合上述适用市场份额规则确定数人环境污染和生态破坏的责任份额要求的，具体根据污染物的种类、浓度、排放量，破坏生态的方式、范围、程度，行为对损害后果所起的作用等因素，按照实际比例，确定每个行为人应当承担的责任份额。

按照市场份额规则，多数人承担责任的形态是按份责任，即只对个人的责任份额负责，不承担连带责任。对此，本条没有明确规定适用连带责任，而民法典总则编第 178 条第 3 款关于“连带责任，由法律规定或者当事人约定”的规定，法律没有明文规定连带责任的多数人责任，应当是按份责任，故将本条规定的多数人环境污染和生态破坏责任的形态确定为按份责任，是有依据的。

【案例评注】

光环公司等与沈某等水污染责任纠纷案[①]

基本案情

沈某系养鱼合作社社员，长期在房亭河从事网箱养鱼。2013 年 7 月，沈某发现其网箱养殖的鱼出现死亡现象，遂与养鱼合作社的其他养殖户一起向当地渔政渔船监督管理站电话举报。同年 7 月 17 日，当地环境监察大队经调查并取样检测后，出具了《关于房亭河网箱养鱼死亡的调查报告》一份，结论为“房亭河全境水质氨氮、溶解氧均超标，检测数据超标无明显规律性，经研究分析认为房亭河水质恶化的原因主要有以下四个方面：一是农业源污染，部分农田灌溉渠长期积存的污水经雨水冲刷下泄进入房亭河。二是枯水期支流的污水长期积存，水量大时冲刷下泄进入房亭河。三是房亭河上游铜山区污水下泄。四是沿线居民生活污

---

① 一审法院为江苏省新沂市人民法院，案号：（2016）苏 0381 民初 733 号；二审法院为江苏省徐州市中级人民法院，案号：（2017）苏 03 民终 4057 号。

水及生活垃圾进入房亭河。”同年7月4日、7月8日、7月11日，当地环境监测中心分别对各采样地点进行了检测，检测数据显示各监测点水体中的化学需氧量、氨氮等指标均超标。取样地点均位于原审被告排污口附近，且在沈某网箱鱼发生死亡及环境监测中心站取样时，原审被告企业均在正常生产经营。沈某向一审法院起诉请求判令被告企业赔偿损失。

法院判决

一审法院认为，本案中，对于七个被告企业是否存在排污行为，经一审法院现场勘验取证并实地走访了解，被告光辉、光环、巨腾、学永公司均有排污行为，其他公司未实施排污行为。沈某的鱼死亡与四被告企业实施排放污染物的行为之间存在因果关系，所以，上述四被告应当赔偿沈某因为网箱鱼遭受污染造成的损失。结合上述四被告的企业规模、排污持续时间、排污量、污染物的有害物质构成及造成的损害后果等因素，上述四原审被告应共同承担责任。故判决四被告企业于本判决生效之日起10日内分别赔偿沈某经济损失6058.80元。上述四公司对上述损失分别承担连带责任。

光环公司、光辉公司、巨腾公司、学永公司均不服一审判决，提起上诉。

二审法院认为，结合案件事实的查明情况，应依法认定光辉公司、巨腾公司、学永公司实施了排污行为，光环公司未实施排污行为。光辉公司、巨腾公司、学永公司的排污行为与沈某所养殖鱼死亡间存在因果关系，应当承担赔偿责任。

光辉公司、巨腾公司、学永公司是分别实施排污行为而造成环境损害。《最高人民法院关于审理环境侵权责任纠纷案件适用法律若干问题的解释》第三条规定：“两个以上污染者分别实施污染行为造成同一损害，每一个污染者的污染行为都足以造成全部损害，被侵权人根据侵权责任法第十一条规定请求污染者承担连带责任的，人民法院应予支持。”该解释第四条规定：“两个以上污染者污染环境，对污染者承担责任的大小，人民法院应当根据污染物的种类、排放量、危害性以及有无排污许可证、是否超过污染物排放标准、是否超过重点污染物排放总量控制指标等因素确定。”因污染者各自承担责任份额的大小由污染物的种类、排放量等因素决定，相关证据由污染企业掌握，故本案中需担责的三个上诉人，应分别对其污染行为是否足以造成全部损害承担举证责任。因光辉公司、巨腾公司、学永公司未就此提交足够的证据，故其应在上述养殖损失20%的责任份额内承担连带责任。一审法院判令各污染企业平均担责无相应法律依据，二审法院对其内部责任份额不再予以区分。

专家点评

本案一审法院与二审法院判决的不同点之一是关于生态环境侵权人之间责任分担的认定，一审法院判令各污染企业之间平均担责，二审法院未再区分内部责任份额。共同点是，几个被告企业对原告承担连带责任。

关于责任分担的认定，民法典侵权责任编第1231条延续了原《侵权责任法》第67条的做法，规定了根据污染物的种类、浓度、排放量、破坏生态的方式、范围、程度，以及行为对损害后果所起的作用等因素来确定两个以上侵权人承担责任的大小。上述所提及的污染物的种类、排放量等相关证据均由污染企业掌握。据此，污染者应当承担举证责任，证明自家企业所排放的污染物的种类、浓度、排放量等对损害事实发生的作用力。本案中，光辉公司、巨腾公司、学永公司均未提交足够的关于污染物的种类、排放量等证据，法院无法确定是否每个污染企业的行为都足以造成全部损害，也无法确定某个污染企业的行为足以造成全部损害，其他污染企业的行为只能造成部分损害。有鉴于连带责任的适用条件是法律规定或者当事人约定，在无法对上述情形作出明确的认定时，法院不应当判决每个污染企业承担连带责任，故一审、二审法院判决几个被告承担连带责任有误。尽管其能够充分地保障被污染者的合法权益，但忽略了案件的重要事实。因而，正确的做法是，法院依职权调取证据，确定几个被告的责任份额。

第一千二百三十二条 侵权人违反法律规定故意污染环境、破坏生态造成严重后果的，被侵权人有权请求相应的惩罚性赔偿。

【条文释义】

本条是对环境污染、破坏生态惩罚性赔偿责任的规定。

在原《侵权责任法》起草过程中，关于惩罚性赔偿责任制度的设计有两种不同方案：一是建立全面的惩罚性赔偿责任制度，即只要恶意侵权造成严重损害的，不论是一般侵权行为或者特殊侵权行为，均有权要求惩罚性赔偿。该方案类似于美国的惩罚性赔偿责任制度。二是建立个别的惩罚性赔偿责任制度，即在关乎人民生命财产安全的产品责任和环境损害责任中，规定惩罚性赔偿责任。最终，立法机关基本上采纳了后一种意见，只在产品责任中规定了惩罚性赔偿责任。

立法机关之所以未采纳将惩罚性赔偿责任适用于环境损害责任的建议，主要出于两个方面的考虑：第一，惩罚性损害赔偿责任刚刚从英美法系引进，还不确定在我国能否得以适用以及适用效果如何，因而要保持谨慎态度，缩小适用范围。第二，相较于产品责任领域而言，在环境损害责任中适用惩罚性赔偿责任的需求还不够迫切，特别是环境污染领域，很少有明知实施环境污染行为造成他人死亡或者健康严重损害却仍然实施的情况。因此，立法机关最终决定惩罚性赔偿应当适用于严重的侵权领域，只在原《侵权责任法》规定的产品责任中予以适用。

当前，我国侵权行为对生态破坏和环境污染造成的损害，已经达到相当的程度，甚至严重威胁每一个人的生存与发展。为此，民法典总则编第 9 条确立了具有时代意义的绿色原则，即“民事主体从事民事活动，应当有利于节约资源、保护生态环境”。这充分表达了立法机关对生态环境的高度重视。之后，立法机关开始重新审视生态环境侵权责任的立法，并根据 2017 年中共中央办公厅和国务院办公厅印发的《生态环境损害赔偿制度改革方案》关于完善生态环境损害责任制度的原则要求，在本条之后规定了生态环境侵权的惩罚性赔偿制度。

根据本条的规定，生态环境侵权适用惩罚性赔偿责任的要件是：

1. 侵权人实施了污染环境、破坏生态的行为。环境污染行为，如工矿企业等单位所产生的废气、废水、废渣、粉尘、垃圾、放射性物质等有害物质和噪声、震动、恶臭排放或传播到大气、水、土地等环境之中，使人类生存环境受到一定程度的危害的行为。破坏生态，是实施使生态受到破坏的侵权责任。无论是作为或不作为的环境污染和生态破坏行为，都构成环境污染和生态破坏的行为。

2. 侵权人主观上故意违反法律规定损害生态环境，即明知法律规定禁止损害生态环境而执意为之。侵权人重大过失不适用惩罚性赔偿责任。对于故意的认定，可以以是否违反国家规定作为判断是否具备惩罚性赔偿主观要件的第一步。一般而言，国家关于生态环境保护的规定的强制性标准居多。若违反国家规定时，主观上存在过错，自不待言。在此基础上，根据行为人的动机、行为等判断其是否具有故意。若未违反国家规定时，可以基本排除行为人故意的可能。

3. 侵权人故意实施的损害生态环境的行为造成的损害后果严重，表现为受害人的死亡或者健康严重损害。首先，生态环境侵权惩罚性赔偿责任的法律性质理应是私法救济，而不是公法责任。因此，不应当将损害生态环境作为损害结果的表现形式。正确的做法是，以损害民事主体权利作为结果要件。其次，并非民事主体的任何权利受到损害时，都应当适用惩罚性损害赔偿。笔者认为，与财产权相比较，生命权、健康权等人身权更加具有特殊保护的价值。因而，在生态环境受到损害时，虽然可能会造成受害人的巨大经济损失，也可能会造成受害人死亡或者健康严重受损等人身伤害，但是惩罚性赔偿的适用仅限于严重的人身损害。

符合上述要件的要求，被侵权人有权向侵权人请求承担相应的惩罚性赔偿。本条没有惩罚性赔偿责任的计算方法，根据民法典和相关法律的规定，确定损害生态环境，造成受害人死亡或者健康严重损害的，与《消费者权益保护法》第55条规定的情形最为相似。比照《消费者权益保护法》第55条规定，故意污染环境、破坏生态，应当在赔偿实际损失后，再赔偿实际损失2倍以下的惩罚性赔偿金比较合适。

【案例评注】

张某、李某与范某生命权、健康权、身体权纠纷案[①]

基本案情

二被告张某、李某自2006年起在资阳市雁江区开办养猪场至今。在按资阳市雁江区环保局的要求整改前，养猪场产生的粪便等废水经沼气池处理后，再进入净化池净化，最后再经过管道横穿王保公路排放至该公路旁的蓄粪池内。该蓄粪池系在被告租用的莫某的责任田内。2015年7月28日，资阳市雁江区环保局作出《责令改正环境违法行为决定书》认定被告养猪场未取得《排污许可证》即向外排放污染物和养殖废水，经沼气池处理后进入净化池，再经过管道排放到未经防渗漏的水田里违反法律规定，并责令被告停止违法行为。被告收到该决定书后将莫某责任田中的蓄粪池填埋并将净化池的粪水另行择地排放。

莫某的责任田与原告范某诉称感染钩体的田（以下简称7号田）之间，依次有范六的田（以下简称2号田）、范正的藕田（以下简称3号田）、范正的稻田（以下简称5号田）。其中莫某的责任田处于上游。另外在2号田与莫某的责任田之间有范力的责任田，且已由被告租用，但租用后一直系空地。范力的责任田与2号田之间有一缺口痕迹，2号田、3号田均与5号田各有一缺口，5号田与7号田之间有一缺口。2号田亦有其他的流水穿过公路流入。7号田与原告的房屋及厕所、鸡舍相邻，并正在房前。

2015年7月4日，原告范某下班后到7号田内施肥。2015年7月8日，原告至416医院住院治疗。2015年7月10日，416医院医嘱原告转至上一级医院治

---

① 一审法院为四川省资阳市雁江区人民法院，案号：（2015）雁江民初字第3278号；二审法院为四川省资阳市中级人民法院，案号：（2016）川20民终447号。

疗，并为原告办理了出院手续。从416医院出院后，原告前往华西医院门诊急诊治疗，并于2015年7月17日办理了住院治疗。2015年8月11日，原告病情好转后出院，出院诊断为钩端螺旋体病。

2015年9月，原告范某向法院提起诉讼，请求判决二被告张某、李某赔偿原告因病所受的损失。

法院判决

一审法院认为，本案系因被告张某、李某开办的养猪场排放污水引发的纠纷，被告在养殖生猪过程中所产生的粪便、废水，依照《水污染防治法》第一百零二条规定属污染物，本案为环境污染责任纠纷。根据《侵权责任法》第六十六条以及《最高人民法院关于审理环境侵权责任纠纷案件适用法律若干问题的解释》第六条的规定，本案原告应承担被告排放了污染物、原告有损害后果及被告排放的污染物或者其次生污染物与损害之间具有关联性的事实的证明责任。在原告完成对上述事实的证明责任的情况下，即应由被告就法律规定的不承担责任或者减轻责任的情形及其行为与损害之间不存在因果关系承担举证责任。本案中，原告所举证据能够证明：1. 被告养殖生猪所产生的污水未经无害化处理，也未采取防渗漏措施，直接排放入租用的田内，该田处于原告责任田的上游，污水渗漏及洪水期均可污染原告的责任田；2. 原告在感染钩端螺旋体病前，在其责任田里进行了施肥等作业。同时，猪是钩端螺旋体病菌的重要保菌带菌宿主，通过尿液长期排菌，猪系钩端螺旋体病的主要传染源，故原告所举证据能够证明被告养殖生猪排放的污染物与其患钩端螺旋体病之间存在关联。被告所举证据不能证明存在法律规定的不承担责任或者减轻责任的情形及其行为与损害之间不存在因果关系，故被告应对原告感染钩端螺旋体病造成的损害后果承担赔偿责任。

宣判后，张某、李某不服一审判决，提起上诉。

二审法院认为，本案系因上诉人张某、李某开办的养猪场排放在养殖生猪过程中所产生的粪便、废水引发的纠纷，故一审法院依照《水污染防治法》第一百零二条规定，认定本案为环境污染责任纠纷正确，法院予以确认。依照《侵权责任法》第六十六条和《最高人民法院关于审理环境侵权责任纠纷案件适用法律若干问题的解释》第六条的规定，范某所提交的证据能够证明其感染钩端螺旋体与张某、李某养殖生猪所排放的污水有关联性，养猪场所造成的环境污染与范某感染钩端螺旋体具有因果关系。依照《最高人民法院关于审理环境侵权责任纠纷案件适用法律若干问题的解释》第七条的规定，张某、李某所举证据不能证明环境污染与范某的损害后果之间存在法律规定的不承担责任或者减轻责任的情形以及其行为与范某的损害后果之间不存在因果关系。故一审法院认为张某、李某应对范某感染钩端螺旋体病造成的损害后果承担赔偿责任并无不妥，法院予以确认。

专家点评

本案涉及民法典侵权责任编第1232条的规定。民法典侵权责任编第1232条是首次关于生态环境损害惩罚性赔偿责任的规定，其主要目的是惩罚不法行为人。其构成要件有三：一是实施了生态环境损害行为；二是主观上故意违反法律规定；三是造成了严重的后果。

在本案中，张某、李某开办养猪场时，在未取得《排污许可证》的情况下就向外排放污染物，养殖废水经沼气池处理后进入净化池，再经过管道排放到未经防渗漏的水田。张某、李某明知排放污水需要取得《排污许可证》，在未获得《排污许可证》时就排放污水，是故意违反国家的规定实施污染环境的行为。该行为不仅造成了严重的环境污染后果，还导致原告范某感染钩端螺旋体病，健康受到了严重的损害。根据民法典侵权责任编第1232条的规定，张某、李某的排污行为符合环境侵权惩罚性赔偿责任的构成要件，应当对范某承担惩罚性赔偿责任。这样一来，不仅能够填补受害人范某的损失，还能惩罚张某、李某两个不法行为人，督促其积极纠正违法行为，并进一步吓阻其他不法行为人。

至于张某、李某应当承担多少生态环境损害惩罚性赔偿，民法典侵权责任编第1232条未作出规定。鉴于张某、李某的排污行为造成了被侵权人健康受到严重损害，可以比照《消费者权益保护法》第55条的规定，承担实际损失2倍以下的惩罚性赔偿金。

第一千二百三十三条　因第三人的过错污染环境、破坏生态的，被侵权人可以向侵权人请求赔偿，也可以向第三人请求赔偿。侵权人赔偿后，有权向第三人追偿。

【条文释义】

本条是对环境污染和生态破坏第三人责任的规定。

环境污染和生态破坏责任中的第三人责任，是因第三人的过错使他人的行为造成了环境污染或者生态破坏的损害。例如，第三人为非法占有目的损坏石油输送管道，偷盗石油输送管道中的石油，使管道中的石油泄漏，造成生态环境污染。

一般说来，第三人过错造成损害，通常是第三人的过错行为对于损害的发生具有直接的因果关系，是损害发生的直接原因。而行为人的行为是在第三人过错的作用下造成了被侵权人损害的后果。从这个角度上观察，既然是第三人的过错造成的损害，就应当由第三人承担损害赔偿责任，被侵权人没有理由直接请求行为人承担侵权责任。因此，民法典侵权责任编第 1175 条规定是正确的。

但是，在污染环境、破坏生态责任中，真正造成损害的，是污染者的污染、破坏者的破坏，第三人的过错行为作用于污染者、破坏者，使得被侵权人遭受了损害，污染者、破坏者的行为与损害之间具有较为直接的因果关系。同时，污染环境、破坏生态责任适用无过错责任原则，是为了更好地保护生活、生态环境，保护被侵权人的民事权益。因此，污染环境、破坏生态责任中因第三人过错行为造成损害的，不适用本法第 1175 条规定的第三人过错免责事由的规定，而适用本条规定，承担不真正连带责任。

因此，在环境污染责任中，处理第三人过错引起的环境污染损害责任的规则是：

1. 污染者、破坏者和第三人基于不同的行为造成一个损害，两个行为都是损害发生的原因，而损害事实又是一个损害结果，并不是两个损害结果，这是环境污染和生态破坏责任第三人过错的基本特点。符合这个特点的，才可以适用这个规则。

2. 污染者、破坏者和第三人的行为产生不同的侵权责任，这个责任就救济受害人损害而言，具有同一的目的。这就是，污染者的环境污染的赔偿责任、破坏者的生态破坏的赔偿责任与第三人过错的赔偿责任，都是救济被侵权人遭受的损害，都是一个目的。因此，在污染者、破坏者和第三人身上分别产生不同的侵权责任，目的都是救济同一个（或者数个）受害人的同一损害，而不是救济各个不同的损害。

3. 环境污染、生态破坏的受害人享有的不同的损害赔偿请求权，可以“择一”行使，可以向污染者、破坏者或者向第三人请求承担责任，而不是向污染者、破坏者和第三人分别行使各个请求权。受害人选择的一个请求权实现之后，其他请求权消灭。这就是不真正连带责任的“就近”规则，是受害人可以选择距离自己最近的法律关系当事人作为被告起诉，其承担的责任是“中间责任”。

4. 损害赔偿责任最终归属于造成损害发生的最终责任人。如果受害人选择的被告是第三人，那么，第三人就是最终责任人，则该责任人就应当最终地承担侵权责任。如果选择的被告并不是第三人，而是污染者、破坏者，污染者、破坏者承担的是中间责任，那么，承担了侵权责任的污染者、破坏者可以向最终责任人即第三人请求追偿，最终责任人应当向污染者承担最终责任。

【案例评注】

药大公司与纪某等噪声污染纠纷案①

基本案情

涉案房屋建设方为药大公司。2007 年 12 月，小区建设时通过了设计施工图图审。涉案电梯由药大公司从南达公司购进，电梯质保期为 2 年。2009 年 11 月 4 日，药大公司与紫恒物业公司签订文波苑前期物业服务合同，紫恒物业公司为文波苑提供物业服务。

原告纪某于 2015 年 7 月从他人处购得文波苑一处二手房产，房屋为 11 楼跃层结构，与电梯井相邻，同年 8 月对涉案房屋装修。装修过程中发现电梯噪声大，经与药大公司、紫恒物业公司多次联系，问题一直未得到解决。2016 年 6 月 22 日，原告委托江环工程质量检测有限公司对涉案房屋做了夜间电梯噪声检测。检测报告结论为：夜间卧室门窗均关闭，突发噪声峰值来源于楼顶电梯房；噪声值在 51.1 ~53.2db 之间。原告遂向一审法院起诉请求：1. 判令被告药大公司立即采取隔音治理措施，直至噪声排放达到国家标准；2. 判令被告支付原告为检测噪声而支付给检测公司的检测费人民币 600 元；3. 判令被告承担案件诉讼费。案件审理过程中，法院追加紫恒物业公司为被告。

法院判决

一审法院认为，药大公司、紫恒物业公司是本案的适格被告主体，应当对保证涉案电梯噪声不超过国家规定的标准具有共同责任。理由是：1. 电梯使用年限通常为 15 年以上，涉案电梯处于使用年限内。2. 药大公司是涉案房屋所在文波苑小区的建设方，涉案电梯是其购买安装，其有责任保证涉案电梯噪声在使用年限内不超过国家规定的标准。3. 药大公司与紫恒物业公司签订文波苑前期物业服务合同，紫恒物业公司作为文波苑的物业服务方对涉案电梯具有维修保养职责，药大公司作为委托方对紫恒物业公司履行物业服务工作具有监督责任。4. 药大公司与紫恒物业公司移交文波苑小区物业时，对涉案电梯没有提供检验验收交接记录，电梯质量及安装是否合格未作检测。涉案电梯噪声对原告房屋室内影响值可

---

① 一审法院为江苏省南京市建邺区人民法院，案号：（2016）苏 0105 民初 4715 号；二审法院为江苏省南京市中级人民法院，案号：（2017）苏 01 民终 9165 号。

以推定超过国家规定的标准，被告药大公司、紫恒物业公司应当对涉案电梯采取隔声降噪措施，支付检测费。

药大公司不服一审判决，提起上诉。主要理由是，现电梯所有者是涉案房屋所在整栋楼的全体业主，管理者是第二被告紫恒物业公司，上诉人既不是电梯的所有者亦不是电梯的管理者，并非本案适格被告。本案的适格被告应是电梯安装单位或紫恒物业公司，上诉人曾向法庭申请追加电梯安装单位为本案被告，但法庭未予准许，剥夺了上诉人另案追偿的权利。

二审法院认为，药大公司作为涉案房屋的建设方和涉案电梯的购买方，因电梯运行产生的噪声超过国家规定的环境噪声排放标准，且未能采取有效措施，干扰他人正常生活，依法应当承担侵权责任。关于上诉人提出申请追加电梯设计安装单位为被告，法庭未予准许，剥夺了上诉人另案追偿权利的问题。二审法院认为，《侵权责任法》第六十八条规定："因第三人的过错污染环境造成损害的，被侵权人可以向污染者请求赔偿，也可以向第三人请求赔偿。污染者赔偿后，有权向第三人追偿。"由此，一审法院未同意上诉人追加被告的申请，并未剥夺上诉人另案追偿的权利。

专家点评

本案的核心在于第三人过错污染环境、破坏生态的赔偿责任承担。第三人的行为作用于污染者，污染者的污染行为造成了被侵权人的损害，根据民法典侵权责任编第1233条的规定，侵权人与第三人之间承担不真正连带责任，即被侵权人可以向侵权人请求赔偿，也可以向第三人请求赔偿。

本案中，电梯设计安装存在缺陷，电梯运行所产生的噪声超出了合理的限度。药大公司建设该房屋并购买涉案电梯安装，使得业主纪某遭受噪声污染。可以说，是电梯设计安装单位的过错作用于药大公司，从而发生了噪声污染，致使业主的权益受到了侵害。噪声污染属于环境污染的一种。根据民法典侵权责任编第1233条前句的规定，因电梯设计安装单位的过错而导致环境污染时，本案原告纪某既可以向药大公司请求赔偿，也可以向电梯设计安装单位请求赔偿，择一行使即可。因而，原告纪某将药大公司作为被告，是完全正确的。

原告纪某从药大公司获得赔偿后，根据民法典侵权责任编第1233条后句的规定，药大公司有权向电梯设计安装单位追偿。

这样的规则最大的效果就在于充分地保护被侵权人的民事权益，使被侵权人可以获得及时的救济，从而推动各民事主体更好地保护生活、生态环境。

第一千二百三十四条　违反国家规定造成生态环境损害，生态环境能够修复的，国家规定的机关或者法律规定的组织有权请求侵权人在合理期限内承担修复责任。侵权人在期限内未修复的，国家规定的机关或者法律规定的组织可以自行或者委托他人进行修复，所需费用由侵权人负担。

【条文释义】

本条是对生态环境损害修复责任的规定。

生态环境损害中的修复责任，是将生态环境受到的损害恢复原状，《草原法》规定的限期恢复植被和《森林法》规定的补种毁坏的树木等，都是修复责任。

生态环境受到的损害一般不是实际被侵权人个人受到的损害，而是国家、政府受到的损害，故请求承担修复责任的主体不是被侵权人，而是国家规定的机关或者法律规定的组织，如生态环境保护部门或者环保公益组织。故环境污染和生态破坏的修复责任主体，不是受到实际损害的被侵权人，而是国家规定的机关或者法律规定的组织与侵权人。

承担修复责任的规则是：

1. 违反国家规定造成生态环境损害，能够修复的，才承担修复责任。

2. 国家规定的机关或者法律规定的组织是请求权人，有权请求侵权人在合理期限内承担修复责任。

3. 侵权人在合理期限内未履行修复责任的，国家规定的机关或者法律规定的组织可以自行或者委托他人进行修复，所需费用责令由侵权人承担。

【案例评注】

公益诉讼人提起的时某、黄某污染环境民事公益诉讼案[①]

基本案情

2017 年 4 月，被告时某、黄某共同商议决定，采用焚烧方法从废旧电子元件中提取金属出售，谋取非法利益。5 月 10 日至 16 日，二被告分别从赣州、广东

① 审理法院：江西省抚州市中级人民法院，案号：（2017）赣 10 民初 142 号。

收购三车废旧电子元件共计 113.44 吨。5 月 25 日，二被告在没有取得危险废物经营许可证、未办理任何环保手续的情况下，雇人采用柴油引燃的方式在山场厂棚内直接焚烧收购来的废旧电子元件。因焚烧废旧电子元件挥发有害气体，致附近多名村民因连日吸入有害气体入院治疗。5 月 28 日，因群众举报，有关人员将仍在焚烧的废旧电子元件进行灭火作业，停止了焚烧。5 月 29 日，环保局将未焚烧的废旧电子元件及焚烧后的残渣进行了清理、包装，并运输至环保局进行扣押。经环保局认定，已经焚烧的电子元件残渣 50.47 吨、未焚烧的电子元件 45.8 吨都属于《国家危险废物名录》中类别 HW49、代码 900－045－49 的危险废物。经检察机关委托鉴定，二被告焚烧危险废物造成了一定的大气环境损害。

公益诉讼人（检察院）向法院提出诉讼请求：(1) 判令二被告共同承担非法焚烧危险废物造成生态环境污染的修复费用 68.62 万元。(2) 判令二被告共同承担为处置危险废物已经发生的费用 26900 元。(3) 判令二被告依法共同及时处置非法焚烧危险废物造成的残渣及未焚烧的危险废物，消除危险；如二被告不履行上述处置义务，判令二被告共同支付处置费用 27.68 万元。(4) 判令二被告共同承担本案鉴定费、评估费 16000 元。

被告时某、黄某对其构成环境侵权以及民事公益诉讼起诉书中的第 (2) (3) (4) 项诉求没有异议，但当庭恳请让其请有资质的厂家进行垃圾无害化处理。对第 (1) 项诉求认为公益诉讼人的诉请过高。

法院判决

法院认为，被告时某、黄某以营利为目的，违反国家规定，在未获得处理危险废物经营许可证的情况下采用焚烧的方式非法处置有毒危险废物 67.27 吨，直接向大气中排放有毒、有害气体，严重污染大气环境，损害了社会公共利益，依照《最高人民法院关于审理环境民事公益诉讼案件适用法律若干问题的解释》第十九条、第二十条之规定应当承担相应的民事责任，但公益诉讼人依据司法鉴定意见确认两被告焚烧危险废物造成的生态环境修复费用为 68.62 万元不准确。根据电子垃圾的具体焚烧程度等实际情况，法院综合酌情认定本案的生态环境修复费用为 16 万元，其中 8 万元由两被告缴纳至法院指定的环境公益诉讼基金账户用于开展替代修复，8 万元由两被告自行用于电子垃圾焚烧现场及周边的植树造林和养护。申言之，被告时某、黄某共同承担生态环境修复费用 8 万元（判决生效后 1 个月内支付）。在判决生效后 6 个月内，对本案焚烧危险废物的现场及周边 40 余亩土地上进行植树造林，恢复植被，并养护 3 年，以达到植树造林的要求，植树造林期限届满后，法院将会同相关部门对所植树木进行验收，如未达到植树造林的要求，则再缴纳 8 万元生态环境修复费用。

专家点评

本案涉及的是生态环境修复的问题。原《侵权责任法》未对此作出规定，导致了生态环境受到损害时，往往是由政府来买单，修复生态环境。本法新增了这一内容，是对自己责任的充分贯彻，即谁污染、谁破坏、谁买单。

在本案中，被告时某、黄某违反国家规定，燃烧危险废物，向大气中排放有毒、有害气体，污染大气环境。公益诉讼人诉请其进行生态环境修复。根据民法典侵权责任编第 1234 条前句的规定，时某、黄某应当承担修复责任。本案法院根据危险物焚烧的实际情况，要求时某、黄某植树造林，恢复植被，并养护 3 年，就是关于修复责任承担的具体措施。3 年后，时某、黄某未能达到植树造林的要求恢复生态环境，根据民法典侵权责任编第 1234 条后句的规定，公益诉讼人可以自行或者委托他人进行修复，所需费用由时某、黄某负担。因而，本案法院判决植树造林期限届满后将会同相关部门对所植树木进行验收，如未达到植树造林的要求，则再缴纳 8 万元生态环境修复费用。

值得注意的是，生态环境的损害较为特殊，其不属于一般的实际被侵权人的损害，而是属于国家的损害，因而本案中请求承担修复责任的主体是承担公益诉讼职能的检察机关。除此之外，省级以上的环保公益组织也可以作为原告提起诉讼。

第一千二百三十五条　违反国家规定造成生态环境损害的，国家规定的机关或者法律规定的组织有权请求侵权人赔偿下列损失和费用：

（一）生态环境受到损害至修复完成期间服务功能丧失导致的损失；

（二）生态环境功能永久性损害造成的损失；

（三）生态环境损害调查、鉴定评估等费用；

（四）清除污染、修复生态环境费用；

（五）防止损害的发生和扩大所支出的合理费用。

【条文释义】

本条是对国家机关或公益组织请求损害生态环境赔偿的规定。

如前条条文解读所述，环境污染和生态破坏责任赔偿法律关系的主体具有双重性，一是私人，即侵害了被侵权人的民事权益，二是国家，即侵权人的行为损害了国家的生态环境。在双重的生态环境损害责任法律关系中，前者救济的是被侵权人的权益损失，后者救济的是国家生态环境损害造成的损失。这双重的损害赔偿责任并行不悖，损害生态环境的行为人都须承担。

就后者而言，违反国家规定造成生态环境损害的，国家规定的机关或者法律规定的组织有权请求侵权人赔偿，侵权人应当承担赔偿责任。

本条规定的“国家规定的机关或者法律规定的组织有权请求侵权人赔偿”，这个请求权的主体究竟应当怎样理解，应当明确。这句话的来源是《民事诉讼法》第55条第1款，即“对污染环境、侵害众多消费者合法权益等损害社会公共利益的行为，法律规定的机关和有关组织可以向人民法院提起诉讼。”在这个基础上，民法典进一步将其表述为“国家规定的机关或者法律规定的组织”。首先，国家规定的机关，是指国家规定的富有生态环境保护职能的政府有关部门，即生态环境保护的主管部门。其次，法律规定的有关组织，是指法律规定的负有保护生态环境的社会公益组织，如《民事诉讼法》规定的机关和有关组织。这些机关和组织，才是有权提起本条规定的损害赔偿诉讼的主体。

具体的损害赔偿范围是：

1. 生态环境受到损害至修复完成期间服务功能丧失导致的损失：生态环境受到损害如果造成了服务功能的丧失，在受到损害至修复完成期间应当得到的利益是侵权行为造成的损失，也即赔偿范围。

2. 生态环境功能永久性损害造成的损失：生态环境受到侵害，造成的后果是其功能永久丧失，应当进行评估，确定具体的损失范围，侵权人应当予以赔偿。

3. 生态环境损害调查、鉴定评估等费用：这是恢复生态环境、确定赔偿责任范围所必需进行的工作，支付的费用由侵权人负责赔偿。

4. 清除污染、修复生态环境费用：这些费用是清除污染、修复生态环境所必需的费用，应当予以赔偿。

5. 防止损害的发生和扩大所支出的合理费用：在生态环境受到损害后，有关机关和组织为了防止损害的发生和扩大，所支出的费用应当予以赔偿。

【案例评注】

公益诉讼人起诉湘盛公司土壤污染责任纠纷案①

基本案情

2009年6月，湘盛公司15万吨硫精砂制酸工程项目建成竣工，相继取得硫酸生产许可证、排放污染物许可证、安全生产许可证，但至今未取得危险废物经营许可证。

2010年5月26日，沃某公司与湘盛公司建立合作关系。沃某公司提供原料给湘盛公司加工，硫酸产品及废渣由沃某公司独自负责接收销售。2011年9月26日，湘盛公司向当地环境保护局提交《申请报告》，请求变更原料。同月27日，当地环境保护局在该《申请报告》上签“同意变更使用该生产原料，但必须做到达标排放，否则责令停产”并加盖印章。2011年11月1日，湘盛公司作为甲方，沃某公司作为乙方，签订《原料购销协议》。合同履行中，由沃某公司工作人员负责从丹阳冶炼厂提货，然后发给湘盛公司，余某负责在湘盛公司接收硫精矿。沃某公司亦未取得危险废物经营许可证。2015年3月15日，湘盛公司与沃某公司签订《湘盛公司整体承包合同》，将公司整体承包给沃某公司，由沃某公司独立自负盈亏经营，湘盛公司为沃某公司提供所有证照（含营业执照、税务登记证等）。

2015年4月，湘盛公司的高温水管破裂，造成生产车间锅炉的冷却水从破裂水管流出，排放到公司后面的河里，时间大概有五六个小时。2015年4月11日，环保局现场检查时，发现“湘盛公司”擅自在冷却池设置排污暗管向外环境直接排放生产废水，废水中各项元素浓度值超标。环境监测站分别于2015年9月21日、2016年1月20日对湘盛公司厂区外一号区域土壤进行取样监测，发现厂区排污口周围土壤受到污染。2016年4月19日，环保局对湘盛公司进行现场检查，发现湘盛公司雨污分流不彻底，流出的废水中浓度值严重超标。

公益诉讼人认为，湘盛公司非法处置危险废物，违法排放生产废水，造成土壤环境严重污染，环保部门虽多次对其进行查处，但湘盛公司仍未进行有效整改，也未对其违法行为造成的环境污染进行有效修复，社会公共利益仍然处于持续受损状态。根据《侵权责任法》第65条的规定，湘盛公司应当承担停止侵害、

① 审理法院：贵州省遵义市中级人民法院，案号：（2016）黔03民初520号。

消除危险、环境污染修复责任。据此请求：1. 判令湘盛公司严格按照环境影响报告书批复要求，建设、完善排水系统，改善环保设施，立即停止侵害；2. 判令湘盛公司依法及时处置厂内遗留的危险废物原料，全面清理废渣堆，及时修复被污染的土壤，消除危险，或承担土壤生态环境修复费用；3. 判令湘盛公司赔偿生态环境受到损害至恢复原状期间服务功能损失费；4. 判令湘盛公司承担本案诉讼费用、鉴定费用及专家咨询费用。在法院追加沃某公司为本案被告后，公益诉讼人要求沃某公司共同连带承担上述责任。

被告湘盛公司答辩称：第一，本案遗漏了当事人沃某公司，请求追加沃某公司为本案被告参加诉讼。如果公益诉讼人起诉成立，沃某公司也是共同侵权人，应当承担主要责任。第二，公益诉讼人的诉讼请求于法无据，请求依法予以驳回。被告沃某公司答辩称，环境污染与其无关，请求判令湘盛公司承担全部损害赔偿责任。

法院判决

法院认为，本案中，首先，湘盛公司、沃某公司在生产过程中实施了污染行为，且污染物到达了涉案污染区域。其次，涉案区域发生了污染损害后果。最后，湘盛公司、沃某公司的污染行为与污染损害后果之间具有因果关系。湘盛公司、沃某公司在主观上均具有共同故意，客观上共同实施了污染行为，依法应当认定涉案土壤污染损害系湘盛公司、沃某公司共同行为所致，湘盛公司、沃某公司对全部污染损害后果应当共同承担连带责任。因而，法院判决湘盛公司、沃某公司：一、立即停止侵害，对生产厂区进行综合整改及环境监控，未通过相关环保行政职能部门监督验收前，不得生产。二、于本判决生效之日起 3 日内，对厂区留存全部原料及废渣进行彻底无污染清除；逾期，则应当于本判决生效之日起 5 日内向市人民政府专项账户支付危险废物处置费 60.3 万元，聘请第三方处置。三、于本判决生效之日起 3 个月内聘请有技术资质的第三方对涉案土壤进行修复；逾期，则应当向市人民政府专项账户支付修复费用 230 万元，聘请第三方进行修复。四、赔偿生态环境修复期间服务功能损失费 127.19 万元，并于本判决生效之日起 10 日内支付至市人民政府专项账户。五、承担本案鉴定费 38.6 万元，并于本判决生效之日起 5 日内支付至环境保护局账户。

专家点评

本案涉及的是生态环境损害赔偿范围的问题。原《侵权责任法》未对此作出规定，本法新增了这一内容。在本案中，湘盛公司、沃某公司在生产过程中实施了污染行为，非法处置危险废物，违法排放生产废水，造成土壤环境严重污染，需要对全部污染损害后果承担赔偿责任。根据民法典侵权责任编第 1235 条的规定，国家规定的机关或者法律规定的组织有权请求侵权人赔偿的费用包括生态环境修复期间服务功能丧失导致的损失、生态环境功能永久性损害造成的损失、生态环境损害调查以及鉴定评估等费用、清除污染以及修复生态环境费用等。本案中，公益诉讼人铜仁市人民检察院诉请判令湘盛公司赔偿生态环境受到损害至恢复原状期间服务功能损失费、鉴定费用等，得到法院的支持，于法有据。

需要注意的是，本条规定所涉及的赔偿费用仅指对环境损害的赔偿费用。如若生态环境损害引发他人生命、健康损害，或者引发了法人或非法人组织的财产受到损失，被侵权人仍然有权以自己的名义向造成生态环境损害的侵权人请求人身损害赔偿与财产损害赔偿。因此，当湘盛公司、沃某公司的污染行为导致涉案污染区域的居民人身损害或者导致其他企业的财产受到损失时，其有权根据民法典侵权责任编第 1229 条的规定请求上述公司承担侵权责任，并根据民法典侵权责任编第 1179 条与第 1182 条的规定分别请求人身损害赔偿与财产损害赔偿。

第八章　高度危险责任

第一千二百三十六条　从事高度危险作业造成他人损害的，应当承担侵权责任。

【条文释义】

本条是对高度危险责任一般条款的规定。

1. 高度危险责任的归责原则

对于高度危险责任的归责原则，有不同的主张。通说认为是无过错责任，但也有相反意见：一是认为是特殊过错推定责任，实际上等于主张过错责任；二是认为责任二元化，即某些高度危险作业是过错责任，如汽车交通事故，而另一些情形则是无过错责任；三是完全否认无过错责任，公开否认公害和高度危险作业侵权为无过错责任。[①]

我们认为，高度危险责任，是指从事高度危险活动和持有高度危险物，在相关的作业活动中造成他人损害，应当适用无过错责任原则承担侵权责任的特殊侵权责任，理由是：

（1）自其产生时出发点就是基于无过错责任

例如，最早规定高度危险责任的《普鲁士铁路企业法》就明确规定："不得以无过失为免除赔偿的理由。"法国的一些单行民事法规也确认了对高度危险作业适用无过错责任，如根据1985年《法国公路交通事故赔偿法》，不可抗力也不再是抗辩的理由。《美国侵权法重述·第二次》也明确此类侵权应适用严格责任，不得因行为人无过错而免除责任。苏联民法也确认高度危险责任的性质是无过错责任。因而，确认高度危险责任为无过错责任是有历史传统的，且与现代各国立法例相一致。

（2）有利于消除或减少社会危险因素

赋予危险活动的行为人更为严格的责任，可以提高危险活动人的责任心，保

---

① 张新宝著：《侵权责任法原理》，中国人民大学出版社2005年版，第325页。

障社会安全，保护受害人的合法权益，及时、妥善地救济受害人，有利于减少和消灭社会危险因素。反之，如果对于高度危险责任适用过错责任原则或者过错推定原则，就使侵权行为法倒退到1838年以前的状况，既不能保障受害人的权利得到救济，也不能减少社会危险因素，无助于社会的稳定和发展。

（3）理论上的有关学说

一是风险说，为自己利益而经营某项事业者应当承担由此所产生的风险。二是公平说，认为从其所支配的物或作业中获利，则应对此产生的损害承担责任。三是遏制说，认为由事故原因的控制者承担责任，可以促使其采取防范措施遏制事故的发生。四是利益均衡说，认为适用无过失责任，以实现损失的合理分配。

有学者认为，在我国主要是基于遏制说和利益均衡说而规定高度危险责任的无过错责任。我们认为，在市场经济条件下，危险活动和危险物经营多是营利性的活动，有的甚至是高利润的垄断性经营，因此，风险说和公平说也是可以作为无过错责任的理论基础来解释高度危险损害的赔偿责任的。①

2. 高度危险责任的构成要件

根据无过错责任，高度危险责任的构成要件为：

（1）须有危险活动或危险物对周围环境致损的行为

危险活动中的活动，是指完成特定任务的活动，一般是指生产经营活动，也包括科研活动和自然勘探活动，不包括国家机关的公务活动和军队的军事活动。活动的危险性，是对周围环境造成损害的概率高，足以超过一般性作业的损害概率。法律例示规定高空、高压、易燃、易爆、剧毒、放射性、高速运输工具作业七种危险活动，但这并不完全，还有其他危险活动形式。周围环境，是危险活动以外的，处于该危险活动及其发生事故可能危及范围的一切人和财产，它的特点是，并非指特定的人和财产，而是某一范围内的一切人和财产。如铁路、高速公路两旁沿线的居民及其财产；机场周围的居民及其财产；高压输电线路沿线的居民及其财产；飞机坠落地点一定范围内的居民及其财产等。只有当损害发生后，这一人或财产才被特定化。应当指出的是，这里“周围环境”不同于环境保护法中污染环境致人损害的“环境”，后者指人们赖以生存的某些自然条件，如大气、水。危险活动和危险物可能污染环境，因而损害他人的人身和财产，这时应按民法典侵权责任编第七章的相关规定处理。

构成此类侵权的危险活动，还须具备以下特征：第一，它是一种合法行为，至少是不为法律所禁止的行为，如前所述，人类为了享受现代科技文明所带来的

---

① 张新宝著：《侵权责任法原理》，中国人民大学出版社2005年版，第326～327页。

巨大经济利益，就必须允许从事某些高空、高压、易燃、易爆、剧毒、放射性以及高速运输工具作业的存在和发展，并赋予它们合法性。如果加害人所从事的是一种非法的危险活动，其所造成的损害，不适用民法典侵权责任编关于高度危险责任的规定，而应适用民法典侵权责任编的一般规定，不受最高赔偿数额的限制。行为人除了承担民事责任外，还应承担相应的刑事或行政责任。第二，加害人从事的这种活动对于周围环境的高度危险以及可能造成的损害具有不可避免性。一方面，我们要利用某些高空、高压、易燃、易爆、剧毒、放射性及高速运输工具作业等造福人类；另一方面，限于科学技术和工业制造能力、材料强度等多方面的限制，这些活动的高度危险性在目前阶段尚不能完全避免。只有危险活动的高度危险以及可能造成的损害是不可避免的，即便加害人尽到高度注意亦不能避免，才构成此类侵权行为所要求的危险活动要件，如果原告愿意并能够证明损害是由被告的疏忽甚或故意加害所致，赔偿则不受最高赔偿额的限制。

（2）须有损害后果存在和严重危险的存在

危险活动或危险物的致害后果，包括人身损害和财产损害。其中人身损害包括致伤、致残、致死，财产损害包括直接损失和间接损失，其计算方法，与一般侵权行为损害后果的计算相同。只要危险活动或危险物造成人身损害或财产损害，就构成这一要件。

在危险活动或危险物侵权责任中，由于危险活动的危险性，有一种特殊的情况，就是当损害结果还没出现，仅仅出现致害的危险时，就可以承担民事责任。《最高人民法院关于贯彻执行〈中华人民共和国民法通则〉若干问题的意见（试行）》第154条规定："从事高度危险作业，没有按有关规定采取必要的安全防护措施，严重威胁他人人身、财产安全的，人民法院应当根据他人的要求，责令作业人消除危险。"这就是把危险的存在作为起诉的诉因，其应承担的民事责任是消除危险。这种规定，将损害事实要件的内容作了扩大解释。

至于危险活动是否可以造成精神损害，应当认为在造成人身损害时，可能会造成精神痛苦的损害。但这种损害是确定赔偿范围的依据，而不是确认责任是否构成的要件。

（3）须有因果关系存在

危险活动或危险物与损害后果（包括某些严重危险）之间须有因果关系，才构成高度危险责任的侵权责任。这种因果关系，原则上应由受害人证明。如果在某些科技领域，受害人只能证明危险活动或危险物和损害事实在表面上的因果关系，甚至仅能证明危险活动或危险物是损害后果的可能原因的，可以依据这些事实推定因果关系存在，如果危险活动人或危险物保有人不能证明危险活动或危险物与损害结果之间没有因果关系，则推定成立，确认其因果关系要件成立，构成侵权责任。

黑龙江省某县气象站为驱云防雹，向天空中发射防雹火箭。受害人为某村农民，见天空阴云密布，即去院中往回取晾晒的衣服，一弹皮从天而降，击中受害人的头部，造成重伤。经检验，该弹片是防雹火箭弹的弹皮。受害人向法院起诉，要求气象站承担赔偿责任，但不能证明该弹皮就是气象站所发射的火箭弹的碎片，气象站据此否认自己的赔偿责任。法院依据在本县范围内没有他人向空中发射火箭弹的事实，推定受害人的损害事实与气象站的发射火箭弹行为有因果关系，气象站则不能为相反的证明，故判决气象站承担赔偿责任。这一案例，在危险活动致害责任认定中，较好地应用了推定因果关系的原理，可资借鉴。

在很多情况下，损害的发生是由多种原因造成的。如果因危险活动或危险物所造成的损害以及该损害以外的其他损害，是由危险活动或危险物以及其他原因所共同造成的，这就是多种原因造成的一个损害。这时候，如果危险活动或危险物所造成的损害与该损害以外的其他损害无法完全划分的，就应当视为由危险活动或危险物所造成的损害，适用危险活动或者危险物所致损害的法律规定。

3. 高度危险责任一般条款的功能定位

高度危险责任的责任承担规则，是高度危险活动或者高度危险物致人损害，高度危险活动和高度危险物的经营者承担侵权责任。本条作为高度危险责任的一般条款，其作用是：第一，规范高度危险活动的责任，统一按照一般规则适用法律，如都适用无过错责任原则。第二，对本条之下规定的高度危险责任不同类型之外的高度危险责任，因没有规定具体责任规范，可以适用本条规定，符合该一般条款要求的，适用本条确定侵权责任，作为请求权的基础。

【案例评注】

北方射击场与龙某生命权、健康权、身体权纠纷上诉案[①]

基本案情

1992 年 9 月 27 日上午 11 时，龙某到北方射击场西墙外的北山坡摘酸枣，被北方射击场进行兵器试验的跳弹打伤，后就经济赔偿问题，经昌平公安局调解，

① 一审法院为北京市昌平区人民法院，案号：（2016）京 0114 民初 16153 号；二审法院为北京市第一中级人民法院，案号：（2018）京 01 民终 534 号。

双方达成协议，由北方射击场一次性赔偿龙某各项经济损失41500.18元，其中包括各种费用12500.18元，一次性经济补偿金29000元，北方射击场已按协议履行。2005年12月，龙某诉至法院，要求北方射击场赔偿伤残赔偿金60000元、精神损失费5000元和医疗费8300元。2005年4月12日，龙某的伤情经北京市法庭科学技术鉴定研究所鉴定为伤残程度为八级，未对其脑外伤所致XX后果进行评残，后法院于2006年3月作出（2006）昌民初字第00636号民事判决书，判决北方射击场赔偿龙某残疾赔偿金44496元，驳回其他诉讼请求。北方射击场提出上诉，后被判决驳回上诉，维持原判。

2009年，龙某再次诉至法院，要求北方射击场赔偿残疾赔偿金、医疗费和生活费共计50万元，该案审理中，对龙某的伤情再次进行鉴定，结论为：龙某左额顶、右顶枕穿通伤，伤后2年出现症状性XX，经多次脑电图检查确诊为颅脑火器伤后XX，伤残程度四级。后法院于2009年11月作出（2009）昌民初字第9052号民事判决书，判决射击场赔偿龙某残疾赔偿金和医疗费共计117875元，驳回其他诉讼请求。2010年9月14日，法院作出（2010）昌民初字第12614号民事判决书，判决北方射击场赔偿龙某医疗费65323元、护理费500元、交通费200元、住院伙食补助费700元、营养费280元，共计67003元。法院于2013年7月作出（2013）昌民初字第8165号民事判决书，判决：北方射击场赔偿龙某医疗费、交通费、营养费、护理费、被扶养人生活费共计148501.29元，驳回其他诉讼请求。法院于2015年8月作出（2015）昌民初字第08266号民事判决书，判决：北方射击场赔偿龙某医疗费、营养费、护理费、住院伙食补助费共计22286.16元，驳回其他诉讼请求。

2015年7月至2017年10月，龙某先后至多家医院治疗。2016年5月8日，龙某至中国人民解放军第261医院入院治疗，至2016年5月19日出院，出院诊断为继发性XX，脑外伤后遗症。2016年6月22日，龙某至首都医科大学宣武医院入院治疗，至2016年7月5日出院，出院诊断为难治性XX，XX、颅脑术后。2017年9月1日，经法大法庭科学技术鉴定研究所对龙某的护理依赖程度进行鉴定，被鉴定人龙某的目前情况属部分护理依赖。经法院核实，龙某的合理损失为：医疗费39590.05元、住院伙食补助费1150元、营养费720元、交通费500元（酌定）、护理费200元/天（护理同等级别护理劳务报酬标准，酌定）×50%（护理依赖系数）×10年（护理年限）=365000元。

法院判决

一审法院认为，北方射击场在从事高度危险作业过程中，造成龙某受伤，应当承担民事责任，现北方射击场同意在法律范围内赔偿龙某的损失，法院不持异议。龙某的医药费根据其提交的医疗机构出具的收费票据予以确认。营养费、住院伙食补助费、交通费符合法律规定，法院予以支持。护理期为人体损伤后，在医疗或者功能康复期间生活不能自理，需要他人帮助的时间，故护理费用实际为护理人员的误工损失。关于龙某主张今后10年的护理费用，法院根据龙某的护理依赖程度、同等级别护理劳务报酬标准、护理年限酌情予以确定。综上所述，依据《侵权责任法》第十六条、第六十九条，《最高人民法院关于审理人身损害赔偿案件适用法律若干问题的解释》第二十一条，《民事诉讼法》第六十四条之规定，判决：一、被告北方射击场赔偿原告龙某医疗费、营养费、交通费、住院伙食补助费、护理费共计406960.05元，于本判决生效后10日内给付。二、驳回原告龙某的其他诉讼请求。

二审法院认为，针对北方射击场二审中提出的龙某每天200元护理费标准过高问题。《最高人民法院关于审理人身损害赔偿案件适用法律若干问题的解释》第二十一条第二款规定，护理人员有收入的，参照误工费的规定计算；护理人员没有收入或者雇佣护工的，参照当地护工从事同等级别护理的劳务报酬标准计算。法院认为，龙某受伤多年，伤情不断发展，经鉴定确需部分依赖性护理，考虑目前市场护理人员平均护理费标准，每天200元尚属合理。北方射击场虽不认可该标准，但未能提供有效证据说明目前市场护理费标准与200元之间存在的差距。即使龙某由父母护理，依法亦应当按照同等级别护理人员的劳务报酬计算，并不能以龙某父母有无收入作为参考。一审法院综合本案客观事实确定的护理费标准，具有法律依据，法院予以确认。针对北方射击场二审中提出的护理年限过长一节，《最高人民法院关于审理人身损害赔偿案件适用法律若干问题的解释》第二十一条第三款同时规定，可以根据受害人年龄、健康状况等因素确定合理的护理期限，但最长不超过20年。龙某主张10年的护理费符合此项规定，北方射击场未能提供龙某未来可能不再需要护理的证据，一审法院按照10年期间核定护理费具有法律依据，北方射击场认为护理年限过长的上诉主张，法院不予支持。

专家点评

民法典侵权责任编第1236条（原《侵权责任法》第69条）被认为是关于高度危险责任的一般条款，它为司法实践处理法律未明确规范的高度危险行为提供了一个指导性原则，具有兜底性功能，将那些法律没有规定的高度危险作业也涵盖进来。虽然该条为高度危险责任的一般条款，但该条为将来单行立法确立新的高度危险责任类型提供了基本的法律依据。它并非意味着，法官可据此任意决定哪些行为属于高度危险责任，进而适用无过错责任原则。理由在于：高度危险责任适用的是无过错责任。而依据民法典侵权责任编第1166条，无过错责任的适用范围必须由法律加以规定。倘任由法官在司法裁判中适用无过错责任，必然导致整个侵权法归责原则体系的崩溃，对人们的合理行为自由构成极不适当的限制。也就是说，如无立法或司法解释对“高度危险作业”加以具体之规定（如对“高压电”的界定那样），司法实践对于高度危险活动的界定会出现混乱。

本案是适用高度危险责任的一般条款，将射击场的兵器试验界定为“高度危险作业”，从而适用无过错责任原则，使受害人获得侵权救济的典型案例。众所周知，兵器的功能即在于造成目标的人身伤害或财产损失，且兵器一旦使用则该潜在危险即转化为现实损害。因此，兵器具有致人伤亡的高度危险性。而且，兵器试验对于场地、程序、操作方法等方面都有严格的要求，以防止在试验过程中意外造成他人损害。因此，兵器试验要控制兵器的威力范围，从而可以认定为高度危险作业。在本案中，原告龙某到被告北方射击场西墙外的北山坡摘酸枣，被北方射击场进行兵器试验的跳弹打伤，从而导致伤残的损害结果。由此可见，原告龙某的损害结果与被告北方射击场的兵器试验行为之间有法律上的因果关系，从而符合高度危险责任的构成要件。

第一千二百三十七条 民用核设施或者运入运出核设施的核材料发生核事故造成他人损害的，民用核设施的营运单位应当承担侵权责任；但是，能够证明损害是因战争、武装冲突、暴乱等情形或者受害人故意造成的，不承担责任。

【条文释义】

本条是对民用核设施和核材料损害责任的规定。

1. 民用核设施和核材料损害责任的适用范围

本条规范的是民用核设施、核材料发生核事故造成他人损害的民事责任。相比于原《侵权责任法》第70条规定，本条增加了“运入运出核设施的核材料”的表述。理由在于，为本条所调整的民用核设施发生核事故致害在本质上并不体现为设施致害，而是核物质致害。因此，核物质是否在核设施之中并不是本条调整的重点，即便是不处于核设施之中的核材料发生核事故造成他人损害，因同属核物质致害，应与民用核设施发生核事故致害等量齐观。对此，我国《核安全法》第 2 条也将核设施、核材料及相关放射性废物一并加以规定。

由于本条规定的是民用核设施等致害的民事责任，这意味着军用核设施致害并不适用本条规定。依据我国《放射性污染防治法》第 62 条规定，核设施指核动力厂（核电厂、核热电厂、核供气供热厂等）和其他反应堆（研究堆、实验堆、临界装置等），核燃料生产、加工、贮存和后处理设施以及放射性废物的处理和处置设施等也被包括在内。我国《核安全法》第 2 条第 2 款对此也做了几乎相同的规定。关于核材料，依据《核材料管理条例》第 2 条规定，具体指铀 -235，含铀 -235 的材料和制品；铀 -233，含铀 -233 的材料和制品；钚 -239，含钚 -239 的材料和制品；氚，含氚的材料和制品；锂 -6，含锂 -6 的材料和制品；其他需要管制的核材料。就此，《核安全法》第 2 条第 3 款也同样做了几乎相同的规定。关于放射性废物，《核安全法》第 2 条第 4 款将其界定为，核设施运行、退役产生的，含有放射性核素或者被放射性核素污染，其浓度或者比活度大于国家确定的清洁解控水平，预期不再使用的废弃物。

此外，尚需指出的是，为本条规范的民用核设施、核材料致害，应构成核事故。根据《核安全法》第 93 条规定，核事故是指核设施内的核燃料、放射性产物、放射性废物或者运入运出核设施的核材料所发生的放射性、毒害性、爆炸性或者其他危害性事故，或者一系列事故。因此，若民用核设施、核材料或者放射性废物致害非属核事故，则无本条适用余地，应适用本建议稿关于高度危险物致害的相关规定。关于核事故的认定，依《国际核事故分级标准》（INES）中所确定的标准，只有在 4 级以上的才被认定为核事故。

2. 民用核设施和核材料损害责任的归责原则和责任主体

本条规定，民用核设施、核材料发生核事故造成他人损害的，适用无过错责任原则。由于核物质本身具有极高的危险性且核事故的发生具有极大的危害性，故本条规定承继了原《侵权责任法》第 70 条规定，将归责原则确定为无过错责任原则。

本条规定的责任主体为营运单位，即核设施的占有人。《核安全法》第 93 条规定："核设施营运单位，是指在中华人民共和国境内，申请或者持有核设施安全许可证，可以经营和运行核设施的单位。"核设施的营运单位是核设施的经营者。当发生核事故致人损害时，核设施的占有人即营运单位对受害人承担赔偿责任。确定核损害责任，应当适用《核安全法》的相关规定。《国务院关于核事故损害赔偿责任问题的批复》中将其表述为营运者，即中华人民共和国境内，依法取得法人资格，营运核电站、民用研究堆、民用工程试验反应堆的单位或者从事民用核燃料生产、运输和乏燃料贮存、运输、后处理且拥有核设施的单位。因此，经营者在本条规定中主要是指对民用核设施、核材料享有实际处分权的所有人或管理人，即核设施的占有人。需要指出的是，对于非法占有人，其并不属于本条规定中所言的营运单位。尽管非法占有人对于非法占有民用核设施、核材料致害也应承担无过错责任，但其应归属于民法典侵权责任编第1242条调整，而不为本条所规范。同时，依据第1242条，所有人、管理人在不能证明其对防止非法占有尽到高度注意义务时，须与非法占有人共同承担连带责任。换言之，如营运单位（所有人或管理人）对于他人的非法占有已经尽到高度注意义务，则不承担责任。此时，经营者承担责任的归责原则为过错责任原则中的过错推定。

3. 民用核设施和核材料损害责任的构成要件和免责事由

民用核设施和核材料损害责任的构成要件包括：（1）民用核设施和核材料发生了核事故。《核安全法》第93条规定："核事故，是指核设施内的核燃料、放射性产物、放射性废物或者运入运出核设施的核材料所发生的放射性、毒害性、爆炸性或者其他危害性事故，或者一系列事故。"如日本福岛核电站发生的核泄漏、苏联切尔诺贝利核电站发生的核泄漏事故，都是民用核设施损害责任中所称的核事故。（2）民用核设施和核材料的核事故造成了他人的人身损害或者财产损害。（3）民用核设施和核材料的核事故与他人人身损害和财产损害结果之间有因果关系。

关于免责事由，本条规定了战争、武装冲突、暴乱等情形或受害人故意。相比于原《侵权责任法》第70条规定，就免责事由而言本条将"战争等情形"修改为"战争、武装冲突、暴乱等情形"，意在使其对免责事由的表述更为完整。但该变化并未从实质上改变原《侵权责任法》第70条所规定的内容，因为原《侵权责任法》第70条中的"战争等情形"，"等"字本身也是包括武装冲突和暴乱的。① 根据《国务院关于核事故损害赔偿责任问题的批复》第6条的规定，对直接由武装冲突、敌对行为、战争或者暴乱所引起的核事故造成损害的，营运者也是不承担责任的。同时，这一规则也为1997年修改后的《关于核损害民事责任的维也纳公约》第4条第3款所确认，即"如果运营者证明核损害是直接由军事冲突行为、敌对行动、内战或暴乱所引起，运营者不负本公约规定的任何责任。"此外，我国《核安全法》第90条中也作出了类似表述。

综上，在本条中得以构成免责事由的事项仅包括受害人故意或战争、武装冲突、暴乱等情形。基于自然原因所构成的不可抗力以及其他免责事由，不能被加

---

① 全国人大常委会法制工作委员会民法室编：《侵权责任法：条文说明、立法理由及相关规定》，北京大学出版社2010年版，第290页。

以适用。需要指出的是，尽管在抗辩事由之后本条中规定了“等”字，但对其解释仍应依循之前所列举的类似情形加以解读。此外，本条没有规定民用核设施和核材料损害责任的过失相抵规则，应该理解为不适用过失相抵规则。

【案例评注】

我国司法实践中尚未发生过民用核设施或核材料发生核事故造成他人损害承担侵权责任的实际案例。

第一千二百三十八条　民用航空器造成他人损害的，民用航空器的经营者应当承担侵权责任；但是，能够证明损害是因受害人故意造成的，不承担责任。

【条文释义】

本条是对民用航空器损害责任的规定。

1. 民用航空器损害责任的适用范围

本条以民用航空器致人损害情形为规范对象。相比于原《侵权责任法》第71条规定，本条在表述上几乎没有变化。本条所称航空器，是指通过空气的反作用，而不是由空气对地面发生的反作用，在大气中取得支撑的任何机器，主要包括固定翼飞机、滑翔机、直升机等飞机，热气球及飞艇也包括在内。① 需要指出的是，并非全部的航空器及航天器均为本条所调整。对此，本条特用“民用”加以限定。所谓民用，是指非用于执行军事、海关及警察飞行任务，这与我国《民用航空法》第5条中对民用的界定保持一致。因此，民用航空器，是指经国家有关部门批准而投入营运的民用飞机、热气球等飞行器。现代社会，民用航空器一旦发生事故造成损害的后果严重，规定这种损害赔偿责任是为了保障受害人的损害得到救济。民用航空器损害，是指民用航空器发生事故，对地面人员和财产造成的损害，不是对航空器所载人员或者财产的损害。如因航空器失事造成他人的损害，从航空器上坠落或者投掷人员或物品、能量造成他人的损害等。

---

① 全国人大常委会法制工作委员会民法室编：《侵权责任法：条文说明、立法理由及相关规定》，北京大学出版社2010年版，第292页。

2. 民用航空器损害责任的归责原则

关于民用航空器致害，本条规定了无过错责任原则。就此，本条规定承继了原《侵权责任法》第71条所确认的归责原则。将民用航空器致害责任的归责原则确定为无过错责任原则，主要原因在于其运行中所具有的高度危险性。尽管随着科学技术的发展，民用航空器、航天器发生事故的概率不大，但一旦发生事故，其所造成的损害后果往往极为严重且在很多情形下事故的发生不具有可控性。因此，在比较法上，除美国部分州法中已将民用航空器致害的归责原则由无过错责任原则修改为过错责任原则外，各国均采无过错责任原则。[①] 我国《民用航空法》第125条也确定了无过错责任原则。同时，由于民用航天器的运行在危险性上并不低于民用航空器甚至高于民用航空器，故民用航天器致害采无过错责任原则符合体系协调原则。

需要指出的是，民用航空器致害采无过错责任原则本基于其运行风险。然而，在部分情况下，令民用航空器的经营者承担无过错责任却已突破了这一法理基础，而指向运营风险。[②] 例如，根据我国《民用航空法》第125条规定，旅客在上下民用航空器的过程中，造成旅客随身携带物品毁灭、遗失或者损坏的，承运人应承担责任。同时，因发生在航空运输期间的事件，造成旅客的托运行李毁灭、遗失或者损坏的，承运人也应承担责任。"航空运输期间"是指在机场内、民用航空器上或者机场外降落的任何地点，托运行李、货物处于承运人掌管之下的全部期间。[③] 在上述情形中，旅客所遭受的损害，并非典型的高度危险致害，但立法者仍将此致害情形确定为无过错责任。其法理基础并非在于运行风险，而是经营者的运营风险，即损害的发生虽非高度危险所致，但仍属经营者运营风险范围。之所以将此运营风险分配给经营者，理由在于：相比于受害人，经营者具有更为雄厚的资力，在经营过程中具有追求其自身经济利益的目的，同时其也更易于分散损害。因此，运营风险在特殊情形下构成了本条确认无过错责任原则的另一理由。

3. 民用航空器损害责任的责任主体

根据本条规定，民用航空器致害时，责任主体为经营者。如此，本条关于责任主体的规定与原《侵权责任法》第71条规定保持一致。就此，我国《民用航

---

① See B. A. Koch and H. Koziol (Eds.), *Unification of Tort Law*: *Strict Liability*: Kluwer Law International, 2002, p. 400 - 401.

② 周友军：《论侵权法上的民用航空器致害责任》，载《北京航空航天大学学报》（社会科学版）2010年第5期。

③ 全国人大常委会法制工作委员会民法室编：《侵权责任法：条文说明、立法理由及相关规定》，北京大学出版社2010年版，第293页。

空法》第158条将其表述为经营人。根据该条规定，经营人就是指损害发生时使用民用航空器的人，实际上指的就是经营者。依据风险控制理论，控制危险者应承担因该危险实现所引发的损害。因此，民用航空器的经营者，就是指对民用航空器具有事实上处分权的人，具体包括所有人、承租人、融资租赁人等具有合法使用权的占有人。因此，未经对民用航空器有航行控制权的人同意而使用民用航空器的非法使用人，无法为经营者所涵盖。然而，基于危险控制理论，对非法使用人也应依据此法理对本条规定予以类推适用，承担无过错责任。此时，对民用航空器享有控制权的合法占有人能够证明其对于他人非法使用尽到了高度的注意义务时可不承担责任，否则应承担连带责任。当然，受雇于经营者的雇员，如航空器的驾驶、操控人员并不属于本条所规定的经营者。

将本条责任承担主体表述为“经营者”理由有二：其一，为了保持立法术语的一贯性，即其承继了原《侵权责任法》中关于责任主体的表述；其二，现实生活中的责任主体主要体现为从事旅客运输、货物运输的承运人和从事通用航空的民用航空器使用人。从事旅客、货物运输的承运人主要是公共航空运输企业。①

4. 民用航空器损害责任的构成要件与免责事由

民用航空器损害责任的构成要件是：（1）民用航空器发生事故；（2）造成了航空器之外的人的人身损害或者财产损害；（3）民用航空器事故与人身损害或者财产损害之间有因果关系。

对民用航空器发生事故的免责事由，本条仅规定了能够证明损害是因受害人故意造成的，不承担责任。这意味着，除受害人故意之外，其他免责事由原则上均不被加以考虑。如此规定的理由在于，民用航空器的运行具有高度危险性，因此责任的严格性应与其危险程度相匹配，即危险程度越高，则免责事由越少。当然，将本条免责事由确定为受害人故意，仅为一般性规定。因此，并不排除在特别法中立法者基于特殊的价值判断所规定的其他免责事由的适用。当特别法中针对民用航空器致害的抗辩事由存在特殊规定时，应适用特别法规定。例如，《民用航空法》关于民用航空器的免责事由的规定很复杂，规定了受害人过错可以免责，不可抗力造成损害免除责任等，其中第124条、第125条及第157条中所规定的抗辩事由，仍应当参酌适用。民用航空器损害责任没有规定过失相抵规则，受害人即使有重大过失或者过失，都不能减轻民用航空器经营者的赔偿责任。

---

① 全国人大常委会法制工作委员会民法室编：《侵权责任法：条文说明、立法理由及相关规定》，北京大学出版社2010年版，第293页。

【案例评注】

神州运动俱乐部与邓某某等健康权纠纷案①

基本案情

2014年9月30日，两江蚕业公司（甲方）与神州运动俱乐部（乙方）签订了《关于联合打造北碚通用航空飞行基地的初步合作协议》，约定由甲方负责通用航空临时飞行跑道的建设及配套设施建设，乙方负责提供通用航空飞行的空中飞行器及相关配套设施，共同打造航空小镇。2015年10月19日下午17时许，邓某丙驾驶二轮摩托车搭载邓某某经过重庆市北碚区东阳街道上坝1号时，遇罗宾逊R44II型民用航空器返回重庆市蚕业科学技术研究院准备着陆，邓某丙遂让邓某某坐在其胸怀前面，双脚支撑二轮摩托车，在重庆市蚕业科学技术研究院围墙外面的公路边停驻观看。罗宾逊R44II型民用航空器从邓某某头顶上空飞过后，邓某丙与邓某某随二轮摩托车摔倒在地。邓某某受伤当日，即被送往重庆医科大学儿童医院门诊诊疗，诊断为右肱骨骨折。2016年4月15日，门诊病历诊断为右侧肱骨下端骨折，体检显示右肘轻度肘内翻。庭审中，经委托西南政法大学司法鉴定中心于2016年7月28日作出如下鉴定意见：1. 邓某某目前属于IX（9）级伤残；2. 邓某某的续医费评定为1000元人民币；3. 邓某某的护理期限评定为60日。

一审法院查明，神州运动俱乐部于2016年8月15日单方面委托北京美科洁净环境检测有限公司对罗宾逊R44II型直升机（4座）做了风速检测报告，报告显示罗宾逊R44II型直升机（4座）飞行高度在距离地面20米时的平均风速最大值为2.86米/秒，飞行高度在距离地面30米时平均风速最大值为2.47米/秒。经一审法院现场勘验，罗宾逊R44II型民用航空器着陆地长约28.1米，宽约18.5米，着陆地大门处与相对方均有围墙。事发时，着陆点距离着陆地大门的距离约为9.3米，着陆地大门距离公路的距离约为5.7米，着陆点与事故发生点的斜线距离约为19.52米。另，神州运动俱乐部在一审庭审中认可其系罗宾逊R44II型民用航空器的实际使用者，其在指定的期限内未提供该民用航空器登记所有人的相关资料。

---

① 一审法院为重庆市北碚区人民法院，案号：（2016）渝0109民初5279号；二审法院为重庆市第一中级人民法院，案号：（2017）渝01民终1667号。

法院判决

一审法院认为，关于邓某某受伤是否与罗宾逊 R44II 型民用航空器存在因果关系的问题：依照《民用航空法》第一百四十九条规定，组织实施作业飞行时，应该采取有效措施，保证飞行安全，保护环境和生态平衡，防止对环境、居民、作物或者牲畜等造成损害。《通用航空飞行管制条例》第十二条规定，从事通用航空飞行活动的单位、个人实施飞行前，应当向当地飞行管制部门提出飞行计划申请，按照批准权限，经批准后方可实施。第二十二条规定，从事通用航空飞行活动的单位、个人组织各类飞行活动，应当制定安全保障措施，严格按照批准的飞行计划组织实施，并按照要求报告飞行动态。《中国民用航空飞行规则》第二十五条规定，直升机的起飞着陆地带，应当根据具体情况划定，起飞着陆地点面积的直径应根据机型确定。其长宽均不得小于旋翼直径的两倍。本案中，原告举示证据证明了其摔倒是在罗宾逊 R44II 型民用航空器经过其头顶时发生的；被告神州运动俱乐部只提供了北京美科洁净环境检测有限公司的检测报告，拟证明罗宾逊 R44II 民用航空器产生的风速不会把二轮摩托车及骑坐在上面的人吹倒。法院认为，该检测报告是神州运动俱乐部单方面委托作出的，原告不予认可；且根据北京美科洁净环境检测有限公司的计量认证证书显示，该公司的检测产品、类别为工作、居住场所环境条件，对风速检测依据的标准是洁净室及相关受控环境，而被告未对此作出合理的辩解，故对该检测报告不予采纳。被告神州运动俱乐部未举示证据证明原告摔倒与飞行活动无因果关系，同时也未举证证明其飞行活动经过了批准并制定了安全保障措施足以保障地面安全。综上，法院认为罗宾逊 R44II 型民用航空器的飞行与原告邓某某受伤存在因果关系。

对于原被告的责任如何划分。一审法院认为，依照《侵权责任法》第七十一条规定，民用航空器造成他人损害的，民用航空器的经营者应当承担侵权责任，但能够证明损害是因受害人故意造成的，不承担责任。《民用航空法》第一百五十七条第一款规定，因飞行中的民用航空器或者从飞行中的民用航空器上落下的人或物，造成地面（包括水面，下同）上的人身伤亡或者财产损害的，受害人有权获得赔偿；但是，所受损害并非造成损害的事故的直接后果，或者所受损害仅是民用航空器依照国家有关的空中交通规则在空中通过造成的，受害人无权要求赔偿。本案中，被告未举证证明损害是原告故意造成的，也未举证证明原告受伤仅是民用航空器依照国家有关的空中交通规则在空中通过造成的，故应当承担侵权责任。《民用航空法》第一百六十一条第一款规定，依照本章规定应当承担责任的人证明损害是完全由于受害人或者其受雇人、代理人的过错造成的，免除其赔偿责任；应当承担责任的人证明损害是部分由于受害人或者其受雇人、代理人的过错造成的，相应减轻其赔偿责任。本案中，邓某丙带着邓某某观看民用航空器飞行活动时，是骑坐在摩托车上的，且未放下摩托车的安全支架，其行为对邓某某摔倒受伤也存在过错，故应当减轻赔偿义务人的赔偿责任。因邓某丙是受原告父母的委托接原告放学，故原告父母与邓某丙构成了委托监护关系，邓某丙的过错责任由原告的法定代理人承担。因民用航空器属于高空、高速运输工具，对周围的环境具有高度危险性，故综合本案案情，酌情认定由被告神州运动俱乐部对原告的损失承担70%的赔偿责任。依照《民用航空法》第一百五十八条第一款和第二款规定，本法第一百五十七条规定的赔偿责任，由民用航空器的经营人承担。前款所称的经营人，是指损害发生时使用民用航空器的人。本案中，被告神州运动俱乐部系损害发生时使用民用航空器的人，故应由其承担赔偿责任，两江蚕业公司不承担赔偿责任。

二审法院认为，依据法律规定，当事人对自己提出的诉讼请求所依据的事实或者反驳对方诉讼请求所依据的事实有责任提供证据加以证明。没有证据或者证据不足以证明当事人的事实主张的，由负有举证责任的当事人承担不利后果。本案系因民用航空器运行中是否致人损害所引发的侵权责任纠纷，民用航空器属于高空、高速运输工具，具有高度危险性，因其造成损害所引发的侵权纠纷应适用无过错责任原则，受害人仍应就侵权行为、因果关系、损害事实承担举证责任。

由于高度危险作业的特殊性，不应过于苛求受害人所承担的举证责任，但受害人的举证应达到高度盖然性的标准。具体至本案而言，邓某某要求神州运动俱乐部赔偿损失，其应就神州运动俱乐部的侵权行为与其受伤的后果之间存在因果关系承担举证责任，且应达到使人相信其摔倒受伤有较大可能性系直升机飞行所产生的风力所致的标准，但综观本案事实，邓某某的举证未达到该标准。具体理由如下：首先，邓某丙在陈述中认可事故发生时摩托车未支脚架，其本人骑在摩托车上，双脚着地以保持车辆平衡，邓某某坐在其胸前，众所周知，两轮摩托车在没有脚架支撑时，车辆本就难以保持平衡，邓某丙作为车辆骑行人在抬头观看飞机时还需照顾邓某某，车辆更难保持平衡，加之邓某某年幼，儿童天性活泼，又遇飞机飞行，完全可能因兴奋而引发身体晃动导致车辆失去平衡而摔倒；其次，邓某丙驾驶的摩托车的重量明显超过一般人的体重，邓某丙关于直升机飞行的风力将摩托车吹倒并导致邓某某摔倒受伤的陈述与日常生活经验明显不符，也与现场除邓某丙及邓某某外并无其他人摔倒的情况存在矛盾；最后，证人朱某、王某的证言也进一步印证了案发时的情况，即直升机飞行时虽有较大气流，但不可能将人吹倒。故邓某某未能举证证明其摔倒受伤与直升机飞行之间存在因果关系，其要求神州运动俱乐部承担侵权责任的请求缺乏事实依据，依法应予驳回。

专家点评

民用航空器致害责任包括两种类型：其一为民用航空器对运输的旅客、货物造成损害时的侵权责任；其二为民用航空器对地面第三人造成损害时的侵权责任。后者是指飞行中的民用航空器或从飞行中的民用航空器上下落的人或者物，造成地面、水面上的民事主体人身伤亡或财产损害，民用航空器的经营人依法应当承担侵权责任的情形。本案即为这种情形的典型案例。民用航空器具有高度危险性，因其造成损害所引发的侵权纠纷应适用无过错责任原则。因此，在本案中，被告神州运动俱乐部作为损害发生时使用民用航空器的人，即为民用航空器的经营者，其应否承担侵权责任的关键在于邓某某受伤是否与其所使用的罗宾逊R44II型民用航空器存在因果关系。由于高度危险作业的特殊性，不应过于苛求受害人所承担的举证责任，但受害人的举证应达到高度盖然性的标准。具体至本案而言，则由原告邓某某对因果关系承担举证责任。根据案情，邓某某并未证明摩托车失去平衡摔倒是由直升机飞行的风力造成的，因此因果关系这一构成要件尚未落实，自然无法构成民用航空器致害的侵权责任。

第一千二百三十九条　占有或者使用易燃、易爆、剧毒、高放射性、强腐蚀性、高致病性等高度危险物造成他人损害的，占有人或者使用人应当承担侵权责任；但是，能够证明损害是因受害人故意或者不可抗力造成的，不承担责任。被侵权人对损害的发生有重大过失的，可以减轻占有人或者使用人的责任。

【条文释义】

本条是对占有、使用高度危险物损害责任的规定。

1. 占有、使用高度危险物损害责任的适用范围

本条规定的高度危险物致害责任，相比于原《侵权责任法》第72条的规定，在规范对象的表述上有所改变。

首先，将“放射性”修改为“高放射性”。理由在于，具有放射性的物质很多，但从放射源对人体健康和环境的潜在危害程度来看，其危险性并不相同。对此，我国《放射性同位素与射线装置安全和防护条例》第4条根据放射源、射线

装置对人体健康和环境的潜在危害程度，从高到低将放射源分为Ⅰ类、Ⅱ类、Ⅲ类、Ⅳ类、Ⅴ类。基于这一分类，国家环保总局制定了《放射源分类办法》，对分类标准进行了更为具体的确定。依据《放射源分类办法》第1条的规定，Ⅰ类放射源为极高危险源，没有防护的情况下，接触这类源几分钟到1小时就可致人死亡；Ⅱ类放射源为高危险源，没有防护的情况下，接触这类源几小时至几天可致人死亡；Ⅲ类放射源为危险源，没有防护的情况下，接触这类源几小时就可对人造成永久性损伤，接触几天至几周也可致人死亡；Ⅳ类放射源为低危险源，基本不会对人造成永久性损伤，但对长时间、近距离接触这些放射源的人可能造成可恢复的临时性损伤；Ⅴ类放射源为极低危险源，不会对人造成永久性损伤。因此，本条规定中所言的高放射性，指的是归属于Ⅰ类、Ⅱ类、Ⅲ类的放射源。

其次，增加规定“强腐蚀性、高致病性”。理由在于，如果危险物本身具有强腐蚀性、高致病性，其本身就属于高度危险物。即便原《侵权责任法》第72条中未对其加以明确表述，也是被包含在“等”字之中的。本条规定将其明确地表述出来，意在使得对高度危险物的列举更为完全。

最后，本条规定承继了原《侵权责任法》第72条中“等高度危险物”的表达。这意味着，关于高度危险物的界定并不局限于本条所明确列举的情形，非为本条列举但具有与列举情形同样级别危险的危险物致害，也应适用本条规定。

2. 占有、使用高度危险物损害责任的归责原则和责任主体

占有、使用高度危险物损害责任适用无过错责任原则。本条规定采无过错责任原则，其理由在于，由于高度危险物所具有的高度危险性，应使归责更为严格。高度危险物致害采无过错责任原则，也与原《民法通则》及原《侵权责任法》中的规定保持了立法上的一致性与延续性。

本条规定的责任主体为高度危险物的占有人及使用人。这与原《侵权责任法》第72条的规定并无不同。基于危险控制理论，高度危险物致害责任的承担者应为控制或应当控制该危险物的人，即占有人或使用人。所谓占有和使用，是指生产、储存、运输高度危险物以及将高度危险物作为原材料或者工具进行生产等行为。[①] 需要指出的是，基于危险控制理论，非法占有人或使用人也应对由其非法占有及使用的高度危险物致害承担无过错责任。但因民法典侵权责任编第1242条专门规定了非法占有高度危险物致害的侵权责任，故非法占有人或使用人并不属于本条规定的占有人或使用人。

---

① 全国人大常委会法制工作委员会民法室编：《侵权责任法：条文说明、立法理由及相关规定》，北京大学出版社2010年版，第296页。

3. 占有、使用高度危险物损害责任的构成要件和免责事由

占有或者使用高度危险物损害责任的构成要件是：(1) 高度危险物的范围包括易燃、易爆、剧毒、高放射性、强腐蚀性、高致病性等，行为人实施了占有或者使用易燃、易爆、剧毒、高放射性、强腐蚀性、高致病性等高度危险物的行为。(2) 因高度危险物造成他人人身损害或者财产损害。(3) 占有或者使用的高度危险物与人身损害或者财产损害事实之间有因果关系。

本条规定将抗辩事由依据法律效果的不同区分为免责事由和减责事由。免责事由包括：(1) 能够证明损害是因受害人故意造成的，可以免责；(2) 能够证明损害是因不可抗力造成的，占有人或者使用人也不承担责任。减责事由则是：被侵权人对损害的发生有重大过失的，可以减轻占有人或者使用人的责任；被侵权人的一般过失不是减轻责任的事由。毫无疑问，相比于民法典侵权责任编第 1237 条和第 1238 条的致害情形，高度危险物致害的危险程度有所降低①，故虽同属高度危险责任，本条责任的严格性应有所降低，具体的体现即为抗辩事由的增加。

【案例评注】

周某诉吴某等占有、使用高度危险物损害责任纠纷案②

基本案情

2017 年 3 月 4 日，周某通过朋友介绍在二手市场购买了一辆油罐车从事危化品运输。2017 年 4 月 4 日，周某在江苏卸完货后，准备到铜陵装货。因得知装货单位对罐要求高且要求洗罐，经人介绍，将车开到吴某处，并让同行的一名司机贺某招呼洗车。周某去办理其他事务，返回洗车处时，吴某的丈夫钱某已在车内清洗。后钱某昏倒在罐车内，周某下去施救时也失去了知觉。随后贺某拨打了 110、120，钱某被赶来的消防人员救出并送往医院，经抢救无效死亡。2017 年 4 月 14 日，广州中科检测技术服务有限公司出具的检测报告中检测出该油罐车内含甲苯等有毒气体。2017 年 5 月 4 日，铜陵市公安局司法鉴定中心出具（铜）公（尸）鉴字［2017］7 号法医学尸体检验鉴定书。鉴定书分析说明中认定排除钱某因毒物、药物中毒及机械性损伤死亡的可能，并根据调查反映钱某进入槽罐车

① 全国人大常委会法制工作委员会民法室编：《侵权责任法：条文说明、立法理由及相关规定》，北京大学出版社 2010 年版，第 297 页。

② 一审法院为安徽省铜陵市郊区人民法院，案号：(2017) 皖 0711 民初 278 号；二审法院为安徽省铜陵市中级人民法院，案号：(2017) 皖 07 民终 792 号。

罐体内清洗罐体前，罐体处于密闭状态，进入罐体后大约几分钟，钱某昏倒。鉴定意见书最终认定钱某符合吸入甲苯等有毒气体加之环境缺氧致急性呼吸功能衰竭死亡。另查明：涉案油罐车的登记车主为凤翔公司。

法院判决

一审法院认为，行为人损害他人民事权益，不论行为人有无过错，法律规定应当承担侵权责任的，就应依照相关法律规定承担无过错责任。本案中，被害人钱某是因给周某所有的油罐车清洗时吸入车内有毒气体导致死亡的。根据《侵权责任法》第七条及第七十二条的规定，应当适用无过错责任原则。周某没有提供相关证据证明钱某对自己的死亡存在重大过失，作为油罐车的所有人和占有人，其应对钱某的死亡承担全部责任。关于油罐车的登记车主凤翔公司是否承担责任的问题，根据庭审中周某和凤翔公司提交的证据及当庭陈述，周某并非从凤翔公司处直接购买的车辆，而是从二手市场购买的，因此涉案油罐车已几经他手。凤翔公司作为登记车主已不能支配该车辆的运营，也不能从该车的运营中获得利益，故对本案中钱某之死不应承担赔偿责任。周某是该车辆的实际占有人、使用人和实际支配控制者，也是该车辆运营利益的享有者，应由其对该车辆所发生的一切侵权行为承担侵权责任。

二审法院认为，运输化学危险品的油罐车的罐内清理，应到有资质的场所清理。死者钱某的洗车店没有清理危险化学品的资质，钱某没有对油罐车内存在的大量危害人体生命安全的气体进行测验，就直接下到了罐体内，不符合相关的安全操作规定，也没有采取相应的安全防护措施，便盲目进行操作，导致钱某的死亡。钱某对自己的死亡明显有重大过失。依据《侵权责任法》第七十二条规定，占有或者使用易燃、易爆、剧毒、放射性等高度危险物造成他人损害的，占有人或者使用人应当承担侵权责任，但能够证明损害是因受害人故意或者不可抗力造成的，不承担责任。被侵权人对损害的发生有重大过失的，可以减轻占有人或者使用人的责任。故死者钱某应当承担30%的责任，周某应当承担70%的责任。

专家点评

高度危险物致害责任适用的是无过错责任。因为这些物品具有“易燃、易爆、剧毒、高放射性、强腐蚀性、高致病性等”高度危险性。一方面，由于独特的物理或化学属性，这些物品非常容易造成人身伤亡和财产损失；另一方面，在占有、使用这些物品时，占有人、使用人必须尽到高度的注意义务，采取特别的防护。稍有不慎，在这些物品的运输、装卸、储存或使用的过程中，其内在的高度危险性就可能现实化，给他人造成损害。本案即为高度危险物致害责任的典型案例。构成高度危险物致害责任，必须符合“占有或者使用”高度危险物的要求。占有、使用高度危险物的情形包括生产、装卸、运输、储存、保管高度危险物等。

在本案中，高度危险物为有毒气体甲苯，而被告周某则为含有该有毒气体甲苯的油罐车的驾驶人，即以运输的方式占有和使用高度危险物。被害人钱某进入油罐车罐体内清洗罐体前，罐体处于密闭状态，进入罐体后吸入甲苯等有毒气体加之环境缺氧致急性呼吸功能衰竭死亡。由此可见，本案的高度危险物与受害人的损害后果之间具有因果关系。被告周某作为高度危险物的占有人和使用人，应当采取特别的防护，即尽到高度注意义务，但其并未尽到相应的义务。因此，被告周某作为含有有毒气体的油罐车的实际占有人、使用人和实际支配控制者，也是该车辆运营利益的享有者，应由其对该车辆所载高度危险物致害的后果承担侵权责任。受害人故意和不可抗力可以作为高度危险物致害责任的免责事由，被侵权人的重大过失则可作为高度危险物致害责任的减责事由。在本案中，受害人进入油罐车进行清洗之前，未进行相应的检查，具有过失，但是否构成重大过失，还应当根据受害人是否是油罐车的专业清洗人员、是否具有相应的专业技能等方面进行认定。

第一千二百四十条 从事高空、高压、地下挖掘活动或者使用高速轨道运输工具造成他人损害的，经营者应当承担侵权责任；但是，能够证明损害是因受害人故意或者不可抗力造成的，不承担责任。被侵权人对损害的发生有重大过失的，可以减轻经营者的责任。

【条文释义】

本条是对高度危险活动损害责任的规定。

1. 高度危险活动损害责任的适用范围

高度危险活动，是经营者从事的高空、高压、地下挖掘、使用高速轨道运输工具等具有高度危险性的经营活动。高空作业是在离开地面相当距离的具有高度危险性的作业。高压是指从事的经营活动的压力超过普通的程度，如高压电、高压水、高压气泵等，其压强超过通常的标准，即为高压。地下挖掘不同于民法典第 1258 条规定的道路上挖掘，而是在地面以下进行的挖掘活动。高速轨道运输工具通常指火车等有轨道的高速运输工具。这样的经营活动，都属于高度危险活动。具体分析如下：

（1）高空作业致害

高空作业，是指超过正常的高度进行作业。何谓正常的高度以及何谓高空，并不是能够准确界定的概念，是应当在实践中具体掌握的。例如，在 40 米高的烟囱上冒险作业，是高空作业；在 10 米高度的旧厂房上拆除房梁，也是高空作业。因此，高空作业应当在实践中把握合适的高度，而不能强求一律。

从事高空作业造成他人损害的，有两种情况：一种是高空作业造成作业的工人自己的人身伤害，这种情况属于工伤事故，一般应当按照工伤事故的规定请求赔偿。但是受害人直接依据高空作业致害责任请求赔偿，也是合理的。另一种是高空作业造成了他人的损害，包括人身损害和财产损害，如高空作业中，作业的工具、材料、人员脱落、坠落等，造成地面人员或者财产的损害，就是这种侵权行为。

高空作业致人损害的侵权赔偿责任的规则是：首先，应当由组织作业的人承担民事责任；其次，组织作业的人能够证明该损害系因受害人故意或者不可抗力造成的，免除其责任。

（2）高压致害

高压，是指压力超过通常标准，这种“超过”不是低于而是高于，即高于通常标准的压力。某些能量或者物质通常以高压方式制造、运输或者储藏，否则将无法进行。因此在现代工业中，高压是正常的现象。

但是，工业的高压具有危险性，对周围环境和人群具有重大的危险，必须采取措施，高度防范，以保障人身、财产安全。尽管如此，仍然难以避免可能造成的损害。一旦损害发生，侵权行为法以无过错责任原则确定责任，即使工业高压的所有人、占有人和管理人没有过错，也必须承担侵权损害赔偿责任。因此，以高压制造、储藏、运送电力、液体及煤气、蒸气等气体，因高压作用造成他人损害的，其所有人、占有人或管理人应当承担民事责任。受害人的故意和不可抗力是工业高压的免责事由，能够证明该损害系因受害人故意或者不可抗力造成的，侵权人不承担民事责任。

（3）地下挖掘致害

地下挖掘，是一种高度危险行为，是指在地下掘进、构筑坑道、挖掘隧道、构筑地铁等在地下进行的具有高度危险的施工活动。

地下挖掘，来源于民法典物权编第 345 条关于“建设用地使用权可以在土地的地表、地上或者地下分别设立”的规定。在地表之下设立的建设用地使用权，就需要在地下挖掘，构筑地下空间以使用。

空间主要有两种表现形态：一是地下空间，这是近年来逐渐发展出的空间利用形式，常见利用方式是在地表之下一定深度建设建筑物，包括地下停车场、人防工程和地下商场等。二是地上空间，这在我国是较新的空间表现形态。以现有的建筑技术，地上空间建筑不可能是飘浮的，必须获得一定向上的支撑力。地下挖掘所要解决的是地下空间的利用问题。由于地下挖掘具有高度危险性，因此，地下挖掘造成损害，构成地下挖掘的高度危险责任。

地下挖掘的基本安全保障，是建立足够的地下支撑。按照不动产支撑的受力方向，支撑关系可以区分为侧面支撑与垂直支撑。在垂直支撑中，包括地上支撑和地下支撑。其中，侧面支撑是传统的支撑，而地上支撑和地下支撑则是新型的支撑，是较为复杂的支撑。侧面支撑关系，是地表的相邻土地之间、相邻地上或者地下空间之间，在与地面水平方向上的相互支撑关系；而垂直支撑，即是在与地面垂直方向上的地表之上与地表之下的支撑与被支撑关系。侧面支撑关系是原有平面的相邻关系中支撑利益的立体化延伸，而垂直支撑关系是土地分层利用的必然结果，较之美国法上的地下支撑的范围更广，还包括了地表对地上空间的支撑。侧面支撑与垂直支撑纵横交错，概括了我国不动产支撑利益的全部关系，将是我国物权法上的全新物权制度。①

在地下挖掘过程中，必须采取必要的、切实可靠的支撑，以保证地下和地上的安全。因此，地下挖掘造成损害，是否应当承担侵权责任，就在于地下挖掘是否设立必要和可靠的支撑。没有建立必要的、可靠的支撑，造成地表塌陷或者其他损害，就构成地下挖掘高度危险责任。

因此，地下挖掘高度危险责任，是指在地下挖掘活动中，没有采取必要的、可靠的不动产支撑，致使地表塌陷等后果，造成他人人身损害或者财产损害的高度危险责任。

（4）高速轨道运输工具致害

铁路运输，是高速轨道运输，因此，列车是高速运输工具，是具有危险性的运输活动。铁路事故，是高速运输工具造成的损害事故，其性质是无过错责任，在责任构成上不考虑责任人的过错要件，只要具备违法行为、损害事实和因果关系三个要件，就构成侵权责任。

铁路事故，包括铁路行车事故，即列车在运行中发生的人身伤害事故或者财

① 参见杨立新：《杨立新民法讲义·物权法》，人民法院出版社2009年版，第101页。

产损害事故，同时，还包括从列车上坠落、投掷物品，列车排放能量，造成他人人身损害或者财产损害的事故。

基本规则是：铁路事故的损害赔偿责任，应当由铁路列车的运输人承担。如果运输人能够证明损害是因受害人的故意造成的，则不承担民事责任。

2. 高度危险活动损害责任的构成要件和免责事由

构成高度危险活动损害责任的要件是：(1) 经营者从事了高度危险活动，且该高度危险活动是合法经营，如果是违法经营，则要承担更重的责任；(2) 造成了他人的人身损害和财产损害；(3) 高度危险活动是造成人身损害或者财产损害的原因，有因果关系。高度危险活动损害责任的主体，是高度危险活动经营者。确定高度危险活动的经营者，在用输送管线输送的情况下，应当以管线的产权界限为标准。例如，高压电的经营活动，有发电、送电、用电等不同经营者，但都是在一条高压电线之上，当高压电引发事故造成损害时，判断究竟应当由谁承担责任，就须以高压电线的产权单位作为经营者的界限，在哪一个产权权属范围内发生的事故造成损害，就由这一段高压线路的经营者承担损害赔偿责任。

本条规定将高度危险活动损害责任的抗辩事由依据法律效果的不同区分为免责事由和减责事由。免责事由包括：(1) 能够证明损害是因受害人故意造成的；(2) 损害是因不可抗力造成的。减责事由则是：被侵权人对损害的发生有重大过失的，可以减轻经营者的责任。相比于原《侵权责任法》第 73 条规定，本条将"过失"改为"重大过失"，因为高度危险物致害责任与高度危险活动致害责任均为高度危险责任，危险性没有本质区别，故改为相同规则。因此，被侵权人的一般过失所引发的损害，不能减轻经营者的责任。

【案例评注】

周某某等与供电局触电人身损害责任纠纷上诉案[①]

基本案情

周某某、敖某某系死者周甲的父母。2017 年 1 月 27 日 16 时许，周甲与周某某等人在顶岸村顶岸一组王某家后面水池边钓鱼时，周甲因抛竿不慎触及上方 10KV 高压电线，经家属、村民和平街乡卫生院医护人员抢救无效死亡。报警后，

---

① 一审法院为贵州省黔西南布依族苗族自治州贞丰县人民法院，案号：(2017) 黔 2325 民初 1413 号；二审法院为贵州省黔西南布依族苗族自治州中级人民法院，案号：(2018) 黔 23 民终 493 号。

经贞丰县公安局平街派出所出警处理，后经贵州医科大学司法鉴定中心鉴定周甲符合电击死亡的鉴定意见。2017 年 2 月 6 日，当地供电局与平街乡人民政府工作人员对涉案现场进行勘查，高压线距离地面为 5.1 米。

法院判决

一审法院认为，根据周某某、敖某某提供的接处警登记表、抢救记录和证人证言，周甲系在同村王某家房屋后的水池边钓鱼时抛竿不慎触电死亡，充分证明其死亡与当地供电局的高压输电线路存在因果关系。根据《侵权责任法》第七十三条规定："从事高空、高压、地下挖掘活动或者使用高速轨道运输工具造成他人损害的，经营者应当承担侵权责任，但能够证明损害是因受害人故意或者不可抗力造成的，不承担责任。被侵权人对损害的发生有过失的，可以减轻经营者的责任。"供电局作为该高压线路的经营者，应对该高压线路造成周甲死亡承担无过错责任。本案中，周甲生前作为大学二年级学生，且年满 18 周岁，对高空、高压的危险性及钓鱼竿的长短具有充分的预估能力，在其明知存在危险的情况下放任自己的行为导致被电击身亡，周甲对事故的发生具有重大过失，应当承担事故的主要责任，供电局承担事故的次要责任。因此，法院确定由供电局承担 30% 的赔偿责任，其余 70% 的责任由周甲自行承担。

二审法院认为，本案二审争议焦点为：一、周甲是否因触及供电局 10KV 高压输电线路被电击死亡；二、一审判决对双方当事人的责任认定是否恰当；三、一审判决对周甲死亡各项损失的认定是否符合法律规定。

对于争议焦点一，事发时，梁某、周某在现场，二人一审出庭时陈述周甲系在高压输电线路下方、王某屋后水池处钓鱼时因抛竿被电击死亡，此与事后贞丰县公安局平街乡派出所出警到现场调查了解的情况一致。为进一步查明事实，事发后贞丰县公安局委托贵州医科大学法医司法鉴定中心对周甲的死亡原因进行了司法鉴定，鉴定意见为周甲符合电击死亡。由于周甲死亡地点位于高压输电线路下方，而死亡原因又确系电击死亡，结合其他旁证足以认定周甲确系钓鱼时因抛竿不慎触及供电局 10KV 高压输电线路被电击死亡，供电局的该项上诉理由不能成立，法院不予支持。由于受害人周甲系触电死亡，故本案应属侵权责任范畴内的触电人身损害责任纠纷。

对于争议焦点二，经现场勘查，事故发生地 10KV 高压输电线与地面最近垂直距离为 5.1 米，根据《电力设施保护条例》第十条规定，1－10KV 架空电力线路保护区为导线边线向外侧水平延伸并垂直于地面所形成的两平行面内的区域为 5 米。由此可以认定供电局于本案事发地架设的 10KV 高压输电线是符合法定安全标准的。尽管线路的架设符合法定安全标准，但根据《侵权责任法》第七十三条规定，供电局作为涉案高压输电线的经营者，其应对本案损害结果承担无过错赔偿责任，法定免责事由仅有受害人故意或不可抗力两种情形。本案中并无证据证明受害人周甲触电死亡系因不可抗力、以触电方式自杀或自伤以及从事与电有关的犯罪行为所致，故本案依法不能免除高压输电线路经营者供电局的民事责任，只能根据受害人的过错程度减轻其民事责任，供电局主张其无过错不应承担责任的上诉理由不能成立，法院不予支持。

专家点评

高度危险活动致害责任与高度危险物致害责任一样，适用的都是无过错责任。无非前者的高度危险性来自活动，而后者来自物品本身。根据民法典侵权责任编第1240条的规定，高度危险活动包括从事高空、高压、地下挖掘活动或者使用高速轨道运输工具。本案即为高压电致害责任的典型案例。原《最高人民法院关于审理触电人身损害赔偿案件若干问题的解释》将高压电界定为：1KV及其以上电压等级的高压电。之所以以“1KV”为标准，主要就是考虑到《电力设施保护条例》第10条第1项的规定，即1KV以上的架空电力线路要设置保护区，即导线边线向外侧水平延伸并垂直于地面所形成的两平行面内的区域。显然，1KV及以上的电压等级的电，已经对周围环境具有了高度险，因此属于高压电。

在本案中，事故发生地有当地供电局于本案事发地架设的10KV高压输电线，尽管线路的架设符合法定安全标准，但高度危险活动致害责任适用无过错责任原则，不以高度危险活动的经营者具有过错为侵权责任的构成要件。因此，只要被害人所遭受的损害与高压电之间存在因果关系，即可构成高度危险活动致害责任。由于被害人周甲死亡地点位于高压输电线路下方，而死亡原因又确系电击死亡，结合其他旁证足以认定周甲确系钓鱼时因抛竿不慎触及供电局10KV高压输电线路被电击死亡，因此构成要件齐备，被告供电局作为事发地高压输电线的经营者应当承担侵权责任。根据民法典侵权责任编第1240条的规定，高度危险活动致害责任的法定免责事由仅有受害人故意或不可抗力两种情形。而不可抗力作为免责事由的重要前提条件是不可抗力应当是触电事故发生的唯一原因。受害人故意分为两种情形：一是受害人以触电方式自杀、自伤；二是从事与电有关的犯罪行为，包括盗窃电能，盗窃、破坏电力设施或者进行其他犯罪活动。本案中并不存在上述情形，因此侵权人不能免除责任。但是，根据民法典侵权责任编第1240条的规定，被侵权人有重大过失可以作为高度危险活动致害责任的减责事由。在本案中，被害人周甲作为完全民事行为能力人，应当具有高压危险的常识与判断能力，其在电力设施保护区内的高压电线下手持导电鱼竿垂钓，将自身置于高度危险境地，由于其手持鱼竿抛竿，触及高压电线是发生本案事故的直接原因，其自身具有重大过失，因而可以减轻被告的责任。

第一千二百四十一条 遗失、抛弃高度危险物造成他人损害的，由所有人承担侵权责任。所有人将高度危险物交由他人管理的，由管理人承担侵权责任；所有人有过错的，与管理人承担连带责任。

【条文释义】

本条是对遗失、抛弃高度危险物损害责任的规定。

1. 遗失、抛弃高度危险物损害责任的适用范围

相比于原《侵权责任法》第74条的规定，本条在规范对象上并未作出任何改变。因此，本条规定的遗失、抛弃高度危险物情形下的高度危险物致害责任，是指自然人、法人或者非法人组织所有、占有、管理的危险物被遗失、被抛弃后造成他人损害，应当承担的侵权责任，包括遗失高度危险物、抛弃高度危险物和将高度危险物交由他人管理三种情形。

第一，遗失高度危险物，是指权利主体非基于自身的意思而丧失对高度危险物的占有，但不包括他人非法占有情形。危险物遗失的，所有人对遗失物虽然丧失了占有，但是其对该物并没有丧失所有权，仍然是自己的财产。这种遗失的危险物造成受害人的损害，还是应当以该物的实际权利人承担责任。因此，遗失的危险物因其自身的危险性质致人损害的，由其所有人承担民事责任。

第二，抛弃高度危险物，是指权利主体基于放弃权利的意思而不再占有高度危险物。对财产的抛弃，是对财产的事实上的处分，事实上决定了这个物的命运，放弃了该物的所有权，对该物也就不再享有所有权。对于危险物同样如此，危险物被抛弃，所有权人就丧失了该危险物的所有权。该高度危险物由于其自身的危险性而致害他人，虽然抛弃该危险物的原所有人已经丧失了对该物的所有权，但是，造成损害的原因还是抛弃者所为，只要该危险物没有被他人所占有，或者他人没有对此产生所有权，仍然由抛弃物的原所有人承担侵权责任。

第三，危险物交由他人管理损害责任，是指权利人基于某种原因将高度危险物交由他人管控处理。所有人将高度危险物交由他人管理，因该危险物造成他人

损害，由危险物的管理人承担侵权责任；如果危险物的所有人有过错的，则与管理人承担连带责任。所有人的过错，是对高度危险物交由他人管理而未尽高度注意义务具有疏忽或者懈怠，如未交代危险物的性质、保管方法、危险后果等。

2. 遗失、抛弃高度危险物损害责任的归责原则

本条规定的归责原则总体上体现为无过错责任原则，例外情形下适用过错责任原则。根据本条第一句规定，在所有人遗失高度危险物的情形下，不论其是否具有过错，均应承担侵权责任；同样，在所有人抛弃高度危险物的情形下，也应承担侵权责任。尽管有观点认为，遗失、抛弃高度危险物往往体现为所有人违反有关管理规范，可被认定为存在过错，但事实上，此种情形下所有人是否具有主观过错是不被加以考虑的，因此，仍构成无过错责任。根据本条第二句前半句规定，管理人承担的也是无过错责任，即当高度危险物为管理人所管控时，不论管理人是否存在过错，当高度危险物致害时均应承担责任，遗失、抛弃情形也同样被包括在内。根据本条第二句后半句规定，所有人有过错的，所有人与管理人承担连带责任。在此情形下，就管理人而言，其承担的仍旧为无过错责任，但就所有人而言，其承担的是过错责任。由于高度危险物具有高度的危险性，故其将危险物交由他人管理，管理人应具备相应的资质，若管理人不具备相应的资质，而所有人仍将高度危险物交由其管理的，说明所有人存在过错，故所有人承担的是过错责任。

3. 遗失、抛弃高度危险物损害责任的责任主体

本条规定的责任主体为所有人和管理人。相比于原《侵权责任法》第 74 条的规定，在责任主体的表述上并未有所改变。所谓所有人是指对高度危险物享有所有权的人。所谓管理人，是指对于高度危险物享有管控处理权限的人。基于本条规定，管理人具体指所有人将高度危险物交由其管理的人，主要指合法占有人而不包括非法占有人。

需要指出的是，尽管在遗失和抛弃两种情形中，对于所有人的界定似乎会存在差别，如在遗失的情形下所有人并未发生改变而在抛弃情形下，所有人因基于消灭所有权的意思而不再享有高度危险物的所有权，不应再被认定为所有人。但是，需要注意的是，在高度危险物致害责任中，责任主体确定的法理基础并非完全在于所有权是否发生变动，而在于应由何人控制此高度危险。而本条中规定所有人承担侵权责任，实际上也意在强调应由所有人控制高度危险，并非在于从所有权归属的角度强调谁享有所有权。因此，在理解本条规定时，责任主体意义上的所有人指的就是应负担危险物管控义务的主体。当然，即便是未将抛弃情形下的所有人规定为原所有人，实际上也并不会带来解释上的重大困境。因为，对于

高度危险物而言，如所有人随意对其予以抛弃，则有可能造成社会民众的损害，此时，其抛弃行为因违反公序良俗而不发生效力。换言之，所有权人即便实施了抛弃行为，在法律效果上仍旧不会发生抛弃的效力，故所有权人并未发生改变。

【案例评注】

石油管理局与冶某遗失、抛弃高度危险物损害责任纠纷案①

基本案情

2015 年 9 月 26 日 17 时许，原告冶某在 500 千渠乌鲁木齐市米东区长山镇六户地村段被爆炸物炸伤。当日 20 时 12 分入住新疆维吾尔自治区职业病医院住院治疗，门诊诊断为双上肢颜面爆炸伤，出院诊断为左耳鼓膜穿孔，其他诊断为双侧前臂腕手爆炸毁损伤、右眼球爆炸伤等十处诊断伤情，住院期间为 2015 年 9 月 26 日至 2015 年 11 月 4 日，共计住院 63 天，花费医疗费 69719.83 元。冶某于 2016 年 2 月 29 日至 2016 年 3 月 28 日因双侧前臂爆炸伤术后再次住院治疗 28 天，花费医疗费 57806.23 元。2015 年 11 月 9 日，冶某在新疆军区机关医院花费治疗费 16000 元。冶某伤情经新疆衡诚司法鉴定中心 2016 年 4 月 18 日出具鉴定意见：1. 被鉴定人冶某双上肢缺失的损伤程度评定为三级伤残；右眼的损伤程度评定为七级伤残；2. 被鉴定人冶某 10 周岁前上双肢辅助假肢的后续医疗费评定为 1092240.6 元；待年满 18 周岁后考虑双上肢安装成人辅助假肢，费用另行计算；右眼球摘除后置义眼的后续医疗费评定为 48000 元；3. 被鉴定人冶某的劳动能力评定为完全丧失劳动能力；4. 被鉴定人冶某的护理依赖程度评定为大部分护理依赖；5. 被鉴定人冶某的营养期评定为 90 日。鉴定费共计 4000 元，其中伤残程度鉴定费 700 元，后续医疗费评定 600 元，劳动能力评定 700 元，护理依赖评定 600 元，营养期评定 600 元，其他包含专家咨询费 500 元，加急鉴定费 300 元。

法院判决

一审法院认为，关于本案争议焦点之炸伤原告的爆炸物是否系“天鹅”牌45－1－G 型号震源药柱之事实认定方面。石油管理局、方正公司、江阳公司、东方公司四被告均对米东区公安局出具的调查报告中涉案震源柱与炸伤原告爆炸物的同

① 一审法院为新疆维吾尔自治区乌鲁木齐市米东区人民法院，案号：（2016）新 0109 民初 2198 号；二审法院为新疆维吾尔自治区乌鲁木齐市中级人民法院，案号：（2017）新 01 民终 1684 号。

一性提出质疑，原告在庭审过程中亦认可公安机关提供调查报告中所附药柱照片是受害人家属于次日早晨在距离事发地点附近100米和20米处找到的两支，根据米东区公安局提供的“天鹅”牌45－1－G型号震源药柱已经被销毁的证明，案件审理期间，客观上已经不存在对炸伤原告的现场爆炸物与涉案药柱进行同一性物证鉴定比对之现实可行性，故被告提出的鉴定申请已经无法实现，现有证据条件下，依据有限客观证据能够证明现场爆炸物系“天鹅”牌45－1－G型号震源药柱的证据材料无法达到确实、充分之证明标准，但根据民事证据高度盖然性的证明标准以及事发时现场案外人冶某春在派出所所作笔录、法院对冶某春询问过程中其对爆炸物形状的描述和涉案爆炸物照片的指认、原告冶某本人对爆炸物的描述和指认，基本可以认定炸伤原告的系“天鹅”牌45－1－G型号震源药柱之法律事实。

本案争议焦点之各被告是否应当承担赔偿责任。《侵权责任法》第七十四条规定：“遗失、抛弃高度危险物造成他人损害的，由所有人承担侵权责任。所有人将高度危险物交由他人管理的，由管理人承担侵权责任；所有人有过错的，与管理人承担连带责任。”遗失、抛弃高度危险物造成受害人损失的，应当由物的实际权利人承担责任，其侵权责任主体主要是物的所有人和管理人。对高度危险物造成的损害，其立法主要目的在于加大对受害人的保护力度，提高受害人的求偿率，自其产生开始，就是一种无过错责任，所有人承担的这种无过错的民事责任，只有法律规定了免责条件而且符合免责条件的情形下才能免除责任。参照《最高人民法院关于民事诉讼证据的若干规定》[①] 第四条规定，高度危险作业致人损害的侵权诉讼，由加害人就受害人故意造成损害的事实承担举证责任。故本案中，被告应就原告冶某故意造成损害的事实承担举证责任，如举证不能，则应承担赔偿责任。

二审法院认为，被上诉人冶某在500干渠乌鲁木齐市米东区长山镇六户地村段被爆炸物炸伤，经当地公安机关调查了解并形成书面调查报告，结论为涉案爆炸物是当地石油管理局使用的“天鹅”牌45－1－G型号震源药柱。该调查报告属于国家机关依职权制作的公文书证，在无相反证据证明的情况下，该书证具有证明效力。根据该调查报告，涉案震源药柱销售至当地石油管理局的时间跨度有20年之久，在此期间，上诉人石油管理局仅辩称已尽高度注意义务，不存在遗失、抛弃高度危险物的行为，不足以抗辩公安机关出具的调查报告的证明力。故

---

① 此规定已根据2019年10月14日最高人民法院审判委员会第1777次会议《关于修改〈关于民事诉讼证据的若干规定〉的决定》修正。

上诉人石油管理局提出不承担赔偿责任的理由不能成立，法院不予支持。

专家点评

遗失、抛弃高度危险物致害责任，是指自然人、法人或者非法人组织所有、占有、管理的危险物被遗失、被抛弃后造成他人损害，应当承担的侵权责任，包括遗失高度危险物、抛弃高度危险物和将高度危险物交由他人管理三种情形。其所适用的归责原则总体上体现为无过错责任原则。换言之，在所有人遗失或抛弃高度危险物的情形下，不论其是否具有过错，均应承担侵权责任。尽管遗失、抛弃高度危险物往往体现为所有人违反有关管理规范，可被认定为存在过错，但事实上，此种情形下所有人是否具有主观过错是不被加以考虑的，因此，仍构成无过错责任。

在本案中，炸伤原告的爆炸物系“天鹅”牌45－1－G型号震源药柱，该震源弹为地质勘探用，且根据生产厂家山西江阳化工厂提供的线索，推断米东区长山子500水渠的震源药柱的生产时间应该是1981年至2001年，且从1996年至2001年发往新疆的“天鹅”牌震源药柱的明细可以看出，“天鹅”牌震源药柱的接收单位为当地石油管理局，由此认定涉案爆炸物的所有人应为当地石油管理局。无论出于何种原因，涉案高度危险物“天鹅”牌震源药柱从石油管理局遗失。对于其造成的损害，仍应由作为原所有权人的石油管理局承担侵权责任。在高度危险物致害责任中，责任主体确定的法理基础并非完全在于所有权是否发生变动，而在于应由何人控制此高度危险。对于高度危险物而言，无论是所有权人随意对其予以抛弃，还是因其他原因遗失，都有可能造成社会民众的损害。这也是民法典侵权责任编第1241条规定遗失、抛弃高度危险物致害的侵权责任的原因所在。

第一千二百四十二条　非法占有高度危险物造成他人损害的，由非法占有人承担侵权责任。所有人、管理人不能证明对防止非法占有尽到高度注意义务的，与非法占有人承担连带责任。

【条文释义】

本条是对非法占有高度危险物损害责任的规定。

1. 高度危险物非法占有人对高度危险物致害承担无过错责任

高度危险责任的归责基础在于危险的存在，[①] 因此，应当由实际控制该危险之人承担侵权责任。在高度危险物被非法占有的情形下，实际控制高度危险物的是非法占有人，所以应当由非法占有人对高度危险物致害承担侵权责任。另外，由于高度危险责任的成立不以过错为要件，故此，非法占有人也应对其非法占有高度危险物造成的损害承担无过错责任。据此，民法典侵权责任编继续采用原《侵权责任法》第75条的立场，即维持非法占有高度危险物造成他人损害者的无过错侵权责任。

此处所称高度危险物，是指易燃、易爆、剧毒、高放射性、强腐蚀性、高致病性等高度危险物。其范围应当与民法典侵权责任编第1239条规定高度危险物的范围一致。非法占有高度危险物，是指通过盗窃、抢劫、抢夺等方法违背所有人或管理人的意志而取得对高度危险物占有之情形。[②] 另外，在高度危险物遗失的情形下，拾得人应该采取相应合理措施保管危险物，并及时通知遗失人或者报告招领机关；倘若将其占为己有的，自然也可认为是非法占有人，当然属于本条意义上的非法占有人。

2. 高度危险物所有人或管理人对管理高度危险物负高度注意义务

高度危险物被他人非法占有之时，该高度危险物已经脱离所有人、管理人的实际控制；因此，当非法占有的高度危险物造成他人损害之时，对该高度危险物的所有人、管理人无法适用高度危险物致害无过错责任。然而，考虑到高度危险物的非法占有对社会产生危害的严重性，应当要求所有人、管理人为防止他人非法占有高度危险物尽到高度注意义务。[③] 倘若所有人、管理人未履行此等高度注意义务，即应当对自己的过失承担责任。[④] 这里所说的高度注意义务，被认为高于一般的注意义务，是一种善良管理人的注意义务。虽然高度注意义务尚无明确的判断标准，但是可以从以下几个方面进行参考："第一，所有人和管理人要对高度危险物的风险具有可预见性；第二，所有人和管理人要采取足够的、谨慎的措施保证高度危险物的安全，避免对高度危险物失去占有、造成他人损害；第三，如果发生盗窃等非法占有情形，所有人和管理人能够制止并防止损害发生"。[⑤]

---

① 张玉东：《高度危险责任若干条款的解释适用》，载《烟台大学学报（哲学社会科学版）》2012年第4期。

② 王胜明主编：《侵权责任法释义》（第二版），法律出版社2013年版，第418页。

③ 周友军编：《侵权责任法专题讲座》，人民法院出版社2011年版，第458页。

④ 王胜明主编：《侵权责任法释义》（第二版），法律出版社2013年版，第419页。

⑤ 最高人民法院侵权责任法研究小组编著：《侵权责任法条文理解与适用》，人民法院出版社2010年版，第515页。

3. 高度危险物所有人或者管理人承担过错推定责任

高度危险物所有人或者管理人对高度危险物的管理没有尽到高度注意义务，致使第三人非法占有高度危险物并因高度危险物危险性现实化造成他人损害的，本应当对该损失承担过错责任。并且，根据举证责任分配原则，应当由被侵权人对加害人违反高度注意义务负担举证责任。但是，关于高度危险物所有人或者管理人是否尽到高度注意义务的证明，在信息严重不对称的情况下，受害人处于明显劣势。因此，为了保护受害人的合法权益，原《侵权责任法》第 75 条规定高度危险物所有人或者管理人的责任为过错推定责任，由其对自己已尽到高度注意义务负举证责任。根据此立法经验，民法典侵权责任编第 1242 条继续将高度危险物所有人或者管理人违反高度注意义务责任规定为过错推定责任。

4. 非法占有人与未尽到高度注意义务的所有人、管理人的责任形态为连带责任

当被非法占有的高度危险物造成他人损害之时，非法占有人与高度危险物所有人或管理人，基于不同责任的产生原因均须对受害人承担赔偿责任。但是，在损害赔偿范围上，两者之间却存在差异。高度危险物的所有人、管理人虽然与非法占有人共同承担连带责任，其责任基础在于没有尽到高度注意义务即有过错。因此，所有人、管理人仅在能够防止或者制止损害的范围之内承担责任。[①] 但如此一来，非法占有人无赔偿能力的风险将由受害人负担，不利于受害人权益的保护。为了使受害人摆脱非法占有人无赔偿能力的风险，从而确保对其损害的填补，并促使所有人、管理人对高度危险物加强管理，[②] 原《侵权责任法》第 75 条将两者之间的关系规定为连带关系。据此，受害人可以直接请求高度危险物所有人或者管理人赔偿全部损害。但是，如上所述，高度危险物所有人、管理人的赔偿责任原本限定在能够防止或者制止损害的范围之内。因此，所有人、管理人对超出此范围的部分承担责任后，可以向非法占有人进行追偿。民法典侵权责任编第 1242 条继续采用原《侵权责任法》第 75 条的立场，规定对防止他人非法占有高度危险物没有尽到高度注意义务的高度危险物的所有人、管理人与非法占有高度危险物之人对该高度危险物对他人造成的损害承担连带责任。承担连带责任的规则，适用民法典总则编第 178 条的规定。

---

① 最高人民法院侵权责任法研究小组编著：《侵权责任法条文理解与适用》，人民法院出版社 2010 年版，第 513 页。

② 最高人民法院侵权责任法研究小组编著：《侵权责任法条文理解与适用》，人民法院出版社 2010 年版，第 515 页。

【案例评注】

陈乙、陈丙等与乌石头村委会、陈丁生命权、健康权、身体权纠纷二审民事判决书[①]

基本案情

2014年9月10日13时许，受害人陈甲（2002年6月19日出生）与其他同学（均系未成年人，在校学生）一起到位于乌石头村委会的土名为“草沟”的一废弃水潭处玩水时溺水身亡。经查明，位于乌石头村委会的土名为“草沟”的土地（包括涉案水潭）目前暂未纳入月亮湾用地报批范围内，该地地类为未利用地（沙地）。涉案水潭系原南山海矿厂在20世纪60年代采矿后未回填土所形成的一个面积较大的深坑，该水潭经多年自然蓄水而形成。此后，该水潭一直没有人管理，且地处偏僻，但周边村民有时会到该水潭处挑水浇灌农作物。

法院判决

一审法院认为，《侵权责任法》第三十七条第一款规定，宾馆、商场、银行、车站、娱乐场所等公共的管理人或者群众性活动的组织者，未尽到安全保障义务，造成他人损害的，应当承担侵权责任。由此可见，安全保障义务的主体是公共场所的管理人或者群众性活动的组织者。本案的事故发生地涉案水潭地处偏僻且系历史原因形成，并不是严格意义上的对公众开放的公共场所，法律并没有为其所有人或者其占有使用人设定安全保障义务，也没有规定应当设置警示标志。因此，陈乙、陈丙作为受害人陈甲的近亲属，以乌石头村委会和陈丁、陈戊（陈丁、陈戊系涉案水潭的所有人和使用者）未尽到安全管理义务、未设置警示标志等为由请求乌石头村委会、陈丁、陈戊承担赔偿责任，没有法律依据。而受害人陈甲当时已年满12周岁，具备一定的判断、识别能力，应当认识到在涉案水潭玩水本身具有一定的危险性，其应自行对损害结果承担责任；陈乙、陈丙作为受害人陈甲的父母，对受害人陈甲负有法定的监护义务，其没有尽到监护职责，亦应自行承担全部责任。

上诉人陈乙、陈丙不服原审判决，提起上诉，并主张：本案不具有适用《侵

---

① 一审法院为广东省阳江市阳西县人民法院，案号：（2015）阳西法民初字第41号；二审法院为广东省阳江市中级人民法院，案号：（2015）阳中法民一终字第686号。

权责任法》第三十七条第一款的规定的前提。原审认为涉案水潭地处偏僻且系历史原因形成，不是严格意义上的对公众开放的公开场所，而适用《侵权责任法》第三十七条第一款的规定推理出法律没有为其所有人或占有使用人设定安全保障义务，也没有规定应当设置警示标志，是错误的。相反，法律规定了很多除公共场所的管理人或者群众性活动的组织者之外的责任主体，应当尽到安全保护措施并尽警示义务，如物件损害责任等。根据《侵权责任法》第七十五条的规定，不论该水潭是否历史形成，被上诉人均应承担赔偿责任。该水潭系在平坦的沙滩上挖掘形成，水深超过 4 米，而且周边陡峭，潭内海沙细嫩而松软，加上长期有水浸泡，人踩上去很容易陷下去且越陷越深，难以自救，具有潜在高度危险，存在安全隐患。被害人在水潭溺水死亡也印证了该潭的高度危险性。《侵权责任法》第七十三条规定了从事地下挖掘活动为高度危险的行为。乌石头村委会是水潭所在土地的所有者，也是利益的获得者，对该水潭具有控制、管理的义务，其怠于管理，放任陈丁和陈戊对水潭的非法占有、使用，没有尽到高度注意的义务。陈丁和陈戊是虾塘的承包经营者，该水潭没有在承包土地的范围内，但其非法占有该水潭，是水潭的实际使用人及利益的获得者，对该水潭具有实际的控制权、使用权，具有管理义务。但乌石头村委会和陈丁、陈戊均没有尽到管理义务，没有采取安全措施并尽到警示义务，根据《侵权责任法》第七十五条“非法占有高度危险物造成他人损害的，由非法占有人承担侵权责任。所有人、管理人不能证明对防止他人非法占有尽到高度注意义务的，与非法占有人承担连带责任”之规定，其应共同承担赔偿责任。

二审法院认为，本案涉事水潭并不属《侵权责任法》第七十五条所指的高度危险物，上诉人陈乙、陈丙主张适用该法条判决被上诉人承担侵权责任的理据不足，应予以驳回。原审判决认定事实清楚，处理正确，应予维持。

专家点评

高度危险责任的归责基础在于危险的存在，因此，应当由实际控制该危险之人承担侵权责任。在高度危险物被非法占有的情形下，实际控制高度危险物的是非法占有人，所以应当由非法占有人对高度危险物致害承担侵权责任。另外，由于高度危险责任的成立不以过错为要件，故非法占有人也应对其非法占有高度危险物造成的损害承担无过错责任。其中的“高度危险物”范围应当与民法典侵权责任编第 1239 条规定高度危险物的范围一致，即指易燃、易爆、剧毒、高放射性、强腐蚀性、高致病性等高度危险物。而非法占有的行为则包括盗窃、抢劫、抢夺等违背所有人或管理人的意志而取得对高度危险物占有的情形。在本案中，尽管该导致受害人溺毙的水潭系在平坦的沙滩上挖掘形成，水深超过 4 米，而且周边陡峭，潭内海沙细嫩而松软，加上长期有水浸泡，人踩上去很容易陷下去且越陷越深，具有潜在危险，存在安全隐患。但其危险性并非“高度危险物”所指的因物的性质所产生的易燃、易爆、剧毒、高放射性、强腐蚀性等危险性，因此不能认定为高度危险物，本案自然也就无法适用民法典侵权责任编第 1242 条规定的非法占有高度危险物致害责任。

第一千二百四十三条 未经许可进入高度危险活动区域或者高度危险物存放区域受到损害，管理人能够证明已经采取足够安全措施并尽到充分警示义务的，可以减轻或者不承担责任。

【条文释义】

本条是对进入高度危险活动区域、高度危险物存放区域损害责任的规定。

1. 高度危险活动区域或高度危险物存放区域管理人的管理义务

基于高度危险活动或者高度危险物对周围环境的高度危险性，高度危险作业相关法律规范通常要求高度危险作业人须设定高度危险活动区域或者高度危险物存放区域，并且进行封闭式管理，以此将高度危险区域与社会生活区域隔绝，并尽到管理义务，防止他人进入。《铁路安全管理条例》第 27 条第 1 款规定：“铁路线路两侧应当设立铁路线路安全保护区。铁路线路安全保护区的范围，从铁路线路路堤坡脚、路堑坡顶或者铁路桥梁（含铁路、道路两用桥，下同）外侧起向外的距离分别为：（一）城市市区高速铁路为 10 米，其他铁路为 8 米；（二）城市郊区居民居住区高速铁路为 12 米，其他铁路为 10 米；（三）村镇居民居住区高速铁路为 15 米，其他铁路为 12 米；（四）其他地区高速铁路为 20 米，其他铁路为 15 米。”《道路交通安全法》第 67 条规定：“行人、非机动车、拖拉机、轮式专用机械车、铰接式客车、全挂拖斗车以及其他设计最高时速低于 70 公里的机动车，不得进入高速公路。高速公路限速标志标明的最高时速不得超过 120 公里。”《危险化学品安全管理条例》第 24 条规定：“危险化学品应当储存在专用仓库、专用场地或者专用储存室（以下统称专用仓库）内，并由专人负责管理；剧毒化学品以及储存数量构成重大危险源的其他危险化学品，应当在专用仓库内单独存放，并实行双人收发、双人保管制度。危险化学品的储存方式、方法以及储存数量应当符合国家标准或者国家有关规定。”

原《侵权责任法》第 76 条规定了高度危险区域的管理义务，管理人应当采取安全措施并尽到警示义务。此处的安全措施，不仅包括为了避免他人未经许可擅自进入该区域而依法采取的安全保卫措施，也包括为了避免因高度危险造成他人损害而采取的安全措施①。另外，警示义务，是指设置醒目的警示标志从而使他人得以知悉将进入的区域属于高度危险区域或高度危险物存放区域。② 从高度危险活动或者高度危险物对周围环境的高度危险性来看，民法典侵权责任编第1243 条进一步提高了高度危险区域管理人的注意义务程度，规定高度危险作业人应尽管理义务的内容为“足够”安全措施及“充分”警示义务，以此表明管理义务的程度实际为“高度注意义务”。

2. 高度危险活动区域或高度危险物存放区域损害责任适用无过错责任

高度危险活动区域或者高度危险物存放区域损害责任，适用无过错责任原则。由于高度危险活动或高度危险物的高度危险作业是合法的、正当的，是利用现代科学技术服务于社会，有利于国计民生，所以，对这种高度危险责任适用无过错责任原则的要求应当适当放宽。故未经许可进入高度危险活动区域或者高度危险物存放区域受到损害，如果高度危险管理人已经采取足够安全的措施，并且尽到充分警示义务的，不承担全部赔偿责任，而是减轻或者免除高度危险活动人和高度危险物品的作业人的侵权赔偿责任。只有在没有采取足够安全措施，也没有尽到充分警示义务的，才承担全部赔偿责任，是比较宽松的无过错责任原则，接近于过错推定原则。

关于高度危险区域管理人是否已采取足够安全措施并尽到充分警示义务的证明，因信息严重不对称，在与管理人之间的对立中被侵权人处于明显劣势。因此，为了保护被侵权人的合法权益，民法典侵权责任编第 1243 条规定由高度危险管理人对自己已采取足够安全措施并尽到充分警示义务负举证责任。

3. 高度危险活动区域或高度危险物存放区域损害责任的构成要件与免责事由

未经许可进入高度危险活动区域、高度危险物存放区域损害责任的构成要件是：（1）须是在高度危险活动区或者高度危险物的存放区；（2）高度危险活动人或者高度危险物管理人已经尽到相当注意义务，采取了足够安全措施，并尽到了充分警示义务；（3）受害人未经许可进入该区域，造成损害。其中第 2 个要件，应由高度危险作业人承担举证责任。符合上述要件要求，首先应当考虑适用减轻责任；如果擅自进入高度危险区域，对于损害的发生具有重大过失的，应当免除高度危险作业人的赔偿责任。

---

① 程啸著：《侵权责任法》（第二版），法律出版社 2015 年版，第 618 页。

② 程啸著：《侵权责任法》（第二版），法律出版社 2015 年版，第 619 页。

民法典侵权责任编在第 1173 条与第 1174 条中分别对被侵权人存在过失与故意的情况进行了一般规定。所谓过失相抵，是指当被侵权人对于损害的发生或者损害结果的扩大具有过错时，可以减轻或免除赔偿义务人损害赔偿责任的一种制度。[①] 不仅如此，民法典侵权责任编还在第 1239 条、第 1240 条、第 1243 条中对高度危险责任领域中被侵权人存在过错的情形规定了过失相抵规则。此外，高度危险作业人因违反高度管理义务而承担的责任与其他高度危险责任在性质上存在差异，第 1243 条特别规定，倘若被侵权人的损害是由其过错行为，即“未经许可进入高度危险活动区域或者高度危险物存放区域”所致，尽到管理义务的高度危险作业人可以减轻或者不承担责任。

【案例评注】

陈甲等与巴南高速公司侵权责任纠纷上诉案[②]

基本案情

2015 年 1 月 16 日下午，陈甲携其妻杨某、其女陈乙步行进入成巴高速路段。19 时 5 分许，杨某、陈甲被田某驾驶的东风牌小型普通客车在成都市向巴中市方向 K227 + 740M 路段处撞倒。陈甲受伤，杨某当场死亡，田某车辆受损。2015 年 2 月 12 日，仪陇县公安局交通警察大队作出“仪公交认字【2015】第 018 号道路交通事故认定书”，认为杨某、陈甲在高速公路行走，违反《道路交通安全法》第六十七条之规定，是造成事故的主要原因，故认定本次事故由杨某、陈甲共同承担主要责任；田某驾车对周围交通环境观察不足、临危措施不当，违反《道路交通安全法》第三十八条之规定是造成本次事故的次要原因，故认定本次事故由田某承担次要责任。

法院判决

一审法院认为，基于高速公路封闭、快速、高度危险的特点，《道路交通安全法》第六十七条规定，行人不得进入高速公路。《最高人民法院关于审理道路交通事故损害赔偿案件适用法律若干问题的解释》第九条第二款规定，依法不得

---

① 周友军编：《侵权责任法专题讲座》，人民法院出版社 2011 年版，第 79 页。

② 一审法院为四川省南充市仪陇县人民法院，案号：（2017）川 1324 民初 554 号；二审法院为四川省南充市中级人民法院，案号：（2017）川 13 民终 1503 号。

进入高速公路的车辆、行人，进入高速公路发生交通事故造成自身损害，当事人请求高速公路管理者承担赔偿责任的，适用《侵权责任法》第七十六条的规定。《侵权责任法》第七十六条规定，未经许可进入高度危险活动区域或者高度危险物存放区域受到损害，管理人已经采取安全措施并尽到警示义务的，可以减轻或者不承担责任。本案中，根据巴南高速公司所举证据，事发路段高速公路波形梁钢护栏、轮廓栏、隔离栏、路面标线、突起路标、交通标志的安装符合设计要求。高速公路线路一般都较长，目前高速公路的建设方、经营者的防护措施不能做到绝对防止行人进入，也不能在每地每处路段都设置禁止行人进入的警示标志。本案中，巴南高速公司作为高速公路经营方，对群众进行了高速公路交通安全法律宣传教育，在发现进入高速公路的行人时给予了劝离，通过波形护栏等设施对高速公路予以了隔离，部分路段设置有禁止行人上高速的警示标志。为此，应当认定巴南高速公司已采取了必要的安全措施，并在合理范围内尽到了警示义务。陈甲、杨某作为具有正常认知能力的成年人，应当知道行人进入高速公路通行车道的严重危险性、违法性，故意进入高速公路行走，发生交通事故，对已获赔之外的损失，应自行负担。

二审法院认为，高速公路在为人类的生活、生产提供便利的同时，也存在危及人民生命、财产安全的危险。基于高速公路全线封闭、快速、高度危险的特点，长久以来，人们除了接受教育外，在能够看到和听到的范围内，每年也都能够感知到大量的人在高速公路上发生交通事故死亡的信息，人在高速公路上行走死亡的危险，已经成为生活常识，故法律规定行人不得进入高速公路。现实生活中，高速公路线路较长，建设方和经营者在已安装了防护栏、隔离栏等安全设施和方便行人通行的人行涵洞的情况下，再要求建设方和经营者在高速公路沿线都设置警示标志，既无法律的明确规定，也明显超过了当前社会的普遍认同。具体到本案中，巴南高速公司在一审中提供的证据证明作为高速公路经营方，对群众进行了高速公路交通安全法律宣传教育，在发现进入高速公路的行人时给予了劝离，部分路段设置有禁止行人上高速的警示标志。综上，应当认定巴南高速公司已采取了必要的安全措施，并在合理范围内尽到了安全保障义务。陈甲、杨某作为具有正常认知能力的成年人，应当知道行人进入高速公路通行车道的严重危险性、违法性，故意进入高速公路行走，发生交通事故，对侵权人已赔偿之外的损失应自行承担责任。

专家点评

高度危险区域致害责任，是指受害人未经许可进入高度危险活动区域或者高度危险物存放区域遭受损害，该区域的管理人依法应当承担侵权责任。高度危险区域致害责任也是无过错责任。但是，与高度危险活动致害责任和高度危险物致害责任相比，高度危险区域致害责任最大的特点在于免责和减责事由不同。根据民法典侵权责任编第1243条的规定，高度危险区域致害责任的减责和免责事由必须同时符合两个条件：其一，受害人是未经允许而进入高度危险区域的。其二，管理人必须已经采取安全措施且尽到了警示义务。两项条件缺一不可。

本案中，原告陈甲等步行进入高速公路。基于高速公路全线封闭、快速、高度危险的特点，高速公路属于高度危险活动区域，因为在高速公路上行驶的车辆速度很快，对周围环境具有高度危险，应当进行封闭管理。《道路交通安全法》第67条规定："行人、非机动车、拖拉机、轮式专用机械车、铰接式客车、全挂拖斗车以及其他设计最高时速低于七十公里的机动车，不得进入高速公路。"由此可见，原告陈甲等属于未经许可进入高速公路这一高度危险活动区域。而且，高速公路的建设方和经营者在已安装了防护栏、隔离栏等安全设施和方便行人通行的人行涵洞的情况下，再要求建设方和经营者在高速公路沿线都设置警示标志，既无法律的明确规定，也明显超过了当前社会的普遍认同。具体到本案中，巴南高速公司作为事发路段高速公路的管理方，对群众进行了高速公路交通安全法律宣传教育，在发现进入高速公路的行人时给予了劝离，部分路段设置有禁止行人上高速的警示标志，已尽到安全保障和警示义务，不存在设置缺陷。因此，对于原告陈甲等未经许可步行进入高速公路遭受交通事故所造成的损害，高速公路的管理人不承担责任。

第一千二百四十四条 承担高度危险责任，法律规定赔偿限额的，依照其规定，但是行为人有故意或者重大过失的除外。

【条文释义】

本条是对高度危险责任赔偿限额的规定。

1. 无过错责任中加害人有无过错对于确定赔偿责任范围的影响

按照通说，适用无过错责任的特殊侵权责任，在侵权责任构成上不要求有过错的要件，也就是不问过错，无论行为人有无过错，只要具备了违法行为、损害事实和因果关系三个要件，就构成侵权责任。[①] 这样的要求无疑是正确的。但这

① 王利明、杨立新等著：《民法学》，法律出版社2008年版，第726页。

只是针对侵权责任构成而言；在确定赔偿责任范围的时候，无过错责任的行为人究竟是有过错还是无过错，是不是和侵权责任构成一样，也采取“无所谓”的态度，采用同样的赔偿标准呢？

对此，我国司法实践实际上就是采取这种“无所谓”的态度，无论加害人对于损害的发生是否有过失，都因为实行无过错责任原则而承担同样的赔偿责任，都适用全部赔偿原则，损失多少，就赔偿多少。

这样的做法是不公平的。在无过错责任中，加害人究竟有无过错对于确定赔偿责任范围并不是“无所谓”，而是“有所谓”。理由是，在侵权法中，加害人的过错对确定赔偿责任范围是有重大影响的，① 它表明的是法律对加害人行为的谴责程度。在无过错责任场合，无过错责任原则仅仅表明对某种危险性特别严重的侵权领域，要给予受害人更为妥善的保护，即使加害人没有过错也要承担侵权责任，也要对受害人承担赔偿责任，使受害人的损害得到赔偿。但是，即使在这样的场合，加害人究竟是有过错还是没有过错，法律对其的谴责程度也是不同的。那就是，无过错的加害人在无过错责任的场合应当承担侵权责任，而有过错的加害人在这样的场合应当承担更重的赔偿责任，这种赔偿责任轻重的区别，体现的是法律对主观心理状态不同的加害人的不同谴责和制裁的程度要求。也只有这样，才能够体现侵权法的公平和正义。

这样的规则，就是基于不同归责原则的法律基础而产生的侵权请求权，应当具有不同的赔偿内容。基于加害人的过错产生的侵权损害赔偿请求权实行全部赔偿原则；而基于加害人无过错产生的侵权损害赔偿请求权则应当实行限额赔偿原则，并不是全部赔偿的请求权。② 但是，对于这个问题，原《民法通则》关于过错责任原则和无过错责任原则的规定，以及在《消费者权益保护法》等特别法中，都没有体现出来。

在考察德国的侵权行为法时，德国学者介绍了这样的经验。在德国，基于无过错责任原则产生的侵权损害赔偿请求权的内容与基于过错责任原则产生的侵权损害赔偿请求权的内容是不同的。以产品侵权责任为例，基于过错责任原则和无过错责任原则的不同法律基础而产生不同的侵权损害赔偿请求权：第一种侵权请求权，是基于《德国民法典》第823条规定产生的过错责任请求权；第二种请求权，是基于《德国产品责任法》产生的无过错责任请求权。这两种损害赔偿请求权虽然都是侵权损害赔偿请求权，但是由于产生请求权的法律基础不同，因而其

① 张新宝著：《侵权责任构成要件研究》，法律出版社2008年版，第438页。

② ［德］迪特尔·梅迪库斯著：《德国债法分论》，法律出版社2007年版，第718、723、726页。

内容并不相同。依据《德国民法典》第823条产生的过错责任的损害赔偿请求权与依据《德国产品责任法》产生的无过错责任原则的损害赔偿请求权在赔偿范围上是不同的：按照第823条产生的过错责任请求权，赔偿范围按照受害人的实际损失予以赔偿，没有赔偿数额的上限；而按照《德国产品责任法》产生的无过错责任请求权的损害赔偿范围，被告企业的最高赔偿限额为8500万欧元，即同一种缺陷产品全部的赔偿数额不超过这个限额，所有的受害人都从这个数额中平均受偿。①

同样，按照《德国道路交通法》的规定，道路交通事故责任实行无过错责任原则，构成侵权责任不需要加害人对造成事故有过错。在这种责任下，机动车驾驶人即使没有任何过错，也要承担赔偿责任，单人责任限额为60万欧元，多人是300万欧元。但是，如果依据过错责任原则确认请求权，其基础是《德国民法典》第823条，则最高赔偿限额达到500万欧元，并且还要考虑《德国民法典》第852条规定的过失相抵规则，受害人有过错的，对加害人适当减轻责任，只有对不满10岁的未成年受害人除外。②

这样的规则是：在无过错责任原则的场合，侵权人没有过错的，采取限额赔偿制，赔偿数额不得超过法律规定的最高限额；而原告能够证明对于损害的发生或者扩大，侵权人在主观上具有过错的，那么，侵权人应当承担过错责任的赔偿责任，按照实际损失实行全部赔偿。

事实上，凡是法律规定的适用无过错责任原则的侵权行为，侵权人都存在有过错和无过错的两种情况。既然如此，侵权人在有过错的情况下侵害他人的权利，或者在没有过错的情况下致害他人，其赔偿责任应当是不同的。如果侵权人在主观上没有过错，虽然法律规定应当承担侵权责任，但由于他在主观上没有过错，因而应当承担适当的赔偿责任。而如果侵权人在主观上有过错，那么，就应当承担过错责任的赔偿责任，对受害人的损失予以全部赔偿。德国法的上述做法体现的正是这样的规则。

采取这种规则的理论基础有四个方面：

第一，体现侵权责任法调整实体利益的公平要求。民法的公平，就是以利益的均衡作为价值判断标准，以调整民事主体之间的民事利益关系。公平是指一种公正、正直、不偏袒、公道的特质或品质，同时也是一种公平交易或正当行事的原则或理念。有过错的无过错责任人与无过错的无过错责任人在承担赔偿责任上

---

① 杨立新主编：《侵权责任法草案建议稿及说明》，法律出版社2007年版，第395、398页。
② 杨立新主编：《侵权责任法草案建议稿及说明》，法律出版社2007年版，第392页。

必须有所差别，否则无法体现这样的原则和理念。因此，侵权责任法对此的态度必须明确，而有过错的无过错责任人应当承担全部赔偿责任，无过错的无过错责任人应当承担限额赔偿责任，就是侵权法对公平原则的最好诠释。

第二，体现侵权责任法的正当社会行为导向。侵权责任法不仅要调整侵权纠纷，还要引导市民社会的行为方向。如果无过错责任人有无过错都承担一样的责任，那么，行为人就可能放任自己，不会严加约束自己的行为，就会给社会造成更多的危险。反之，坚持了无过错责任人的有无过错的赔偿责任的区别，就能够表现出侵权法的正确导向。

第三，依据不同的法律基础而产生的请求权是不同的。根据过错责任原则法律基础产生的请求权，应当受到过错责任原则的约束，因而是一个受全部赔偿原则约束的请求权。而根据无过错责任原则法律基础产生的请求权，则应当受到无过错责任原则的约束，侵权人应当承担适当的赔偿责任，如法律可以规定赔偿数额的上限，确定侵权人的赔偿数额不得超过法定的最高赔偿限额。

第四，在原告的举证责任负担上，体现的是诉讼风险与诉讼利益相一致的原则。[①] 受害人按照无过错责任原则行使请求权，证明侵权责任构成，只要证明加害人的违法行为、损害事实和因果关系三个要件即可，其损害赔偿请求权就能够成立；而要证明过错责任的请求权，不仅要证明上述三个要件成立，而且还要证明侵权人具有过错要件的成立。两相比较，在受害人负担的诉讼风险上不同，表现在其举证责任的负担上也不相同。那么，从诉讼利益而言，受害人承担较轻的举证责任证明的无过错责任请求权，与承担较重的举证责任证明的过错责任请求权，在损害赔偿的内容上也应当不同。只有这样才能够体现程序上的公平和正义，使诉讼风险和诉讼利益相一致，才能取得合理的法律调整效果。

2. 特别法中规定的限额赔偿制度

在我国现行法律、法规中，也存在限额赔偿的规定。但是由于规定限额赔偿制度的法律、法规层次较低，往往不被法官所重视，并且经常将限额赔偿与全部赔偿对立起来，因此并没有得到特别的研究和适用，无过错责任与限额赔偿责任的法律适用规则并没有正确地建立起来。我国现行法律法规中有一些关于限额赔偿责任的规定，主要集中在以下四个法规和文件中：

（1）核损害赔偿

国务院2007年6月30日发布的《关于核事故损害赔偿责任问题的批复》第7条规定：“核电站的营运者和乏燃料贮存、运输、后处理的营运者，对一次核事

① 沈冠伶著：《民事证据法与武器平等原则》，元照出版公司2007年版，第92页。

故所造成的核事故损害的最高赔偿额为3亿元人民币；其他营运者对一次核事故所造成的核事故损害的最高赔偿额为1亿元人民币。核事故损害的应赔总额超过规定的最高赔偿额的，国家提供最高限额为8亿元人民币的财政补偿。对非常核事故造成的核事故损害赔偿，需要国家增加财政补偿金额的由国务院评估后决定。”按照这一规定，核电站等营运者对一次核事故所造成的损害事故的最高赔偿额为3亿元人民币，加上国家提供的最高限额8亿元人民币，一次核事故造成损害的最高赔偿额为11亿元人民币。因此，在核损害事故中，一次事故的损害赔偿限额，企业承担的最高限额为3亿元人民币，不足部分，国家承担的仍然是限额赔偿，为8亿元人民币。不论受害人有多少，只能在这个限额中按照债权平等的原则，按比例受偿。

（2）铁路交通事故赔偿

《铁路交通事故应急救援和调查处理条例》第34条规定：“事故造成铁路运输企业承运的货物、包裹、行李损失的，铁路运输企业应当依照《铁路法》的规定承担赔偿责任。”第35条规定：“除本条例第三十三条、第三十四条的规定外，事故造成其他人身伤亡或者财产损失的，依照国家有关法律、行政法规的规定赔偿。”这里规定的是，对于铁路旅客的伤亡赔偿，实行限额赔偿，最高赔偿额为15万元人民币，自带行李也实行限额赔偿，最高额为2000元人民币。这种损害赔偿实际上是运输合同的损害赔偿责任，由于发生竞合，当然也可以侵权损害赔偿起诉。这种最高限额，也是无过错责任中的限额赔偿。对于路外人身伤亡和财产损失，则依照法律或者行政法规的规定承担赔偿责任，不在此列，没有赔偿限额的限制。

（3）国内航空事故赔偿

《国内航空运输承运人赔偿责任限额规定》第3条规定：“国内航空运输承运人（以下简称承运人）应当在下列规定的赔偿责任限额内按照实际损害承担赔偿责任，但是《民用航空法》另有规定的除外：（一）对每名旅客的赔偿责任限额为人民币40万元；（二）对每名旅客随身携带物品的赔偿责任限额为人民币3000元；（三）对旅客托运的行李和对运输的货物的赔偿责任限额，为每公斤人民币100元。”第5条规定：“旅客自行向保险公司投保航空旅客人身意外保险的，此项保险金额的给付，不免除或者减少承运人应当承担的赔偿责任。”按照这一规定，国内航空运输中发生的旅客人身、财产损害的赔偿，按照上述限额进行赔偿。超出以上限额的，不予赔偿。其赔偿性质与铁路交通事故相同，也不包括对航空旅客之外的其他人的损害赔偿问题。

（4）海上运输损害赔偿

《中华人民共和国港口间海上旅客运输赔偿责任限额规定》第 3 条规定：“承运人在每次海上旅客运输中的赔偿责任限额，按照下列规定执行：（一）旅客人身伤亡的，每名旅客不超过 40000 元人民币；（二）旅客自带行李灭失或者损坏的，每名旅客不超过 800 元人民币；（三）旅客车辆包括该车辆所载行李灭失或者损坏的，每一车辆不超过 3200 元人民币；（四）本款第（二）项、第（三）项以外的旅客其他行李灭失或者损坏的，每千克不超过 20 元人民币。”第 4 条规定：“海上旅客运输的旅客人身伤亡赔偿责任限制，按照 4 万元人民币乘以船舶证书规定的载客定额计算赔偿限额，但是最高不超过 2100 万元人民币。”这个规定至今已经超过 15 年了，规定的赔偿限额显然过低，但它仍然是限于合同之中对旅客损害的限额赔偿，而不是全额赔偿。

3. 民法典侵权责任编采取的限额赔偿规则

限额赔偿是相对于全额赔偿而言，是行为人的行为已经构成侵权责任，在法律有特别规定的情况下，不适用全额赔偿责任而按照法律规定实行限额赔偿的侵权责任制度。本条规定的限额赔偿的适用要件是：（1）侵权人已经确定应当承担侵权责任，且承担的是高度危险责任；（2）法律对这种高度危险责任规定了实行限额赔偿的规范。按照这一规定，本章规定的高度危险责任，只要法律规定了限额赔偿，都可以适用限额赔偿制度。

我国目前规定的限额赔偿有三种不同方法：（1）规定企业应当承担损害赔偿责任的总额限额，如核事故损害赔偿责任最高为 3 亿元加 8 亿元人民币的限额。（2）受害人个体的赔偿限额，如铁路运输损害赔偿责任和航空运输损害赔偿责任，最高限额分别为个人 15 万元人民币和 40 万元人民币。（3）既规定个人限额也规定总额限额，如海上运输损害赔偿。

限额赔偿适用的对象包括两种：（1）合同当事人的损害，如铁路运输、航空运输、海上运输损害赔偿的限额赔偿，都是规定对旅客的损害适用，不包括运输合同之外的其他人的损害。（2）既包括企业合同当事人的损害赔偿，也包括合同当事人以外的人的损害赔偿，如核事故损害赔偿责任。

在高度危险责任中，排除限额赔偿法律规定适用的情况是，如果行为人在造成被侵权人损害的高度危险责任中有故意或者重大过失，则不适用限额赔偿规则，而应当承担全部赔偿责任。

4. 明确行为人不存在故意或者重大过失为适用赔偿限额的前提

高度危险责任为无过错责任，当产生损害之时，受害人无需证明高度危险责任人是否存在过错即可请求赔偿损失，其宗旨在于保障赔偿权利人权益。然而，在高度危险责任领域，为了适当缓和责任的严苛性，保护伴随高度危险的产业的发展，原《侵权责任法》第77条规定法律可以设定高度危险责任赔偿限额。但是，当高度危险责任人对加害行为存在过错之时，是否依然适用赔偿限额对其加以保护？对此，原《侵权责任法》并未作出明文规定，然而，我们可以从其他有关高度危险作业的法律中找出相关规定。《民用航空法》第132条规定："经证明，航空运输中的损失是由于承运人或者其受雇人、代理人的故意或者明知可能造成损失而轻率地作为或者不作为造成的，承运人无权援用本法第一百二十八条、第一百二十九条有关赔偿责任限制的规定；证明承运人的受雇人、代理人有此种作为或者不作为的，还应当证明该受雇人、代理人是在受雇、代理范围内行事。"再如，《铁路法》第17条第1款第2项规定："未按保价运输承运的，按照实际损失赔偿，但最高不超过国务院铁路主管部门规定的赔偿限额；如果损失是由于铁路运输企业的故意或者重大过失造成的，不适用赔偿限额的规定，按照实际损失赔偿。"

虽然高度危险责任在责任构成要件中不考虑责任人的过错，但是高度危险责任人对损害结果的发生或者损害的扩大具有故意或者重大过失之时，其行为具有应受谴责性；[①] 在此时依然使其享受赔偿限额的保护，有悖于赔偿限额规定的宗旨，且有失公平。因此，民法典侵权责任编第1244条对此进行相应规定。当然，从利益平衡角度来看，证明行为人存在故意或者重大过失的举证责任由受害人承担。

【案例评注】

目前，在我国的司法实践中鲜少存在高度危险责任各项案由之下适用赔偿限额制度的裁判案例，关于赔偿限额制度，主要是在航空、铁路旅客或货物运输合同纠纷中予以适用，作为对承运人存在违约行为导致托运人受有财产损失的情形下承担的违约损害赔偿责任的数额限制。例如，董某某与东方航空公司等航空旅客运输合同纠纷案[②]等。因此，在高度危险责任中适用赔偿限额制度的典型案例空缺。

---

① 王利明著：《侵权责任法研究》（下），中国人民大学出版社2011年版，第573页；杨立新著：《侵权责任法》（第二版），法律出版社2012年版，第512～513页。

② 一审法院为西安铁路运输法院，案号：（2016）陕7102民初412号；二审法院为西安铁路运输中级法院，案号：（2016）陕71民终36号。

第九章 饲养动物损害责任

第一千二百四十五条 饲养的动物造成他人损害的，动物饲养人或者管理人应当承担侵权责任；但是，能够证明损害是因被侵权人故意或者重大过失造成的，可以不承担或者减轻责任。

【条文释义】

本条是对饲养动物损害责任一般条款的规定。

1. 饲养动物损害责任的概念

饲养动物损害责任是指动物饲养人或者管理人在饲养的动物造成他人损害时，根据致害动物的种类和性质适用过错推定原则或者无过错责任原则，应当承担赔偿责任的特殊侵权责任。

2. 饲养动物损害责任的特征

（1）致害动物是饲养的动物

本章规定的饲养动物损害责任，特别指出是“饲养的动物”，并且把饲养的动物分为饲养的一般动物、违反管理规定的动物、禁止饲养的动物以及动物园的动物。除此之外的其他动物，民法典侵权责任编并不调整，造成损害，也不适用民法典侵权责任编的规定确定侵权责任。

（2）责任形态为对物的替代责任

本条规定的责任主体为动物的饲养人或管理人。特点是，造成损害的，是饲养人或者管理人饲养的动物，而承担责任的，是动物的饲养人或管理人。这种特点，属于典型的对管领的物造成的损害承担赔偿责任的替代责任，简称为对物的替代责任。这种责任形态源于《法国民法典》第 1384 条。有人主张对此应当规定为饲养动物的保有人，直接以保有人称谓更为恰当，而且也符合当前对动物损害责任的立法潮流，“在大陆法较早的规定中，对动物承担责任的人是所有者；

近来，立法已经将这一责任规定于保有者”。[①] 但是，本条仍然坚持将其称作动物的饲养人或者管理人。这样的称谓尽管不如动物保有人更为准确，但没有发生太大的问题，因此，继续使用动物饲养人或者管理人的概念也不会有严重问题，在司法实践中或者在理论研究中，将饲养人和管理人理解为保有人，大体上可以解决这个问题。

（3）一般条款下的特殊规定的立法体例

本章对于动物损害责任的规定，既规定了一般条款，也规定了特殊责任条款，实行的是一般条款下的特殊责任的立法体例。一般条款是本条，规定了动物损害责任的一般规则，在此之下，对于四种不同的特殊责任分别加以规定，形成了“一带四”的立法例。这样，对于一般的动物损害责任适用一般性规定，对于特别规定的特殊责任适用特别规定，体现了实事求是的原则，既能够做到具体情况具体对待，又体现了公平和公正的立法原则，体现了科学化的要求。

3. 饲养动物损害责任的理论基础

动物造成损害，不可能由动物承担赔偿责任，应无疑义。在责任承担上，各国基本上遵循由致害动物的所有人、役使人或占有人承担责任。确立动物损害责任的理论基础在于：

首先，权利与义务相一致原则。“动物的所有人、占有人和管理人饲养动物，通常为了收益，那么，当因管理不善而使动物致人损害时，其所有人、占有人或管理人就应当承担赔偿责任。”[②] 该主张从权利义务相一致原则出发，基于动物的所有人、占有人和管理人享受了利益，就应当承担相关的赔偿责任，具有其合理性。在英美侵权法中，对于动物损害责任的理论探讨上，也是从这一立场出发，根据动物所有人为了自身利益保有动物，应当对动物负担相应的义务。有学者认为，除了动物的有用性，动物的危险本性可以很好地证明让所有人承担保护在他所致的危险下的社区免于所有人为了自己利益保有动物而涉及的典型危险的义务是正当的。[③] 动物的自主移动能力及动物的危险本性证明，动物所有人负担保护公众最低限度的免受所有人为了自己的利益保有动物而涉及的典型危险的义务是正当的。[④] “法国现代法律认为，民法典第 1385 条（关于动物损害责任）是建立

---

① ［德］克雷斯蒂安·冯·巴尔著：《欧洲比较侵权行为法》（上），张新宝译，法律出版社 2001 年版，第 438 页。

② 杨立新著：《侵权法论》（第二版），人民法院出版社 2004 年版，第 502 页。

③ John G. Fleming, *The Law of Torts*, 8th ed. The Law Book Company Limited, 1992. p. 353.

④ Simon Deakin, Angus Johnston, and Basil Markesins, *Tort Law*, 5th ed., Clarendon Press · Oxford, 2003. p. 548.

在危险责任的基础之上：谁从动物身上获得了利润，谁即应承担它所产生的风险。”[①] 在国际比较法百科全书侵权法卷中，“关于动物损害责任，是对动物的所有或控制决定了动物造成的损害承担责任吗？在无法证明过失的情形下，责任应当由所有人或从动物获得利益（经济的或情感的）的人承担。在可以证明过失的情形下，受害者应当向为过失负责的人请求赔偿，无论是与所有人共同承担，还是自己单独承担。”[②] 这实际上，也体现了权利义务相一致的原则，就是所有人或从动物获得利益（经济的或情感的）的人承担责任。

其次，区别风险轻重原则。权利义务相一致原则是动物损害责任的理论基础，不过，动物损害责任根据致害动物种类的不同而有异，其理论基础在具体表现上也有所差异。对于危害性大的驯养的野生动物，基于其危险本性，动物的保有人应当承担无过错责任，除了保有人享受经济或情感利益需要负担防止损害的义务外，动物由保有人实际控制，其预防危险的能力较之受害人为强，其承担责任是合理的。基于无过错责任的法理，这类危险性大的动物发生的危险应该由持有这种危险物者承担责任。在明知或应知不同寻常危险的家畜或家禽致害时，也是因为致害动物的危险本性已经或者应当为动物保有者知晓，其应当负担无过错责任。美国侵权法学者认为，严格责任的基础通常而言是对动物的占有力和控制力。[③] 而在普通的家畜或家禽致害时，应当采取过错推定责任原则，只有动物保有者未尽到对动物的相当注意的管束时，才承担责任。此时，除了动物保有者享受了动物的利益需要承担责任的理由外，动物保有者的过失也是普通的家畜或家禽致害责任的根据。

4. 饲养动物损害责任的归责原则与构成要件

饲养动物损害责任的归责原则实行二元化。原则上适用无过错责任原则，例外适用过错推定原则。即除民法典第1248条规定的动物园饲养的动物损害责任适用过错推定原则外，其他情形都适用无过错责任原则。

饲养动物损害责任的构成要件是：

（1）动物加害行为。动物加害行为顾名思义为动物施加于他人损害的行为。一般认为，动物不是人，即使其加害于人，也不是行为，而是事件。不过，笔者认为，动物加害与其他物件加害一样，都是人的行为，只不过动物加害行为是指人对于其所管领的动物管束不妥因而致人损害的间接行为，尽管致害的是动物而

---

① 张民安著：《现代法国侵权责任制度研究》，法律出版社2003年版，第191页。

② Ferdinand F. Stone，国际比较法百科全书第11卷——侵权法之五：*Liability for Damage Caused by Things*, p. 5 – 56.

③ William L. Prosser, *Handbook of The Law of Torts*, 4th ed. West Publishing Co, 1971. p. 498.

不是人，但是在动物加害中，包含了人的间接行为。因此，动物加害仍然是行为，其性质是动物饲养人或者管理人的间接行为，而不是直接的加害行为。

（2）被侵权人受到了人身损害或者财产损害。对于动物损害责任构成要件中的损害事实要件，本条规定表述为“造成他人损害”。这种表述，首先，意味着是对民事主体的权利损害，包括人身损害和财产损害。动物造成被侵权人的人身损害，包括死亡、残疾和一般伤害等损害事实。动物造成财产损害，如动物致伤他人所有的动物，侵入他人土地造成庄稼的损坏等，都构成财产损害的事实。其次，动物损害责任的损害包括妨害。有学者认为，因侵权行为导致的损害，主要有侵占、损害、伤害、妨害等几种情形。[①] 损害与妨害应予区分。两者在表现形式、侵害程度等方面都有不同，妨害是没有构成损害的侵害。在动物损害责任中，损害导致责任是没有什么异议的，有分歧的就是动物妨害是否需要承担责任。我们认为，动物妨害是客观存在，如学童因恶犬常立于其赴校必经之路而不敢上学等，[②] 是一种对他人合法权益的侵害，对此应当通过动物损害责任予以解决。

（3）造成被侵权人人身损害或者财产损害的原因是该民事主体饲养的动物，二者之间有因果关系。在动物损害责任中的因果关系，是被侵权人的损害与动物的加害行为之间的引起与被引起的客观关系，只有被侵权人的损害与动物加害行为之间存在因果关系，动物损害责任才能成立，否则不构成动物损害责任。动物损害责任的因果关系在一般情况下比较容易判断，如恶犬咬伤行人导致人身损害和财产损失、耕牛进入他人土地践踏庄稼等。但是，在某些情形下，动物损害责任的因果关系并非清晰明了。因此，动物损害责任因果关系的判断标准应以相当因果关系为依据，即法官应当以普通一般人或经过训练、具有正义感的法律人的看法，依据经验之启发及事件发生的正常经过来进行判断，以确定行为与结果之间是否具有因果联系。[③] 据此，受害人损害与动物加害行为之间有直接因果关系的，自无疑问；有间接因果关系，如果为适当条件者，仍构成侵权责任。例如，马受惊后撞翻路旁的车辆，因车辆倒翻而砸坏他人货物，为有因果关系；动物咬伤他人，致感染而患败血症致死，亦为有因果关系。

（4）动物为饲养人或者管理人所饲养或者管理。动物损害责任的责任人也就是行为主体，应当是动物饲养人或者管理人。对此，《十二表法》规定的义务主体为所有人；《法国民法典》规定的为所有人或使用人；《德国民法典》规定为占

---

① 宁金成、田土城：《民法上之损害研究》，载《中国法学》2002 年第 2 期。
② 王家福主编：《中国民法学・民法债权》，法律出版社 1991 年版，第 525 页。
③ 陈聪富：《侵权行为法上之因果关系》，载我国台湾地区《台大法学论丛》第 29 卷第 2 期。

有人或看管人；《日本民法》规定为占有人；我国台湾地区"民法"规定为占有人；《智利民法典》规定为所有人、役使他人动物的人以及持有人，等等。而在英美法系，对动物损害责任的承担主体一般确定为保有者（keeper）。本条规定主体是动物饲养人或者管理人。理由是，根据动物危险控制的理论，由动物的保有者（实际上就是动物的利益享受者）对动物损害责任负责，动物饲养人与管理人享受动物的利益，其可以而且应当控制动物的危险，因此应当承担饲养动物的损害责任。

5. 饲养动物损害责任承担形态

动物损害责任是典型的对物替代责任。在英美法系侵权法，替代责任是指对人的替代责任，如雇主对他的雇员在雇佣过程中的侵权行为造成的损害负担责任，动物损害责任被排除在替代责任的范畴之外，"主流观点把原告诉因的主旨看作被告没能管束好自己的动物对原告造成了人身伤害。被告不被认为在'你的动物咬了我'的替代责任理论下承担责任"。[①] 尽管在欧洲多数国家的侵权法中，替代责任也被特指为雇主对雇员不当行为的责任，只要雇员实施了加害行为，且该加害行为与雇员执行的工作有密切联系，雇主对雇员的不当行为应当予以赔偿，[②] 但是《法国民法典》第1384条是把替代责任分为对人的替代责任和对物的替代责任。对"由其照管职务造成的损害负赔偿责任"，就是对物的替代责任，或者叫作"由物引起的责任"，[③] 就是责任人对自己管领下的物造成的损害所承担的责任。作为广义上的替代责任，包括对人的替代责任，也包括对物的替代责任。区别对物的替代责任的意义在于，唆使、利用物侵害他人是直接行为，对物管束不当致使物造成他人损害是间接行为，在法律适用方面是不同的，前者是一般侵权责任，后者是特殊侵权责任。对此，应当明确区分，不能混淆。（对于第三人过错造成动物损害责任的，民法典第1250条规定的是不真正连带责任。）

6. 动物损害责任的减责、免责事由

饲养动物损害责任如果是由被侵权人的故意或者重大过失所致损害，是动物饲养人管理人不承担责任或者减轻责任事由。本条关于"能够证明损害是因被侵权人故意或者重大过失造成的，可以不承担或者减轻责任"的规定，很多人认为免责或者减责的界限不清晰。对此应当解读为，无论是被侵权人是故意造成损害

---

① ［美］理查德·A. 爱泼斯坦（Richard A. Epstein）著：《侵权法：案例与资料》（Torts），中信出版社2003年版，第342页。

② ［德］克雷斯蒂安·冯·巴尔著：《欧洲比较侵权行为法》（上），张新宝译，法律出版社2001年版，第419～432页。

③ 《法国民法典》（下册），罗结珍译，法律出版社2005年版，第1096～1097页。

还是重大过失造成损害，应当以被侵权人过错行为对损害发生具有的原因力确定，只要故意或者重大过失是损害发生的全部原因的，应当免除责任；故意或者重大过失是损害发生的部分原因，即不足百分之百原因力的，应当减轻责任。

（1）受害人的故意

受害人故意，系指受害人由于自己的故意导致损害。

如果受害人故意是造成损害的全部原因，动物饲养人或者管理人毫无过失，受害人故意就是免除责任的事由。如果受害人故意是造成损害的主要原因，动物饲养人或者管理人在管束动物中也有一定的疏忽，尚未善尽管束职责，则应当属于减轻责任的事由，实行过失相抵。

（2）被侵权人重大过失

在动物损害责任中，对于受害人的过失能否免责，“有人认为，在受害者有过失（因自招行为）遭受由动物的加害时，构成过失相抵的问题，但不构成免责事由。但也有人认为‘应该解释为在某些（例如，能够证明损害因不可抗力，或者受害者的自招行为而产生的）场合下占有者也可能被免责’的学说。”[①] 对此，《最高人民法院关于审理人身损害赔偿案件适用法律若干问题的解释》第2条第2款规定：“适用民法通则第一百零六条第三款规定确定赔偿义务人的赔偿责任时，受害人有重大过失的，可以减轻赔偿义务人的赔偿责任。”对此有明确的回答，可以减轻责任，不能免除责任。

在制定原《侵权责任法》的过程中，曾对此进行检讨，认为对于在动物损害责任中，被侵权人因自己的重大过失造成自己损害，本应属于免责事由，但由于动物损害责任是无过错责任，那么，被侵权人的重大过失引起损害，仅仅规定为减轻责任的法定事由，显得不够，在很多情况下，也可以免除动物饲养人或者管理人的侵权责任。据此，原《侵权责任法》第78条明确规定，能够证明损害是因被侵权人的重大过失造成的，可以减轻或者免除责任，因此是减责或者免责的事由。本条规定继续沿袭了原《侵权责任法》第78条的规定，将其认定为是减责、免责事由。

怎样区分被侵权人重大过失是减责还是免责的事由，笔者认为，应当结合双方当事人的情形确定：被侵权人的重大过失是造成损害的全部原因，动物饲养人或者管理人毫无过失，被侵权人的重大过失就是免除责任的事由。被侵权人的重大过失是造成损害的主要原因，动物饲养人或者管理人在管束动物中也有一定的疏忽，尚未善尽管束职责，则应当属于减轻责任的事由，实行过失相抵。在实践

① 于敏著：《日本侵权行为法》，法律出版社1998年版，第289页。

操作中，法官应当遵守的规则是：被侵权人不能证明动物饲养人或者管理人有过失时，应当认定被侵权人的重大过失为免责事由；被侵权人主张减轻责任的，应当由被侵权人举证证明动物饲养人或者管理人具有过失，能够证明的，为减责事由，证明不足的，为免责事由。

值得注意的是，第一，不可抗力是否可以作为动物损害责任的免责事由？

本法在动物损害责任一章没有规定不可抗力是免责事由。那么，不可抗力是否为动物损害责任的免责事由，不得而知。有的学者认为应当进行区分，动物系维持动物饲养人、管理人营业或生计所必需，遇不可抗力致使动物造成他人损害，动物饲养人或管理人已尽善良管理人的管束义务，则不应承担赔偿责任；动物非系维持动物饲养人、管理人营业或生计所必需，纵然是由于不可抗力导致动物致人损害，也不得因其已尽善良之人的管束义务或没有过错而免除其赔偿责任。[①] 其他学者均不将不可抗力列为免责条件。

前述关于区别对待的主张有一定道理，但我国民法典侵权责任编在动物损害责任中，并未规定用益性动物和奢侈性动物的区别，更没有对其规定不同的规则。对此，笔者认为应当适用民法典总则编第 180 条第 1 款的规定："因不可抗力不能履行民事义务的，不承担民事责任。法律另有规定的，依照其规定。"对此，动物损害责任应当适用。发生不可抗力造成动物损害他人的，动物饲养人或者管理人已尽管束义务，实际上是损害的发生与是否尽了管束义务没有因果关系，无需承担责任。但如果动物饲养人或者管理人确有过失的，则应当根据原因力的原理和规则，根据动物饲养人或者管理人的过失程度与不可抗力的各自原因力，适当减轻动物饲养人或者管理人的赔偿责任，而不是免除责任。不过，对于禁止饲养的烈性犬等凶猛动物造成他人损害的，即使不可抗力构成因果关系，动物饲养人或者管理人也应当对其损害承担责任，不能免责，也不能减责，因为该责任实行绝对的严格责任，不允许免责。

第二，约定免责是否有效？在动物饲养人或者管理人与驯兽员、兽医等为动物提供服务的专业服务人员之间达成协议，进行驯养、医疗、服务等活动，大多学者认为他们系存在明示或默示的免责约定，在发生动物损害责任时可以免责。[②] 也有学者认为应当予以区分，受害者系兽医、驯兽师、掌蹄工等特殊职业者，如果其应该采取防范措施未采取而自甘冒险，应责任自负，而受害人为一般人时，

---

① 张新宝：《饲养动物致人损害的赔偿责任》，载《法学研究》1994 年第 2 期。

② 郭明瑞、房绍坤、唐广良著：《民商法原理（三）》（债权法 · 侵权行为法 · 继承法），中国人民大学出版社 1999 年版，第 490 页；张新宝著：《中国侵权行为法》（第二版），中国社会科学出版社 1998 年版，第 553 页；王利明、杨立新编著：《侵权行为法》，法律出版社 1996 年版，第 301 页。

则动物的饲养人或管理人应当承担责任。① 对此，民法典侵权责任编没有规定，应当适用民法典合同编第506条的规定：“合同中的下列免责条款无效：（一）造成对方人身损害的；（二）因故意或者重大过失造成对方财产损失的。”如果符合该规定的，应当无效。

7. 饲养动物损害责任责任一般条款的作用

（1）概括本条之下规定的不同饲养动物损害责任的类型，受到本条规定的约束，但第1248条规定的动物园饲养的动物损害责任除外。

（2）对于本章没有规定的具体饲养动物损害责任情形，应当依照本条规定的一般条款确定责任构成和承担主体。

【案例评注】

曾某与陈甲侵权责任纠纷案②

基本案情

2017年2月27日，原告曾某下班回家途经被告的养蛇场时，被突然窜出的大狗咬伤右大腿并摔下2米左右的田坎受伤，后被被告陈甲的儿子陈乙送入隆昌市人民医院治疗，陈乙垫交了500元住院费并支付了狂犬疫苗等费用，原告于2017年4月28日出院，共计住院60天。经鉴定，原告曾某左下肢损伤，评定为九级伤残。

原告曾某在住院及出院后多次与被告协商赔偿事宜均未果，故起诉至一审法院，请求判令被告赔偿损失。

法院判决

一审法院认为，本案系饲养动物致人损害的侵权诉讼。饲养的动物造成他人损害的，动物饲养人应当承担赔偿责任，由于受害人过错造成损害的，动物饲养人可减轻或免除赔偿责任。本案中被告不能举证证明原告被狗咬伤及撞倒摔伤不是自己饲养的狗所为，故被告应承担原告被其饲养的狗咬伤及撞倒摔伤所造成的民事赔偿责任。从被告提供的原告在派出所的调查笔录可知，原告知道被告养蛇

---

① 马治选：《饲养动物致人损害的民事责任探析》，载《法律科学（西北政法学院学报）》1996年第3期。

② 一审法院为四川省隆昌市人民法院，案号：（2017）川1028民初2979号；二审法院为四川省内江市中级人民法院，案号：（2018）川10民终252号。

场中养有大狗且知道发生过狗咬人事件，原、被告系街坊邻居，原告也知道被告蛇场中养的是毒蛇不应随便靠近，即使被告没有在该路段及蛇场附近设置警示标牌，原告作为成年人，也应该知道该路段存有安全隐患。经实地勘查，从原告上班地点回家确有3条路可走，该事发小路也并非原告回家最近或最平坦的路，原告平时也不常走该事发小路。事发当天，由于各种原因，原告选择了走这条存在安全隐患的路，却没有尽到审慎的注意义务导致被被告所饲养的狗咬伤及撞倒摔伤，其本身也存有过错，应承担本案一定的责任。综上，一审法院认定原告承担20%的责任，被告承担80%的责任。

原告、被告均不服一审判决，提起上诉。

二审法院认为，第一，关于曾某所受损伤是否是陈甲所养的狗导致。一审法院根据优势证据原则并结合日常生活经验法则综合认定曾某所受的伤系陈甲所饲养的狗咬伤及撞倒摔伤，符合民事诉讼高度盖然性的证据标准，特别是陈甲在曾某提供的录音资料中的明确承认。现陈甲无足以推翻该认定的相反证据，因此一审判决认定曾某所受损伤系陈甲所饲养的狗咬伤及撞倒摔伤是正确的。陈甲上诉称曾某所受伤不是自已所饲养的狗咬伤及撞倒摔伤的上诉理由不能成立，不予采纳。第二，关于曾某在本案中是否有过错。曾某明知道养蛇场中养有大狗且知道发生过狗咬人事件，也知道蛇场中养的是毒蛇不应随便靠近，即使没有在该路段及蛇场附近设置警示标牌，曾某作为成年人，也应该知道该路段存有一定的安全隐患。经一审法院实地勘查，从曾某上班地点回家确有三条路可走，该事发小路也并非曾某回家最近或最平坦的路，平时也不常走该事发小路。曾某走这条存在一定安全隐患的路时却没有尽到审慎注意义务，导致被陈甲所饲养的狗咬伤及撞倒摔伤，存在一定过错。一审法院确定其应承担20%的责任并无不当，是正确的。

专家点评

本案涉及的是饲养动物损害责任。民法典侵权责任编第1245条作出了一般性规范。根据民法典侵权责任编第1245条前句的规定，饲养动物损害责任适用无过错责任的归责原则。当动物的加害行为造成损害事实的发生时，动物的饲养人或者管理人应当承担侵权责任。本案中，被告所饲养的动物咬伤了原告，原告左下肢损伤，被评定为九级伤残。一审、二审法院根据优势证据原则并结合日常生活经验法则综合认定了原告的损害与被告所饲养的动物加害行为之间具有因果关系。故本案符合饲养动物损害责任的构成要件，被告应当对原告承担饲养动物损害责任。根据民法典侵权责任编第1245条后句的规定，饲养动物损害责任的减免事由是受害人的故意或者重大过失。本案中，被告明知该条道路上存在严重的安全隐患，但没有尽到审慎的注意义务，存在重大过失。原告的重大过失对于损害的发生具有部分原因力，应当减轻被告的责任。一审、二审法院结合本案的具体事实酌定被告承担80%的责任，于法有据，合情合理。

第一千二百四十六条 违反管理规定，未对动物采取安全措施造成他人损害的，动物饲养人或者管理人应当承担侵权责任；但是，能够证明损害是因被侵权人故意造成的，可以减轻责任。

【条文释义】

本条是对未对动物采取安全措施损害责任的规定。

未对动物采取安全措施造成他人损害的饲养动物损害责任，适用无过错责任确定侵权责任。动物饲养人或者管理人违反管理规定未对动物采取安全措施造成他人损害，就无需考察动物饲养人或者管理人的过错，直接按照无过错责任原则确定侵权责任。

未对饲养动物采取安全措施损害责任的构成要件是：1. 动物饲养人在饲养动物中，违反国家法律、法规和管理规章的管理规定；2. 对应当按照规定采取安全措施的饲养动物，没有采取安全措施；3. 饲养的动物造成了被侵权人的人身损害或者财产损害。例如在城市饲养大型犬，没有按照规定采取安全措施进行饲养，造成他人损害，应当承担赔偿责任。

原《侵权责任法》第79条规定这种饲养动物损害责任，并没有规定减轻责任的规则，因此将其称为绝对责任条款。这样的规定是不合适的。本条增加了减轻责任的规则，动物饲养人或者管理人能够证明损害是由被侵权人故意造成的，不是免除责任，而是减轻责任。被侵权人重大过失或者过失所致损害，不在减轻责任事由之列。这样的规定，仍然属于无过错责任原则中比较严重程度的责任规则，原因是，在通常情况下，适用无过错责任原则，被侵权人对损害的发生具有故意的，是可以免责的。当适用无过错责任原则，受害人故意引起损害只可以减轻责任时，尽管不是绝对责任条款，但是，也是够严重的了。对比起来，核损害受害人故意引起都可以免责，而养狗没有带锁链，受害人故意引起损害也不能免除责任，是不是有责任过重之嫌呢？

依笔者所见，适用无过错责任原则的侵权行为并非一样轻重，是有不同程度的：第一，最严重程度的，就是绝对责任条款，没有任何免责或者减责事由的适用余地，如民法典第1247条；第二，被侵权人故意为减轻责任事由的，如民法典第1246条规定的情形；第三，被侵权人故意为免除责任事由的，如民法典第1237、1238条规定的情形；第四，被侵权人故意为免责事由，重大过失为减轻责任事由，如民法典第1239、1240条规定的情形；第五，被侵权人故意为免责事由，被侵权人重大过失和过失均为免责事由，如民法典第1243条规定的情形。

【案例评注】

张某、宋某与李某饲养动物损害责任纠纷上诉案[①]

基本案情

李某、张某、宋某同为吉林市昌邑区辽宁路筑石居易小区的居民。张某饲养有一只金毛宠物犬，宋某饲养有一只黑色拉布拉多宠物犬，两只宠物犬均未办理相关犬类饲养手续。2016年11月15日下午3时，张某、宋某带领各自饲养的犬在小区内遛弯，行至小区内健身器材处，张某、宋某未对两只宠物犬拴绳或牵引，亦未佩戴相关护具，两只宠物犬在健身器材附近自由玩耍。后李某经过该健身器材附近，两只宠物犬向李某行走的方向奔去，致李某害怕摔倒。李某受伤后被送往吉林市人民医院住院治疗，经诊断为股骨相隆间骨折、颞骨骨折、头部外伤。出院后，李某向一审法院起诉请求张某、宋某承担连带赔偿责任。

法院判决

一审法院认为，饲养的动物造成他人损害的，动物饲养人或者管理人应当承担民事责任。根据《侵权责任法》第七十九条之规定，违反管理规定，未对动物采取安全措施造成他人损害的，动物饲养人或者管理人应当承担侵权责任。本案中，张某、宋某作为养犬人，应到相关部门办理饲养犬类备案手续，且携带其饲养的宠物犬外出时，应用束犬链牵领并注意避让小区内的老年人等。但根据张某、宋某的自述，其二人在小区内健身器材处健身时宠物犬均处于放任状态，说明张某、宋某未尽到对各自所饲养的宠物犬的管理义务，张某、宋某的行为违反了犬类管理的规定，具有过错。且张某饲养的金毛犬和宋某饲养的拉布拉多犬均体型较大，具有一定的人身危险性，且携其外出时未束犬链，李某经过两只宠物

① 一审法院为吉林市昌邑区人民法院，案号：（2017）吉0202民初1794号；二审法院为吉林省吉林市中级人民法院，案号：（2018）吉02民终87号。

犬的附近时，两只犬向其行走方向奔去，造成李某害怕摔倒，李某受伤与张某、宋某的过错行为之间具有因果关系，故对张某、宋某的抗辩不予采纳。张某、宋某应当承担侵权的民事赔偿责任。本案无法确定两只狗的过错程度，难以确认张某、宋某的责任大小，故应由张某、宋某平均承担赔偿责任。

张某上诉，请求撤销一审判决，改判责任分担比例。宋某上诉，请求撤销一审判决，驳回李某对宋某的诉讼请求。

二审法院认为，张某、宋某未到相关部门办理饲养犬类备案手续，且张某、宋某自认事故发生时，其二人所饲养的宠物犬均处于放任状态，并未束犬链，李某在经过张某、宋某所饲养的宠物犬附近时，两只犬向其行走方向奔去，造成李某害怕摔倒，张某、宋某对各自所饲养的宠物犬未尽到管理义务，故一审法院认定李某受伤与张某、宋某的过错行为之间具有因果关系，并判决张某、宋某承担赔偿责任并无不当。

专家点评

本案涉及的是未采取安全措施的饲养动物损害责任。张某饲养的金毛犬和宋某饲养的拉布拉多犬均应当办理饲养犬类备案手续。除此之外，由于金毛犬和拉布拉多犬均属于体型较大的宠物犬，具有一定的人身危险性，在外出活动时应用束犬链牵领，避免造成他人人身、财产权益损害。然而，根据张某、宋某的自述，其二人的宠物犬均未办理备案手续，而且携带其饲养的宠物犬外出时，未携带束犬链，均违反了相关养犬管理规定，足以认定二人未尽到对各自所饲养的宠物犬的管理义务。二人未对饲养的宠物犬采取安全措施，致使李某受伤住院，根据民法典侵权责任编第 1246 条的规定，应当对李某承担侵权责任。为了督促动物饲养人及管理人遵守养犬管理规定，尽到合理的管理义务，保障他人的人身、财产安全，除非李某受伤是因其故意挑逗宠物犬而发生，张某和宋某无权请求减免责任。

第一千二百四十七条 禁止饲养的烈性犬等危险动物造成他人损害的，动物饲养人或者管理人应当承担侵权责任。

【条文释义】

本条是对禁止饲养的危险动物损害责任的规定。

禁止饲养的烈性犬等危险动物造成他人损害的，是饲养动物损害责任中最严格的责任，不仅适用无过错责任原则，而且没有规定免责事由，因而被称为绝对责任条款。

禁止饲养的动物，即禁止饲养的烈性犬等危险动物，不仅包括烈性犬，还包括类似烈性犬等其他凶猛的危险动物。具体的范围是：1. 烈性犬，如藏獒等；2. 家畜、家禽中的其他危险动物；3. 禁止饲养的野生动物，属于危险动物，如野猪、狼、豺、虎、豹、狮等。

凡是饲养禁止饲养的动物，造成损害的，应当按照无过错责任原则的要求，由饲养动物的饲养人或者管理人对被侵权人承担赔偿责任。由于本条是绝对责任条款，即使受害人因故意或者重大过失引起损害的，也不能免除或者减轻饲养人或者管理人的赔偿责任。

【案例评注】

艾某与于某饲养动物损害责任纠纷上诉案①

基本案情

2016 年 6 月 24 日下午 17 时许，艾某与艾某之女徐某在所居住的北京市通州区永顺镇金地格林小区北区内遛狗，其饲养的犬只为英国斗牛犬。在徐某及艾某遛狗过程中，适有于某所有、饲养的两只宠物犬（一只西伯利亚雪橇犬和一只阿拉斯加雪橇犬）由于某之友吕某代其亦在该小区内活动。当时，双方的犬只均有犬绳牵领。遛狗过程中，双方相遇，斗牛犬和阿拉斯加犬情绪激动，互相吠叫并发生冲击。在此过程中，双方产生纠纷。现艾某诉至法院主张其在该过程中受伤，请求判令于某赔偿损失。

法院判决

一审法院认为，饲养的动物造成他人损害的，动物饲养人或者管理人应当承担侵权责任，但能够证明损害是因被侵权人故意或者重大过失造成的，可以不承担或者减轻责任。根据本案查明的事实，艾某、于某双方均系宠物犬饲养人，双方饲养的宠物犬均属于中型或大型犬只，遛狗过程中在小区内相遇后，为阻止犬只间互相撕咬导致犬只受伤而产生纠纷诉至法院。法院根据查明的事实以及双方

① 一审法院为北京市通州区人民法院，案号：（2016）京 0112 民初 25794 号；二审法院为北京市第三中级人民法院，案号：（2017）京 03 民终 13602 号。

当事人的意见，综合双方过错程度，确定就艾某的损害后果，双方各承担50%的责任。于某作为阿拉斯加犬的所有人，其并未提交充足证据证明艾某的受伤系艾某本人故意导致，应由受害人本人独自承担，故于某应对艾某的损害承担赔偿责任。根据照片显示，艾某所饲养的斗牛犬日常出现在小区时，遛狗人时常会随身携带一根棍子，结合其饲养的斗牛犬特性，法院有理由相信，该犬在外出时对环境相对并不友好，作为饲养人或管理人的艾某在外出遛狗时应尽到更高的管理义务，避免斗牛犬与其他犬只发生撕咬或对其他小区居民造成侵扰。事发当天，艾某携带疑似棍状物外出遛狗，证明艾某对于所饲养斗牛犬生性好斗、难以约束等情况系知悉，但是结合其与徐某的陈述，在处置过程中，其与徐某二人所采取的措施明显失当，故其对于受伤的损害后果亦存在重大过失，应减轻于某的赔偿责任。

艾某不服一审判决，提起上诉。理由是，一审判决适用法律错误。《侵权责任法》第八十条规定，禁止饲养的烈性犬等危险动物造成他人损害的，动物饲养人或管理人应当承担侵权责任。《北京市养犬管理规定》第十七条规定，对烈性犬、大型犬实行拴养或者圈养，不得出户遛犬。艾某被咬伤完全是于某的违法行为所致，艾某毫无违法和不当之处，对于损害后果毫无过错，于某没有任何免责和减轻的事由。于某辩称：同意一审判决，不同意艾某的上诉请求和理由。

二审法院认为，《侵权责任法》第八十条明确规定禁止饲养的烈性犬等危险动物造成他人损害的，动物饲养人或者管理人应当承担严格的无过错责任。动物饲养人违反禁止性规定饲养烈性犬等危险动物，是对管理规定的严重违反，具有严重的主观过错，不适用过失相抵原则。如果因此造成他人损害，无论受害人有无过错，动物饲养人或管理人均应承担侵权责任。

北京市公安局治安管理中有关养犬的规定中明确载明，雪橇犬属于禁止在重点管理区内饲养的犬种。于某在事发小区违反禁止性规定饲养阿拉斯加雪橇犬，在遛狗过程中与艾某相遇、发生冲突并致使艾某受伤。虽然艾某对此亦有过错，于某仍应承担侵权责任。艾某由此产生的合理损失，于某均应予以赔偿。一审法院根据《侵权责任法》第七十八条的规定，依过失相抵原则减轻于某应当承担的责任比例，适用法律有误，法院予以纠正。

专家点评

本案涉及的是禁止饲养的危险动物损害责任。涉案区域是北京市重点管理区域，根据《北京市养犬管理规定》第10条关于“在重点管理区内，每户只准养一只犬，不得养烈性犬、大型犬”的规定，该区域不得饲养烈性犬、大型犬。于某饲养阿拉斯加雪橇犬，违反了禁止性规定。违反禁止性规定饲养的动物造成他人损害的，应当适用民法典侵权责任编第 1247 条的规定。

民法典侵权责任编第 1247 条规定了禁止饲养的烈性犬等危险动物造成他人损害，承担最为严格的无过错责任。也就是说，受害人故意或者重大过失引起损害，不得减轻也不得免除侵权人的责任。本案中，于某饲养的阿拉斯加雪橇犬造成艾某损害，应当按照无过错责任的归责原则承担赔偿责任。至于艾某在处理于某饲养的阿拉斯加雪橇犬与自己饲养的斗牛犬之间的纠纷时，采取的措施明显失当，虽然其对于受伤的损害后果存在重大过失，但并不能作为于某请求减轻或者免除责任的事由。一审判决于某减轻责任有失妥当，二审判决纠正了该错误，是正确的。这主要是为了规范饲养动物的行为，督促动物饲养人严格遵守规定，尽到合理的管理义务，营造安全的居住环境。

第一千二百四十八条 动物园的动物造成他人损害的，动物园应当承担侵权责任；但是，能够证明尽到管理职责的，不承担侵权责任。

【条文释义】

本条是对动物园饲养动物损害责任的规定。

动物园饲养动物，是经过国家批准，符合国家管理规定的经营活动，因而动物园均有专业的资质，符合饲养某些动物的特别要求。动物园饲养野生动物，必须按照法律、法规的规定进行管理，以善良管理人的标准善尽管理职责。

动物园饲养的动物损害责任不适用无过错责任原则，而适用过错推定原则。动物园的动物造成他人损害，首先推定加害人具有过错，加害人主张自己无过错的，实行举证责任倒置，必须证明自己已经尽到管理职责。能够证明已经尽到管理职责的，为无过错，免除侵权赔偿责任；不能证明者，为有过错，应当承担赔偿责任。

动物园饲养的动物损害责任的构成要件是：（1）动物园符合设置的资质要求，经过国家主管部门的批准；（2）动物园饲养的动物造成了受害人的人身损害或者财产损害；（3）动物园的饲养动物行为与损害后果之间具有因果关系；（4）动物园具有未尽管理职责的过失。符合上述要件要求的，动物园应当承担赔偿责任。

动物园饲养动物造成他人损害，动物园已尽管理职责的，动物园不承担侵权责任。对于这一规定，批评者较多，认为动物园的动物多是凶猛动物，更应当严格要求，应当适用无过错责任。

【案例评注】

谢某某诉上海动物园饲养动物致人损害纠纷案[①]

基本案情

2011年4月10日上午，原告谢某某与其父母至被告上海动物园游玩，当日15时许，原告及其家人行至灵长类动物展区时，原告穿过笼舍外设置的防护栏，给猴子喂食食物时，右手中指被猴子咬伤。事发时，上海动物园无工作人员在场，原告父亲向动物园相关部门投诉后，因情况紧急，自行带原告至上海市儿童医院医治并报警。

原告认为，被告没有尽到巡视义务、管理技术不合格、防护设施有瑕疵，导致原告可以随意钻入，故被告有过错，应当赔偿其损失。

被告上海动物园辩称其已尽合理限度的安全保障义务，已设立了完善的游客游园安全规则。本次原告受伤系因原告不遵守游园守则、原告法定代理人没有尽到监管义务造成，应由原告及其法定代理人承担全部责任。

法院判决

一审法院认为，第一，关于被告上海动物园是否尽到管理职责以免除其责任的问题。被告给灵长类动物安装了网状的铁质笼舍，并在外加装了防护栏，保持了1.50米的安全间距，确实起到了一定的防护作用。但金属防护栏之间间距在15厘米左右，仅仅能避免成年人钻入，并不能防止幼童的钻入，现原告穿过防护栏，用手喂食猴子导致右手中指受伤。动物园是一所对公众开放的公共场所，每年要接待成千上万的学龄前儿童，根据其专业能力应能预见此危险发生的可能性，而未采取必要补救措施，动物园有过错，未尽到其管理职责。

第二，关于原告谢某某及其法定代理人有无过失，是否可以减轻被告上海动物园的责任的问题。原告事发时仅4周岁，没有民事行为能力，对喂食猴子等危险情况没有认知能力和处置特殊情况的能力。原告法定代理人带原告到动物园游玩并无不当，然而，在被告已书面告知警示的情况下，原告法定代理人仍放松对

---

① 案例来源：《最高人民法院公报》2013年第8期。

原告的危险警示教育和看护，导致原告穿过防护栏产生损害后果，故原告法定代理人有监管过失，应减轻被告的民事责任。

第三，关于赔偿责任比例的确定问题。原告谢某某的法定代理人未看护好无民事行为能力的原告，导致原告擅自穿越防护栏，喂食猴子，是原告受伤的主要原因，应当承担主要责任即承担本案确定赔偿总额的 60% 之责。被告上海动物园的防护栏存在安全瑕疵，未有效阻止原告穿越，应承担次要责任即承担本案确定赔偿总额的 40% 之责。

谢某某、上海动物园均不服一审判决，向上海市第一中级人民法院提起上诉。

二审法院认为，上海动物园作为专门饲养管理动物的机构，较一般动物饲养人有着更高的注意义务和管理义务。金属隔离护栏除警示的作用外，亦应负担着一定的隔离作用，而护栏之间 15 厘米的间距，存在着不能杜绝幼童钻入的可能性。另外，本案事发时上海动物园无工作人员在场。事发后，上海动物园又缺乏有效的紧急联系方式供需要帮助的游客与园方取得联络，致使谢某某一方不能及时进行手指被咬伤后的紧急善后处理，只能自行至医院求治。基于以上原因，原审法院认为上海动物园未尽到管理职责，并无不当。

谢某某这一 4 周岁男童，正是活泼好动而又缺乏危险意识的时期，谢某某的监护人在对谢某某进行文明游园安全教育的同时，更应严格监管，防止发生意外，然而谢某某监护人却让谢某某脱离了监护，发生了自行穿越防护栏并喂食猴子的行为，导致本案伤害的发生。因此，谢某某的监护人存在重大过失。

综合本案双方过错情况，原审法院酌定谢某某的法定代理人对谢某某的受伤承担 60% 的责任，上海动物园承担 40% 的责任，尚属合理，法院予以维持。

专家点评

本案涉及的是动物园饲养动物损害责任。动物园是饲养管理动物的专业机构，比一般的动物饲养人负有更高的注意和管理义务，具体包括设置配备安全的设施，建立管理人员的巡视制度，尽到告知提醒义务等。动物园尽到上述管理职责，才能最大限度地杜绝损害后果的发生，保障游客的人身、财产安全。本案中，上海动物园所配备的防护栏设施隔离了成年人与动物之间的直接接触，却无法杜绝幼童钻入。不完善的公共管理设施致使 4 周岁的谢某某被猴子咬伤手指，存在管理上的失责。根据民法典侵权责任编第 1248 条的规定，动物园饲养动物损害责任适用过错推定责任。现有证据证明上海动物园未尽到管理职责，存在过错，造成损害发生，应当承担侵权责任。同时，谢某某的法定代理人未尽到警示教育和看护义务，导致谢某某穿过防护栏受伤，存在监管上的过失。根据民法典侵权责任编第1245条的规定，应当减轻上海动物园的民事责任。因而，本案一审、二审法院结合案件的基本事实酌定谢某某的法定代理人承担60%的责任，上海动物园承担40%的责任，实属正当。

第一千二百四十九条 遗弃、逃逸的动物在遗弃、逃逸期间造成他人损害的，由动物原饲养人或者管理人承担侵权责任。

【条文释义】

本条是对遗弃、逃逸动物损害责任的规定。

遗弃、逃逸动物，称为丧失占有的动物，是动物饲养人或者管理人将动物遗弃或者动物逃逸，而使动物饲养人或者管理人失去了对该动物的占有。例如遗弃猫、狗而形成流浪猫、流浪狗。

遗弃、逃逸饲养动物损害责任适用无过错责任原则。

动物的遗弃，包括遗失和抛弃。动物遗失，不是所有人放弃了自己的权利，而是暂时丧失了对该动物的占有，所有权关系没有变化，因而遗失的动物造成了他人损害，应当由动物的饲养人或者管理人承担侵权责任。动物被抛弃，是权利人对自己饲养动物的权利的事实处分，是对自己财产权的抛弃，被抛弃的动物与原权利人就没有关系了。被抛弃的动物造成他人的损害，原则上应当由其原饲养人或者管理人承担民事责任；如果被抛弃的动物已经被他人占有的，动物的占有人在事实上已经管领了该动物，是该动物的事实上的占有人，造成损害应当由该占有人承担民事责任。

动物逃逸后，动物的所有权关系并没有变化，仍然由权利人所有。逃逸的动物造成他人损害的，应当由动物的所有人或者管理人承担侵权责任。

驯养的野生动物被抛弃、遗失或者逃逸，该动物有可能彻底脱离驯养人而回归自然，重新成为野生动物。由于初回野生状态的动物可能难以迅速适应新的生活，而接近人类，侵害他人的财产或人身，动物的原饲养人或管理人应承担赔偿责任。如果回复野生状态的动物适应了新的生活，与其群体一样生存栖息，动物的原饲养人或管理人不再对其所造成的侵害负赔偿责任。

本条文没有规定免责或者减轻责任的事由，应当适用第1021条规定的免责或者减责事由，即能够证明损害是因被侵权人故意或者重大过失造成的，可以不承担或者减轻责任。

【案例评注】

张某与杨甲饲养动物损害责任纠纷上诉案[①]

基本案情

原告杨甲系二级精神残疾人，杨乙系原告杨甲的侄儿暨指定监护人。原、被告系同村村民，双方所在的宇家村有村民数十户。2017 年 3 月 2 日，原告路过同村村民吴某家门口时，被狗咬伤，杨乙家以被被告张某家饲养的狗咬伤为由与被告家协商，被告不认可咬伤原告的狗是自家的，双方协商未果。2017 年 3 月 7 日，原告在禄劝疾病预防控制中心开支治疗费、疫苗费 1381 元。2017 年 3 月 7 日至 14 日，原告在禄劝忠爱医院住院治疗 7 天，开支医疗费 3613.29 元，诊断为：左小腿犬咬伤并感染，高血压 1 级。原告住院期间由其兄杨丙护理。后经村委会调解，双方未达成协议。原告向一审法院起诉请求被告赔偿经济损失。

法院判决

一审法院认为，《侵权责任法》第八十二条规定："遗弃、逃逸的动物在遗弃、逃逸期间造成他人损害的，由原动物饲养人或管理人应承担侵权责任。"本案中，原告是被被告饲养过后又逃逸的狗咬伤。作为致伤他人动物的原饲养人，被告应承担赔偿责任。因原告的监护人未对原告及时治疗，未尽到监护责任，对本案损害结果的扩大有过错，应适当减轻被告的民事赔偿责任，故一审法院酌情确定由被告承担 80% 的赔偿责任。

一审宣判后，原审被告张某不服，提起上诉。理由是，一审判决确认原告是被被告饲养过后又逃逸的狗咬伤的事实，这一认定是错误的，是主观臆断，是没有事实依据的。被上诉人辩称：一审判决认定事实清楚，适用法律正确，请求驳回上诉，维持原判。

二审法院认为，本案初步证据可以证明系上诉人张某曾经管理过的狗造成被上诉人的伤害。上诉人应当举证证明咬伤被上诉人的是其他狗，但上诉人并未提交充分的证据予以证实。因此，二审法院确认咬伤被上诉人的是上诉人曾经管理过的狗。上诉人认为，该条狗其已经多年没有管理了，因此，不应当对被上诉人

---

① 一审法院为云南省禄劝彝族苗族自治县人民法院，案号：（2017）云 0128 民初 620 号；二审法院为云南省昆明市中级人民法院，案号：（2017）云 01 民终 3788 号。

的损失承担赔偿责任的主张，与《侵权责任法》第八十二条规定的责任承担不符，不予支持。

专家点评

本案是一起典型的逃逸饲养动物损害案件。关于逃逸饲养动物致人损害案件的责任承担，民法典侵权责任编第1249条作出了规定，即逃逸饲养动物损害责任由原饲养人、管理人承担。之所以由原来的饲养人、管理人承担侵权责任，是因为动物逃逸，动物的所有权关系并没有发生变化，因而由动物的原主人继续承担侵权责任。据此，张某原来饲养而后来逃逸的狗咬伤了杨甲，使得杨甲遭受到了人身损害，符合逃逸饲养动物侵权责任的构成要件，张某应当对杨甲承担侵权责任，赔偿损失。值得注意的是，张某若能够提供充分的证据证明逃逸后的动物为他人所继续长时间饲养或管理，则应当由现在的饲养人或者管理人承担侵权责任。

第一千二百五十条 因第三人的过错致使动物造成他人损害的，被侵权人可以向动物饲养人或者管理人请求赔偿，也可以向第三人请求赔偿。动物饲养人或者管理人赔偿后，有权向第三人追偿。

【条文释义】

本条是对饲养动物损害责任第三人过错的规定。

饲养动物损害责任的第三人过错，是饲养的动物造成他人损害，原因是第三人故意或者过失引起的。第三人过错，一般表现为，虽然是动物加害行为，但与动物饲养人或者管理人没有关系，而是由第三人的过错所致，如第三人挑逗家犬伤人、第三人将在铁笼中圈养的动物放走而致损害等。特殊的情况是：因第三人饲养的动物的原因，造成动物饲养人或者管理人的动物造成他人损害，是否构成第三人过错，适用本条规定。对此，笔者认为可以借鉴我国台湾地区“民法”第190条第（2）项规定：“动物系由第三人或他动物之挑动，致加损害于他人者，其占有人对于该第三人或该他动物之占有人，有求偿权。”其中他动物之挑动，显然是视为第三人过错，承担不真正连带责任。这个规定是有道理的。因此，可以将他动物挑动作为第三人过错。

饲养动物损害的第三人过错责任的构成要件是：（1）造成损害的动物是由饲养人或者管理人饲养；（2）该动物造成了被侵权人的人身损害或者财产损害；（3）造成损害的尽管是饲养人或者管理人饲养的动物，但是损害的原因是第三人过错引起的，如第三人唆使饲养人饲养的动物侵害他人。

饲养动物损害责任中第三人过错行为造成他人损害，适用的是不真正连带责任。依照民法典第1175条规定，第三人的原因造成的损害，是可以免除行为人的责任的，但是由于第三人过错引起的饲养动物损害责任适用无过错责任原则，因而本条规定采用不真正连带责任规则，而不是饲养人或者管理人免责。

饲养动物损害责任的第三人过错，承担不真正连带责任的具体规则是：

1. 被侵权人可以向动物饲养人或者管理人请求赔偿，也可以向第三人请求赔偿，被请求的任何一方都应承担责任。

2. 如果是动物饲养人或者管理人承担了赔偿责任，属于中间性责任，因而有权向第三人追偿，第三人才是最终责任人，应当对动物饲养人或者管理人承担全部赔偿责任。

【案例评注】

张甲与张乙、刘某饲养动物损害责任纠纷案[①]

基本案情

2014年3月26日上午8时许，被告张乙在昌黎县城关烈士陵园附近的开荒地焚烧杂草时，将近邻刘某春家的木材引燃，后导致木材附近被告刘某家狗窝窝顶烧坏（四周钢筋焊制、顶部木质），窝内养的狗跑出，将原告张甲咬伤。当日，原告张甲前往秦皇岛市第二医院住院诊治，诊断为：张甲右腕狗咬伤，肌腱、神经、血管损伤，右桡骨远端开放性骨折。

原告张甲认为，被告刘某家饲养的狗将原告咬伤，应承担赔偿责任，被告张乙放火烧荒，致使被告刘某家的狗从院中跑出咬伤原告，也应承担赔偿责任。为此要求二被告赔偿原告治疗费、误工费、住院伙食补助费、营养费、护理费、交通费等经济损失136379.45元，二被告互负连带赔偿责任。

---

① 审理法院：河北省昌黎县人民法院，案号：（2015）昌民初字第1836号。

法院判决

法院认为，被告张乙烧荒将被告刘某家的狗窝窝顶烧坏，导致养殖在窝内的狗跑出，咬伤原告张甲的事实清楚。在该起侵权纠纷中，原告张甲无过错；被告张乙私自烧荒，且未尽到安全注意义务，致被告刘某家饲养的狗遇火跑出咬伤原告的情形发生，其行为存在过错，是原告被狗咬伤的直接原因，应负该起侵权纠纷的主要责任（70%）；被告刘某饲养烈性犬，且未尽到安全管理义务，对原告的伤害存在过错，应承担次要民事责任（30%）。本案属二被告共同过错发生的侵权行为，二被告应承担连带责任。依据《侵权责任法》第十六条、第二十二条、第八十三条之规定，判决被告张乙赔偿原告张甲各项损失 84761 元，被告刘某赔偿原告张甲各项损失 36326 元。二被告互负连带赔偿责任。

专家点评

本案是一起典型的因第三人过错导致的动物致害案例。被告张乙私自烧荒，且未尽到安全注意义务，致被告刘某家饲养的狗遇火跑出咬伤张甲。根据民法典侵权责任编第 1250 条的规定，张甲既可以请求动物饲养人刘某承担侵权责任，也可以请求第三人张乙承担侵权责任。动物饲养人刘某承担赔偿责任后，有权向第三人张乙追偿。可见，动物饲养人刘某承担的是不真正连带责任中的中间责任，而非最终责任。现本案原告同时起诉动物饲养人刘某、第三人张乙，为简化诉讼，法院应当确认二者之间的责任分担。可以明确的是，被告张乙私自烧荒，且未尽到安全注意义务，致使被告刘某家饲养的狗遇火跑出是损害发生的主要原因；被告刘某饲养烈性犬，且未尽到安全管理义务是损害发生的次要原因。法院酌定按照 7:3 的比例承担责任，合乎实际情况。问题在于，法院何以酌定二被告承担连带责任？民法典侵权责任编第 1250 条遵循动物饲养人承担无过错责任的基本原则，规定了动物饲养人与第三人之间的不真正连带责任。不真正连带责任与连带责任有本质上的不同。因而，笔者认为，应当是动物饲养人刘某对第三人张乙的 70% 责任份额承担连带责任，第三人张乙无需对动物饲养人刘某 30% 的责任份额承担连带责任。

第一千二百五十一条 饲养动物应当遵守法律法规，尊重社会公德，不得妨碍他人生活。

【条文释义】

本条是对动物饲养人或者管理人义务的规定。

动物饲养人或者管理人负有三项义务：

1. 守法义务。动物饲养人不仅应当遵守法律的规定，还应当遵守法规的规定，按照有关规定饲养动物。对于法律，包括本法以及相关法律。关于法规，对于饲养动物规定的专门法规、行政规章，都应当遵守，不得违反。

2. 遵守社会公德的义务。动物饲养人或者管理人在饲养动物时，应当遵守社会公德。在我国法律中，社会公德相当于善良风俗，饲养动物不得违背善良风俗。例如，将饲养的动物领进公共场所，在饭店喂养动物，在公共浴池给动物洗澡等，都属于违反社会公德或者善良风俗的行为，应当禁止。

3. 不得妨碍他人的生活，破坏左邻右舍的生活安宁。行为自由的界限在于不得侵害他人的权利。按照规定饲养动物，是人的自由，但饲养动物而妨害他人生活，为法律所禁止。例如，在城市居民小区饲养公鸡，该公鸡啼鸣是无法禁止的，但对小区的居民影响极大，妨害他人生活，应当禁止。养狗遛狗是必需的，但不拴狗链，不带粪袋，使狗到处便溺，也严重妨害他人生活，都属于违反法定义务的行为，应当禁止。

动物饲养人或者管理人违反上述义务，造成他人损害时，根据饲养动物损害情形的不同，再具体适用本法侵权责任编关于饲养动物损害责任的特别规定，承担侵权责任。

【案例评注】

邹某与马某身体权纠纷上诉案[①]

基本案情

2016年10月11日0时左右，原告马某行走至克拉玛依天池南小区左边酒吧门前街道时，与牵着巴哥狗从酒吧出来准备上车的被告邹某相遇，原告停止前行并问被告狗是否咬人，被告说狗不咬人，你走吧。原告继续前行时狗绳绊着原

---

① 一审法院为新疆维吾尔自治区克拉玛依市克拉玛依区人民法院，案号：（2016）新0203民初2967号；二审法院为新疆维吾尔自治区克拉玛依市中级人民法院，案号：（2017）新02民终159号。

告，导致原告被狗咬伤右小腿。原告当日前往医院诊治，诊治完毕后向一审法院起诉请求被告邹某赔付医疗费用。

法院判决

一审法院认为，《侵权责任法》第八十四条规定，饲养动物应当遵守法律，尊重社会公德，不得妨害他人生活。第七十八条规定，饲养的动物造成他人损害的，动物饲养人或者管理人应当承担侵权责任，但能够证明损害是因被侵权人故意或者重大过失造成的，可以不承担或者减轻责任。第七十九条规定，违反管理规定，未对动物采取安全措施造成他人损害的，动物饲养人或者管理人应当承担侵权责任。第八十条规定，禁止饲养的烈性犬等危险动物造成他人损害的，动物饲养人或者管理人应当承担侵权责任。

原告在街道上正常行走与牵着狗的被告相遇时，原告停下脚步征询被告，狗是否咬人，被告告知原告狗不咬人并让原告继续前行，由此可以证明原告在事件的发生过程中，并无任何故意或者重大过失行为。被告作为狗的饲养人，虽然手牵着狗绳，但并未把狗控制在与原告保持安全有效距离的范围内，由此狗可以相对自由地窜到原告身前，导致原告绊着狗绳，造成狗咬伤原告右小腿的后果。因此，被告应当承担动物饲养人未对狗采取有效安全措施造成原告损害的侵权责任。

邹某不服一审判决，提起上诉。理由是一审认定事实错误。被上诉人只是被狗绳绊了一下，上诉人的狗并未咬伤被上诉人。马某辩称，被狗咬伤的照片是被上诉人用手机拍摄，派出所警察也进行了拍摄和记录。原审判决正确，请求维持原判。

二审法院认为，一审庭审中上诉人邹某对昆仑派出所出具的报警证明原件、被上诉人马某腿部受伤的照片3张、处方签原件5份、中心医院诊疗票据原件5张、狂犬病疫苗使用知情同意书原件的真实性、关联性、合法性均无异议，故法院对马某被邹某的狗咬伤的事实及产生的医疗费等损失予以确认，邹某理应承担相应的民事赔偿责任。

专家点评

本案一审法院特别援引了原《侵权责任法》第84条关于动物饲养人行为规范的规定，即饲养动物应当遵守法律，尊重社会公德，不得妨害他人生活。之所以援引这一条文，是从正面提及动物饲养人所应当承担的义务。待动物饲养人违反该义务时，根据饲养动物损害情形的不同，再具体适用原《侵权责任法》第九章关于饲养动物损害责任的特别规定，承担侵权责任。

根据《克拉玛依市养犬管理条例》第 13 条、第 14 条的规定，本案被告外出携犬时，应当主动避让他人，避免发生损害。然而，本案被告未把狗控制在与原告安全的距离范围内，违反了该条例所规定的义务。本案被告违反的是《克拉玛依市养犬管理条例》。《克拉玛依市养犬管理条例》是否包含在原《侵权责任法》第 84 条所指的“法律”内，还有待澄清。

民法典侵权责任编第 1251 条在延续原《侵权责任法》第 84 条做法的基础上，新增了动物饲养人的守法义务，明确了动物饲养人不仅应当遵守法律，还需要遵守法规。据此，本案被告违反《克拉玛依市养犬管理条例》就是违反了侵权责任编第 1251 条的守法义务。根据民法典侵权责任编第 1251 条的规定，被告应当对原告承担侵权责任。

第十章 建筑物和物件损害责任

第一千二百五十二条 建筑物、构筑物或者其他设施倒塌、塌陷造成他人损害的，由建设单位与施工单位承担连带责任，但是建设单位与施工单位能够证明不存在质量缺陷的除外。建设单位、施工单位赔偿后，有其他责任人的，有权向其他责任人追偿。

因所有人、管理人、使用人或者第三人的原因，建筑物、构筑物或者其他设施倒塌、塌陷造成他人损害的，由所有人、管理人、使用人或者第三人承担侵权责任。

【条文释义】

本条是对不动产倒塌、塌陷损害责任的规定。

不动产倒塌损害责任分为两种类型：

1. 不动产建设缺陷损害责任。具体规则是：(1) 该损害责任适用过错推定原则，建筑物、构筑物或者其他设施倒塌、塌陷造成他人损害的，推定该建筑物、构筑物或者其他设施存在建设缺陷，由建设单位与施工单位对被侵权人的损害承担连带责任。(2) 建设单位与施工单位能够证明自己的建筑物、构筑物或者其他设施不存在质量缺陷，建设单位与施工单位就不承担赔偿责任。(3) 建设单位与施工单位不能证明自己的建筑物、构筑物或者其他设施不存在建设缺陷，但是能够证明建设缺陷是由其他责任人所致，如勘察单位、设计单位、监理单位或者建筑材料供应单位造成的建设缺陷，则建设单位、施工单位在赔偿后，有权向其他责任人追偿。

2. 不动产管理缺陷损害责任。建筑物、构筑物或者其他设施的倒塌、塌陷，不是因建设缺陷所致，而是因所有人、管理人、使用人或者第三人存在管理缺陷所致，在建筑物、构筑物或者其他设施倒塌、塌陷时造成他人人身损害或者财产损害的，不是由建设单位与施工单位承担赔偿责任，而是由建筑物、构筑物或者其他设施的所有人、管理人、使用人或者第三人承担侵权责任。确定赔偿责任主体的方法是，证明是谁造成的管理缺陷致使建筑物等倒塌、塌陷，就向谁请求承担赔偿责任，而不适用不真正连带责任规则分担损失赔偿责任。

地震中建筑物或者其他设施倒塌、塌陷损害责任的认定较为特殊。

1. 地震中建筑物或者其他设施倒塌、塌陷造成损害责任性质

地震作为不可抗力的一般抗辩事由，其法律后果之一是免除造成损害的行为人的侵权责任。在地震中，大量建筑物或者其他设施倒塌、塌陷造成了遇害者严重的人身损害后果，在一般情况下，如果该损害没有其他原因介入，仅仅是因地震所致，应当免除责任。但是，地震中建筑物或者其他设施倒塌、塌陷并不是地震作为唯一原因所致，或者主要不是地震的原因所致，而是“豆腐渣工程”即建筑工程缺陷所致，地震就不是或者不完全是造成损害的不可抗力免责事由，而是构成侵权责任。那么，房屋在地震中倒塌、塌陷造成损害的侵权责任究竟应当如何适用法律，值得研究。

笔者认为，地震中建筑物或者其他设施倒塌、塌陷造成损害的性质是比较复杂的。地震中建筑物或者其他设施倒塌、塌陷造成损害的侵权责任，虽然不直接适用产品责任规则，但确实有产品责任的性质，本条规定建设者应当承担责任，就是一个明确的规定。确定建设者是否承担侵权责任，不是房屋倒塌、塌陷的基本事实是否存在（因为即使是房屋倒塌、塌陷造成损害，也会因为不可抗力而免除责任），而是倒塌、塌陷的房屋的建造是否存在建设缺陷。如果建筑物或者其他设施倒塌、塌陷存在建设缺陷，房屋因此在地震中倒塌、塌陷造成损害，那就存在承担侵权责任的基础，就有可能构成侵权责任，这个责任由房屋的开发商或者建筑商承担。

2. 确定建筑物或者其他设施倒塌、塌陷责任应适用原因力规则

确定建筑物或者其他设施倒塌、塌陷致害的赔偿责任，必须处理好原因力的问题。原因力就是在造成同一个损害结果时，具有两个以上的原因的，各个不同的原因对于损害的发生或者扩大所发生的作用力。在地震中，地震是造成损害的一个原因，如果另有建筑物设置缺陷也是造成损害的原因，就构成了共同原因。

在共同原因造成同一个损害中，确定各个不同的原因造成损害的赔偿责任问题，必须依据各个原因的作用力，将责任分别归属于不同原因。地震是造成损害的原因，但建筑物的建设缺陷也是致害原因之一的，就应当计算各自的原因力，确定建筑物致害责任的责任人承担适当的侵权责任。对于地震造成损害的原因，免除行为人的这部分责任。至于赔偿责任的分担，如果地震是损害发生的主要原因，则房屋倒塌、塌陷的责任人承担次要责任；如果原因力相当，则应当承担同等责任；如果地震是次要原因，则行为人应当承担主要责任。

【案例评注】

朱某与张某等建筑物倒塌损害责任纠纷案①

基本案情

2015年7月，凯银公司与朱某签订“装饰工程分包协议”，凯银公司将单砌墙体工程以88元/平方米的价格发包给朱某。2015年12月18日，安格德公司与朱某签订了“补充协议”，协议内容为：凯银公司发包的襄阳凯得银河青年乌托邦工程，朱某作为承包方与之签订了砌墙合同。工程总造价为40万元。由于特殊原因，双方履行了一部分的合同现处于中止状态。安格德公司与凯银公司协商，凯银公司决定将其合同主体地位让于安格德公司，安格德公司承继青年乌托邦工程中发包方的权利义务。

2016年5月22日13时许，张某受雇在为襄阳凯得银河青年乌托邦工程铺设地板砖的过程中，朱某承建的一楼室内墙突然倒塌将张某砸伤。张某受伤后被送至襄阳市中医医院住院治疗30天。2016年6月21日，张某转至襄阳天和医院住院康复治疗71天。2016年9月1日，张某再次到襄阳天和医院住院康复治疗135天。经评定，张某的损伤构成一级伤残。

张某向一审法院起诉，请求判令被告安格德公司、凯银公司、朱某连带赔偿原告张某损失。

法院判决

一审法院认为，公民的健康权受法律保护。建筑物、构筑物或者其他设施倒塌造成他人损害的，由建设单位与施工单位承担连带责任。在本案中，2015年12月18日，安格德公司分别与朱某、方圆公司均签订了补充协议，成为建设单位，且朱某陈述涉案墙体是在安格德公司进场后才砌的。故本案涉案墙体的建设单位系安格德公司，而非凯银公司。张某受雇在铺设地板砖的过程中，因墙体倒塌致伤。根据法律规定，张某有权选择建筑物倒塌损害责任或者提供劳务者受害责任保护自己权利。本案中，张某选择建筑物倒塌损害责任向涉案墙体的建设单位和施工单位主张权利，符合法律规定。建筑物倒塌致人损害的，是严格责任，只要

① 一审法院为湖北市襄阳市樊城区人民法院，案号：（2017）鄂0606民初1696号；二审法院为湖北省襄阳市中级人民法院，案号：（2017）鄂06民终3556号。

受害人证明其所受损害系因建筑物倒塌造成的，建设单位与施工单位无论是否有过错，都必须直接承担责任。建设单位和施工单位赔偿后，有其他责任人的，有权向其他责任人追偿。

朱某上诉请求，撤销原审判决，改判驳回被上诉人张某要求上诉人承担赔偿责任的诉讼请求。

二审法院认为，《侵权责任法》第八十六条规定的建筑物、构筑物或者其他设施倒塌造成他人损害的情形，交付时间并不是建设单位与施工单位免除责任承担的条件，对于因建筑物、构筑物工程质量本身造成的人身损害，即使工程量交付后建设单位与施工单位也应当承担连带赔偿责任。结合本案案情分析，朱某于2015年12月18日与安格德公司签订施工工程《补充协议》后，双方于2016年3月28日对具体工程量进行了核算，朱某据此提出工程已经完工交付安格德公司，但双方对于施工质量在工程量核算清单中并未表述，对之后出现的质量问题也未作明确约定，在完工不足两个月的情况下即发生墙体倒塌致人损伤的安全事故，故朱某以其施工的砌墙工程已交付为由提出不承担赔偿责任无法律依据，法院不予采纳。

专家点评

本案是一起典型的建筑物倒塌致人损害的案例。本案一审、二审法院均援引了原《侵权责任法》第86条的规定。根据原《侵权责任法》第86条，建设单位与施工单位承担无过错责任。建设单位与施工单位赔偿后，有其他责任人的，有权向其他责任人追偿。具体到本案，安格德公司是倒塌墙体的建设单位，朱某是倒塌的墙体的施工方。涉案倒塌墙体造成了张某伤残，安格德公司与朱某应当先承担连带责任。朱某主张涉案墙体是由他人挖空，不妨碍受害人张某向安格德公司与朱某先行主张赔偿责任。

民法典侵权责任编第1252条修改了原《侵权责任法》第86条的规则，即建设单位与施工单位能够证明不存在质量缺陷时无需承担连带责任。据此，安格德公司与朱某可以申请鉴定。如若鉴定意见为建筑物质量合格，不存在缺陷，便无需承担连带责任。受害人张某则应当直接向责任人请求赔偿。这样一来，减轻了建设单位与施工单位的责任压力，还将进一步督促建设单位与施工单位交付质量合格的建筑物、构筑物。

第一千二百五十三条　建筑物、构筑物或者其他设施及其搁置物、悬挂物发生脱落、坠落造成他人损害，所有人、管理人或者使用人不能证明自己没有过错的，应当承担侵权责任。所有人、管理人或者使用人赔偿后，有其他责任人的，有权向其他责任人追偿。

【条文释义】

本条是对不动产及其搁置物、悬挂物脱落、坠落损害责任的规定。

不动产及其搁置物、悬挂物脱落、坠落损害责任，是建筑物、构筑物或者其他设施及其搁置物、悬挂物因设置或保管不善而脱落、坠落等，造成他人人身或财产损害，不动产或者物件的所有人或管理人应当承担损害赔偿责任的物件损害责任。

我国民事立法承认不动产及其搁置物悬挂物损害责任制度。在原《民法通则》第126条规定："建筑物或者其他设施以及建筑物上的搁置物、悬挂物发生倒塌、脱落、坠落造成他人损害的，它的所有人或者管理人应当承担民事责任，但能够证明自己没有过错的除外。"原《侵权责任法》第85条规定的内容与原《民法通则》第126条的规定有所不同，区别在于后者规定中的建筑物或者其他设施倒塌的责任被分离出去，单独成立了建筑物及其他设施倒塌责任，而第85条仅仅规定了搁置物、悬挂物损害责任，因此，前者比后者的范围为窄。本条规定沿袭了原《侵权责任法》第85条的规定，继续单独规定了搁置物悬挂物损害责任。

1. 搁置物悬挂物损害责任的特点

（1）建筑物或者其他设施是搁置物悬挂物的放置场所

搁置物悬挂物损害责任的条文中特别强调"建筑物、构筑物或者其他设施"的概念。但是，这个概念并不是责任构成要件的要求，而是致害物即搁置物悬挂物的放置场所。当这些建筑物、构筑物或者其他设施提供放置场所，在其上搁置物品或者悬挂物品，其搁置物或者悬挂物造成他人损害的，就构成搁置物悬挂物损害责任的致害物的要件。

不过，研究建筑物、构筑物或者其他设施的概念，仍然是有意义的，只有它提供场所，搁置物或者悬挂物才能够存在。建筑物、构筑物或者其他设施的范围很广，包括房屋、烟筒、水塔、电视塔、电线杆、纪念碑、桥梁、涵洞、窗户、天花板、楼梯、电梯等均为本条所规定的致害物的放置场所。

（2）搁置物悬挂物的类型

搁置物、悬挂物分为两种不同的类型，一是人工搁置物悬挂物，二是自然搁置物悬挂物。

人工搁置物和悬挂物，是建筑物、构筑物以及其他设施上人为地搁置或者悬挂的物件，人工搁置物、悬挂物脱落、坠落造成他人损害，通常是因物件的所有人或者管理人的不慎管理行为所致，因此，适用过错推定责任原则，由其所有人或者管理人对受害人的损害承担侵权责任，但是所有人或者管理人能够证明自己没有过错的，就应该免除责任。

自然搁置物、悬挂物，是由于自然的而非人为的原因，在建筑物、构筑物或者其他设施上形成的搁置物或者悬挂物。例如自然悬挂于建筑物或者其他设施上的冰柱、积雪。在英美侵权行为法中，这种自然原因形成的搁置物、悬挂物致人损害，属于公共侵扰（妨害），认为不是对个人权益的侵害，而是对女王的、公共利益的侵害，构成侵权责任，对受害人予以赔偿。对于这种情况，应当区分不同情况处理。因自然原因形成的搁置物、悬挂物脱落、坠落造成他人损害的，如果双方都没有过错，则由双方当事人分担责任。如果一方有过错，则由有过错的一方承担责任。例如，物件的所有人或者管理人有过错，应当对受害人的损害承担责任；反之，受害人由于自己的过错造成的损害，则应当自己承担责任。

（3）侵权责任主体

搁置物悬挂物损害责任的主体，包括一般民事主体，也包括国家机关、企业事业单位。应当研究的是，本条所说的“所有人或者管理人”，究竟是作为支撑背景的建筑物或者其他设施的所有人或者管理人，还是搁置物悬挂物的所有人或者管理人。按照逻辑上的分析，本条规定的是搁置物悬挂物损害责任，其所有人或者管理人应当是搁置物悬挂物的所有人或者管理人。不过，从为了更好地保护被侵权人的利益出发，便于被侵权人的损害得到及时救济，应当理解为建筑物或者其他设施的所有人或者管理人。理由是，如果建筑物或者其他设施与搁置物悬挂物的所有人或者管理人并非一人，而确定搁置物悬挂物的所有人或者管理人是侵权责任主体，那么，如果出现这种情况，被侵权人不能确定搁置物悬挂物的所有人或者管理人究竟是谁，并且向建筑物或者其他设施的所有人或者管理人主张损害赔偿，可能遭遇建筑物或者其他设施的所有人或者管理人主张自己不是搁置物、悬挂物的所有人或者管理人而拒绝赔偿的情况，那么，被侵权人的损害就不能得到或者不能及时得到赔偿。因此，对“所有人或者管理人”的理解，应当理解为建筑物、构筑物或者其他设施的所有人或者管理人，以其作为搁置物悬挂物损害的赔偿责任主体。

2. 不动产及其搁置物、悬挂物损害责任的构成要件

（1）造成损害的物件是建筑物、构筑物或者其他设施及其搁置物、悬挂物。建筑物、构筑物或者其他设施其实就是不动产，不动产上的搁置物、悬挂物是动

产，依附在不动产上，搁置物都属于人工搁置；而悬挂物包括人工悬挂物和自然悬挂物，如建筑物上的冰柱、积雪属于自然悬挂物。

(2) 不动产及其搁置物、悬挂物造成损害的方式是脱落、坠落等。

(3) 脱落、坠落的不动产组成部分或者搁置物、悬挂物造成了他人的人身损害或者财产损害。

(4) 不动产及其搁置物、悬挂物的所有人、管理人或者使用人存在管理过失，采取过错推定的方式，由不动产的所有人、管理人或者使用人举证证明自己没有过失，不能证明或者证明不足的，即确认存在过失。

不动产及其搁置物、悬挂物损害责任的主体为所有人、管理人或者使用人。被侵权人可以选择所有人、管理人或者使用人承担赔偿责任。按照过错推定原则的要求，只要所有人、管理人或者使用人不能证明自己没有过错的，就应当承担侵权责任。

建筑物、构筑物或者其他设施及其搁置物或者悬挂物造成损害的不是所有人、管理人或者使用人，而是由所有人、管理人或者使用人以外的其他第三人所致，不动产的所有人、管理人或者使用人在承担了赔偿责任后，有权向其他责任人追偿。

【案例评注】

巢湖公司诉李某追偿权纠纷案①

基本案情

2015年5月15日12时30分许，被告李某驾驶平板汽车载着挖掘机从巢湖市坝镇龙王山石料厂往平安驾校训练场方向行驶，在龙王山水库附近将巢湖公司所有和管理的通信线缆挂住并将电线杆拉断倒在路边。当日下午，案外人伍某驾车从该路段行驶，被坠落在地面的电缆线绊倒受伤。后伍某诉至法院要求原告赔偿损失，法院一审判决巢湖公司赔偿伍某41976元，并承担诉讼费165元。后巢湖公司上诉至合肥市中级人民法院，该院作出（2015）合民一终字第04827号民事判决，判决驳回上诉，维持原判，并由巢湖公司承担二审受理费849元。2016年5月3日，案外人伍某因后续治疗费未获赔偿，将巢湖公司诉至法院，经调解法院作出（2016）皖0181民初1514号民事调解书，原告依该调解书一次性赔偿伍

① 审理法院：安徽省巢湖市人民法院，案号：（2016）皖0181民初4652号。

某5500元。2016年10月10日，原告实际赔偿伍某47632元。

原告巢湖公司认为，伍某受伤系被告李某将电线杆挂断导致，被告应承担赔偿责任。现原告向法院提出诉讼请求，判令被告李某偿付由其垫付的赔偿款及案件受理费。

被告李某辩称：被告将原告的电线杆挂断是当天中午12时30分左右，而案外人伍某受伤是当天下午5时左右，期间原告虽接到报案后及时派人员去了现场，但没有采取任何的施救、防范措施，也没有在现场设置任何的安全警示标志。原告应对自己的过错行为导致案外人受伤的结果承担责任，被告仅对电线杆的损坏与修理承担赔偿责任，应驳回原告的全部诉讼请求。

法院判决

法院认为，被告李某驾车将原告巢湖公司所有和管理的电缆线杆挂断后绊倒他人并致他人受伤，巢湖公司赔偿他人损失后有权向李某追偿，故对巢湖公司要求被告李某偿还合理损失的主张予以支持。但本案中巢湖公司在电线杆挂断后虽派员到现场，但当天并未维修，也未在现场设置安全警示标志或采取足以消除危险的有效安全措施，存在明显过错，应当自行承担主要责任。综合考虑原被告对案外人伍某受伤存在的过错程度，法院酌定由巢湖公司自行承担65%责任，由李某承担35%责任。

专家点评

本案是一起典型的建筑物、构筑物或者其他设施及其搁置物、悬挂物造成他人损害的案例。巢湖公司是案发现场通信线缆的所有人和管理人，应当及时查验通信电缆是否运行正常。当接到通信电缆坠落的消息后，应当及时派工作人员前往现场进行修理，采取相应的安全措施，同时在现场设置安全警示标志等。然而，李某将通信电缆挂断后，巢湖公司无法提供充足的证据证明进行了维修或者采取了相应措施。根据民法典侵权责任编第1253条前句的规定，巢湖公司无法证明自己尽到了合理的注意义务，应当对案外人伍某承担侵权责任。故（2015）合民一终字第04827号民事判决书判决巢湖公司赔偿伍某损失于法有据。

不过，尽管伍某的损害事实与通信电缆坠落之间具有直接的因果关系，但是通信电缆坠落却是李某驾驶平板汽车载着挖掘机从巢湖市坝镇龙王山石料厂往平安驾校训练场方向行驶时所挂断，因而李某也是责任人之一。巢湖公司对伍某承担赔偿责任后，有权根据民法典侵权责任编第1253条后句的规定，向李某追偿。

第一千二百五十四条 禁止从建筑物中抛掷物品。从建筑物中抛掷物品或者从建筑物上坠落的物品造成他人损害的，由侵权人依法承担侵权责任；经调查难以确定具体侵权人的，除能够证明自己不是侵权人的外，由可能加害的建筑物使用人给予补偿。可能加害的建筑物使用人补偿后，有权向侵权人追偿。

物业服务企业等建筑物管理人应当采取必要的安全保障措施防止前款规定情形的发生；未采取必要的安全保障措施的，应当依法承担未履行安全保障义务的侵权责任。

发生本条第一款规定的情形的，公安等机关应当依法及时调查，查清责任人。

【条文释义】

本条是对建筑物抛掷、坠落物品致害侵权人不明的规定。

1. 抛掷物坠落物损害责任的历史发展

（1）罗马法对抛掷物坠落物损害责任的明确规定

抛掷物坠落物损害责任并不是一个新出现的侵权行为类型，早在罗马法就存在这样的侵权行为制度。在查士丁尼《法学总论》中，对抛掷物坠落物损害责任规定了详细的规则：“某人占用一楼房，不论是自有的、租用的或借住的，而有人从楼房投掷或倾注某物，致对他人造成损害时，前者被认为根据准侵权行为（此处似应译为准私犯——作者注）负责；根据侵权行为（此处似应译为私犯——作者注）负责是不确切的，因为这种情况往往是他就他人，如子女或奴隶的过错而负责。……关于投掷或倾注某物，经规定得诉请给付两倍于所造成的损害；其因而伤害自由人的生命的，处以五十个金币的罚金；伤害其身体而未至于死亡的，应由审判员根据具体情况，基于公平原则所估计的金额为准判处罚金；在估计时，审判员应考虑支付医生的诊费和其他治疗上的费用，此外还应考虑由于丧失工作能力而在就业上所已受到和将受到的损失。”“如家子与其父分居，而从自己的楼房投掷或倾注某物，又或放置或悬挂某物，而其倾倒、坠落可能发生危险的，犹里安主张不得对其父，而只能对儿子本人提起诉讼。”① 如果同一房间有数

① ［罗马］查士丁尼著：《法学总论》，商务印书馆 1989 年版，第 204 页。

名房客将负连带责任，[1] 该诉不是向行为人提起，而是向房屋的居住者提起，包括房屋的所有人、用益权人或承租人。这样规定也有利于促使房屋的居住人提高注意程度。[2]

罗马法规定建筑物责任的核心思想，在于建筑物中的投掷物（固体物）、倾注物（流体物）致人损害的责任由谁承担，以及建筑物的悬挂物、搁置物致人损害的责任由谁承担。其主旨是，投掷物和倾注物不一定是建筑物的占有人所为，可能是他的子女或者奴隶所为，因此，这种致人损害的行为，不是私犯，而是准私犯，是家父为他人承担责任。如果子女与其家父分居，而从自己的楼房上投掷或倾注某物，则由自己承担责任，而不是其家父承担责任。因此，建筑物中的投掷物（固体）或者倾注物（流体）造成他人损害，应当由建筑物的占有人（包括所有人、租用人和借用人）承担损害赔偿责任。同时，一幢房屋分由多人居住的，他们对受害人承担连带责任。罗马法制定这一制度的原始构想，在于确保公众集会场所、道路交通的公共安全，并在加害人不明时，扩张赔偿责任人，以使无辜的被害人得到赔偿。[3]

（2）后世各国民法对建筑物致害责任规定的侧重点

从法国法以降，各国民法也都规定建筑物致害的责任，但是规定的主旨与罗马法有所区别，即不是注重对建筑物中的投掷物或者倾注物致人损害的责任作出规定，而是针对建筑物的整体及其附属物的致人损害责任进行规范。

《法国民法典》在它原来仅有的5个条文的最后一个条文即第1386条，规定了建筑物致害的责任："建筑物的所有人对建筑物因保管或建筑不善而损毁时所致的损害，应负赔偿的责任。"[4] 这里所说的，就是对建筑物的整体致人损害的责任。在《智利民法典》中，其相关规定与《法国民法典》的规定几乎相同，这就是第2323条："建筑物因所有人未进行必要的修葺或因欠缺善良家父的注意而倒塌时，所有人应对第三人的损害承担责任。""如建筑物为两人或数人所共有，应按他们的所有权份额的比例分担损害赔偿金。"其中后段规定比较有新意，对于如何分担责任是有借鉴意义的。

《德国民法典》规定建筑物的责任分为3条，第836条规定的是建筑物倒塌或者剥落时致人损害的责任，由土地占有人承担责任。第837条规定的是因行使某项权利而占有他人土地上的建筑物，负同样的责任。第838条规定的是建筑物

---

① ［意］彼德罗·彭梵得著：《罗马法教科书》，黄风译，中国政法大学出版社1992年版，第406页。
② 周枏著：《罗马法原论》（下册），商务印书馆2002年版，第804页。
③ 李木贵：《共同危险行为之研究：以要件论为中心》，载《法学丛刊》第173期。
④ 《拿破仑民法典（法国民法典）》，李浩培等译，商务印书馆1983年版，第190页。

的保养人的责任。这些规定也都是着眼于建筑物的整体所致损害的责任，这就是建筑物倒塌和剥落所造成的损害的责任。

同样，《瑞士债务法》第58条规定的也是建筑物的致人损害责任，它规定，建筑物的所有人对因设计缺陷，或者结构缺陷或者维修不足造成的损害承担赔偿责任。

值得注意的是，《埃塞俄比亚民法典》和《俄罗斯联邦民法典》的规定与前述规定有所区别，比较接近罗马法的规定，对于确定抛掷物坠落物损害责任的规则有借鉴意义。

《埃塞俄比亚民法典》第2080条规定："建筑物的占据人，应对从建筑物上坠落的物所致的任何损害承担责任。"坠落尽管不是抛掷，但是一方面"抛掷"的说法本身就不准确，因为连行为人都不能确定，如何就能确定该物就是抛掷的物。另一方面对这种损害的物说成是"坠落"更符合客观事实，况且"坠落"可以将"抛掷"包含在其中，尽管这个条文没有进一步规定坠落物的所有人不明的时候的责任，但是，接下来的第2142条规定"未查明加害人"："如果损害是由数人中的某个人造成的，并且不能查明所涉及的某个人是加害人，法院在衡平需要时，可命令有可能造成损害，并且在其中确定可找到加害人的那一群人共同赔偿损害。"这样的规定是非常清楚的，既包括共同危险行为的未查明加害人，也包括这种坠落物致害的未查明加害人。这个立法例是特别值得借鉴的。

《俄罗斯联邦民法典》没有明确规定建筑物致害的责任，但是在高度危险活动的责任中包含了建筑致害的责任。这就是，把"从事建筑和其他与建筑有关的活动"包含在从事对周围环境有高度危险的活动之中，适用同样的规则。建筑物的坠落物是不是也应当适用同样的规则，似乎应当持肯定态度。

2. 建筑物抛掷物坠落物损害责任的基本规则

原《侵权责任法》第87条规定的主要是建筑物抛掷物或者坠落物致人损害侵权人不明的补偿责任，通常称为高空抛物责任，并非一种典型的特殊侵权责任类型，而是在侵权人不明的情况下，适用公平分担损失规则，由有可能加害的人给予适当补偿的特殊责任类型。本条在此基础上进行了重大修改，将原来的内容变成本条中的一小部分内容。

本条规定的建筑物抛掷物坠落物损害责任的基本规则是：

（1）禁止从建筑物中抛掷物品

这是一个禁止性规定，是对建筑物抛掷物、坠落物损害责任的基础性规定。在建筑物中抛掷物品，是非常危险的危害公共安全的行为。很多建筑物的居民习惯于向窗外抛掷物品，是非常不道德、违反公序良俗的。这些行为必须严格禁止。

（2）从建筑物抛掷物品或者坠落物品造成损害由侵权人承担责任

任何人从建筑物中抛掷物品，或者建筑物坠落物品，造成他人损害，都由侵权人承担责任，侵权人就是抛掷物品的行为人，或者坠落物品的建筑物的所有人、管理人或者使用人。他们的作为或者不作为造成他人损害，当然要由他们自己承担侵权责任。

（3）经调查难以确定具体侵权人由可能加害的建筑物使用人给予补偿

经调查难以确定具体侵权人由可能加害的建筑物使用人给予补偿，就是原《侵权责任法》第 87 条规定的规则。建筑物抛掷、坠落的物品致人损害侵权人不明补偿责任的构成要件是：①行为人在建筑物中抛掷物品，或者建筑物有坠落物品；②抛掷的物品或者坠落的物品造成他人损害，主要是人身损害；③对实施抛掷行为的人或者坠落物品的所有人不明，不能确定真正的加害人；④在特定建筑物的使用人中，有的不能证明自己不是侵权人。

具备上述四个要件，该建筑物的使用人是可能加害的建筑物使用人。责任承担的方式，是由可能加害的建筑物使用人对受害人的损失给予补偿，而不是承担连带责任。补偿的责任范围，应当依照每一个人的经济状况适当确定。

能够证明自己不是加害人，即没有实施建筑物抛掷物品行为，也不是建筑物坠落物品的权利人的，不承担补偿责任。

（4）可能加害的建筑物使用人补偿后有权向侵权人追偿

由可能加害的建筑物使用人承担补偿责任，其中必定有无辜者，即没有加害的建筑物使用人。为公平起见，可能加害的建筑物使用人承担了补偿责任后，查到了侵权人，当然对其享有追偿权，可以向其进行追偿。

（5）建筑物管理人未采取安全保障必要措施依法承担责任

建筑物管理人，是建筑物的管理者，即物业管理企业或者物业管理人，他们对建筑物的安全负有安全保障义务。因此，本条第 2 款规定，建筑物管理人应当采取必要的安全保障措施，防止高空抛掷物品或者坠落物品造成损害的发生。未尽此安全保障义务，造成损害的，应当依照民法典第 1198 条规定，承担违反安全保障义务的损害责任。

（6）公安等机关应当依法及时查清责任人

在加害人不明的高空抛物损害责任中，绝大多数其实都是能够查清的，但是由于高空抛物损害责任是规定在民法中的民事责任，因此案件发生后，公安机关并不进行立案侦查，而是予以推脱，否认是自己的职责范围。正因如此，才出现了大量的加害人不明的高空抛物损害问题，使承担补偿责任的人怨声载道，抱怨法律的不公平。为避免大量出现加害人不明的高空抛物损害责任，本条在审议时曾规定“有关机关应当依法及时调查，查清责任人”。最终通过时将其明确为公安等机关，对此，立法说明认为，对于造成损害后果的，公安机关应当依法立案调查，对责任人依法给予治安管理处罚；构成犯罪的，应当依法追究刑事责任。[①]这样就明确了侦查的职责主要在公安机关，出现高空抛物损害案件，公安机关应当及时立案侦查，查清责任人，依法处置。只有动用侦查手段仍然查不清责任人的，才可以适用本条规定的第三个规则。

【案例评注】

管某诉刘某等不明抛掷物、坠落物损害责任纠纷案[②]

基本案情

管某的车辆停放在青阳新村5栋住宅楼北面3单元楼下。2016年7月9日7时40分左右，管某的亲戚沈某发现管某的车辆在停放期间被高空掉下的花盆砸坏。报警后，公安机关出警，但无法查明侵权人。管某为维修该车辆实际支出9550元。

管某系居住于青阳新村的住户。朱某、刘某、董某、徐某均系青阳新村业主。本案事发时董某的房屋实际租赁给他人使用，徐某房屋的北面窗户安装防盗窗。管某遂向一审法院起诉请求：判令朱某、刘某、董某、徐某对其花费的车辆维修费9550元予以全额补偿。

法院判决

一审法院认为，《侵权责任法》第八十七条规定，从建筑物中抛掷物品或者从建筑物上坠落的物品造成他人损害，难以确定具体侵权人的，除能够证明自己不是侵权人的外，由可能加害的建筑物使用人给予补偿。本案中管某车辆受损，虽经公安机关调查，但无法确定具体侵权人，故应由可能实施侵权行为的业主对其所受损害予以补偿。徐某房屋安装了防盗窗，花盆不可能从其窗户坠落，故徐某可不承担侵权责任。董某房屋已出租，本人不在楼上居住，不可能实施侵害行

① 全国人民代表大会宪法和法律委员会：《关于〈民法典侵权责任编（草案）〉修改情况的汇报》，第4页。

② 审理法院：安徽省合肥市中级人民法院，案号：（2017）皖01民终4324号。

为，可不承担侵权责任。因管某不主张董某房屋的承租人承担责任，该户应分担的补偿份额由管某自行承担。朱某提供的房屋租赁合同不能排除其实施侵害行为的可能性。刘某未提供证据。故朱某、刘某应对管某的损失承担补偿责任。本案管某车辆紧靠居民住宅楼随意停放，影响业主正常通行，发生车辆损害事件，自身存在一定过错。结合本案具体情况，综合确定管某对其自身过错承担40%的责任，由可能实施侵权行为的住户承担60%的责任。管某车辆维修共花费9550元，除管某应自担董某相应补偿份额外，朱某、刘某应按户补偿管某车辆损失1910元。

刘某不服一审判决，提起上诉。理由是刘某长期生病，也无法实施侵害行为。爱人秦某案发时尚在单位，也无法实施侵害行为。管某辩称，上诉人关于身体情况的陈述与本案不具有关联性，请求维持一审判决。

二审法院认为，本案二审争议焦点为刘某是否应当对管某的车辆损失承担相应的补偿责任。《侵权责任法》第八十七条规定，从建筑物中抛掷物品或者从建筑物上坠落的物品造成他人损害，难以确定具体侵权人的，除能够证明自己不是侵权人的外，由可能加害的建筑物使用人给予补偿。二审中刘某虽称事发时其丈夫在单位上班未回家，其本人患重病，家里没有养花，也没有花盆，但其没有提交证据证明，且即便事发时仅有刘某一人在家，刘某生病亦未达到卧床不起的程度，结合刘某房屋窗户未封闭，且窗外装有搁置架，并不能排除刘某存在侵权行为的可能。本案为不明抛掷物、坠落物损害责任纠纷，此类损害发生后，当实际加害人难以确定时，采取推定加害人的办法，由可能为加害人范围内的建筑物使用人予以补偿。一审法院根据法律的规定，推定刘某为加害人，并非确定刘某实际实施了侵权行为，故一审法院酌定由不能证明自己未实施侵权行为的可能加害人对管某的损失进行一定补偿并无不当。故判决驳回上诉，维持原判。

专家点评

本案是一起典型的高空抛掷物、坠落物致人损害而加害人不明的案件。抛掷物、坠落物致人损害，应当由侵权人承担侵权责任，自不待言。当无法查清加害人时，根据民法典侵权责任编第1254条第3款的规定，公安等机关应当依法及时调查，查清责任人。也就是说，公安等机关负有法定的查清加害人的义务。经过有关机关的调查，仍然难以确定具体侵权人，根据民法典侵权责任编第1254条第1款第2句的规定，除能够证明自己不是侵权人的外，由可能加害的建筑物使用人补偿。本案中，公安机关出警后，仍然无法查明花盆来源于哪家业主。徐某与董某纷纷提供了充足的证据证明了自己不是侵权人。朱某提供的房屋租赁合同以及刘某的陈述，均不能排除其实施侵害行为的可能性。故应由刘某、朱某来补偿原告管某的损失。刘某、朱某承担补偿责任后，根据民法典侵权责任编第1254条第1款第3句的规定，有权向真正的加害人追偿。

尚需提及的是，尽管可能的加害人承担补偿责任可以填补受害人的损失，但是此类案件的核心依旧在于查明真正的加害人。这就要求真正的加害人主动承认，不主动承认加害行为，有关机关应当恪尽职守，积极查清责任人，避免无辜的业主遭受金钱损失。

第一千二百五十五条 堆放物倒塌、滚落或者滑落造成他人损害，堆放人不能证明自己没有过错的，应当承担侵权责任。

【条文释义】

本条是对堆放物损害责任的规定。

堆放物致害责任，是指由于堆放物滚落、滑落或者倒塌，致使他人人身或者财产权益受到损害，由所有人或者管理人承担赔偿责任的物件损害责任。

堆放物损害责任具有以下法律特征：首先，是一种物件损害责任。堆放物是一种物件，由此致害发生的责任属于物件损害责任，不是行为致害责任。其次，赔偿责任的产生原因具有特定性。堆放物损害责任的产生，只能是堆放物滚落、滑落或者堆放物倒塌。最后，赔偿责任的承担主体具有特殊性。堆放物损害责任的责任主体是有过错的堆放人。

堆放物损害责任的归责原则，适用过错推定原则。理由是：首先，堆放物损害责任不是一般侵权行为，是一种特殊的物件损害责任，不能适用过错责任原则，应当从适用于特殊侵权责任的无过错责任原则与过错推定责任原则中选择。其次，适用无过错责任原则不符合物件损害责任的理论基础，况且没有法律依据。最后，也不能适用公平责任，公平责任只能是一种责任形态，不能是一种归责原则，堆放物损害责任不存在适用公平责任原则的可能。在实行过错推定的时候，受害人请求赔偿，无需举证证明堆放物的所有人或者管理人对致害有过错，只需举证证明自己的人身损害事实，该人身损害事实为物件所有人或者管理人的堆放物所致，且所有人或者管理人对该物件的支配关系，即从损实事实中推定所有人或者管理人在主观上有过错。所有人或者管理人主张自己无过错者，应当举证证明。不能证明或者证明不足，则推定成立，即应承担人身损害赔偿责任；确能证明者，免除其人身损害赔偿责任。

堆放物损害责任的构成要件是：

1. 须有堆放物的致害事实，如堆放物倒塌、滚落、滑落。原《侵权责任法》第88条只规定了堆放物倒塌的致害方式，本条规定新增了滚落、滑落作为致害方式。对堆放物的这三种致害方式的理解上，滚落是指高处的堆放物滚下；滑落是指高处的堆放物滑下；而倒塌是指堆放物全部或者部分倾倒、坍塌。

2. 须有受害人受到损害的事实，即受害人遭受人身伤害或者财产损失。

3. 堆放物滚落、滑落或者倒塌与受害人损害事实之间具有因果关系。堆放物滚落、滑落或者堆放物倒塌，直接造成受害人的人身伤害，为有因果关系；滚落、滑落或者倒塌等物理力并未直接作用于他人的人身，而是引发其他现象，致他人的人身受损害，亦为有因果关系。堆放物致人损害，自有其原因，如自然力的原因、他人的原因等。堆放物致人损害的因果关系，并不追究这种原因，不是指这种因果关系。对此，应当特别注意。

4. 须堆放物的所有人或管理人有过错，如堆放或管理不当，使用方法不当，均为过失方式。

堆放物损害责任的索赔权利主体是被侵权人，可以直接向责任主体索赔。赔偿责任主体是堆放人，堆放物是由谁堆放的，谁就是损害赔偿责任主体。

堆放人能够证明自己无过错的，不构成侵权责任。堆放物的损害完全是由受害人自己的过错造成的，免除堆放物的堆放人的损害赔偿责任；损害是由双方过错行为造成的，则依过失相抵规则处理。

【案例评注】

润宇建设公司与万某堆放物倒塌致害责任纠纷上诉案[①]

基本案情

万某为瑞峰装饰公司员工，在该公司承包的位于成都市高新区仁和春天国际广场商业区A座从事货运电梯的管理工作。润宇建设公司承包了该工地的装修工程。2016年1月7日上午9时许，润宇建设公司的两名搬运人员将石膏板搬运至上述工地一楼货运电梯门口处，斜靠着墙壁堆放后离开，万某上厕所后返回电梯口，被堆放在该电梯口外的石膏板倒下砸伤。2016年1月7日，万某入成都市第

---

① 一审法院为四川省成都高新技术产业开发区人民法院，案号：(2017) 川0191民初1727号；二审法院为四川省成都市中级人民法院，案号：(2018) 川01民终1110号。

一人民医院住院治疗，2016 年 2 月 2 日出院。经鉴定，万某的伤残等级为九级。万某向一审法院起诉，请求润宇建设公司赔偿损失。

法院判决

一审法院认为，《侵权责任法》第八十八条规定："堆放物倒塌造成他人损害，堆放人不能证明自己没有过错的，应当承担侵权责任。"润宇建设公司的两名工作人员将用于装修的石膏板倾斜靠墙堆放在电梯口外，如不能证明其没有过错，应当承担侵权责任。因事发工地处于装修期间，在该电梯口堆放石膏板，影响过往人员通行，而且容易发生石膏板倒塌造成他人受伤，故应当将石膏板放置于能够确保安全的位置，同时采取专人值守等防护措施防止石膏板倒塌。但润宇建设公司的工作人员作为石膏板的堆放人没有尽到必要的谨慎注意义务而将石膏板堆放在危险位置，导致万某被倒下的石膏板砸伤，存在一定过错。同时，依照《侵权责任法》第三十四规定："用人单位的工作人员因执行工作任务造成他人损害的，由用人单位承担侵权责任。"润宇建设公司的工作人员是在执行职务的工作过程中未尽到谨慎注意义务，致使万某被倒下的石膏板砸伤，应当由润宇建设公司承担侵权责任，赔偿万某的相关损失。

另外，万某陈述其回到电梯口，踩在地面的保护层时，因为保护层"感应"导致石膏板倒塌。事发地点光线昏暗，万某应当谨慎通行，同时，石膏板斜靠在墙上堆放，在倒塌时会发出摩擦的声音，且有短暂的持续时间，万某疏于防范。根据《侵权责任法》第二十六条的规定："被侵权人对损害的发生也有过错的，可以减轻侵权人的责任。"故万某自身具有一定的过错，应当自担部分损失。一审法院酌情确定由润宇建设公司承担 75% 的赔偿责任，万某自担 25% 的损失。

润宇建设公司不服一审判决，提起上诉。理由是，石膏板倾斜放靠在货运电梯门口，本案石膏板的倾倒完全是被上诉人万某自己的原因导致，且案涉现场属于尚未完工交付使用的施工现场，搬运石膏板、使用货运电梯都属于正常工作，施工现场工作人员更应该具有审慎的注意义务，相关责任应由被上诉人万某自己承担。

二审法院认为，本案是因堆放物倒塌致人损害引发的纠纷。根据《侵权责任法》第八十八条关于"堆放物倒塌造成他人损害，堆放人不能证明自己没有过错的，应当承担侵权责任"之规定，应当由堆放人证明自己没有过错，否则，应当承担侵权责任。上诉人润宇建设公司认为堆放物倒塌完全是由被上诉人万某的不当行为所致，应提供证据予以证实。润宇建设公司在一审提交了其单位工作人员曹某的证人证言，但并无其他证据佐证，且润宇建设公司基于自身立场对案发事故原因所做的推断并非来源于日常生活经验，即其对事故原因的推断仅是为免除或者减轻自己责任的主观判断，亦无相应的事实依据。综上，上诉人润宇建设公司应承担举证不利的后果。上诉人润宇建设公司关于其不应承担责任的上诉主张无事实及法律依据，法院不予支持。

专家点评

本案是一起典型的堆放物倒塌致人损害案件。润宇建设公司的工作人员将用于装修的石膏板堆放在电梯口外，不仅影响过往人员的通行，而且有安全隐患。为了避免损害的发生，润宇建设公司理应尽到高度的注意义务，将石膏板堆放在相对安全的位置，同时配备其余防护措施，并放置警示标牌提醒他人注意。然而，润宇建设公司并没有尽到上述注意义务，而是把石膏板堆放在危险位置后就不再照看，导致万某被倒下的石膏板砸伤。润宇建设公司存在主观上的过错。根据民法典侵权责任编第1255条的规定，润宇建设公司不能证明自己没有过错的，应当承担侵权责任。同时，万某在前往电梯口的过程中，未谨慎通行，疏于防范，也存在主观上的过错。根据民法典侵权责任编第1173条的规定，应当减轻润宇建设公司的侵权责任。本案一审、二审法院结合案件事实酌定润宇建设公司承担75%的赔偿责任，合情合理。

第一千二百五十六条 在公共道路上堆放、倾倒、遗撒妨碍通行的物品造成他人损害的，由行为人承担侵权责任。公共道路管理人不能证明已经尽到清理、防护、警示等义务的，应当承担相应的责任。

【条文释义】

本条是对障碍通行物损害责任的规定。

障碍通行物损害责任，是指在公共道路上堆放、倾倒、遗撒妨碍通行的障碍物，造成他人损害的，行为人承担过错责任，公共道路管理人承担过错推定责任的侵权赔偿责任。

这种物件损害责任的特点是：第一，造成损害的物件是在公共道路上堆放、倾倒、遗撒的障碍物，该障碍物妨碍通行。第二，造成的损害，可以是人身损害，也可以是财产损害。第三，承担责任的人是行为人、公共道路管理人。第四，承担的侵权责任方式主要是损害赔偿，也包括停止侵害、排除妨碍等侵权责任。

确立障碍通行物损害责任的意义在于，一方面确定设置障碍通行物造成损害的侵权责任，救济被侵权人的损失；另一方面在于对社会的警示训导的作用，警示在公共道路上设置障碍物的法律后果，教育群众不得妨碍公共道路通行。

本条规定障碍通行物损害责任的基本规则是：

1. 行为人的责任

在公共道路上堆放、倾倒、遗撒妨碍通行的障碍物，造成了他人的损害，行为人有过错，符合过错责任的要求，应当承担赔偿责任。

2. 公共道路管理人的责任

公共道路管理人承担障碍通行物损害责任的构成要件是：第一，造成损害的物件是在公共道路上堆放、倾倒、遗撒的障碍物，该障碍物妨碍通行；第二，堆放、倾倒、遗撒的障碍物造成了他人的人身损害或者财产损害；第三，公共道路管理人对障碍通行物未尽到清理、防护、警示义务，存在过错。

3. 行为人和公共道路管理人的责任分担

行为人和公共道路管理人承担责任的方式是单向连带责任。由于本条规定妨碍通行物损害责任有两个责任人，因此属于多数人侵权责任，应当实行责任分担。责任分担的方式是单向连带责任，即混合责任，其规则是：首先，行为人应当对全部损害后果承担连带责任，不管公共道路管理人是否应当承担责任，行为人都须对全部损害承担责任。其次，公共道路管理人不能证明自己已经尽到管理义务的，应当承担相应的责任，而不是全部赔偿责任，是按份责任。具体确定方法，是与公共道路管理人管理过失相适应的赔偿责任，即有多少过失，就承担多少责任。已经尽到上述义务，为没有过失，不承担侵权责任。

这样规定的后果是，妨碍通行的行为人如果无法查清，即使公共道路管理人不能证明自己已经尽到必要义务，也应当承担责任；但是，由于其承担的是“相应的责任”即按份责任，并不对全部损害负责，受害人存在无法获得全部赔偿的可能。如果公共道路管理人已经尽到必要义务，则受害人无法从公共道路管理人处获得任何赔偿。这样的后果还须特别注意。

公共道路管理人承担了赔偿责任之后，对堆放、倾倒、遗撒障碍物的行为人是否享有追偿权，本条没有规定。在公共道路管理人承担了赔偿责任后，发现了障碍物的权利人的，依照法理，有权向堆放、倾倒、遗撒障碍物的行为人主张行使追偿权，使自己的损失得到赔偿。

【案例评注】

公路管理站与宋甲等公共道路妨碍通行损害责任纠纷案[①]

基本案情

2017年8月12日22时40分许，县交警队接到报警，森川林场通村路东侧发生交通事故，经现场勘查，当日19时40分许，宋某醉酒、未佩戴安全头盔驾驶无牌两轮摩托车沿森川林场通村公路由西向东行驶至事故地点，摩托车前轮与事故地点碎石料接触后车辆失控发生道路交通事故，事故导致宋某当场死亡，死亡原因系交通事故致重度颅脑损伤。经交警部门调查，事故路面系水泥路面，道路呈东西走向，现场路面有大小不一的碎石块，路面无道路标线，道路平直。当日共有5辆石料车行经事故地点，但路面散落碎石成因无法查清。

死者宋某的近亲属宋甲、姜某、白某、宋乙向一审法院起诉，请求法院依法判令被告赔偿原告损失。

法院判决

一审法院认为，《侵权责任法》第八十九条规定，在公共道路上堆放、倾倒、遗撒妨碍通行的物品造成他人损害的，有关单位或者个人应当承担侵权责任。本案赔偿责任的主体是遗撒行为人与道路管理部门，按其过错程度承担责任，二赔偿主体之间应当承担按份责任，遗撒行为人的遗撒行为是损害的源头，是造成损害的主要原因，故遗撒行为人应当承担主要责任（60%）。通过交警部门的调查，事发路段在2017年8月12日13时30分最早发现路面有散落碎石，至事发有6个多小时，至养护员知道路面有散落碎石近16个小时，该养护员就居住在林场，可见公路管理站对路面养护并未尽到注意义务，疏于照管而未能及时尽到清理妨碍物、进行防护、警示的义务，且被告公路管理站提供的证据未能证明其尽到了各项义务，是损害发生的次要原因，故公路管理站应当承担次要责任（20%）。受害人醉酒、未佩戴安全头盔驾驶车辆存在重大过失行为，应当减轻赔偿义务人的赔偿责任，其自身应当承担20%的责任。被告交通局不是本案发生事故道路的管理者，对受害人的损害亦没有因果关系，故交通局对受害人的损害不应当承担

---

① 一审法院为黑龙江省双鸭山市饶河县人民法院，案号：（2017）黑0524民初879号；二审法院为黑龙江省双鸭山市中级人民法院，案号：（2018）黑05民终126号。

赔偿责任。

上诉人公路管理站不服一审判决，提起上诉。

二审法院认为，上诉人公路管理站具有独立的法人资格，职权范围是负责公路的管理、养护和路政管理工作。根据《最高人民法院关于审理道路交通事故损害赔偿案件适用法律若干问题的解释》第十条的规定："因在道路上堆放、倾倒、遗撒物品等妨碍通行的行为，导致交通事故造成损害，当事人请求行为人承担赔偿责任的，人民法院应予支持。道路管理者不能证明已按照法律、法规、规章、国家标准、行业标准或者地方标准尽到清理、防护、警示等义务的，应当承担相应的赔偿责任。"据此，上诉人对2017年8月12日宋某发生交通事故路段负有养护、巡查、警示的义务，根据交警部门调查结论，事故现场路面有大小不一的碎石块，路面无道路警示线，道路平直，但在事发路段上面有散落碎石，上诉人未及时发现继而发出警示，道路管理者即上诉人不能证明其没有过错，应当承担过错责任，并向被上诉人赔偿损失。

专家点评

本案是一起典型的障碍通行物造成损害的案例。原《侵权责任法》第89条规定的责任主体是行为人与有关单位和个人。有关单位和个人的含义并不十分明确，民法典侵权责任编第1256条规定将其明确为公共道路管理人。据此，障碍通行物造成损害，不仅行为人需要承担责任，公共道路管理人未尽到注意义务，也需要承担相应的责任。本案中，宋某驾驶摩托车发生道路交通事故，除了驾驶过失外，原因之一是摩托车前轮与事故地点碎石料接触后车辆失控发生交通事故。路面散落的碎石影响了宋某的正常通行，与宋某死亡之间存在因果关系。对于路面散落的碎石造成他人损害，遗撒行为人承担侵权责任自不待言。然而，碎石散落后，道路管理者还需要对路面养护尽到注意义务，如及时清理妨碍物，进行防护、警示等。本案被告公路管理站在路面散落碎石后，未能及时发现，进而清理遗撒物、警示他人注意路段障碍，存在主观上的过错。根据民法典侵权责任编第1256条的规定，被告公路管理站应当承担与其过错相应的责任，赔偿死者的近亲属。

第一千二百五十七条 因林木折断、倾倒或者果实坠落等造成他人损害，林木的所有人或者管理人不能证明自己没有过错的，应当承担侵权责任。

【条文释义】

本条是对林木损害责任的规定。

林木损害责任，是指林木折断，倾倒或者果实坠落等造成他人人身损害、财产损害的，由林木所有人或者管理人承担损害赔偿责任的物件损害责任。

林木损害责任具有以下法律特征：第一，林木损害责任是一种物件损害责任，不属于行为致害责任，不存在积极的加害行为人；第二，林木损害责任的产生原因具有特殊性，即该种责任的产生是由于林木折断、倾倒或者果实坠落等；第三，林木损害责任的赔偿责任人具有特定性，即只能是致害林木的所有人或管理人。

林木损害责任的归责原则是过错推定原则。被侵权人请求赔偿无需举证证明林木所有人或者管理人对造成他人损害有过错，从损害事实中推定林木所有人或者管理人在主观上有过错。所有人或者管理人主张自己无过错者，应当举证证明。不能证明或者证明不足，则推定成立，即应承担损害赔偿责任；确能证明者，免除其损害赔偿责任。

林木损害责任须具备的构成要件是：

1. 须有林木的致害行为

原《侵权责任法》第 90 条只规定了林木折断为林木的致害行为。本条规定新增了林木倾倒以及果实坠落为林木致害行为。这样一来，林木致害行为包括林木折断致人损害、林木倾倒致人损害以及果实坠落致人损害。

2. 须有被侵权人的人身或者财产的损害事实

林木折断、林木倾倒、果实坠落造成被侵权人的人身损害或者财产损害，即构成此要件。林木折断、林木倾倒、果实坠落造成的人身伤害，包括致人轻伤、重伤致残和死亡，其侵害的是生命权、健康权、身体权。造成财产的损失，包括已经造成的一切财产损失。

3. 损害事实须与林木致害行为之间有因果关系

林木致害行为与损害事实之间的因果关系，是这二者之间的引起与被引起的关系，林木折断、林木倾倒、果实坠落直接造成被侵权人的人身伤害或者财产损失，为有因果关系；林木折断、林木倾倒、果实坠落致人损害等物理力并未直接作用于他人的人身，而是引发其他现象，致他人的人身受损害，亦为有因果关系。

林木致人损害，自有其原因，如自然力的原因、他人的原因等。林木致人损害的因果关系，并不追究这种原因，不是指这种因果关系。对此应当特别注意。

4. 须林木的所有人或管理人有过错

这种主观过错，一般是指管理不当或欠缺，均以过失方式表现出来。这种过失的心理状态是疏忽或者懈怠，过失的确定形式采推定方式。

林木损害责任的赔偿权利主体是被侵权人，赔偿责任主体是林木的所有人或者管理人。被侵权人向林木的所有人或者管理人请求承担赔偿责任。林木所有人或者管理人能够证明自己无过错的，不承担赔偿责任。

【案例评注】

陈甲等与张某林木折断损害责任纠纷上诉案①

基本案情

2017 年 4 月 29 日 11 时 57 分，原告张某驾驶轿车沿辽开线由西向东行驶至西丰镇和厚村和厚屯西南方向路段时，公路南侧边沟下一棵杨树折断砸到原告驾驶车辆上，造成车辆受损。

被告陈甲、李某、陈乙三人共同向和厚村民委员会承包了和厚村公路两侧边沟下的杨树，范围西至原和厚村收费站，东至铁路桥洞戴老五家门口。事发地折断的杨树处于三被告承包范围内，事发时处于承包期内。

原告于 5 月 3 日找到被告陈甲、李某、陈乙三人，协商修车赔偿事宜未果，遂向一审法院起诉请求赔偿修车费。

法院判决

一审法院认为，根据原告提供的行车记录仪视频和事故现场照片，结合现场勘验情况，可以证明树木折断造成原告车辆受损的事实存在以及折断树木的具体位置。根据三被告陈述的承包树的范围、位置、树种，可以确定折断的树木是其承包管理范围内的杨树。根据《侵权责任法》第九十条的规定，因林木折断造成他人损害，林木的所有人或者管理人不能证明自己没有过错的，应当承担侵权责任。本案属于林木折断损害责任纠纷，适用过错推定责任原则，树木的所有人或管理人对自己没有过错负有举证责任，否则承担举证不能的不利后果。而本案被

---

① 一审法院为辽宁省西丰县人民法院，案号：（2017）辽 1223 民初 701 号；二审法院为辽宁省铁岭市中级人民法院，案号：（2017）辽 12 民终 1648 号。

告均未提供证据证明对其管理、承包的树木尽到了管理义务，或者所尽管理义务达到了防止损害发生的程度，故应对其树木折断给原告造成的损失承担侵权的民事责任，原告要求被告赔偿修车费的请求，法院予以支持。因三被告是树木的共同管理人，对原告的损失应承担连带赔偿责任。

三被告不服一审判决，提起上诉。

二审法院认为，民事主体的财产权利受法律保护，任何组织或者个人不得侵犯。行为人因过错侵害他人民事权益，应当承担侵权责任。根据法律规定推定行为人有过错，行为人不能证明自己没有过错的，应当承担侵权责任。本案中，三上诉人不能证明自己已对承包的林木进行了必要的管理和维护，根据《侵权责任法》第九十条的规定，三上诉人不能证明自己没有过错，故应对张某的车辆损失承担相应的赔偿责任。故判决驳回上诉，维持原判。

专家点评

本案涉及的是林木损害责任。林木的所有人或者管理人应当对林木尽到注意义务，避免林木断裂等造成他人人身或者财产权益损害。根据民法典侵权责任编第1257条的规定，林木的所有人或者管理人不能证明自己没有过错的，应当承担侵权责任，即林木损害责任适用过错推定责任的归责原则。本案中，折断的树木在被告陈甲、李某、陈乙三人承包范围内，应当及时查验林木的情况，避免倾倒、折断等。现三被告未提供证据证明尽到了合理的注意义务避免损害发生，推定其存在主观上的过错。同时，林木折断的致害行为致使张某的车辆财产损害，符合侵权责任的其他构成要件。因此，陈甲、李某、陈乙应当对原告张某的损害承担侵权责任。陈甲、李某、陈乙是共同承包人，均具有树木管理的义务，故对张某的损失承担连带赔偿责任。

第一千二百五十八条 在公共场所或者道路上挖掘、修缮安装地下设施等造成他人损害，施工人不能证明已经设置明显标志和采取安全措施的，应当承担侵权责任。

窨井等地下设施造成他人损害，管理人不能证明尽到管理职责的，应当承担侵权责任。

【条文释义】

本条是对地下工作物损害责任的规定。

地下工作物损害责任，是指在公共场所或者道路上挖坑、修缮安装地下设施等形成的地下物，或者窨井等地下工作物，施工人或者管理人没有设置明显标志和采取安全措施，或者没有尽到管理职责，造成他人人身或者财产损害，施工人或者管理人应当承担赔偿损失责任的物件损害责任。

地下工作物损害责任适用过错推定原则。其构成要件是：

1. 致害物件为地下工作物

地下工作物可以是有体物，也可以是无体物，都是在地下形成的空间。无论是有体物，还是无体物，都须以空间的形式与土地的地表相连，即在原土地形态、面貌上有所改变，留下位处地面以下的空间。如果工作物虽与土地相连，但在地面或地面上留有其形体，且没有与地面相连的地下空间，不属于地下工作物的范围。同时，对于地下工作物所处地点的要求，不仅仅包括公共场所、道旁或通道上，还应当包括一切有人员出入可能性的场合，只要在这样的场合中设置地下工作物，有造成他人损害可能的，均具备这一要件。因此，在自己院内挖坑，在农田中挖井，若有人掉入坑内或者井中，受到伤害，也构成地下工作物损害责任，不能按一般侵权行为确定责任。

本条还特别规定了窨井等地下工作物的损害责任。本条第 2 款规定的内容与第 1 款的内容区别在于：第 1 款规定的工作物是施工中形成的或者施工中正在使用的地下工作物，而第 2 款规定的窨井等地下工作物是工作物本身。以窨井为例，前者是在修缮、安装过程中造成他人损害，后者是窨井在使用中而不是修缮、安装中造成他人损害。

2. 须对“设置明显标志和采取安全措施”或者“管理职责”作为义务不履行

本条规定赋予地下工作物的施工人或者管理人以特别的作为义务，是对有可能致人以损害危险地下工作物在施工中必须设置明显标志和采取安全措施，在日常运营中必须善尽管理职责。未按法律规定履行作为义务，即构成不作为的违法行为。对于前者，设置明显标志和采取安全措施这两种作为义务是否应当同时履行，换言之，只履行其中一个作为义务，是否已尽全部作为义务，而使其行为不具违法性呢？笔者认为，这两项作为义务必须同时履行，才符合法律规定的作为义务的要求，只履行其中一项义务而未履行另一项义务，仍属未尽作为义务，其行为仍具违法性，造成损害仍须承担赔偿责任。未尽管理职责，是典型的不作为行为。履行本条规定的作为义务的注意程度，应采善良管理人注意的标准，对标志的明显性和措施的安全性均应作较高的要求。

3. 地下工作物造成了他人的损害

地下工作物造成的损害，主要是被侵权人的人身损害。但也存在造成被侵权人财产权损害的可能。被侵权人掉进正在施工的坑中，造成人身伤害，是人身损害的事实。马路上的窨井井盖缺损，被侵权人驾驶汽车经过，使汽车陷在窨井内造成汽车损害，是财产损害的事实。

4. 地下工作物损害责任的赔偿责任主体是地下工作物的施工人或者管理人

在本条第 1 款情形下，地面施工中进行施工的是地下工作物，法律要求施工中必须设置明显标志和采取安全措施。由于是正在施工中的地下工作物致人损害，那么，应当承担赔偿责任的主体当然是施工人，其施工中具有过失，就应当对地下工作物因施工人自己的过失所造成的损害，承担赔偿责任。在本条第 2 款情形下，地下设施由于管理人未尽管理职责，造成他人损害，并非在施工中所致，那么，对于损害的赔偿责任理所当然地应当由管理人承担。例如，修缮地下水道而未将窨井盖盖好致人伤害，是因为地下水道正在施工，施工人未设置明显标志、未采取安全措施，因而造成损害，应当作为赔偿责任主体承担赔偿责任，这是第 1 款规定的情形；如果地下水道在正常使用，因管理不善致下水道井盖破损、被窃而致行人损害，下水道的管理者应当承担赔偿责任，这是第 2 款规定的情形。

5. 过错要件实行特定

由于地下工作物损害责任实行过错推定原则，因此，在主观过错的要件上，实行推定，只要未设置明显标志未采取安全措施，就直接推定有过错，不必由原告证明被告的过错。被告主张自己没有过错的，应当证明自己设置了明显标志，采取了安全措施。如果是管理人承担责任，则由被告证明自己已尽管理职责，否则为有过错。典型案例如：某市政管理处承担该市龙源街东段排水施工工程，已挖好东西走向长 20 米、宽 1 米、深 3 米的排水沟。某日下午，被告市政管理处在排水沟的西端设置了红色标志灯和栏杆路障，在排水沟的东端设置了南北排列的各长 2 米、直径 70 厘米的水泥管四根为路障，但南侧水泥管与排水沟施工土堆之间有约 1.5 米的空隙。天黑后，原告陈某骑自行车回家，由东向西经过龙源街东段排水施工工程处，骑行进入了工程东端路障南侧水泥管与施工土堆之间的空隙处，连人带车掉入排水沟内，后被行人救出送往医院，致原告骨盆双侧耻骨下肢骨折，为七级伤残。人民法院判决被告赔偿原告医疗费等经济损失。按照本条规定，只要施工人不能证明在施工现场设置了符合要求的明显标志和采取了符合要求的安全措施，在造成他人损害时，就推定其有过错，并应承担民事责任。“没有设置明显标志和采取安全措施”，不能仅理解为没有作为，它还包括虽有作为但没有达到必要程度，即虽设置了标志，但标志不足以引起他人注意，或虽采取了一定的防护措施，但该措施不足以起到正常安全防护的作用。本案就属于这种情况。被告在施工现场西端设置了红色标志灯和栏杆路障，是符合法律要求的。但在施工现场东端所采取的防护措施明显不符合法律要求，一是没有设置红色标志灯，以在各种情况下提醒路人注意；二是虽采取了一定的安全防护措施，但该措施有明显漏洞，不足以在正常情况下起到防护作用，因此存在过错，应当承担致原告损害的全部赔偿责任。

地下工作物损害责任分为两种类型：

1. 施工中的地下工作物损害责任，是地下工作物致人损害的过失在于施工人，施工人未设置明显标志和采取安全措施，存在过失，是赔偿责任主体，应当对被侵权人承担侵权赔偿责任。

2. 使用中的地下工作物损害责任，是窨井等地下设施造成他人损害，过失在于管理人未尽管理职责，因而对被侵权人造成的损害，应当承担赔偿责任。

不论是施工中的地下工作物损害责任，还是使用中的地下工作物损害责任，施工人或者管理人能够证明自己没有过失的，都不构成侵权责任，对被侵权人不承担赔偿责任。如果损害完全是由受害人的过错致使地下工作物造成损害的，免除地下工作物施工人、管理人的损害赔偿责任。如果损害是由双方过错行为造成的，依照民法典第1173条关于过失相抵的规则进行责任分担。

【案例评注】

宏能公司与曹某等地面施工、地下设施损害纠纷案①

基本案情

2014年8月26日，电力公司将位于健康西路学院路路西的新建10KV电缆线路工程发包给宏能公司施工，市政局通过了施工方案。其中有一处环网柜基础工程位于健康西路与学院路路口西南侧（北京路中学对面，鼎鑫大酒店门前），环网柜基础为高出地面约40厘米、宽约1.6米、长约3米、地下深度约80厘米的长方形水泥砂浆基坑、无盖。宏能公司施工完毕后，尚未交付给电力公司，亦未加盖和设置相应的安全警示标识。

---

① 一审法院为江苏省淮安市清江浦区人民法院，案号：（2017）苏0812民初4012号；二审法院为江苏省淮安市中级人民法院，案号：（2018）苏08民终289号。

2017 年 4 月 26 日下午 14 时 20 分左右，曹某沿人行道行走时触及前述基坑摔倒受伤。当晚 16 时许，曹某入住市一院治疗，当日市一院对曹某行脾脏摘除手术，被诊断为脾脏破裂、左侧肋骨骨折、左侧后腹膜损伤、右下肢擦伤，2017 年 5 月 6 日出院。经鉴定，曹某此次意外致脾脏破裂切除已构成人体损伤八级伤残。

曹某向一审法院起诉，请求电力公司、宏能公司、市政局赔偿损失。

法院判决

一审法院认为，在公共场所或者道路上挖坑、修缮安装地下设施等，没有设置明显标志和采取安全措施造成他人损害的，施工人应当承担侵权责任。本案中，电力公司将涉案环网柜基础工程发包给宏能公司施工，宏能公司施工完毕后未向电力公司交付，亦未在上方加盖防护盖或在其周围设置安全警示标识，致使曹某跌入坑内受伤，宏能公司应承担赔偿责任。曹某作为成年人，未对自身安全尽相关注意义务，自身亦存在过错，可以减轻宏能公司的赔偿责任。综上分析，酌情确定曹某承担次要责任，宏能公司承担主要责任。电力公司虽为产权单位，但涉案工程尚未交付，曹某要求电力公司承担赔偿责任，于法无据。市政局对施工过程中的道路占用、挖掘进行审批许可，施工完毕后及时发出修复通知，在本案中不存在过错，曹某要求市政局承担赔偿责任，不予支持。

上诉人宏能公司不服一审判决，提起上诉。

二审法院认为，虽然被上诉人曹某没有直接证据证明其受伤地点，但根据出院记录、接处警工作登记表、王某的询问笔录、监控视频，结合曹某于事发当天下午在市一院检查的事实，可以认定曹某是因跌入涉案环网柜基坑而受伤。《侵权责任法》第九十一条规定，在公共场所或者道路上挖坑、修缮安装地下设施等，没有设置明显标志和采取安全措施造成他人损害的，施工人应当承担侵权责任。本案中，宏能公司在施工环网柜基础工程完毕后，没有设置警示标识或采取防护措施致使曹某跌入坑内受伤，上诉人宏能公司作为施工人应承担赔偿责任。一审法院认为曹某没有对自身安全尽必要的注意义务，亦存在过错，应减轻宏能公司的赔偿责任，并酌定宏能公司承担主要责任，并无不当。

专家点评

本案涉及的是地下工作物损害责任。根据民法典侵权责任编第 1258 条的规定，施工人在进行地下工作时，应当在周围设置明显的标志，尤其是安全警示标示，并且采取安全措施，如配备相应的防护措施等，以保障他人的人身、财产权益安全。如若未尽到注意义务，造成他人损害，应当承担侵权责任。至于设置明显标志和采取安全措施的事实，应当由施工人来承担举证责任。原《侵权责任法》第 91 条规定的是“没有设置明显标志和采取安全措施造成他人损害的”，民法典侵权责任编第 1258 条规定的是“施工人不能证明已经设置明显标志和采取安全措施的”。这样的规定，明确了设置明显标志和采取安全措施的事实，应当由施工人来承担举证责任。这样，就与第 1258 条第 2 款规定的“管理人不能证明”的规则相一致，形成统一、和谐的规范体系。本案中，电力公司将涉案环网柜基础工程发包给宏能公司施工。宏能公司在施工期间以及施工完毕后交付前的期间内，埋应尽到高度的注意义务，确保工作人员以及路人的安全。然而，宏能公司在施工完毕后，未能举证证明在周围设置安全警示标示，也未能举证证明在上方加盖防护盖，其主观上存在过错。宏能公司疏于注意，致使曹某跌入受伤，应当对曹某承担赔偿责任。

附　则

第一千二百五十九条　民法所称的“以上”、“以下”、“以内”、“届满”，包括本数；所称的“不满”、“超过”、“以外”，不包括本数。

【条文释义】

本条是对民法部分术语解释的规定。

在民法范围内，凡是规定以上、以下的，都是在基数的基础上，向上提升和向下降低，因此都包含本数。以内和届满通常说的是期间，是指期间范围，以及期间的最后完成，当然都包括本数在内。对于以上和以下，用在自然人的年龄上比较多，8 周岁以上不满 18 周岁的为限制民事行为能力人，18 周岁以上的为完全民事行为能力人，这些当然都包括本数。

在民法范围内，凡是规定不满、超过和以外的，都不包括本数。例如不满 18 周岁的自然人为未成年人，就不包括本数，因为一旦包括本数，自然人就成为了成年人。超过和以外与以内相对应，超过和以外不包括本数，以内就包括本数。

【案例评注】

盛赢房地产公司与丁某等商品房预售合同纠纷上诉案[1]

基本案情

丁某与罗某系夫妻关系。2013 年 5 月 15 日，盛赢房地产公司（甲方）与丁某、罗某（乙方）签订《重庆市商品房买卖合同》，约定乙方购买甲方开发的位

① 一审法院为重庆市武隆区人民法院，案号：（2017）渝 0156 民初 1777 号；二审法院为重庆市第三中级人民法院，案号：（2017）渝 03 民终 1956 号。

于重庆市武隆区江口镇“印象芙蓉”（项目名称变更为“大唐芙蓉城”）6－9－2号房屋一套，建筑面积110.05平方米，房屋价款为294452元，乙方采取按揭付款的方式，甲方于2013年12月31日前将已经进行建设工程竣工验收登记备案的商品房交付给乙方使用，逾期45日后，乙方有权解除合同。乙方要求继续履行合同的，合同继续履行，自本合同约定的最后交付期限的第二天起至实际交付之日止，甲方按日向乙方支付已付房价款0.01%的违约金，并于该商品房实际交付之日起30日内向乙方支付违约金。同日，罗某支付首付款94452元，大修基金、契税17884元。丁某、罗某在中国建设银行武隆支行办理按揭贷款20万元，并从2013年9月12日起每月偿还按揭贷款1783.98元。

2013年12月9日，经武隆县江口镇人民调解委员会调解，盛赢房地产公司与丁某、罗某达成人民调解协议，该协议约定：1. 按照合同约定延期交房7个月支付违约金，按合同约定标的实付金额计算，其计算标准为实付金额×210天×0.01%；2. 当事人罗某应得盛赢房地产公司支付其购房合同违约金2245.74元；3. 盛赢房地产公司向罗某交付房屋后可进行装修、居住，相关手续可后延；4. 若2014年7月31日之后盛赢房地产公司才交付房屋，则按同期银行贷款利率的四倍以下支付购房人违约金（计算标的按实交房款和银行已履行按揭款合计计算）。

直到2014年8月1日，盛赢房地产公司仍未交房。丁某、罗某向法院起诉，请求判决盛赢房地产公司支付丁某、罗某违约金20万元（从2014年7月31日至2017年3月31日，按照中国人民银行同期贷款利率的四倍计算）。

法院判决

一审法院认为，依法成立的合同，对当事人具有法律约束力。丁某、罗某与盛赢房地产公司签订的《重庆市商品房买卖合同》和《人民调解协议书》，系双方当事人的真实意思表示，不违反法律、行政法规的强制性规定，合法有效。根据商品房买卖合同的约定，盛赢房地产公司应当于2013年12月31日前将已进行建设工程竣工验收登记备案的商品房交付丁某、罗某使用。经武隆供电公司江口供电所的证实，丁某、罗某已于2015年7月21日将电表立户，根据一般的社会经验，购房人若没有实际接收房屋，其不可能办理电表的过户手续，一审法院据此认为丁某、罗某已于2015年7月21日接房，丁某、罗某从2015年7月21日起不存在逾期交房的实际损失，故对其主张之后逾期交房的违约金，不予支持。因此，盛赢房地产公司应当承担从2014年8月1日起至2015年7月20日止的逾期交房违约金。

关于违约金的计算基数。丁某、罗某主张按照首付款和银行支付给盛赢房地产公司的按揭款即房屋总购房款为计算基数，盛赢房地产公司辩称应当按照首付款和丁某、罗某已偿还的银行按揭贷款为计算基数。《合同法》第一百二十五条第一款规定：“当事人对合同条款的理解有争议的，应当按照合同所使用的词句、合同的有关条款、合同的目的、交易习惯以及城市信用原则，确定该条款的真实意思。”根据合同法体系解释的原则，本案中“计算标的按实交房款和银行已履行按揭款合计计算”应当与“按合同约定标的实付金额计算”进行相同的理解。盛赢房地产公司支付丁某、罗某 7 个月逾期交房的违约金 2245.74 元，其以首付款 94452 元和 7 个月的按揭贷款 12488 元（1783.98 元/月 ×7 月），共计 106939.86 元为基数，按照每日 0.01% 的标准而计算。因此，2014 年 7 月 31 日之后的违约金以首付款和丁某、罗某实际支付的银行按揭贷款为计算基数符合双方的真实意思。丁某、罗某实际支付的银行按揭贷款应当从 2013 年 9 月计算至 2015 年 7 月，共 23 个月。因此，盛赢房地产公司逾期交房违约金的计算基数应当计算为 135483.54 元（94452 元 + 1783.98 元/月 ×23 月）。关于利率的计算。人民调解协议约定按照同期银行贷款利率的四倍以下支付违约金。商品房买卖合同和盛赢房地产公司之前支付的逾期交房违约金均为每日 0.01%，但因盛赢房地产公司在签订人民调解协议后一直存在违约行为，根据《民法通则》第一百五十五条“民法所称的‘以下’包括本数”之规定，法院认为按照同期贷款利率的 4 倍计算违约金并不违反原告、被告盛赢房地产公司的真实意思，故对丁某、罗某主张按照同期贷款利率的 4 倍计算违约金予以支持。对盛赢房地产公司辩称 4 倍利率过高的理由，不予采信。故判决：一、盛赢房地产公司在判决生效之日起 10 日内以 135483.54 元为基数，按照中国人民银行同期同类贷款利率的四倍的标准向丁某、罗某支付从 2014 年 8 月 1 日至 2015 年 7 月 20 日的违约金；二、驳回丁某、罗某的其他诉讼请求。

盛赢房地产公司不服一审判决，提起上诉。理由为：1. 丁某、罗某每月向银行交纳的按揭款为 1783.98 元，其主张的违约金计算基数至 2015 年 7 月 20 日止的总交款数额才达到 135483.54 元，此前并未达到这一数额，因此，从 2014 年 8 月 1 日起，应当以丁某、罗某实际交款的总额分批计算。一审法院以 2015 年 7 月 20 日所交的总款数额为基数计算不当。2. 我公司与丁某、罗某于 2013 年 12 月 9 日所达成的《人民调解协议书》中对逾期交房违约金的计算标准为同期贷款利率的四倍以下，并没有一个明确标准，因此，应当参照合同约定的日 0.01% 计算为宜。一审法院确认按同期同类贷款利率的四倍计算违约金不当。

二审法院认为，双方当事人的争议焦点为：盛赢房地产公司向丁某、罗某支付逾期交房违约金的计算标准问题。根据盛赢房地产公司与丁某、罗某于2013年12月9日所签订的调解协议第四款“若2014年7月31日之后盛赢房地产公司才交付房屋，则按同期银行贷款利率的四倍以下支付购房人违约金（计算标的按实交房款和银行已履行按揭款合计计算）”的约定，计算违约金的基数标准为丁某、罗某交纳的首付款与已付银行按揭款总和。由于盛赢房地产公司的逾期违约行为从2014年8月1日持续至2015年7月20日，丁某、罗某在2015年7月21日之后才主张这期间的逾期交房违约金，故应当以2015年7月21日其实际交纳的购房首付款及交纳的按揭款总和为计算基数。盛赢房地产公司上诉认为应当从2014年8月1日起以丁某、罗某每月分批交纳的按揭款为基数分段计算的理由，不符合整体解释方法，对其上诉请求，法院不予支持。一审判决认定事实清楚，适用法律正确，应予以维持。

专家点评

本案的争议焦点是“同期银行贷款利率的四倍以下”的术语解释。对于这一内容，原《民法通则》第155条以及原《民法总则》第205条均作出了规定。民法典第1259条承继了上述规定的内容，继续规定了“以上”“以下”等术语的解释规则。

在本案中，丁某、罗某与盛赢房地产公司签订的《人民调解协议书》约定盛赢房地产公司逾期交付房产时须支付同期银行贷款利率的四倍以下的违约金。现二者关于这一违约金的标准产生了争议，即盛赢房地产公司认为，“同期贷款利率的四倍以下”并不是一个明确标准，应当按照商品房买卖合同约定的违约金来计算；丁某、罗某则认为，应当按照同期贷款利率的四倍计算。根据民法典合同编第466条第1款关于“当事人对合同条款的理解有争议的，应当依据本法第一百四十二条第一款的规定，确定争议条款的含义”的规定，既然双方就违约金的标准理解有争议，应当根据民法典总则编第142条的规定，结合相关合同条款等进行解释。笔者认为，根据整体解释的方法，结合《商品房买卖合同》与《人民调解协议书》的其他内容可以看出，丁某、罗某与盛赢房地产公司明确约定了违约金的支付标准。同时，根据民法典第1259条关于“以下包含本数”的规定，违约金的支付标准为同期银行贷款利率的四倍以下（包括四倍）。本案一审、二审法院结合案件的具体情况判决盛赢房地产公司按照四倍同期银行贷款利率支付违约金，既符合民法典第1259条的规定，也未超出双方的意思表示，是完全正确的。

第一千二百六十条　本法自2021年1月1日起施行。《中华人民共和国婚姻法》、《中华人民共和国继承法》、《中华人民共和国民法通则》、《中华人民共和国收养法》、《中华人民共和国担保法》、《中华人民共和国合同法》、《中华人民共和国物权法》、《中华人民共和国侵权责任法》、《中华人民共和国民法总则》同时废止。

【条文释义】

本条是对民法典生效时间和原法律废止的规定。

民法在时间上的适用范围，是指民事法律规范在时间上所具有的法律效力。具体包括两个方面：即民法的生效和民法的失效。民事法律规范开始生效的时间通常有两种情况：一是自民事法律颁布之日起生效；二是民事法律通过并颁布以后经过一段时间再开始生效。民法典第1260条规定了生效的日期为2021年1月1日。因此，自2021年1月1日起，《民法典》就正式生效。

民法典生效实施后，原有的民法单行法即《婚姻法》、《继承法》、《民法通则》、《收养法》、《担保法》、《合同法》、《物权法》、《侵权责任法》、《民法总则》同时废止。

【案例评注】

人保财险公司与叶甲等机动车交通事故责任纠纷案[①]

基本案情

2015年1月11日，严某驾驶货车行驶至S270线50KM+20M路段与行人叶甲（抱着叶乙）发生碰撞，造成叶甲和叶乙受伤的交通事故。经鹤山市公安局交警大队出具的第2013006134号《事故认定书》，认定严某承担此事故的全部责任，叶甲、叶乙不承担此事故的责任。

货车车主是常汉电镀公司，该车在人保财险公司投保了交强险和商业三责险

① 一审法院为广东省鹤山市人民法院，案号：（2016）粤0784民初2124号；二审法院为广东省江门市中级人民法院，案号：（2016）粤07民终2432号。

(保额50万元，含不计免赔)，事故发生在保险期限内。事故发生后，人保财险公司在交强险医疗费限额内为叶甲垫付了医疗费10000元。2015年2月10日，人保财险公司与叶甲、严某、常汉电镀公司达成道路交通事故损害赔偿调解协议，签订《道路交通事故损害赔偿调解书》，保险公司遂按调解协议的内容在交强险死亡伤残限额内赔付给叶甲13184元，在商业三责险限额内赔给叶甲14455.46元（包含叶乙的医疗费1070.82元在内，叶乙没有因事故再产生其他的费用)，合计赔偿给叶甲27639.46元。

叶甲向法院请求：1. 撤销叶甲与人保财险公司、严某签订的《道路交通事故损害赔偿调解书》，人保财险公司、严某、常汉电镀公司连带赔偿叶甲损失156382.06元，由人保财险公司在保险限额内优先支付，其中精神抚慰金在交强险中优先赔付。2. 诉讼费由人保财险公司、严某、常汉电镀公司承担。

法院判决

一审法院认为人保财险公司应赔偿给叶甲173850.7元（交强险限额120000元+商业三责险限额53850.7元)，扣除人保财险公司在交强险医疗费限额内为叶甲垫付了医疗费10000元和按协议已赔偿给叶甲27639.46元，人保财险公司仍应赔偿给叶甲136211.24元。现已核实人保财险公司应赔偿给叶甲损失是173850.7元，而人保财险公司依所签订的道路交通事故损害赔偿调解协议履行赔偿款，再加上在交强险医疗费限额内为叶甲垫付的医疗费，总共赔偿损失37639.46元，两数额对比，签订该协议对叶甲而言是明显显失公平。此外，对事故造成自身的受伤程度如何，会造成多少经济损失，叶甲本人缺乏专业知识判断，人保财险公司亦没有给叶甲的经济损失作出评估，就与叶甲及严某、常汉电镀公司签订了协议。叶甲在委托鉴定机构评残后，才发现事故造成自己的经济损失远不止人保财险公司已履行赔偿的数额，因此，叶甲在与人保财险公司签订协议时存在重大误解，根据《经济合同法》① 第五十四条第一款的规定，人保财险公司与叶甲及严某、常汉电镀公司所签订的上述协议是可撤销的。叶甲自知道或者应当知道撤销事由即应从定残之日起计算，根据《经济合同法》第五十五条第一款第（一）项的规定，叶甲可在1年内行使撤销权，故叶甲现在仍然可以行使撤销权，叶甲诉求撤销与人保财险公司及严某、常汉电镀公司所签订的《道路交通事故损害赔偿调解书》符合法律规定，应予支持。

人保财险公司不服，提起上诉。

---

① 该法于1999年10月1日起废止。

二审法院认为，关于叶甲与人保财险公司签订的赔偿调解书是否可撤销的问题。首先，从当事人提交的《道路交通事故损害赔偿调解书》来看，该赔偿调解书是参与调解的各方当事人在充分了解相关法律、法规及赔偿条款和赔偿标准后，经过充分协商，在公平、公正、自愿的基础上达成的协议，根据《最高人民法院关于〈中华人民共和国民法通则〉若干问题的意见（施行）》第七十一条“行为人因对行为的性质……等的错误认识，使行为的后果与自己的意思相悖，并造成较大损失的，可以认定为重大误解”的规定，在各方当事人签订本调解协议时，不存在叶甲对签订调解协议的民事行为有重大误解的情形；其次，就叶甲与人保财险公司而言，双方签订的调解协议属单务合同，人保财险公司根据保险合同的约定及依照相关法律、司法解释的规定，参照法定赔偿标准对叶甲因被保险机动车发生保险事故所造成的人身损害、经济损失承担赔偿责任，叶甲无需对人保财险公司承担义务。根据《最高人民法院关于〈中华人民共和国民法通则〉若干问题的意见（施行）》第七十二条“一方当事人利用优势或者利用对方没有经验，致使双方的权利与义务明显违反公平、等价有偿原则的，可以认定为显失公平”的规定，本案无所谓合同显失公平。根据《民法通则》第五十九条：“下列民事行为，一方有权请求人民法院或者仲裁机关予以变更或者撤销：（一）行为人对行为内容有重大误解的；（二）显失公平的……”本案《道路交通事故损害赔偿调解书》并不存在可撤销的法定事由。又根据《最高人民法院关于〈中华人民共和国民法通则〉若干问题的意见（施行）》第七十三条第二款：“可变更或者可撤销的民事行为，自行为成立时起超过一年当事人才请求变更或者撤销的，人民法院不予保护。”叶甲于2015年1月25日出院，2015年2月10日与人保财险公司签订赔偿调解书，直至2016年8月1日叶甲才向广东省鹤山市人民法院提起诉讼，已经超过法律规定的1年的除斥期间。综上，本案所涉赔偿调解书既不存在可撤销事由，叶甲又不在法定除斥期间1年内行使其请求撤销权利，导致撤销权消灭。叶甲在签订赔偿调解协议并承诺“自愿放弃伤残评定”“以后互不追究”，且在已收取全部赔偿款项1年多后，擅自进行伤残评定并提起本案诉讼，明显属于反悔行为，违反了民事活动中的诚实信用原则，依法对其本案诉请不予支持。一审法院撤销涉案《道路交通事故损害赔偿调解书》并重新计付赔偿项目及数额处理不当，法院予以纠正。关于法律适用问题。根据《合同法》第四百二十八条规定：“本法自1999年10月1日起施行，《经济合同法》、《涉外经济合同法》、《技术合同法》同时废止。”一审法院依据《经济合同法》调整本案属于法律适用不当。综上，原审判决认定事实基本清楚，但法律适用有误，实体处理不当。故判决：一、撤销广东省鹤山市人民法院（2016）粤0784民初2124号民事判决；二、驳回叶甲的诉讼请求。

专家点评

本案涉及的是法律适用问题。原《合同法》第428条规定了本法法律适用的规则，即本法的生效时间以及原本的法律失效的规定。民法典第1260条延续了原《合同法》第428条的内容，规定了民法典的生效时间以及原《婚姻法》《继承法》《合同法》等民事基本法律的失效时间。这一规定对于法院准确适用法律具有重要意义。

在本案中，《道路交通事故损害赔偿调解书》签订于2015年2月10日。根据原《合同法》第428条的规定，是否能够撤销该调解书应当适用原《合同法》，而不能适用原《合同法》施行之前的原《经济合同法》。因而，本案二审法院纠正了一审法院适用法律不当的情形，是非常正确的。假定《道路交通事故损害赔偿调解书》签订于2021年1月1日民法典施行以后，根据民法典第1260条的规定，法院应当适用民法典合同编的规定进行裁判，而不能寻求原《合同法》的规定作为裁判依据，如若未遵循民法典第1260条的法律适用规则，将出现法律适用不当或者法律适用错误的情形。比如，当《道路交通事故损害赔偿调解书》确实存在可撤销的情形时，根据原《合同法》的规定可以进行撤销或者变更，根据民法典合同编的规定只可以进行撤销。法院此时适用原《合同法》的规定判决变更该调解书，就属于适用法律错误。

图书在版编目（CIP）数据

中华人民共和国民法典释义与案例评注．侵权责任编／杨立新主编．—北京：中国法制出版社，2020

ISBN 978－7－5216－1091－8

Ⅰ．①中…　Ⅱ．①杨…　Ⅲ．①侵权行为－民法－法律解释－中国②侵权行为－民法－案例－中国　Ⅳ．①D923．05

中国版本图书馆CIP数据核字（2020）第080226号

策划编辑　谢　雯　　责任编辑　谢　雯　潘环环　成知博　　封面设计　杨泽江

中华人民共和国民法典释义与案例评注·侵权责任编

ZHONGHUA RENMIN GONGHEGUO MINFADIAN SHIYI YU ANLI PINGZHU · QINQUAN ZERENBIAN

主编/杨立新

经销/新华书店

印刷/三河市国英印务有限公司

开本/730毫米×1030毫米　16开　　印张/31.25　字数/480千

版次/2020年6月第1版　　2020年6月第1次印刷

中国法制出版社出版

书号 ISBN 978－7－5216－1091－8　　定价：108.00元

北京西单横二条2号

邮政编码100031　　传真：010－66031119

网址：http：//www.zgfzs.com　　**编辑部电话：010－66010493**

市场营销部电话：010－66033393　　**邮购部电话：010－66033288**

（如有印装质量问题，请与本社印务部联系调换。电话：010－66032926）